上海市档案馆指南

上

上海市档案馆 编著

上海书店出版社
上海人民出版社

上海市档案馆新馆全景

服务大厅

报告厅

公共查阅大厅

“城市记忆 时光珍藏”主题展厅部分板块

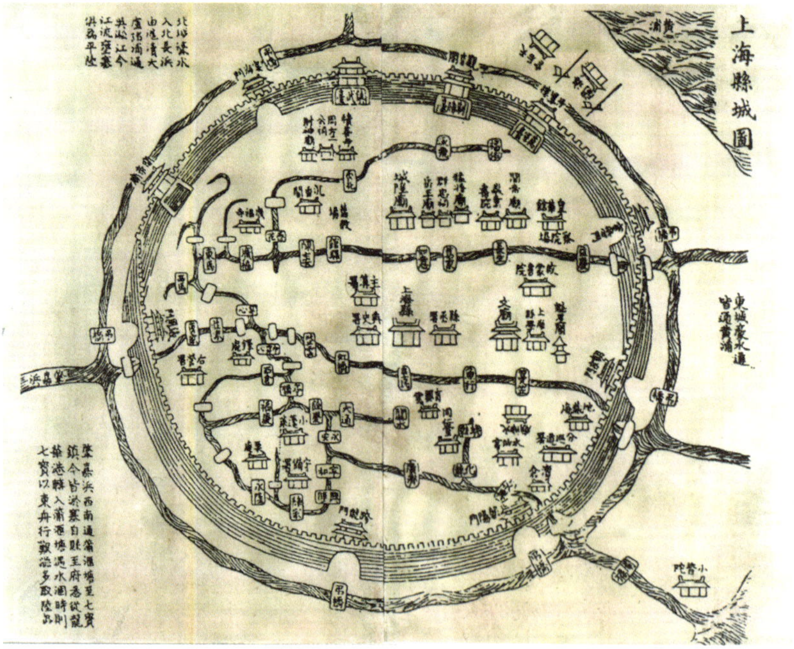

上海县城图（清嘉庆年间）

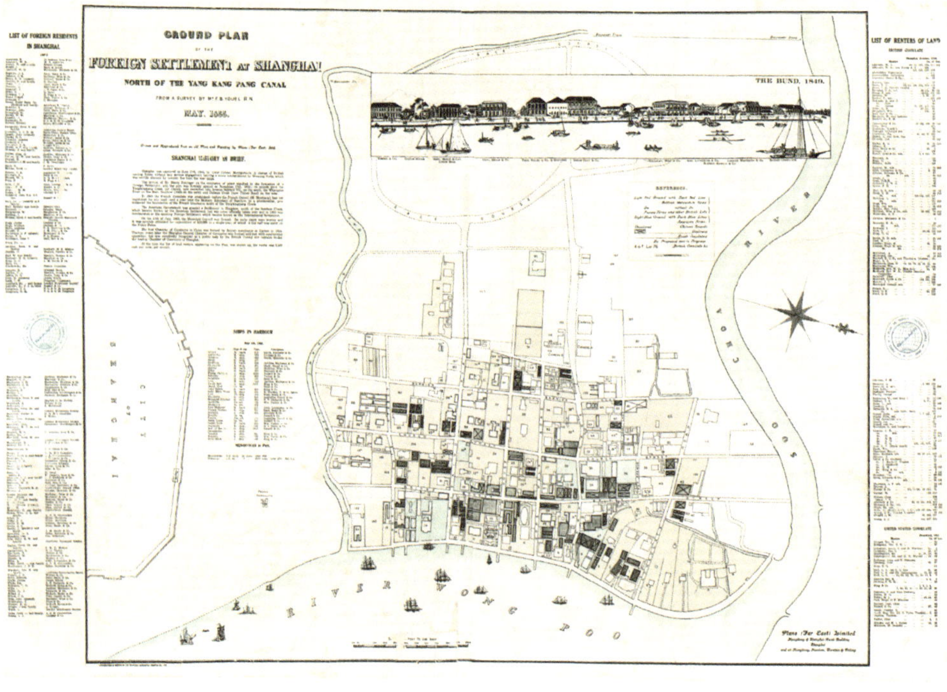

上海英租界地图（1855 年）

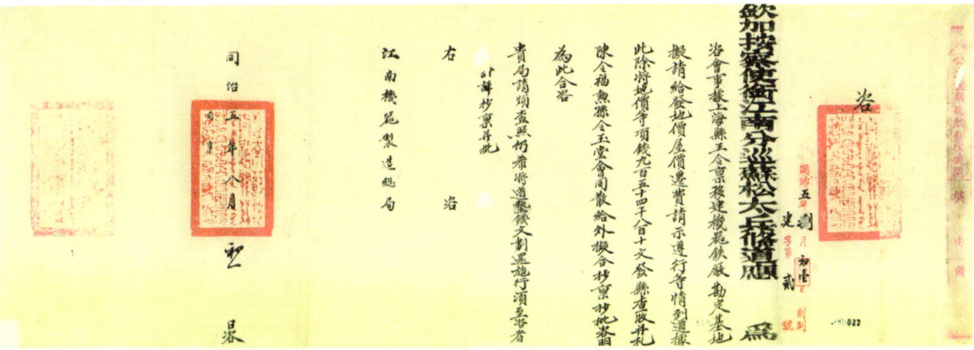

咨

欽加按察使銜江南分巡蘇松太兵備道應 爲

咨會事據上海縣王令禀稱建機器鐵廠勘定基地

擬請給發地價屋價遷費請示遵行等情到道據

此除將地價等項錢九百五十四千八百十文發縣查收并札

陳令福勳王令玉堂會同散給外擬合抄禀抄批咨

為此合咨

貴局請煩查照仍希將道發錢文劃還施行須至咨者

計粘抄禀并批

右 咨

江南機器製造總局

同治五年八月

江南机器制造局档案（清末）

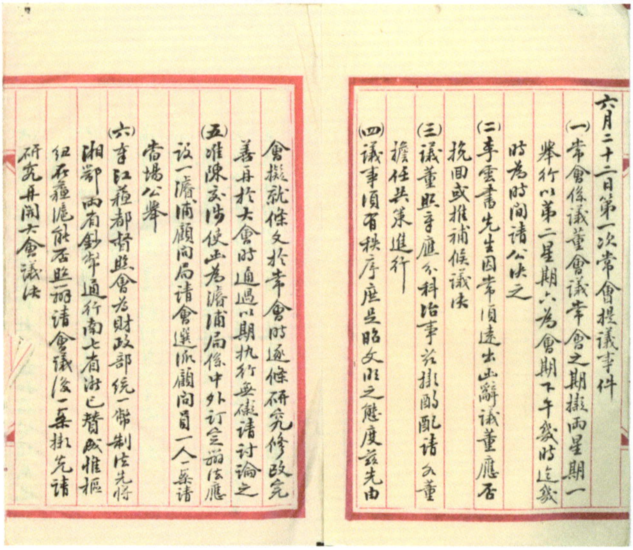

六月二十二日第一次常會提議事件
(一)常會係議董會議常會之期擬兩星期一
舉行以第二星期六為會期下午叁時迄叁
時為時間請公决之
(二)李雲書先生因常須遠出函辭議董應否
挽留或推補候議决
(三)議董照章應分科治事茲擬酌配請各董
擔任共策進行
(四)議事須有秩序應照文明之態度茲先由
會擬就條文於常會時逐條研究修改完
善再於大會時通過以期執行無礙請討論之
(五)唯陳家浜使西為濬浦局係中外訂立合約應
設一濬浦顧問局請會選派顧問員一人一案請
當場公舉
(六)李江蘇都督照會為財政部統一幣制先將
湘鄂兩省銅幣通行南七省浙已贊成推擴
江蘇滬能否照辦請會議後一案執先請
研究再開大會議决

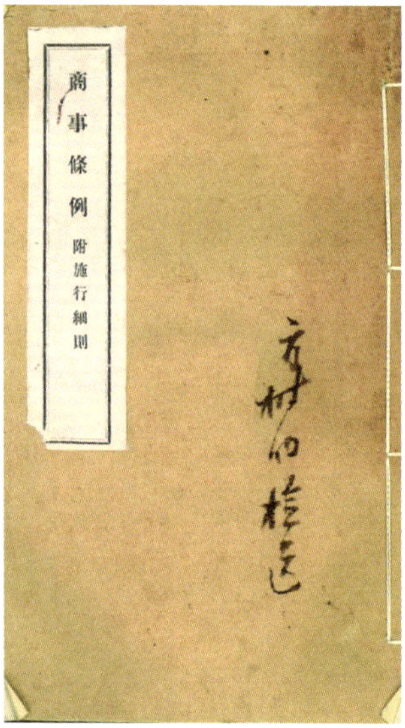

上海总商会档案（民国初年）

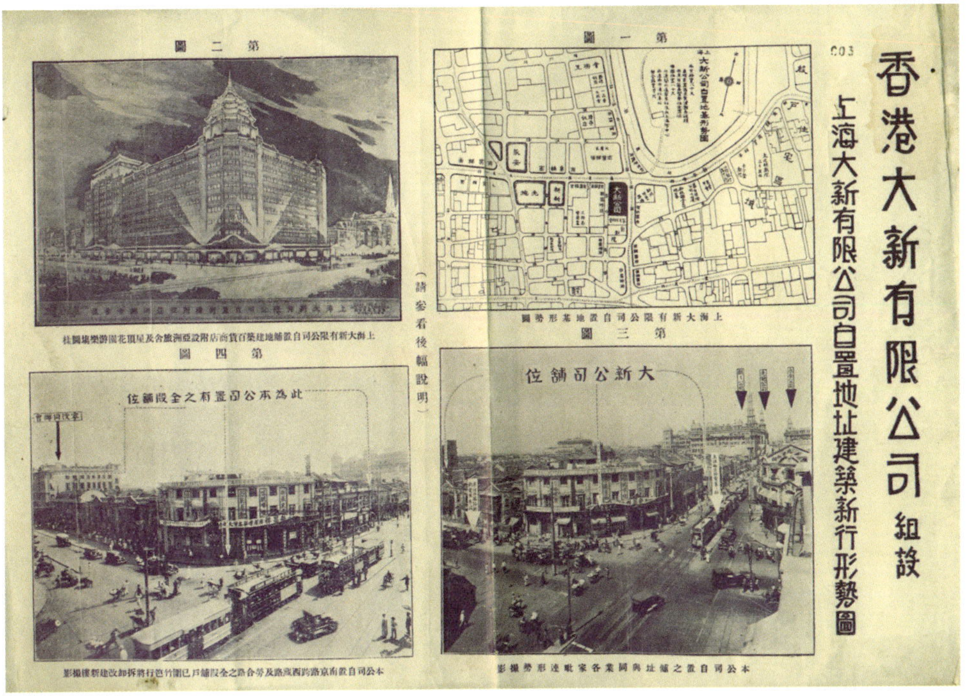

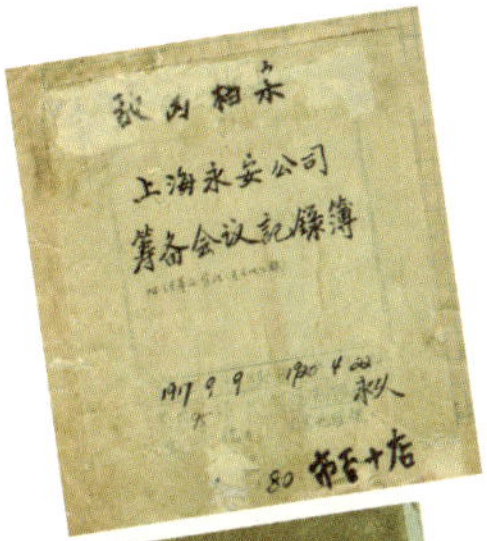

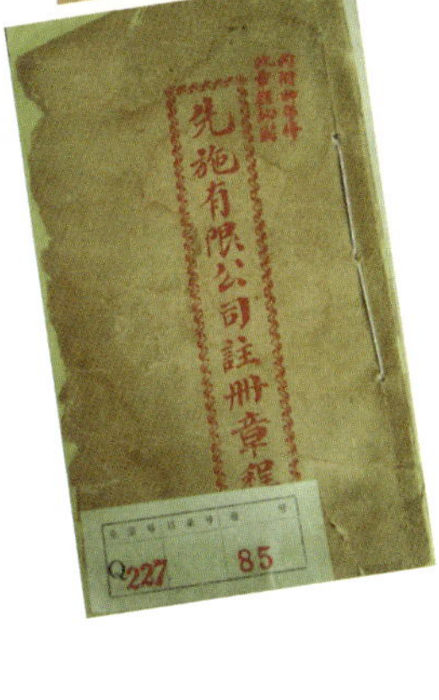

上海四大公司档案（民国时期）

THE
COMMUNIST
共產黨
每月一次
七日出版
第一號　一九二〇年十一月七日　實價一角
短言
經濟的改造自然占人類改造之主要地位。吾人生產方法除資本主義及社會主義外，別無他途。資本主義在歐美已經由發達而傾於崩壞了，在中國才開始發達，而他的性質上必然的罪惡也照例扮演出來了。代他而起的自然是社會主義的生產方法，俄羅斯正是這種方法最大的最新的試驗場。意大利的社會黨及英美共產黨，也都想繼俄而起開闢一個新的生產方法底試驗場。
中國勞動者布滿了全地球，一日夜二十四小時中太陽都照着我們工作。但是我們無論在本土或他國都沒一個是獨立生產者，都是向資本家賣力。我們在外國的勞動者固然是他們資本家底奴隸，在本土的勞動者也都是本國資本家底奴隸或是外國資本家底直接的間接的奴隸。要想把我們的同胞從奴隸境遇中完全救出，非由生產勞動者全體結合起來，用革命的手段打倒本國外國一切資本階級，跟着俄國的共產黨一同試驗新的生產方法不可。什麼民主政治，什麼代議政治，都是些資本家為自己階級設立的，與勞動階級無關。什麼勞動者選議員到國會裏去提出保護勞動底法案，這種話本是為資本家當走狗的議會派替資本家做說客來欺騙勞動者的。因為向老虎討肉吃，向強盜商量發還贓物，這都是不可能的事。我們要逃出奴隸的境遇，我們不可聽議會派底欺騙，我們只有用階級戰爭的手段，打倒一切資本階級從他們手搶奪來政權；並且用勞動專政的制度，擁護勞動者底政權，建設勞動者的國家以至於無國家，使資本階級永遠不至發生。無政府主義者諸君呀！你們本來也是反對資本主義反對私有財產制的，請你們不要將可寶貴的自由濫給資本階級。一切生產工具都歸生產勞動者所有，一切權都歸勞動者執掌，這是我們的信條；你們若非甘心縱容那不肯從事生產勞動的資本家作惡，也應該是你們的信條。

《共产党》月刊第一期（1920 年）

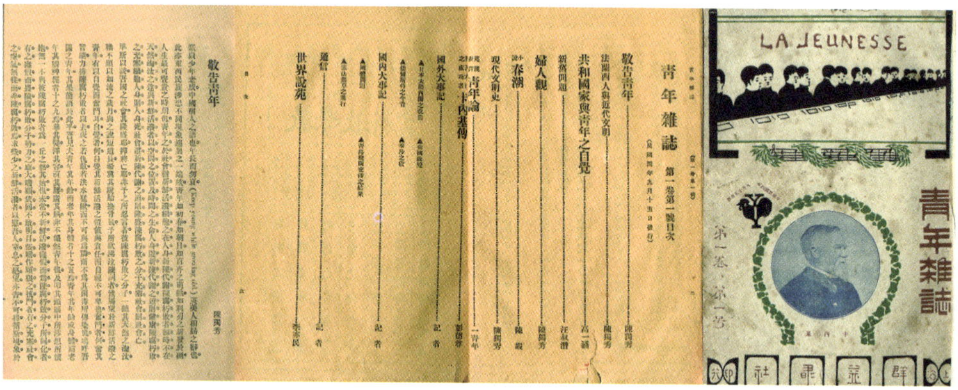

青年雜誌 第一卷第一號目次
（民國四年九月十五日發行）

《青年杂志》(《新青年》前身）创刊号（1915 年）

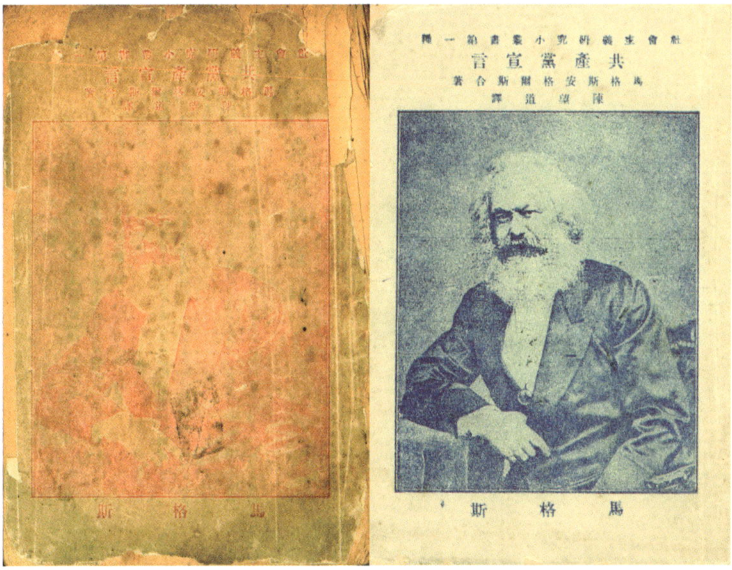

《共产党宣言》中文首译本初印版和加印版（1920 年）

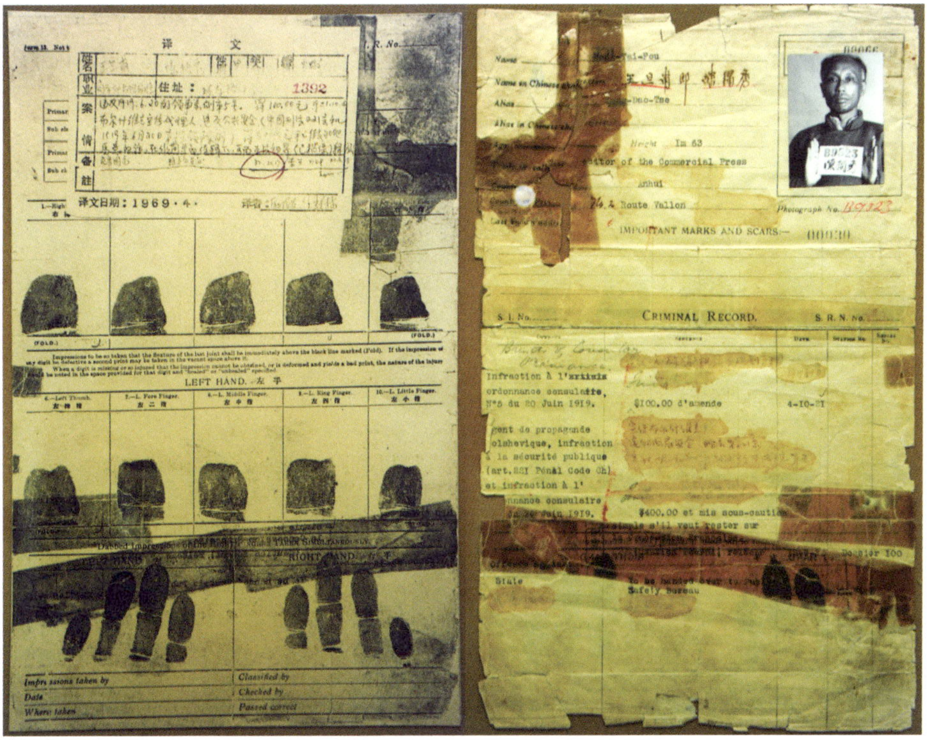

陈独秀在上海被租界当局逮捕的记录（1932 年）

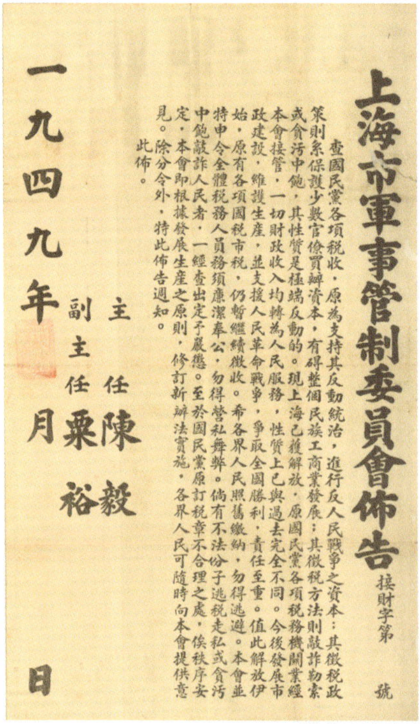

上海市軍事管制委員會佈告

接財字第　號

查國民黨各項稅收，原為支持其反動統治，進行反人民戰爭之資本；其徵稅政策則系保護少數官僚買辦資本，有碍整個民族工商業發展；其徵稅方法則敲詐勒索或貪污中飽，其性質是極端反動的。現上海已獲解放，原國民黨各項稅務機關業經本會接管，一切財政收入均轉為人民服務，性質上已與過去完全不同。今後發展市政建設，維護生產，並支援人民革命戰爭，爭取全國勝利，責任至重。值此解放伊始，原有各項國稅市稅，仍暫繼續徵收。希各界人民照舊繳納，勿得逃避。本會並特申令全體稅務人員務須廉潔奉公，勿得營私舞弊。倘有不法份子逃稅走私或貪污中飽敲詐人民者，一經查出定予嚴懲。至於國民黨原訂稅章不合理之處，俟秩序安定，本會即根據發展生產之原則，修訂新辦法實施，各界人民可隨時向本會提供意見。除分令外，特此佈告週知。

此佈。

主　任　陳毅

副主任　粟裕

一九四九年　月　日

上海市军事管制委员会布告（样张）（1949 年）

上海市政府大楼升起五星红旗（1949 年）

新中国第一个工人新村——曹杨新村建成（1952 年）

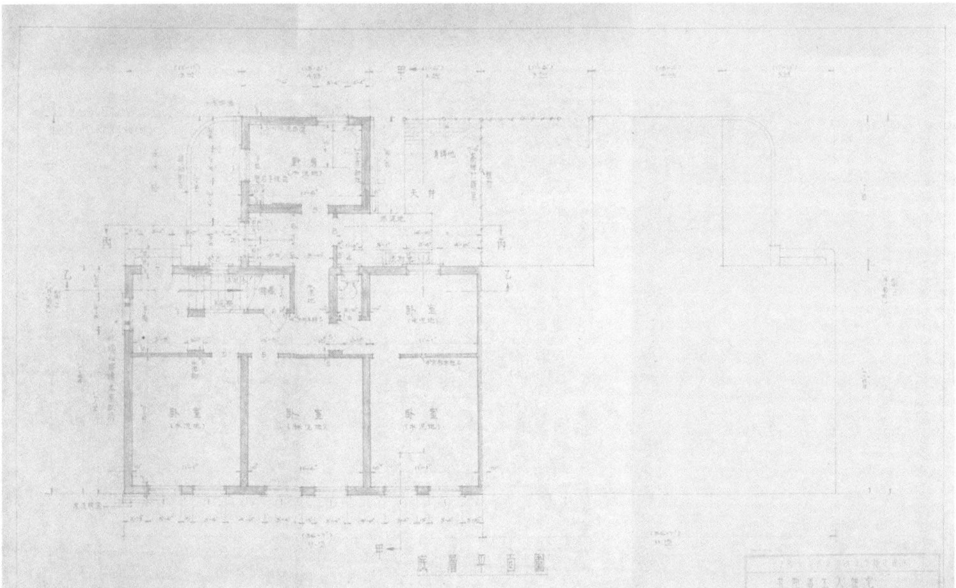

曹杨新村工人住宅建筑图（1951 年）

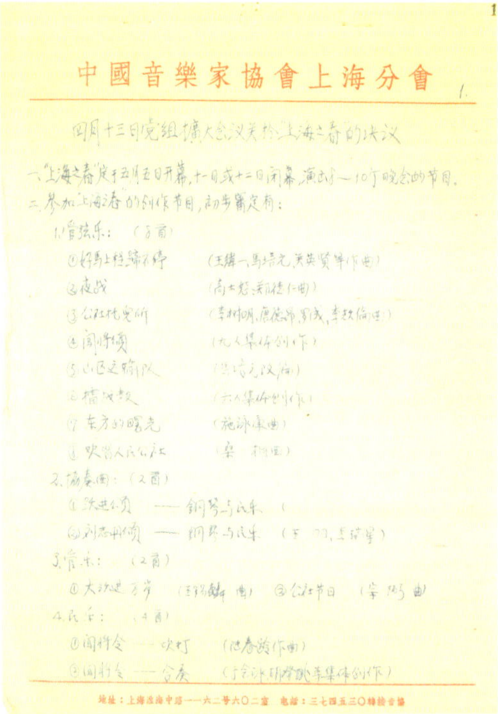

中國音樂家協會上海分會

1.

四月十三日党组扩大会议关于"上海之春"的决议

一、"上海之春"定于五月五日开幕，十一日或十二日闭幕，演出9—10个晚会的节目。

二、参加"上海之春"的创作节目，初步审定有：

1.管弦乐：（8首）

①好马上植归不停　（王[illegible]、马培元、吴英贤等作曲）

②夜战　（高[illegible]作曲）

③公社[illegible]所　（[illegible]）

④[illegible]　（九人集体创作）

⑤山区[illegible]队　（[illegible]）

⑥[illegible]　（六人集体创作）

⑦东方的曙光　（施咏康曲）

⑧欢呼人民公社　（[illegible]曲）

2.协奏曲：（2首）

①[illegible]——钢琴与乐队　（

②[illegible]——钢琴与乐队　（[illegible]）

3.管乐：（2首）

①大跃进[illegible]　（[illegible]曲）　②公社节日　（[illegible]曲）

4.民乐：（4首）

①[illegible]——吹打　（[illegible]作曲）

②[illegible]——合奏　（[illegible]集体创作）

地址：上海淮海中路一一六二号六〇二室　电话：三七四五三〇转接音协

第一届"上海之春"演出作品清单（1960年）

"上海之春"上演出的大提琴协奏曲《嘎达梅林》（1960年）

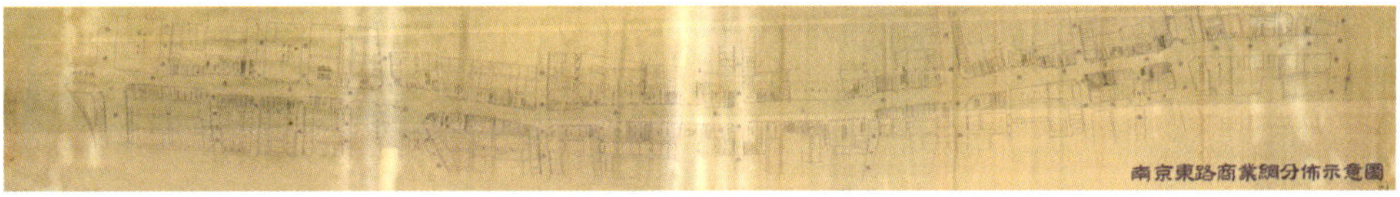

南京东路商业网分布示意图（1956 年）

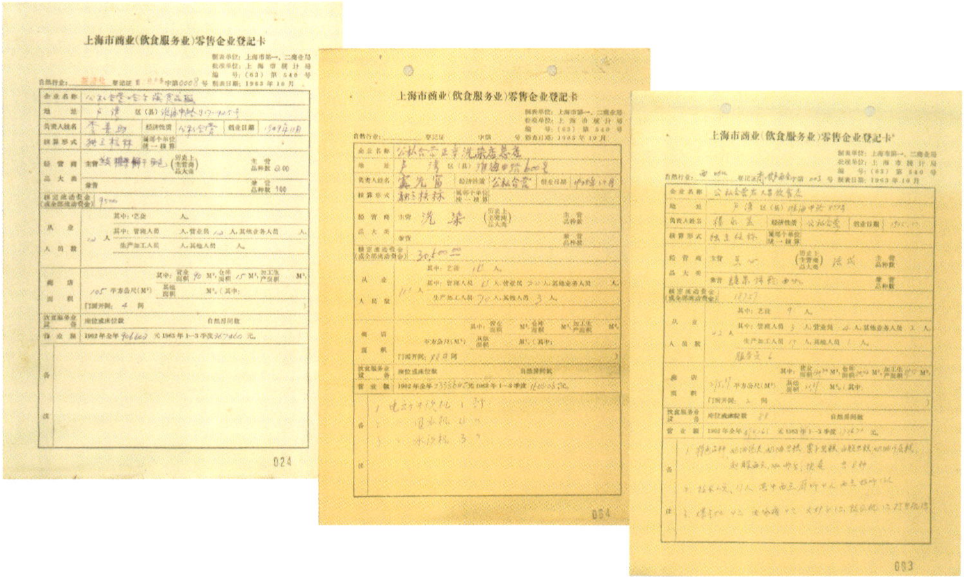

淮海路店登记卡——哈尔滨食品厂、正章洗染店、老大昌饮食店（1963 年）

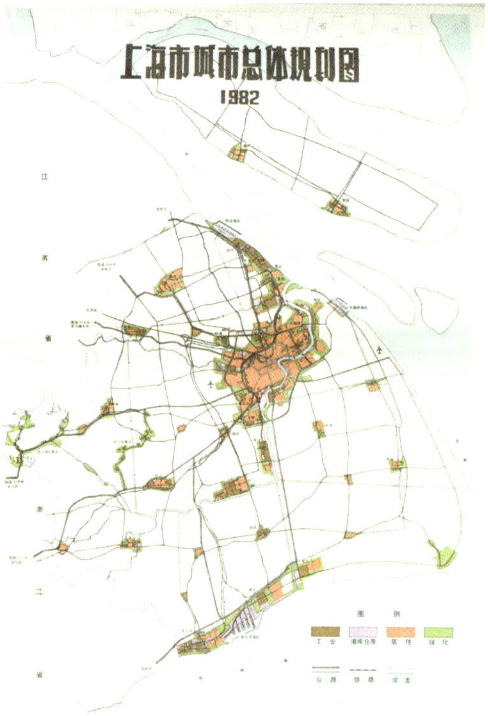

《上海市城市总体规划图》
（1982 年）

《上海市中心城总体规划图》
（1999 年）

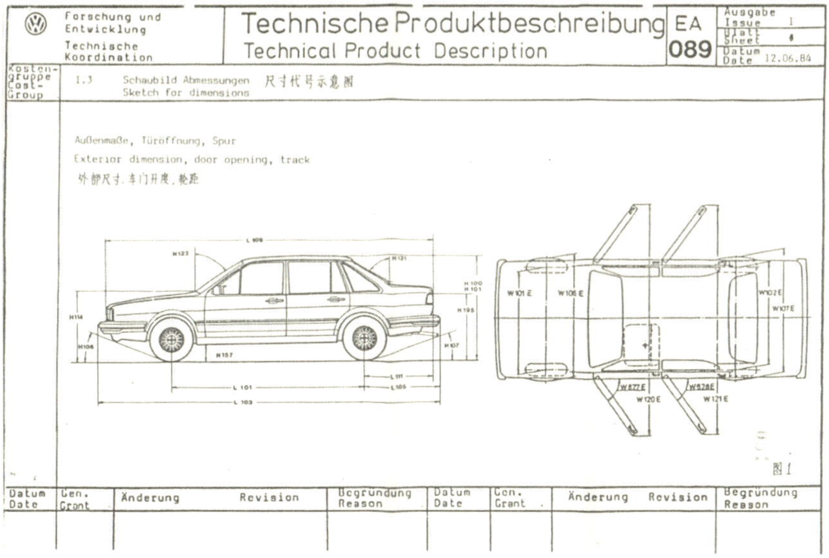

上海大众汽车有限公司桑塔纳轿车尺寸代号示意图（1984 年）

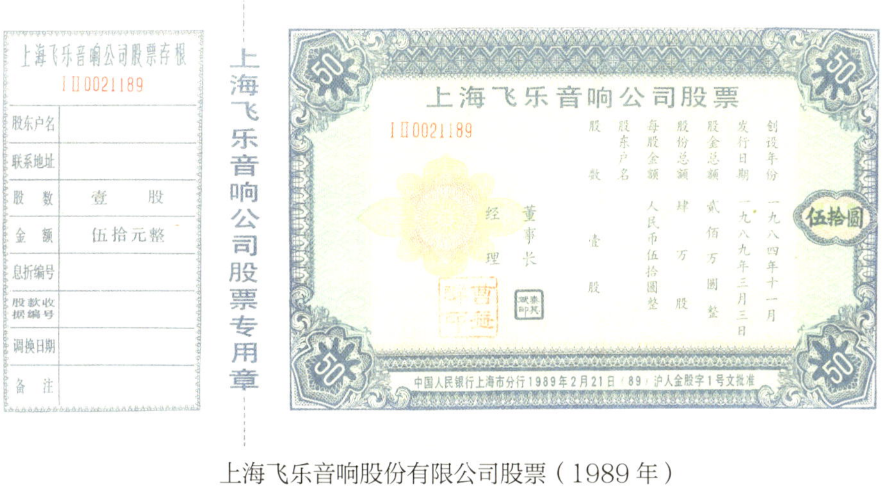

上海飞乐音响股份有限公司股票（1989 年）

《中国2010年上海世界博览会注册报告》(2005年)

《2007年世界夏季特殊奥林匹克运动会竞赛手册》(2007年)

Special Olympics
China

《特殊奥林匹克运动夏季项目规则》(2007年)

《上海市档案馆指南》编辑委员会

主　　任　徐未晚

副 主 任　肖　林　蔡纪万　葛影敏　郑泽青(常务)

委　　员　张　昆　张　新　彭晓亮　毛国平　曹胜梅

　　　　　张　斌　石　磊　张建明　夏广平　何　品

编 辑 组　石　磊　何　品　乔晓聪　董婷婷

编辑说明

档案馆指南是对馆藏档案内容的简要介绍，是档案馆对外利用服务工作的重要参考资料，以使查阅者对馆藏档案有一个初步概要的了解，便于其总体把握馆藏情况及后续利用。

1990年，上海市档案馆编辑出版了《上海市档案馆简明指南》，扼要介绍了当时的馆藏情况。其后，上海市档案馆在1999年编辑出版了内容更为丰富详细的《上海市档案馆指南》，2009年又在前书的基础上重新修订出版。

本版指南，是在《上海市档案馆指南》2009年版的基础上修订完成的，反映了2009年到2022年间上海市档案馆的馆藏变化和工作发展情况。

本次修订，我们遵照国家档案局的有关规定以及《档案馆指南编制规范》（DA/T 3－92），对原书中公布的本馆概述及馆藏档案资料、规章制度等主要信息，按照最新情况予以全面增补、核对、校改。

全书主要篇幅仍以全宗为单位，逐一介绍馆藏档案中比较重要的内容。在简要介绍立档单位的基本情况及档案的起止时间、数量、整理情况之后，按照全宗内档案分类，逐类介绍档案的主要内容。全宗介绍的编写以客观、准确、全面为原则，文字力求简洁。

在2009年以来接收进馆的档案中，选择部分有特色的全宗尤其是"四重"（重要会议、重大活动、重要工作、重大突发事件）档案，以及新接收电子档案等编写了档案介绍，并对部分全宗档案介绍作了修订增补。对附录中的有关规章制度、馆藏档案全宗名册、编研出版成果等信息也相应进行了更新。

需要说明的是，本指南所介绍的馆藏档案资料，并非全部向社会开放，查阅者如有需求，遵照相关规定，可向本馆档案查阅服务中心工作人员咨询。

本次修订工作，办公室、综合规划处、政策法规处、业务指导处、科技信息化处、接收征集部、保管部、整理编目部、利用服务部、编研部、保护技术部、信息技术部等局馆相关部门都提供了增改的内容，并由编研部负责编校整合成书。

由于种种原因，本书疏漏不当之处在所难免，敬请读者批评指正。

本书编委会

2023 年 12 月

目录
CONTENTS

第一章　上海市档案馆概述

第二章　馆藏旧政权时期档案介绍

一、北洋政府时期机构档案

二、国民政府时期机构档案

三、社会团体档案

四、企业档案

五、文化机构档案

六、租界机构档案

七、日伪机构档案

第三章 馆藏革命历史档案介绍

第四章 馆藏中华人民共和国时期档案介绍

一、中国共产党上海市委员会及其所属机构档案

二、上海市人民代表大会及其常务委员会档案

三、上海市人民政府及所属机构档案

四、中国人民政治协商会议上海市委员会、各民主党派及社会团体档案

五、企 业 档 案

六、文化机构档案

三、外 文 资 料

四、上海解放后资料

附 录

第一章　上海市档案馆概述

一、档案馆历史沿革

上海市档案馆是省级国家综合档案馆，是本市集中管理档案的文化事业单位，与上海市档案局合署办公。它是上海市市级党政机关、社会团体、企事业单位重要档案的保管基地、爱国主义教育基地、政府公开信息和档案资料查阅服务中心。

（一）机构沿革

上海市档案馆成立于 1959 年 12 月 31 日。在此之前，上海市市级机关、企事业单位档案及重要的历史档案由中共上海市委和上海市人民政府分别管理。

“文化大革命”期间，上海市革命委员会成立后派军代表、工宣队进驻档案馆，先后成立了敌伪档案清查小组、上海市革命委员会档案馆，正常的业务工作陷于混乱，发展遭受严重挫折。1979 年 9 月，上海市档案馆恢复建制。

上海市档案馆内设机构曾作多次调整。2018 年后至今，设置 8 个内设机构：即档案接收征集部、档案保管部（电子档案保管部）、档案整理编目部、档案利用服务部（社会教育部）、档案史料编研部（档案宣传部）、档案保护技术部、档案信息技术部、行政处（保卫处）。

（二）馆库建设

上海市档案馆成立之初，馆址设在四川中路 220 号。

1991 年 10 月，上海市档案馆迁至仙霞路 326 号，占地 1.3 公顷，总建筑面积 2.9 万平方米，其中库房使用面积 13 994 平方米。库房内拥有火灾自动报警、温湿度自动控制、烟感报警、自动灭火、闭路电视视频监控、红外线防盗报警、中央空调、应急照明、正压排风排烟、指纹门禁等现代化管理设备。

2004年，坐落于中山东二路9号的上海市档案馆外滩馆启用，成为上海市档案馆对外开放和服务基地。

2021年9月，位于浦东新区花木地区前程路811号的上海市档案馆新馆落成并投入使用，总占地约5.57公顷，建筑面积10.6万平方米，是目前全国省级档案馆中最为现代化的档案馆。新馆建筑为档案收集、整理、保存、利用等功能的发挥提供了基本保证，为高效安全管理奠定了基础，为档案事业可持续发展提供了广阔空间。

二、馆藏档案资料综述

截至2022年底，上海市档案馆馆藏有档案2 350个全宗，共计档案433万多卷、82万多件，录音带和录像带以及光盘2.8万多盘，纸质照片41万多张，其中已向社会开放档案95万多卷。馆藏档案内容丰富，价值珍贵，其中“江南机器制造局档案”、“上海总商会档案”、“《共产党宣言》中文首译本”、“近现代上海华商四大百货公司档案汇集”、“侵华日军南京大屠杀相关专题档案”（联合申报）、“‘慰安妇’——日军性奴隶档案”（联合申报）已被列入《中国档案文献遗产名录》。

根据档案形成单位和档案内容划分，上海市档案馆收藏的档案大致可以分成以下七个方面：

一、革命历史档案资料。是解放前中共上海地下党组织及其领导下的进步工人、青年、妇女等组织在革命斗争中形成的文件材料。有各种指示、工作报告、会议记录、传单、进步书刊等。其中反映五卅运动、上海工人三次武装起义、抗日救亡运动和里应外合迎接上海解放的材料较多。这些档案记录了在中国共产党领导下，上海人民前仆后继开展革命斗争的光辉足迹。

二、解放后上海市党政机关档案。是1949年后中共上海市委、上海市政府、市级各委办局形成的档案，以及市级临时机构、撤销机构的档案。有关于解放、接管上海的计划和各项准备工作的文件，对上海进行城市改造、政权建设的有关文件，国民经济恢复时期以及社会主义建设其他历史阶段中有关政治、经济、文化等方面的档案，展现了上海解放以来直至改革开放后发生的翻天覆地的变化，反映了解放后上海的发展历程。

三、1849—1943年在华外国人机构档案。是上海公共租界工部局、法租界公董局等形成的档案，文种有英、法、日、德文等。有各种会议记录、年报、公报、法令、章程、条例及外文报刊和资料。这些档案是研究中国近现代史和上海城市历史的不可多得的史料。

四、1927—1937 年、1945—1949 年国民政府时期上海党政军警机关档案。这些档案反映了国民党统治时期上海的政治、军事、经济、文化、社会生活各方面的情况，以及人民革命斗争的情况。上海市档案馆还收藏有 1937—1945 年期间日本帝国主义扶植的三个上海地方傀儡政权的档案，是日本帝国主义侵略中国的铁证。

五、上海工商企业及社会团体档案。上海是近代中国最大的城市和经济文化中心，上海市档案馆收藏有上海一些民族资本工商企业的档案，例如曾经是旧中国半壁江山的上海金融业、纺织业档案，上海总商会、上海市商会、400 多个同业公会及其他社会团体的档案，勾勒出上海开埠以后经济发展、城市变迁的一幅历史长卷。

六、上海重要会议、重大活动、重要工作、重大突发事件等“四重”档案。主要有 2001 年 APEC 会议、亚太经社会第 60 届年会、全球扶贫大会、2004 年世界工程师大会、2006 年上海合作组织峰会、第 48 届世界乒乓球锦标赛、2010 年中国上海世界博览会、2018—2022 年中国国际进口博览会，以及上海对口援建等档案，反映了有关会议和活动筹备、运作、实施、总结等各阶段的情况，全面记录了上海承担国家战略、推进人民城市建设、加强对外交流方面的丰硕成果。

七、国有企业退休人员人事档案。

根据有关工作要求，市档案馆开展市属国有企业和中央在沪企业退休且死亡五年以上人员人事档案的接收进馆工作，同步接收上述实体档案和与之相对应的全文数字化副本。截至 2022 年底，共接收 64 家单位形成的人事档案 60 万余卷。

此外，上海市档案馆收藏有 10.2 万余册图书报刊资料。包括政府公报、法规汇编、统计报告、年鉴、纪念刊、名人录、辞典、报纸、杂志、传记、方志等。其中，《上海公共租界工部局年报》《上海法租界公董局年报》等都相当完整。它们上起晚清，下迄新中国成立以后，有公开出版物，还有机关、团体、各种企业事业机构的内部印刷品，涉及近代中国和上海政治、军事、经济、文化、教育、市政、交通、公用事业和各界知名人物，具有较高的参考价值，在一定程度上可以弥补档案记载的缺漏。

纸质文书档案是目前上海市档案馆收藏档案的主体。此外，上海市档案馆还收藏有电子档案、照片档案、音像档案、实物档案等。

三、档案工作发展简况

上海市档案馆建馆以来，尤其是进入新世纪以后，努力围绕中心、服务大局，贴紧需求、服务民生，与时俱进、开拓创新，不断提高档案管理的法治化、现代化、信息化水平，努力开发决策参考、展览教育、社会课堂、研究利用、信息集聚和社会传播、学术交流、文化休闲等服务功能，实现了从综合性档案馆向公共档案馆的转变，努力为上海实现“四个率先”、建设“五个中心”和社会主义现代化国际大都市提供档案服务。

（一）接收征集

上海市档案馆绝大部分档案是从市级各党政机关、社会团体和企业事业单位接收而来的。近年来，市档案馆按照《中华人民共和国档案法》和《上海市档案条例》的要求，加大档案资源建设力度，进一步做好档案接收、征集和拍摄工作。档案接收工作方面，继续开展有关市级机关、团体、企事业单位 1990 年前相关门类、载体档案接收进馆工作，完成 2018 年因机构改革撤销或调整的市级党政机关档案进馆工作；做好中国国际进口博览会城市服务保障领导小组办公室、中共上海市委“不忘初心，牢记使命”主题教育领导小组办公室、上海市人民代表大会、上海市政治协商会议、中国上海国际艺术节等重大活动、重要会议档案进馆工作。接收上海援藏干部联络组、上海市对口支援新疆工作前方指挥部、上海市援黔干部联络组等机构对外援建档案；接收上海市新型冠状病毒肺炎疫情防控工作领导小组办公室、上海市公共卫生临床中心、中山医院、华山医院、市发改委、市公安局等单位疫情防控档案；接收公证档案、涉外婚姻档案、产权交易档案、国有企业退休人员人事档案等专门档案。推动“一网通办”电子档案、“出生医学证明”电子证照档案、上海市自贸区和临港新片区“单套制”电子档案接收进馆工作。继续做好与市民生活密切相关的公安、教育、民政、社保、卫生、财政等部门形成的政府公开信息收集，为市民查阅提供便利。

作为接收工作的补充，征集散存在社会各界人士手中的档案，是丰富馆藏的又一重要途径。自建馆以来，档案征集一直在馆的工作中占据重要地位。截至2022年底，征集到的珍贵档案有：中国共产党在上海的重大政治活动照片，周恩来、邓小平、陈云、宋庆龄、江泽民、胡锦涛、习近平等党和国家领导人在沪公务活动的照片、题词，孙中山、蔡元培、颜惠庆、陈布雷等民国时期历史人物档案，陈国栋、夏征农、茅盾、丰子恺、王元化、夏衍等知名人物档案，原上海市副市长赵行志、著名全国劳动模范裔式娟、原上海市高级人民法院副院长邹碧华等档案资料，以及二十世纪五六十年代留苏学生档案、抗击新型冠状病毒疫情防控工作档案和援藏、援疆、援滇等上海对外援建档案。其他征集的重要和特色档案包括租界界碑实物档案、上海市档案馆新馆设计手绘效果图和设计手稿、公债和债券等财税类档案，以及于右任、张静江、马公愚等人的书画作品，龚继先、汪观清、韩硕、池振明、黄阿忠、周长江、陈迪、庞飞等艺术家的书画作品等，并配合局馆各类展览征集了上海地标面貌、重大市政工程、城市精细化管理、旧区改造、五大新城建设和长三角一体化发展等重大活动档案的照片和视频。配合在国内外举办各种专题展览收集了有关上海重大活动、重大建设项目、重要名胜和民情习俗等照片。上海市档案馆还开展档案海外征集工作，曾赴英国、美国、瑞士等国征集有关上海历史的珍贵档案资料。

上海市档案馆不仅参与现场拍摄市人大和市政协“两会”等重要会议，以及上海市重大建设项目洋山深水港建设、苏州河综合治理、世博场馆建设、国际客运中心建设、崇明隧桥工程建设等，还拍摄上海各界抗击“非典”、支援汶川抗震救灾等重大突发事件。同时加强专题采访拍摄，有“重走解放上海之路——老领导、老战士、老革命追忆”“上海老字号企业传承人谈老字号的故事”“上海世博会亲历者专访”“欧美同学会留苏学长专访”等，以及东方讲坛系列讲座形成的照片、视频资料。

（二）保管整理

上海市档案馆强化馆藏档案规范管理，制定了一系列档案库房管理、档案调归卷和整理工作的制度规范。研发了“档案条形码库房管理系统”，将条形码技术与计算机数据库管理技术相结合，实现了对每一卷（册）馆藏档案库房存放定位及入出库的全过程计算机管理，大大提高了库房管理的工作效率和工作质量。

上海市档案馆始终将档案安全放在首位，以信息技术为立足点，着力提升档案库房管理的科技水平，创建了“上海市档案馆智慧馆库平台”，整合库房档案管理、库房调卷导航等多种智能管理模块，大大提升档案库房管理的工作效率和现代化水平。

上海市档案馆收藏着大量极为珍贵的档案，这些档案最早形成于明万历年间。为确保珍贵档案的安全，延长它们的利用寿命，1996 年上海市档案馆建立了专门的特藏档案库，将珍贵档案集中分门别类保管。目前，上海市档案馆特藏档案主要有八大类：1. 珍贵的历史文书档案；2. 名人档案；3. 名人字画；4. 珍贵的实物档案；5. 历史地图、图表；6. 珍贵照片；7. 珍贵的商标、烟标；8. 珍贵的股票和债券。

上海市档案馆在做好馆藏档案业务工作中，重点突出特藏档案的保管、保护和利用工作。一是建设红色档案特藏和“四重”档案等展示库，力求“以藏为主、藏展结合”的原则，兼顾珍贵档案的“藏”“展”要求；二是建设香樟木特藏保管库，力求运用特殊的保管措施，将馆藏珍贵档案集中存放，在利用好馆藏红色资源等重要档案的同时，尽可能保护好红色档案和珍贵档案，最大限度地延长其寿命，达到安全保管的目的。为加强档案资料保护，还建立了低温库房对胶片和磁带类档案进行保管。

同时，聚焦“进博会”“新冠肺炎疫情防控”等重点项目，推进“四重”档案工作。一是 2018 年起接收中国国际进口博览会档案。截至目前，已完成第一至第五届进博会档案的入库上架。二是 2020 年起接收新冠肺炎疫情防控档案。目前，已建立起“上海市新型冠状病毒肺炎疫情防控工作领导小组办公室”和“上海市新型冠状病毒肺炎疫情防控工作档案汇集”两个疫情防控全宗。

按照档案管理要求，一个立档单位的档案集中在一起作为一个档案全宗保管。接收进馆的档案要经过考证，确定其所属全宗。有些档案难以确定形成机构，或虽能确定，但档案数量少，难以构成独立的全宗，则将性质相近的档案组成“档案汇集”或“全宗汇集”。每一个全宗编制一个全宗号。

鉴于馆藏档案全宗数量较多，为管理和检索方便，上海市档案馆先按全宗形成单位的性质区分全宗群，然后再编列全宗号、目录号和案卷号。全宗群代号为汉语拼音字母，全宗号、目录号、案卷号都以阿拉伯数字表示。如 A1－1－1，即表示编为 A 类 1 号全宗的 1 号目录 1 号卷。

全宗群代号具体如下：

A：上海解放后中国共产党市委系统档案；

K：上海人大系统档案；

B：上海解放后政府系统档案；

L：上海政协系统档案；

C：上海解放后党派团体档案；

G：上海解放后企业事业档案；

D：上海解放前形成的革命历史档案；

F：专门档案；

H：声像档案；

Q：民国时期各机关、团体、企业档案；

R：上海沦陷时期各日伪机构档案；

S：上海各同业公会档案；

T：特藏档案；

U：外文档案；

W：外文资料；

Y：征集资料、中文资料；

Z：国有企业退休人员人事档案。

上海市档案馆对征集进馆的零散档案资料进行规范化整理，以确保档案实体安全和有序，对接收进馆档案中有特殊保管要求、载体比较特殊或特别珍贵的档案进行二次整理编目。在二次编目过程中，以进馆时的原始状态，或卷（册）或件（份）为基本实体保管单位进行装袋或装盒，并详细著录该件档案的来源、内容、载体、数量等信息，方便管理和利用。

上海市档案馆十分重视档案开放审核工作。1987 年，在《中华人民共和国档案法》实施后，即开放了第一批历史档案，是国内率先开放档案的省级档案馆之一。三十多年来，上海市档案馆的开放档案从历史档案逐步延伸到新中国成立后档案，从文书档案延伸至照片档案，从中文档案延伸至外文档案。截至 2022 年底，共向社会开放了 35 批档案，共计 95 万余卷。按照新修订实施的《档案法》要求，于《档案法》施行当日（2021 年 1 月 1 日）向社会开放了一批档案，将档案开放年限首次提升至形成期满 25 年。

在"坚持以利用为导向"继续加快文件级目录编制的基础上，推动管理模式调整，提高文件级目录编制的精细度，编制重要档案专题数据库，打造结构化数据库，有效提升档案信息的检索深度，进一步方便管理和利用。新增职业学校毕业生领取学历文凭登记档案、收养登记档案、涉外婚姻登记档案、市级人才引进审批档案等在内的七个专题，共计 15 万余件档案，皆列入全市通办平台并上线提供利用。自2016年起积极推进国家重点档案目录体系建设，制定《馆藏民国档案文件级目录著录细则》，提高著录质量的同时逐步加快建设进度，2017年至2022年，共著录民国、中华人民共和国成立后档案文件级目录410万余条。

随着档案开放数量不断增加，档案开放审核机制也日趋完善，为保证档案开放审核工作的制度化，1994年上海市档案馆成立档案鉴定委员会，逐步形成了“档案开放鉴定工作人员初审—责任部门复审—鉴定委员会复核—馆长批准”的档案开放审核工作机制，同时修订完善《馆藏档案解密和划控工作操作细则》，强化涉密档案鉴定要求，统一操作流程和标准，切实提高工作质量。定期开展鉴定工作“回头看”，对已开放档案进行逐卷逐件梳理，从而进一步提高已开放档案的质量。

制定《上海市档案馆互联网公布馆藏开放档案资料暂行规定》，严格目录、全文和内容审查，并首次通过“上海档案信息网”于2020年向社会先后公布2批2万多件馆藏近代工商业同业公会档案和抗战档案，方便社会各界远程查阅利用。积极服务国家战略，梳理归集包括馆藏老字号企业、临港新片区揭幕、科创板设立、长三角一体化建设、上海支援全国、上海抗击新冠肺炎等档案资料，共计10万余卷件。以申评全国示范级数字档案馆为契机，科学制定档案全文数字化计划，制定数字图像质检工作规范，并进一步加大馆藏存量档案全文数字化建设力度。

开展馆藏红色档案资源专项调查，在原有革命历史档案资料全宗群基础上，重点排摸上海解放以来红色档案资源门类、数量、编目、鉴定和数字化等情况，梳理出第一批红色档案，共计34个全宗7万余卷（册）。同时，建设馆藏红色档案专题数据库。依托资源总库管理系统国产化替代项目，完成总计70余万卷件“四重”档案专题数据库建设工作，并将红色档案纳入其中，实现了馆藏“四重”档案一口查询、检索、阅览、统计等功能。

同时，上海市档案馆将档案开放鉴定、档案全文数字化、档案文件级目录著录工作放在同一基础业务部门，使三者有机结合，促进相关工作协调发展。目前，馆藏开放档案已基本实现复制件提供利用，文件级目录覆盖面也逐年提升，进一步提高了基础工作的效能，也方便了广大利用者。

（三）保护修复

1. 库房环境保护

1986年，市档案馆研制成功“档案库房相对湿度自动控制记录仪”，开启了档案库房温湿度主动监控的先河。该设备获第二届全国发明展览会铜牌奖，是档案系统科研成果首次获得国家发明奖，并在许多省、地、市、县档案馆得到推广应用。1987 年，多功能自动控制库房防护系统研制成功，实现了档案库房防火报警、防盗报警、电源和温湿度的集中控制，被市内外档案部门广泛应用。20 世纪 90 年代初，市档案馆与有关单位合作研制了多路温湿度自动控制仪，最多可随时检测 16 间库房的温湿度。1998 年，又研制成功计算机自动控制温湿度系统，该系统获 2002 年国家档案局科技进步三等奖，在国内 20 多个档案部门应用。1998 年，市档案馆开展档案库房空气净化课题研究，成功研制了高压静电空气净化装置，改善了库房空气质量，该课题获 1999 年国家档案局科学进步三等奖。2008 年，市档案馆与有关区档案馆合作，在全国档案系统首次采用地源热泵中央空调系统及热回收除湿技术，用于恒温恒湿再热功能，可节省近 60% 的运行成本。2014 年，市档案馆研究形成《档案馆照明设计规范》，对档案馆照明系统整体设计和实践具有重要指导意义，获 2016 年国家档案局科技进步三等奖。为探索新型保温材料在档案库房环境保护方面的节能应用，市档案馆与闵行区档案馆开展低温库房墙体保温材料的研究，该课题获 2019 年国家档案局科技进步三等奖，为建筑节能应用提供新的方向，具有工程实践的创新性。

2019 年至 2020 年，市档案馆与有关单位一起研制了移动式环境检测系统并投入使用，解决了库房搬迁、消毒时部分特殊工作环境中空气质量的实时检测问题，为新馆搬迁工作做好准备，同时为多家上海档案部门提供了库房空气质量检测服务。

2021 年，市档案馆与有关单位共同研制了库房温湿度监控系统，主要由中央管理软件、数据分析平台、温湿度显示数据库、网络控制器、可编程控制器、温湿度传感器、能量阀、电动风阀执行器等组成。2021 年，市档案馆制定的《档案馆高压细水雾灭火系统技术规范》（DA/T45—2021）发布实施。2022 年，市档案馆制定的《档案馆照明系统设计规范》（DA/T91—2022）发布实施，市档案馆承接《档案馆消防安全管理规范》起草任务，标准制定工作正在稳步推进中。

2. 防虫防霉

1989 年，市档案馆和复旦大学合作进行《上海地区档案霉菌菌相调查》课题研究，为开展档案防霉研究和筛选防霉剂提供科学依据。1990 年，市档案馆研制成功无毒物理杀虫的真空充氮杀虫设备，在上海地区及外省市 80 多个单位应用，获得 1998 年上海市档案局科技进步一等奖。1995 年，市档案馆开展档案修裱全过程防霉研究并取得成果。2014 年，开展档案安全封存技术及组织策略研究。与有关单位合作开展大容量臭氧灭菌消毒安全性和适用性研究，研究成果通过第三方检测，在上海区域内多个档案馆应用。2019 年，市档案馆开展《大容量安全高效档案消毒灭菌设备研制与应用》课题研究，研发了循环对流式臭氧消毒技术，并申请了国家专利（专利号 CN101342373B）。该课题获 2023 年国家档案局优秀科技成果三等奖。

2019 年至 2021 年底，为确保新馆落成后档案的安全顺利搬迁，市档案馆仔细研究档案搬迁工作中科学安全高效的消毒方法，针对不同质量等级的档案采用负压档案消毒台消毒法、臭氧消毒法、密闭绝氧消毒法、档案专用消毒纸消毒法等多种方法为馆藏 160 多万卷（件）历史档案进行了消毒。为保证消毒期间的档案安全，又研制了移动式安全监控系统。

2021 年，市档案馆针对新馆空库房的消毒要求，制定了采用空气净化设备、紫外线消毒灯以及移动式臭氧发生器相结合的消毒方式对库房进行消毒，取得了良好的空库房消毒效果，并在本市多个有此项需求的档案部门推广使用。

3. 修复技术

1982 年，市档案馆采用洗污、揭页、揭托技术，有效地解决年代久远的档案纸张由于受环境影响产生氧化或水解后形成的“档案砖”修裱难题。1985—1987 年，市档案馆对地图、工程图等大幅面纸质档案、照片、焦炭档案修裱进行研究并取得成果。1989 年，市档案馆研制成功丝网加固技术，使经丝网加固的双面有字的纸张档案在修复后保持了原貌。进入 21 世纪，随着馆藏不断丰富，新型载体材料的涌现，市档案馆开发、引进了破损档案修复的现代化设备，加快馆藏破损档案的修复速度。2002 年，市档案馆从国外引进纸浆补洞机，成为国内首家应用机器对档案修补的单位。为总结修复经验、形成操作规范，市档案馆开展课题研究，分析国内档案纸张和修复用纸的性能，掌握纸浆修复机的结构和原理，制定了《纸浆修复档案操作规程》，获 2013 年国家档案局科技进步二等奖。还为西藏自治区档案馆、西藏日喀则地区档案馆制作设备和培训了相关技术。2014 年，对馆藏撕裂、泛黄、变脆、影像消褪模糊不清、银镜反应、感光乳剂层酥粉脱落和霉变等病害的照片进行整体性抢救保护。2016 年，将档案脱酸纳入档案修裱环节，对档案的修复加固起到了一举多得作用，使档案修裱工艺得到更好的补充和完善。2012 年至 2022 年，抢救修复破损纸质档案 50 万幅。

在修复破损档案的同时，1986 年起，上海市档案馆开始对珍贵档案通过手工临摹的方法进行原貌复制。2003 年起，将计算机扫描打印与手工做旧相结合的方法运用到仿真复制，截至 2022 年底，已为本馆及相关单位复制珍贵档案文献 2 万余份。2019 年起，为配合新馆展厅建设，仿真复制各类材质档案包括照片、文件、书籍、名人字画、实物等共计 8 000 余件。2020 年，为提升仿真复制工作再上新台阶，加大了硬件投资，采购了大型扫描设备，解决了特殊尺寸档案难以数字化的问题。

2017 年至 2018 年，市档案馆充分调研了上海市、区两级国家综合档案馆国家重点档案保护状况，依据档案的重要性、破损状态和致损原因，采用量化分析和定性判别的方式，对国家重点档案破损级别进行分类，提出了国家重点档案破损定级标准。2022 年，市档案馆为更好地抢救保护本市红色档案资源，编制了《上海市红色档案资源保护修复工作指南》，包括红色档案资源保护和红色档案资源修复两个部分。

2019 年开始，市档案馆为档案岗位业务知识培训继续教育课程创建了档案保护技术学实训课堂，从而帮助档案从业人员更直观地了解和掌握档案修复基础技能。

4. 音像档案抢救

2011 年，市档案馆启动音像档案的数字化转录工作。截至 2022 年底，馆藏录音、录像档案已完成数字化转录工作。根据国家有关标准和规定，结合工作实际，制定了《上海市档案馆音视频档案数字化抢救工作规范》《上海市档案馆音视频档案数字化抢救工作技术规范》等操作规范，有效促进了音像档案抢救与保护工作的规范化开展。

2021 年至 2022 年，市档案馆开展了《数字档案储存介质耐久性及长期保存策略》和《基于 AI 多特征融合超分辨率重建的影像档案修复应用》课题研究。

（四）信息数字化

为适应信息时代发展需要，上海市档案馆多措并举，积极推进档案信息化建设，逐步构建档案事业现代化的新发展格局。1999 年上海档案信息网站建立，2003 年公务网上海市档案局馆网站开通。“十二五”时期积极实施“城市数字记忆工程”，推进局域网、政务外网和互联网“三网并进”

的档案信息化建设，加快构建完善馆藏档案核心资源总库，并以此为数据资源基础推进各项网上应用，以信息化带动各项基础业务建设。

2021 年 6 月 9 日，上海市档案馆浦东新馆投入运行，开启了上海档案事业发展和档案信息化建设的新篇章。围绕“世纪精品、标杆一流”建设总目标，市档案馆把档案信息化作为新馆建设的重要内容，突出重点，兼顾全面，基本构建起资源丰富多样、管理智慧高效、利用共享便捷、管理安全可靠的信息化建设发展体系框架，全面打造具有科技感、智慧化、人文气息的“城市记忆空间”。

在档案资源建设方面，市档案馆按照“存量档案数字化、增量档案电子化”的要求，加快推进馆藏传统载体档案数字化，加大电子档案、档案数字化副本及其他数字档案资源的接收力度，全方位丰富馆藏数字档案资源。截至 2022 年底，上海市档案馆馆藏资源总库中已保存各类档案条目 2 300 多万条，保存电子档案、数字化副本近 2 亿幅，数据总量达 40TB。

在基础设施建设方面，市档案馆积极落实“可持续发展”战略，围绕涉密和非涉密数字档案资源的不同管理要求，分别建设了屏蔽机房和非屏蔽机房。采用“模块化机房”建设模式，将机柜、配电、制冷、监控、综合布线、消防等无缝集成，实现智能、高效、节能运行。在硬件设备建设上，积极贯彻落实国家信息安全战略，在全国档案行业率先开展信创替代，按照自主可控的要求搭建了政务内网、业务网、政务外网、互联网四网网络平台，为档案应用系统建设提供了安全、高效、稳定的基础架构支撑。

在档案应用系统建设方面，按照《上海市政务信息系统整合实施方案》的要求，以《数字档案馆系统测试办法》为指引，基于四网平台建设了档案资源管理大系统、协同办公大系统、“一网通办”大系统、综合管理大系统，避免“信息孤岛”“数据烟囱”，使馆内信息系统管理更加规范，应用更加高效，服务更加智能，促进了档案业务工作高效、有序开展。

在档案服务体系建设方面，坚持“人民档案为人民”的服务理念，建立广覆盖、多途径、多样化的档案利用服务体系。新馆档案查阅服务中心设立了数字化档案查阅区，共有 48 台查阅终端，利用者可通过终端登录馆藏档案检索系统，进入“上海市档案馆档案资源信息总库”，查询并浏览 95 万余卷馆藏开放档案目录和大部分馆藏开放档案数字化全文；针对民生档案服务，不断优化完善基于政务外网的“民生档案全市通办公共服务平台”，覆盖全市所有社区事务受理服务中心，全市 25 项民生档案查询服务接入市“一网通办”平台，并向长三角地区辐射，推进长三角地区档案工作一体化高质量发展；为推进开放档案的便捷利用，基于互联网部署了“数字档案公共查阅平台”，95 万余卷馆藏开放档案案卷级目录，2 万余件馆藏开放档案数字化全文、档案史料汇编的数字化全文，以及近 5 万余条“老字号”企业档案目录，可在线查阅、浏览。同时，基于智能终端的“上海档案”APP 已上线运行，“档案春秋”微信公众号提供查档、参观预约服务，为公众提供更便捷、更快速的数字档案馆入口。

上海市档案馆按照《“十四五”全国档案事业发展规划》《上海市档案事业发展“十四五”规划》和《上海市档案事业数字化转型方案》的要求，重点探索人工智能等新技术在开放档案审核、涉密档案筛查、多媒体档案开发利用等方面的应用，不断完善档案治理体系、档案资源体系、档案利用体系和档案安全体系的建设，推进档案事业的数字化转型升级。

四、档案利用工作

档案利用是档案馆的基本职能，也是档案馆发挥自身价值的重要途径。多年来，上海市档案馆坚持做好档案利用工作，围绕中心、服务大局，面向社会、服务民生，依托馆藏资源，打造多元化、多层次、多途径的档案社会教育体系，取得了日益显著的成效。2004 年 4 月 23 日上海市档案馆外滩馆的开馆，成为深度了解上海城市历史发展转变的“窗口”之一。2021 年 6 月 9 日，位于浦东新区前程路 811 号的上海市档案馆新馆投入试运行。

上海市档案馆新馆以“史册智库”为设计理念，集档案储存保护、公共查阅服务、展览教育、文化社交等功能于一身，成为一处符合时代特征，体现科技感、智慧化，具有人文气息的“城市忆空间”。位于市档案馆新馆南楼的总面积约一万平方米的公共服务区域，由活动大厅、珍档展示厅、专题展览厅、档案查阅服务中心、报告厅、学生课堂等部分组成，为市民提供查阅档案、观看展览、读档学史、聆听讲座、文化社交等档案文化体验，这座“读档学史”的新地标为发挥档案资政育人的作用提供了新平台。

1. 档案利用服务

上海市档案馆新馆南楼二楼的公共服务区域设有“档案查阅服务中心”，向公众免费提供馆藏档案资料和政府主动公开信息查阅利用服务。接待时间为：每周一至周五 9:30—17:00（12:00—12:30 闭馆消毒）、每周六 9:30—16:30。档案查阅服务中心设有公共查阅大厅、多媒体档案阅览室、图书阅览区和专题阅览室等区域，配备数字化档案查阅终端和缩微胶片阅读机，利用者可以自行检索到本馆开放档案的案卷级目录、文件级目录以及数字化全文信息，此外，还提供来电、来函和网上查档咨询服务。

上海市档案馆已开放档案的利用手续为：利用者凭身份证（境外人士凭护照、港澳台通行证）等本人有效身份证件，通过“档案春秋”公众号或“上海市档案馆”微信小程序提前预约，在预约时间内持相应证件到馆查询。利用本馆未开放档案的手续为：单位持有介绍信可以申请利用本单位移交的未开放档案；个人持有身份证、护照、港澳台通行证等合法有效证件，可以申请利用本人捐献的未开放档案或者记载有本人个人信息的民生类未开放档案。

档案复制的手续为：单位和个人需要复制档案应当向本馆提出申请，原件复印需填写《复制档案申请表》，数字化全文打印需通过本馆利用系统提交复制请求。经审核通过后，利用者可至本馆档案查阅服务中心按不同申请类型领取复印件或自助打印。

从 2009 年至 2022 年，来馆查阅利用档案文件的人数超过 16 万人次，其中 60%以上为来自国内外的学术研究者，其研究领域十分广泛，丰富的馆藏档案成为“打开中国近代历史的一把钥匙”。

2. 政府公开信息查阅服务

2004 年起，根据《上海市政府信息公开规定》，上海市档案馆作为上海市政府主动公开信息的查阅场所，向公众提供市级行政机关送交的主动公开信息纸质文本的集中查阅服务。2008 年以来，上海市档案馆根据《中华人民共和国政府信息公开条例》和《上海市政府信息公开规定》，进一步完善了政府主动公开信息查阅服务制度：（一）公民、法人和其他组织持有身份证、工作证或本组织介绍信等合法证明，可在本馆查阅政府主动公开信息；（二）查阅者可按照政府主动公开信息的纸质目录检索出文件编号，也可请服务人员帮助检索；（三）查阅者根据所获得的文件索取号，可查阅对应的政府主动公开信息纸质文本，也可通过“中国上海政府门户网站”（www.shanghai.gov.cn）进入政府网站查阅对应的电子文本；（四）公民、法人和其他组织在本馆未查找到所需要的政府公开信息，可根据《上海市政府信息公开规定》，到各政府部门信息公开受理点申请查阅。查阅政府主动公开信息的接待时间与档案查阅接待服务时间同步。

3. 社会教育及服务

一是主动服务大局、围绕中心工作，聚集主题教育及重大庆祝纪念活动，举办红色主题档案展览。上海市档案馆新馆主题常设展“城市记忆 时光珍藏——上海市档案馆藏珍档陈列”从市档案馆馆藏档案和近年来征集档案史料中，精选出近千件珍贵文献、影像资料和实物，以档案陈列、实景还原、多媒体声像等多种手段全景式呈现上海这座城市的发展变迁。展览分为开埠通商、建党伟业、抗日救亡、解放新生、革故鼎新、改革开放、新时代新征程等7个板块，一页页旧文稿、一张张老照片、一段段影像再现了1843年以来上海城市变迁的大事件，彰显了上海作为党的诞生地、初心始发地的红色文化的鲜明底色，成为广大党员干部群众学习“四史”的生动课堂。

从2009年至2022年，在上海市档案馆先后举办了“解放之路——庆祝上海解放60周年”、“我们共同的记忆——档案见证上海发展60年”、“世博档案　中国记忆”、“上海·红色记忆——纪念中国共产党成立90周年”、“红星照耀中国——外国记者眼中的中国共产党人”、“上海金融百年”、“西德尼·甘博的中国之旅”、“海上家风——上海‘好家训好家风好家庭’风貌展示”、“上海创新发展”、“信仰的力量——中国共产党人的家国情怀”、“中国共产党人的家风”、“‘不忘初心　牢记使命’主题教育档案文献展”、“温暖的回响——上海市助力全国脱贫奔小康档案文献展”、“建党百年　初心如磐——长三角红色档案珍品展”、“‘问道大师’——张克伟肖像油画展”、“跨越太平洋的合作和交流——上海纪念中美建交40周年展”、“新中国·新时代——庆祝中华人民共和国成立70周年红色文献展”、“视觉档案——江南老桥影像文献展”、“海上行履——龚建华摄影作品展”、“申城印象　海上风雅——沪上名家迎新画展”、“真理之甘　信仰之源——纪念陈望道首译《共产党宣言》中文全译本100周年主题展”、“阳光总在风雨后——沪台交流回眸展”、“恰同学少年——留苏档案见证百年复兴路”、“江山就是人民　人民就是江山——红色档案见证中国共产党百年奋斗之路”等一系列档案展览，取得了良好的社会反响，不仅为本市机关团体、企事业单位开展“两学一做”学习教育、“不忘初心　牢记使命”主题教育、党史学习教育、学习贯彻习近平新时代中国特色社会主义思想主题教育提供了重要的学习平台，也为本市庆祝新中国成立70周年、庆祝中国共产党建党100周年等重大庆祝纪念活动，添上浓墨重彩的一笔。

上海市档案馆还积极服务长三角地区一体化发展国家战略，以区域联动方式，牵头江苏、浙江、安徽三省档案部门，于2021年联合举办“建党百年 初心如磐——长三角红色档案珍品展”。这是长三角三省一市档案部门在展陈领域的第一次全方位合作，除在上海首展外，还在南京、杭州、合肥等长三角23个主要城市巡展，观展人数超过60万人次。

在办好实体展览的同时，上海市档案馆还充分利用网络传播优势，将展览打造成网上展览或云展览，通过不同网络平台开展分众化传播，使红色档案数字化转型成果惠及更多群众。2022年，在沪上主要媒体平台推出“逐梦光荣之城——上海青年百年奋斗史档案文献展”线上展，展览上线后不久点击数即超过10万人次。

此外，上海市档案馆还积极参与了“城市荣光——庆祝上海解放70周年”“勇立潮头——上海市庆祝改革开放40周年”“我们众志成城——上海防控新冠肺炎疫情主题展”等全市性主题展览的筹办，并提供部分展品，努力当好红色档案的守护者、红色基因的传承者、红色文化的传播者。

二是面向广大青少年，丰富档案育人手段，创新档案文化传播方式，发挥省级国家综合档案馆爱国主义教育基地作用。近年来，上海市档案馆被市委宣传部授予“2016—2017年度上海市爱国主义教育基地先进单位”，并荣获“2017年家庭护照最佳服务场馆”。与市少工委开展合作，成为“市少先队社会化争章基地”，共同举办“红领巾心向党，争做新时代好队员”——上海少先队纪念建队70周年主题队日活动，通过共同举办档案陈列等，丰富少年儿童主题队日活动的档案元素。此外，还联合无锡市档案史志馆、无锡市何振梁博物馆等，组织亲子参观活动，实现“长三角联动”开展学生活动；为共建学校定制打造“阅读档案的制作”课程，进一步拓展“成长档案”特色项目；为中小学生开设专题讲座并根据学生兴趣爱好，开发制作了学生课堂教学用品。受疫情影响，中小学生无法来馆学习参观，但借助多媒体视频手段和送课上门等方式，继续开展“校本课程”教学，进一步拓展“成长档案”特色项目。

搬迁至新馆后，积极加强与上海中医药大学、上海立信会计金融学院、上海中学、华师大二附中、上海市复兴实验中学、上海市工商外国语学校、上海市实验学校小学部、浦东新区福山证大外国语小学等大中小学校以及《小主人报》新闻学校、《新闻晨报》学生记者团等不同类型的教育机构的密切沟通联系，组织学生来馆参观，接受红色档案文化的熏陶，不断扩大爱国主义教育基地的"朋友圈"。举办"初心的传承"红色家书专题展暨青少年红色家书诵读活动，面向青少年群体开展红色宣传。为进一步提升爱国主义教育的针对性和有效性，围绕"跟着档案看上海""跟着档案学党史"等主题，针对青少年群体的特点，采用现场讲述、档案展示等方式，组织摄制系列短视频，首批视频内容涵盖陈望道首译《共产党宣言》、中国共产党人的家风、中央文库、人民广场的百年变迁等。通过不断创新红色档案服务青少年的工作方式，帮助青少年鉴往知今、学史明智、自信前行，为培养担当民族复兴重任的时代新人贡献档案力量。

三是贴近百姓，办好档案日宣传系列活动，让档案意识融入百姓生活，让红色档案文化更加深入人心。2013 年以来，围绕"城市记忆·经典上海""上海先行·档案记录""档案——与你相伴""档案——我们共同的记忆""档案见证改革开放 40 年""城市创造传奇·档案记录辉煌""档案见证小康路　助力扶贫决胜期""百年初心地·档案话风华""喜迎二十大·档案颂辉煌""奋进新征程　兰台谱新篇"等主题，积极组织全市档案系统各单位结合各自实际，为广大市民带来珍档发布、展览陈列、现场咨询、论坛讲座、档案故事汇、文博机构公众开放日等多种形式的档案文化传播活动。其中重点推出了"档案见证改革开放——上海档案系统珍档发布和联展""'回眸四十年　筑梦新时代——影像中的上海改革开放'图片陈列""档案见证小康路　助力扶贫决胜期——馆藏上海支援全国珍档发布""上海解放 70 年——上海档案系统珍档发布""'敢为人先　档案见证——档案里的故事'上海市档案日专场""落实全国两会精神　打造上海品牌优势——'东方讲坛'上海市档案日专场""名家访谈：上海传奇的历史回望和再造""城市传奇　档案记录——档案里的故事'国际档案日'专场""上海服务全国的回溯与展望——2020 国际档案日'四史'学习讲坛名家访谈专场暨沪上中青年学者走进档案馆活动""数字技术助力红色档案保护利用学术交流会"等活动，以公众喜闻乐见的形式，让档案意识融入百姓生活，让红色档案文化更加深入人心。

此外，上海市档案馆深入挖掘档案资源，综合运用数据库、知识图谱、人机交互等信息化理念，与解放日报社"上观新闻"客户端共同开发并上线"跟着档案观上海"数字人文平台，既为档案部门搭建一个全新的数字化档案展示平台，也为广大市民提供一个可视化、互动化的了解上海历史与现在的开放空间。

四是满足社会各界多层次的需求，开展具有专业化和特色化的教育服务。近年以来，上海市档案馆积极开发馆藏红色档案资源，配合档案展等，为市级机关、企事业单位和街道社区做好服务，结合“‘不忘初心　牢记使命’主题教育档案文献展”推出，着力打造全市首批市级机关党的组织生活基地；与市委党校合作共建“上海改革开放专题党性教育室”和“初心教育主题教室”两个党性教育主题教室，以及集展馆与教室功能为一体的“红色上海主题教育馆”，营造独特的教学环境，实现沉浸式教学，为学员生动再现上海的红色文化和红色根脉；将“温暖的回响——上海市助力全国脱贫奔小康档案文献展”送进党校，成为党校“对口援建精神品格”教学课程的重要教学内容；充分发挥“上海市民修身市级示范点”的作用，积极做好市民“走进外滩建筑”的配套服务；积极参与上海红色文化资源信息应用平台“红途”的建设，在平台九大功能板块里均展示了我馆的红色资源及相关课程，介绍馆藏红色珍档的“馆长说”微视频受到广泛关注。

五、档案编研工作

早在20世纪60年代，上海市档案馆就开展了档案编研工作，编纂了《中共上海地下党组织会议记录》等十余种档案史料汇编。改革开放以来，依托丰富的馆藏档案，编辑出版了大量反映上海地方历史发展的档案史料汇编。其中，既有反映党领导上海人民进行革命斗争、建设的史料，如《上海工人三次武装起义》《上海解放》《五卅运动》《接管上海》《上海解放初期的社会改造》《南下服务团》《上海党代会、人代会文件选编》《上海党建文献选编（1949—1976）》等，也有反映上海经济社会发展的《清代上海房地契档案汇编》《一九二七年的上海商业联合会》《上海近代广告业档案史料》《近代中国百货业先驱——上海四大公司档案汇编》等。

一直以来，上海市档案馆特别注重对馆藏特色档案的编撰工作，形成了一批高质量的具有上海特色的档案编研成果。根据馆藏租界档案，编撰出版了《工部局董事会会议录》（28册）、《辛亥革命与上海——上海公共租界工部局档案选译》等书籍；根据馆藏上海美专档案，编纂出版了《上海美术专科学校档案史料丛编》（12 卷册），其中包括《不息的变动》《闳约深美》《恰同学年少》《美专风云录》《美专一九五二》等卷册；根据馆藏抗日战争档案，编撰出版了《日伪上海市政府》《上海市各界抗敌后援会》《日本在华中经济掠夺史料（1937—1945）》《日本帝国主义侵略上海罪行史料汇编》《日本侵略上海史料汇编》《日军在上海的罪行与统治》等书籍；根据馆藏金融档案，先后编撰出版《陈光甫日记》《上海银行家书信集（1918—1949）》等书籍。

2010 年起，上海市档案馆与复旦大学中国金融史研究中心合作，进一步开发馆藏金融档案史料，先后编纂《上海市档案馆藏近代中国金融变迁档案史料汇编》及《上海市档案馆藏近代中国金融变迁档案史料续编》丛书，至今已陆续出版了《中央银行》《周作民日记书信集》《陈光甫日记言论集》《钱新之往来函电集》《上海商业储蓄银行》《上海银行业同业公会联合准备委员会 上海银钱业联合准备会》《上海信托业》《上海银行公会》《上海证券业》《浙江兴业银行》《中国征信所》《上海钱业及钱业公会》《联合征信所》《中南银行（1921—1937）》《北四行联营机构》《上海银行家书信集》《金城银行》等一大批图文对照的档案史料汇编。

此外，在 2017—2022 年间，通过深入挖掘馆藏档案信息资源，上海市档案馆还编辑出版了《上海市档案馆馆藏中国近现代档案史料选编》（12 册）、《清代江南机器制造局档案汇编》（4 册）以及《中国科学社档案资料整理与研究：董理事会会议记录》《中国科学社档案资料整理与研究：年会记录选编》等具有较高学术价值的档案史料汇编。

同时，依托丰富的馆藏图片档案，上海市档案馆还编印了《追忆——上海近代图史》《城市记忆——上海历史发展档案图集》《上海珍档——上海市档案馆馆藏珍品选萃》《上海名街》《上海老工业》《民国名人手迹》《上海市档案馆藏中国近现代名人墨迹》《历史的足迹——香港上海城市发展图片集》《上海解放档案文献图集》《抗日战争与上海》《日军占领时期的上海》《泰戈尔与上海》《外滩影像（1841—1949）》《海上金融——上海市档案馆藏档》《上海的俄罗斯记忆》《我们的故事：精算师在上海》等多种图册，以读者喜闻乐见的形式讲好上海故事。

尤其值得一提的是，2014—2022 年间，上海市档案馆围绕红色主题，深挖馆藏红色档案，形成了一批高品质的红色编研成果，编纂出版了《党在这里诞生——中共一大会址、上海革命遗址调查记录》《永远和党在一起——中国福利会英文历史档案选编》《上海大学（1922—1927）与五卅运动外文史料选辑》等档案史料汇编；坚持用红色珍档讲好党的故事，以严谨的史实，通俗的语言，讲述精彩的红色传奇，编撰出版了《日出东方——中国共产党诞生地的红色记忆》《外国记者眼中的中国共产党人》《跟着档案看上海》《上海改革开放40年——那些年，我们的故事》《换了人间——共和国记忆》等文史书籍。同时，充分利用丰富的馆藏红色文献与图片资料，编辑出版了《不忘初心——上海市档案馆藏红色文献选萃》《信仰的力量——中国共产党人的初心》《初心的传承——中国共产党人的家风》等图册。这些红色编研成果出版后，都获得了很好的社会反响，在弘扬红色文化，传承红色基因方面，发挥了独特的价值。

历年来，上海市档案馆累计编辑出版各类档案史料汇编近百种，总字数超过6 700万字；著作20余种，总字数达800余万字；图册30余册，各类工具书10余种。

1985年9月5日，上海市档案馆馆刊《档案与历史》创刊。这是国内第一本由省市级档案馆主办的、公开发行的综合性学术性刊物。原为季刊，1989年起改为双月刊。到1990年6月，一共出版了23期。1994年7月，上海市档案馆出版《档案与史学》双月刊。2005年1月，《档案与史学》更名为《档案春秋》，并改为月刊，成为上海市档案馆宣传和普及档案文化的一扇重要窗口。常设栏目有：馆藏、钩沉、幕后、解密、口述、读档、往事、视点、史传、旧闻、掌故、备忘、影像等。作为一本综合性档案文化类刊物，《档案春秋》集真实性、可读性和教育性于一体，刊载文章注重核心价值观，兼具轻松悦读和史料收藏双重价值；图照大多取自馆藏档案，珍稀鲜见。刊发的部分文章被《人民日报》《新华文摘》《新华月报》《解放日报》《新民晚报》《作家文摘》《新华书摘》和新华网、人民网、中国网、新浪网、搜狐等报刊和著名网站转载。《档案春秋》杂志并被国家新闻出版总署评选为“A级期刊”，入选全国“百种优秀期刊进连队”名单，并连续荣获第四届、第五届、第六届“华东地区优秀期刊”称号。

1985年1月，由上海市档案局和上海市档案学会主办的《上海档案》（双月刊），在档案、图书、文秘、情报资料等系统发行。1989年1月，通过邮局向社会公开发行。1990年7月，该刊与《档案与历史》两刊合并，改名为《上海档案工作》，由上海市档案局和上海市档案馆主办。1991年7月，开始向境外发行。1992年9月，《上海档案工作》在全国首次中文核心期刊评选中被确认为档案学、档案事业类核心期刊和历史类核心期刊。1995 年 1 月，恢复原刊名，由上海市档案局主办。2004 年，《上海档案》改为《新上海档案》月刊（内部刊物），由上海市档案局和上海市档案学会联合主办。2007 年，恢复《上海档案》刊名。该刊虽然前后历经变化，但宗旨一直是宣传党和国家关于档案工作的方针政策和法规，介绍档案工作的新成果、新经验、新信息，推进档案学理论研究，宣传档案工作的作用，增强档案业务交流。常设栏目有：要闻、聚焦、热点、交流、文化、书事、瞭望、随笔、书讯、资讯、珍藏等。一直以来，该刊以丰富的内容，为上海档案系统工作人员打造一片探讨理论、研究问题、交流工作的园地。

2006 年，上海市档案馆创办《上海档案史料研究》论丛，每年两辑，2017 年起改为一年一辑，至 2022 年底已公开出版 26 辑。论丛兼顾档案公布和档案史料学术研究，设有专题研究、口述历史、读档札记、海上春秋、档案架、档案指南、学术动态等栏目。旨在深层次开发档案信息资源，深化上海历史研究，加强档案馆与学术界的联系与交流，为上海地区档案文化开发利用提供坚实基础。刊载的学术论文不乏名家名作，研究范畴不局限于上海一地，而是在更为广泛的基础上探讨上海与周边地区的发展关系，以及与全国政治、经济、文化上的相互联系、交融和影响，提倡直接利用档案史料进行研究的原创性成果，以推动中国近现代史和上海史研究的不断深入。

2016 年 3 月 4 日，“档案春秋”微信公众号正式上线，上线伊始就广受各界好评。2019 年，进行改版，增设政务信息版块，以业界要闻、热点关注、民生信息、互动活动为主。在服务功能上，开发 H5 等互动程序，上线“70 年我们的上海”档案及老照片征集系统；在发布信息来源上，联动上海各级各类档案部门，建立信息员队伍。经过多年的深耕，该公众号以丰富的档案资源为依托，集政务发布、历史推送于一体，为大众提供快捷便民的档案服务和档案人文历史滋养。目前，设有专题回顾、新馆预约、微信矩阵等版块，其中，在专题回顾下，设有 TA 的传奇、穿越历史、我是亲历者、故事地图、怀旧时光等栏目。一直以来，“档案春秋”微信公众号致力于聚焦城市记忆、留存城市发展、传承城市历史，架起档案为民服务的桥梁，在指端讲述档案里的故事。2021 年、2022 年，“档案春秋”微信公众号连获两次“最澎湃创作者”称号。

随着各种新媒体的应用与普及，上海市档案馆不断努力探索利用电视、电台、网络等媒体，拓展开发档案信息资源服务社会大众的新形式。

1996年，与上海永乐影视集团合作拍摄8集电视连续剧《一号机密》，先后在上海电视台和中央电视台播出，得到社会广泛赞誉，并获第17届电视剧飞天奖中篇电视连续剧三等奖和优秀照明奖。2002年起，依托丰富的馆藏资源，相继摄制了百集纪实专题片《追忆——上海历史档案里的故事》及《装饰艺术派建筑在上海》《外滩万国建筑群》等电视片，利用大量的档案史料、照片和影视资料，追寻近现代上海城市与市民生活的发展轨迹，再现了这座国际大都市的沧桑巨变和风土人情。2016年，上海市档案馆出品"上海记忆"系列微纪录片《上海记忆：他们在这里改变中国》，邀请原英国BBC记者、著名历史学家菲利普·肖特出镜，讲述中国共产党在上海波澜壮阔的历史。该片在上海电视台纪实频道播出后，又登陆中央电视台英语新闻频道面向全球播出，受到广泛好评，并获得"全国优秀纪录片"奖。2017年，又推出《上海记忆：金融的变迁》，该片播出后获第十二届"中国纪录片国际选片会"创优评析历史文献类一等奖。此外，上海市档案馆还摄制了《〈共产党宣言〉首部中文全译本》《江南制造局档案》两部镇馆之宝系列微纪录片。在短音频领域，与喜马拉雅网络电台联合推出"上海解放"故事朗读者活动，由普通上海市民参与有声档案故事音频录制，其中"市民朗读者：上海解放珍贵档案"累计收听量达1.3亿次，"历史朗读者：70年上海传奇故事"累计收听量达149.6万次。这些有新意、有创意的档案融媒体产品，引发市民网友共鸣，获得社会好评。

近年来，上海市档案馆加强对外合作、交流，各类学术成果丰硕。同时还与有关高校联合办学，由馆内研究人员兼职授课，培养了诸多历史学、档案学等方面的专门人才。上海市档案馆还在广播、电视、报刊、网络等多种媒体上加大档案工作的社会宣传，并以接受采访、举办知识竞赛、参与电台及电视台直播节目等方式加强与市民的沟通交流，增强档案馆的亲民性。

六、对外交流

上海市档案馆是国际档案理事会（ICA）会员、国际档案理事会东亚地区分会会员，亦是国际档案理事会城市和地区档案馆处执委会成员，对外合作交流密切，迄今已与国际档案理事会、五大洲数十个国家及我国港、澳、台地区开展合作交流。

鉴于上海在近代中国、亚洲乃至世界的独特地位，上海市档案馆每年都吸引世界各地的学者和研究人员前来查阅档案，并开展学术交流。据不完全统计，这些研究人员分别来自日本、美国、英国、法国、澳大利亚、韩国、德国、以色列等国和我国香港、台湾地区。丰富的馆藏成为他（她）们研究上海、撰写学术专著和学位论文的重要档案资料来源。1999、2001、2004 年，上海市档案馆还分别主办召开了“档案与上海史”“租界与近代上海”“面向未来的城市档案馆”等国际学术研讨会。

上海市档案馆积极参加国际档案界的活动。早在 1990 年，上海市档案馆就与日本横滨开港资料馆合作开展了为期五年的上海—横滨城市形成史比较研究，两馆联合举办了两城市形成史的档案图片展，并出版了论文集。2009 年，上海市档案馆与德国海德堡市档案馆在市档案馆外滩馆联合举办了《干杯，海德堡：海德堡啤酒厂和啤酒馆历史》展览。

作为国际档案理事会成员，2009—2019 年，上海市档案馆组团分别参加了在英国伦敦、瑞士日内瓦、澳大利亚布里斯班、比利时布鲁塞尔、西班牙赫罗纳、冰岛雷克雅未克、韩国首尔、墨西哥墨西哥城、喀麦隆雅温得、澳大利亚阿德莱德举行的国际档案理事会年会和国际档案大会。2011 年，上海市档案馆承办了国际档案理事会城市和地区档案馆处执委会会议及“绿色档案建筑”国际研讨会。2017 年，上海市档案馆派员参加了在贵州省贵阳市召开的国际档案理事会东亚地区分会全体大会。这些活动加强了上海档案界与国外同行的交流合作。

在开展学术交流的同时，上海市档案馆深挖馆藏资源，以“讲好中国故事，传播好中国声音”为目的，积极拓展宣传阵地，到境外举办档案展览，用档案里一个个鲜活的故事展现可信、可爱、可敬的中国形象，增进海外各界对中国、对上海，尤其是改革开放后建设成就的认识和了解。2009—2018 年，分别在匈牙利和斯洛伐克举办“邬达克的上海故事”，在德国举办“上海的德国记忆”，在阿根廷举办“肖像上海”，在印度举办“泰戈尔的中国之旅”，在新西兰举办“路易·艾黎在中国”，在南非、智利、西班牙、新西兰、厄瓜多尔先后举办“印象上海”，在比利时举办“上海·创新之城”，在英国举办“魅力上海”等档案图片展览。其中“印象上海”系列展荣获上海市对外宣传“银鸽奖”。2022 年，金砖国家青年峰会暨 2022 年北京友好城市国际青年交流营开幕式上海分会场活动在上海市档案馆新馆举办。

近年来，上海市档案馆除了先后接待澳大利亚华人历史博物馆、波兰国家档案馆、俄罗斯现代书法馆、德国海德堡市档案馆等国外来访以外，还先后接待台湾青年就业参访团、台湾中学生篮球队等，并应邀赴台湾参加了“抗战胜利70周年”学术讨论会和“三十年来两岸近代史学交流的回顾与展望”讨论会，增进了两岸的了解与合作，在两岸文化交流中发挥了积极作用。

上海市档案馆地址：上海市浦东新区前程路811号
邮政编码：201204
电话总机：021－38429688
档案馆代码：431001
上海档案信息网网址：http://www.archives.sh.cn

第二章　馆藏旧政权时期档案介绍

一、北洋政府时期机构档案

浦东塘工局

全宗号　Q203

浦东塘工局设立于1905年，系半官方性质，隶属于上海道。主要职责为在浦东区域内养护海塘、清理公地契地、辟筑道路码头、处理中外土地交涉等。该局局董有朱日宣等，经费主要依靠没收土地的种植收入及税收、捐款等。该局设立后即沿浦筑圩，加固海塘，疏浚河道，清理契地，又集资设立小学及戒烟所，设置轮渡。1927年南京国民政府成立后，该局被撤销，善后事宜移交给上海特别市政府浦东办事处办理。

馆藏浦东塘工局档案共355卷，排架长度5.6米，档案起止年代为1905—1927年，按问题分类，编有案卷目录。

档案主要内容：

1. 接收类

有上海特别市政府接收该局的有关材料，如林场及路基官契，规划浦东沿浦码头图、路政绘图等。

2. 对外交涉类

有美商美孚公司拆毁塘工案、日商川崎公司围用塘基案、大来洋行占用白莲泾港滩案等。

3. 清理滩地契地类

有调查英册契地无碍公路准予立案文件，契地交换、契地出租文件，1923年管理高、陆两乡经售官地之人、清理契地重立界石文件，太古滩地划充码头文件等。

4. 筑路辟地类

有筹辟塘桥马路、开筑中庄家沟工程、筹款雇工挖地沟文件等。

5. 码头管理类

有外商契地调抵杨家渡码头文件，征收码头捐、规划沿浦公渡码头文件，建筑董家渡公共码头收支报告等。

6. 轮渡管理类

有该局设置小轮船立案文件，加收渡资、筹办浦东路政、禁止东西沟行驶商轮文件，英美烟公司轮船撞毁该局公轮赔偿文件等。

7. 巡防类

有该局筹备浦东浜地水陆巡防文件等。

8. 港滩工程类

有上海市政府接收该局宝山海塘图记，浦东塘工局1927年规划黄淄溇港口宽度的案卷，查复近年修塘文件，清理官产处沙田局清理浦滩概要等。

9. 码头工程类

筹辟永兴码头、浦东南码头筑路建桥文件等。

沪南工巡捐局

全宗号　Q205

沪南工巡捐局设立于1918年，前身为上海工巡捐总局，系1914年上海镇守使接收上海市政厅改组而成。1918年上海地方人士屡请恢复自治，北洋政府同意沪南、闸北分治，1月将上海工巡捐总局改组为沪南工巡捐局，仍为官办市政机构，隶属于沪海道尹，管辖范围缩为南市区域，局长先后为杜纯、姚志祖。1924年齐卢战争结束后，上海恢复自治，沪南工巡捐局改组为上海市公所。

馆藏沪南工巡捐局全宗共260卷，排架长度2.4米，档案起止年代为1914—1924年，按问题分类，编有案卷目录。

档案主要内容：

1. 路政类

有该局测绘南市路线章程，民国路政章程，修路及人行道贴费方法，禁止沿路停车设摊、砍伐路旁树木文件，向马路洒水文件，该局工程主任有关路政的呈文，县商会等要求该局管理马路、承办测量绘图事宜文件等，商民要求开辟马路的文件，道尹饬修孔庙附近道路的文件，该局开辟陆家浜路、方浜路、制造局路、乔家浜路、车站路等道路的文件，为筑路要求市民让地、催拆房屋、坟墓的文件等，该局修建天钥桥、中道桥、丰林桥的文件等，1914 年南半城城壕丈放办法，该局与城壕官产清丈局有关清丈事宜的文件等。

2. 码头驳岸类

有该局 1914—1916 年推展沿浦岸线的文件，与濬浦局规定界线建筑驳岸订立合同，建筑南市驳岸章程，大码头至关桥建筑驳岸文件，填薛家浜、建董家渡码头工程文件等。

3. 建屋类

有该局建造上海县公署、1916 年建造沪军署、建造小菜场文件，取缔工厂建筑设备章程、取缔违法建筑文件等。

4. 水电类

有电车公司敷设小东门、小南门电轨及市民请取缔肇嘉浜路行驶电车来函，电灯公司通知靠近电线阳台请预防危险文件，华商电灯公司设立车站文件等。

5. 执照类

有市民为建筑事宜申请发给执照、要求吊销违章建筑执照文件，征收营业执照费文件等。

6. 交涉类

有对租界当局在法华乡越界筑路的交涉文件，该局请法公董局转饬拆卸十六铺浜基越界修筑的阳台的文件，1922 年中外合作翻修外马路轨道工程文件等。

沪北市政局

全宗号　Q206

沪北市政局的前身为沪北工巡捐局，1924 年被闸北市公所接收，1925 年改组成立沪北市政局。该局系闸北市民的自治机构，接办闸北工程事宜。1926 年改为官商合办上宝两县闸北市公所。同年 3 月，改为沪海道兼管沪北工巡捐局；5 月，孙传芳设立淞沪商埠督办公署，该局被接收。

馆藏沪北市政局全宗档案共 21 卷，排架长度 0.8 米，档案起止年代为 1925—1926 年，按问题分类，编有案卷目录。

档案主要内容：

1. 路政类

有该局开通北四川路余庆坊后弄以通华界并向闸北水电厂接洽装灯的文件，该局工程处为修筑共和新路、西宝兴路、长安路、光复路、宋公园路、翔殷路、交通路的工程估价文件，工程处申请经费的文件等，筹建华盛路口大桥文件，谈家木桥工程估价文件等。

2. 码头驳岸类

有修复光复路码头驳岸的文件等。

3. 执照类

有大北电报公司为在北河南路火车经过处修地线掘地请颁执照的文件等。

4. 其他

有市民请修阴沟的来函，该局工程处为市民迁坟让路请给迁费的文函等。

沪北工巡捐局

全宗号　Q207

沪北工巡捐局设立于1918 年 1 月，原为官办闸北工巡捐分局。沪北沪南分治后，闸北工巡捐分局改称沪北工巡捐局，为主持闸北市政及收捐设巡的市政管理机构。局长曹有成。1924 年上海恢复自治，沪北工巡捐局被闸北市公所接管，改组为沪北市政局。1926 年又改组为上宝两县闸北市公所。同年 3 月更名为沪海道兼管沪北工巡捐局。同年 5 月归并于淞沪商埠督办公署，下设财务处、工程处。1927 年淞沪商埠办公署结束，沪北工巡捐局恢复原有名称。1927 年 7 月上海特别市政府成立，该局被接收。

馆藏沪北工巡捐局全宗档案共 534 卷，按机构分 3 个目录号。档案排架长度 4. 8 米，档案起止年代为 1918—1927 年，按照时间先后顺序排列。编有案卷目录。

档案主要内容：

1. 1918—1925 年的沪北工巡捐局

(1) 总类

有该局装修房屋的有关文件等。

（2）地政类

有该局为筑路请会丈局送测量草图、筑路划地照章给价的文件，与吴淞商埠局为划地域发生纠葛的文件等。

（3）工程类

有闸北自治协进会等整顿路政的建议，该局规划马路宽度的规定，市民关于发展新西区地面的议案等，商民要求该局筑路筑桥放宽马路的来函，该局修筑中兴路、同济路、共和路、江湾路、军工路等工程的文件，修筑新闸桥、新大桥、邢家大桥、谈家大桥的文件，开浚顾家沟、彭浦河、苏州河等工程的文件等。

（4）对外交涉类

有该局转知领事团关于洋商契地立界须该局会同办理的文件，英册契地竖界石或筑路占用契地引起纠纷的文件，工部局在江湾等地越界筑路及筑新大桥文件，工部局要求越界放宽北四川路文件等。

（5）水电类

有商民请示整顿闸北水电及在闸北新辟马路安装水电的文件，大北电报公司迁移地线要求批准的文件等。

（6）牌照类

有市民为建房请发牌照的文件，要求取缔违章建筑的文件，要求批准设立广告牌的文件，要求新屋装订门牌的文件等。

2. 江苏沪海道兼管沪北工巡捐局

有会丈局请会丈英册契地文件，水电路掘动路面通知该局修复的文件，修理新闸路、邢家宅路、止园路的文件等。

3. 1927年4—6月沪北工巡捐局

有商民要求修路须悬旗挂灯的文件，要求浚通柳营河、横浜河，修建淞沪路、控江路、水电路的文件等。

淞沪商埠督办公署工务处

全宗号　Q208

淞沪商埠督办公署工务处设立于1926年5月，乃接收原沪北工巡捐局而设，是直属淞沪商埠督办公署的工务机构。其主要职责是测绘淞沪商埠区域地图，修筑道路，疏浚河道，建设公共设施。该处设立后，制定了淞沪市政建设计划，修筑了控江路、淞沪路、花园路等路，又计划在苏州河新垃圾桥至新闸桥一带筑驳岸、建筑大统路。1927 年北伐军抵达上海，淞沪商埠督办公署结束，该处随之撤销。

馆藏淞沪商埠督办公署工务处全宗档案共 70 卷，排架长度 1.6 米，档案起止年代为 1926—1927 年，包括部分上海工巡捐总局的档案，按问题分类，编有案卷目录。

档案主要内容：

1. 总类

有该处重订沪北马路宽度的文件；1917 年上海工巡捐总局送肇嘉浜常浚章程致法租界公董局的文函，内容包括该局拟由公董局每年贴补疏浚肇嘉浜费用但不能干涉疏浚事宜；该处取缔违章建筑迁移碍路电杆文件；市民请承领东沟塘路官地的文件；1927 年 2 月闸北市公所移交各类工款的文件；上海工商区域草图等。

2. 组织人事类

有 1926 年 3 月接收沪北工巡捐局工务处的文件，淞沪商埠督办公署工务处人事任免文件，市民控告五卅丧葬筹备处职员舞弊案的文件，控告有关人员盗卖官路公浜的文件等。

3. 工务类

有商民请该局筑路架桥的文件，请转商濬浦局开浚安乐潭的文件，淞沪警察厅委托该处修理龙华飞机厂的文件，工务处修筑控江路、新闸桥、淞沪路、花园路、水电路、淞沪路、交通路等工程的文件，工务处与法租界总领事协商开浚蒲肇河的来往文件，工部局越界筑北四川路与之交涉的文件，东光复路建筑驳岸工程的文件，筹建曹家渡桥梁工程的文件等。

4. 捐务类

有商民转请淞沪商埠督办公署财务处编订门牌征收总捐的文件，财政处征收总捐函请派员估计房租的文件等。

上海市公所

全宗号　Q209

上海市公所成立于1924 年，系沪南工巡捐局改组而成，为地方自治性质的市政机构，主要经办南市范围的开拓马路、整理沟渠、颁发建屋执照、处理地界纠纷等事宜。创办后，进行了填充陆家浜等工程，并计划开浚蒲肇河等事务。1927年上海特别市建立后，该所被接收，结束业务。

馆藏上海市公所全宗档案共25卷，排架长度0.8米，档案起止年代为1922—1927年，按问题分类，编有案卷目录。

档案主要内容：

1. 工务类

有该所填浜筑路、拓宽马路文件，如填充陆家浜的文件；该所工程处各项切结保单；该所规划豫园内路线文件；市民修理桃园路、常州会馆路、庙桥港浜基、余公祠祠地、十六铺外某弄口房屋与附近居民交涉有关文件等。

2. 交通类

有华商电车公司请批准在肇嘉浜路铺设电车轨道的文件，老白渡轮渡公司请求保护轮渡及有关洋泾港口轮渡的文件，大东门直街禁止汽车、马车等交通工具通行的文件，小车编号事宜的文件等。

3. 其他

有该所取缔南车站搭盖草棚文件，市民及外侨为翻造房屋、筑路申请执照的文件等。

宝山塘工局

全宗号　Q210

宝山塘工局全称为宝山塘工岁修局，成立于1917年以前，直隶于江南水利局，负责上海、宝山两县区内所有河塘堤坝的修筑工作。修塘工款由江南水利局直接拨给或由宝山县公署发行债券，向银行、工厂、乡董募借所得，工程采取招标承办方法。朱日宣、鲍恩涵先后担任宝山塘工委员。该局结束时间不详。

馆藏宝山塘工局全宗档案共45卷，排架长度0.8米，档案起止年代为1917—1928年，编有案卷目录。

档案主要内容：

1. 工款类

有江南水利局制定的塘工借款章程，宝山县公署募借塘工公债文件，以地产抵押借款或以河畔地租充公款以维修堤坝的文件，向工厂、银行募借工款文件等。

2. 塘工类

有宝山东塘等塘长请求修筑加固堤坝的呈文，该局与宝山县公署有关堤坝溃决办理善后事宜的文件，有关险要驳岸的勘探报告及预防坍塌的建议报告，该局勘估蕰藻浜驳岸并为拆毁沿河建筑与吴淞大中华纱厂纠纷文件，该局与江南水利局会勘驳岸进行估价文件及江南水利局招标承办塘工训令等。

3. 路工类

有吴淞乡民、诸塘塘长请求改塘筑路及加高路基以防水患的呈文，该局对吴淞镇应修马路进行查勘文件等。

4. 其他

有该局为嘉奖东塘员工致江南水利局文件，宝山县公署禁止乡民任意招揽摆渡业务的布告，船民请求酌给工粮致江苏省省长的呈文等。

上宝两县闸北市公所

全宗号　Q219

上宝两县闸北市公所是闸北地方自治的市政工程机构,1925 年成立。其前身为沪北市政局。1926 年 3 月，上宝两县闸北市公所改为沪北工巡捐局，归沪海道尹管辖。主要负责上海、宝山两县之间闸北地区的市政建设，从事兴修道路、征用土地及建设公共设施等事务。

馆藏上宝两县闸北市公所全宗档案共 32 卷，档案排架长度 0.8 米，档案起止时间为 1925—1926 年，编有案卷目录。

档案主要内容：

1. 兴修道路

有开筑闸北地区交通路、公兴路、中兴路、大统路、共和路、横浜路、闸殷路、西宝兴路、永兴路、翔殷路、宝山路、止园路、严家阁路等工程的文件，闸北市议事会关于将宝山路、大统路、恒丰路三路改建为闸北模范马路的咨文，闸北市议事会关于修筑人行道的咨文等。

2. 征用土地

有征用新市支路沪宁铁路局地产、中华新路保安堂义冢、西宝兴路谈金和地产、广肇路朱承德房产的文件，作价收购西宝兴路姚月祥地产、交通路桂松地产、淞沪路陆锡章地产等的报告。

3. 建设公共设施

有修建宋公园、开浚横浜河的文件，闸北市议事会关于规划公共建筑的咨文等。

上海市董事会

全宗号　Q220

1923 年 6 月，上海恢复实行自治；9 月，依据江苏省暂行市乡制，选举产生上海市（指上海城厢内外地区，即原南市区范围）议事会，进而由上海市议事会选举出上海市董事会，作为上海市议事会的最高行政机构，主要负责上海城厢内外的市政建设和公用事业。陆文麓为总董，苏本炎、顾履桂、杨逸为董事。同年 11 月，陆文麓辞职，补选姚文楠为总董。翌年 7 月，董事会改选，李钟珏当选总董。1926 年 6 月，孙传芳令设淞沪商埠督办公署，派员接管上海市董事会事务。

馆藏上海市董事会全宗档案共 12 卷，档案排架长度 2.4 米，档案起止时间为 1923—1924 年，按问题分类，编有案卷目录。

档案主要内容：

1. 经费类

有上海市议事会、董事会恢复成立经费清单（1923 年 9 月至 1923 年 12 月），上海市董事会为拨款事与沪南工巡捐局来往文件，上海市议事会 1923 年 9 月份支出决算报告等。

2. 教育类

有上海市董事会为市立第三小学拟借上海县教育局房屋充作教室致县教育局函，上海市董事会、上海县教育局关于南区义务小学改为市立小学的来往文件，上海市县属各市乡户口暨学龄儿童人数表等。

3. 房地产类

有上海市董事会总董李钟珏为工部局筑用静安寺外余地同上海县公署来往文件，上海市董事会关于清静庵出租庵产的公文，上海市董事会、上海县知事沈宝昌关于公共租界工部局在华界民地立界碑的来往文件，上海市董事会关于将东庙桥石条移作法华乡后木桥的公函，上海县清丈局、上海市董事会有关丈量土地的来往文件等。

二、国民政府时期机构档案

上海市政府

全宗号　Q1

上海特别市政府于1927年7月7日成立。1930年7月1日改名上海市政府。1937年八一三淞沪抗战失利后，撤至重庆。1945年9月9日接管日伪组织，9月12日正式恢复上海市政府。1949年5月27日由上海市军事管制委员会接管。其间，黄郛、张定璠、张群、吴铁城、俞鸿钧、钱大钧、吴国桢、陈良、赵祖康等先后担任市长或代市长。抗战前，市政府内设秘书处，处下设第一科、第二科、第三科、机要室、情报处，下辖社会局、公安局、财政局、工务局、教育局、卫生局、土地局、公用局、港务局、保安处等机构。抗战后，内设人事处、会计处、统计处、总务处、调查处、民政处、秘书处、新闻处、参事室、机要室等，下辖警察局、民政局、工务局、公用局、教育局、卫生局、地政局等机构。

馆藏上海市政府全宗档案共12 453卷，档案排架长度204.8米，档案起止年代为1922—1949年，编有案卷目录。

档案主要内容：

1. 人事类

有铨叙部各种组织法规；市政府人事管理法规；市政府和各附属单位组织法规；市政会议录，技术人员审查委员会第1至第21次会议录、报告表；人事处1945—1949年工作计划、报告；吴国桢、何德奎等的个人材料；市政府各处室和下属单位职员动态登记名册，职员录、履历表、眷属调查表，职员任免、迁调、甄审、叙薪、奖惩、抚恤的有关文件，各部门职员请假考勤月报表等。

2. 留渝档案

系抗战前上海市政府转移至重庆，并在战后运回上海的档案。其中有市政府组织规则，秘书处和各局组织细则、办事细则；第1至第308次市政会议录，1934年市政府职员录；市政府接收浦东塘工善后局及洋泾浜公所有关文件；划分省市治区、治权文件；修改洋泾浜章程、会勘华法交界界址、解决法租界沿浦滩地升科纠纷文件；蒋介石为防止爆发工人运动给俞鸿钧的手令（抄件）；非常时期中央和地方党部指导工作方式大纲；发行市公债、复兴公债等文件；开浚吴淞江、建筑市政府和各局房屋等文件；限制日人购地建营房、军库等文件。

3. 钱任档案

即钱大钧任上海市长时期（1945 年 8 月—1946 年 5 月）的市政府档案，有行政院、内政部、社会部、军政部、陆军总司令部等有关收复区和各项管理办法，处理战犯、战俘、汉奸办法，接收人员名单；中国陆军总司令部颁布的有关日、韩侨民及战俘管理征用办法；关于调查、逮捕德国共产党并对逮捕德共人员实行集中管理与中国陆军总司令部、德侨管理委员会往来文件；中美关于取消美国在华治外法权及处理有关问题条例；中英关于取消英国在华治外法权及有关特权条约的白皮书；《中美友好通商航海条约》；外交部有关收回租界条约及法规文件；市政府、社会局、工务局、教育局、公用局等 1945 年工作报告；1946 年 3 月上海人口统计报告表；接管日商企业、处理陈公博等汉奸产业的有关文件；市政府秘书处职员录及各局长处长的任免文件等。

4. 机要类

有市政府处理王孝和、丁锡山问题文件；解放前夕上海市警察局应变计划；市政府关于沪存物资运台问题与各物资管理部门往来函，运台物资数量清单，处理扬子公司等囤积物资文件；重要汉奸调查名单，处理汉奸文件；市政府调查处监视中共代表团上海办事处人员情况报告，调查中共人员活动情况报告，调查中共和民主党派文化人士在沪进行文化活动情报，1946 年、1947 年每日情报；处理工运、学运有关文件；1947 年和 1948 年外侨概况年报；钱大钧关于成立中国航空协会上海分会致陈纳德函；国民政府任免市政府高级官员训令；科以上职员录；1946 年 5 月至 1949 年 5 月市政府来电、发电底稿等。

5. 民政类

有户籍法规，户口普查法，户籍登记处理规则、处罚规则，更改姓名限制办法；有关征兵文件；第 1 至第 32 区区民代表名册、保甲长名册，区公所职员名册，区民代表会会议录；组织民政局、区公所文件，区长交接文件等。

6. 财政类

有财政局 1946 年工作报告，1947 年上海地方财政统计，调查泰和兴银行套港汇案；财政部有关加强金融管制、查禁高利收存款、取缔金融黑市买卖和汇兑等文件；有关牲畜税、营业税、印花税、田赋、房捐、娱乐捐、旅栈捐、码头捐、遗产税的文件；发行同盟胜利公债、建筑公债、复兴公债、市政公债、救国公债的文件等。

7. 警察类

有确立指纹制度、实施警管区制文件；组织保安警察、水上警察、经济警察、警局广播电台，恢复保卫团文件；保卫部队季报表、民众自卫组织调查表、民众武力概况报告表；旅馆管理规则、民办救火会管理规则、火灾保险业管理规则；警察局消防处指挥人员名册等。

8. 工务类

有运量观测队工作概要，越江工程委员会、公共工程委员会、建筑规则委员会、都市计划委员会、设计考核委员会等组织规程，核发建筑执照、拆屋执照、吊销建筑公司登记证，取缔违章建筑等文件；营造法规、公有建筑审查规则、管理公园章则、疏浚河道工程规则、建筑管理规则、行道树管理规则，修建宋公园、中正公园、黄浦公园、凡尔登公园、英士公园等工程文件，修建恒丰桥、中兴桥、大木桥、徐家汇桥、曹家渡桥、南市码头、日晖港码头等工程文件。

9. 社会类

有社会局工作报告；劳工工潮会议录，解决失业工人问题、拟订职工待遇办法、提案；第一住宅合作社、甘肃省合作金库、中央合作金库上海分库、全国合作社、上海市职工消费合作社等申请登记案；各新闻机构、电台、工厂、商号、技术员工等申请登记案；难民、华侨、失业工人救济案；劝工大楼惨案；取缔非法开业、转顶房屋、囤煤、囤油、囤粮案；市政府、教育局、卫生局、地政局、财政局、公用局、民政局、社会局、警察局、港务局整理委员会、各区、邮政管理局等单位暨所属单位配售日用必需品名册；上海失业工人人数、物价指数统计；调查劳资纠纷案等文件。

10. 教育类

有教育工作报告，提高教育经费、劝募教育贷金、开办学校经济食堂文件；第 17 区公所呈请将市立戏剧学校改办国民学校案；复兴国民学校请收回沪西长生庵公产作校基案；控告三民国民学校、天恩小学、私立华德小学、复兴国民学校校长案；教育文化建设委员会组织办法、劳工教育大纲细则、外侨学校登记办法、上海市巡回施教队组织规则、市立民众学校规则等章则。

11. 公用类

有公用局和所属组织、公交公司、汽油分配委员会、公路交通安全促进会、沪西给水管理委员会等机构组织法规，车行登记、车辆过户、船舶登记、免费车照、广告执照案文件，调整人力车价格、水上交通价格、陆上交通价格、出租车价格及公用事业价格等文件；上海市港务会议议事录，选派公用事业官股董事文件，管理民船驳运业暂行规则、码头管理规则、苏州河航道秩序规则、人力车租赁规则等文件。

12. 土地类

有地政局组织案，上海市公地清册，土地登记规则、土地清丈简则、公有不动产管理法、地产经纪人管理规则等；招商局、邮政管理局、水利部、各区公所等请拨公地案等文件。

13. 卫生类

有卫生局、卫生委员会、市立医院管理委员会、区卫生委员会、卫生事务所等组织案文件；中医、牙医登记，药商注册文件；各项公共卫生管理规则；卫生局局长、职员、外籍员工任免文件等。

14. 总务类

有市政府 1946 年工作计划；美军上海基地司令部魏尔德为建立上海军事基地致市政府公函；市政府 1945—1949 年各项训令；员工福利委员会议事录；第 1 至第 177 次市政会议记录；上海港务整理委员会第 1 至 53 次会议录；市政府施政报告；吴国桢致外宾函件底稿；市长更替移交清册；1946 年 5 月至 1949 年上海公务统计报告；市政府公报；上海市市民抗战财产损失表，各国侨民团体、个人财产损失调查表等文件；总务处财产移交清册、市政府职员录等。

15. 统计类

有统计处人员任免文件，1946—1948 年物价指数、生活指数调查，统计处工作计划、各局统计室工作计划，1947—1948 年统计旬报，上海市工厂劳工状况调查表，上海市警察局统计月报，社会局零售物价调查表，上海市工厂工人数调查表，上海市经济统计、公用事业统计月报等。

16. 情报类

有调查地下党员情报，转录《时事新报》有关瞿秋白被捕前谈话一则，工厂、学校罢工、罢课调查，对国民党上层人物、民主党派、进步人士的调查情报等。

17. 平民住所委员会

有筹建该会文件，关于取缔草棚建平民住所文件，全市棚户分布统计表，第一平民住所租地合同等。

上海市政府接收物资管理处

全宗号 Q3

上海市政府接收物资管理处于1945年11月16日成立，主要负责日伪小型商店物资财产和房屋财产的接收、处理工作，先后由沈士华、谢灏龄任处长。该处直属上海市政府，内设调查、物资、工商、经理、清算、稽核、财务、人事、会计、业务、总务等部门。1946年停止接收工作，1947年10月正式撤销。

馆藏上海市政府接收物资管理处全宗档案共1 092卷，档案排架长度12米，档案起止年代为1945—1947年，编有案卷目录1册。

档案主要内容：

1. 总务类

有该处组织章程，会议记录，办理结束文件，沈士华、谢灏龄办理交接文件；日侨管理处工作报告；该处职员名册、履历表，人事谈话会议事录，有关职员任免、迁调、考勤、福利文件；日伪小型商店接收处理登记表，日商行地址、名称、负责人、电话号码表及有关日本居留民团房屋情况等。

2. 业务类

有该处接收通和酒精厂、起士林咖啡馆、味之素公司、大东纺织机器厂、新声针厂、汉和洋行、中江实业银行上海分行、岩井洋行、佐佐木洋行、安利洋行、永海洋行、伊藤洋行、清和洋行等600多家日伪洋行、商店、工厂、咖啡馆、旅馆、酒家、药店的有关文件，该处接收工作报告表、日伪资产接收简表，有关单位和个人申请发还、配给日伪物资以及该处拍卖日伪物资有关文件等。

3. 会计类

有该处预决算，1945年、1946年经常费计算书，薪津表，经常费分类账，日记账，总分类账，资产负债分户账及传票等。

4. 报表

有接收日伪机构清册、日侨私有财物登记表、资敌工厂调查表、接收日伪物资清单等。

上海市公用局

全宗号　Q5

上海市公用局设立于1927年，是市政府直属的公用事业管理机构，主要职责为管理南市、浦东、闸北一带城市给水、码头仓库、水陆交通、煤气、电话、广告、供电、轮渡、执照颁发等公用事业。该局创办时，下辖码头仓库管理处、浦东办事处、沪北区管理处等机构。局长黄伯樵，后为徐佩璜。后又增设车辆登记所，路灯管理处等机构。抗战胜利后，公用局恢复建制。局长赵曾珏。设有4处4室，下辖码头仓库、船舶登记、车辆登记所等直属事业机构19个，直属公营事业机构10个，并监理其他公用事业公司，管辖范围扩大为整个上海区域。1949年5月该局由上海市军管会接收。

馆藏上海市公用局全宗档案共12 904卷，档案排架长度112.8米，档案起止年代为1922—1950年，按内容分类，编有案卷目录，已拍摄缩微胶卷7盘。

档案主要内容：

1. 广告管理

有广告商登记管理规则、广告登记文件、广告商申请承办广告文件、请免广告捐等文件。

2. 码头仓库管理

有码头仓库管理规则，公用局调查仓库、取缔不合规定仓库文件，民营仓库、堆栈登记、审查报告书及申请登记等文件。

3. 交通管理

有公路交通规章、五省市互通汽车暂行章程，1933年该局对解决市中心区交通拥挤所提建议和方法，1937年抗敌后援会交通委员会办理交通工作纪实，上川交通公司等各长途汽车公司规章、设站文件，公用局筹办市中心公共汽车、华界电车、筹设联合交通公司文件等，各方请发车牌文件，取缔违章车辆，人力车互助会会务工作报告等。

4. 内河航运管理

有市轮渡换照、调查、规划线路文件，1933年市轮渡移交兴业信托社文件，1945 年组织市轮渡公司文件，招商承办济渡文件、市民请承办济渡文件，沪北船舶管理处报告、整理苏州河航运秩序文件，各轮使用北苏州河岸线文件等。

5. 公用事业管理

有公用局给水事业概况、浦东水厂扩充计划、沪西给水工程计划，接收整理水电事业文件，法商水厂、闸北水电公司、内地自来水公司等的工程、财务文件等。

6. 组织及局务

1927 年接收各公用事业机构文件，公用局组织沿革，人事任免文件，调查公用事业战时损失文件，公用事业审议委员会会议记录，战后接收日伪大上海瓦斯公司、筹组联合电力公司、筹设联合交通公司文件，港务委员会会议录，公用局业务计划及工作报告等。

7. 复兴大上海计划

有都市计划调查资料、复兴大上海建设纲要草案等。

8. 其他

有交通部邮电复员计划纲要、浙江省公路管理局组织规程、浙江省手工业指导所工作概况、战时西北交通方面的资料等。

上海市社会局

全宗号　Q6

上海市社会局存在时间为1928—1949 年，是隶属于上海市政府的行政管理机构，负责工商企业行政管理、粮食燃料供应、社会福利、社会团体、工会组织、劳资争议、合作指导等。其前身为 1927 年 7 月成立的农工商局，1928 年 8 月改组为社会局。下设 4 个科及浦东农场、国货陈列馆、粮食委员会等附属机构，1936 年一度将教育局并入，扩为 5 科 4 室。1937 年日军侵占上海后结束工作。局长先后为潘公展、吴醒亚。抗战胜利后，在接收日伪上海市经济局、福利局后重新恢复，设 10 个处，局长吴绍澍。1945 年 11 月减缩至 4 个处。局长前后为吴开先、曹沛滋等。局内还设有工运党团指导委员会及工人福利会、社会工作人员训练班等组织。1949 年 5 月由上海市军管会接管。

馆藏上海市社会局全宗档案共 25 773 卷，档案排架长度 319. 2 米，档案起止年代为 1927—1949 年，按问题分类排列，编有案卷目录，已拍摄缩微胶片 453 盘。

档案主要内容：

1. 工商企业管理类

有各种工商企业管理规则；市政府关于军用服装厂商登记规则来往文书；市纸张裱糊商业公会等为修正业规来往文件；市百货业职工工会等关于修正职员规则来往文件；经济部各项公告、训令，如转发奖励工业暂行条例的训令、关于收复区各种公司登记处理办法等；经济部发商业登记办法，工商企业申请登记、撤销登记的文件（内附企业章程）；各种工商管理办法，如民营事业申请价配日本赔偿物资办法、市工业区域划分办法等；工商企业停业、迁址、增资等呈报文件；社会局调查中外工商企业等文件。

2. 合作事业类

有合作事业计划，各工厂员工消费合作社设立、各社登记清册，社会局视察各社报告，合作事业进度月报表，社会局接收汪伪牲畜市场及日资工厂等文件。

3. 粮食管理类

有粮食登记规则，市政府管制米粮实施办法，关于粮食调配、用煤审核及员工申请配售米煤、物价调查、囤积居奇案件处理文件，各区议价米店及户口统计表等。

4. 社团管理类

有各会社、协会、互助会、体育会、旅行团、研究会、校友会、同志会、同学会、学会、同乡会、同业公会等登记文件。

5. 工会农会等管理类

有一区、四区机器制造业工会、天原电化厂等各产业工会、各区农会设立登记文件，包括章程、发起人、会员名册；苏中机械厂工会、脚踏车零件制造业工会等各会章程、理监事各单；上海市沙逊公司产业工会文稿簿、会员名册，浦北区码头运输业职业工会筹备会入会登记表等。

6. 劳工福利类

有社会局聘请劳工福利委员会委员名单，工福会设立登记（内附各会章程、人事名单）文件，社会局及工福会关于工资纠纷、三轮车车租福利问题等文件，利泰橡胶厂、鸿丰面粉厂、泰利机器厂工潮及劳资纠纷文件；社会部上海复员服务站关于解决复工问题文件，包括会议录，后方来沪工人代表团名册，员工要求复工、申请工作的文件；工福会、市政府失工辅导委员会关于失工、医疗、夜校等问题来往文件；各厂厂规及员工服务规则；浦东工人福利会、中国产物保险公司职工福利会等简章、委员名单、会议录，中国纺织建设公司各厂职工福利事业概况调查表等。

7. 劳资纠纷类

有社会局及警备司令部等解决劳资纠纷、工人罢工、怠工的材料；各工厂企业、服务业、报业、印刷业就开除工人、改善待遇、降低工资等事与社会局来往文件，如力生自动机器制造厂关于解雇工人、复工纠纷等文件，公用事业产业工会要求保障人权致社会局函，社会局与申新九厂、黄浦机械铁工厂、亚细亚钢铁厂、中央汽车工程公司等有关工资、解雇纠纷来往文件，社会局警察局总工会等关于电筒制造业、电镀业等劳资纠纷来往文件，唯新烟厂、颐中烟厂、大中华烟厂、中华水产公司等罢工纠纷、逮捕工人等事与社会局来往文件，丽泰餐厅、电影业、评剧业等劳资纠纷文件；英商、法商电车公司王中一等181名共产党嫌疑被捕并被起诉文件；1946年劳工统计等。

8. 慈善团体管理类

有各宗教慈善团体、托儿所、医院、疗养院、各救济机构的设立登记文件；处理流亡学生、卫生防疫问题及救济募捐文件，收容难民统计等。

9. 社会管理类

有各寺院、教堂登记及寺产纠纷文件，褒扬抗战将士的有关文件，关于四行仓库建立“四行孤军纪念塔”案，上海市抗敌伤亡人员调查表，推行集团结婚、节约运动、查禁不良习惯、分期禁舞等文件。

10. 出版管理类

有社会局报刊审核小组会议简则及会议录，各种报刊、通讯社、剧团、戏院名单，各种刊物等登记文件；社会局查禁进步书刊的文件；阻挠陶行知创办的生活教育社上海分社开展活动文件，阻挠《新华日报》沪版出版发行的文件；调查文艺戏剧界进步活动、中共地下党、民盟活动、学生运动文件；社会局第十科工作报告、政绩比较表、社会局社会事业工作计划、统计日报、社会行政统计月报等。

11. 文艺团体管理类

有上海市剧团登记规则，天蟾舞台、中国大戏院、云鹤、云和、正诚票房、游艺协会、伶界联合会、上艺沪剧团、海上剧团、上海剧艺社、中国戏剧学堂会、震旦大学、山城合唱团、大陆书场、港风俱乐部等各戏院、票房、美术协会、俱乐部、剧团等设立登记及演出申请文件；查禁影剧文件，如影剧检查办法等，停演《筱丹桂自杀记》，熊猫展览、变态奇人展览审查等文件，取缔畸婴展览文件；各戏院、剧团、娱乐团体登记一览表等。

12. 组织人事类

有市政府各局组织规程、人员编制、人事任免文件，职员任用审核、聘用文件、职员履历表及职员保证规则，有关受训、奖惩、肃清贪污等文件，派遣人员出国考察办法等。

13. 总务类

有社会局工作规划、工商业登记暂行规划、物价管制实施概要，社会局行政统计季刊、调查抗战损失情况表；接管汪伪机构、敌伪产业、调查日寇劫夺物资、调查战犯、汉奸罪行等文件；查封接收中央市场、市中心房屋、汪伪商业统制总会、跑马厅等敌产的文件；市政府各项工作训令及区矿事业处理办法，社会局局务会议记录，社会局各处工作计划、工作报告等；局长接替交接文件；公用局、工务局工作报告等。

14. 财会类

有市政府会计处有关调查工人家属的通知；管理会计人员文件，如社会局及附属机关会计员额编制；社会局开办预算书，房屋修理、疏浚河流、水电、工资、补助费、出差费等各项费用来往文件，各种纪念活动筹备经费，社会局财产目录，度量衡检定所、上海市儿童教养所、救济院育幼所、习艺所、难民收容所、第一公典、社会局牲畜市场、失业工作辅导委员会等各附属机构支出统计等。

15. 统计类

有社会局编制的上海市社会实业、行政统计表、1945—1948 年上海市劳资争议等案件统计。

16. 人事及学校管理类

有社会局职员履历表、职员名册、任用审查表；内政部职员名册、职工工资表、小学教育协进会章程、小学教员登记表；市立学校经费表等，工部局就发给私立学校补助费等事与社会局来往文件；工商业、书业、服务业等为申请设立事与社会局来往文件；有关商业调查统计等。

17. 劳动调查类

有内政部上海区劳动力调查登记站员工名册、职工工资调查表、工人生活必需品零售价格旬报表底稿等。

18. 农牧管理类

有局农林实验场工作报告，私立牧场登记规则、农场牧场登记文件等；社会局设农林中心工作纲领；农业救济贷款等有关文件。

19. 广播电台管理类

有上海广播电台联合会、中国业余无线电协会等广播电台登记、管理文件；社会局检查广播，禁止播送音乐文件等。

20. 工运管理类

有护工队第二大队官佐名册、工厂护工队及调查队员表，市护工总队、工作人员训练班、工福会干部讲习会名册，护工总队第十八大队情报汇编、护工队手册；社会局镇压工潮文件；上海市工人联合会等关于劝工大楼血案文件，美商慎昌洋行工人代表被扣押文件；法商水电公司工潮，该公司工人代表被扣押文件（1948—1949 年）；中纺第一毛纺织厂工人被捕名单，社会局对 1948 年申九惨案宣言；工福会等关于地下党工作情况报告等，中国劳工协进会社员登记表，上海市机器厂产业工会等理监事履历表等；各烟酒杂货、米号、五金、棉布等企业填具的商业登记申请书等。

21. 同业公会管理类

有衣商业、调味汁商业、证券业、交通器材工业等同业公会呈报成立经过、章程、名册、发起人履历表等文件；旅馆业等同业公会关于改革组织、修改选举规程等事致社会局函；市商会关于转报内河航线复航情况、理监事、整理委员名单，请恢复蔬菜行业同业公会等与社会局来往文件；市商会呈送工商业团体法规条例、章程、会员名册、预决算表等事致社会局函等。

上海市民食调配委员会
粮食部粮食紧急购储会

全宗号　Q10

本全宗是由上海市民食调配委员会档案和粮食部粮食紧急购储会档案组成的联合全宗。

上海市民食调配委员会成立于 1947 年 6 月，主任委员任显群。民调会的职责是向工厂、手工行业、学校、医院、慈善团体等特定对象配米，所需粮食由粮食部供给。1948 年 3 月，实施全面计口售米，上海市民食调配委员会改部分配售为全面计口配售，兼办特种配米及食油、煤球配给业务。1948 年 7 月，上海市民食调配委员会改组为对民食调配委员会改组为对民食调配进行行政指导的机构，下设民食调配处，专事负责办理民食配售业务。

1948 年 8 月，国民政府粮食部为统筹各大都市配粮之购运，设置粮食紧急购储会。购储会主任杨绰庵。1949 年 1 月，原粮食部所属工厂管理处并入该会，改为粮食工厂管理组。购储会下设粮食加工厂（分散于汉口、芜湖、镇江等地）15 个、仓库 4 个。

此外，粮食部为清理各地民调会经办粮食收拨及粮款收解数额，于 1948 年 9 月设立粮源粮款清理委员会；为清理前中国粮食公司（即粮食工厂管理处之前身）资产负债，于 1949 年 4 月设立中粮公司清理人会。两会均在购储会办公。

民调会与购储会在 1949 年 5 月为上海市军管会财经处接管。上海市粮食公司筹备处、华东行政委员会粮食管理局、中国粮食公司华东公司先后对它们的债权债务进行了清理。

馆藏上海市民食调配委员会、粮食部粮食紧急购储会全宗档案共 1 187 卷，档案排架长度 21. 6 米，档案起止年代为 1936—1949 年，编有案卷目录。

档案主要内容：

1. 上海市民食调配委员会档案

（1）组织规章

有上海市民食调配委员会组织规程、组织系统图、职员名册，上海市民食调配处组织规程，京沪平津穗五市民食配售通则、配售粮食计划纲要，上海市计口配售食米暂行办法、实施细则等。

（2）会议记录、报告

有民调会例会会议记录、各部门检讨会议记录，民调会各驻区专员每周工作检讨会报，民调处督导工作会记录，民调会 1948 年 3—8 月工作总报告等。

（3）采购

有民调会向中央银行借款的合约，民调会关于购拨粮、油、煤等问题与购储会、美援运用委员会、美国经济合作署中国分署及有关银行、公司的往来文件，民调会自购米、油、煤的收发统计表等。

（4）配售

有民调会关于外侨、福利机关、学校配米问题与有关单位的往来文件，关于职业工人配米、油、煤的文件，各区公所关于办理平民米问题与民调会往来文件，各区配粮日报表，上海市平民配米统计表，1948 年上海市民食调配概况，各区代售计口米、油机构表，代售配米、配油机构违章案件统计表等。

（5）业务账册

有总账、粮食款项分类账、特种配售米分类账、拨米分户账、配油分户账等，美援米、面粉总清单，上海粮油盐物价情况调查报告、平津两市粮食供求概况等。

2. 粮食部粮食紧急购储会档案

（1）规章

有购储会章程草案、购储会采购粮食办法、各都市民食配售年度计划大纲、各都市配售民粮收缴价款暂行办法、购储会麻袋审查委员会组织规程等。

（2）会议记录、报告

有购储会工作总报告、购储会采购业务总报告、运输业务总报告、工管业务总报告、仓储重要工作简报、会计报告，麻袋审查会议记录、中国粮食工业公司解散清算的股东会议记录、清算人会议记录等，购储会职员名册，关于上海粮食、猪、食盐、燃料的来源、需求等情况的调查报告，上海市人口统计，上海市米业概况，京沪平津穗五市粮食配售计划纲要及粮食概述等。

上海市劳资争议仲裁委员会

全宗号　Q19

上海市劳资争议仲裁委员会于1946年4月成立，是负责处理劳资纠纷的仲裁机构，下设9个组，分别由1名主任委员和4名委员组成，负责处理各行业劳资纠纷仲裁事宜。1949年5月结束。

馆藏上海市劳资争议仲裁委员会全宗档案共26卷，档案排架长度0.8米，档案起止年代为1946—1949年，编有案卷目录。

档案主要内容：

1. 总类

有该会和劳方委员名单，市政府有关工商业劳资争议纠纷问题给该会的各项训令等。

2. 劳资纠纷类

有该会处理《中央日报》等20家报社与上海市报业联业工会有关增

加工资纠纷文件，处理汇丰银行、美商中国电气公司、外商联合通讯社、永安百货公司、上海市第三区机器业产业工会与上海市机器电器制造工业同业公会，精艺锯木厂工头李士林与工人蒋少臣，上海市西服业职业工会与同业公会，上海市时装商业同业公会与上海市西式女子服饰业职业工会，上海市电影院业商业同业公会与职业工会等单位劳资争议文件等。

上海市劳资评断委员会

全宗号　Q20

上海市劳资评断委员会于1946 年 5 月 2 日成立，由上海市工商团体、参议会、治安、卫生、救济、粮食等有关机关负责人组成，共计委员 15 名，社会局局长吴开先兼主任委员。该会下设审议科、调查科、会计室、秘书室，主要负责交通、公用、公营事业和其他行业重要劳资纠纷的紧急处理及工人待遇的调整事宜，此外，还组织考察团，对上海地区的工业、劳工状况进行调查。1949 年 5 月结束。

馆藏上海市劳资评断委员会全宗档案共 241 卷，档案排架长度 2. 4 米，档案起止年代为 1946—1949 年，编有案卷目录。

档案主要内容：

1. 总类

有该会组织规则、工作报告、会议记录、1946 年要案汇编、“勘乱”时期劳资纠纷处理办法、工资调整暂行办法等。

2. 劳资纠纷类

有该会处理修造商船业职工工会，丝织工业同业工会，二、三、四区丝织业产业工会，皮鞋业同业公会与鞋业工会，机制缝纫业同业公会与职业工会，理发业同业公会与职业工会，手帕织造业同业公会与三区染业工会，时装商业同业公会与职业工会，德士古火油公司、善后救济总署上海储运局与木驳船船工，震旦机器厂、安利机器厂、力生自动织机制造厂、协兴铁工厂、华铝钢精厂、中央电工器材厂、泰利制造机器厂、新星药厂、上海市江昶烟厂、天丰造纸厂、瑞明火柴厂、建成面粉厂、福新烟厂、海龙造纸厂、大中华橡胶厂、大中华火柴公司、华纶造纸厂、振东橡胶厂、章华毛纺厂、上海万源染织厂等劳资纠纷的有关文件等。

3. 人事类

有该会关于聘请委员事与市政府、市公用局、社会局、卫生局、卫生协会等单位往来函，专门委员名单，职员名册、履历表、考绩表等。

上海工矿检查所

全宗号　Q22

上海工矿检查所成立于1949年3月16日，所长黎懋基，宗旨是“全面及时地对各厂矿的机械设备与产品、工作规章制度进行检查，以确保产品质量、机械设备安全与工人安全”。下设总务组、业务组、技术组、会计室、人事室、统计室。1949年5月结束。

馆藏上海工矿检查所全宗档案共45卷，档案排架长度1.6米，档案起止年代为1945—1949年，编有案卷目录。

档案主要内容：

1. 总类

有该所成立、启用关防文件，办事细则，所务会议事录及财会制度和经费支付办法等。

2. 工矿检查类

有检查规则、检查日报表，工厂灾情调查报告、统计表，调查上海各厂锅炉使用情况和搜集的工厂卫生设备材料等。

3. 人事类

有该所工役管理规则，请假、签到规则，职员名册、履历表、调查表、保证书、家庭情况调查表，考勤月报表等。

上海市参议会

全宗号　Q109

上海市参议会成立大会于1946年8月13日召开，大会选举潘公展为议长。上海市参议会是国民党上海市政府的质询机构，下设自治、财政、地政、教育、社会、警政、工务、公用、卫生、预决算等10个委员会和秘书处。主要负责审议有关上海地方自治等单行法规及预决算，建议市政兴革，听取施政报告及质询，接受市民请愿等。1949 年 5 月该会结束。

馆藏上海市参议会全宗档案共 2 017 卷，档案排架长度 17.6 米，档案起止年代为 1945—1949 年，编有案卷目录。

档案主要内容：

1. 总类

有该会各委员会组织通则、历次大会会议记录、大会文告及提案、该会社会事业统计月报等。

2. 参议事务类

有该会关于文教、卫生、市政、民政、交通、金融、司法等各事项向市政府及有关部门提出的提案。

（1）文教　要求市政府重视教育、增设中小学、扩建校舍、增设校内设施、增加教育经费、设立图书馆等的提案。

（2）卫生　修订各种卫生条例的文件，有关增设医院、加强医院内部设施、增加经费的提案，有关加强卫生事务所工作、清除垃圾粪便、处理尸柩的提案等。

（3）民政　修订商店管理规则，有关平定物价、稳定币制、取缔囤积居奇、安定人民生计、倡导国货运动、请政府扶植农业的提议，加强劳工福利建设、改善公教人员待遇标准、加强社会救济事业、请市政府改善米、油、煤配给制度的提议，有关征兵办法、娼妓管理办法的提议等。

（4）财政金融　向中央政府、市政府提出有关改善税收办法、加强公债管理、外汇管理的提议，建议及审议市政府及其下属各局预算额度的文件等。

（5）治安与司法　要求市政府及淞沪警备司令部保障人权、制止暴力的提议，内政部有关省、市、县各级参议员选举办法，有关民意代表、议长选举办法的文件等。

3. 业务报表类

有该会关于市政府及所属机关、社会团体、文化教育单位职工人数调查表等。

上海市民政局

全宗号　Q119

上海市民政局成立于1949 年 2 月，其前身为上海市政府民政处，局长张晓嵩。上海市民政局的主要职掌是：办理自治保甲；区域划分；选举；户籍行政管理事项；礼俗、侨务、宗教的管理；禁烟禁毒；兵役行政协管；民食调配协管和其他民政事项。设人事室、会议室、统计室及一至四科等 8 个内部组织机构。于 1949 年 5 月由上海市军管会接管。

馆藏上海市民政局全宗档案共 1 969 卷，档案排架长度 35. 2 米，档案起止年代为 1935—1949 年，按机构分类，编有案卷目录。

档案主要内容：

1. 总类

有民政局简史、各项法则及办事细则，民政局及各处室工作报告、工作计划及工作总结，局本部及各处室会议记录等。

2. 组织人事类

有民政局及各处室组织系统表，民政局有关人事任免文件，民政局职员名册、区长名册、区公所职员名册，区保人事任免文件，各区区保队队员名册，各区区公所人事任免文件，民政局职员考绩档案，各区公所、保甲人员考绩档案，上海市政府系统高级职员一览表，民政局国民党党员名册等。

3. 保甲类

有抗战胜利以后上海市地方自治情况报告，上海市保甲规则、上海市保甲整编报告及施行细则，各区公所正副保长宣誓书，上海各区保甲人员调查表，保单，各区甲长名册等。

4. 户籍类

有关于户籍管理的有关文件，国民身份证管理暂行办法、户籍疑问及解释文件、身份证遗失补领办法，上海市各区民户口调查表、上海市各区人口统计月报表、上海市居民户口调查表等。

5. 征兵类

有国防部内政部有关征兵工作及甲乙种国民兵集训队的各项指示，民政局与各区公所关于征兵问题的往来文件，征兵检讨会议记录，上海市征兵实施方案，淞沪警备司令部关于上海市武力联合组训实施办法，上海市民众自卫队组训规则，退役军官调查表，历年新兵征集工作统计报告等。

6. 民食调配类

有上海市民食调配概况报告，有关会议记录，各区民食调配工作报告等。

7. 财务类

有民政局及区公所财务报告，与上海市政府会计处、审计处关于会计事项的往来文件，员工薪金表、经费开支表等。

8. 其他

有上海市宗教团体调查表及登记表，接收敌伪产业、办理救济工作文件，查禁吸毒方面的文件等。

审计部上海市审计处

全宗号　Q123

审计部上海市审计处于1935 年 4 月 1 日正式成立，直属于审计部，负责对上海市属各机关和中央驻上海市各机关进行财政收支上的事前执法审计、事后工作审计和稽查工作。林襟宇任处长兼审计部驻外审计，由审计部委派。下设第一组、第二组、第三组、总务组等 4 个部门。1937 年抗战爆发后结束工作。

馆藏审计部上海市审计处全宗档案共 3 529 卷，档案排架长度 22.4 米，档案起止年代为 1935—1937 年，编有案卷目录。

档案主要内容：

1. 法规类

有国民政府公布、修正、废止的各部门组织法，各种人事条例、考试条例、建设公债条例等。

2. 审计制度类

有该处与上海市政府划分审计职权的办法，关于如何办理中央各机关、上海市政府各地方机关审计事务致审计部呈文，兼办国营招商局、京沪、沪杭甬铁路审计事宜文件等。

3. 监视验收、稽查类

有该处验收道路、桥梁、码头等市政交通工程，市立医院、市立陈列馆、市立小学、博物馆等房屋工程的文件，稽查市政府和所属机关采购材料、添置设置等文件，监视 1936 年统一公债和市政公债的发行等文件。

4. 收支法案、预算类

有 1935 年、1936 年上海市行政费、公安费、财务费、教育文化费、实业费、卫生费、建设费、抚恤费等支出法案，1935 年、1936 年上海市政府和所属各机关、上海市保安团、淞沪警备司令部、上海市参议会、各区市政委员会办事处等各项经费支出预算等。

5. 处务总类

有该处处务规程，各组办事细则，推行稽查事务概况，1935 年 9 月至 1937 年 6 月稽查、审核完竣案件月报表，1935 年 4 月至 1937 年 9 月工作报告和统计表等。

6. 会计事务类

有该处经费概算书，上海兴业信托社和下属轮渡管理处 1935 年、1936 年决算表，上海市银行决算表，上海市金库收支日计表等。

7. 审计类

有京沪、沪杭甬铁路 1935—1937 年收支预算，该处审核京沪、沪杭甬、苏嘉三线收支及实地调查报告，京沪、沪杭甬铁路管理局工程合同，该处监视验收铁路购料事项与京沪、沪杭甬铁路管理局往来文件，监视招商局工程开标报告等。

8. 组织人事类

有该处职员名册、职员委派书、审计部职员录等。

上海市政府会计处

全宗号 Q124

上海市政府会计处成立于1945 年 11 月，为上海市政府的直属机构。其职责为：(1) 市属各机关预算、决算的筹划、核编、整理及分配预算的核转登记；(2) 市属各机关预算内款项流用和动支预备金的核准、登记；(3) 市属各机关请领款的查核会签，关于财务上增进效能及减少浮糜支出的研究、建议与报告；(4) 关于全市总会计制度的拟定和所属机关会计制度的核转；(5) 市属各机关账目的查核暨会计报告的统制记录、汇编与总会计报告的编制；(6) 市属各机关购置、变卖财产的监督；(7) 市属各机关会计人员的任免遣调考绩等事宜。会计长为闵湘帆，下设三个科，分别掌管岁计、会计及行政事宜。1949 年 5 月该处由上海市军管会接管。

馆藏上海市政府会计处全宗档案共 8 391 卷，档案排架长度 84. 8 米，档案起止年代为 1937—1949 年，编有案卷目录。

档案主要内容：

1. 经费类

有市政府及所属机关的预算书、概算书，该处管理市政府及所属机关的经费、薪津费、遣散费、养老金、抚恤金、医药费等文件。

2. 会计类

有各机关账务处理规程，公务单位编送会计报告改进注意事项，各机关报送的会计制度报告，1945—1949 年度上海市政府总分类账，各机关岁入岁出预算明细分类账，1945—1949 年上海市库存表，公库收支明细表，上海市银行收入总存款收支明细表，市属各局会计报表等。

3. 财物类

有上海市政府及各机关财产目录（1944—1949 年），各区公所财产目录（1944—1949 年），市立学校 1944—1949 年度财产目录，接收日伪市政府及各机关财产的有关文件等。

4. 稽查类

有市政府及各机关会计室上报的会计报告书，各机关会计人员移交报告，市政府及各机关标卖财物文件，对市政府及各机关购买物资进行验收的文件，对各机关报废物资进行拍卖的文件等。

5. 政务类

有处务会议记录、上海市经济统计简报、员工食物配给文件等。

6. 组织人事

有该处成立文件、组织规程、人员设置条例，该处职员调查表、人员任免文件，市政府及各机关会计人员考绩办法，各机关会计室组织规章等。

国民党上海特别市党部及各区分部

全宗号　Q126

国民党上海市党部成立于1926 年 1 月，系国民党在上海的党务机构。抗战爆发后上海沦陷，转入地下。1939 年童行白任主任委员，同年 11 月改派吴绍澍为主任委员。1945 年抗战结束后，上海市党部恢复公开活动，1946 年方治任主任委员。全市代表大会为最高组织形式，下设执行委员会，设主任委员及书记长。分设组训处（含训练科、组织科、党团指导科）、宣传处（含编审科及宣传指导科）、秘书处（含人事室、会计室、机要室、文书科、事务科）、特种委员会（含地方自治委员会、设计委员会、工人运动委员会、商人运动委员会、农人运动委员会、合作指导委员会、文化运动委员会、电影（戏剧）运动委员会、妇女运动委员会）。1949 年 5 月结束。

馆藏国民党上海市党部及各区分部全宗档案共 362 卷，档案排架长度 40 米，档案起止年代为 1948—1949 年。该全宗档案已经过系统整理，编有案卷目录。

档案主要内容：

1. 组织人事类

有国民党上海特别市党部监察委员办事处各种条例、通则、规程、纲要，党员名册、上海党员登记册、国民党立委候选人名单、入党申请书，市党部各区分部书记、常委、执行委员、组长及党员名册等。

2. 报告类

有国民党上海市党部党务报告、工作报告，妇女运动委员会工作报告，各区党部工作报告，杜元良秘密打入中和党的报告，关于中共、德共、日共以及苏联等情况报告，组织部、训练部调查表、工作报告等。

3. 会议记录类

有市党部执委会会议记录、党团统一后监察委员会会议录、第六次民运会会议记录、上海特别市党部第三次党政谈话会记录、市党部各区分部会议记录等。

4. 党务类

有入党宣誓誓言，关于地方自治教育及新生活运动文件，关于东北时局发展的文件，学校党员分布状况表，关于各地罢工罢市罢课问题文件，全国现有党派一览、全国现有党派调查表，《上海党声》刊物等。

淞沪警备司令部本部及各处

全宗号　Q127

淞沪警备司令部成立于1927 年 3 月，同年 9 月改称淞沪卫戍司令部，1928 年 4 月又改为淞沪警备司令部。抗战胜利后，奉令复员，1945 年 9 月迁回上海办公，更名为淞沪警备总司令部，会同上海市政府、第三方面军办理接收事宜，担任淞沪区域内治安任务，并奉令接收日本驻沪宪兵队及各游杂部队。1946 年 9 月，缩编为淞沪警备司令部。杨虎、白崇禧、钱大钧、熊式辉、戴戟、吴铁城、李及兰、宣铁吾先后出任司令。该司令部先后下设办公室、参谋处、副官处、外事处、交通处、军法处、稽查处、军需处、人事科、会计室、特务团、装甲汽车连、通讯兵连、军乐队等内部机构。1949 年 5 月被中国人民解放军接管。

馆藏淞沪警备司令部本部及各处全宗档案共 673 卷，档案排架长度 12 米，档案起止年代为 1925—1949 年，编有案卷目录。

档案主要内容：

1. 组织人事类

有淞沪警备司令部及各处组织系统表、职掌表、官佐履历表，各处室组成人员名单、政工人员名册、各驻沪军事单位政工负责人名册、淞沪警备区机关通讯录、各刑侦大队名册、上海市民众自卫总队各区大队官兵名册等。

2. 调查统计类

有上海市人口统计表，上海市各类电台统计表，对上海市专科以上学校情况调查表，中共上海市地下党活动情况调查表，共产党在各阶层工厂、公司、学校活动情况调查表，民盟在沪活动情况调查表，调查汉奸的文件等。

3. 内务类

有淞沪警备司令部政治处处务会议、工作报告，外事处座谈会记录、管理外侨谈话会记录，外事处档案目录等。

4. 政治类

（1）有中共地下党上海市负责人名单、监视共产党有关人员名单、逮捕共产党员名单、各大专学校进步学生名单，镇压学生运动纲领草案，四二六逮捕上海各大专院校学生名单，交大、复旦等院校学生运动的报告，汤恩伯关于镇压河南大学学生活动的命令，7579 部队搜捕上海法学院及光华大学的代电及证明单据，稽查大队拘捕上海医学院学生的报告，汤恩伯关于学生逮捕处置办法的文件等。

（2）有关于治安问题的布告，颁发戒严通行证办法，淞沪保卫战交通计划，维护内部安全办法等文件，有关逮捕汉奸及处理敌产的文件等。

5. 外事活动类

有淞沪警备司令部与外国驻军及驻沪外交官员、外侨往来的文件，如淞沪警备司令部与英国驻沪总领事签订关于优待中国军人搭乘英轮赴中国沿海各口岸之协定、调解葡萄牙驻沪总领事俱乐部纠纷事件的有关文件等。

上海市警察局

全宗号 Q131

1945年抗战胜利后，国民政府任命宣铁吾为上海市警察局局长，负责接收改组日伪上海市警察机构。警察局内部设置几经改组，设有督察、行政、刑警、消防、总务、特刑等6处，人事、会计、统计、外事等4室，下设36个警察分局、1个水上警察分局及消防总队、交通大队、保安警察总队、义务警察总队、警察训练所、警察博物馆等。继宣铁吾之后，俞叔平、毛森等先后充任局长。1949年5月，为上海市军管会接管。

馆藏上海市警察局全宗档案共24 074卷，抗战以前警察局的档案较为零散、单薄。档案排架长度238.4米，档案起止年代为1930—1949年，编有案卷目录。

档案主要内容：

1. 秘书室档案

有该局单行法规汇编，1945—1949年工作计划和工作报告，内部组织系统表，各区分局辖区和警力配备图及全市街道所造堡垒统计等。

2. 人事档案

有该局各种人事规则、编制表、员警名册、国民党员调查表，员警任免、调迁、奖惩、考绩等文件，各分局、保安警察总队、交通大队、骑巡队员警名册，各分局、警察学校、消防总队、骑巡队、保安警察总队荐任委任职员名册简历，“飞行堡垒”组织情形和名册，中美合作所警官班第一期学生名册，中央警官学校警官班学员名册等。

3. 督察处档案

有该局1949年1—5月所发各种法令法规，征集防御工事物资文件，密查、缉捕中共地下组织和人员的函件和报告，调查工运、学运有关文件，各分局员警奖惩情况报告，对各分局员警缺勤情形的处理文件等。

4. 行政处档案

有剧场、舞厅、旅馆等特种营业管理规则，警区划分，警宪、水警和港警职权划分文件，烟民登记名册、缉办烟犯名册，取缔违章建筑、渡船、交通、舞校、无照舞女、按摩院、妓院、伴舞女招待、赌博、制售爆炸品、出版黄色书刊、进步刊物、黑市黄金交易、私套外汇等文件，戏院、剧场、饭店、旅馆、浴室、金号、银楼、典当行等开业审核登记文件，外侨异动报告、有关各国驻沪领事情况等。

5. 刑事处档案

有调查美军伤害市民案、汉奸案文件，没收、发还日伪占用财产文件，处理谋杀、自杀、盗窃、烟毒、抢劫、敲诈、绑架、诱拐、诈骗、扰乱金融等刑事案件有关文件，市民自杀、他杀统计表等。

6. 政治处档案

有收集的中共地下党在沪活动情报，中共组织的苏、浙、皖、赣等地行政公署活动情报，新四军活动情报，老闸、邑庙、龙华分局调查夏衍来沪活动情报，新成分局呈报朝鲜共产党在沪活动情报，收集的苏联塔斯社情报，调查新台湾同志会上海特别分会情报及新台湾同志会会章，各分局调查处理房产纠纷和劳资纠纷经过报告等。

7. 总务处档案

有接收日伪房屋、发还房屋、租赁房屋函件，各分局、骑巡队、消防总队等维修、租赁房屋的函件，枪械配发统计表，各分局申请换发枪支、制服文件等。

8. 统计室档案

有上海市军政机关一览表、该局特务股 1934 年破获共产党案统计表、各区人口统计报表、该局历年统计月报表等。

9. 消防处档案

有请市政府拨给江海关“普济”“沪宁”救火艇文件，通知大世界改善消防设备函件，取缔不符合消防规定的建筑和处理私囤易燃物品案有关文件等。

10. 会计室档案

有该局、各分局、保安总队、警察学校等侦缉费、购置费、修缮费、职员补助费、拘留人犯费、抚恤费等清册，历年年度岁出及岁入概算书，总账、分类账、现金日记账等账册。

11. 义勇警总队档案

有各分局义务警察调查表、义警总队官佐名册、申请入队志愿书等。

12. 警察训练所档案

有该所教职员履历表、学员名册、同学录、结业同学纪念册，经费预决算书、经常费传票等。

13. 保安警察总队档案

有该总队各分局辖区图，驻卫警名册，中纺公司驻卫警大队会议记录，人员任免、迁调、奖惩文件等。

14. 政治类档案

有调查、监视中共地下党活动情况报告，协助中统逮捕有共产党嫌疑人员文件，中共在沪工作人员名单、自首分子名册，申新九厂二二罢工事件被捕工人讯问笔录，交通、复旦、中华工商专科、新建中学等校被捕罢课学生口供材料，舞潮事件中被捕人员的讯问笔录，上海市各界领袖人物调查等。

15. 剪报

有共产党、国民党高级领导人、国民党左派、著名民主人士剪报资料，中共地下斗争情况、申九工运情况照片、全国各地学运情况、美国华莱士辞职情况、蒋介石顾问端纳等剪报资料。

16. 博物馆档案

有该馆组织规则、办事细则，陈列物品目录表，该局警犬训练照片，为征集陈列品与有关单位往来函件等。

17. 人事档案

有该局各员警的人事材料等。

18. 外事科档案

有美军事机关对美军在沪人员肇事情况的调查，外侨居留申请、出境签证申请文件，外侨户口调查表等。

19. 枪械资料

有枪械子弹鉴定报告、警犬组工作日记、警犬健康检查表、枪支执照申请书等。

上海市保卫总团

全宗号　Q169

上海市保卫总团设立于1927年，其前身为上海市民自设的保卫团，1927年上海特别市成立后接管上海县各保卫团，成立淞沪保卫团办事处，隶属上海市公安局，主要职责为协助警察治安、担任巡查警戒、组织军事训练。主任李显谟。1929年改为保卫团整理委员会，主任委员孙葆容。

1931 年改组为保卫团管理委员会，1934 年改组为上海市保卫委员会。

上海沦陷后，日伪上海特别市保安司令部成立保安队，陈公博兼任保安司令。抗战胜利后，上海市保卫委员会恢复，下辖保卫总团，团长容有略。同年撤销，常备队改编为上海市警察局保安警察第 2 总队。

馆藏上海市保卫总团共有档案 59 卷，档案排架长度 2.4 米，档案起止年代为 1927—1949 年，按问题分类，编有案卷目录。

档案主要内容：

1. 总类

有该团各项规定，市民要求设立保卫团的文件，市民加强淞沪保卫团工作建议书，上海保卫总团队务会议录，淞沪保卫团每日口令簿，该团进行交通及机构调查的训令，各大队发给各中队的训令，有关厂家为被捕者作保的文函，该团筹备经费、捕获窃贼的文件，沪中区团第 8 中队协助警察局维持治安、缉捕逃犯、整肃纪律、协助远东国际军事法庭检察官来沪搜集战犯罪证的文件等。

2. 组织人事类

有上海市民众自卫司令部团防委员会组织纲要，保卫总团撤销、常备队改编为保安警察的文件，该团各大队兵力驻防表，该团沪南区团第二大队、浦东保卫团、沪中区团第一大队官佐士兵名册及第二大队情报小组编制表，该团人事调遣文件、人员旬报表、人员嘉奖文件，团员入团保证书及家庭调查表，日伪上海特别市保安司令部人员履历表、保安大队及各区队官兵名册，日伪清乡委员会上海分会各清乡队名单，日伪保安队兵力配备及组织系统图表等。

3. 调查统计类

有该团各区公所、警察局和派出所的调查表，各队武器弹药清册，官佐房屋登记表，注册开办、服装经费捐册等报表等。

上海特别市公安局

全宗号　Q176

上海特别市公安局成立于1927 年 7 月，由前淞沪警察厅改组而成，隶属于上海特别市政府，其主要职责为管理全市的警政治安工作。局址设在南市大东门警厅路，辖有毛家街、老西门、肇周路、浦东、烂泥渡、长安路、宝山路、天吉里、曹家渡、吴淞商埠等 7 个分局及 20 个分所。7 个分局后分别易名为十六铺、西门、浦东、高桥、新闸、北站、曹家渡分局，还有市中心分局。1930 年 7 月该局改称上海市公安局，1937 年 1 月更名为上海市警察局。沈毓麟、戴石浮、陶鹤书、黄振兴、廖斌、袁良、陈西曾、文鸿恩、文朝籍、蔡劲军等先后出任该局局长，内设机要、勤务督察两个处及三个科。

馆藏上海特别市公安局全宗档案共 435 卷，档案排架长度 8.8 米，档案起止年代为 1922—1930 年，编有案卷目录。

档案主要内容：

1. 组织人事类

有该局组织系统表，官警、职员统计表，各分局、警察所一览表，该局 1930—1934 年职员录，1931—1937 年各分局、警察所、警察总队、水巡队和侦缉队官佐长警名册，1932—1937 年各区、分局警长姓名、年籍、指纹清册，1931—1937 年长警请假、革职、提升清册等文件。

2. 业务类

有该局 1928—1929 年工作简报，该局所辖各警区、警察所、水巡队和警察大队业务报告，《上海特别市公安局警市教练所概览》（1934 年），管理户口、剧场、公寓、旅馆月报表，《上海市警区图》（1932 年），《水巡队辖境图》（1930 年），办理强盗案、绑架案、烟毒案文件，1934—1936 年在押人犯统计表，《辖境内商业统计图》（1936 年），辖境内市民职业、籍贯统计表，《上海撤兵区域接管实录》（1932 年），该局侦缉中共地下组织及人员活动情况报告等文件。另有少量日伪上海特别市警察局统计图表、章则等。

3. 财务类

有该局财产目录、员工薪津表，各所属分支机构领款单、经费支出报告等。

上海监狱、上海地检看守所等全宗汇集

全宗号　Q177

1903 年，上海公共租界工部局在虹口华德路建造监狱，因其地近提篮桥，俗称提篮桥监狱，1905 年建成。太平洋战争爆发后，该监狱于 1943

年由汪伪政权接收，更名上海监狱。抗战胜利后，该监狱由国民政府司法行政部接管，改称司法行政部直辖上海监狱。本全宗内除上海监狱档案外，另有上海地方检察署看守所，上海地方法院第一、第二、第三看守所，江苏上海第一特区地方法院看守所，上海江苏第二监狱分监的档案。

馆藏上海监狱、上海地检看守所等全宗汇集档案共 8 780 卷，档案排架长度 72 米，档案起止年代为 1848—1950 年，编有案卷目录。

档案主要内容：

1. 罪案登记类

有上海监狱内各种人犯的案例调查，包括盗窃、杀人、吸毒贩毒、抢劫等共计约 5 700 件。

2. 监所管理类

有上海监狱监务会议记录，监所训练看守办法、监所法令，囚犯作业月报表，上海监狱囚粮、囚衣购置、分配文件，狱务日志、一周大事记，人犯假释文件；上海地方法院看守所犯人名册，囚粮购置、分配有关文件，上海地方法院囚犯月报表；上海地方检察署看守所犯人指纹簿；江苏上海第一特区地方法院看守所囚粮及囚衣添置有关文件，囚犯保释名册；上海江苏第二监狱分监对囚犯教诲、教育有关文件，监狱卫生管理，囚犯囚粮统计等。

3. 人事类

有上海监狱职员名册、看守名册，履历表，考绩、奖惩及任免迁调有关文件；上海地方法院看守所职员履历表，看守名册，人事任免、迁调及奖惩有关文件；江苏上海第一特区法院看守所职员考绩表、履历及任免、迁调文件，公务人员任用规章，各省司法人员暂行办法；上海江苏第二监狱分监职员及看守名册，职员任免、迁调、叙俸等有关文件。

4. 秘书行政类

有上海监狱财产目录及家具登记，职员食米、配购，购置职员、看守制服，启用印信有关文件；上海地方法院看守所请拨枪支弹药、修缮建筑、维修设备有关文件，看守人员食米及改善伙食等有关文件。

5. 财会类

有上海监狱总分类账、明细分类账、现金出纳日记账；上海地方法院看守所总分类账、明细分类账，会计室关于经费使用、概算、预算的文件，收支传票；江苏上海第一特区地方法院看守所会计制度，会计支出计算月报，预决算，所得税事项及经费出纳有关文件；上海江苏第二监狱分监会计制度，预决算及年度概算，经费出纳文件，支出计算月报等。

江苏上海地方法院

全宗号 Q178

江苏上海地方法院前身为上海地方审判厅检察厅,成立于 1927 年 11 月。该院下分审判、司法行政、检察官等三部门。沈锡庆任院长，钟尚斌为首席检察官。江苏上海地方法院主管除租界外的上海地区民刑事案件的审判工作。1937 年结束活动。

馆藏江苏上海地方法院全宗档案共 699 卷，档案排架长度 18.4 米，档案起止年代为 1930—1941 年，编有案卷目录。

档案主要内容:

1. 司法行政类

有该院检察处看守所全部人员名单、书记官以上人员名单，法官及其他司法人员等官俸表、发薪名册，偷漏关税案件罚金充奖规则，司法收入及行政开支、经费收支及账册簿移存清册，决算书、收入计算书表等。

2. 刑事类

有关杀人、强盗、诈欺、枪杀、伤害致死、过失致人死、杀人伪证、侵占、强奸、盗窃、恐吓、伪造文书等案件的审理文件。

3. 民事类

有关妨害家庭，离婚，赡养费，脱离家属关系，确认身份，确认继承权、产权、土地所有权、抵押权，定金，借款，欠款，抵款，票款，欠租，押款，贷款，契约，遗产，析产，争产，债务，占地，追租让地，迁让，买卖赔偿，宣告破产，申请拍卖抵押物，执行异议等案件的审理文件。

上海公共租界临时法院兼上诉院

全宗号 Q179

上海公共租界临时法院兼上诉院成立于1927 年 1 月 1 日，先后由徐维震、卢兴源、何世桢等担任院长。主要职能为受理外国领事裁判管辖的案件及租界内民刑案件、违禁案件、政治案件等。内设民、刑两庭。1930 年 4 月 1 日，改组分立为江苏高等法院第二分院与江苏上海特区地方法院，上海公共租界临时法院兼上诉院随之结束。

馆藏上海公共租界临时法院兼上诉院全宗档案共 315 卷，档案排架长度 8 米，档案起止年代为 1927—1930 年，编有案卷目录。

档案主要内容：

1. 政治类

有镇压革命人士卷，取缔共产党书报、刊物、出版社和书局等训令，查获共产党《秘密工作须知》小册子，共产党员名单和苏联大使馆人员活动情况，镇压革命活动的法令法规等。

2. 法规类

有租界判决救济办法、呈请规定总司令部等提犯办法、特种刑事诬告治罪法、临时法院与领事协商出庭办法、各国旧约废除后临时办法、特种刑事临时法庭取消办法、交涉署民事案上诉办法、华洋案上诉分审级并限制上诉的办法、鸦片烟案罚金提偿办法等。

3. 组织人事类

有修正组织大纲，组织中外联合委员会的材料，该院派员参加劳资仲裁会议的文件，推选梁仁杰担任刑庭庭长的材料，临时法院院长接印上任、各书记官任用、招考的材料，上海律师公会会员册、履历表，纳税华人会选举华董事、委员名单，呈报就职日期，军政部军管团开除学生的名册等。

4. 业务类

有临时法院查扣惠安轮船的文件，封闭《江南晚报》、查封新申报馆及字林报馆的文件，江阴县政府函请代查长兴公司立兴洋行的文件，为英兵殴毙张学亮的交涉文件，批准上海交行呈请作废汇票案的文件，江苏交涉署关于收回会审公廨的文件等。

5. 图表、清册类

有市区域图、商埠区域图、国旗国徽图样，统计大纲调查表，该院移交的会计科款项、特区地方法院庶务事项清册等。

江苏上海第一特区地方法院

全宗号　Q180

该院于1930 年 4 月 1 日由上海公共租界临时法院改组成立，原名江苏上海特区地方法院，1931 年 8 月 1 日改名江苏上海第一特区地方法院，管辖公共租界内一般民刑案件和检察事务，杨肇炯、周先觉、郭云观先后任院长，周先觉、胡宝麟、汪祖泽、向哲濬先后任首席检察官。该院直隶江苏高等法院第二分院，内设民庭、刑庭、书记室、检察处，附设看守所、民事管收所，名义上具有独立的司法权，实际上大部分涉及外国人的案件仍须工部局律师部派律师起诉，该院检察官只能出庭陈述意见。另外，司法警察的头目也必须由工部局警务处推荐，高二分院方能委任。1941 年 12 月 8 日，该院被汪伪政府接收。

馆藏江苏上海第一特区地方法院全宗档案共 37 455 卷，档案排架长度 288 米，档案起止年代为 1930—1941 年，编有案卷目录。

档案主要内容：

1. 总类

有该院沿革、办事细则、协定纲要表、院务会议录及各种收支账册等。

2. 审判行政类

有该院刑事涉外案件报告表，通缉书，工部局捕房送案名单，1930 年至 1932 年刑事判决书，焚毁赌具、烟土、烟具、淫书清册和赃物清册及各种民事纠纷调解笔录等。

3. 案件类

有该院受理“血魂除奸团”炸毁售卖日货商店案，张国成等张贴救亡标语案，中国肥皂公司、正丰染厂、英商祥泰木行等工人罢工案，王长林暗杀“大名会”会长蒋宗衡案，钱鸿业被刺案等公共租界内各种民事、刑事案件的诉讼、审判等文件。

4. 看守所、民事管收所管理类

有看守所教诲工作报告、在所人犯表、囚犯口粮用款清册，民事管收所囚粮用款清册、民事管收所囚粮结算日报等。

5. 人事类

有该院职员录、司法警察名册，公务员动态月报表，民事管收所公务员名册、考绩表，任命通译官有关文件等。

江苏高等法院第二分院

全宗号　Q181

江苏高等法院第二分院于1930 年 4 月 1 日正式成立，管辖上海公共租界内一审政治案件和地方法院民刑事上诉案件的审理和检察事务，徐维震、沈家彝、郭云观先后任院长，王震南、郑钺先后任首席检察官。该院内设书记室、民庭、刑庭、检察处，附设江苏第二监狱分院，名义上具有独立司法权，但大部分涉及外国人的案件须由工部局派律师起诉，该院检察官只能出庭陈述意见。司法警察则与江苏上海第一特区地方法院合用。1941 年 12 月 8 日，该院被汪伪接收而结束。

馆藏江苏高等法院第二分院全宗档案共 5 569 卷，档案排架长度 42.4 米，档案起止年代为 1930—1941 年，编有案卷目录。

档案主要内容：

1. 总类

有该院会议录，民法刑法法令规则，工部局律师上诉最高法院办法，国民政府、国民党党部、工部局有关镇压共产党和爱国革命人士及工人罢工案件的指示，处理共产党自首办法，工部局法律部公函等。

2. 政治案件类

有该院取缔美籍第三国际代表格拉尼赤出版宣传共产主义杂志的有关文件，审理共产党嫌疑犯、爱国革命人士参加集会、散发传单、张贴革命标语、出售《革命日报》《国民日报》等刊物的政治性案件等。

3. 上诉案件类

有该院审理江苏上海第一特区地方法院一审民事刑事案等的上诉案件，历年案件表，转报地院死刑案等。

4. 监狱管理类

有该院筹迁监狱文件、囚犯教诲工作报告、囚犯名册、监所西犯调查表等。

5. 律师管理类

有该院律师惩戒委员会组织法，委员任免文件，律师请领证书、登录文件，律师被惩戒文件，律师名册、律师公会会员录等。

6. 人事类

有该院职员录，职员任免、迁调、叙俸晋级、奖惩、考绩、请求抚恤等文件，江苏省反省院“自新”人名册等。

江苏上海第二特区地方法院

全宗号　Q182

江苏上海第二特区地方法院于1931 年 8 月由法租界会审公廨改组成

立，管辖法租界民刑案件的审理和检察事务，应时充、王思默、柏鹏、杨琦、陈懋威先后任院长。该院内设书记室、民事地方庭、民事简易庭、民事执行处、民事调解处、刑事地方庭、刑事简易庭、刑事执行处、检察处等部门，名义上具有独立的司法权，实际检察权控制在公董局手中。1940年8月，被汪伪政权接收。

馆藏江苏上海第二特区地方法院全宗档案共10 583卷，档案排架长度116米，档案起止年代为1931—1940年，编有案卷目录。

档案主要内容：

1. 综合类

有江苏上海第二特区地方法院设立法人登记处、发布有关法人登记规则及办理有关企业登记卷，该院司法印纸额数证明书及该院各类图章，该院关于答复成立前有无道契登记事项等司法业务与江苏上海地方法院来往文件，该院关于民事查封扣押命令，申请签发搜索票、拘票、通缉票的文件及民事拘票和搜票，关于申请更定刑期案、减刑案、上诉的文件，该院民刑事判决书，刑事开庭审理单；该院办理代管上海地院案件的文件、暂代保存上海地院案件的文件；江苏高等法院第三分院审判长命警士调查案件、启封已查封物资等事项的刑事指挥令，该院遵照江苏高等法院第三分院，上海、浙江、江苏地方法院等机构的要求命该院警士调查嫌疑犯及有关案件、查封物资、追捕案犯、迎提案犯、通知侦探处经办案件等的训令及该院警士（包括法租界行政捕房政事部巡捕）的调查报告，验尸死者名册；该院分类账、有关案件收入月报表等。

2. 审理案件类

有该院历年审理法租界内各类民事、刑事案件的文件，如关于绑票、强盗、行劫杀人案、掳人勒赎案、妨害秩序案、遗弃案、妨害风化案、伪造印章案、毒品案、侵占案、赌博案、滥发支票案、恐吓案、妨害农工商案、道契过户、声请发给营业执照、声请执管遗产证等案件审理的文件。

3. 监狱管理类

有该院第二特区监狱接收部移交清册、囚粮统计表等。

4. 统计报表类

有该院历年没收赌具、烟具清册，办案进行簿，刑事审理登记簿，公证文件索隐簿、收案簿，扣押查封拍卖命令登记簿，诉讼卷宗保存簿、检查簿，民、刑案件归档日记簿等。

江苏高等法院第三分院

全宗号　Q183

江苏高等法院第三分院于1931 年 8 月 1 日成立，管辖法租界重要民刑案件和地院一般民刑上诉案件的审理和检察事务，梁仁杰、杨鹏先后任院长，乔万选、彭望邺、赵士北先后任首席检察官。该院内设书记室、民庭、刑庭，附设上海第二特区监狱，名义上具有独立司法权，实际仍须由公董局巡捕房起诉。1940 年 11 月 8 日，该院被汪伪政权接收。

馆藏江苏高等法院第三分院全宗档案共 471 卷，档案排架长度 9.6 米，档案起止年代为 1931—1940 年，按问题分类，编有案卷目录。

档案主要内容如下：

1. 政治案件类

有该院判决共产党进步人士一览表；法商水电公司临时主席徐阿梅号召工人罢工，共产党员俞之华等秘密集会，华侨印刷所经理应展鹏承印《上海新报》，进步人士散发革命传单，出售《抗争报》等案件。

2. 上诉案件类

有该院受理的江苏上海第二特区地方法院民刑上诉案件等。

3. 律师管理类

有外籍律师登记表等。

最高法院上海特区分庭

全宗号　Q184

最高法院上海特区分庭于1938 年 2 月成立，是最高法院驻上海的派出机关，专门受理上海租界内不服江苏高二分院、高三分院判决之刑事、民事上诉案件。该院审判由推事 5 人组成合议庭进行，翁敬棠任庭长兼审判长。1941 年 12 月 8 日结束。

馆藏最高法院上海特区分庭全宗档案共 24 卷，档案排架长度 2.4 米，档案起止年代为 1938—1939 年，按时间分类，编有案卷目录。

档案内容是该院 1938 年和 1939 年案件判决书。

上海地方法院

全宗号　Q185

上海地方法院于1945年10月1日接收汪伪上海第一、第二地方特区法院后成立，设址浙江北路191号，负责管辖上海市区各类初审案件，1948年上海高等刑事法庭成立后，部分政治案件移交该庭审理。该院隶属上海高等法院管辖，查良鉴任院长。1949年5月27日，被上海市军管会法院接收处接管。

馆藏上海地方法院全宗档案共80 788卷，档案排架长度738.4米，档案起止年代为1945—1949年，编有案卷目录。

档案主要内容：

1. 司法行政类

有该院成立法人登记处文件，职员名册、履历表，职员任免文件，看守所职员任免文件，人犯名册，律师登记表、律师申请复业文件，会计师登记表等。

2. 司法业务类

（1）民事类　有该院对妨害家庭，离婚，确认继承权、产权、土地所有权、抵押权，定金，借款，欠款，欠租，契约，遗产，债务，破产，申请拍卖抵押物等案件的审理文件。

（2）刑事类　有该院对有关杀人、抢劫、强盗、欺诈、伤害致死、侵占、强奸、恐吓、吸毒、扰乱金融、贩卖人口、非法持有武器等案件的审理文件。

上海地方法院检察处

全宗号　Q186

上海地方法院检察处于1945年9月接收汪伪上海地方法院检察署后成立，负责侦查犯罪及执行刑罚事项，黄亮任首席检察官。该处首席检察官下设执行处、书记室、法医室、指纹室、通译室、法警室等6个部门。1949年5月27日，被上海市军管会法院接收处接管。

馆藏上海地方法院检察处全宗档案共 54 194 卷，档案排架长度 120 米，档案起止年代为 1945—1949 年，编有案卷目录。

档案主要内容：

1. 司法行政类

有该处 1947 年工作报告、1948 年处务会议事录，刑事案件月报表、刑事涉外案件月报表、刑事已结未结案件月报表，职员录，职员调查表、履历表，职员任免月报表，检察官任免文件等。

2. 司法业务类

有该处对杀人、抢劫、强盗、欺诈、伤害致死、伪证、赃物、强奸、恐吓、吸毒、伪造货币等案件的侦查文件。

上海高等法院

全宗号 Q187

上海高等法院于1945 年 8 月 26 日接收汪伪上海高等法院后成立，负责审理上海地方法院上诉的刑事民事案件、上海高等法院检察处起诉的重大刑事案件，1948 年上海高等法院特种刑事庭成立后，部分政治上诉案件移交该庭审理。该院下设民事庭 3 个、刑事庭 3 个、书记室等，郭云观任院长。1949 年 5 月 27 日，被上海市军管会法院接收处接管。

馆藏上海高等法院全宗档案共 9 837 卷，档案排架长度 60. 8 米，档案起止年代为 1945—1949 年，编有案卷目录。

档案主要内容：

1. 司法行政类

有该院民刑案件统计月报表，汉奸清册、已判汉奸名单，该院组织法，职员录、履历表、员工家庭状况调查表，庭长、推事、法官、审判官等人员任免文件，上海地方法院院长庭长、上海看守所所长、上海监狱典狱长等人员任免文件，上海律师公会会员登记名册，有关上海犹太难民所、舞潮案等调查文件等。

2. 司法业务类

有该院对共产党嫌疑、赔偿、确认所有权、家庭等共 7 300 件案件的审理判决材料。

上海高等法院检察处

全宗号 Q188

上海高等法院检察处于1945年10月15日接收汪伪上海高等检察署后成立，负责管辖地方法院检察处侦查、起诉及重大政治案件的侦查、起诉等事项。该处首席检察官下设书记、人事、法警等部门，向哲濬、杜保祺、刘少荣先后任首席检察官。1949年5月27日，被上海军管会法院接收处接管。

馆藏上海高等法院检察处全宗档案共6 163卷，档案排架长度28.8米，档案起止年代为1945—1949年，编有案卷目录。

档案主要内容：

1. 司法行政类

有该处职员名册、简历表，警员名册、高级职员一览表，检察官任用文件，收结案件统计表、侦查案件登记簿、涉外刑事案件月报表，军统局上海办事处移送汉奸名册等。

2. 司法业务类

有该处对逆产、汉奸、战犯、通敌、危害民国、盗卖敌资、隐匿敌产、杀人、窃盗、伤害、诈欺、强奸、诬告、赌博、遗弃、重婚、鸦片等案件的侦查材料。

上海高等特种刑事法庭

全宗号 Q189

上海高等特种刑事法庭于1948年3月11日正式成立，直属司法行政部领导，专门办理政治案件的起诉和审理。该庭设庭长、首席检察官，其下设书记、法警、会计、看守所等部门，王震南任庭长，徐世贤、毛继和先后任首席检察官。1949年2月1日，被司法行政部撤销。

馆藏上海高等特种刑事法庭全宗档案共736卷，档案排架长度16.8米，档案起止年代为1948—1949年，编有案卷目录。

档案主要内容：

1. 司法行政类

有司法行政部调查团召开座谈会记录，各地特刑庭成立简况，该庭呈报成立文件，看守所组织规程、工作报告、看守名册、人犯名册，司法协会缘起章程、职员名单、会员名单，上海律师公会和会计师公会会员录等。

2. 司法业务类

有该庭关于经营金钞、买卖黄金、买卖外汇、扰乱金融、毁损交通器材、海盗、囤积及共产党嫌疑等共530余个案件的审理材料。

上海地方法院第一看守所

全宗号　Q191

江苏上海地方法院第一看守所创设于1917年，初属上海审判厅，1927年隶属于江苏上海地方法院，上海沦陷后改隶汪伪上海地方法院，战后归属国民政府上海地方法院，专押未决刑事犯。1931年，江苏上海第二特区法院在法租界成立，也设有看守所。上海沦陷期间，伪司法部设立上海高等检察所，建立看守所和管收所，前者关押未决刑事犯，后者收管未决民事犯。

馆藏上海地方法院第一看守所全宗档案共218卷，档案排架长度4米，档案起止年代为1933—1949年，实属各时期不同看守所档案的汇集，编有案卷目录。

档案主要内容：

1. 上海地方法院第一看守所

有被告人名籍簿、出所簿、释票登记簿，上海地方法院看守所起诉簿，留守执行案犯案卷，未决人犯名册，被告人入所、出所簿，特种、普通刑事案犯清册，被告人羁押簿、男犯羁押簿，上海地方法院1948年各种刑事案件判决书、1947年赦免人犯释票等。

2. 江苏上海第二特区法院看守所

有监狱名号索引，被告人名籍簿、入所簿、出所簿等。

3. 上海地方检察署看守所

有被告人名籍簿、出所簿，管理人名册，外籍被告人名籍簿（1945年）等。

上海特别市港务局

全宗号　Q211

上海特别市港务局成立于1929年，奚定谟任局长。其宗旨为收回被江海关外籍税务司把持的上海港口管理权，管理华界岸线的码头及河道开浚等。1930年由交通部上海航政局接管。

馆藏上海特别市港务局全宗档案共101卷，档案排架长度1.6米，档案起止年代为1929—1930年，编有案卷目录。

档案主要内容：

1. 综合类

有该局1929年事业费预算，管理苏州河章程，组织塘工办事处、调解杨家浜浚河纠纷等文件。

2. 航道疏浚类

有该局疏浚黄浦江、吴淞江、蕰藻浜、白莲泾等河道文件，上海特别市政府、公用局、工务局、濬浦局、轮船招商局、各区政府等单位请求疏浚界浜港口、芦泾浦、张家浜、周塘浜、新沟浜、洋泾浜、雪花浜、老黄浦港、日晖港及董家渡码头、庆宁寺码头、广东道码头、老南码头等与该局往来文书等。

3. 航政管理类

有该局为禁止向黄浦江、苏州河、蕰藻浜倾倒垃圾，保护吴淞江新闸桥河道与上海特别市卫生局、水利协会的往来文书，该局限令迁移违章堆积木料、禁止船只在黄浦江底水线抛锚的文件及取缔华风浜洋商安设涵洞等文件。

4. 岸线勘察类

有该局会勘谭家浜土塘，抢修东、西海塘，兴办吴淞江下游黄渡地区工程及濬浦局测量吴淞江的文件等。

上海特别市市中心区域建设经费保管委员会

全宗号　Q212

上海特别市市中心区域建设经费保管委员会成立于1932年，是市政府的直属机构，其主要职责是保管市中心城区的建设经费，由市财政局长、工务局长及地方人士如董承道、蔡增基、沈怡、林康侯、夏屏方等组成。1937年抗战爆发后，该会结束工作。

馆藏上海市市中心区域建设经费保管委员会全宗档案共9卷，档案排架长度0.8米，档案起止年代为1932—1937年，编有案卷目录。

档案主要内容：

1. 总类

有该委员会奉命成立及召集常务委员会文件，成立大会及常委会会议记录，组织章程，市政府告知市中心区招征土地范围函件，工务局送达的市中心区各类建设合同，上海市市中心区域建设委员会为通知历次招领土地范围的简称并送区域图致经费保管委员会函，关于调查、参观、举行各种纪念活动、规定办公时间等事宜的文件等。

2. 人事类

有该委员会任免职员的文件等。

3. 财会类

有市政府转发的会计法令、市中心区预领地人缴付地价旬报表、1936年该委员会收支对照表等。

上海特别市市中心区域建设委员会

全宗号　Q213

20世纪20年代末，上海特别市政府决定在江湾一带另辟市中心城区，计划将闸殷路以南、翔殷路以北、淞沪路以东面积约7 000余亩土地作为新的上海市中心区域。1929年8月正式成立上海特别市市中心区域建设委员会，负责新市中心区的规划、设计和建筑工作。由沈怡任该委员会主席，董大酉任顾问，下设建筑师办公室和经费保管委员会。1937年抗战爆发后，该委员会结束。

馆藏上海特别市市中心区域建设委员会全宗档案共91卷，档案排架长度1.6米，档案起止年代为1929—1937年，编有案卷目录。

档案主要内容：

1. 总类

有该委员会成立及启用印信的文件，章程及办事细则，公务员使用审查表，历年解缴经收款项及年度结存余款文件等。

2. 业务类

有关于市中心区域土地划分分领的文件，如地亩分领议案、领地亩数统计表、居住办法修正案、领地草案、租地规则、土地处理规则等；筹设各种公共设施的文件，如市政府及各局职员宿舍、公园、体育场、游泳池、菜场、市中小学、广播无线电台、图书馆、博物馆、水族馆、虬江路码头等，其中包括建筑说明书和保证书；破旧房屋统计表等；冠生园公司申请在市体育场附近租地售货、汽车经营公司呈请增设营业点、慈善机构申请办公地址、上海救世军华北区域请求设立军事基地等文件。

上海市工务局

全宗号　Q215

上海市工务局是上海市政府的直属机构，1927 年设立，负责上海华界道路、桥梁、码头、公共建筑、飞机场等的规划、建筑和养护，河道疏浚、塘堤修筑及各项工程的监督、查勘及核发工程执照等，并拟订上述工程的管理规则、方法及违规惩罚规定等。主要负责人有沈怡、赵祖康等。

馆藏上海市工务局全宗共 9 378 卷，档案排架长度 145. 6 米，档案起止年代为 1927—1949 年，其中 1927—1937 年间留存的档案不够完整。按年代—问题分类，编有案卷目录。

档案主要内容：

1. 综合类

有上海市工务局及各处和委员会 1945—1949 年工作报告、会议记录；大上海计划闸北西区营建计划；各类市政管理规则，如上海市工务局行道树管理规则草案、公园管理通则、上海市开辟整理道路规则草案、陆上交通管理规则、工业技师技副开业登记暂行办法、营造厂商营业登记暂行办法、办理各项营造执照方法、棚屋建筑登记和修正违章建筑取缔方法等。

2. 组织人事类

有上海市工务局组织规程及办事细则，工务局职员名册，1931 年为与濬浦局职掌相抵触事致上海市政府的呈文等。

3. 工程类

有 1927 年关于各马路设置行车标志及栅门、警告牌文件，订定市内道路名称文件，1933 年筹办闸北、江湾、吴淞及市中心交通文件，规划浦东路政工程文件，铺筑各路电车轨道底脚及轨道旁路面文件，1947 年李国豪对于苏州河上建筑桥梁的意见，修筑外白渡桥、江西路桥、天钥桥等桥梁的文件，修建码头、驳岸及疏浚河道、填埋河浜及其管理文件，营造厂商和机关团体申请办理或撤销营业执照、建筑师申请开业登记等文件，工务局制止外国人无照建筑拟订办法，修建上海中山医院、菜场、学校、厕所文件，处理违章搭建文件等。

4. 其他

有国民政府中央与地方政府关于重大事件、机构调整等事项发给上海市工务局的通函，如上海特别市各区政府就职接事文件等；上海市政府 1929 年实施地方自治文件；中国土木工程师学会会员名册及会员录等。

上海市越江工程委员会

全宗号　Q216

上海市越江工程委员会成立于1945 年 12 月，负责筹建黄浦江越江交通工程，直属上海市政府，由市长吴国桢任主任委员，市工务局局长赵祖康任执行秘书。该委员会下设技术顾问小组、越江工程设计处，从事越江工程的设计、勘察工作。后因经费缺乏，越江工程终未能动工修建。1948 年 12 月，上海市越江工程委员会结束。

馆藏上海市越江工程委员会全宗档案共 17 卷，档案排架长度 0.8 米，档案起止年代为 1945—1948 年，编有案卷目录。

档案主要内容：

1. 总类

有上海市越江工程委员会组织规程（草案）、越江工程委员会设计处组织规划、越江交通公司筹备处组织规程（草案），上海市越江工程委员会历次会议记录、上海市越江工程委员会技术顾问小组委员会历次会议记录，上海市越江工程委员会委员名单、上海市越江工程委员会技术顾问小组委员会委员名单及简历表等。

2. 越江工程

有上海市越江工程计划大纲、上海市越江高架/浮桥计划书、越江工程建造隧道理由书、越江工程钻测设计工作表、计划设计工作表及半月报表、越江隧道情况简介、黄浦江越江工程越江地位概图、上海水运体系说明书、越江货运示意图，上海口岸商船只数统计表（1932—1937 年），中国桥梁工程公司总经理茅以升为筹建越江工程致上海市越江工程委员会函等。

上海市工务局都市计划委员会

全宗号　Q217

上海市工务局都市计划委员会设立于1946 年 8 月，隶属于上海市政府，负责制定上海市都市发展计划，包括市政、工业、金融、商业、交通、土地等方面，上海市长吴国桢任主任委员。该委员会创办后，只提出了一些设想和方案，未曾制定总体计划，只以闸北区域为示范区，在委员会下成立闸北西区计划委员会，实施土地重划，拟先行重建。1949 年上海解放，该委员会被市军管会接管。

馆藏上海市工务局都市计划委员会全宗档案共 26 卷，档案排架长度 1. 6 米，档案起止年代为 1946—1948 年，按内容分类，编有案卷目录。

档案主要内容：

1. 总类

有行政院都市计划法、都市水电节约办法、大上海都市计划之范围与程序、上海市管理工厂设厂地址暂行通则、上海市应用地质概况、闸北西区计划委员会办事细则、闸北西区营建区划规则等。

2. 组织人事类

有闸北西区计划委员会组织章程，上海都市计划委员会职员名册，秘书处、技术委员会委员名册，闸北西区计划委员会实施研究小组名册，委员会招考技术人员考评办法及考卷等。

3. 业务类

有战后五年公路建设计划基本政策，大上海市区铁路计划，上海港口问题之检讨与意见，浦东、浦西主要渡口交通联系说明表，上海市干道系统计划说明书，虬江口码头交通图，该委员会分区计划小组会议录，各区道路种类、宽度规定等。

4. 土地类

有绿地系统计划，《地政》第一期出租公地图表，国防部物资供应局等机构征收土地有关文件，泉樟公路管理机构要求换地有关文件等。

5. 财务类

有该委员会1946—1947年财产目录、1948年预算表等。

苏沪海塘工程救济专款监理委员会

全宗号　Q218

苏沪海塘是江南海塘和上海市海塘的总称，抗战胜利后分别由江苏省海塘工程处和上海市工务局海塘工程总队负责修建，经费在美援专款下拨放。行政院为了保证该工程的顺利进行，于1948年5月成立苏沪海塘工程救济专款监理委员会，隶属于行政院处理美国救济物资委员会，其主要职责是负责审核江南海塘工程处和海塘工程总队报送的工作计划、工程报告、预算、会计报告，以保证专款专用。主任为张嘉璈，有委员13人。1949年初，因海塘工地构筑工事，海塘工程无法继续，4月该委员会结束工作。

馆藏苏沪海塘工程救济专款监理委员会全宗档案共47卷，档案排架长度1.6米，档案起止时间为1948—1949年，编有案卷目录。

档案主要内容：

1. 组织人事类

有该委员会成立及结束文件、组织章程及办事细则、委员聘请及职员调用文件等。

2. 业务类

有该委员会工作报告、会议记录；关于江南海塘办理情形的报告，江南海塘工程第三期修建计划，关于海塘工程招标比价订立合同及工程进展报告，修建江南海塘太仓、常熟、宝山段调整工程价格报告；抢修南汇太仓海塘及钱塘江海塘工程图，江南海塘工程处修建宝山、太仓、常熟、松江等四县海塘计划图，苏沪海塘各段工程进度表，东塘形势平面图；江南海塘工程照片（底片）；海塘工程监工日报表及旬报表，江南海塘工程处物资收付与库存日报表；江南海塘工程处包工合同及石料合同等。

3. 财务类

有该委员会预算报告书、上海海塘修建计算预算书、江南海塘工程第三期修建海塘工程分目预算表、江南海塘工程处工程费类平衡表、江南海塘工程1948—1949年度财务工作报告等。

上海市教育局

全宗号　Q235

上海市教育局1927年7月成立，掌管上海教育行政事务和其他文化事业。抗战前该局内设秘书处、督学处、第一科至第四科等6个部门。抗战期间随市政府迁渝，1945年9月恢复上海市教育局。其内部机构屡经更迭，至1948年3月，设有中教市校科、中教私校科、国教市教科、国教私教科、社教行政科、民众教育科、秘书室、督学室、人事室、会计室、统计室、设计委员会、顾问委员会等13个部门。朱经农、保君建、鲁继曾、韦悫、陈德征、徐佩璜、潘公展、顾毓琇、李熙谋、赵祥麟、郑瑜先后任局长。1949年5月27日，由上海市军管会接管。

馆藏上海市教育局全宗档案共8 153卷，档案排架长度136.8米，档案起止年代为1928—1937年、1945—1949年，编有案卷目录。

档案主要内容：

1. 规章类

有上海市教育局暂行条例和办事细则，颁发教育规程条例程序，教育行政机关的学术团体管理办法，社团组织设立程序及学生、文化团体组织规则，教育讨论委员会规则，督学规程及视导标准，教育局制定的奖状规程，教育学术统计暂行条例，公、自费留学生考试章程及国外留学规则，市立国民学校校长及教职员服务细则，国民学校教员总登记及检定实施方法，国民学校校长主任任用及奖惩办法，教职员退休金、抚恤金条例及办法，审查学校刊物办法，中小学及师范职业学校规程，私立学校立案办法、规程，补习学校规程，小学教育著作审查委员会规程，国民军事教育新闻发表标准，劳工教育设计章程及施行细则，使用管理文庙、寺院办法，名胜古物调查保存章则，文庙、礼器、古物保存及施行细则，植物园、民教馆、图书馆、动物园开放规则等。

2. 教育行政类

有该局第1次至第311次局务会议记录，各学校校务行政会议记录，各学校教职员工会议记录，该局与教育部有关军事训练问题的来往文件，该局工作计划及工作报告，各大、中、小学校工作计划及工作报告，学校改进计划与发展计划大纲，各大、中、小学校、社教机构、各学术文化团体呈请立案的文件，上海教育统计的简明报告，各学校学生学籍问题的文件，师范教育、社教机构管理、各校兼办民和国教班、捐资兴学、褒奖、处理校基校舍纠纷等文件，关于收回租界教育权问题与有关部门的往来文书，各学校呈报的有关学校概况、学制、学科设置、增减班级和教学问题等文件，上海市私立中学登记审核记载表，教育部上海区甄审委员会对专科以上学校毕业生甄审的表册，奖学金统一审核委员会发放奖金和接受机关团体捐资的登记资料，各校启用钤记、校记的文件，各学校呈报的授课时间表，各学校毕业生名册，上海市教育会会员名册，公私立中学校址、班级调查表，市立中等以上学校教职员工、学生数调查表，各学校呈报公费生名册，上海市中小学及私塾概况调查表，中等以上学校毕业生状况调查表，上海市国内侨生人数调查表，学生健康、年龄、身长、体重统计表，各学校学生学籍簿、毕业证书等。

3. 组织人事类

有上海市教育局组织概况表，各教育委员会的组织规程，公私立学校校长任免及交接文件，该局工作人员任免及新任人员视事的文件，该局职掌职员名册、人事旬报表、工作人员名册，该局工作人员考成考绩清册及考核结果汇报册，各机关、学校、团体更改名称、迁址、撤销的文件，教育局及附属单位职员履历表，教育局拟任人员送审书，该局 1945—1949 年被保荐人员履历表，教育局与各级机关函询人员缺额任派的来往文书，中小学校及社教机关人员履历表，公、私立学校呈报的教职员工名册及人事调查表，上海市中等学校历任校长名单，各市立学校人事动态表，各学校职员嘉奖处分调查表，各学校呈报的员工资历薪级审核及人事任免的文件，各学校教职员工聘书编号存根，市立图书馆、科学实验所、民教馆等单位的人事任免、考绩考成表、职员履历表、职员名册，各级机关团体成立、启用印章文件等。

4. 政治类

有教育部、局禁止共产党活动的密令和措施，调查进步学生、制止学生请愿集会演讲等抗日爱国运动的通令，镇压各界人士爱国运动、阻止学生罢课请愿等的指示，阻止学校学生举行爱国运动募捐救国的措施，阻止民主人士及文化救国会在学校活动的密令，禁止共产党员在电影界从事革命活动的密令及进步演员名单，禁止民众举办歌咏会、组织左翼作家协作的密令，该局破坏共产党活动的报告，破坏苏联在中国的各种组织和活动的情况，迫害学生运动的情况，迫害进步团体人士的训令，查禁各种进步报刊的报告及密令等。

5. 刊物类

有教育局所属部分大、中、小学校的校刊、级刊、年刊、季刊、同学录、通讯录、纪念册、毕业刊、年鉴、半月刊，《风藻》《墨梯》《中学生》等刊物，1946 年、1947 年《国民政府年鉴》，复旦大学附属中学及光华大学附属中学照片集等。

财政部上海盐务办事处

全宗号　Q397

财政部上海盐务办事处设立于1946 年 7 月 1 日，由闽浙淮鲁四省盐场督运处和两浙区盐务管理局松江分局合并改组而来。该办事处设总务、业务、会计等 3 科。辖有袁浦场署，场署以下设场务所 4 所、销区中官仓 2 所、查验卡 5 个。办事处职责主要为管理盐场生产、供应食盐、盐运调度、征收盐税、核放盐贷及其他地区盐务机构代为采购器材等。

馆藏财政部上海盐务办事处全宗档案共 3 712 卷，档案排架长度 60 米。档案起止年代为 1912—1949 年，按秘书、人事、盐警、财务、产销、采购分为 6 类，按内容分类，编有案卷目录。

档案主要内容：

1. 会议记录、报告类

有财政部上海盐务办事处处务会议记录、中盐公司接收商股谈话会记录、盐贷审核委员会会议记录，该办事处工作报告、盐警防务月报、盐警查防报告、电台工作日报、每日电讯、沪市及外县盐价目旬报表、制盐成本和场价月报等。

2. 业务类

有关于销盐、军盐、盐运保险、盐场建设等文件，台湾、福建、淮南、淮北、山西、云南、川康等地区盐务机构委托该办事处采购各种物资等文件，盐贷实施办法及淮北、淮南、浙皖、山东、天津、东北、闽、台等区盐贷文件，收解江阴、常熟、崇明、吴淞、浏河等卡盐税款文件，代征淮北、湖南、安徽、两浙、河南等区盐税款文件，接收日伪存盐、取缔食盐囤积居奇文件，招商运盐合约，代盐务区办理运盐文件及粤盐输往日本、洋盐进口等文件。

3. 资料类

有中国盐政实录、盐务年鉴、盐务总局年报、盐务稽核所税警年报、盐务月报、盐务法令汇编、盐务法规、盐政汇览、盐政概论、盐政公报、中国盐政小史、盐政辞典等。

上海市卫生局

全宗号　Q400

上海市卫生局于1945年8月成立，负责上海市防疫设施、环境卫生、医药、保健设施、生命统计等管理，俞松筠、张维、李穆生先后任局长。内设秘书室、人事室、技术室、会计室、统计室、医药管理处、防疫处、保健处、环境卫生处等机构，附设有市立医院11所、区卫生事务所22所及性病防治所、牙病防治所、疯人留置所、沙眼防治所、卫生试验所、菜场管理所、防疫总队等共50个单位。1949年5月27日，由上海市军管会接管。

馆藏上海市卫生局全宗档案共4 664卷，档案排架长度69.6米，档案起止年代为1945—1949年，编有案卷目录。

档案主要内容：

1. 行政类

有该局各附属单位1948年工作计划，各区卫生事务所成立文件，接收拜耳药厂、同仁会华中防疫处的文件，上海市救护委员会议事录和救护大队组织办法，兵役协会征兵工作会议记录，尚贤妇孺医院、中国市政协会上海市分会监事名单，上海行总医药器材处理委员会查账报告，上海市医师公会理监会议事录等。

2. 人事类

有上海市政府颁发的各种人事管理规则，该局暨附属市立医院、清洁总队、防疫总队、市立宰牲场、卫生材料库、牙病防治所、沙眼防治所、性病防治所、卫生试验所、市立制药厂、疯人留置所、病畜化制场、殡葬管理所、菜场管理所、各区卫生所工作人员任免、迁调、奖惩、考绩、叙薪、申请福利金和教育贷金等的文件，技术人员送审名单，局长交接文件，卢湾区卫生所、市立第三医院、市立第二传染病院、卫生试验所等单位负责人交接文件，职员名册，科长和荐任以上职员调查表等。

3. 财务类

有上海市政府颁发的各种会计章则，该局及所属单位历年预决算表，该局请领经费文件，各附属单位向该局请领经费文件，呈请市银行代向中央银行贷款文件，该局和各附属单位历年会计报表等。

4. 移交接收类

有该局清毒所汽车、日营同仁会华中防疫处、通和酒精厂、市立制药厂、南市隔离医院、泰丰卫生材料厂、福民医院、公济医院等单位的文件，该局接收工作报告和接收日伪机构事业生产报表，该局各附属单位交接清册等。

5. 总务类

有该局及各附属单位历年工作计划、工作报告，财产清册，该局业务统计总报告、岁入岁出总预算书等。

6. 医政药政类

有市立及私立医院管理、护士助产士管理、医事学术团体管理、药事职业学校管理、药品及麻醉品管理、医疗器械拨发采购等文件，以及医师药剂师开业、药商注册登记、核发中医年资证明书有关文件等。

7. 环卫保健类

有各种传染病防疫及传染病情况调查的报告，关于贫病医疗、水质检验、取缔售卖不洁饮食物品、处理垃圾粪便以及公厕粪码头管理、菜场卫生管理、旅馆浴室管理等文件。

上海市财政局

全宗号　Q432

上海特别市财政局于1927 年 7 月成立，1930 年改称为上海市财政局。其主要职责是管理全市财政收支、预决算编造、公产和处理行政经费的收入及征收地方捐税。徐鼎年、俞鸿钧、谷春帆、田永谦、胡文元先后出任局长，下设地税、田赋、房捐、营业税、市库、计核、审估、筵席税、娱乐税、屠宰税、产债金融等科及秘书、会计、人事、视察、统计等室，并设有市中、南市、沪北、虹口、浦东等各稽征处及牲畜专税稽征处等机构。抗战时期终止工作，1949 年 5 月被上海市军管会接收。

馆藏上海市财政局全宗档案共 4 315 卷，档案排架长度 80. 8 米，档案起止年代为1927—1949年，编有案卷目录。

档案主要内容：

1. 总类

有该局局务会议及会计室会议记录、粮食委员会会议记录、财政讨论委员会会议记录，上海市财政局及各稽征处工作计划、工作周报、工作月报表及工作总结，上海市财政局财产目录，各任局长移交文件，各稽征处移交清册，视察室调查工作登记簿，捐助北伐文件，移交接收文件等。

2. 组织人事类

有该局组织章程及办事细则，局长简历，任用审查表，土地评价委员会细则、土地估价委员会组织规则，会计人员任用考绩方面的文件，职员履历表、自传、保证书、任用送审书、家庭状况等文件，职员表、财政局及各稽征处人员名册、职员任免迁调登记表，1946—1948年度人事任免文件、职员考绩核定名册等。

3. 规章类

有上海市财政局沪北办事处章程，各种捐税征收规则，各种行政捐税条例，给水条例，上海市金库统一收支办法，城市公有土地清理规则，仓库物资提取办法，土地法、会计法，房产租赁条例，码头及泊费章程，荒地实施垦殖督促办法，管理汽车站、加油站规则，公用法规，工农业基金管理法草案，救济实业办法，上海市中心区域征收土地办法，发行征收土地给价抵价券办法等。

4. 业务类

有接收日伪上海市政府财务统计表，接收日伪上海财政局工作报告表，接收淞沪渔税征收局文件，合组上海市船舶查验所文件，筹设国民经济建设运动分会文件，筹设上海市银行、兴业信托社文件，筹设上海市政府同仁消费合作社文件，组织龙华飞机场地产管理委员会文件，筹划接收万国公墓文件，筹设上海特别市平市处文件，成立慈善团体财产整理委员会文件，上海市公产营业委员会管理权移交文件，扩大虹桥机场收地给价文件，建筑市立运动场、图书馆、博物馆、市立仓库、市中心区职员经济住宅文件，为整理南市码头组织评价委员会文件，整理浦江轮渡文件，上海市金库每日统计表等，征收房捐、营业税、营业牌照税、摊捐、车税、船捐、筵席税、娱乐税、旅栈捐、屠宰税的有关文件及表册，各区娱乐场所营业状况登记表及营业额登记表，上海市工商业者偷漏税情况调查表，各稽征处划分稽征区域文件，关于美军及外交人员住旅馆免税的训令等，清理公产文件，收用公地文件，公产房屋保险文件，修建平民新村文件，筹办浦东自来水厂计划，建筑垃圾码头、出粪码头及米业码头文件，派募1930年度短期库券、发行市政公债、发行复兴公债文件，划分官产沙田文件，调查上海、宝山两县积谷款文件，旧公债换发市政公债文件，关于田赋征收、鱼鳞图测绘文件，剧场、书院、舞厅等娱乐场所要求调整票价及停业复业的来函，对各区剧场、书院等娱乐机构偷漏税情况进行处罚文件，调查酒菜业营业情况报告，菜场摊基底册、摊户名册及经收菜场租金日报表等。

5. 财务类

有市政府及各局委办收支报告、经费报告书，上海市政府及各区1945—1948年度预决算表，上海市社会局复兴计划分期实施计划书，各机构会计报告书，上海市金库报送的每月支付预算书，上海市中心区域建设经费报告书等。

财政部上海直接税局

全宗号　Q433

财政部上海直接税局于1945年10月21日由财政部驻京沪区财政金融特派员办公处接收汪伪财政部上海所得税处后改组成立，负责上海行政区域内工商企业、机关团体的直接税征收，孙超然、时寿彰、楼国威、黄祖培、刁培然先后任局长。该局下设9个区办事处和4个查征所。1949年5月，被上海市军管会接管。

馆藏财政部上海直接税局全宗档案共952卷，档案排架长度18.4米，档案起止年代为1945—1949年，编有案卷目录。

档案主要内容：

1. 税务类

有财政部直接税署所得税法施行细则，关于各种捐税计算、课征、减征、检举、提奖等问题的训令，委托华威银行、浙江商业银行、聚兴诚银行、中国农民银行、江苏省农民银行信托部等单位代售印花税票合同，财政部关于中美双方政府在彼此领土内购买地产互免捐税的训令，该局捐税申报、催缴、违章处理等问题的指令，营利所得税估计税额审议委员会会议记录，上海市渔轮商业同业公会、中英药房等单位申请免征所得税与国税署往来文书，该局对虞洽卿等遗产税调查、催交材料等。

2. 秘书类

有该局办事细则，历任局长接印视事公告和交接文书，各区办事处、查征所交接文书，接管上海印花税票金库报告，公文和档案管理规则等。

3. 总务类

有财政部接收伪组织财产与接收专员方东来往函，该局为分配办公房屋与有关单位来往文书，沙逊洋行请求迁让房屋与财政部驻沪金融特派员办事处往来公函，各区办事处关于租赁房屋的呈文等。

4. 会计统计类

有该局1946—1947年行政人员报告表，填报各项税收统计表致各区查征所训令；会计室事务会议记录，工作报告，经费收支报表，岁出岁入预算分配表、概算书；1946—1947年财产租赁所得税报告表及收支传票等。

5. 人事类

有该局和区办事处、查征所人员名册，各级税务人员调查表，人事任免月报表，职员履历表、登记表，公务员任用审查表，职员任命、调迁、铨叙定级等文件，职员保证书及职员成绩考核结果汇报清册等。

财政部上海货物税局

全宗号　Q434

财政部上海货物税局成立于1945年10月21日，职掌全市的货物税征收工作。地址设在九江路230号。首任局长方东。其共设五科、六室、八个管理区、三个检查站。1949年5月结束。

馆藏财政部上海货物税局全宗档案共971卷，档案排架长度20米，档案起止年代为1945—1949年，编有案卷目录。

档案主要内容：

1. 总类

有财政部上海货物税局章程及办事细则，局务会议记录，各科室工作计划、工作报告及工作总结，第一至第八管理区交换清册，改划各管理区管辖范围一览表，厂商登记存案清册，标卖小面额货物税印花等问题的文件，新旧局长交接文件，收发文簿等。

2. 人事类

有财政部上海直接税局有关人员调派的训令，方东任期任职派令及简历卡，公务人员登记表、保证书、家庭状况表，委任人员年度考核表，职员名册等。

3. 征税管理类

有对卷烟、熏烟叶、洋酒、啤酒、火柴、糖类、棉纱、面粉、水泥、纯毛、锡箔及迷信用纸、饮料品、化妆品、矿产品、土酒土烟等货物进行税收的有关文件和会议记录，处理偷漏税的文件等。

4. 财会类

有财政部上海货物税局会计工作报告，会计室业务会议记录，1945—1948 年岁入岁出决算书，税收纳库数字报表等。

工商部资源委员会烟煤调节委员会

全宗号　Q472

1948 年 10 月由国民政府工商部、资源委员会在南京合组成立烟煤调节委员会，孙越崎任主任。该委员会负责核定煤价、分配煤斤、储备安全存煤及配售公教人员用煤，其下设南京、上海两个办事处，各分别负责该地的烟煤调节分配事宜。南京办事处于 1949 年 3 月撤销，1949 年 5 月该委员会及上海办事处结束。

馆藏工商部资源委员会烟煤调节委员会全宗档案共 447 卷，档案排架长度 4 米，档案起止年代是 1948—1949 年，按年度—问题分类排列，编有案卷目录。

档案主要内容：

1. 综合类

有该委员会成立、沿革史料和组织规程、会议记录、会计制度法令，组设上海区煤斤分配委员会、成立上海办事处、上海办事处接管前燃管会存煤煤栈文件及上海办事处总账，与京沪区、燃管会产业交接文件等。

2. 烟煤分配管理类

有南京国民政府立法院、司法行政部所属机构，工商部所属机构，资源委员会所属机构，各政党，各军种部队，淞沪警备司令部，上海市政府所属机关、学校、企业、铁路、电厂、轮船等，外省市政府所属机关以及各国驻华使领馆和机构申请煤斤等文件；该委员会关于煤斤分配原则办法、上海区烟煤分配办法、烟煤调节办法及法令等；配煤日报、旬报和配煤业务工作报告等。

3. 原料运输类

有运煤轮船调度及动态表、轮船客货运价表，装运开滦、基隆煤斤及煤运情形，装运台煤轮船动态、驻台联络员报表，台煤、滦煤以及淮南、华东两矿煤斤外运等文件，上海市民调会煤斤寄存各栈、动用开滦矿务局存沪煤斤文件，该委员会第一、二、三栈以及浦东、麦根路开滦栈进出存煤日报表等。

另有财务、人事类文件等。

经济部上海区燃料管理委员会

全宗号　Q473

抗战结束,为解决京沪地区煤荒问题，国民政府经济部于 1945 年 10 月设立了上海区燃料管理委员会，负责处理上海、南京、京沪铁路沿线及其他区域燃料运输、储存及支配事宜。主任徐乐天，内设船舶、储运、业务等处，下设南京、越南、蚌埠、徐州等办事处和事务所。1948 年 10 月由工商部资源委员会烟煤调节委员会接管。

馆藏经济部上海区燃料管理委员会全宗档案共 3 121 卷，档案排架长度 32 米，档案起止年代为 1945—1949 年，按年度—问题分类排列，编有案卷目录。

档案主要内容：

1. 综合类

有该委员会组织大纲、组织规程和管理办法，修正上海市煤斤存储暂行办法，燃料临时监理委员会、员工福利委员会等各类会议记录、工作报告，各地办事处和事务所成立文件，接管码头、仓库和燃料等文件。

2. 业务类

有上海地区的政府机构、军队、企业、同业公会等申请煤斤、要求核定数量等文件，各地煤矿调整售价运价等、煤矿及煤价、煤斤收购价格、核定收购进口煤价格及煤斤配售价目表等文件，各地煤矿产量及其运输情况调查，烟煤收购、发配和存储报告，各地燃料出栈日报等，煤业市场价调查日报表，煤斤化验报告、煤斤分类统计表等，该委员会统售配给各轮船燃料办法，供应京沪公教人员配售煤球会计报告、决算表，该委员会核准厂商煤号自行购运烟煤发证，各地收发存煤日、月报表，燃料统配日报等。

3. 财务类

有该委员会供应京沪公教人员煤球差额金明细表、按次煤运成本明细表及汇总表，各厂、水电煤各公司以煤易电应折价值账单，营业盈余账单、营业决概算书，会计报表、各栈月报表、分户账等。

三、社会团体档案

上海市总工会

全宗号　Q7

上海市总工会成立于1931年12月，其宗旨是健全上海各业工会组织，领导工人增进工人知识技能，维持改善劳动条件及生活，协助政府关于国防生产等政令的实施，主要负责人为朱学范。抗战胜利后，上海市总工会于1946年9月恢复成立，理事长先后为水祥云、周学湘。该会下设沪东办事处、沪西办事处及劳动福利会、劳工法规研究委员会、生产技术研究会、工人体育委员会、社会童子军团团务委员会等机构。

馆藏上海市总工会全宗档案共309卷，除文书档案外，还包括一些照片、杂志等，照片档案起止年代为1924—1948年，文书档案起止年代为1933—1951年，档案排架长度9.6米，编有案卷目录。

档案主要内容：

1. 总类

有工会法、工会章程、劳工法规，上海特别市总部、社会局、上海市总工会训令，上海市总工会概况、造纸业工会大事记等。

2. 工福会

有人力三轮车浦东工福会会议录、上海市工福会浦东办事处通知等。

3. 护工队

有护工队训令、护工队工作汇报、护工队员名册等。

4. 工会会务

有总工会理监事会议录、工作日记、会务报告，绍酒业、针织业、泥工业、汤菜业职工会会议录，汽车司机职业工会会务革新方案等。

5. 组织人事

有上海市总工会制烟业工会沪东、沪南、沪中、沪北、浦东分会改组成立会议录，上海市总工会理监事名单，针织业工会等各产业工会理监事名单、会员名册等。

6. 劳资纠纷

有上海电力公司、华商电器公司、力生铁工厂工潮案等文件，卷烟业劳资合作促进委员会会议录，玻璃产业工会劳资协议书等。

7. 刊物

有《上海市劳工年鉴》《总工会第五届一周年纪念特刊》《上海工界人物志》《护工手册》等。

8. 照片

有西服业、西式木器业、旧花同业、估衣业联谊会理监事合影等照片。

9. 新中国成立后档案

有上海市灯泡业工会移交清册（附队员名册）、绍酒业职工代表大会记录簿、上海市洗染业职业工会筹委会成立大会记录等。

上海市商业联合会

全宗号　Q80

上海市商业联合会系由上海县商会、银行公会等19个商业团体在1927年3月22日联合发起成立，由虞洽卿、王一亭、吴蕴斋等组成主席团。时值北伐军进驻上海，该会宣言拥护蒋介石。1927年4月，国民党上海临时委员会暂准该会备案，接收上海总商会，行使领导全市商界的权力。同年11月29日解散。

馆藏上海市商业联合会全宗档案共49卷，档案排架长度0.8米，档案起止时间为1927年3—11月，编有案卷目录。

档案主要内容：

1. 总类

有该会成立公告及结束宣言，上海商业联合会章程，该会申请立案及准予立案文件及该会议事录等。

2. 政治类

有该会为蒋介石、白崇禧筹集饷糈、动员认销二五库券等有关文件，蒋介石与虞洽卿发起房租济饷及组织爱国捐劝募委员会文件，会员厂家反对认购盐余库券等有关文件，上海针织公会等请求免征出口重税、废除华洋纳税不平等规定的函件，欢迎蒋介石来沪、挽留蒋介石维持上海治安的文稿，拥蒋清党函电，建议蒋介石与孙传芳弭兵息战、合作反共的文稿，筹备庆祝国民政府迁都南京的文稿，讨论消释工部局疑虑、维持租界安全会议录，与租界当局洽商合作维持治安及拆除租界防御工事的文件，该会派人调查南京事件、劝外国人消释恐慌、商讨对付职工办法及请政府颁布劳资争议调解仲裁法规和参加劳资调解委员会的文稿，关于汪寿华到会发表总工会对工潮、外交诸问题意见的会议录，筹组商民协会的文件，讨论组织商团武装及会员厂要求核议对付工会的函件等。

3. 人事类

有该会委员会名单、会员录及各业公会申请入会的函件等。

4. 财务类

有该会收支总表、收付款凭证等。

救济会院全宗汇集

全宗号　Q113

救济会院全宗汇集由中国救济妇孺总会、浙江难民救济会、上海残废院、上海广益中医院、上海潮州和济医院及行政院派赴江浙两省办理急赈委员会等 6 个全宗构成。

馆藏救济会院全宗汇集档案共 103 卷，档案排架长度 5.6 米，档案起止年代为 1921—1954 年。该全宗汇集所含各全宗档案很不完整，经过整理后，编有案卷目录。

档案主要内容：

1. 中国救济妇孺总会

成立于 1912 年，虞洽卿、朱葆三等任正、副会长。该会从事解救被拐骗、买卖及遭虐待妇孺的活动，并在大连、沈阳、汉口、哈尔滨设立分会。1934 年改为上海市红义善会。馆藏中国救济妇孺总会全宗档案共 27

卷。档案形成年代为1921—1937年。主要内容有：中国救济妇孺总会章程，劝募基金团章程细则，中国救济妇孺总会组织系统表及人事任免的文件，中国救济妇孺总会董事会记录、记事摘要、文牍摘要等。

2. 上海残废院

成立于1919年，由王一亭发起创办，负责安置无自谋生活能力的残疾人。1953年改组为上海市救济福利界第四残老院。馆藏上海残废院全宗档案共19卷。档案形成年代为1929—1950年。主要内容有：上海残废院工作概况、报告、董事会记录及人事任免的文件，残疾人入院介绍信、残疾人名册及照片，上海残废院大事记等。

3. 浙江难民救济会

成立于1938年2月，由旅沪浙江同乡会发起组织，从事救济因日本侵华而流离失所的浙籍难民。屈文六任委员长，何德奎、周京良为副委员长。下设上虞、绍兴、四明、宁波等分会。馆藏浙江难民救济会全宗档案共22卷。档案形成年代为1938—1941年。主要内容有：浙江难民救济会简章、办事细则、常务会议记录、救济谈话会会议记录、工作报告及人事任免文件，浙江难民救济会组织状况、发起人名单，浙江难民救济会关于新登、富阳、临安、建德、宁波、奉化、绍兴、上虞、余姚等地遭受日机轰炸及水灾的报告等。

4. 上海广益中医院

该院成立于1917年，由朱葆三、王一亭、丁甘仁等发起创办，系中国第一所从事中医学研究和教育的中医院。1953年6月改组为上海市救济福利界第一病民诊疗所。馆藏上海广益中医院全宗档案共9卷。档案形成年代为1929—1953年。主要内容有：广益中医院章程、申请立案文件、董事履历表、职员名册、情况报告等。

5. 上海潮州和济医院

该院由旅沪潮州籍人士出资创办，周德三任董事长，柳抑谷任院长。1954年停办。馆藏上海潮州和济医院全宗档案共24卷。档案形成年代为1922—1954年。主要内容有：和济医院章程、管理委员会简章，和济医院院务改进委员会会议录，许崇智关于陈廉伯私运枪支的函电，和济医院组织系统表、董事名册、职员履历表等。

6. 行政院派赴江浙两省办理急赈委员会

该委员会成立于1931年9月，负责办理吴兴、长兴、武康、德清、安吉、余杭等7县水灾救济事宜。馆藏行政院派赴江浙两省办理急赈委员会全宗档案共 2 卷。档案形成时间为 1931 年。主要内容有：行政院派赴江浙两省办理急赈委员会浙江赈务报告及有关救灾事务的来往文件等。

上海慈善团体联合会

全宗号 Q114

上海慈善团体联合会成立于1927 年。该会以办理社会救济福利事业、互助精神改善及维护慈善事业为宗旨。王一亭、黄涵之先后出担任该会主任委员。该会成立后设立避寒所、义务小学等，解决无家可归难民的食宿及儿童受教育问题，筹集资金遣返失业工人，为难民施衣送药等。1951 年该会宣告结束。

馆藏上海慈善团体联合会全宗档案共 81 卷，档案排架长度 3. 2 米，档案起止年代为 1922—1954 年，编有案卷目录。

档案主要内容：

1. 总类

有上海慈善团体联合会、上海慈善团养济院、上海闸北慈善团的概况、成立与结束文件，会议记录，财产调查表、账册、收支预算书，地产调查表及地产图，首任会长王一亭文件及移交报告、资产移交清册等。

2. 规章、人事类

有上海慈善团体联合会章程及办事细则，上海慈善团养济院、上海闸北慈善团、广济善团、中国妇孺救济总会、上海中国济生会、仁济善堂、上海孤儿院等会员团体的章程，上海慈善团体登记规则，管理地方私立慈善机关规则，设立识字学校办法，会员情况调查表，发起人情况调查表，董监事情况调查表，各专门委员会委员名单及调查表，上海闸北慈善团组织系统表等。

3. 业务类

有该会业务工作报告，1930 年遣返河南、江苏难民文件，募捐衣钱赈济皖北、浦东、蒙古难民文件，该会救护及医治难民人数统计表、收容遣返各地来沪难民统计表、办理认字学校报告表，上海市平民住所住民生活状况调查表及在上海设立难民庇寒所的文件等，上海慈善团养济院义务小学调查表，收养儿童名册，留养人姓名册及解放后该院参加军事院校学员统计表等，闸北慈善团举办产妇膳食救济工作计划及拟办闸北区妇产科医院计划等。

善堂、善会全宗汇集

全宗号　Q115

善堂、善会是由社会热心公益人士发起成立的以施药、施材、恤嫠、育婴、养老、平民教育等为宗旨的慈善团体。解放后，善堂、善会渐次结束工作。

馆藏善堂、善会全宗汇集共由32个全宗组成，共有档案475卷，档案排架长度28米，档案起止年代为1913—1955年，编有案卷目录。

档案主要内容：

1. 上海市慈航普渡施材会

有档案33卷，起止年代为1938—1953年。主要内容有：该会章程、简史、成立大会摄影照片，工作报告，理监事会议事录，普渡会、助材会、文化教育委员会等议事录，会员名册等。

2. 上海市七宝善义会

有档案4卷，起止年代为1945—1947年。主要内容有：该会章程，呈请登记立案文件，理监事名册，救济设施情况调查表，1946年、1947年收支总报表，上海市私立救济设施统一募捐办法等。

3. 义济善会

有档案2卷，起止年代为1951—1952年。主要内容有：该会谈话会记录、业务情况调查表和收支经济表等。

4. 上海市浦殡公益会

有档案15卷，起止年代为1919—1937年。主要内容有：该会章程，呈请备案文件，组织情况调查表，董事、职员履历表，董事辞聘文件，会员名册，设立义务小学校、水上救生局文件等。

5. 沪东理教普元堂慈善会

有档案32卷，起止年代为1948—1953年。主要内容有：该会沿革、大事记、概况调查表，筹组义务小学申请备案文件、学校章程，董事简历表、董事会议事录，该会董事职员任免、要求增加工资文件，会员名册、施材会会员册等。

6. 上海市仁义善会

有档案10卷，起止年代为1935—1950年。主要内容有：该会会章、立案证书，开设仁义医院呈请备案和聘请医师文件，执行委员会、会员大会议事录，职员名册、会员名册、义善仁义录等。

7. 永义材会

有档案5卷，起止年代为1920—1951年。主要内容有：该会袋业永义会议事录，委员、执事台衔录，会员名册等。

8. 明德集义善会

有档案21卷，起止年代为1947—1955年。主要内容有：该会立案证书、各种会议记录、会务日记等。

9. 蓬社法会

有档案6卷，起止年代为1946—1951年。主要内容有：该会章程、立案文件、调查表、董事名单、会议录、坤道同玄录等。

10. 上海市普德会

有档案2卷，起止年代为1950—1952年。主要内容有：该会沿革、调查表、有关改组问题函、工作报告、理监事名单等。

11. 尊圣善会

有档案9卷，起止年代为1940—1950年。主要内容有：该会理事会议录、常务理事会议录、监事会议录等。

12. 同仁善会

有档案5卷，起止年代为1942—1952年。主要内容有：该会简史、章程、议事录，职员、理监事名册，义务学校章程，同仁专修班、诊疗所备案文件等。

13. 联义善会

有档案4卷，起止年代为1937—1952年。主要内容有：该会章程，呈请备案文件，工作报告，董监事会议事录，会员名册，联义手艺所、平民医院计划大纲，云巢农场改良种植招股简章，1952年种植生产计划情况表等。

14. 上海市同义善会

有档案2卷，起止年代为1947—1953年。主要内容有：该会简史、1953年工作报告、董事名单、移交总清册等。

15. 厚仁善堂

有档案9卷，起止年代为1935—1952年。主要内容有：该堂章程、沿革、大明会计师事务所出具的财产账目报告书、抗战时受损报告单等。

16. 上海市仁济善堂

有档案71卷，起止年代为1927—1955年。主要内容有：该堂章程、立案文件、概况调查表，会员大会、董事会、董监事联席会、业务推进委员会、堂务研究组等会议记录，工作报告，主办育婴堂、改进医院工作文件，育婴堂章程、创办概况、情况调查表、职工履历表、迁移新址文件等，董事、职员名册、履历表，董事、职员、医师任免、迁调文件等。

17. 浙绍永锡堂

有档案 71 卷，起止年代为 1916—1954 年。主要内容有：该堂章程、备案文件、概况调查表，工作报告，1924—1954 年议事录，董事辞聘函，上海市私立永锡义务初级小学校校董会议事录等。

18. 上海览德轩

有档案 4 卷，起止年代为 1944—1951 年。主要内容有：该轩恤嫠章程、川沙嫠妇肖像册、建屋委员会议事录等。

19. 浙江积善堂

有档案 9 卷，起止年代为 1943—1953 年。主要内容有：该会整理委员会议事录，举办平民诊疗所有关文件，有关地产和寄柩业务文件，董事、职员名册等。

20. 普缘社

有档案 25 卷，起止年代为 1932—1953 年。主要内容有：该社沿革、章程、登记表、会议记录，经办 1934、1935 年度冬春两季施米放粥收支报告征信录，施材小本贷金章则，董事名单，申请立案等文件，创办普缘小学章程、计划书、申请备案等文件，会员登记册等。

21. 上海市广益善堂

有档案 24 卷，起止年代为 1913—1955 年。主要内容有：该堂章程、调查表、呈请立案文件，董事会议事录，董事、职员名册、履历表等。

22. 上海残废养老堂

有档案 47 卷，起止年代为 1939—1952 年。主要内容有：该堂简章、堂规、成立理监事会的报告、启事，第一次主管人员暨残胞联席会议事录，上海特别市残废养老堂会议录，董事会、整理委员会议事录，董事、职员名册，留养人员留养证、简历名册等。

23. 四大二都同善堂

有档案 2 卷，形成时间是 1934 年。主要内容有：该堂章程、议事录。

24. 教理性善堂

有档案 12 卷，起止年代为 1948—1950 年。主要内容有：该堂赊材所会员名册、董事名册，施材会议事录、助材会理监事会议录，会员履历登记簿等。

25. 位中善堂

有档案9卷，起止年代为1928—1953年。主要内容有：该堂章程、许可证、立案证书、董事会议事录等。

26. 正谊堂

有档案2卷，形成时间是1939年。主要内容有：该堂董事会议事录、议案。

27. 复恩善堂

有档案3卷，起止年代为1946—1952年。主要内容有：该堂概况调查表、工作总结、救济工作月报表、1950年度收支计算书、职员登记表，会员入会志愿书等。

28. 元济善堂

有档案3卷，起止年代为1946—1952年。主要内容有：该堂议事录、干事会议事录。

29. 复善堂

有档案4卷，起止年代为1934—1936年。主要内容有：该堂章程，申请备案文件，筹备委员简历表，董事会、整理委员会议事录等。

30. 永乐善堂

有档案7卷，起止年代为1947—1952年。主要内容有：该堂成立文件，筹办安老院缘起，工作总结，董事会议事录，永乐义校收支报表，教职员简历表等。

31. 旅沪泾县崇义堂

有档案5卷。主要内容有：该堂议事录、该堂情况报告、保管委员名册等。

32. 沪南公济善堂

有档案18卷，起止年代为1935—1953年。主要内容有：该堂沿革、章程、立案证书、工作报告，董事、职员名册、履历表，施材会会员录，上海市救济事业协会章程、理监事名单、成立大会记录，上海市慈善团体联合会、联合救济会议事录，该堂与蓬莱区妇幼保健协进会设立联合妇幼保健站的合约书、章程，与复善善堂合并文件等。

同业会、所全宗汇集

全宗号　Q116

馆藏同业会、所全宗汇集包括山东河南府绸公所、上海浙江红帮木业公所、栈业公义会、上海粤侨商业联合会等 4 个会、所的档案，共 67 卷，档案排架长度 3.2 米，档案起止年代为 1911—1955 年，编有案卷目录。

档案主要内容：

1. 山东河南府绸公所

有档案 47 卷，起止年代为 1911—1955 年。主要内容有：该所会议记录、大事记、征信录，历届会董、职员录，同业牌号录、同业商标录，会员名册，整顿鲁绸南北联合会记，该所关于英国、埃及增加进口税收和德国限制我国府绸进口问题致国际贸易局的函等。

2. 上海浙江红帮木业公所

有档案 9 卷，起止年代为 1941—1952 年。主要内容有：该所会议录、章程、立案证书，董事、会员履历表、名册，1951—1952 年工作总结等。

3. 栈业公义会

有档案 1 卷，形成时间是 1936 年 12 月，内容系该会会议记录。

4. 上海粤侨商业联合会

有档案 10 卷，起止年代为 1929—1950 年。主要内容有：该会会议记录（1946 年）、登记证书、人事辞聘文件、房屋租赁契约等。

旅沪同乡会全宗汇集

全宗号　Q117

馆藏旅沪同乡会全宗汇集共由44 个同乡会全宗档案组成，共计 1 492 卷，地域覆盖江苏、浙江、安徽、江西、福建、河南、河北、湖南、湖北、广东、广西、云南等十余个省份。

档案主要内容：

1. 浦东同乡会

有档案 193 卷，起止年代为 1931—1953 年。主要内容有：该会章程，组织成立申请备案文件、立案证书，概况表，各专门委员会简章；理事会、常务理事会、理监事联席会、文化教育委员会、会务改进和房地产管理联席会等会议记录；1933—1941 年年报；1933—1952 年会务日程；购置会所地基、建筑会所有关文件；筹办诊疗所、童子军，接办平民诊疗所，组织战时救济团文件；召开第一至第八届会员大会及改选理监事函件；推举代表参加上海租界纳税华人会与该会往来函；黄炎培等关于禁烟问题的有关文件；浦东第一儿童教养院毕业生照片；该会董监事履历表，董事辞聘和职员任免函，会员录等。

2. 广东旅沪同乡会

有档案238卷，起止年代为1933—1952年。主要内容有：该会章程、办事细则、概况调查表；广肇公所、广东同乡会、潮州会馆联合办事处章程；理事会、理监事联席会、董事会、常董会、董监事联席会、会员大会等会议记录；筹办健康互助社、粤民医院的有关文件；同乡请求援助函件，遣送同乡回籍调查表；该会理监事名册、履历表，会员名册，聘名誉董事简则、名单，理监事辞聘和职员任免文件等。

3. 大埔旅沪同乡会

有档案71卷，起止年代为1900—1954年。主要内容有：大埔恒善堂沿革、会议记录、堂员名册，茶阳恒善堂祝词、茶阳公所总簿，该会章程、执业证照片、会员登记表和调查表、征求会员简章、辛酉年征信录、会员名册、会员注册簿、同乡回籍登记簿、理监名册履历表及第一届执监委员姓名一览表等。

4. 宁波旅沪同乡会

有档案105卷，起止年代为1915—1954年。主要内容有：该会沿革，组织成立、修改会章等与上海市社会局往来文件，该会结束报告，同乡请求援助文件，委员名单，职员录，会员题名录，江亚轮遇难同乡名册及遗物登记簿，追悼乐振葆及发起振葆奖学金的有关文件，该会永远会董名册等。

5. 绍兴七县旅沪同乡会

有档案261卷，起止年代为1919—1952年。主要内容有：该会组织沿革、会章、概况调查表、呈请备案登记和申请结束文件，常务委员会、执委会、执监联席会、理监事联席会、会员大会等会议记录，同乡请求援助函件，金山嘴海面帆船沉没善后处理函件，处理上虞和沥海渔民争界纠纷函，疏浚小舜江会议录，江亚轮惨案死难家属安家费、救济费审核单，1945年江亚轮惨案善后委员会会议录，绍兴同仁医院简章、浙绍医院章程，甲戌全浙救灾案，改善教育事业计划，会员名册等。

6. 温州旅沪同乡会

有档案24卷，起止年代为1931—1951年。主要内容有：该会章程，工作大事记，征求会员办法，会员大会会议录，工作计划，会员名册，理监事、职员名册、履历表，永嘉粮荒问题会议录，筹办民校的有关函件等。

7. 无锡旅沪同乡会

有档案 39 卷，起止年代为 1941—1953 年。主要内容有：该会概况调查表，理事会、监事会会议录，会办同德中学校董会章程、会议录、教职员简历表，常年会员名册、永久会员名册、理监事名册等。

8. 常州旅沪同乡会

有档案 28 卷，起止年代为 1923—1953 年。主要内容有：该会简史、章程，会产保管委员会等会议记录，会员名册、理监事名册，武进建设协会理监事、会员名册等。

9. 洞庭东山旅沪同乡会

有档案 37 卷，起止年代为 1912—1952 年。主要内容有：该会章程、会员录、理监事履历表、会刊、东山正风社章程、卅周年纪念特刊等。

10. 扬属七县旅沪同乡会

有档案 28 卷，起止年代为 1935—1952 年。主要内容有：该会章程、1952 年工作总结，会员名册、理监事和职工名册，请军管会开启被封房屋函，扬州公所寄柩照片等。

11. 湖属六邑旅沪同乡会

有档案 6 卷，起止年代为 1946—1954 年。主要内容有：泉利沉轮善后委员会议事录、被难人名册、被难家属领恤米名册、办理善后事宜有关函件，北站区人民法院关于谢伟黎欠租金调解书和刑事裁定等。

12. 苏州旅沪同乡会

有档案 12 卷，起止年代为 1936—1947 年。主要内容有：该会章程、概况，各组委员会会议录，理监事名册、队长名册，第一届普字、特字会员入会书等。

13. 鹤山旅沪同乡会

有档案 16 卷，起止年代为 1924—1949 年。主要内容有该会章程、互助会章程、办事细则，呈请备案文件，该会会议记录、维持委员会会议录，理监事、职员名册、履历表，会员名册等。

14. 广西旅沪同乡会

有档案 10 卷，起止年代为 1947—1954 年。主要内容有：该会章程、工作概况报告、议事录、会员登记簿、救济同乡人名簿及成立大会纪念册等。

15. 南海旅沪同乡会

有档案 12 卷，起止年代为 1916—1951 年。主要内容有：该会章程、申请组织和准予备案文件、理监事联席会议录、成立大会记录簿、周年纪念特刊、理监事履历表、会员名册、旅沪南海邑馆征信录等。

16. 中山旅沪同乡会

有档案3卷，起止年代为1947—1948年。主要内容有：该会筹备和成立文件、章程、发起人会议录、会员代表名册等。

17. 番禺旅沪同乡会

有档案11卷，起止年代为1931—1953年。主要内容有：该会章程、会员大会记录、理监事决议录、会员名册，禺山图书馆董事会议事录、该馆调查表等。

18. 新会旅沪同乡会

有档案7卷，起止年代为1934—1948年。主要内容有：该会章程、执监委联席会议事录、同乡题名录等。

19. 通如崇海启旅沪同乡会

有档案26卷，起止年代为1924—1951年。主要内容有：该会章程、理监事联席会议事录、会员名册，关于维持沪扬、沪崇航线的文件，会馆寄柩章程等。

20. 广东四邑旅沪同乡会

有档案11卷，起止年代为1948—1951年。主要内容有：该会章程、理监事会议事录、理监事名单、会员名册，孙科对该会赞助其参加副总统竞选致谢的函等。

21. 江宁六县旅沪同乡会

有档案18卷，起止年代为1948—1951年。主要内容有：该会章程，理监事履历表，会员登记簿，理事会、常务理事会议事录，江宁旅沪小学开校摄影等。

22. 广东嘉应五属旅沪同乡会

有档案16卷，起止年代为1915—1950年。主要内容有：该会章程，理监事履历表，会员名册，林炳炎生平事略、追悼大会、迁葬等函件。

23. 洞庭西山金庭会馆旅沪同乡会

有档案24卷，起止年代为1931—1949年。主要内容有：金庭会馆申请登记和合并为同乡会文件，该会章程、概况报告，理监事、执行委员名单，西山慈善基金保管委员会议事录，敦厚堂新旧山庄议案，加入中国航空协会文件等。

24. 湖北旅沪同乡会

有档案8卷，起止年代为1926—1952年。主要内容有：该会章程、简史、工作报告，理事名册、会员名册，私立湖北公墓筹备会议事录、湖北旅沪小学校董会议事录，湖北水灾难民惨状照片等。

25. 湖南旅沪同乡会

有档案 43 卷，起止年代为 1931—1954 年。主要内容有：该会会章、筹备经过报告、理监事略历表，湖南旅沪小学校董会章程、立案证书，修建青浦公墓文件，调解委员会议事录等。

26. 河北旅沪同乡会

有档案 16 卷，起止年代有 1935—1944 年。主要内容有：该会调查报告、会议记录、理监事名册、普通会员录、特别会员录等。

27. 歙县旅沪同乡会

有档案 28 卷，起止年代为 1946—1953 年。主要内容有：该会议事录、工作报告、理监事名册、会员名册，歙县私立中正中学概况和有关校址问题的函件，呈请修筑杭徽公路和废除征兵征粮制，创办私立歙县小学文件等。

28. 浙江旅沪同乡会

有档案 14 卷，起止年代为 1945—1950 年。主要内容有：该会理事会、常务理事会议事录，慰唁江亚轮惨案遗族函件，理监事名册，会刊，同乡邵次公先生事略等。

29. 嵊县旅沪同乡会

有档案 22 卷，起止年代为 1947—1953 年。主要内容有：该会章程、议事录、工作报告，理监事、各委员、职员履历表、名册，有关筱丹桂自杀问题的函件，会员入会申请表、会员名册等。

30. 河南旅沪同乡会

有档案 3 卷，起止年代为 1943—1949 年。主要内容有：该会会议记录、征信录，会员名册，名誉理事、理监事名册，河南各市县灾情统计表，关于王义臣遇难经过文件等。

31. 云南旅沪同乡会

有档案 4 卷，起止年代为 1934—1948 年。主要内容有：该会章程、立案证书、发起人履历表、申请结束报告、会员名册等。

32. 江西旅沪同乡会

有档案 19 卷，起止年代为 1928—1950 年。主要内容有：该会会章、理监事名册、会员名册、议事录、工会筹备会议事录、赣灾救济筹委会简章等。

33. 定海旅沪同乡会

有档案33卷，起止年代为1941—1948年。主要内容有：该会章程、呈请立案文件、概况表、理监事履历表、会务简报，定海会馆议事录，定海难民救济会组织章程、议事录，创办中小学、宁绍新报社、医院等文件。

34. 靖江旅沪同乡会

有档案4卷，起止年代为1946—1948年。主要内容有：该会成立大会记录簿、会员录、购置会所资金捐簿、清寒优秀学生救济登记簿等。

35. 宜兴旅沪同乡会

有档案7卷，起止年代为1935—1947年。主要内容有：该会章程、宜兴灾荒筹账委员会议事录、宜兴县旱灾救济委员会报告等。

36. 台州旅沪同乡会

有档案5册，起止年代为1943—1946年。主要内容有：该会董监事联席会议事录、慈善公益经费签认册等。

37. 镇海旅沪同乡会

有档案1卷，形成时间是1930—1942年。主要内容有：该会救灾办法和捐募问题的函件等。

38. 海盐旅沪同乡会

有档案6册，起止年代为1947—1948年。主要内容有：该会议事录、收支报告及会员名册等。

39. 宁海旅沪同乡会

有档案2卷，起止年代为1949—1952年。主要内容有：该会申请结束报告、理监事通讯录及会员名册等。

40. 平湖旅沪同乡会

有档案1卷，形成时间是1947年，内容系该会会议记录。

41. 丽水旅沪同乡会

有档案1卷，形成时间是1948年。主要内容有：该会章程、立案证书、会员通讯录等。

42. 江阴旅沪同乡会

有档案44卷，起止年代为1927—1952年。主要内容有：该会章程、办事细则、理监事名册、会员名册，全国各省市县旅沪同乡会联席会议记录，江阴小学校沿革、章程、调查报告、建校舍计划，江阴码头管理处章程和建筑码头纠葛的有关文件，该会执委会议事录、主席团会议录，该会照片等。

43. 镇江旅沪同乡会

有档案 10 卷，起止年代为 1935—1949 年。主要内容有：该会章程、立案证书、议事录、会务报告、理监事履历表、会员录、入会志愿书等。

44. 吴江旅沪同乡会

有档案 21 卷，起止年代为 1929—1947 年。主要内容有：该会沿革、议事录、会员名册，墨国遇难华侨维持会关于墨西哥排华经过文件，常务理监事通讯录及会员入会登记表等。

上海市公所会馆山庄联合会暨各公所、会馆、山庄

全宗号　Q118

1950 年 7 月，上海市各公所、会馆、山庄为响应政府号召，发扬合作精神，增进全市的福利救济事业，成立上海市公所会馆山庄联合会。1953 年，该会结束活动。

馆藏上海市公所会馆山庄联合会暨各公所、会馆、山庄全宗档案共 425 卷，档案排架长度 13.6 米，档案起止年代为 1863—1965 年，编有案卷目录。

档案主要内容：

1. 上海市公所会馆山庄联合会

有档案 26 卷，起止年代为 1950—1952 年。主要内容有：该联合会的章程、细则、工作计划及工作报告，筹备及成立大会会议记录，理监事会及各公所、会馆、山庄联席会等会议记录，各公所、会馆、山庄业务概况和简史，工作总结，会员入会申请书及职员名单调查表，会员业务调查表，执监委名单，大事记等。

2. 四明公所

有档案 48 卷，起止年代为 1863—1954 年。主要内容有：该公所与宁波商会关于筹组四明公所董事会文件，章程，董事及员工名册，四明医院议事录，董事会、协商会、财务会及职工代表会等会议记录，公济义务小学教职员工名册、该校扩校意见书、学校章程，该公所为添建殡舍与工巡捐局的往来文件，该公所缘起、工作报告及工作总结等。

3. 京江公所

有档案 32 卷，起止年代为 1932—1954 年。主要内容有：该公所组织

概况、计划方案、董事履历表及名册，工作报告，董事会决议录、议事录，筹备组织京江公所子弟联谊会的提议及除柩、迁圹等文件。

4. 平江公所

有档案 32 卷，起止年代为 1896—1952 年。主要内容有：该公所总则、章程及各项规则草案、办公规则和概况表，理监事及职员履历表，会员名单，工作报告，常务理事会、小组会等会议记录，梓安堂经过记录、梓安堂备览登记手续留底等。

5. 北长生公所

有档案 60 卷，起止年代为 1897—1954 年。主要内容有：该公所有关立案登记及结束文件，章程、沿革简史，会员履历表、会员名册、会员入会志愿书，工作报告，整理委员会、监察委员会、常务委员会等会议记录。

6. 江宁六县公所

有档案 31 卷，起止年代为 1887—1953 年。主要内容有：该公所的章程、组织概况和调查表，董监事及职员履历表和名单，职工规则，各项工作报告、计划总结及提案，筹备会、董事会、纳捐人等会议记录及该公所各种移交清册，江宁小学简章、计划、委员名单及组织校董会文件等。

7. 台州公所

有档案 13 卷，起止年代为 1933—1954 年。主要内容有：该公所章程、提案、委员名册、董事会议录及该公所整理委员会组织规程、细则、委员名单等。

8. 定海会馆善长公所

有档案 3 卷，起止年代为 1951—1952 年。主要内容有：该公所情况调查表、组织系统表、工作报告、会议记录等。

9. 潮州会馆

有档案 33 卷，起止年代为 1913—1954 年。主要内容有：该会馆章程、调查表及董事名单，董事会会议录、议案备查、议案录、文牍底稿、往来电报，存心堂照片，八节山庄创始略述等。

10. 浦东公所

有档案 6 卷，起止年代为 1943—1951 年。主要内容有：该公所章程、情况调查表、董监事和会员名册及会议录等。

11. 江阴公所

有档案 1 卷，形成时间为 1945—1951 年。主要内容为：该公所组织概况、会员名册、人民团体立案证书及会员入会证书、提案等。

12. 广肇公所

有档案 140 卷，起止年代为 1891—1954 年。主要内容有：该公所章程、工作报告，议事录、议事草案，理监事会、房地产组会、组务联席会、整理委员会、会员大会等会议记录，举办义学、医院、遣送难民、设置职业介绍所等文书材料，该公所及所属单位理监事、教职员履历表及名册，广肇小学童子军团更名为上海广肇公所社会童子军团的文件及其概况报告、章程，筹办粤剧义演、筹募救济难民经费文件等。

世界红卍字会各办事处、分会

全宗号　Q120

世界红卍字会各办事处、分会全宗档案包括世界红卍字会中华总会、上海分会、慈崇善堂、中华东南各会联合总办事处、中华东南各会联合救济总监理部等五个机构的档案。中华总会成立于 1922 年 10 月，以办理救济及各项慈善事业为宗旨，先后由熊希龄、王正廷任董事长。上海分会成立于 1923 年 4 月，负责指导江、浙、皖、闽等地红卍字分会和修道院的工作，并利用捐款收入，先后举办医院、学校、图书馆和临时救护队等慈善机构，由张兰坪任理事长。1954 年 8 月结束。慈崇善堂创立于 1932 年 5 月，附设于浙江杭州道院，以祭祀男女信徒亡灵为主要事务。中华东南各会联合总办事处于 1934 年由中华东南主会上海总办事处改设，负责办理东南各省分会赈济救灾事务。中华东南各会联合救济总监理部成立于 1936 年，下设淞沪、全浙、苏北、常太、京镇、徐海、全皖、全闽等 8 个区救济监理部，由李恩浩、华启道等任总监理。

馆藏世界红卍字会各办事处、分会全宗档案共 888 卷，档案排架长度 16.8 米，档案起止年代为 1921—1954 年，编有案卷目录。

档案主要内容：

1. 总类

有世界红卍字会中华总会、上海分会、苏北办事处组织概况、工作概要，中华东南各会联合总办事处 1933—1949 年工作报告及一·二八战事工作总报告表，中华东南各会联合总监理部及各地分会 1937—1940 年工作简报，世界红卍字会道院缘起、组织概要和道旨说明，中华东南各会联合总办事处改组筹备、成立大会及 1931—1949 年理监事会议记录等。

2. 规章类

有世界红卍字会中华总会、上海分会、苏北各会联合办事处、中华东南各会联合总办事处章程、简章，世界红卍字会中华各会会计规程，慈祟善堂筹备处简则，北平总主道院简章，南方各会联合研道团简则等。

3. 人事类

有世界红卍字会中华各会联合总办事处、中华东南各会救济总监理部的职员名册，上海分会及其附属机构会员名册、理监事简历表，慈祟善堂及其各地分会道院籍方、修方职员名册等。

4. 业务类

有世界红卍字会中华总会、东南主会、上海分会和华南救济总监理部有关道务、总务会议记录，世界红卍字会总分会历年办理慈善事业工作一览表和救济施诊统计表，中国各地救济及慈善团体调查表，东南各会及远东各地院地址一览表，东南各分会和救济机构概况调查表，上海私立福利慈善团体调查表和上海分会所属医院诊所各事业单位调查表等。

中华海员工会上海分会

全宗号　Q164

中华海员工会上海分会成立于1946 年 4 月，主要负责处理海难善后事宜，理事长张耀民、常务委员康济民，设秘书室及组训、调查、职业、福利、总务等科，上海解放后撤销。

馆藏中华海员公会上海分会全宗档案共 1 123 卷，共分 7 个目录。档案排架长度 27.2 米，档案起止时间为 1943—1949 年，按机构职责分类，编有案卷目录。

档案主要内容：

1. 秘书室

有海员公会九江分会电贺上海分会理监事当选文件，上海分会职业委员会组织简则、董监事名册，该分会劳资团体协约草案，上海分会秘书室工作日记、工作计划等。

2. 组训科

有海员服务规则，上海分会整理委员会成立文件，筹组上海分会调查工作队文件，办理会员登记、调解船员纠纷文件，设立纠察队力图阻碍中共地下组织活动的文件等。

3. 调查科

有各轮人员聘用、调动、职责、纠纷调查文件及人事名册，各轮劳资纠纷、失业纠纷调查文件，“江亚”轮等失事善后处理文件等。

4. 职业科

有船员介绍安排工作文件，各轮船员名册，各轮职工纠纷文件，国营招商局各轮理货代表工作会议录等。

5. 福利科

有会员调整工资、死亡、抚恤等的处理文件等。

6. 总务科

有会员海轮支部等职员名册，该会与上海市船商业分会订立劳资团体组织协约，该会迁移办公地址、收取会费、处理“航利”轮等劳资纠纷等文件。

7. 名册类

有该会海员入会表、登记表、调查表，会员名册、失业会员名册、航海联谊会会员名册，上海民航船员工会理监事、会员名册等。

8. 上海市划船业工会等

有该会账册及中华商船驾驶员总会会员调查等。

9. 资料

有《海员须知》《海员之路》《福州第三届海员节特刊》《中华海员》等刊物。

湖　社

全宗号　Q165

湖社是湖州旅居外地人士的同乡组织，1924 年 6 月 1 日成立。1931 年冬，在北京路贵州路口建成陈英士纪念堂，作为湖社永久会址。湖社设委员长一人，由陈蔼士担任。下设总务、宣传、教育、社会调查、土产推销、湖属旅行、同乡公益等七部及社员俱乐部等机构，还在吴兴、南京、武汉、苏州设立分社，在嘉兴、永嘉设立通讯社，并编辑出版《湖州》月刊。抗战时期，湖社一度改组为湖属六邑旅沪同乡会，抗战胜利后恢复活动。解放后改组为旧湖属六邑旅沪同乡会，1953 年划归浦东残老院。

馆藏湖社全宗档案共532卷，档案排架长度18.4米，档案起止年代为1913—1953年，编有案卷目录。

档案主要内容：

1. 总类

有湖社社员大会、董事会、常务委员会、执行委员会、监察委员会会议记录，湖社吴兴县参议会记录，湖社会馆产业保管会会议记录，湖社各省同乡会联席会议和董事会议事录；该社和所属机构各类规章；社员入会申请书及登记调查表，历届执监委和专门委员会负责人名单；纪念陈英士、王一亭有关文件；上海特别市绸缎业同业公会湖绉组和上海浙湖绉业公所章程、业规、会议记录；江、浙两省丝织业为抵制人造丝进口、降低国内丝织品税率而召开全国丝织品特种消费税讨论会的有关文件等。

2. 社务类

有国民政府、日伪政权当局整顿社会团体的有关文件；湖社呼吁保持家乡政风廉洁、驱逐贪官污吏，抗战期间为抗日将士举办各种义卖、募捐，为受难同胞捐募寒衣，支援家乡建设的文件；湖社代理朱五楼家属所设奖励有志农学的湖州青年学生的五楼奖学金和英士夫人奖学会，调查和兴办家乡教育，为同乡提供免费诊疗，运送棺木回乡的文件等。

上海律师公会

全宗号 Q190

上海律师公会设立于1913年，是上海律师的同业组织。该会主要职责是规定律师在承办案件时的职责及义务、权利，调解会员纠纷，提供司法建议等。该会成立时为会员制，规定凡领有司法部颁发的律师证书的律师必须加入公会，申请入会后方可领取律师证章，至法院备案，有权办案。1927年该会改为委员制，常委为黄镇磐、谭毅公、李时蕊、李祖虞、汤应嵩。按照1928年修正的会则，该会由上海地方法院及江苏高等法院监督。抗战爆发后该会无形停顿，战后恢复工作，常委有朱扶九、徐佐良、高月华、朱文德、陈霆锐。1949年5月，该会被上海市军管会接收，同时新的律师公会组织中国新法学研究会上海分会成立。

馆藏上海律师公会全宗共14 564卷，档案排架长度101.6米，档案起止年代为1918—1949年，按内容分类，编有案卷目录15册。

档案主要内容：

1. 律师公会文件

有该会章程、会则，公会与司法部等关于法律事务方面的来往文件，公会整理、改组报告，调查会员有否违法行为、推派会员参加全国律师公会、证明律师资格等事的来往文件，律师任免、会员入、退会、修改章程文件，公会会员录，公会收支账等。

2. 律师承办案件与当事人来往文件

有杨凛知、沈世仪、瞿诚、周宏基、陈霆锐、洪士豪、徐士诰、史良、余华龙、彭素夫等律师的文件。承办的案件按类别分有：民事诉讼案，包括债务诉讼（如华懋地产公司诉大新丝织厂欠租案件、承办中国银行虹口办事处与外商泰丰公司债务纠纷案等）、物权诉讼、亲属诉讼（如承办婚姻、子女抚养纠纷案）、继承诉讼（如哈同遗产案）、其他民事案件（如代理中山轮碰撞事件赔偿纠纷案）；刑事诉讼案，包括汉奸案（林康侯、张慰如、吴蕴斋、袁履登等被控汉奸案），渎职罪，妨害公务、伪证、诬告、公共危险、妨害风化、杀人、伪造货币、妨害家庭、遗弃、贪污、恐吓、盗匪罪；涉外案件，包括民事及刑事案件，如承办济南惨案后、五卅惨案后发生的抵制日货案，九一八后民众组织反日会查获日货案件，五卅反帝大罢工案；政治案，如办理沈钧儒案件辩状等。

3. 律师个人材料

如余华龙、彭素夫日记，组织律师事务所文件，有关个人及机构聘请律师、法律顾问的文件，向律师咨询的文件等。

4. 中国新法学研究会上海分会

有该会成立、接管律师公会的有关文件，该会章程等。

5. 其他

有 1926 年会审公廨处理案件材料，高等法院及所属机构职员录，法官训练所职员录，法院判决书，《六法判例解释汇编》等。

上海总商会

全宗号　Q200

上海总商会成立于1912 年 2 月，前身为 1904 年成立的上海商务总会和 1911 年成立的上海商务公所。上海商务总会又由 1902 年建立的上海商业会议公所改组建立。总商会参与上海一系列的政治、经济活动，在国内外有重要影响。1929 年由上海特别市商人团体整理委员会接管，至 1930 年 6 月上海总商会停止活动。历任总理、会长有严信厚、曾铸、李云书、周金箴、陈润夫、朱葆三、聂云台、宋汉章、虞洽卿、傅筱庵、冯少山、林康侯、赵晋卿等。

上海总商会全宗档案 2003 年已入选第二批《中国档案文献遗产名录》，共有 26 卷，档案排架长度 1 米，档案起止年代为 1901—1930 年，按年度—问题分类排列，编有案卷目录 1 册。

档案主要内容：

1. 综合类

有总商会议事录（1912—1928 年，其中缺 1914—1916 年和 1924 年）、办事报告（1913—1927 年，其中缺 1918 年和 1922—1924 年）、上海商务总会历次奏案（1901—1907 年），中华全国商会联合会发起成立文件，该会庆祝孙中山就任大总统、提倡国货运动和反对日军侵华等文件，朱葆三和沈联芳继任商会正副会长、辞职等文件。

2. 编订规章类

有该会历年修订的章程、商会法暨施行细则、商号登录章程暨施行细则及该会编印的《商事条例》《商会法规》《上海总商会暂行章程》《现在各种规程条录》，该会转发各业公所讨论农商部拟颁布的商事条例和办理公司注册规则，议决修正吴淞江水利协会简章及向同业公会索送的各种业规、劳资契约、职工集会组织章程等文件。

3. 募集款项类

有该会为建筑议事厅筹募经费的通告，为筹办棉被、支付溃兵给养与上海防守总司令白宝山、张宗昌等来往文件，江苏财政厅、淞沪镇守使借款文件，推销二五库券、劝募各种库券公债捐款和招募股款及代收五卅捐款收支报告等文件。

4. 华人参政类

有该会和各商业团体抗议工部局提交的码头捐、印刷物附律、交易所领照、取缔雇佣童工等四项提案文件及选举工部局华董征询意见、讨论选举公共租界华顾问等文件。

5. 对外交流类

有该会会长虞洽卿赴日参观记，会董穆藕初等参与太平洋商务会议日记及为荷、日、意、美、新加坡等国博览会征集商品赴赛、邀请参观、征询产品销售情况等文件。

6. 资料类

有该会编著的《上海总商会概况》《新建议事厅开幕纪念册》，欢迎美国商团来华游历、总商会负责人检阅保卫团、全国工商会议开幕、国货运动活动、总商会访问日本等照片及重要人物虞洽卿、王晓籁、王一亭、林康侯等人照片。

上海市商会

全宗号　Q201

上海市商会成立于1930年6月，其宗旨是谋求工商业及对外贸易的发展，增进工商业共同利益。王晓籁、俞佐廷、徐寄庼等为该商会历任主要负责人。下设组织、工商业务、工商法规研究、国际贸易、提倡国货、经济计划、公断、财务、公债基金保管等专门委员会，另设商品陈列所、商业图书馆、商业月报社、商业补习夜校等机构。上海市商会于1949年9月结束业务。

馆藏上海市商会全宗档案共1 496卷，档案排架长度22.4米，档案起止年代为1916—1951年，编有案卷目录，已拍摄缩微胶片62盘。

档案主要内容：

1. 总类

有上海市商会常务理事及理监事会议记录、会务报告、工作报告；各专门委员会会议记录，上海市民食调配委员会第1—20次会议记录，经济部燃料管理委员会第1—7次会议、调查小组第1—3次会议记录，劳资评断委员会会议记录，供电审核委员会会议记录，社会局工资问题谈话会议记录，财政部社会局抄发各工厂员工消费合作社成立计划和会议记录；接收日伪上海特别市商会的公告，上海特别市商会向该会接收委员会移交清册，各地商会成立与改选及理监事就职的文件，各同业公会关于接收日伪时期公会的报告，各业战时损失情况报告；全国商会联合会召开扩大筹备会及成立大会的文件，全国商会联合会召开二届会员代表大会及粮食商业全国联合会第一届会员代表大会的文件；社会局关于调查敌人罪行的规定，协助上海地方法院检查处调查在沪日本战犯罪行的文件等。

2. 业务类

各业同业公会答复该会关于要求改称工业同业公会问题的文件，工厂、公司办理登记与社会局的往来文件，征询修正交易所法、进出口贸易办法的意见及征集各业业规等问题与立法院、经济部等单位及有关公会的往来文件，上海厂商报送抗战损失汇报表，处理日伪产业的办法、规定和解释，关于工厂状况、工厂生产情况调查表与社会局及各公会往来文件，调查失业工人、复工工厂以及失业工人复员救济的情况，上海市失业工人状况调查报告，全国工人生活和工业生产调查统计的文件，工资评议会公布的生活指数材料，各业关于议价评价的情况报告，豆米行商业关于存米告罄请求补救或增加储备及市西联益会对平抑米价问题的建议，该会转报米业公会因抢米风潮请求警察局保护的文件，舞厅商业关于舞潮事件的报告，关于房荒问题严重拟救济办法建议当局采纳与市政府及房地商业公会的往来文件，先施、永安等公司因电力供应不足要求缩短营业时间向市政府请示及其批复，烟兑业等反映商业银行拒收储备券和中央银行建议由各同业公会代收办法与中央银行及各同业公会的往来文件，关于出版《商业月报》等刊物的推广、交换、征稿等工作与有关单位往来文件，商业职业补习学校学生成绩记载表等。

3. 组织人事类

有上海市商会会员通讯录、各同业公会成立一览表及各同业公会会员统计表，各商业同业公会、工业同业公会报送的会员登记表，会员入会、退会、会员登记的文件，该会理监事、职员名单及履历表，各专门委员会委员名单，职员任用、调配的文件，关于各同业公会调整、改组、合并的文件，各同业公会理监事名单、履历表，各同业公会报送的八一三前执监委员及代表名单，各同业公会报送的整理委员候选人名单，上海总工会理监事和工商研究会重要负责人名单等。

4. 规章类

有上海市商会章程、组织大纲及登记条例，各同业公会组织章程、行业业规，经济部燃料管理委员会组织民用煤量分配委员会章程，会员入会、退会、会员登记暂行办法，商会法施行细则和摘要，工商同业公会法，农商团体与农工商团体注册暂行规则，取缔未登记团体之通告，劳资争议、解雇、纠纷及职工退职待遇暂行办法，收复区商业银行复员办法、收复区银行战事劫失债票处理办法，该会实施抵制日货处置办法，财政局、社会局有关处理日伪债券、稳定储备券兑价、保持法币流通的各项规定，社会局关于工商业停止提存特别准备金、严禁黑市等规定，社会局关于调查敌人罪行的规定，社会局关于留用日籍技术人员及日侨事务的规定等。

5. 财务类

有上海市商会总账、日记账、分户账，1945 年、1946 年度决算报告，1936 年、1946 年收支约略比较表，该会会费收入簿、收支分类簿、现金出纳簿、薪工簿、房产出租租金收入簿等。

上海市工业会

全宗号　Q202

上海市工业会于1948 年 8 月 2 日正式成立，以“谋划工业之改良、发展及增进同业之公共利益”为宗旨，会员以工业团体为主体，包括极少数工厂会员。理事会下设秘书长和技术委员会负责日常工作，杜月笙、刘鸿生先后任理事长，欧阳仑任秘书长兼技术委员会主任委员。1949 年 8 月 31 日，该会由上海市工商联合会筹备会接管。

馆藏上海市工业会全宗档案共 601 卷，档案排架长度 7.2 米，档案起止年代为 1930—1949 年，编有案卷目录。

档案主要内容：

1. 秘书类

有该会筹备会办事简则；成立大会、理监事联席会、常务理事会、技术委员会、评议委员会、运销研究委员会、工业大厦出资人会等会议记录；该会工作报告、收支报告，技术委员会及所属各组工作报告，工业大厦委员会工作报告、查账报告；技术委员会草拟上海市工商界南洋考察团计划书；筹备游行庆祝解放有关资料；推请刘鸿生主持会务的函件，筹备会委员名单、简历表，该会职员聘函，理监事、职员、会员录等。

2. 业务类

有该会关于进出口贸易、制止开滦煤矿垄断抬价、各科货品佣金标准问题与社会局、输管会等来往文书，禁止或限制国外工业原料进口的申请、会员工厂要求恢复南北易货通商、配给汽油柴油烟煤、申请工业贷款等问题与有关单位来往文书，社会局关于主要原料状况的调查，该会对机器、面粉、肠衣、植物油制炼工业概况的调查，对国内外工业品产销情况及原料供应、工业汽油用量、各业1948年上半年营业情况、各业工厂职工人数等概况的调查，中纺公司报送上海、青岛、天津各厂资产估价清册等。

3. 组织类

有该会团体会员名单、会员代表名单、会员工厂代表统计表，各团体会员入会申请书暨代表履历表，各工业同业公会会员名册等。

4. 社会活动类

有该会与市商会向蒋介石表示拥护"勤俭建国"方针的电稿，关于劳工医院募捐问题与金润庠的来往文书，组织台湾参观团的有关文件等。

5. 调查表类

有需用汽油、柴油工厂调查表，手工棉织、内衣织造、电工器材、帆布织造、纺织用品、丝织、骆驼绒、毛巾被毯、地毯、纺线、衬衫、织带、针织、手帕织造、毛纺织、机花染织等工业公会会员的用纱调查表，上海市工业品厂商一览表，对上海市油脂、制药、丝织、搪瓷等业各厂调查表，上海市各业工厂燃料消耗调查表等。

上海精武体育会

全宗号　Q401

上海精武体育会于1910年成立，前身是1909年霍元甲创设的"精武体操学校"。该会以习武健体为主，兼事现代体育与娱乐，出版武术类书籍，并拍摄精武影片一套，在国内公映。

馆藏上海精武体育会全宗档案共131卷，档案排架长度2.4米，档案起止年代为1927—1949年，编有案卷目录。

档案主要内容：

1. 总类

有上海精武体育会概况、章程，香港精武女子体育会章程，佛山元甲女校招生简章，梧州精武学校章程，精武会五十年武术发展史，该会会议记录、工作报告、函稿留底、抗战胜利后第一届会员大会签到簿，精武建筑图纸，怡保精武体育会章程，第十届世界运动会各国田径选手电影姿势图等。

2. 人事类

有该会会员名册、会员登记簿、会员通讯录、教职员名册等。

3. 资料类

有《精武杂志》、精武体育会《中央》杂志、《精武月刊》《精武年报》《精武丛报》《精武本纪》《佛山精武月刊》《佛山精武特刊》《精武小学校校刊》《征求特刊》《梧州精武特刊》《越南精武体育会特刊》《三八纪念征募运动大会特辑》《汉口精武体育会征求特刊》等。

4. 财会类

有财务与捐册，账册、传票，会员会费簿等。

上海市各界抗敌后援会交通委员会

全宗号　Q421

上海市各界抗敌后援会交通委员会成立于1937年8月1日，系上海市各界抗敌后援会十余个特种委员会之一，负责为前方部队运送军需和兵员及在后方输送难民和粮食等工作。该会下设水运、公运、铁运、空运、通讯等五股，根据后援会其他特种委员会需要开展工作，黄伯樵、徐佩璜先后任主任委员。八一三战事失利后，该会遂于1937年11月26日结束工作。

馆藏上海市各界抗敌后援交通委员会全宗档案共41卷，档案排架长度0.8米，档案起止时间为1937年7—11月，编有案卷目录。

档案主要内容：

1. 总类

有该会成立、结束的有关文件，工作计划、工作报告及文卷目录等。

2. 业务类

有该会关于征调、租用车辆，申请车辆牌照、通行证等与有关单位往来函及该会修车、租车收支账目等。

中国科学社

全宗号　Q546

中国科学社初名为科学社，由美国康乃尔大学中国留学生任鸿隽、胡达（即胡明复）和赵元任等于1914年6月发起，系民间科学学术团体，于1915年10月正式成立，最初社员仅77人。1917年迁归国内后，在上海和南京设立事务所。主要活动有创办《科学》杂志、成立生物研究所、在上海开办明复图书馆、成立中国科学图书仪器公司和编印《科学画报》等。1950 年社员达 3 793 名。

馆藏中国科学社全宗档案共 280 卷，均为永久卷，档案排架长度 5.6 米，档案起止年代为 1905—1960 年，按年度—问题分类排列，编有案卷目录。

档案主要内容：

1. 综合类

有该社概况、总章（1919 年）、社章、社录（1919—1930 年）、三十六年来总结报告，董事会议录（1921—1922 年）、理事会历次会议记录（1923—1952 年）、历次年会记事录、历次年会指南（1921—1932 年）、该社上海分社议事录，股东姓名住址录（1914 年），入会志愿书、社员卡和社员名单等。

2. 科研机构类

有该社生物研究所工作报告（1919 年）、生物研究所征募基金收支对照表及生物研究所建筑图、建筑工程说明书等。

3. 设立科研奖金类

有该社“裘氏父子理工著述奖金”委员会会议记录及办法草案、奖金章程，“高女士纪念奖金”征文办法、发文存稿及“爱迪生纪念奖”奖金基金收据等。

4. 建设图书馆类

有该社重修明复图书馆募捐委员会函件，该社图书馆委员会会议录及图书馆收支总账等文件。

5. 出版讲习类

有该社为图书出版事与《大公报》编辑部等往来文书，中国科学期刊联谊会章程草案及第一、第二筹备会议记录，中国科学社数理讲习会议录及中国科学社科学讲演题名录等。

6. 附属企业类

有中国科学图书仪器股份有限公司章程、董事会监察人名单、招股章程、认股书、股东名册、历次股东常会记录和会计报告等。

7. 资料实物类

有该社照片摄影集、报纸剪裁材料、《社友》（第 24 届年会及 30 周年纪念大会特刊号）和上海公教人员物品配购证等。

此外，该全宗还包含部分其他科学团体的档案文献，如中国工程师学会、中华化学工业会、上海市化学化工学会、中国电机工程师学会、中国自动机工程学会、中国测验学会、中国科学协会上海分会、中国动物学会、中国气象学会、中国建筑师学会、中华农学会、中国市政工程学会上海分会、中国机械工程学会、中华教育文化基金董事会、中华学艺社等，共78卷。其主要内容为章程、会议记录、会员名录、入会志愿书、股东名册、会计报告、账簿等。

中华职业教育社　上海中华职业教育社

全宗号　Q548　C55

中华职业教育社由著名教育家黄炎培等发起，于1917年5月6日在上海成立，系中国第一个推广职业教育的社团，1918年后在上海创办了中华职业学校、中华工商专科学校等附属机构。1950年迁北京，在上海建立中华职业教育社上海分社。上海分社在“文革”时期停止活动，1982年重组并恢复，1992年1月更名为上海中华职业教育社。中华教育职业社历任理事长有黄炎培、胡厥文、孙起孟、成思危。上海中华职业教育社历任主任有冷御秋、姚惠泉、任民鉴、庞翔勋、陈穗九、吴仲信等。

馆藏中华职业教育社（Q548）全宗档案836卷，档案排架长度13.6米，档案起止年代为1922—1959年。编有案卷目录。

馆藏上海中华职业教育社（C55）全宗档案121卷，档案排架长度1.6米，档案起止年代为1946—2001年。编有案卷目录。

1. 中华职业教育社档案主要内容：

（1）综合类

有该社关于中国职业教育30年来大事记、中华职业教育30周年宣言、中华职业教育社简史，该社章程、组织图、大事年表、工作计划及大纲草案，历次会议记录、上海分社碰头会会议记录（1953—1965年）及黄炎培与该社的来往信函、文书等。

（2）办学实践类

有该社上海分社附设中华高级中学夜校，组织中华工商职校和工商学校等文件；该社附设都江实用职业学校，合办务实中小学，协办镇江中学、三益制种场、青岛崇德中学商科等文件；推行家事看护补习学校、筹设苏北职业学校文件等。

（3）职业指导类

有该社关于职业指导所成就介绍、工作情况报告，解放后上海办事处职业指导所与嵩山区工委青年服务部举办青年技术学习班文件等。

（4）筹募基金类

有该社基金管理委员会简则和第一、二次会议记录，会计统一管理规则，筹募基金、向国际救济委员会“援华会”申请补助、捐助文教事业基金文件以及制定社会工作人员补助金管委会支配补助金办法等。

（5）伤残救助类

有该社关于伤残机构重建文件，上海伤残重建处工作记录簿（1945—1948年），伤残处工作概况、伤残处儿童福利促进会合办伤残儿童训练组等文件，伤残儿童名单、伤残机构一览表等。

（6）中华职业学校

有该校各类规程章则、各类校长布告、校务会议记录和大事记、日记（1931—1948年），中华职业教育总社1933年考察该校的报告，黄炎培到该校的演讲及全校师生员工致毛泽东的信函（1949年），该校教职员通讯录、聘请书、工友家庭状况调查表以及历年教职员名单，该校毕业生卡片（1920—1952年）、名册（1921—1936年）、同学名录，该校党化教育和限制学生等会议记录（1918—1928年），教育工作计划、教材教学进度、学校防疫工作及参加思想改造等文件，与轻工业部、市教育局、中华职业教育社的来往文件及该校历年课程支配表、课程纲要等，该校各学术团体活动、学生实习、学生自治组织、举办校庆纪念成绩展览、校友活动、学生童子军、军训及参加各项活动的照片，该校编纂的《职业市市刊》、校友会纪念刊和季刊等文件，该校15周年、23周年纪念刊等。

（7）中华业余学校

有该校联席会议、教职员会议、学委会、生活互助会和会员大会等会议记录，行政工作汇报、各科学生学籍簿等。

（8）第一中华职业补习学校

有批准建立中华职业补习学校、成立会议记录和教职员联谊会等文件（1946年），该校章则及校董会议、教职员会议、工作检讨会、补习教育研究会、业余教育讨论会等会议记录，教职工简历表、历届各类毕业生名册等。

（9）中华工商专科学校

有总社附设该校的报告、学校训导规则，该校概况（1948年）、工作报告以及自渝迁沪举办开学典礼的文件，校务会、常务董事会、教导处会议、业余教育讨论会以及校友会等会议记录，该校沈嗣庄校长辞职纠纷文件、职员联谊会发表的意见等。

（10）中华业余图书馆

有该馆1946年概况、组织沿革和董事名单等。

（11）比乐中学

有总社创办该校的各报新闻报道（1946年），筹建该校推选筹备委员、筹建计划书及校董会章程等。

2. 上海中华职业教育社档案主要内容：

有总社社史简介、该社恢复成立及大事记，校长会议、辅委会、社务委员会会议、主任工作会议、总社在沪理事扩大会等记录，历年工作计划和工作总结，成立党支部和工会、享受局级待遇、增加事业单位人员编制等文件，该社关于职教理论研究改革工作研讨的汇报纪要、历次职业教育理论研究座谈会资料，职业教育的发展、困难、对策、意见建议等文件，该社建立中华职工中等专业学校、恢复中华函授学校等文件，中华职工中等专业学校复校及增设专业等文件，与市委统战部、市教育局等联合办学和学员赴日留学的文件，建立中华职业业余进修学院等文件，总社立社65周年纪念、办学和档案工作等意见函，举办纪念黄炎培诞辰110周年暨中华职业学校成立70周年系列活动文件，设立黄炎培纪念室、修复故居等文件。

上海市机器工业同业公会

全宗号　S1

上海市机器工业同业公会成立于1946年，其前身为始于1884年的上海铜匠公所，宗旨为协助政府施行经济政策及增进同业利益。该公会主要负责人先后为颜耀秋、严庆祥、杨守余等，下设农机机械组、工作母机组、原动机组、机械工具组等业别组。1955年撤销，分别成立通用机械同业公会、石油机械同业公会。

馆藏上海市机器工业同业公会全宗档案共753卷，档案排架长度16.8米，档案起止年代为1937—1956年，编有案卷目录。

档案主要内容：

1. 总类

有该同业公会章程、概况，股东会议记录、理监事会议录、执行委员会会议录，公私合营文件，会员厂物资被军警扣押请求代为解决文件，筹建同业子弟学校的文件，开展“三反”、“五反”运动及增产节约运动文件，会员增资文件等。

2. 组织人事类

有该公会成立及改组结束文件，该公会申请加入全国工业协会文件，会员名册，会员入会、退会、改组、迁址文件，会员状况调查表，理监事名册及履历表，股东名册等。

3. 业务类

有会员厂筹建工厂的计划书，订购原料的订货合同，调解业务纠纷文件，会员营业额统计表，成品生产调查表、原料消耗调查表，会员产销情况报告，机械设备整理表，各种专用机产品统计表，实施加工订货管理报告，原料成本明细表、营业税交纳统计表、历年利润分配表，工业生产总结综合报表、工价计算表和调查表，行业情况报告、业务情况反映，节约计划综合表、原材料节约综合表等。

4. 财务类

有各会员工厂分质单、运费单，收支对照表、重估财产报表、财务收支报表，现金日记账、分类明细账等。

上海市铁器工程工业同业公会

全宗号　S15

上海市铁器工程工业公同业会成立于1946年，前身为清世春堂铁业公所。以联络同业感情、促进工艺改良、制定划一行规为宗旨。下设组织、税务法规、劳资关系、文教、业务、技术等六个委员会。主要负责人先后有庄建标、杨锡钊、王逸民、邓镇东、陈子良等。1950年与钢窗公会合并，1955年结束业务。

馆藏上海市铁器工程工业同业公会全宗档案共157卷，档案排架长度4.8米，档案起止年代为1909—1955年，编有案卷目录。

档案主要内容：

1. 总类

有世春堂铁业公所照片，该公会沿革、章程，行业概况报告书、业规，成立大会特刊，登记和立案证书，收文登记簿、发文文稿簿，财务管理制度，理监事联席会议记录，筹、执监委会议录，公私合营方案，开展爱国守法、增产节约活动的文件等。

2. 组织人事类

有工厂登记表，会员入会、退会申请书，会员名册、会员地址簿，理监事照片，委员辞职书，工作人员履历表，劳资协商委员会组织简则、契约、名单，会员厂工伤事故的处理和劳资纠纷、调解、联营机构情况调查表，联营所组织章程、劳资协议书，产销、技术人员统计综合表等。

3. 业务类

有会员厂营业概况调查表，需用进口原料和生产器材调查表，临时工贷申请表，生产合同、契约及定单，各联营所业务计划书，各业别组的业务情况、生产总结综合报表，主要货品时价表及成本计算表，各业务组基本情况、总产值、营业额统计分析表等。

4. 财务类

有该公会年报，财务简况综合表，会员厂营业额统计分析表，重估财产报表，银行往来账簿、总清账、现金日记账、流水账，会费清册，修理房屋交纳地价税的凭证及图纸等。

上海市棉纺织工业同业公会

全宗号　S30

上海市棉纺织工业同业公会的前身是1917 年 3 月成立的华商纱厂联合会。1942 年 3 月上海沦陷时，改组为中华民国纱厂联合会。后又相继改组为上海特别市纱厂业同业公会、苏浙皖纱厂业同业公会，抗战胜利后解散。1946 年 1 月另组第六区机器棉纺织工业同业公会，1948 年 7 月正式定名为上海区机器棉纺织工业同业公会，1950 年 1 月结束。1951 年 1 月成立上海市棉纺织工业同业公会。祝兰舫、张謇、闻兰亭、江上达、郭顺、郭棣活先后任负责人。下设组织、计划、厂务、文教、税务、劳资关系、财务等专门委员会。1958 年结束。

馆藏上海市棉纺织工业同业公会全宗档案共 959 卷，档案排架长度 21.6 米，档案起止年代为 1917—1958 年，按内容分类，编有案卷目录。

档案主要内容：

1. 规章人事类

有华商纱厂联合会会章，中华民国纱厂联合会章程，苏浙皖纱厂业同业公会章程，第六区机器棉纺织工业同业公会组织章程，上海区机器棉纺织工业同业公会章程及下属各专门委员会组织章程，上海市棉纺织工业同业公会筹备委员会章程草案及各会员工厂章程草案；华商纱厂联合会执、监委员名单，上海市棉纺织工业同业公会执监委员名单及各专门委员会委员名单等。

2. 会议记录类

有华商纱厂联合会董事会会议记录，苏浙皖纱厂业同业公会会员大会及常务理事会会议记录，中华民国纱厂联合会理事会会议记录，第六区机器棉纺织工业同业公会筹备会议、会员大会、理监事会议记录，上海市棉纺织工业同业公会各委员会会议记录等。

3. 调查报告类

有第六区机器棉纺织工业同业公会编制的全国纺织工厂调查表、会员工厂抗战损失报告调查表、会员工厂工资实况调查表，上海市棉纺织工业同业公会编制的私营纺织工业调查汇总表、各私营纺织厂概况调查表、本业三年企业情况调查表（1950—1952 年）、各会员工厂工商登记表、上海民营纺厂调查表等。

4. 概况、统计类

有上海市私营棉纺织业全业安排改造方案，上海市民营棉纺织工业概况，中国棉纺织业概况，上海申新统计年刊（1950—1954 年），上海市棉纺织业同业公会成立大会题名录、照相簿，上海市棉纺织工业同业公会私营大型工业企业 1953 年度年报表、会员工厂概况月报表，上海市花纱布公司汇编的 1919—1949 年花纱布统计资料，上海市棉纺织工业同业公会年度预算决算表、财产目录明细表，该公会各会员工厂重估财产报表等。

上海市机器染织工业同业公会

全宗号　S33

上海市机器染织工业同业公会成立于1946 年，其前身是 1917 年成立的染织布厂公会。该公会以谋求机器染织工业的改良与发展、加强同业之间沟通与联系、调解同业纠纷为宗旨。诸文绮、潘旭升先后任理事长，下设染布组、染织组、整理组等业别组，共有会员 500 余家。1958 年该会结束业务。

馆藏上海市机器染织工业同业公会全宗档案共 878 卷，档案排架长度 21.6 米，档案起止年代为 1917—1958 年，编有案卷目录。

档案主要内容：

1. 总类

有公会概况，历届章程及办事细则，业规，记事簿、信稿簿、收发文簿，沪、锡、武等六市染织业联谊会代表大会摄影，会员调整资本、迁址、改称、变更登记的文件，申请公私合营的文件，对全业进行社会主义改造的规划，劳动保护工作总结等。

2. 会议记录类

有执行委员会、临时理事会、执监会、整理委员会会议记录，会员代表大会、理监事会议记录，讨论业务、劳资纠纷的会议记录等。

3. 业务类

有公会会员配纱登记表，为会员工厂办理输入原料集体订货的委托书和契约，会员工厂生产情况报告及完成加工订货合约情况报告，会员工厂生产计划综合表、生产设备调查表，调整纱布价格的文件，会员生产能力估计表，棉布标准折合率计算办法，各会员组加工成本计算表，生产安排情况调查表、业务情况报告、生产综合报告，棉布交易所市价单等。

4. 组织人事类

有公会成立及改组文件，组织系统表，公会加入市工业会及市商会文件，负责人名单及履历表，理监事名单、履历、辞职递补文书，各业务委员会的委员和工作人员名单，调查专员的任用和履历文书，工作人员调查表，劳资协商纪要，会员入会志愿书，会员名册、登记表，会员分组名册，工人待遇统计表，调解劳资纠纷的文件等。

5. 财务类

有公会重估财产报表，预、决算表，固定资产明细表，财务制度的修改和检查情况文件等。

上海市缫丝工业同业公会

全宗号　S37

上海市缫丝工业同业公会是华商丝厂的同业组织。1909 年 4 月，上海丝厂茧业公所成立。后几经改组，1945 年更名为第三区缫丝工业同业公会，褚辅成任理事长。1948 年改称上海市缫丝工业同业公会。1949 年 11 月结束业务。

馆藏上海市缫丝工业同业公会全宗档案共 757 卷，档案排架长度 10.4 米。档案起止年代为 1907—1949 年，编有案卷目录。

档案主要内容：

1. 总类

有上海市缫丝工业同业公会及其前身机构的筹组、成立、注册登记、改组和结束的文件，各丝厂申请入会或退会的文件；上海市缫丝工业同业公会章程、办事细则，上海市缫丝工业同业公会会员名册及会员工厂调查表；江浙皖三省各茧行章程及名录；上海市缫丝工业同业公会董事会、理监事会及会员大会会议记录等。

2. 业务类

有蚕丝产销计划纲要，中国厂丝贸易规则，生丝收购价格规定，生丝检验细则，茧行管理办法；上海市缫丝工业同业公会讨论蚕丝产销、收购等的文件记录，该公会请求贷款及减轻茧捐事项与有关部门的来往文件；该公会关于丝蚕交易形势的通告，开设蚕茧改良场、与国外同行交流等问题的文件；各丝厂生产统计表及收茧契约，各丝厂战时损失情况统计表等。

3. 会计类

有上海市缫丝工业同业公会的收支总表、收支损益表、资产负债表、现金日记账及分类账等。

上海市内衣织造工业同业公会

全宗号 S45

上海市内衣织造工业同业公会成立于1937 年 3 月，前身是上海特别市内衣业同业公会，理事长叶康。该公会以谋划工业之改良发展、增进同业间的公共利益为宗旨。1958 年结束业务。

馆藏上海市内衣织造工业同业公会全宗档案共 381 卷，档案排架长度 9.6 米，档案起止年代为 1936—1958 年，编有案卷目录。

档案主要内容：

1. 规章人事类

有该公会的组织章程，业规，第一至第八联营所组织章程及结束文书，劳资协商会章程；该公会理事辞、补及聘任顾问的文书，职员名册及登记表，会员入、退会申请书，私方人员的概况综合统计及名单等。

2. 会议记录类

有上海特别市内衣业同业公会筹备会议、成立大会和理监事会会议记录，该公会筹备会、执监委员联席会议记录，常务理监事会议及改组筹备会会议记录，各专门委员会会议记录，执监委员常务委员扩大会议会议记录及该公会各项业务的会议记录等。

3. 业务类

有该公会会员有关原料税务及其他业务的提案，各会员工厂调整资本方案，产品规格验收标准、产品规格表，参加土产展览交流大会的资料和签署的业务协议与成交合同，该业历年所得税协商纪要，各企业要求公私合营的申请书，生产情况、工厂状况及原料等调查表，制成品登记表，会员工厂生产设备一览表，私营企业年报综合表（1952—1955 年），产品规格表，1953—1955 年盈余分配表，重估财产报表，预决算表，各会员工厂资产负债清估自报表，贷款申请及调查表，出售数量分户明细表，主要原料存货登记表，劳资纠纷的文件材料等。

上海市化学原料工业同业公会

全宗号　S58

上海市化学原料工业同业公会成立于1943 年 5 月，前身为抗战前成立的工业原料制造业同业公会。该公会以谋划化学原料工业之改进发展及增进同业之公共利益为宗旨。吴蕴初任理事长。下设总务、调查、福利、组训等四科，并分业设七个业别组。1958 年结束活动。

馆藏上海市化学原料工业同业公会全宗档案共 432 卷，档案排架长度 11.2 米，档案起止年代为 1943—1958 年，编有案卷目录。

档案主要内容：

1. 会议记录类

有该公会筹备、成立大会会议记录，理监事联席会议记录，常务理事会议记录，关于调整改组该公会各级组织机构的会议记录，会员工厂生产问题座谈会和全体会员大会会议记录，税务、财务委员会会议记录，该公会各业别组会议记录，化学系统各公会工商界代表联络小组会议记录等。

2. 组织人事类

有该公会奉令改组、改选的报批文件、移交清册，筹备委员、执监委员及各种专门委员名单，理监事履历表，会员名册，会员入会申请书，会员代表委托书，会员工厂登记表，各会员工厂申请公私合营的申请书和方案等。

3. 业务类

有该公会行政业务工作分工草案及各专门委员会工作计划，研究新产品工作计划、报告及总结，重工业企业基本情况调查表，调查会员工厂生产动力设备、生产估计、原料数量以及需要资金情况统计汇总报表，成品一览表和制成品、原料、物料市价表，会员工厂产销情况调查统计表及报表，重要商品生产月报表，行业动态、工厂概况、职工工资的报表，该业1953—1955年行业情况汇报，私营工业1953—1955年年报、综合报表，推销国家经济建设公债的工作总结及认购缴款情况表，申请进口原料外汇限额分配的有关文书及统计清单，财务简况表，各会员工厂的劳资协议书、协商后分配表、重估财产报表及资产负债清估表等。

上海市制药工业同业公会

全宗号　S65

上海市制药工业同业公会前身为1934年成立的上海市制药厂业同业公会。曾先后更名为上海市制药业同业公会、上海华商制药厂联合会、上海市制药工业同业公会、第三区制药工业同业公会、上海区制药工业同业公会，顾克民、陈丰镐任理事长。该公会以苏、浙、皖三省及南京、上海两市为主要活动范围，谋划制药工业改良、发展及增进同业公共利益，1958年结束活动。

馆藏上海市制药工业同业公会全宗档案共599卷，档案排架长度12米，档案起止年代为1928—1958年，编有案卷目录。

档案主要内容：

1. 会议记录类

有该同业公会会议记录，药师公会会议记录，全国新药业同业公会联合会会议记录，该公会董监事、常委会、执行委员会及鉴定委员会会议记录，技术委员会、财务委员会、税务委员会、评审委员会、售价评议委员会、文教委员会、业务委员会、国外配购组、合营筹备委员会、劳资协商及劳资关系委员会、清产核资评议组、推销国家经济建设公债等会议记录。

2. 人事规章类

有该公会章程、业规，常务理事办事规程，筹备成立改组及更改名称等的文件材料，各专门委员会章程及办事细则，中国医药品工业公会联公约，会员名册，会员入会申请书，理监事名单及履历调查表，聘任各工作委员会委员、顾问名单等。

3. 业务类

有该公会工作概况、会务报告及会刊，管理中西药新闻广告暂行规则，细菌免疫制品管理规则，药商检查规则，麻醉品管理条例，限额输入订货合同、清单，生产营业概况表，解决同业各厂劳资纠纷的文件，协商公私合营的工作汇报及申请书，认购公债的有关文件，1953—1956 年工作月报，会员工厂情况调查一览表，私营工业情况估计调查表，该公会大小型厂历史资料整理综合表，大小型企业各月综合月报表，股东户数和股金统计表，各会员厂重估财产报表及资产清点估价报告表等。

上海市橡胶工业同业公会

全宗号　S66

1931 年，上海市国货橡胶制品业同业公会成立。日伪时期，分别于 1942 年和 1943 年成立了上海特别市橡胶原料进口业同业公会和上海特别市橡胶制造业同业公会。抗战胜利后，上述同业组织被接收，改组成立上海市橡胶制品工业同业公会。1948 年，再次改组成立上海市橡胶工业同业公会。1950 年，新的上海市橡胶工业同业公会成立，该业会员厂家生产交通电工器材、胶带、鞋底跟、再生胶、胶漆及工业零件等产品。1958 年结束活动。

馆藏上海市橡胶工业同业公会全宗档案共 661 卷，档案排架长度 17.6 米，档案起止年代为 1929—1958 年，编有案卷目录。

档案主要内容：

1. 总类

有该业历史沿革，橡胶业各公会筹组成立文件、章程及概况报告，同业公会筹备会、常务会、执委会及会员大会会议记录；新中国成立后改组成立的上海市橡胶工业同业公会概况及史料初稿，同业公会章程，会员大会及筹委会会议记录等。

2. 业务类

有国货橡胶制品业同业公会及上海市橡胶工业同业公会等组织有关产品限价及调整税率文件，橡胶、化学品等原料的统计，会员注册商标式样，会员搬运物资申请书及订货单底，会员厂与同业公会业务往来文件等；中华人民共和国成立后改组成立的上海市橡胶工业同业公会会员情况月报表，该同业公会有关会员需要资金、原料的调查统计及与银行、卜内门公司、光大行等单位的来往文件，会员厂产销情况的统计表等。

3. 人事类

有国货橡胶制品业同业公会、橡胶制造业同业公会、上海市橡胶工业同业公会等会员名册、入会申请书，上海市橡胶工业同业公会会员名录及概况表，会员工厂登记表，该同业公会筹委名单，各专门委员和产品组长名单，同业公会组织规程，劳资协商会议记录及有关文件等。

4. 财会类

有上海市橡胶工业同业公会总清账册、总分类账、现金账册、日记账册等，新中国成立后各会员厂重估财产报表等。

上海市卷烟工业同业公会

全宗号　S68

上海市卷烟工业同业公会成立于1948年5月29日，该公会以谋工业改良发展及矫正同业弊害为宗旨。前身为1905年创设的中国烟厂公会及华商烟厂联合会，几经改组，先后更名为上海市华商卷烟厂业同业公会、上海特别市卷烟厂业同业公会等，先后由戴耕莘、沈维挺、姚书绅任理事长，会员共115家，下设税务研究委员会、原料分配委员会、技术改良委员会、调查统计委员会等机构。1958年结束业务。

馆藏上海市卷烟工业同业公会全宗档案共657卷，档案排架长度9.6米。档案起止年代为1928—1958年。该全宗档案已系统整理，编有案卷目录。

档案主要内容：

1. 总类

有该公会章程，设立联合购料组有关文件及卷烟工厂联合产销公司招股简章，召开董事会大会及发起成立改选的文件，整理委员会及成立大会会议记录和专门委员会会议记录，理监事、常务理事会记录，常务会员大会记录、提案，筹备会工作总结报告，卷烟缉私协助委员会会议记录，该公会烟厂创设年份及一般情况表等。

2. 组织人事类

有各专门委员会组织规则，会员厂组织状况表，出席人代会的名单及社会团体调查表，筹备委员、董监事履历表，工业用电委员会和各专门委员会委员名单及委员辞职、调动职务等文件，第一次大会代表名单、小组讨论记录及有关文件，历年会员名册及推选第三、四届人代会候选人履历表，会员退会、迁址的来往函件及大会介绍书和入会规约等。

3. 业务类

有业务委员会章程，销货、核价、生产计划及劳资协商等会议记录，会员厂抗战时期损毁情况报告表及有关文件，呈请行政院、财政部、税务署制止浙江等省部分地区禁烟运动的来往文件，改良烟叶和烟叶专卖的意见、计划以及同有关机关的来往文件，限制和取消香烟赠券、赠品事项与财政部等的来往文件等。

4. 财会类

有会员填报的每周卷烟产销情况表，为取缔手工制烟向财政部等主管机关呈送的文件，会员厂卷烟纳税等级和运费等级调查表，会员厂 1947 年度生产量与纳税额比较图表及 1947 年产销纳税明细表和生产量比较表等。

上海市火柴工业同业公会

全宗号　S69

上海市火柴工业同业公会成立于1946 年 4 月，以联合产销、平衡供求、消弭同业危机、共谋发展为宗旨。理事长刘念义，有会员 20 家。1947 年 3 月改组成立第十二区火柴工业同业公会，会员达 36 家。1948 年与浙江的第二区火柴工业同业公会合并成立上海区火柴工业同业公会。后参加中华人民共和国火柴工业同业公会全国联合会，1958 年结束业务。

馆藏上海市火柴工业同业公会全宗档案共 197 卷，档案排架长度为 5.6 米。档案起止年代为 1932—1958 年，编有案卷目录。

档案主要内容：

1. 总类

有该公会章程，上海火柴产销联合办事处和火柴制造同业联合办事处章程，火柴工业同业公会全国联合会章程和议事记录，会员大会工作报告，筹组成立暨历次改组文件，该公会理监事、常务理事会议及同业座谈会会议记录，执监委员会会议记录和技术小组 1954 年、1955 年历次会议记录，该公会撰写的《中国火柴工业的过去和将来》等。

2. 组织人事类

有该公会理监事履历表、人事安排会议记录和一轻局公布的行政负责人名单，该公会会员登记表、历年会员名册、会员厂代表名单及入会、退会登记表，会员厂股东名册及出席历届人民代表会议的名单等。

3. 业务类

有该公会为修正完纳货物税厂商发票贴花办法的文件；为该业缺乏原料呈请当局救济，要求放宽限额分配外汇、修正法规等与各主管机构的来往文件；有关分配进口化学原料和外汇额度与经济部等的来往文件；关于火柴原料、燃料的申请、分配与会员厂的来往函；该业产品收购数量统计表、合约副本和停业收购及价格折让的有关文件；会员厂就应纳火柴统税要求恢复记账领花办法，该公会与税局的来往文书暨火柴税额表，产销、工资等方面的综合统计表，上海工业原料用户调查表；会员认缴同盟胜利公债、救济特捐、地方保安捐及军警宪捐款有关的来往文件等。

上海市营造工业同业公会

全宗号　S133

上海市营造工业同业公会成立于1946 年 4 月，该公会以协助政府施行经济政策及增进同业公共福利事业为宗旨。该公会前身为 1897 年由杨锦春、顾兰洲等人发起筹组的水木工业公所，后更名为上海市营造厂业同业公会、上海特别市营造厂业公会，抗战胜利后，定名为上海市营造工业同业公会。共有会员 192 家，主要负责人有张效良、姚文俊、张继光等。该公会下设秘书处及总务、财务、组织、设计、调查、调解、福利事业、交际等九科，负责日常会务。1958 年结束业务。

馆藏上海市营造工业同业公会全宗档案共 210 卷，档案排架长度 7.2 米。档案起止年代为 1911—1957 年，编有案卷目录。

档案主要内容：

1. 总类

有该公会章程、业规、理监事及各办事细则，筹组成立全国营造业同业公会联合会及筹办营造业银行的文件，理监事及各专门委员会会议记录，会计研究组发起宣言章程和会议记录，义务小学董事会会议记录，该公会历史沿革，沪绍水木工业公所会议记录，各专门委员会工作总结和月报，各会员企业情况调查分析总表等。

2. 组织人事类

有该公会筹备会组织规程系统表，执监委就职、离职、撤职等来往文件，会员基本情况综合表，该公会整委理监事履历表及聘任日人为顾问等的文件，工作人员名单及工作代表人履历表，入会志愿书、登记表，各基层人员历年变更情况暨负责人留影等。

3. 业务类

有水木业职工会关于征收厘金、取缔黑市工价、征雇工人、创建工人子弟小学及筹组员工消费合作社向社会局核备的有关文件，会员承建的工程资料，职工会关于劳资纠纷问题与该公会的来往文件，向户主征收、分配公益金的协议文件及投标建造仓库工程的材料，该公会会员与业主要求调解的来往文件，拨交建筑工会闸北南山路地基的有关文件，国民党政府要人为建筑协会出版营造月刊的贺信和题词等。

4. 财务类

有该公会泥木工工资和建筑材料价格的调查资料及各项工程材料人工比例表，抗战期间财产损失报告表、重估财产报表等。

上海市轮船运输业同业公会

全宗号　S148

上海市轮船运输业同业公会成立于1950 年 1 月，由前上海市轮船商业同业公会、上海市内河轮船商业同业公会、上海市汽船商业同业公会合并组成。该公会的主要职能是建立国营营运基础、加强航业运输效能、便利物资交流、调解劳资关系。陈巳生担任主任委员。下设组织、业务计划、技术研究、法规研究、文教、财务等专门委员会。1956年后，同业公会收缩业务，进而结束活动。

馆藏上海市轮船运输业同业公会全宗档案共186卷，档案排架长度4.8米，档案起止年代为1948—1956年，编有案卷目录。

档案主要内容：

1. 总类

有该同业公会概况和工作总结，筹备会成立大会会议录，常委会会议录，“三反”、“五反”、拥军捐献、购买公债的文件，所得税协商记录及会议记录，同业公会申请公私合营的有关文件等。

2. 业务类

有同业公会业务会议、各专门委员会会议记录，历年营业额及资金情况统计表，轮船业调查表，同业公会有关客货运价格有关文件，船舶资料、船舶购买合同、船舶管制办法、船舶保险办法、船舶失事处理办法、船舶估价计算公式、航运成本会议计算方法，设立联营处的文件等。

3. 组织人事类

有该同业公会调整改组的有关文件，组织规程、组织系统表，负责人名单及履历表，各专门委员名单及履历表，会员名册、会员登记表及调查表，会员公司高级船员资历调查表，同业公会工作人员登记表及任免调派的有关文件等。

4. 财会类

有该同业公会资产负债表、会员重估财产报表等。

上海市轮船商业同业公会

全宗号　S149

上海市轮船商业同业公会成立于1946年4月17日，以维持、增进航业的公共利益及矫正营业弊害为宗旨。其前身为上海航业公会，后改组更名为上海市航业同业公会。抗战期间，在重庆设有上海市轮船商业同业公会驻渝办事处，日军占领区设有上海市民营轮船业同业公会。抗战胜利后恢复。先后由沈仲毅、杜月笙、魏文翰担任负责人。上海市轮船商业同业公会内设赔偿、购船、轮船自保险、济运等委员会，主要解决维护航权、承运救济物资等问题。

馆藏上海市轮船商业同业公会全宗档案共503卷，档案排架长度9.6米。档案起止年代为1926—1952年，编有案卷目录。

档案主要内容：

1. 总类

有该公会章程、工作会议记录，会员大会及理监事联席会议记录，整理委员会及各专门委员会、各小组会议记录，出席成立大会全体代表摄影照片，驻渝办事处的会议记录等。

2. 组织人事类

有该公会聘任专门委员会委员的文件，各专门委员会的委员名单，工作人员名册及履历表，工作人员的聘任、解职及辞职的有关文件，吴淞商船学校教职员和历届毕业同学名单，会员申请入会、工作人员请假的有关文件等。

3. 业务类

有吴淞商船学校要求停征附捐事与交通部等的来往函件，为承运燃管会用煤的运费问题与行政院交通部燃管会等的来往文件，为抗日战争中损失船舶要求赔偿事向日本交涉的有关材料，渔轮公司要求限制沙船停岸及轮船装运煤油增加保险费等事的文件，该公会会员组织浙闽、沪闽航线联营的材料及大达、大通两公司联营处的业务报告，建议收回外商在华内河货船和码头仓库以及反对开放京、浔、汉等内河航行权等事与行政院、交通部、外交部的来往函件，“江亚”轮失事的材料等。

4. 财会类

有会员报送的存货登记表、各航线各级客票价目表、航运成本比较表，该公会会员船舶吨位、船数统计表及民营会员公司在外埠船舶一览表，上海市燃煤及燃油配售价格统计表，民营会员实需柴油统计表，政府贴补发放办法，各会员填报民营轮船营运日数调查表等。

上海市银行商业同业公会

全宗号　S173

上海市银行商业同业公会成立于1946年3月，前身为1918年10月19

日成立的上海银行公会，后改名为上海市银行业同业公会、上海特别市银行业同业公会、上海市银行商业同业公会。有会员 81 家，主要负责人先后有宋汉章、盛竹书、倪远甫、李馥荪。上海市银行商业同业公会以增进金融业之公共利益及矫正金融业上之弊害为宗旨，主要负责发行《银行周报》、管理公共准备金、经营货栈及仓库租赁业务、讨论票据交换等。中华人民共和国成立后由上海市人民政府接管，经整理改组，1949 年 12 月 28 日定名为上海金融业同业公会筹备会，1952 年结束业务。

馆藏上海市银行商业同业公会全宗档案共 832 卷，档案排架长度 20 米，档案起止年代为 1917—1952 年，编有案卷目录 1 册。

档案主要内容：

1. 总类

有该公会第一至第四届董事会会议记录，该公会会员大会、执行委员会会议记录，改组筹备委员会会议记录、银钱两业联席会议记录，国外汇兑专务委员会及执行委员会会议记录，筹组和上海票据交换所起草章程的会议记录，推选委员和征求各会员意见的文件，该公会章程，第一至第十二届会员大会会务报告、小组会议事纪要及小组会议报告书，该公会为出版三十周年纪念刊征集的各行简史等。

2. 组织人事类

有该公会内设机构方案及有关工作人员任免书，会员入会志愿书及会员代表名册，会员、董监事名单，更换会员代表名单，会员重要事项变更登记表，各行庄留港人员名单等，银行钱庄概况一览表，各会员银行创立年月、资本额、董监事、经理调查表等。

3. 业务类

有会员银行 1931—1936 年盈余报告；蒋介石、白崇禧、宋子文等向该公会及总商会等筹借军饷的来往文书；该公会为万县惨案致蒋介石、张学良、汪精卫等电，劝告停止内战、要求对英帝采取强硬措施及张学良的复电；一·二八事变后华侨捐款抗日的来往文书；该公会会员为警察消费合作社筹垫资金的文件；该公会与钱业公会为日本各机关任意派员至各行庄“查询”进行迫害，联名向汪伪财政部、市政府请求确定调查机关界限及伪财政部的批复；关于该公会设立银币化验室及历次化验各地造币厂银币等有关文件；关于国民党宁粤两派内争、蒋桂内争、日本阴谋设立伪满政权、西安事变、卢沟桥事变等，该公会和各团体联合发表的时局宣言及与国联的来往函电等。

4. 财会类

有会员行抗战财产损失表，银钱业会员行庄报缴所得税等税款表，各银行库存及存放洋商银行统计表，解放前夕会员劝集金银及外币报告表，银行大楼管理处各科津贴月报表等。

上海市钱商业同业公会

全宗号　S174

上海市钱商业公会原名上海钱业公会，成立于1917年2月，其前身为创始于清乾隆年间的钱业会馆。该公会旨在加强同业之间沟通与联系，调解同业纠纷。主要负责人先后为朱五楼、秦润卿、裴云卿、沈日新。1949年12月该公会与银行业公会、信托业公会合并，结束会务。

馆藏上海市钱商业同业公会全宗档案共710卷，档案排架长度16米，档案起止年代为1904—1950年，编有案卷目录。

档案主要内容：

1. 总类

有该行业概况，同业公会立案及改组的文件，同业公会章程、业规，会员代表大会决议录，同业公会理监事会会议录、整理委员会会议录；该公会1943—1945年工作报告和会务动态，购买公债、劳军捐款的文件；该公会与银行业、信托业两同业公会合并的文件等。

2. 业务类

有该公会业务事项调查表，查询会员复业情况的文件；蒋介石、白崇禧、宋子文等以二五库券抵押向该业借款以充军饷的文件；政府、财政部以库券、公债抵押向该业借款的文件；外商道胜银行宣布清理，该公会提出收回关税存放权的文件；该公会向财政部所提消除银荒的建议；总商会为财政管理机关征询该公会对铜元价格低落的处置办法；该该会请求豁免本票、支票贴用印花税的文件；为棉业经营困难影响该业收益请求政府贷款、豁免税项的文件；各钱庄关于改革票据收解办法的文件等。

3. 组织人事类

有该公会会员登记簿，会员名册，会员概况调查表，各会员单位负责人名单，会员总分支机构一览表，工作人员调查表，该公会同行情况报告表，该公会组织会计研究组及各钱庄应征人员学历表，该公会市场委员会组织大纲暨历届委员名单；该公会钱业公学章程、规则及委员名单，该公会钱庄实务研究会章程，上海市钱业义勇军委员会组织简章，该公会组织《钱业月报》委员会的有关文件等。

4. 财务类

有该公会总账、分类账，钱业公学、钱业月报社总账、日记账，现金收支账，工作人员薪金表等。

上海市信托商业同业公会

全宗号 S175

上海市信托商业同业公会成立于1946年5月。该公会以调剂金融、增进同业间公共利益及规范同业行为为宗旨。公会成立初期有会员10家，后增至13家。主要负责人为齐致。1949年12月该公会与银行业、钱业两家公会合并，结束业务。

馆藏上海市信托商业同业公会全宗档案共89卷，档案排架长度4米，档案起止年代为1945—1950年，编有案卷目录。

档案主要内容：

1. 总类

有该公会筹组、成立的文件，章程、业规，筹备会记录，第一、第二、第三届会员大会会议记录，常务理事会及理监事联席会议记录；该公会向慈善团体募捐、赈灾、劳军捐款的文件，该公会与银行业、钱业同业公会合并的文件等。

2. 业务类

有该公会研究业务的会议记录；会员报送的1946年至1947年度营业报告书；该公会要求免征特种营业税的文件；请求财政部准许信托公司重要职员对信托负债免负无限责任的申请，向立法院等陈述对银行法信托部分的意见及该公会拟订信托公司法草案的意见，为会员谋求统税厂商领花保证业务时应与银行业、钱业享受同等待遇的文件；该公会与银行、钱业两公会为“战前存款增加付给事”与行政院、财政部的来往文件；该公会与银行业、钱业订立的《相互通知退票公约》；关于增资现金交存央行三个月及动用增资现金的文件等。

3. 组织人事类

有该公会会员登记表、调查表，会员名册，该公会负责人名单，理监事名单、履历调查表，会员报送的公司名称、董监事姓名表，会员关于退会、改组、更动负责人以及迁址的有关文件，第二届理监事合影照片等。

4. 财务类

有该公会财务总账、日记账、收支对照表，会员报送的1947年、1948年1—6月份决算表，职工薪津表等。

银 行 学 会

全宗号　S176

银行学会成立于1932年12月，是全国性的银行学术团体，由上海银行业人士发起组织。以促进我国银行界研究银行学术、讨论银行实务、培养银行业实用人才为宗旨。学会主要负责人是王志莘。学会除在上海设立总会外，并在西安设有分会，会员涉及全国银行界。学会附设银行实务研究会，按银行实务划分为经常、会计、人事、储蓄、信托、仓库、保管箱等小组，分组讨论具体事项，另设有银行周报社，出版《银行周报》《银行实务》及银行丛刊、丛书等书刊。银行学会解放初向市军管会办理登记，结束时间不详。

馆藏银行学会全宗档案共135卷，档案排架长度5.6米，档案起止年代为1920—1950年，编有案卷目录。

档案主要内容：

1. 总类

有该学会筹备、成立及改组的有关文件，章程，理事会会议记录，银行实务研究会会议记录，学会会务概况、会务报告、会员大会提案等。

2. 业务类

有该学会为银行实务研究事项与银行同业公会、各银行的往来文件，该学会组织讨论银行业实务问题并提出意见方案的有关文件，银行实务研究会下辖各组针对各自相关课题的研究、讨论会会议记录，该学会关于税制问题同税局、银行公会、各银行的往来文件，学会征求会员、设立征文奖、派员赴美考察、组织参观、推销出版刊物、借阅图书、设立补习学校、代为银行招考职员等文件。

3. 组织人事类

有该学会发起人名单、会员统计表，银行实务研究小组代表名单，《银行周报》委员会委员名单，学会会员入会、退会文件，学会设立西安分会的有关文件等。

4. 财务类

有该学会总账、分户账、日记账，收支决算表、收支预算比较表、资产负债表、损益决算表，银行周报社总账、日记账及资产负债表等。

上海市保险商业同业公会

全宗号 S181

上海市保险商业同业公会成立于1946年。该公会前身为创始于1907年的华商火险公会，1917年后先后更名为华商水火险公会、上海保险公会、上海保险同业公会。该公会主要业务为规定保险各类条款、费率、章程，培训保险从业人员，确立保险业标准。该公会下设人身保险、火灾保险、运输保险、汽车保险等组及保险法规、财务、会计等委员会。主要负责人先后为朱葆三、王一亭、沈仲礼、洪文廷、冯佐芝、万泽生、罗北辰、金瑞礼。1956年结束业务。

馆藏上海市保险商业同业公会全宗档案361卷，档案排架长度9.6米，档案起止年代为1925—1953年，编有案卷目录。

档案主要内容：

1. 总类

有该公会历年章程，各会员公司章程，人身保险总集团章程、纲要，保险业概况，该公会史略，保险业公证人管理规则，保险法，战时保险业管理条例，会员对保险法修改的意见和建议，《中华保险年鉴》原稿，会员重估财产报表等。

2. 会议记录类

有该公会成立大会会议记录、执监委员会会议记录、各组会议记录、会员大会会议记录，华洋联委会会议记录，上海火险公会会议记录，上海火险同业业务协会、理事会的会议记录，上海特别市保险业同业公会理监事会会议记录，整理委员会、财务委员会、临时联络委员会、各险种委员会、保率委员会会议记录等。

3. 业务类

有外商保险公司申请登记的文件，会员公司代表委托书，会员公司保险理赔案的文件，查勘报告书，承保单位申请审查书，火险经纪人登记申请书，证明经纪人资格文件，外文单据合同，保险单样张等。

4. 组织人事类

有该公会改选执委会的报批文件，历年会员代表名单、会员名单，会员入会申请书、调查书，会员总登记表，会员变更登记的文件，经纪人登记簿，经纪人公会委员、理监事名单，筹备委员、执监委员名单，理监事辞职书，会员公司重要职员名单等。

上海市珠玉商业同业公会

全宗号　S185

上海市珠玉商业同业公会成立于1930年，由上海市珠玉业商民协会和韫辉公所合并改组而成。该公会以增进同业间联系、协调彼此关系为宗旨，办理有关主管官署及商会委托事项。抗战爆发后一度停止活动，1942年徐文谦发起成立上海特别市珠钻玉业同业公会，1946年恢复上海市珠玉商业同业公会。该公会主要负责人先后为顾竹君、王友松、陈惠泉、徐文谦。1956年结束业务。

馆藏上海市珠玉商业同业公会全宗档案共124卷，档案排架长度4.8米，档案起止年代为1873—1956年，编有案卷目录。

档案主要内容：

1. 总类

有该同业公会章程，韫怀堂、怀义堂、存心会、集义会章程，市场管理处通告录，对外贸易推进委员会规则，筹备成立情况报告，历史沿革，韫怀堂财产保管委员会土地证总册，起造玉业汇市捐款碑文，苏州府为误买赃物规定的勒石永禁碑文，汇市公所平面图，该会成立大会的各种照片，韫怀堂理事长、理事会、董事会照片等。

2. 会议记录类

有筹备委员会会议记录，执监委员会会议记录，会员大会会议记录，理事会会议记录，韫怀堂、怀义会、存心会、集义会会议记录，商民协会会议记录，市场管理委员会会议记录，珠玉、古玩两业委员联席会会议记录，钻宝价值鉴定委员会会议记录等。

3. 业务类

有业规，会员入会、退会以及入会担保的文件，会员入会志愿书，业务纠纷、误收赃物等问题来往函，京苏两帮争夺会所讼案文件，珠玉公所与清各级官府来往文稿簿，该业行业调查及会员营业情况统计表，会员交易月报表，商品价目表，业务公约，工作总结，会员申请公私合营报告等。

4. 组织人事类

有理监事履历表，会员名册，工作人员调查表、辞职信、名单，基层小组长名单等。

5. 财务类

有财务收支年报，1952—1956年收支预决算及固定资产明细表等。

上海市典当商业同业公会

全宗号 S187

上海市典当商业同业公会成立于1931年，其前身是典当公所。后经数次改组，1942年上海特别市典当业同业公会和上海市区典当公所合并为上海特别市典当业同业公会。1946年该公会重组，并定名为上海市典当商业同业公会。该公会以维持增进同业之公共利益及矫正弊害为宗旨。主要负责人先后为傅估衡、张应礼、余斌、郭勉农。成立时有会员600家，1949年会员减至225家。该公会于1958年结束业务。

馆藏上海市典当商业同业公会全宗档案共180卷，档案排架长度6.4米，档案起止年代为1917—1958年，编有案卷目录。

档案主要内容：

1. 总类

有该公会章程及历史沿革，典当公所执监委员联席会议记录，该公会成立及常务委员会和理监事联席会议记录，整理委员会会议记录，历次会员代表大会会议记录，有关劳资协议的文件，同业间调查表，人民团体负责人就职宣誓书，工作总结报告，私方人员参加社会主义竞赛情况的报告，爱国公约，理监事照片等。

2. 业务类

有该公会为调整当期当息事与社会局的文件，有关处理业务纠纷的文件；会员业务调查表、会员业务统计表及营业情况调查统计表，质押利息率历年变动记录，当赎情况比较表及过期满当押品调查统计表；中国典当业实录，统一押当业簿议简义及十年来典当业演变情况资料调查表等。

3. 组织人事类

有该公会组织章程，正式更改名称的有关文件，理监事名单，会员名册，会员入退会、变更登记的文件，会员入会志愿书，关于会员变更负责人、地址及成立沪南办事处的文件，工作人员调查表，各区干事分配名册，职工任免文件，公会委员“五反”处理情况调查表等。

4. 财务类

有该公会经费收支对照表及预决算表，会员清产核资、固定资产表、财务报表及固定资产明细表等。

上海市国际贸易业同业公会

全宗号　S189

上海市国际贸易业同业公会由进出口商业同业公会、茶叶输出同业公会、牛羊生皮商业同业公会、草帽输出业同业公会、猪鬃出口业联谊会、纱布输出业同业公会、肠衣输出业同业公会、植物油输出业同业公会、皮毛油骨商业同业公会等九个单位合并组成。1950 年 1 月 20 日召开筹备会，1951 年 5 月 26 日正式成立，以组织联购联销、加强进出口业务和公私合营为主要任务，席文光任执委会主任。内设 29 个小组对各会员进出口商按经营品类进行专业管理，同时先后设立 8 个联营处，以增加进出口能力。成立初有会员 760 户，最多达 1 200 多户。1957 年，各会员进出口商全部公私合营后结束业务。

馆藏上海市国际贸易业同业公会全宗档案共 243 卷，档案排架长度 7.2 米，档案起止年代为 1949—1958 年，编有案卷目录。

档案主要内容：

1. 总类

有该公会历史沿革，公私合营公司章程，成立公告及组织章程，该公会筹备委员会、执监委员会、常务委员会会议记录，进出口各联营组织合约，办事细则，该公会筹备会的纪念特刊等。

2. 人事类

有会员入会登记表、履历表等。

3. 业务类

有该公会工作报告、行业概况、各业进出口中心组工作纪要、私营企业年报等。

4. 财会类

有该公会出口商品议价单、工商业税分户评定税额清册、1951 年重估财产报表等。

上海市进出口商业同业公会

全宗号　S190

上海市进出口商业同业公会于1946 年 3 月 31 日正式成立，以协助政府推行贸易政策、联络同业增加进出口业务为宗旨，张焕年、寿景伟先后任董事长。会员商以经营农产品和原料出口以及工业原料、粮食、生产器材、奢侈消费品进口为主。成立初，有会员 560 家，次年增至 1 200 家左右，其中洋商占 30%。1950 年 1 月，该公会并入上海市国际贸易业同业公会后结束业务。

馆藏上海市进出口商业同业公会全宗档案共 90 卷，档案排架长度 3.2 米，档案起止年代为 1930—1950 年，编有案卷目录。

档案主要内容：

1. 总类

有该公会章程、办事细则和各专门委员会通则，筹组全国输出入业同业公会、联合会的文件和章程草案；该公会发起组织进出口联营公司的文件和章程草案，设立国际贸易实务讲座的办法和组织输出抢救运动委员会的大纲；该公会向社会局申请创办《贸易月刊》的来往文件以及《中国贸易年鉴》大纲和《中国贸易年鉴》序的文件；该公会立案证书，有关组织核备和筹备举行会员大会、改选理监事等事呈报社会局等单位的往来文件，向社会局填报的工作报告表，收发文簿等。

2. 会议组织类

有该公会 1946—1949 年会员大会和理监事会议记录，1946—1948 年常务理事会议记录，1949 年各业进出口专业会议座谈会记录；该同业公会筹备委员及理监事名单、简历表，会员名册、会员调查表，人员任免文件，会员入会志愿书，工作人员履历表等。

3. 业务类

有该公会为会员进出口商向外国运销物品转请市商会签证的文件，向经济部、中央银行等要求改善进出口结汇、贷款等的文件，要求增加原料配额、减免税捐的文件，输入商品分类情况表、进出口货物登记汇总表、准许进口商品登记表、禁止进口商品调查表，与国外厂商成立的“到期未运信用状”登记表，房地产契约等。

上海市茶输出业同业公会

全宗号　S198

上海市茶输出业同业公会于1946年4月整理上海市洋庄茶叶同业公会后成立，以联络同业、促进茶叶输出为宗旨，唐季珊任理事长。该公会按茶叶品类，下设平水、屯婺、祁浮、闽湖等组，对茶商进行业务管理。因行业处在萎缩之中，会员茶商始终仅维持在70家左右。1950年5月25日，该公会结束业务。

馆藏上海市茶输出业同业公会全宗档案共145卷，档案排架长度4.8米，档案起止年代为1876—1952年，按内容分类，编有案卷目录。

档案主要内容：

1. 总类

有该公会章程、办事细则，理监事会议记录、1942—1949年临时会议记录、会员大会决议录和常务理事会会议录，中国茶业协会章程、中国茶叶业联合会章程、上海茶输出业联谊会章程，茶业会馆组事录、洋庄茶业公会议事录等。

2. 组织人事类

有该公会理监事名单、履历表，会员名册、会员代表名单，该公会工作人员名单，人员任免文件，会员入会申请书，入会和退会的文件，该公会与茶行业、制茶业两公会合并的文件及商号印鉴留底等。

3. 业务类

有该公会向政府当局所提放宽贷款数额、减少高利、减轻成本的议案，对茶叶出口给予补贴、豁免外销茶的各项捐税、提高茶叶的收购价格等文件，同输入国进行易货贸易及向有关输入国进行交涉要求取消名种限制、恢复自由贸易的文件等。

4. 报表类

有该公会1948年营业概况调查表、1930年所得额调查表，产销成本概算，出口箱茶情况报告及外销概况调查表，抗战受损情况表，收支账册，1945—1949年流水账册，会费账册，工资账，重估财产建议书，市价表、存货登记表、薪给调查表等。

上海市绸缎商业同业公会

全宗号　S230

上海市绸缎商业同业公会成立于1930年8月，其前身为1850年设立的湛华堂。该公会设有理、监事会，下设杭绸、盛泾、湖绉、山东河南丝绸、苏绸、绪纶门市组等6个办事处。主席委员先后为鲁正炳、骆清华。1941年2月停止活动。1943年汪伪时期另组上海特别市绸缎业同业公会，钮植滋为理事长。1946年3月上海市绸缎业同业公会恢复，1956年结束活动。

馆藏上海市绸缎商业同业公会全宗档案共400卷，档案排架长度9.6米，档案起止年代为1908—1956年，编有案卷目录1册。

档案主要内容：

1. 总类

有上海市绸缎业同业公会、上海商民协会绸缎分会等机构规章，中华国产绸缎复兴委员会公约大纲等。

2. 组织人事类

有上海市绸缎业同业公会组织规程、市场组织规程，该公会成立及历史，各组办事处历史，其中有清末绪纶公所缘起等；该公会筹委、执委名单，会员入会登记申请书，改组、退会等文件及会员名册；会员组织服制研究会文件等。

3. 业务类

有该公会会议录，公会整顿工农业陋规、制订成衣价格文件，开展抵制日货、救济国产绸缎活动，防止日货走私的文件，与上海丝织业公会研究筹组市场文件，制止成立绸缎呢绒门市同业公会的文件，会员请政府调整出口税率、减免和取消各种捐税的文件，绸缎业各类商品参加巴黎国际博览会的文件等。

4. 统计类

有该会报送社会局等的报表、行号调查表、运销丝绸物资统计表，浙江区丝织工业同业公会等问该公会配销丝织品的配销清册等。

5. 财会类

有该公会新中国成立后重估财产报表、清产核资统计表等。

6. 公私合营类

有该公会会员要求公私合营的申请书，该业组织联营的文件及契约等。

上海市棉布商业同业公会

全宗号　S231

棉布业1858年即设有振华堂洋布公所，几经更名，1946年3月成立上海市棉布商业同业公会，董久峰任理事长。1948年10月设门市零剪、门市零匹、批发整件、批发零匹、批发印染等五组，同时设立交易市场，对棉布交易实行统一管理。另外附设振华业务小学、长生会、怀安会等机构，增进同业共同利益和福利事业。1958年结束业务。

馆藏上海市棉布商业同业公会全宗档案共333卷，档案排架长度10.4米，档案起止年代为1904—1958年，编有案卷目录。

档案主要内容：

1. 总类

有该公会沿革，行业概况，修建振华堂洋布公所并创事务所记碑拓本，社会局和市商会发给该公会的立案证书和会员证书，历届会员代表大会召开时与社会局的来往文件，筹组棉布业同业公会整理委员会与社会局等的来往文件，该公会理监事留影照片等。

2. 规章类

有该公会章程、组织规程及规则，筹备会组织规章及章程草案，该业批发商联合营业处章程草案等。

3. 会议记录类

有1927—1929年上海棉布业同业公会执委会及会员大会记录，1930—

1942 年会员大会、执监会、执常委及振华、宏文学校校董会会议记录，1942—1943 年整理委员会会议记录，1943—1945 年理监事及会员大会会议记录，1945—1946 年整理委员会及各专业委员会会议记录，1946—1949 年理监事会议、会员会议记录，1943—1945 年各专门委员会及所属宏文、振华学校校董会会议记录，1951—1955 年常委会和执监会会议记录等。

4. 人事类

有理监事、执监委员会代表名单、履历表，人员任免调配文件，会员名册、会员入会登记表、志愿书等。

5. 报表类

有报送社会局的会务报告，1930—1936 年会务报告和收支报告，1946 年营业额汇总表，抗战时期财产损失统计表，财产登记账，地契，重估财产报表等。

上海市土布商业同业公会

全宗号　S232

上海市土布商业同业公会成立于1930 年 2 月，其前身为创立于晚清年间的上海土布业公所绮藻堂。负责上海市土布行业的商情调查、各类特土布商品价格的核定、税率的商定、行业纠纷及劳资纠纷的调解等。祝成玉、余君伟等先后任负责人。1958 年公私合营后结束。

馆藏上海市土布商业同业公会全宗档案共 81 卷，档案排架长度 4 米，档案起止年代为 1810—1957 年，编有案卷目录。

档案主要内容：

1. 总类

有该公会沿革，工作计划及工作总结，成立大会记录、理事会会议记录、执监会会议记录，章程，推销公债、捐献武器、重估财产报表文件等。

2. 组织人事类

有该公会 1930 年和 1946 年两次改组的文件，商民协会布业分会成立文件，与棉布业公会合并改组文件，负责人名册及履历表，聘请法律顾问文件，会员名册，同业公会会员登记表等。

3. 绮藻堂布业公所文件

有该公所沿革，公议条款，同业牌号簿，清代上海县批准王丰玉出任踹布公所业董的告示，为供应清朝官吏布匹与上海县的往来函，清代上海县关于禁止该业布商作假的布告，清代上海县调处该业漂染织纠纷的谕文及布告，交纳捐税的文件，置办房地产的凭证等。

4. 业务类

有该业各行号1932—1937年度产品价目单和货价调查表，漂染印花各业调整土布印染价格、统一土布尺码规格文件，财政部关于免征土布税的批文及调查土布品质标准文件，上海土布运动大会文件，奉实业部令制定的公务人员服装材料标准，请求政府取消外贸土布限制办法等。

上海市棉花商业同业公会

全宗号　S233

上海市棉花商业同业公会成立于1946年5月17日，由棉花号同业公会、火机轧花业同业公会、花行业同业公会、花号业同业公会等合并组成。以维护同业利益、协调行业内生产、调解行业纠纷为宗旨。刘屏荪、夏霖、张启民先后任理事长，该公会下设棉花公磅处和棉花检查处两个服务机构。1954年9月结束活动。

馆藏上海市棉花商业同业公会全宗档案共302卷，档案排架长度6.4米，档案起止年代为1917—1954年，编有案卷目录。

档案主要内容：

1. 总类

有该公会历史沿革，各时期的章程、业规、办事细则，文稿簿、收发文登记簿，各种房地产证及交纳地税、房租凭证，内部移交清册，认购公债、“三反”“五反”运动中的有关文件，该公会第一至第四届会员大会和临时委员大会、理监事及常务理事会、法规研究委员会、调查审计组、同业座谈会、业务研究委员会等会议记录等。

2. 组织人事类

有该公会成立、结束的文件，执监委员、理监事辞留及追补文书，理监事、委员名单、保证书、履历表，聘请会计顾问、法律顾问的文件，工作人员福利待遇的文件，会员名册，工商登记会员入会、退会申请书等。

3. 业务类

有该公会会员组织、业务、资金概况调查表，社会局为取缔棉花掺水、掺杂而制订的条例，棉花统买统配、花纱布统制的法令，棉花品质检查意见，办理棉花贩运与外地棉商联系购棉的文件，棉花购运月报表、统计表，棉花价格、产销情况报告，业务惯例调查报告，各会员商号为棉花装运申请证明的文件等。

4. 财务类

有该公会会员重估财产报告，棉业同人置产委员会第一至第四届会计报告，基金保管委员会报告册，财务报表、收支总账，有关征收会费的文件及收据等。

上海市衣商业同业公会

全宗号 S246

上海市衣商业同业公会成立于1946年。前身为清代敬义堂衣庄公所。以维护增进同业之公共利益及矫正弊害为宗旨。下设总务、财务、组织、文书、交际、调查、估计、调解等八科，业务分为提庄、衣庄两组。主要负责人先后为王志璋、竺志梁。该公会结束时间不详。

馆藏上海市衣商业同业公会全宗档案共111卷，档案排架长度4米，档案起止年代为1852—1958年，编有案卷目录。

档案主要内容：

1. 总类

有该公会章程，立案文件，函牍、文稿簿，会员申请商业登记清册，修改业规的文件，敬业堂衣庄公所的图章、财产登记簿、土地证照片、房地契约，筹委会、专门委员会会议记录，参加劳军、抗美援朝、推销公债等活动的文件等。

2. 组织人事类

有该公会筹委会成立、市工商联颁发的聘书，理监事名单，会员名册，会员入会、退会申请书、登记表，各会员商号负责人名单和工作调查表，调整职员工资待遇、调解劳资纠纷的文件，公私合营动态、人事安排文书等。

3. 业务类

有该公会工作报告，会员存货登记表，棉布供应的规定，各商号所得税调查表、会员营业总额分析表，处理会员业务纠纷的文书，历年商业月报、工业年报综合表、业务情况月报、商业价目单，议订销售商业规格、利润的公约等。

4. 财务类

有各会员重估财产报表，参加重估名单、调整资本统计及估价标准，重估财产审查意见书，敬义堂衣庄公所财务总登记册，征收会费和临时经费登记清册，年度所得税调查表，历年所得税协商记录，工商业税总清册，处理会员漏税文件等。

上海市裘商业同业公会

全宗号　S247

上海市裘商业同业公会成立于1946年，前身为光绪年间成立的可爱堂裘业公所。以维护增进同业公共利益及矫正弊害为宗旨。该公会负责人主要有蒋志刚、李贤堂、毛逢知、陈世竞等人。业务结束于1956年。

馆藏上海市裘商业同业公会全宗档案共62卷，档案排架长度为2.4米，档案起止年代为1773—1957年，编有案卷目录。

档案主要内容：

1. 总类

有公所修正章程，房屋租契，购置房地产的契约，为房产处理与代管人、政府部门的来往文书，日伪时期该公会整理成立、拟订章程的报批文书，同业互助公约，重要来文札录、收发文簿，理监事、筹备委员、执监委员会、会员大会、各种专题会议的会议记录，为抗美援朝捐献、认购公债、“五反”运动文书等。

2. 组织人事类

有公所工作人员名单，组织章程，筹委、基层组织人选名单，筹备委员名单，执监委员履历表，社会团体调查表，会员名册，会员入会、退会申请书等。

3. 业务类

有江海关监督公署对皮货报送出口的批示，租界当局对皮货零售价格表的审批，出口皮毛的概况，汪伪财政部对征收皮货零售消费税、货物税的批示文件，公所各号货物簿，会员加工订货关系厂综合表，商业月报、工业年报、业务情况月报，历年期末存货估价及零售价表等。

4. 财务类

有公所总清账、银钱收支房租账册、敦义会银钱账簿、该公会收付日记账、会员重估财产报表等。

上海市鞋商业同业公会

全宗号　S250

上海市鞋商业同业公会的前身为靴鞋公所,始创于1868年，专营靴、鞋销售业务，后改称鞋子公所、上海特别市履业同业公会、上海特别市皮制品号业同业公会、上海市履业同业公会、上海市鞋商业同业公会，先后由巢学勋、张莲青、骆焕章、包茂生、袁松亭、陶洪范、茅绩澄、黄致和、王翊之、蔡鉴清、陈宝华、陆坤元、杨振生、周学孚任负责人，内设总务、组织、财务、宣传、公益、调解等科，下设18个区分会。

馆藏上海市鞋商业同业公会全宗档案共271卷，档案排架长度8.8米，档案起止年代为1880—1956年，编有案卷目录。

档案主要内容：

1. 总类

有靴鞋公所购置房地产契据；履业公所章程，行规、业规、议事录，各会员商号地名录，上海县知事批准成立履业公所的布告；鞋业公所报请上海县知事、江苏淞沪警察厅批准成立及与履业公所合并的有关文件；皮革制品号业同业公会成立、重新整理文件，第一、二、三届会员大会议事录，第一至第三次理事会议事录；履业小学校董会议事录，福履医院章程、征信录、筹募经费文书；履业同业公会1930—1942年议事录，履业商民协会成立大会照片；该公会第一、二届会员大会议事录，历史沿革，章程，胶鞋制品组组织规程、同业公约；制履业职业工会章程等。

2. 业务类

有皮鞋皮件成本表，物价部门核定皮鞋、中国鞋品价目表及限价事项的文件，营业情况和原料用量调查表，制成品存货登记表，请租界当局豁免卫生捐、零售捐的文件，实行明码标价、不二价、筹组联购组文件等。

3. 人事类

有该公会理监事名单、会员登记表、会员志愿书、代表委托书、会员调查表、会员名册；细绒公所会员名册；胶鞋制面组会员名册、职工名册；制履业职工会委员名单、职工名单、会员名单等。

4. 财务类

有该公会会员重估财产报表、各种收支账册等。

上海市百货商业同业公会

全宗号　S253

上海市百货商业同业公会成立于1946年4月，之前称上海市百货商店同业公会、上海市百货业同业公会、上海特别市华洋百货号业同业公会，先后由郑海石、陈惠卿、张文魁、易延德、胡云飞、叶弗康等任理事长，设立宗旨为协调同业关系、促进商业发展。

馆藏上海市百货商业同业公会全宗档案共443卷，档案排架长度15.2米，档案起止年代为1931—1958年，编有案卷目录。

档案主要内容：

1. 总类

有行业沿革、大事记、章程、立案文件，上海市社会局关于该业与华洋杂货业分设同业公会的批示；汪伪时期该业另组华洋百货号业公会和华洋什货号业同业公会以及两会合并的有关文件；抗战胜利后该业成立整理委员会及与华洋杂货业同业公会分别组会文件；会员申请改组停业退会、更称牌号、增加资本、申请合营等与该共会往来函；该公会会员代表大会、执监委员会、理监事会、常务理事会、成立大会、抗战胜利后整理委员会、解放初期筹备委员会等会议记录；百货业同业联合会暂行章程等。

2. 业务类

有该公会业务委员会议事录、议价委员会议事录、税务会议记录；行业概况表，重要商业调查表、售价单，有关限价问题函件；抗战损失调查表、所得税调查表，该会市场组织规程等。

3. 人事类

有该公会理监事名单、评价委员名册、筹备委员名册、职员名册、资方实职人员简历表、会员入会申请书、会员入会调查表、会员名册等。

4. 财务类

有该公会重估财产审查意见书、会员厂重估财产报表，该公会收支账、现金日记账、总账等。

上海市新药商业同业公会

全宗号 S284

上海市新药商业同业公会成立于1946年3月，其前身为1926年前成立的上海市西药公会，后更名为上海市新药业公会，抗战期间称上海特别市新药同业公会。设立宗旨为销售新药、抵制外药、兼办慈善事业、为大众防病治病。先后由徐翔孙、黄楚九、屠开徵、章显达、范和甫、史致富任理事长，全市共分12个区。1958年结束业务。

馆藏上海市新药商业同业公会全宗档案共422卷，档案排架长度9.6米，档案起止年代为1927—1958年，编有案卷目录。

档案主要内容：

1. 总类

有该公会历史沿革、大事记、会务报告，1927—1949年议事录，成立记事及章程，会员代表大会会议、理监事会议、理事会筹备会等会议记录，新药业同业公约草案，上海市商会向该公会调查被日寇杀害的五洲药房总经理项松茂生前事迹的来往文书，抗战损失汇报表，该公会与制药业公会联合举办临时协助贫民协会开展救济活动和募捐活动的有关文书，该公会主办黄楚九医院、第一第二时疫医院筹募经费施诊统计，该公会各专业委员会会议记录，结束闸北急救时疫医院及黄楚九诊疗所的有关文书，申请公私合营工作会议记录等。

2. 业务类

有该公会与制药业公会关于请拨麻醉药品、筹募经费问题的来往文书，管理麻醉药品的条例规定；医药团体登记管理、药商管理、成药、药商检查、麻醉药品的管理等各项规则；评价委员会议事录，呈请经济部、财政部等减半征收该会营业税的来往文书；会员厂商发生商标纠纷要求该会裁处的有关文书；该公会承销行政院物资供应局剩余医药物资的合同；该公会向市商会会员大会提出修正进口限额管制办法的提案及复文等。

3. 组织人事类

有历届执监会委员及理监事名单、理监事履历表，工商团体登记表，工作人员名单，各专门委员会名单及其组织章程，会员登记表、调查表，会员录、会员名册，入会志愿书，黄楚九医院、第一第二时疫医院的医务人员名册、简历等。

4. 财会类

有该公会年度会计报表、银行往来账簿、年度收支分类簿、年度流水账簿、年度日记账簿、年度总分类账簿，中国红十字会主办的急救时疫医院诊疗日报表及收支日报表，各医院收支报表、清册、重估财产报表等。

上海市煤商业同业公会

全宗号　S304

上海市煤商业同业公会前身为1881年创设的煤炭公所，后更名为上海特别市商民协会煤业分会、上海特别市煤业同业公会，日伪统治时期为上海特别市煤号业同业公会，1946年6月改组成立上海市煤商业同业公会。该业专营煤炭的批发、配售。公会设有财神会、同仁慈善会等附属机构，并创办煤业义务学校，先后由陈乐庭、谢蘅聰、韩芸根、魏鸿文、刘鸿生、沈锦洲、陆琪生等任董事长（或称总董、主席）。

馆藏上海市煤商业同业公会全宗档案共442卷，档案排架长度17.6米，档案起止年代为1876—1958年，编有案卷目录。

档案主要内容：

1. 总类

有上海煤炭公所征信录，煤炭公所韫山堂征信录；上海市商民协会煤炭业公会筹组成立及与上海煤炭公会合并成立煤业同业公会文件；汪伪时期筹组成立上海煤号业同业公会文件；上海煤炭公所议案，上海煤业公会议事录，上海商民协会煤炭业分会执行委员会议事录，上海市煤业同业商联合会议事录；该会章程，执监委员会议事录，理监事会议录，会员代表大会议事录和会务报告，1930—1935年工作报告；该业小卖商联合会申请成立文件，组织义勇军、救护队的函件等。

2. 业务类

有该公会市场管理委员会议事录，工商税评议委员会议事录，管制配煤交易市价委员会简则和会议录；集资创立煤商业联合营业处章程，筹备委员会、创立会、常驻代表会等会议记录；煤业市场概况，市场组织规程；会员申请迁址、增资变更登记、退会等与该公会往来函；会员为开滦售品处不按合同解煤要求该公会商讨对策的有关函件；向燃料管理委员会申请配售各种民生用煤的请购书，该公会煤炭市场价目调查表等。

3. 人事类

有该公会执监委员名单、筹备委员名单、常务委员名单，工作人员辞聘迁调等有关函件，会员入会表、会员名册等。

4. 财务类

有煤炭公所账册、同仁慈善会账册；该公会会费总清册，历年收支报告、查账报告书，职员薪给表，总账、总分类账，资产负债损益分配表等。

上海市书商业同业公会

全宗号　S313

上海市书商业同业公会前身为清代书业公所,该业主要从事书刊的出版、销售、古书流通、西书影印等业务，主要负责人先后有叶九如、席子佩、陆费伯鸿、曹冰严、蒋志澄等。

馆藏上海市书商业同业公会全宗档案共 370 卷，档案排架长度 8.8 米，档案起止年代为 1895—1958 年，编有案卷目录。

档案主要内容：

1. 总类

有公所章程、征信录、历史沿革、成立大会会务报告；上海书业商会章程、十年概况、二十周年纪念特刊，书业商团开操大会照片；上海商民协会书业分会调查表、工作报告，注册文件，书业公所和新书业公会合并改组文件；中国著作人出版人联合会组织缘起、章程；该公会章程、历史沿革，整理成立、立案文件，筹备会、成立大会、会员大会、执监委员会等议事录；设置查究伪版委员会和驻北洋办事处文件，同仪器文具业公会要求政府取缔书籍文具贩卖同业公会有关文件；汪伪时期该公会更改名称、登记立案、章程等文件；许广平经营鲁迅全集出版社和郭沫若退出群益出版社致该会函；书业友谊协会、上海书报团体联合会、苏州学院书业公所、该业同义会和崇德堂、私立崇德小学章程等。

2. 业务类

有书业商会出版的《图书月报》；该公会会员经营业务概况调查表、向中央银行贷款数额表、营业所得税报表、1942 年营业统计表；会员调整资本、改组、更换牌号、退会等与该公会往来函；该公会关于划一图书售价、调整订书书价、请免书籍营业税等问题函件。

3. 人事类

有书业公所董事、会员名册，书业商团团员名单，全体职员照片，创始人之一黄熙廷与书业崇德学校第七届全体师生的照片；书业商会会董名单；上海商民协会书业分会会员录；该公会执监委员名册、理监事名册、职员录，会员名册、会员入会志愿书和代表人委托书，会员代表调查表，出版会员登记申请书；崇德堂委员名单、会员录等。

4. 财务类

有该公会收支预决算、收支报告表，现金账、总账、分类账，会员重估财产报表等。

上海市广播电台商业同业公会

全宗号　S316

上海市广播电台商业同业公会于1946年10月11日正式成立。王完白任理事长。该公会由上海市民营无线电播音业同业公会和广播电台联合会合并后产生。其主要业务为对同业营业进行指导、研究、调查、统计，兴办同业教育及其他慈善公益事项，调解同业劳资间纠纷，制订业规等。1952年10月1日，该公会会员电台合并更名为公私合营上海联合广播电台。

馆藏上海市广播电台商业同业公会全宗档案共28卷，档案排架长度2.4米，档案起止年代为1934—1952年，编有案卷目录。

档案主要内容：

1. 总类

有公会章程，各电台概况，行业业规，会务报告，公会会议记录；理监事、推销公债委员会、“四反”运动大会会议记录；关于电台设置规则和会员电台申请复业给市商会的报告与批复；劳资纠纷报告等。

2. 人事类

有历届理监事名单，会员登记表、会员情况调查表，股东名册，电台人员登记表，筹备委员、民评委员、财产重估委员名单等。

3. 业务类

有播音合同，与中国红十字会合办空中劝募大会文件，联合国驻沪办事处关于联合国宪章签约二周年纪念广播稿，各机关团体假座电台宣传劝募救灾、防病教育活动文件，调整电台节目和收费价格文件。

4. 财会类

有日常经费收支账册、重估财产报表等。

上海市会计师公会

全宗号 S447

上海市会计师公会原称中华民国会计师公会，由徐广德、徐永祚等七人筹备，成立于1924年4月20日，1924年7月13日改称上海市会计师公会。内设法规研究、各商业习惯调查、编辑、所得税、会计名词审定等五个委员会。1956年公私合营改造时结束业务。

馆藏上海市会计师公会全宗档案共607卷，档案排架长度9.6米，档案起止年代为1915—1956年，编有案卷目录。

档案主要内容：

1. 综合类

有制订、修改会计师公会章程、条例时致财政部、工商部、上海市社会局等的呈文和批复，会员对修改章程的意见书和历年的公会章程，常委会、执行监察委员会、理事会会议记录，各委员会联席会记录，会员提案，会址迁移、印章启用通告，与上海及外埠的机关、团体举行各种会议、进行业务联系等的往来文件，有关该公会参加国民大会代表选举事与上海市社会局等的来往文件，关于上海及外埠机关、团体、同业公会成立、撤销、启用印信、迁址等的文件材料，有关劝募救济等的文件。

2. 组织人事类

有委员会、理事会组织大纲，公会会员登记表，会员证书、照片、通讯录，会员情况调查表，会员申请入会、退会、变更会员的往来文件，该公会及各地会计师会员兼职调查表，推荐理监事人选给财政部的报告，人事任免、惩处文件，会员留学名单，全国各地会员录及会员证章名册等。

3. 业务类

有1939—1942年承办广新银业、新业锁厂等多家股份有限公司的创立和验资等文件，制订、修订会计师公费标准规则，就会计师职责、范围、业务主权等问题给财政部、农商部的报告与批复，就所得税、遗产税、印花税等条例的实施意见与有关部门的往来文件，就办理公司注册等业务问题与有关部门和外埠同业的往来文件，代办沪市公司验资、出席创立会的统计表和报告书，就会计师负责外侨纳税咨询中与直接税局及各会员的来往文件，该公会就会员承办委托清算查账发生纠纷与承办委托人的来往文件等。

4. 财务类

有公会筹备改组委员会接收旧公会财产清册，筹缴、催缴各项经费的通知，该公会向邮政储金汇业局、浦东银行地产部承租浦东大厦的租赁契约，历年财务收支账、财产分类账、会员缴费收据等。

上海市民营广播电台商业同业公会

全宗号　S448

上海市民营无线电播音同业公会经国民党上海特别市执行委员会批准,于 1934 年 5 月 1 日成立，成员有福音、民声、亚美、元昌、建成、大中华、中国文化、合众、大中国、东方、九九、中华自由、亚洲、华美、大同等 15 家电台。王完白任理事长。其主要业务为对同业营业进行指导、研究、调查、统计，兴办同业教育及其他慈善公益事业，调解同业劳资间纠纷等。1946 年 6 月 7 日与广播电台联合会合并，定名为上海市民营广播电台商业同业公会。

馆藏上海市民营广播电台商业同业公会全宗档案共 28 卷，档案排架长度 0. 8 米，档案起止年代为 1945—1950 年，编有案卷目录。

档案主要内容：

1. 综合类

有公会理监事联席会记录，会员大会记录，公会章程，公会与上海市电信局、直税局、财政局、商会、警察局、教育局、工商团体等往来文件，社会局给公会的来函等。

2. 组织人事类

有历次会议代表名单，各会员电台登记表及负责人名单，社会局令该公会与广播电台联合会合并更名通知等。

3. 业务类

有各会员电台与公会业务往来函件，电台登记表，送审节目报告，1947 年度工作概况，播音收费标准，交通部、电信局、上海各福利事业单位、上海红十字会、上海各报社与公会业务联系往来函等。

4. 其他

有直税局的中国税务函授学校章程和1948年度营利事业所得税稽征办法，上海红十字会等福利单位举行劝募和募捐活动的文件，上海孤儿工读学校工作报告及1936、1941、1946年照片、材料等。

工商经济研究会

全宗号 S450

工商经济研究会前身为1946年9月间成立的上海基督教青年会工商经济研究会，1949年上海解放后，改名为工商经济研究会。会员主要为私营工商业者。该会根据国家过渡时期总任务的要求，以团结、教育私营工商业者，积极接受社会主义改造，培养会员爱国守法，并进而改进生产经营管理为宗旨。下设研究部、组织部、服务部、学习部等内部机构。该会理事长为陈巳。1958年，由于停止活动时间过久，该会遂由上海市工商联接管。

馆藏工商经济研究会全宗档案共148卷，档案排架长度4.8米，档案起止年代为1949—1958年，编有案卷目录。

档案主要内容：

有工商经济研究会概况、章程，历年工作报告及工作总结；主要负责人名单，干事调查表，会员名册、会员入会申请书、会员成分分类统计表、会员企业情况调查表；会员干事会议记录、办公室业务会议记录、组织部及服务部会议记录；会员思想汇报摘录；举办“社会科学基础知识”“政治理论教育和企业管理”“总路线”“宪法草案”“共同纲领”“时事政治”等学习班的讨论记录等。

四、企 业 档 案

上海化工系统全宗汇集

全宗号 Q38

上海化工企业起源于19世纪80年代美查创办的江苏药水厂，它是旧上海工商企业中历史悠久规模较大的行业。该行业主要生产经营化工原料、日用化学用品、橡胶制品和化学药物、调味品等产品。

馆藏上海化工系统全宗汇集 83 个单位共 2 517 卷，档案排架长度 94.4 米，档案起止年代为 1897—1964 年，按企业分成 83 个目录，编有案卷目录，已拍摄缩微胶片 104 盘。

档案主要内容：

1. 天利氮气制品公司

有规章制度，工厂设立登记、调整资本、推销产品、对外投资文件，股东会、董事会会议记录，职工履历表等。

2. 天原化工厂

有工厂增资、投资、业务往来、注册文件，股东名册，工厂沿革及上海工厂抗战时期损坏情况报告等。

3. 大丰工业原料公司

有公司章程，创设、对外投资文件，股东会、董事会记录及历年决算报告等。

4. 江苏药水厂

有工厂沿革、业务往来、劳资纠纷文件，股东名单，公司常务会议记录，新中国成立后工厂工业、工资、干部统计年报，固有资产清单及工作总结等。

5. 中国工业炼气公司

有公司设立文件，股东会议记录，工作总结，股东、董监、职工名单，1952—1954 年工厂工业年报等。

6. 大华氮气厂

有工厂规章、申请公私合营报表及会计报表等。

7. 新亚制酸厂

有工厂概况，建厂、申请公私合营文件及 1954—1955 年决算报告等。

8. 六合化学公司

有工厂规章、创立会议记录、股东会议记录、工厂调查表、股东名册等。

9. 南亚企业公司

有工厂登记文件，股东名册及会议记录，董监调查表及会议记录，劳资协商会议记录，香港分公司沿革，1945—1951 年决算报告，公司合营情况文件，远东酒精厂会议记录及业务函件等。

10. 肇新化学厂

有工厂基本概况、1931—1945 年董事会议记录、各类照片等。

11. 天星化学厂有限公司

有 1941—1945 年通告、股东会议记录、董事会议记录、1950—1953 年决算书等。

12. 大新化学厂

有 1948—1955 年生产统计表，1939—1954 会计报表，商标纠纷及产品广告，本厂制度、劳资纠纷文件，厂史资料，鼎丰资料及历次董事会议记录等文件。

13. 润华企业股份有限公司

有公司创立文件，股东名册及股东会议记录，工作总结及业务会议记录，董监事名单及会议记录，公司合营、清产核资文件，大孚厂厂史文件等。

14. 中联染料制造股份有限公司

有公司章程，创立文件，股东名册，公司合营文件，与裕康协和合并、清产核资文件，董监联席会议材料等。

15. 中国染料工业股份有限公司

有公司设立公件，职工名单，清产核资、劳资纠纷材料，二、四厂厂史，三厂 1953、1954 年度总结等。

16. 华元染料厂

有公司创立文件，职工保证书，清估财产表，年度总结，合并、合营文件等。

17. 中法油脂厂

有股东名册及会议录、工作总结及广告等。

18. 开林油漆公司

有公司股东名册、经济部接收公司报告等。

19. 振华油漆公司

有公司创立文件，职员名册，企业会议录，董事、股东会议记录，固定资产清估表，工作总结，劳资协商文件等。

20. 永光油漆公司

有公司沿革、工会会员志愿书、1951 年基层委员会会议记录、公司接管文件等。

21. 大中华橡胶厂兴业股份有限公司总厂

有厂史、1934—1953 年营业报告、董事会议记录、厂务会议记录、劳资纠纷文件、资产负债表等。

22. 大中华橡胶厂兴业股份有限公司第四分厂

有厂史，员工管理、福利文件，厂况调查表等。

23. 正泰信记橡胶厂

有股东名册，该厂“三反”“五反”运动材料，1950—1953 年劳资协商会员、1949 年工厂概况调查、产品价目表，A 球鞋设计及呈请专利等文件，1937—1953 年账目报告等。

24. 上海橡胶制品厂

有历史简介，商标注册、劳资纠纷文件等。

25. 义生橡胶厂

有 1952—1953 年干部统计表，1952 年工厂调查报告，工会干部及会员名册，厂务会议记录等。

26. 中南橡胶厂

有厂史、工商登记及投资文件、产品广告、筹设分厂文件等。

27. 上海益昌橡胶厂

有董事、股东会议记录，劳资纠纷文件，生产总结，企业合并文件等。

28. 勤工实业股份有限公司

有厂史、规章、1954—1955 年工作总结及年报等。

29. 大孚金刚橡胶厂

有创立文件，股东、职工名册等。

30. 华丰橡胶厂

有持股简章，董监事、股东会议记录，董监事及股东名单，厂务日记，行政会议记录，该厂简史，生产统计表等。

31. 永和橡胶厂

有工厂调查表、工厂改组材料，股东名册、股东会议记录，董事会议记录，工厂沿革，劳资协商会议记录、行政会议记录，一·二八、八一三期间损失情况，商标注册及商标纠纷材料等。

32. 宏大橡胶厂

有新中国成立后党支部会议记录，股东名册，董事会议记录、股东会议记录，工厂调查，职工保证书，该厂大事记，业务会议记录等。

33. 民生橡胶厂

有新中国成立后厂工会筹办情况文件，股东会议录、股东名单、劳资协商会议录，1952—1956 年生产统计年报，1954—1956 年清产核资表等。

34. 大成橡胶厂

有1948—1955年资产负债表，商标注册文件，有关职工福利的文件，1952—1955年企业年报等。

35. 新亚医用橡胶厂

有公司概况调查表，职工名册，董监事联席会议记录，劳资协商会议记录，公私合营申请报告及协议书，清产定股工作总结，1952—1957年股东、董监名册等。

36. 科发药厂

有该厂劳资合同，工会理监履历及工会情况，1947年工会周年特刊，1946年产业工会成立特刊，商标汇集，该厂产量及销售额对照表等。

37. 五洲药厂

有企业沿革、企业概况，董事会记录，规章制度，劳资协商会议记录及业务，该厂成立30周年纪念刊，抗战期间该厂被日军侵占情况，工厂日记等。

38. 天丰化学制药厂

有该厂设立登记文件，董事会会议记录，该厂情况调查表及股东名单，该厂历史沿革，公私合营文件等。

39. 中国通用化学公司

有该厂章程及工商执照、房地产租赁契约、土地所有权证明等。

40. 新亚药厂

有该厂登记证、执照，1949年三年交接概况报告，业务、厂务、工会、劳资协商、董事会记录，股东名册、股东会议记录，决算报告，注册商标，合作社会议录，理监事会议录，业务往来文件，公约合同，工会设立及会员登记表，星期五聚餐会文件等。

41. 平原化学厂

有该厂商业登记证、开业许可证、该厂平面图及协定书等。

42. 信谊药厂

有该厂部长会议录、厂务会议录，工厂沿革，日伪时期白莲泾码头提货经过，商标注册，股东名册，董监事联席会议记录，历年资产负债表及损益计算书，产品登记表，业务往来信件，职工档案等文件。

43. 中国生化药厂

有该厂历史沿革，登记申请，股东名册、股东会议录，劳资纠纷文件，人事调查表，1946年决算报告等。

44. 上海乳胶厂

有上海区橡胶工业同业公会成立大会照片等。

45. 化工原料公司

有上海市化学原料工业同业公会第一届理监事合影照片等。

46. 第一制药厂

有中央生物化学制药实验处职员名册、上海制药实验厂沿革等。

47. 中国药学会

有中国化学会、中国化学工程学会上海分会会员劳军捐献名单等。

48. 中国建筑彩石制造厂

有该厂资产负债表、股东名册等。

49. 上海树脂厂

有汉光电化厂、协和行股票执照等。

50. 长江塑料厂

有上海市化学原料同业公会会员名册等。

51. 天山塑料厂

有该厂股东名册、职员名册、厂务会议记录等。

52. 上海玻璃厂

有 1945 年第 50 兵工厂医院同仁庆祝胜利纪念刊等。

53. 上海钢丝厂

有上海商业银行股东名单、上海新新有限公司 14 周年纪念照片等。

54. 上海胶带厂

有中国申一胶带厂股票材料、资源委员会沈阳橡胶厂职员录等。

55. 上海橡胶金属配件厂

有中华联合五金厂工人登记表、名册，有关劳资纠纷文件等。

56. 沈琼

有沈琼的个人材料等。

57. 上海橡胶制品研究所

有天津中华基督教会照片等。

58. 竞进化工厂

有天星化工厂工商登记证、股东会议录及名册等。

59. 曙光化工厂

有集体照片 1 张。

60. 上海焦化厂

有上海特别市保险业同业公会会员代表名单、上海长清榨油厂发起人名单和股东名册等。

61. 上海电化厂

有上海银楼同业公会名册等。

62. 上海玻璃二厂

有徐元卿、钱家桢有关企业合同等。

63. 上海助剂厂

有上海化学原料工业同业公会会员名册，第五次筹备会员录，天泰化学工业董事会会议记录等文件。

64. 上海十三制药厂

有海普药厂股东名单、军委会浙西巡回工作团实施概况报告书（1939—1944年）等。

65. 上海染化一厂

有友谊涂料工业社合伙契约等。

66. 上海染化二厂

有上海市染料业同业公会会员代表照片、上海职业介绍所照片等。

67. 上海染料化工五厂

有上海市化学原料工业同业公会会员名册（1947—1948年）等。

68. 上海泡化碱一厂

有茅爱立等私人文件。

69. 上海药用辅料厂

有国民党第26区、13区党部筹备会议通知等。

70. 吴泾化工厂

有美商上海石油公司分区经理名单等。

71. 络璜颜料厂

有胡筱复私人照片1张。

72. 长征农药厂

有上海县临时参议会集体照片等。

73. 上海合成树脂研究会

有合群企业公司股东名册及《一社手册》等。

74. 上海溶剂厂

有中国酒精厂股东名册等。

75. 上海涤纶厂

有福建旅沪同乡会救济委员会工作报告等。

76. 上海延安药厂

有中国基督教青年会材料，社会局与中法药房来往文书等。

77. 上海制冷剂厂

有该厂叙餐会集体照片等。

78. 上海第十二制药厂

有中日合办福康制铁公司章程等。

79. 上海胶鞋二厂

有上海市警察局驻厂警察总队通知关于该队成立致该厂的函件。

80. 桃浦化工厂

有农林部第46次部务会议录等。

81. 中华酸碱厂

有该厂职员、股东名册，业务文件，股东、常董会议录，资产清册文件等。

82. 天利氮气公司

有资源为委员会与天利、四川氮气公司公函，该厂内迁经过，该厂职员业务来往函件，该厂开幕纪念册、概况，四川氮气公司筹备经过与章程等。

83. 经济部接管京华产业株式会社

有经济部中央信托局苏浙皖敌伪产业处理处接管原京华株式会社文件，经济部接管京华产业株式会社有关人事任免、厂务、原料、财务、薪津文件等。

资源委员会甘肃油矿局上海炼油厂

全宗号　Q41

资源委员会甘肃油矿局上海炼油厂成立于1945年12月，是接收日丸善炼油株式会社、久光油槽所、大华石油联营社后成立，主要从事石油提炼。厂长邹明。解放后被接收。

馆藏资源委员会甘肃油矿局上海炼油厂全宗档案共710卷，档案排架长度8.8米，档案起止年代为1941—1949年，按内容分类，编有案卷目录。

档案主要内容：

1. 总类

有甘肃油矿局工作通令、1944年局务会议记录、各处工作报告、局创办三年概况，中国石油公司章程、中国石油公司董监事会议录，高雄炼油厂概况、高雄炼油厂二二八事变损失情况清册等。

2. 组织人事类

有甘肃油矿局组织规程、局管理处移交清册、该局职员名单、职员任免文件、工人调查表、员工到职通告表，上海炼油厂筹备设立文件及甘肃油矿局调派该厂人员名单，中国石油公司组织规程、该公司下属各机构重要职员名册等。

3. 业务类

有新建上海炼油厂计划书；甘肃油矿局 1942 年工作计划，甘肃分公司 1947 年工作计划，甘肃油矿局与资源委员会业务来往文件；中国石油公司 1948 年营业计划，石油公司购油合约、承运合约、工程合约，公司 1947—1948 年历次调整各地油料售价表，1949 年各矿处钻采工程处计划及预算书，公司办理军用油料概况及公司工作旬报、年报等。

4. 员工福利类

有甘肃油矿局有关员工福利事项的文件，局陆军骑兵领津贴文件，中国石油公司消费会社章程等。

5. 财会类

有中国石油公司 1948 年度资产负债平衡表、公司收支及报表等会计报表等。

资源委员会中央化工厂筹备处

全宗号　Q42

资源委员会中央化工厂筹备处1946 年 4 月设于上海，同时在南京、重庆等地设立工厂。该处隶属资源委员会，下设染料、胶品、化工原料等三部。该处负责人徐名材，上海工厂厂长龚祖德。上海解放后，该处由上海市军管会接收。

馆藏资源委员会中央化工厂筹备处档案共 885 卷，档案排架长度 8 米，档案起止年代为 1936—1949 年，按内容分类，编有案卷目录。

档案内容主要：

1. 总类

有资源委员会转发财政部经济紧急处理办法等法令，调查工厂和有关人事管理、日用品供应、科学研究的指示，中央化工厂筹备处工厂法规草案及修正意见，上海工厂商品管理暂行法，该处参加中国工业管理协会等团体文件，工厂驻军文件，工厂请发应变费文件等。

2. 组织人事类

有该处接收日商明治株式会社二厂、接收维新化学工业社动力油料厂文件，上海工厂1946年交接文件，该处南京厂选址、筹建等工程文件，上海工厂沿革、该处上海工厂人事细则、工厂管理条件，该处职工、职员调查表等。

3. 业务类

有该处与各厂1946—1948年会议录，上海工厂工农业计划及生产进度厂务会议录，技术座谈会、业务审议委员会会议录，该处及所属工厂1946—1949年工作日报、工作概况表、该处推销产品文件及计划产品联系图，资源委员会等调查该处产量未达计划原因及该处填报业务事项报告等。

4. 工会及福利类

有沪厂组织员工励进会文件及会议录，沪厂组织工会文件及工会组织名册、统计表，沪厂成立消费合作社，沪厂有关员工训练福利、子女教育等文件。

5. 财会类

有中央化工厂1946年分类日记簿、1948—1949年明细账、1949年资产负债账，沪厂总分类账、向银行贴现及银行透支明细表、1947年度会计月报等。

上海票据交换所

全宗号　Q52、S180

上海票据交换所于1933年1月10日正式开业，是由上海银行公会32家会员银行自主、独立创办的中国第一家新型的票据清算机构。至抗战前，会员银行达73家。其间，朱博泉一直担任该所经理。抗战胜利后，上海银行、钱业两公会将原有票据交换所合并改组，于1945年11月1日成立新的上海票据交换所，同时，会员扩展至国家银行、外商银行、信托公司、钱庄等，至解放前，会员达238家。其间，居逸鸿、曹吉如、洪政润先后担任经理。1949年12月31日，由上海金融商业同业公会筹备会接办。

馆藏上海票据交换所全宗档案因来自两个移交单位，分立两个全宗保管，全宗名称相同。

Q52全宗档案共106卷，档案排架长度2.4米，档案起止年代为1931—1951年，并编有案卷目录。

档案主要内容：

1. 总类

有该所章程、办事细则，1945—1951年通函及1934年、1935年和1950年报告等。

2. 票据交换类

有该所1936—1950年票据交换月报，1946—1948年交换票据及退票月别统计表，1946—1948年各行庄分户明细表，1947—1949年总结算表及1946年、1947年全国各地票据交换统计表等。

3. 人事类

有该所整编名单，监理、执行委员、职员名录及各种人事调查表等。

S180全宗档案共295卷，档案排架长度8米，档案起止年代为1945—1952年，编有案卷目录。

档案主要内容：

1. 总类

有该所章程、概况、1950年工作报告，成立、改组、设立临时管理委员会、实务研究委员会文件，会员行庄营业执照照片、停业清理文件，1946—1949年所务会议事录、1945—1949年执委会议事录及收发文簿等。

2. 票据交换类

有该所票据交换规则、违约金支付规则，1941—1950年票据交换月报，1946—1949年交换票据及退标月别统计表，1947—1949年票据交换总结算表，1946—1949年交换行庄存款余额表，1947—1949年全国各地城市票据交换统计表，该所变更交换方式和处理退票文件，伦敦、纽约、东京等地票据交换所规程、工作概况资料等。

3. 人事类

有该所人事规则，委员名单，职工任免、提升等文件，职工薪津表，交换员、存款户、各行庄印鉴等。

中央银行上海分行

全宗号　Q53

中央银行上海分行于1937年10月成立。1937年7月央行总行迁南京后，许多重大金融业务由该分行办理或代转总行。该行经营存放款、汇兑、票据交换、国库、国税经收等业务。1941 年 11 月结束行务，由中央银行上海分行接收清理处接收清理。

馆藏中央银行上海分行全宗档案很不完整，包括中央银行和四联总办事处上海分处部分档案在内，共 252 卷，该全宗有两个目录，1 号目录为中央银行上海分行，2 号目录为中央银行。档案排架长度 5.6 米，档案起止年代为 1908—1953 年，编有案卷目录。

档案主要内容：

1. 总类

有该分行职员任免、迁调、加薪等文件，资产负债明细表和账册等。

2. 业务类

有该分行 1937—1939 年就发行辅币事与香港分行、重庆分行、汉口分行及财政部的往来文书；为解决“柯立芝总统”号轮载库存金托运途中被扣事与总行往来文书；1938 年为中国红十字会购买药品、拨上海难民所难民救济款文件；办理借款、存款、还款、抵押业务的文件；为收兑金银与重庆、香港等地分行往来函；该分行金银货币总表，寄存在大通、中汇、麦加利银行的金银币细数表，1937—1939 年损益表及外汇报表等。

3. 中央银行

中央银行法草案，中央银行分行一览表，该行第 121—123 次理监事会议记录、第三届行务会议提案汇编、1943 年工作计划、1945 年工作报告，央行和业务局概况调查资料、十年来中国金融史略、实行废两改元剪报，央行清理处清理办法草案、发行局清理工作报告，财政部派席德懋为中国银行、交通银行官股董事和中央造币厂审查委员会委员的聘书，央行成立 15 周年纪念专辑、1945 年央行在沪复业纪念照片，央行开幕典礼、大元帅莅临训辞的照片等。

4. 四行联合总办事处上海分处

有该分处组织章程、办事细则，负责人名册，第 1—214 次、第 217—242 次会议记录等。

中国银行上海分行

全宗号　Q54

中国银行的前身是大清户部银行，1912 年 2 月改组为中国银行，属官商合办性质。1927 年国民政府成立，指定该行为特许国际汇兑银行，并将总管理处移驻上海，且由财政部指派董事长，逐渐成为国民政府所控制的金融机构。该行在全国设有 170 余个分支机构，国外 15 个，总管理处下设信托部、储蓄部、国外部、总账室、人事室、会计室、检查室等。1949 年 5 月，该行由上海市军管会接管。

馆藏中国银行上海分行全宗档案共 3 697 卷，档案排架长度 88 米，档案起止年代为 1915—1949 年，编有案卷目录。

档案主要内容：

1. 总类

有《大清银行始末记》、第一次官商会议摄影；中国银行沿革、大事记、行务会议记录、工作报告、章程、行员手册，发行各种钞票的通告，有关改革币制、发行金融券文件，就以法币收购的银币运美折存美元事与中央银行等有关文件；中行上海分行与第一区区域行会议记录，中行上海分行在港设驻港办事处的有关文件；1936 年《全国银行年鉴》及财政部关于废两改元的通知等。

2. 业务类

有中国银行和上海、桂林、昆明、南昌分行、第一区区域行业务报告；中行和中行上海分行有关存放款、押汇、拨缴军费、调拨头寸、运钞、处理呆账、代理国库业务等有关文件；中行盐贷审核委员会会议录，中、中、交、农四行联合办事处总处放款会议录；何应钦以松月记户在中行存款并在渝处取现的有关文书等。

3. 投资类

有中国银行对一些企业进行投资的决议；中行投资的淮南矿路股份有限公司、扬子电气股份有限公司、广西合山煤矿公司、中国炼糖公司、甘肃水利林牧公司、京沪实业公司、锡沪长途汽车公司、雍兴实业公司、中国纺织公司、上海纸厂股份有限公司、晶华玻璃公司章程，广西合山煤矿公司董事会会议录，中国炼糖公司发起成立会议录，中国油脂公司股东会会议录，中国物产公司股东会、董事会会议录，中国国货联营公司股东会会议录，江西兴业公司常董会记录，中国标准铅笔公司董监联席会议事录，中国桥梁工程公司创立会记录，中国纺织公司发起人会议事录、董事会议事录，雍兴实业公司创立会议事录、营业报告，中国木业公司业务报告书等。

4. 人事类

有中行董监事、重要职员名单，行员录、行员职掌名册、行员薪金名册，人事动态通告，股东名册；贝祖诒聘书、委任状；有关行员任免、迁调、考绩、加薪的文件；中行上海分行职员录等。

5. 其他

有东方经济研究所组织章程、筹备情况文件；中行同仁互助会议事录、会员名册；上海区食盐贷款银团成立和结束文件，会议录、团员行庄名单等。

交通银行上海分行

全宗号　Q55

交通银行成立于1908年，1912年为北洋政府所控制，1927年南京国民政府成立后，该行改组成私营银行。1928年成为国民政府特许的全国实业银行，并拥有少量官股。1935年交通银行收归政府所有，政府在其中占有50%以上的官股。该行发行的货币定为政府法定货币之一。从此，交通银行成为国民政府重要金融机构之一。李云书、胡笔江、钱新之先后出任该行董事长，钱新之、唐寿民先后出任总经理。1949年5月，该行由上海市军管会接管。

馆藏交通银行全宗档案共2 408卷，档案排架长度52米，档案起止年代为1912—1949年，编有案卷目录。

档案主要内容：

1. 钱新之档案

有钱新之与陶百川、顾维钧等人的往来函件，钱新之与上海市政府及各机关的往来函，与四联总处、浙江兴业、浙江实业、中国通商、新华、中汇等银行的往来文件等。

2. 总类

有该行发展史调查文件，抗战财产损失报告，太平洋战争爆发后应变纪要，董事会会议记录，行务会会议记录，业务报告（1943—1946年），历年损益情况报告，房地产统计表、租房契约等。

3. 组织人事类

有该行章程、条例、规则；组织系统表、机构一览表，各分支机构开业、复业、停业、改组及撤退情况报告；重要职员一览表、行员名册及调查表等。

4. 业务类

（1）投资　有该行投资交通业、纺织业、电器业、日用百货业、新闻业、保险业、化工业等行业的文件，这些企事业填报的投资调查表；所投资的企事业报送的章程、组织大纲、负责人名单、工作计划及会议记录等。

（2）放款　有该行生产事业贷款合作大纲，代理收付款项合作办法，中、交两行工厂放款计划书；押放、押透计划书及明细表；汇兑管理规则；湘桂路工程押款文件；经办正太铁路、京沪、沪杭甬铁路局收付、1911年湖广铁路公债还本付息、锡沪公司借款等文件；上海工商业贷款审查委员会记录；各分支机构放款业务通函等。

（3）发行　有该行关于订印钞券、印价结算、发行新钞等文件，发行法币、银币、铜元的文件等。

（4）调查研究　有该行关于上海主要商品时价表，对上海卷烟业、染织业、搪瓷业、制革业、面粉业、造币业、公用事业的调查文件，有关东北水泥业、煤业、中国航空业的概况调查表等文件。

5. 财务类

有该行营业决算表、储蓄决算表、信托决算表，营业总账、储蓄总账，营业日、月计表，银钱总分类账、传票、外汇业务传票等。

中国农民银行上海分行

全宗号　Q56

中国农民银行成立于1933年，1935年2月18日在上海设立分行，主要负责上海地区存放款和农贷业务，朱闰生、王伯天先后任经理。该分行下设营业、会计、储蓄、文书各股，1937年淞沪抗战爆发后，业务中断，1941年，全部迁往重庆，1945年10月1日，返沪复业。1946年3月，增设外汇、农贷两股，专门负责国外汇兑和农贷业务。1948年4月，再次扩充机构，将原营业股改为特种放款、存款、汇兑、国库等四股，将外汇股改为国外部。1949年5月，该行由上海市军管会接管。

馆藏中国农民银行上海分行全宗档案共236卷，档案排架长度10.4米，档案起止年代为1931—1949年，编有案卷目录。

档案主要内容：

1. 总类

有该分行简史，机构筹设、改组、迁移等文件，各项规章、办法，1937 年董监事联席会议记录，抗战时期财产损失表，接收清理台湾银行报告和中央信托局估卖台湾银行家具清册，经理朱闰生、协理王伯天、德纳罗私人函件等。

2. 业务类

有该分行农贷计划、农贷会议记录，1933—1943 年业务报告，1946 年、1947 年棉花、蔗糖贷款报告，杭州、新嵊、嘉兴、武进、无锡、苏州等地茧贷报告，屯溪茶贷、川陕、川湘、浙赣、京赣铁路借款文件，物价调查及代兑金银、外币等文件，对厂商保证人的调查报告、中国农业机械公司调查报告等。

3. 人事类

有该分行行员名册、履历表、保证书、家庭状况调查表，有关行员调派、任免等与总处来往文书，苏州办事处行员名册，北京西路、四川中路办事处行员保证书、家庭状况调查表和工作分配表，该处有关人员调派、任免、薪津、福利、考绩等事与苏州、南通、北京西路、四川中路等办事处的来往文书等。

上海市银行

全宗号　Q61

上海市银行于1929 年 2 月 27 日正式开业，设总行于天津路，主要办理存放款和代理市公库业务。总行设总务、会计、业务、出纳各科。因抗战爆发，1938 年宣告停业，1945 年 9 月 27 日复业。抗战前该行纯属地方官办银行，抗战后招募部分商股，改为官商合办。历届董监事均由市政府聘任，董事长由财政局长兼任，浦拯东、谷春帆、田永谦、汪维恒、周炜方、许宝骅、陶贤模、黄金畴、钱健夫先后担任总经理。1949 年 5 月 27 日，该行由上海市军管会接管。

馆藏上海市银行全宗档案共 1 582 卷，档案排架长度 22. 4 米，档案起止年代为 1923—1952 年，编有案卷目录。

档案主要内容：

1. 总类

有该行筹建过程中的呈文和训令、章程、组织规程、办事规则，董事会、监事会、行务委员会会议记录，奉令停业迁汉和回沪复业的呈文和训令，关于接收清理日伪上海市复兴银行的文件，市政府下发的法令、章则、训令，中央政府和上海地方政府颁发的金融法规，市政府及各局、各支行和办事处的来函及解放后被接管的文件等。

2. 业务类

有市政府借款、机关放款和质押透支的函件，关于普通存款与贷款、业务借款、委托收款、教育贷金、代理收付公款的函件，关于票据兑换、外埠通汇、银行间业务往来的函件，有关公库公款收付、转账、现金证券保管的文件，市政府各机关财务稽核的报告，买卖公债及还本付息的函件，信托业务的函件及支行和办事处的业务报告等。

3. 人事类

有该行职员名册、保证书、履历表、薪水单和考绩记录，经理就职的函件，职员任免、升调的函件，总经理陶贤模、副总经理包玉刚的私人函件，上海兴业信托社董监事名单、职员聘函，上海市公安局、社会局、工务局、教育局、公用局、财政局和绸业银行职员录等。

4. 财务类

有该行预算和决算报告，总行和各支行办事处各种账册等。

中央合作金库上海分库

全宗号　Q70

中央合作金库于1946年1月1日在南京成立，其主要业务是以调剂合作资金方式支持发展合作事业。1946年11月7日，设立上海分库，1947年1月6日正式开始营业。先后由顾竹淇、骆美中、徐文衡担任经理。分库内部设总务组、营业组、辅导组、电台等机构，业务范围除上海市区外，还包括郊区及邻省属县。上海分库的主要业务为存款、合作贷款、国内汇兑、代理业务。1949年5月上海分库业务结束。

馆藏中央合作金库上海分库全宗档案共204卷，档案排架长度6.4米，档案起止年代为1946—1949年，编有案卷目录。

档案主要内容：

1. 总类

有中央合作金库及上海分库员工福利委员会章程，上海县、青浦县合作社、联合社章程，中央合作金库及上海分库办事规则、通则、保险章则，贷款、放款、审计、票据交换办法及有关员工考绩、薪津发放规则等。

2. 业务类

有上海分库旬、月、年业务报告，业务检讨报告，业务计划，业务调讯，调查报告，库务会报，合约，营业预决算表，工作月报，市场动态月报，业务统计表等；中央合作金库理事会、库务会议录，上海分库库务会议录，中央合作金库与中国农民银行关于渔业贷款的会议记录等。

3. 人事类

有中央合作金库同仁录，重要人员姓名录，上海分库员工、警士名册，重要职员任免迁调清册等。

邮政储金汇业局上海分局

全宗号　Q71

邮政储金汇业局于1930年在上海设立分局，主要经办上海地区华侨汇款、国内汇兑、储蓄、公债买卖、抵押放款、人寿保险、仓库等业务。1937年11月因日军侵占上海而停业，1945年10月1日正式复业。沈镜、方根生先后任经理。该分局内设总务、会计、营业、存放、出纳、汇兑、保险等课，先后在静安寺、虹口、北站、善后救济总署、招商局等设置办事处，并在上海法学院、国防医院、光华大学、林森中学、申新纱厂等单位设置营业组。1949年5月由上海市军管会接管。

馆藏邮政储金汇业局上海分局全宗档案共2 450卷，档案排架长度52米，起止年代为1930—1951年，编有案卷目录。

档案主要内容：

1. 总类

有该分局局务概况、简史；局务动态季报表，局务会议事录，各处室组织系统表；总局各项训令、局谕、收文留底及各区局复业、开设、撤销分支机构的有关文件等。

2. 规章类

有邮汇局组织法、法规汇编、邮政章程；放款法令汇编，放款法令续编，会计规程、营业规章、放款规则；巴黎国际邮政公约，包裹协定、汇兑协定、保价信函、箱匣协定、代收货价邮件协定等。

3. 业务类

有该分局放款审核委员会议事录，盐贷审核会议录，放款小组会议记录；储金概况月报表，汇兑概况月报，头寸概况表，各种存款分析表，军政汇款、印制定额汇票等方面的文件。

4. 人事类

有该分局员工名册、高级职员名册、邮政人员更动月报表、资深人员详情表、特长人员详情表、储汇工会上海分会会员履历表及人事任免等文件。

中央信托局

全宗号 Q72

中央信托局1934 年 7 月设立，1935 年 10 月 1 日正式对外营业，主要办理购料、储蓄、易货贸易、保险等业务，设址上海。理事会是该局最高决策机构，理事长由央行总裁兼任。理事会聘局长一人综理全局业务，先后由张嘉璈、刘攻芸、吴任沧、程远帆、沈熙瑞受聘担任。局内设秘书处、会计处、业务稽核处、信托处、购料处、易货处、储蓄处、房地产处、产物保险处、人寿保险处、中央储备金处、代理出售政府物资财产委员会等 12 个部门，1947 年后又增设苏浙皖区敌伪产业管理局、储运处、配给物资顾问委员会等 3 个部门。截至 1947 年底，在全国各地设分局 19 处、办事处 12 处、各省代理处 31 处。抗战期间，局址迁往重庆，1945 年 10 月返沪。1947 年 5 月 7 日，脱离央行，改隶国民政府，资本由国库拨给。1949 年 5 月，被上海市军管会接管。

馆藏中央信托局全宗档案共 7 336 卷，档案排架长度 124.8 米，起止年代为 1934—1952 年，编有案卷目录。

档案主要内容：

1. 总类

有该局解放后被接管清理的函件，1948 年行政会议记录，各处组织规程，移交清册，有关租赁房屋的函件等。

2. 业务类

有该局 1934—1936 年营业报告；苏浙皖区敌伪产业处理局工作纲要，汉奸财产名册，有关处理敌伪汽车往来函，请求归还物资函件；易货处对日输出入货品签证记账规则，出口物资市况调查报告，对美销售桐油函件；信托处放款调查；购料处与美国史坦煤油公司、中华煤油公司签订的购买煤油合约；储运处接管上海仓储信托公司的文件，各码头仓库图纸，第一仓库管理所规则，库存棉纱、棉布、丝、茶、纸等货物堆存和标售的函件，第二、第四、第十一、第十二、新怡和、平和、隆茂、大建等仓库进出库报告、保险申请单等。

3. 人事类

有该局职员名册、履历表、保证书，有关考绩、奖惩、福利等规定，虹口办事处、金陵东路办事处设立改组和职员任免、迁调、待遇等问题与中信局秘书处往来函等。

4. 财务类

有易货处对日、对俄易货的各种账册。

钱庄全宗汇集

全宗号　Q76

馆藏钱庄全宗汇集系由若干钱庄的档案组成，共 1 227 卷，档案排架长度 92 米，起止年代为 1885—1958 年，编有案卷目录。

档案主要内容：

1. 敦裕钱庄

有档案 28 卷，起止年代为 1941—1950 年。主要有该钱庄简史、沿革概况，章程，设立证券交易部、储蓄部、分庄计划书，1945 年财政部驻京沪区财政金融特派员办事处清理该钱庄有关文件，1949 年军管会清理该钱庄资产、实施监督保护的文件，业务联席会议录和业务报告，董监事名单、股东名册和有关人事任免文件等。

2. 福源钱庄

有档案 54 卷，起止年代为 1885—1955 年。主要有该钱庄沿革、章程，注册登记和调整资本文件，董事会、股东会、庄务会议事录，1946 年营业报告，催还欠款、代客担保及总经理秦润卿私函，职员、股东、董监事名册，经理聘任函件及其前身协源来钱庄票号批销合同等。

3. 存诚钱庄

有档案 30 卷，起止年代为 1941—1952 年。主要有该钱庄简史、沿革、章程，有关注册、登记、增资、准备金、设立蚌埠办事处函件，经理沈日新为业务问题与董事往来函，发起人会、股东会、董事会、董监会议事录，1946 年有关春茧贷款函件，股东名册，人事调派函件等。

4. 金源钱庄

有档案 45 卷，起止年代为 1939—1952 年。主要有该钱庄大事记、章程，有关注册、登记、增资文件，股东会、董事会、董监联席会会议录，解放后财产清估报告，营业报告，股东名册，职员调查表及人事调派等函件。

5. 宝丰钱庄

有档案 27 卷，起止年代为 1941—1952 年。主要有该钱庄增资、注册、登记、发还准备金等函件，庄务会、劳资协商会议事录，放款委员会议事录，营业报告，股东名册，职员录、薪金册和重估财产表等。

6. 宏昶钱庄

有档案 8 卷，起止年代为 1947—1953 年。主要有该钱庄申请登记、注册、停业、复业函件，股东会、董事会议事录，股东名册和重要职员名单等。

7. 仁昶钱庄

有档案 6 卷，起止年代为 1943—1952 年。主要有该钱庄章程、董监联席会议事录、股东名册、高级职员名册等。

8. 元成钱庄

有档案 11 卷，起止年代为 1946—1953 年。主要有该钱庄章程，调整资本、申请登记函件，股东会、董监联席会议事录，股东名册，董监名册，1951 年财务计划和总结等。

9. 鸿祥钱庄

有档案 9 卷，起止年代为 1945—1955 年。主要有该钱庄章程，发起人会、股东会、董监联席会议事录，申请登记函件，股东名册，董监事和重要职员名册等。

10. 宝成钱庄

有档案 10 卷，起止年代为 1935—1952 年。主要有该钱庄沿革，章程，呈请登记、复业函件，股东会、董事会、劳资协商会议事录，信汇透支契约，股东名册，董监名册，职员名册、保证书等。

11. 志裕钱庄

有档案 12 卷，起止年代为 1946—1952 年。主要有该钱庄各项规章，调整资本、登记有关函件，股东会、董监联席会、劳资协商会议事录，1947年营业报告，股东名册，经理辞职、续聘函件等。

12. 存德钱庄

有档案7卷，起止年代为1943—1952年。主要有该钱庄历年资本变动、变更登记等函件，股东会、董事会议事录，开幕纪念照片等。

13. 春元永钱庄

有档案7卷，起止年代为1941—1952年。主要有该钱庄章程，有关增资、注册、登记函件，股东会、董事会议事录，股东名册等。

14. 五丰钱庄

有档案13卷，起止年代为1943—1952年。主要有该钱庄章程，放款委员会组织简章，营业执照照片，股东会、董事会议事录，财务总结，董监事名册等。

15. 建昌钱庄

有档案8卷，起止年代为1942—1952年。主要有该钱庄营业执照，概况表，股东会、董监会议事录，重估财产报表等。

16. 顺康钱庄

有档案13卷，起止年代为1943—1952年。主要有该钱庄营业执照，股东会、董监会议事录，呈请登记函件，同仁录，董事名单等。

17. 庆成钱庄

有档案6卷，起止年代为1945—1955年。主要有该钱庄沿革、章程，有关验资、调整资本函件，股东会、董事会、董监联席会议事录，股东、董监事、经副理、襄理名册等。

18. 振泰钱庄

有档案6卷，起止年代为1945—1953年。主要有该钱庄注册登记文件、董监会议事录、历届股东名册等。

19. 镇兴钱庄

有档案8卷，起止年代为1946—1956年。主要有该钱庄章程，申请调整资本登记函件，股东会、筹组复业会、董事会议事录，股东名册等。

20. 福康钱庄

有档案30卷，起止年代为1911—1955年。主要有该钱庄章程，沿革，申请注册、登记、联营等文件，庄务会、股东会议事录，私营行庄调查表，钟飞滨退股函件，上海市钱庄合组小额信用贷款银团合约，业务会议记录，股东认股书，开业合同，董监事名单及红账等。

21. 同润钱庄

有档案 24 卷，起止年代为 1927—1955 年。主要有钱庄股东会、董监会议事录，股东名册，重要职员印签样本及前身同春钱庄 1927—1943 年函稿等。

22. 永隆钱庄

有档案 27 卷，起止年代为 1941—1952 年。主要有该钱庄简史，各种章则制度，申请备案、登记文件，营业执照印影本，创立会、股东会、董监联席会议事录、调查客户信用资料，1951 年、1952 年财务计划和总结，董监、重要职员名册，参加上海市私营金融第三联营总管理处的合约等。

23. 春茂钱庄

有档案 17 卷，起止年代为 1946—1955 年。主要有该钱庄申请复业、增资、登记文件，创立会、股东会、董监会议事录，申请提回同业存款、暗账转正账、清偿战前存款等函件，上海市私营金融业第四联营集团放款简章和会议录，股东名册，人事规则，人事调查资料等。

24. 鼎康钱庄

有档案 18 卷，起止年代为 1933—1949 年。主要有该钱庄章程、股东会议事录、增资报告、认缴股款书、房地产卖契证件、有关单位押款文件、职员名册、股东名册等。

25. 同余钱庄

有档案 17 卷，起止年代 1935—1956 年。主要有该钱庄章程，清理委员会报告，有关清理事项文件，股东会、董事会、业务策进会议事录，股东名册，总账等。

26. 宝昌钱庄

有档案 12 卷，起止年代为 1946—1952 年。主要有该钱庄股东会、董事会议事录，董监、经理履历表，重要职员名册及各种账册。

27. 庆大钱庄

有档案 138 卷，起止年代为 1931—1957 年。主要有该钱庄股东会、理监会议事录，上海市金融业同业公会、上海票据交换所退函，借款契约、抵押合同及各种账册等。

28. 安裕钱庄

有档案 43 卷，起止年代为 1935—1958 年。主要有该钱庄发起人会、董事会、庄务会议事录，股东名册及各种账册等。

29. 其他钱庄

有档案 27 卷，起止年代为 1932—1952 年。主要有致昌钱庄会议录，怡大钱庄股东名册，万祥泰钱庄董事、股东会议事录，征祥钱庄董事会记录、股东、董监事名册，五源钱庄招股简章，大安钱庄董事会议事录，信裕钱庄简史、职员、董监事名册、股东名册，德和信孚钱庄股东名册，鼎祥钱庄申请复业函件，如皋源大成钱庄股东会议事录，蚌埠益丰钱庄章程、经费名单、董监事名册，宝裕银号开设合同等。

广 大 华 行

全宗号　Q77

广大华行股份有限公司1933 年 10 月在上海成立，初以经营西药为主，后逐渐发展到五金、医疗器械、化工原料、纸张等物资进口，桐油、肠衣等物资出口以及粮食运销等。公司下设业务、总务、财务等三处，卢绪章任董事长兼总经理。抗战爆发后，该行迁至重庆，并在昆明、贵阳、桂林、成都、西安、兰州及美国纽约等地设立分行和办事处。抗战胜利后迁回上海，并又在香港、广州、天津、汉口和台湾等地增设分行。该行同时拥有民安保险公司、民孚企业公司、民益公司、中央制药厂、台湾七星纺纱厂等联号企业。该行是中国共产党设在上海的秘密组织，利用与政界和金融界人士的关系，掩护党的地下活动，为党的地下组织筹措经费。1948 年 12 月，该行迁往香港，在沪业务结束。

馆藏广大华行股份有限公司全宗档案共有 65 卷，档案排架长度 4 米，档案起止年代为 1946—1950 年，编有案卷目录。

档案主要内容：

1. 总类

有公司章程，股东会、董事会议事录，输入许可证申请书，发电底稿等。

2. 业务类

有进货簿、货物封口单、订货文件、货物移转单、库存清单等。

3. 关联企业类

有民孚企业公司成立登记文件，股东会、董事会议事录；七星纺织品制造厂股东会、董事会议事录；建业银行章程、营业报告书；中心制药厂章程；中法药房股票过户书；中国皮毛公司认股书等。

4. 人事类

有公司人事规章、股东名册、职工名册、人事履历表、职员薪津明细表和考核表等。

5. 财务类

有公司各项投资及月结试算表、1947 年决算表、资产负债表、总账等。

联合征信所

全宗号　Q78

联合征信所于1945 年 3 月由联合票据承兑所发起、四行两局联合组建于重庆，以调查工矿、贸易、交通、金融各业情形，培植工商信用，出版征信书籍为主要业务。内设所务委员会，由联合票据承兑所总经理和四联总处、四行两局、重庆市钱业公会推代表组成。委员会聘刁民仁任经理。抗战胜利后，总所迁沪，重庆改为分所，并先后设立汉口、南京、平津、南昌分所和北平、成都办事处。1949 年 1 月，该所改为股份有限公司。1949 年 5 月，被上海市军管会接管，同年 9 月，改名为上海工商调查所。

馆藏联合征信所全宗档案共 4 824 卷，档案排架长度 21. 6 米，档案起止年代为 1947—1957 年，编有案卷目录。

档案主要内容：

1. 总类

有该所章程，办事细则，工作计划大纲，所务委员会议事录，增设渝、京、平津、汉、赣、蓉各分所和裁撤平津分所函件，各分所工作报告，改组成立股份有限公司有关函件等。

2. 征信出版物

有该所 1945 年 3 月至 1949 年 8 月出版的《征信新闻》。

3. 征信调查

（1）纺织印染业　有该所调查大同纱厂、中国纺织建设公司、申新纺织厂、申新纱厂、永安纺织公司、安达纺织公司、杭州纱厂、统益纺织公司、大生绸厂、荣成丝织厂、三新实业衬、久安染织厂、恒大棉织厂等约 770 家纺织印染企业有关资本、人事、业务规模、沿革情况等的文件。

（2）机械制造业　有该所调查大中华铁工厂、中国纺织机器制造公司、大兴翻砂机器厂、浙江省铁工厂等约180家企业有关资本、人事、业务规模、沿革情况等的文件。

（3）国内外贸易业　有该所调查九华贸易行、三丰行、大中行、大业贸易公司、大陆公司、中国特产股份有限公司、仁记洋行、永隆号、广大华行等1 100多家中外商行有关资本、人事、业务规模、沿革情况等的文件。

（4）金融业　有该所调查上海商业储蓄银行、大陆银行、中国通商银行、中国实业银行、四明银行、江苏省农民银行、浙江第一商业银行、浙江兴业银行、新华信托储蓄银行、上海票据交换所、中央合作金库、上海证券交易所、中央信托局、联合票据承兑所、新亚信托公司、太平人寿保险公司、泰山产物保险公司、大升钱庄等400余家金融企业有关资本、人事、业务规模、沿革情况等的文件。

（5）交通及公用事业　有该所调查国营招商局、八达轮船公司、中国油轮公司、宁绍轮船公司、三北轮埠公司、祥生汽车公司、祥生交通公司、上海电力公司、英商煤气公司、英商自来水公司等160余家企业有关资本、人事、业务规模、沿革情况等文件。

（6）传媒业　有该所调查国泰影业公司、联华影片公司、《中央日报》、《大公报》、《文汇报》、《新闻报》、《新民晚报》、中国经济通讯社、新中国印刷公司、大东书局、国际出版社、三民图书公司等200多家企业有关资本、人事、业务规模、沿革情况等文件。

（7）化工、食品、烟草等其他行业　有该所调查中国植物油料厂、天厨味精厂、大中华烟厂、颐中烟公司、冠生园食品公司、茂新面粉公司等500多家企业有关资本、人事、业务规模、沿革情况等文件。

（8）行业调查　有该所编制的油漆、化工、橡胶、造纸、肥皂、肥料、制药、制革、酒精、火柴、玻璃、砖瓦、水泥、瓷业、热水瓶、榨油等各业行业调查表。

4. 人事类

有该所所员登记表、名册，分所经理任免等文件。

立信会计师事务所

全宗号　Q90

立信会计师事务所由潘序伦于1927年1月创办，接受机关、团体、工商企业及个人委托，代办会计事宜，编辑出版《立信会计季刊》《立信会计月刊》。该所内设总务、文书、会计、计核、编辑、法律等6科，附设立信会计学校。抗战爆发后，该所迁往重庆，1946年初返沪，曾在广西、重庆开设分所。1956年结束业务。

馆藏立信会计师事务所全宗档案共2 282卷，其中外文档案722卷，档案排架长度22.4米，档案起止年代为1927—1955年，编有案卷目录。

档案主要内容：

1. 国内业务类

有该所为大中华橡胶厂、兴业股份有限公司、梅林罐头食品有限公司、中国国货银行、宝大祥绸布庄等企业办理注册登记的文件。这些文件中有委托单位章程、股东名册、董监事会议录等，受委托进行账目审查和商标注册的申请书、批文、商标图案及有关往来函件等。

2. 外商业务类

有该所代美商可口可乐公司、美商华纳兄弟影片公司、德士古洋行、英商太古车糖股份有限公司、捷克欧普股份有限公司、瑞士百利有限公司等企业办理在中国境内营业、设立分厂或停业的申请书、登记表、调查材料等文件资料，以及办理商标注册、专利登记、诉讼仿照商标等文件；该所与外国商会、商标登记代办事务所等机构的往来函等。

南洋兄弟烟草股份有限公司

全宗号　Q91

南洋兄弟烟草股份有限公司1905年3月在香港创办，初名广东南洋烟草公司，1909年改现名。1936年官僚资本渗入，1937年4月改组公司，官僚资本取得控制权。抗战爆发后，上海总厂为日军所毁，公司业务转至香港、重庆，并增建重庆分厂。抗战结束后，1946年5月复工。中华人民共和国成立后，内地各厂于1951年实行公私合营。

馆藏Q91全宗档案共49卷，档案排架长度1.6米，档案起止年代为1927—1948年，编有案卷目录。

档案主要内容：

1. 总类

有公司制度文件（包括董事会章程、注册章程、修正登记章程、收解贷款规章等），公司负责人关于中国烟叶状况与上海卷烟公会副会长会谈记录等。

2. 组织人事类

有公司组织系统表，四川分公司设立重庆支店有关文件，董监事、经副襄理名单，股东名簿等。

3. 劳资纠纷类

有立信会计师事务所等为调解该公司劳资纠纷调查该公司浦东分厂营业状况报告稿和谈话录，1926 年该公司为浦东分厂因停业发生劳资纠纷与上海特别市劳资纠纷仲裁委员会来往文件等。

4. 业务类

有该公司为评定商标、撤销商标与商标局来往文件及该公司注册商标表等，民生公司囤积南洋公司香烟致该公司受损调查报告，公司调整资本变更登记有关文件，查核徐州烟叶厂、汉口分公司战事损失文件等。

5. 财会类

有立信会计师事务所等查核南洋兄弟烟草公司历年资产负债表及决算报告，查核南京分公司及下属各货仓账目报告书，查核广东银行库存南洋兄弟烟草公司资料明细表，查核南洋坊与收叶厂账目报告书，该公司历年营业状况比较表，历年盈亏表，各厂出品与职工工值、制造成本比较表，工作状况表，营业开支比较表，该公司负债比较表等。

徐永祚会计师事务所

全宗号　Q92

徐永祚会计师事务所创办于1921 年，主任徐永祚会计师，主要业务包括代办企事业单位注册、登记、查账、诉讼等。下设文书、训练、出版等 3 部。抗战时改称正明会计师事务所，直至解放，1954 年前后结束业务。

馆藏徐永祚会计师事务所全宗档案共 540 卷，档案排架长度 8.8 米，档案起止年代为 1921—1953 年，编有案卷目录。

档案主要内容：

1. 注册、登记类

有该所为各企事业单位代办创立登记，增资、减资登记，商标注册等文件，包括委托单位的股东会议记录、董监事名册等；私立同德助产士学校、辅助国民教育运动会登记文件及《大晚报》连载小说著作权登记文件等。

2. 诉讼、纠纷类

有上海市银行合并上海市兴业信托社的文件，包括上述两单位的来往公文、财政部长俞鸿钧为此事致上海市长吴国桢函；上海市社会局令老介福呢绒绸缎局改名而引起纠纷的有关文件；金星金笔厂与美商美国铅笔厂因“金星”商标专利问题引起纠纷的文件；上海华商证券交易所经营失败改组为华商企业股份有限公司的文件等。

王海帆会计师事务所

全宗号　Q93

王海帆会计师事务所是从事代理工商业各类注册登记、查账、诉讼、公证等业务的会计机构。该事务所成立及结束的年代不详。

馆藏王海帆会计师事务所全宗档案共 813 卷，档案排架长度 5.6 米，档案起止年代为 1920—1950 年，编有案卷目录。

档案主要内容：

1. 保险理赔查证类

有中国、天一、太平、公益、泰山、保众、华安、通易等保险公司委托王海帆会计师事务所对通丰机厂、兰溪汪恒泰棉织袜厂等企业及个人火灾损失调查的文件及证明书。

2. 注册登记类

有王海帆会计师事务所为华生电器产品公司、中国工程公司、东南汽车公司、大东烟草公司、实中茶叶公司等企业进行注册登记、追加资本、商标注册及变更等事宜与上海市社会局的来往文件等。

3. 核查资产类

有王海帆会计师事务所受上海市社会局或企业的委托对寅丰毛纺织厂、华商公共汽车股份有限公司、中国医学院、东洋汽车公司、德和国际贸易股份有限公司进行清理企业年终账目、清理破产企业账目、对企业进行验资以及出具企业资产负债证明书等文件。

上海招商局

全宗号　Q167

轮船招商局是中国近代最著名的航运企业。由李鸿章奏准于1872年创办，总局设于上海。1932年，由国民政府接办，隶属交通部，更名国营招商局，刘鸿生为总经理。抗战爆发后，总局迁往香港。1943年，在重庆重设总局。抗战胜利后在上海复业，刘鸿生为理事长。1948年改组为招商局轮船股份有限公司，刘鸿生任董事长。解放后，招商局上海总公司由市军管会接管。

馆藏上海招商局全宗共29卷，档案排架长度2.4米，档案起止年代为1936—1948年，编有案卷目录。

档案主要内容：

1. 总类

有该局往来信件，该局统计表，铁驳、木驳、拖轮清册等。

2. 组织人事类

有国营招商局各分局名册、警务组规程、警务组人事任免，国营招商局职员表、登记表，上海濬浦局职员会、上海濬浦总局职员会会议录，招商局轮船股份有限公司接收国营招商局财产目录（1948年9月），国营招商局职员录、轮船股份有限公司职员录等。

中国纺织建设公司

全宗号　Q192

中国纺织建设公司于1945年12月在上海成立，系接收日伪在上海棉纺、毛纺、绢纺、印染、制麻、纺机各企业，并拨款10亿元法币组建而成，主要经营纺织品、纺织机械制造、染整、纺织染料购销等业务。内设业务、工务、秘书、会计、稽核等5处，并先后在各省市设立分支机构和办事处。经济部部长兼任董事长，先后为翁文灏、王云五、陈启天、刘维炽，总经理先后由束云章、顾毓琇担任。1949年5月，该公司由上海市军管会接管。

馆藏中国纺织建设公司全宗档案共 9 588 卷，档案排架长度 143.2 米，档案起止年代为 1919—1964 年，编有案卷目录。

档案主要内容：

1. 总类

有该公司章程，历年厂长会议记录，董事会、监事会议事录；调查上海各厂情况，青岛纺织厂调查统计，所属工厂一览表；股票出售概况，股票存根；接收日华制麻厂文件；历年收发文簿等。

2. 业务类

有公司业务概况报告，业务处工作日记；棉麻、蚕丝、颜料等购销往来函和合同等。

3. 人事类

有该公司人事规则，经济部纺织事业管理委员会和花纱布管理委员会驻厂人员办事细则；职员名单、履历表、保证书，高级人员名册，总工程师名册，日籍留厂人员名册，第二届理监事名册；职员辞职、聘任等函件。

4. 下属单位

（1）纺织厂　有该公司下属各纺织厂概况；员工名册、家属状况登记表，人员调任、辞职、安置转业军官等函件；工会会员名册，各厂同仁互助会章程、联席会议录；各厂建筑工程、厂房设备的有关文件；公司关于原棉、棉布管理，产品销售文件；上海工部局华员总会第十届执监委员全体摄影等照片。

（2）印染厂　有日华纺织株工会社日华纱厂概要、章程，股东名册，职员录；大同纱厂概貌、章程、商标注册证、股东会议录；公司接管日资印染厂的文件，各类移交清册，各印染厂概况调查表；历次印染厂厂长会议录；印染厂各项业务往来文书和签订的合同；添置厂房设备的文件；历年工务月报表；职员名册、履历表等。

（3）纺机厂　有公司沿革、筹组概况，章程，组织大纲；租地契约；职工名册、履历表，工会会员名册，留用日籍技术人员名册；历年工作报告；董监事联席会议录；与远东钢丝厂发生产权纠纷的文件等。

（4）针织厂　有关厂房、设备的保险文本，针织厂登记和调查表、工友名册等。

（5）毛纺厂　有各毛纺厂概况调查表、日籍人员留用名册、职员名册、家属状况调查表、毛纺工业工资调查表等。

（6）第一、二门市部　有门市部会议记录、接收新兴公司房屋商品及财务报告、职员调派函件、职员名册、家庭状况调查表等。

（7）纺织染化学会　有学会工作报告、学会会议录、会员入会登记表、会员名册、理监事和各组主任名册等。

申新纺织企业联合全宗

全宗号　Q193

荣宗敬、荣德生从1915年创办申新一厂起，先后创办了上海申新二厂，无锡申新三厂，汉口申新四厂，上海申新五、六、七、八、九厂，由申新纺织总公司管理。1937年日军占领上海后，除申新二、四、九厂维持生产外，其余均被日方控制。抗战胜利后，各厂逐步恢复生产，但申新纺织总公司仅控制申新一、六、七厂，申新二、三、五厂归荣德生于1948年成立的申新二、三、五厂总管理处管辖，申新四、九厂则基本独立。1950年5月，申新一、二、五、六、九厂协议成立申新纺织厂总管理处，次年申新三厂和广州纺织二厂加入，直至1956年公私合营。

馆藏申新纺织企业联合全宗包括申新纺织总公司，申新纺织厂总管理处，申新一、五、六、九厂和荣丰纺织股份有限公司等单位档案5 301卷，档案排架长度62.4米，档案起止年代为1930—1961年，编有案卷目录。

档案主要内容：

1. 申新纺织总公司

有工商部给荣宗敬聘函，荣宗敬、荣德生的寿启和讣告；申新系统企业史料12册，30周年纪念册；设立登记和商标注册文件，各厂调查表；茂新、福新面粉公司商标一览表；各厂抗战时损失报告，各厂被日军损毁照片，申新四、九厂、福新厂厂房、设备等照片，荣宗敬、荣鸿生等照片；申新二、三、五厂总管理处章程、办事细则等；该公司决算表、统计月报、年度总结，购买纺机、织布机、面粉机等合同；租办、购买中兴面粉厂、元丰恒记面粉公司、华兴面粉厂、惠元面粉厂、芜湖裕中纱厂，投资上海商业储蓄银行和中国纺机公司有关文件等。

2. 申新纺织厂总管理处

有该处董事会成立会议录，管理委员会会议录，工务处、业务处处务会议录、工作报告；该处及下属各厂概况、工作报告；申新三厂、广州纺织二厂加入该处办理登记有关文件；董监名单，股息发放簿；1950—1954年申新统计年刊等。

3. 申新一厂

有中国纱厂一览表，申新一厂厂史资料，申新一厂厂务会议录、工作报告，申一工会理监事会议事录、会员名册，中共申一总支会议记录、组织工作计划和统战工作计划，该厂被日伪强占改为丰田三厂和胜利后归还产权有关文件，职员履历、工友名册，订购设备、印度棉花、美国棉花的有关文件，启新纱厂历史沿革、纬昌纱厂股东名册等。

4. 申新五、六厂和荣丰公司

有荣丰公司章程，董事会、股东会、厂务会会议录，业务会议、组织条例及议事录，发起人认股文件和股东名册，申请股票上市和商标登记，创立青树基金团文件，就购买印棉、美棉事与有关单位往来函，销售纱布文件，职员保证书、工友名册等；申新五厂1950—1955年党总支会议录，1951—1954年党总支工作计划，护工队照片等；申新六厂历史沿革，1950—1955年厂务会议录，产业工会理监事会议录、会员登记表、职员名册，战时中国大后方纺织染整厂一览表等。

5. 申新九厂

有该厂董事会、厂务会、党支部会、产业工会、劳资协商会会议记录，杨浦区旧址照片，股东名册、员工名册、照相簿，工会会员名册、工友服务记录表等。

丽新纺织总管理处

全宗号　Q195

丽新纺织总管理处于1919年在无锡创立，创立人为程敬堂、唐骧廷、邹颂丹等，原名为丽新机器染织整理股份有限公司。解放前夕丽新纺织总管理处迁往上海江西路。丽新纺织总管理处的创立资本为30万元。丽新纺织总管理处董事长为邹颂丹，在无锡、上海共设4个工厂。1955年丽新纺织总管理处下属各厂公私合营。

馆藏丽新纺织总管理处全宗档案共943卷，档案排架长度10.4米，档案起止年代为1925—1966年，编有案卷目录。

档案主要内容：

1. 总类

有丽新纺织总管理处及各厂登记文件，丽新纺织总管理处及各厂情况调查表，1946—1949年董事会会议记录、第一及第十届股东会议记录，丽新纺织总管理处章程及各工厂办事细则，负责人名单、各厂工人名册，各工厂公私合营文件，各工厂平面图等文件。

2. 业务类

有丽新纺织总管理处与各厂的业务往来文书，丽新纺织总管理处有关商标注册文件，为配棉换纱事与有关方面的往来文件，丽新纺织总管理处及各厂生产计划和生产月报，1928年、1932年、1940年、1934年国货证明书，棉纱议价文件，历年存货登记表，向中国、上海、交通等银行借款合同，投资中国纺织机械制造公司、陕州电灯公司、中国印书馆、常太棉业公司、大丰纱厂文件，历年存货登记表，有关原棉、机械设备、产品购销、工程建造等文件。

3. 财务类

有丽新纺织总管理处及各厂纳税文件，丽新纺织总管理处历年增资等级注册文件，资产负债表，产品成本月报表，抗战期间财产损失报告，职工薪津表等文件。

安达纺织总管理处

全宗号　Q196

安达纺织总管理处创办于1938年，其前身为刘靖基创办的常州大成纺织染公司。在上海创设安达纺织厂时，为避免日军破坏，借用英商名义在租界内设厂，挂英商安达纺织有限公司的招牌。以后，又租借中华印刷厂的部分房屋作厂房。安达企业逐渐发展，形成由安达棉纺织厂、大丰棉纺厂、公永棉纺厂、中新棉纱厂组成的安达纺织总管理处。安达纺织总管理处创立时资本为法币150万元。该管理处负责人为刘靖基、华安、陈术曾、袁敬庄等。1954年前后该管理处公私合营，安达棉纺厂、中新棉纺厂合营为安达一厂，大丰、公永棉纱厂合营为安达二厂。

馆藏安达纺织总管理处全宗档案共625卷，档案排架长度10.4米，档案起止年代为1896—1959年，编有案卷目录。

档案主要内容：

1. 安达纺织总管理处

（1）总类　有该处概况调查表、工商登记文件、公司章程及办事细则、安达史料、会议记录、股东名册及股东调查表、刘靖基个人文件、工厂合并及公私合营文件等。

（2）业务　有安达纺织总管理处驻广州、无锡、香港办事处关于业务问题的来函，棉纱最高限价表，1942—1943 年存棉存纱及产销情况会报表，发行金圆券限价配纱文件，1942 年 7 月棉纱成本调查表，向四联总处承借棉贷 90 亿及申请押汇的有关文件，1944 年底存货物检查报告，投资江南水泥公司文件，1945—1949 年用花月报，棉纱、棉布、原棉供产销日报表（1947—1948 年），保本生产计划书，解放后逐月生产概况统计表，1954—1955 年生产成本计划书，1954—1955 年度安达一、二厂产品、产量报告表，用棉量分析月报表等。

（3）财务　有安达纺织总管理处抗战期间财产统计报告，历年缴纳税款文件，1944—1949 年的决算报告，1939—1940 年查账报告书，员工工资表等。

2. 安达一厂

有安达建厂购进土地所有权文件，安达建厂购田地契据，购进宁波路房屋基地文件，工厂暂行组织规则，工厂情况调查表和公私合营筹备工作总结等。

3. 安达二厂

有大丰纱厂、公永纱厂产业工会会议记录及情况调查表，大丰纱厂民主改革工作计划和总结，大丰纱厂“五反”运动文件，大丰、公永纱厂职工名册，大丰纱厂产权登记及房产文件等。

永安纺织股份有限公司

全宗号　Q197

永安纺织股份有限公司于1920 年在上海成立，由澳洲华侨郭乐、郭顺联合澳洲、香港、广州四处永安公司共同发起。董事长为郭乐，公司下设五家纺织厂、一家染织厂及一家机器厂，公司创立资本 400 万元。公司所属各厂于 1956 年公私合营。

馆藏永安纺织股份有限公司全宗档案共 3 678 卷，档案排架长度 57.6 米，档案起止年代为 1916—1987 年，编有案卷目录。

档案主要内容：

1. 总类

有公司简史与概要、郭氏家族纱厂概要，该公司工人抗日运动史料，郭棣活、郭泉、郭顺私人函件，筹备会会议记录、成立会议记录、董事会会议记录，1934—1953 年股东大会及股东临时会议记录，各厂厂务会会议记录，各分厂建筑物及设备照片，永安二厂抗战中被日军侵占、破坏情况照片，历年发文留底，公私合营文件等。

2. 组织人事类

有公司申请注册立案文件，总公司及各分厂章程及办事细则，接收被日军侵占的三厂、五厂文件，员工名册及调查表，各厂工人工资统计表，历年工人工伤情况调查表，各厂劳动统计月报，公司招股姓名录、股东名册、董监事名单等。

3. 业务类

有公司各厂生产情况报告表，各厂历年工作计划与工作总结，对外投资一览表，各厂抗战期间损失情况报告书，历年公司营业报告，购买大中华纱厂合同，向中国银行等金融机构申请各种贷款的文件，公司股票上市价格表，认购美棉文件，为纱布换棉花、收买及移动纱布事与华中棉统会的往来文件，纱布易棉对照表，各厂有关原棉、纱布购销问题的文件，1937—1949 年历年存花纱布数量表，各厂纱布销售比较表（1934—1939 年），各厂产品与同业公司出品实验比较表，公司出品纱布结构包装表，各种棉花纤维长度实验表，进口外棉实验报告，各厂每月存棉订棉月报表，各厂用原料及生产纱布数量月报表，各厂机器设备调查表，订购进口纺织机械等设备文件，标售废棉文件，各厂纱布成本月报表，棉花成本表，哔叽布、细布及直贡呢生产成本表，各厂生产成本统计表，商标注册文件等。

4. 财务类

有公司历年增资报告，1945 年度公司流动资产总值统计表，历年决算报告书，各厂年度账略，立信会计师查核总公司及各厂账目报告书，公司及各厂固定资产统计表，公司及各厂地产登记簿、土地证、房产契据，公司股权登记表等。

上海纺织系统各厂全宗汇集

全宗号　Q199

上海纺织系统各厂全宗汇集系由中小纺织企业档案汇集而成,包括中纺公司、新光标准内衣染织整理厂、英商纶昌纺织公司、鸿章纺织染厂、新生纱厂、仁德棉纺织厂、英商密丰绒线厂、华丰纺织印染厂、大同纱厂、广勤纺织公司、三友实业社、章华毛绒纺织公司、五和织造厂等57家企业。

馆藏上海纺织系统各厂全宗汇集共5 737卷，分54个目录号（11号为空号)，大部分档案为中文，部分外商企业档案为英文。档案排架长度129.6米，档案起止年代为1896—1969年，按企业分类，编有案卷目录。

档案主要内容:

1. 纶昌纺织公司

有该公司会议纪要、行政会议记录、业务会议记录，该公司组织报告、人事报告，关于订货、纱布外销、运货等业务事与有关方面来往文件，劳资协议、动工报告，公司公大第九厂1945年资财总报告书等。

2. 鸿章纺织染厂

有该厂经理室通知，董事会议录，厂务会议录，工厂复工计划，关于购买原料、配售棉花、代染价格等事的来往文件，人事文件包括股东名簿、工友名卡，该厂工会、各处关于员工福利的文件等。

3. 达丰染织股份有限公司

有公司股东、董事会议录，该厂销售纱布的文件；达丰厂的上级公司中纺公司及与相关工厂泰山纱厂的有关文件，包括中纺公司沿革，厂务会议录、大事记；业务来往文件，各厂商标注册，泰山纱厂股东、职工名册等。

4. 新生纱厂

有该厂董事会议录，1945年厂务日记，股东职工名册，与第六区同业公会华商纱厂联合会等机构的来往文件，关于棉纱买卖、商标、税收、运销、调价、纱价等事的函件等。

5. 鸿丰纱厂

有该厂厂务会议录、日记，职员履历表，相关工厂鸿丰面纱厂组织机构，各类来文及购销情况文函等。

6. 仁德棉纺织厂

有该厂股东名册、工人名册，关于棉纱检验、配购食品等来与经济部纺管会等来往文件，该厂工会会员名册及干部留影等。

7. 华丰纺织印染厂

有该厂厂务会议录，厂长吴赞廷会议记录，股东会议录，该厂改组缘起及组织系统表；关于商标、购买纱布、成本分析、进口机器、染料等事与有关机构的来往文件；该厂经理强锡麟私人信件；下属厂富中染织整理厂、光明染织、力生铁工厂有关的文件，如光明厂厂务会议录；力生筹设缘起及结束；富生厂中储券临时股款收据，职工功过备查表，决算表等。

8. 嘉丰纱厂

有该厂董事会议录、厂务会议录，工厂登记证，股东名册、职工履历登记册，有关工厂业务来往函件等。

9. 大同纱厂

有该厂董事会议录、职工名册、业务通告，中德股东监事会议录等。

10. 中华第一纺织公司

有该厂股东会议录，工会会员名册、出席上海市总工会第六届代表大会代表名册，该厂股款收据、工会账册及杂项支出账等。

11. 恒丰纱厂

有该厂规则，总务处日记簿，董事、股东会议录，战后收回工厂文件及接受日人移交、纺建公司接管时期情况日志等文件，关于劳工情况、福利设施和二厂管理概况，人事材料如职员履历表、人事科日记簿、股东名册等。

12. 广勤纺织公司

有该厂董监会议录、股东会议录，公司沿革，工厂登记及1952年清理总结报告，公司董监事调查表，股东登记表及职工名册，工厂关于税务、贷款、花纱布调换分配等事与花纱布管理委员会的来往文件，财务决算书及1951年重估财产报表等。

13. 圆圆染织厂

有该厂商业登记证，工友调查表、解散工友劳资协议文件，关于装运货物函件及订货合同，股东会户账，工会成立会议录及照片等。

14. 信和纱厂

有该厂成立经过、章程、组织机构表，股东名册、职工名册、负责人名册，工厂记事谈话记录，有关购棉、运输等事的来文，该厂监察人报告书及各种单据等。

15. 仁丰染织厂

有该厂厂规，职工名册，业务报告书及董事会、各类通告，该厂工会文件，包括会议录、会员名册、公文稿、工会刊物《仁丰护刊》等。

16. 中国裕民染织厂

有该厂1949年1—4月记事簿，工务处通告，工友登记表等。

17. 新新染织厂

有该厂董事会议录、股东会议录，工厂登记书、工厂调查表，厂方发文稿及业务来往文件、业务合同，1938—1944年决算表等。

18. 景福衫袜织造厂

有该厂简史，发起人董事会会议录、股东会议录，组织规程、股东名册、职工登记表，关于棉纱分配、原料采购、棉纱交换成品、销货等业务来往文书，1947—1948年生产业务摘记，关于增资的文件等。

19. 庆丰纺织印染股份有限公司及达丰第二印染厂

有庆丰公司工厂登记、设立上海保丰纺织染厂文件，董事会会议录、股东会议录，该厂无锡厂抗战损失调查表，有关业务、人事与无锡厂来往文件；上海保丰厂产业工会理监事联席会议录及工会组织名单；达丰染织厂章程，董事会会议录，工厂沿革，工厂职员录、职员及股东名册，该厂业务函件及1938—1948年工厂记事等。

20. 新丰印染厂

有该厂发起、设立文件及工厂沿革，股东会议录、董监联席会议录，工厂组织、人事系统和部门定员表、职工名册，关于定制机器、销售布匹、贷款等业务函件及合约等。

21. 鼎新染织一厂

有该厂章程，股东会会议录、董事会会议录，股东名册、股户摘要及股份过户登记，关于国货证明书、商标审定书、棉纺布移动保管等事文件，决算报告，工会人员名单及劳资协议等。

22. 光中机器染织厂

有该厂工厂登记文件，向敌伪产业处理处申请发还工厂文件，常务董事、股东临时会议录，该厂行政系统表及人事任免文件、职工名册，毛巾生产专业会议录、厂务会议录、厂长工作备忘录，工厂工会有关文件，工厂资产报告、资产负债表等。

23. 申泰染织厂

有该厂登记注册文件，创立会议录、董监及股东会议录，董监事名册、员工名册，关于贷款、棉纱配购、申请进口原料等事来往文件，估价单、成本明细表等。

24. 茂雄染织厂

有该厂营业执照、商标注册及对外购货合同，上海市总工会等机构的来函，各种单据等。

25. 新光标准内衣染织整理厂

有该厂厂史，注册文件，股东会议录，股东及员工名册，厂务会议录、管理委员会会议录，有关经销加工、函寄样品、销售、借款等业务函件及合约，该厂各分厂市场业务调查情况，推销日记，销售布匹统计表，该厂工会及护工队的有关文件，1948 年印染工人罢工名单等。

26. 元通布厂

有该厂厂史，人事任免文件，向敌伪产业清理处等申请发还工作文件，股东会议录，工商登记，对组织系统及机构调整的意见，该厂生产计划，有关订购机器贷款等事的文件及资产账等。

27. 鸿新染织厂

有该厂厂务会议录、股东名单、决算报告书、股东账等。

28. 大统织染厂

有该厂创立会，董监事、股东会议录，该厂沿革、执照，董监事、股东名册，职工登记表，厂部通告，业务来往信函，劳资纠纷调解书等。

29. 鸿兴织造厂

有该厂概况，厂务会议录、董监事会议录、股东会议录，董监事名单、职工名单，业务来往文件，合同及会计报表；相关工厂锦章号有关文件，包括单据、资产负债表、股东名单及股东会议录、董事会议录等。

30. 安乐棉毛纺织厂

有该厂沿革，董事会、股东会会议录，反映“三反”“五反”情况的文件，组织系统表、员工登记表，厂长诉讼的材料，该厂为原料分配、货运、生产、销售等业务与中处企业来往文件，进口报单及合同，增资登记文件，清理财产总结，工会筹备情况文件，新中国成立后该厂团支部发展计划及团总支会议录等。

31. 长丰、益民染织厂（后合并为益民厂）

有该厂概况调查表及经济部工厂登记证，厂股东职工名册、人事调查表，劳资纠纷文件，工会筹备会名单及会员入会志愿书等。

32. 章华毛绒纺织公司

有该厂沿革，股东名单，股东会议录、董事会议录，厂务会议录，该厂通告，职员任免文件、工友调查表，有关订购机器、销售、广告等业务活动文件，工农业概况调查表，工会活动文件，劳资纠纷协议书，工福会、浦东福利社会议录等。

33. 中国飞轮制线厂

有该厂章程，股东名册，本厂同仁录，成立大会决议，该厂情况调查表，商标审定，借款等业务文件，劳资纠纷和解笔录，资源委员会运务处法规，决算报告及各种明细表，俞建章私人材料等文件。

34. 永新、仁余染织厂（两厂于1960年合并）

有仁余厂发起人及股东会议录、董监事会议录，股东名册，该厂概况调查表，工商登记表及业务函件；永新厂发展计划书、业务文件及资产负债表等。

35. 美亚第九丝织厂

有该厂章程、常务会议录、股东名册、财务报告书等。

36. 丽明印染厂

有该厂前身大陆染织厂章程、执照、各种保证书及契约、股东名册，商标注册证及业务函件；丽明印染厂章程，股东大会决议，股东名册，业务来往信件；震丰染织厂董事会记录、股东会记录，商标审定书及业务来往文件、合同、契约等。

37. 三友实业社

有该社发文底稿及通告，董事会议录、股东会决议录，股东名册、职工名册，业务来往文函及事务处报告，劳资纠纷文件，引翔港厂的剪报（1932—1943年）、通讯录和纪念手册，杭厂出卖处理有关文件等。

38. 五和织造厂

有该厂筹备文件，章程，股东、董监联席会议录，董监股东名单，工农业报告、商标注册证，八一三时该厂被毁照片，1943—1945年敌产处分解除证明书，决算报告及股票过户证书等。

39. 九昌织造厂

有该厂章程及概况，工商执照发文底稿，会议录，业务来往文件及合同，产业工会会议录，劳资协议，存货单，增资减资清册等。

40. 上海毛绒厂

有该厂规则、注册备忘录，工厂调查表，董监事会议录，职工调查表，有关产品质量、商标及销售等事的来往函件，要求赔偿被劫物资的文件及广告、商标、财务账册等。

41. 裕民绒线厂

有该厂股东名册，股东、董事会议录，设立工会的文件，关于进口羊毛、机构、纳税、商标等事的业务文件，增资认股书，有关该厂刑事案件的文件等。

42. 寅丰毛纺织染厂

有该厂工商登记证、公司会议录、工友保证书、雇用登记书、现金出纳凭证等。

43. 密丰绒线厂

有该厂规章，概况，人事任免文件，资方代理人名单、职工名册，有关羊毛检验、保险、购买原料、产品出口等事来往文件，要求赔偿战时损失与英国总领事馆等机构来往文件，有关战后接收问题的文件，登记注册，业务报告，商标汇编，供货合同，劳资纠纷，各种统计表及账册等。

44. 中国毛纺厂

有该厂业务活动来往文件及合同执照、工厂厂图及照片等。

45. 庆济纺织厂

有该厂章程，会计录，组织登记表，厂调查表，有关保险赔偿、贷款、加工购货、原料、征税等事的来往文件，劳资协议，产业工会成立及工会会员名册等文件。

46. 振丰、勤奋、勤丰纺织厂

有三厂概况，三厂及业务来往函件，征信所同仁及会议录，工友保证书，勤丰、勤奋厂人事登记表等。

47. 美亚丝织四厂

有该厂规章，总管理处大事记，总经理处通知，董事会、股东会、华东管理处会议录，该厂股东、职工名册、职工考查表，该厂为购货、发货、举办展览、贷款、设新公司等事的来往文件，厂务会议录，工作报告、业务周报、厂务日报及《美亚期刊》等。

48. 中蚕一、二实验绸厂

有创立会会议录，董事股东会议录，厂务会议录及政绩比较表，该厂人事任免文件、工友登记簿，工厂管理规则、业务活动来往文件及工作简报、报告，该厂设立工会的有关文件，1946 年工潮经过报告，市总工会及三区工会纪念刊物，中蚕一厂工会会议录等。

49. 纬成利记绢丝厂

有该厂章程，企业调查表，股东名册，职员名单，业务函件及合同，商标审定书，工会会议录，1936 年账册，银联社章程，组织系统表等。

50. 大诚（及锦孙）织绸厂

有大诚厂概况、调查表，大诚与仁记祥等企业联席会议录，该厂员工名册，劳资纠纷文件；锦孙织绸厂章程、股东会议录、股东名簿等。

51. 天红染织厂、志华毛巾厂

有天红厂合伙契约；南华厂商业登记证、资本情况及股东名册等。

52. 太平洋织造厂

有该厂筹建文件，厂规，厂部通告，该厂登记证书，工厂记录，业务来往文件及合同，劳资协议笔录等。

53. 勤丰纺织厂

有该厂章程及厂史、工商登记及申请公私合营文件，职工名单及人事登记表，生产计划，用棉记录，关于商标、购棉等事的来往文函及生产月报表，劳资纠纷文件，决算表、账册等。

上海华商纱布交易所

全宗号　Q224

上海华商纱布交易所创办于1921 年 7 月，是上海各华商纱厂联合创办的民间物品交易组织，该交易所规定可在该交易所交易棉纱、棉布，理事长为穆藕初。1933 年上海证券物品交易所的棉纱交易也并入该交易所。抗战爆发后，该交易所于 1937 年 8 月奉令停业，进入清理阶段，仍有少量存放款等会计业务。1956 年公私合营后，该交易所解散。

上海华商纱布交易所全宗档案共 53 卷，档案排架长度 3.2 米，档案起止年代为 1936—1953 年，编有案卷目录。

档案主要内容：

1. 业务类

有 1931 年实业部批示，该所评议会议事录，第一至第二届营业报告书，1936—1943 年该所理事业务信函稿等。

2. 人事类

有该所经纪人名册及印刊簿，经纪人志愿书及保证书，该所员工辞职书等。

3. 财会类

有该所1941—1951年总账，1942—1948年及1950—1952年日记账，1942—1944年暂收金账，1937年暂付金账，1950年定期存款总账，1940—1944及1947—1950年往来放款总账，1947—1948年利息账，杂项收入账，营业用地产账，营业保证金证券账，1949—1953年总结单，1931—1945年股东总账，1943—1946年预备开支账，第12—16届决算书，员工解散费簿及收据等。

上海永安股份有限公司

全宗号　Q225

上海永安股份有限公司筹备于1913年，1918年正式成立。是郭氏家族主持的永安集团的联号企业，以经营“环球百货”为主，同时兼营旅馆、酒楼和游乐场业务，为旧中国最大百货商场之一。主要负责人先后为郭乐、郭标、郭顺、郭礼安。1956年改组为公私合营永安公司。

馆藏上海永安股份有限公司全宗档案共816卷，档案排架长度37.6米，档案起止年代为1919—1956年，编有案卷目录。

档案主要内容：

1. 总类

有公司章程、沿革，上海永安股份有限公司与其他联号企业的往来函件存底以及向各洋行购货的定单和往来函件，商标注册申请书，有关公司业务的各种布告、合同、合约、借据、保单、进货登记等，各埠永安公司通用密码簿等文件，中山良都竹秀园郭氏家谱等。

2. 会议记录类

有该公司筹备会议记录，历届董监事会议记录、董事会议记录和股东会议记录，各营业部部长和管理人员工作会议记录等。

3. 组织人事类

有永安公司体制表，永安公司董监事名册、履历表，股东名册，职员奖惩和聘辞等文件。

4. 财务会计类

有该公司股东股份及其分户登记簿，公司资产、负债类别总账，会计科目收付总账，各部职员薪金、花红和酬金记录簿，公司历年年结记录，公司公利支出存款、法定公积金、公利日记等账册。

5. 报刊类

有《永安月刊》《永安时装表演纪念册》《香港永安公司二十五周年纪念册》《竹秀园月报》，永安同人联谊会出版的《会讯》《会员之声》，工会出版的《永安会讯》《百职报道》，以及反映上海永安公司全景、公司主要董监事人员等照片。

新新股份有限公司

全宗号 Q226

新新股份有限公司于1926年由刘锡基、李敏周创办，主营百货零售，兼营旅馆、酒楼、游戏场等业务。陈雪佳、陈炳谦、金宗城等先后任董事长，李煜堂、刘锡基、李泽、萧宗俊等先后任总经理。该公司内设商场部、旅馆部、绿宝剧场、新都剧场、舞厅、茶室、新新美发厅等。成立时资本320万元，之后屡次增资，至1943年猛增至4 000万元。1956年，公司酒楼、茶室、旅馆等并入东亚旅馆，新都剧场由市文化局管理，其余则由新组成的新新公司总管理处管理。

馆藏新新股份有限公司全宗档案共124卷，档案排架长度6.4米，档案起止年代为1926—1955年，编有案卷目录。

档案主要内容：

1. 总类

有公司章程，筹建创办经过资料，历届董监会议事录，企业临时维持会章程、会议记录，向哈同、慈淑经租处、兴业公司伦序堂租借土地、房屋的文件，向新都盛记饭店、溜冰场、理发厅等企业出租房屋的文件，上海市商业局关于该公司结束工作的计划和有关资料等。

2. 投资类

有公司筹建的新新实业公司股东、董事、职工名册，投资永祥印书馆、绿宝股份有限公司、宁波染织股份有限公司、华富染织厂、奇美服装厂、中国商业银行、公信电器厂等企业的有关文件。

3. 人事类

有公司人事会议记录，职员名册、履历表，历届股东、董事名册，临时维持会委员名单，有关职员任用、提升、解雇、病假、死亡等事项的文件。

4. 业务财务类

有该公司业务会议记录，招股、增资简章，营业报告书，收支预算表，各年度账册等。

先施股份有限公司上海分公司

全宗号　Q227

先施公司上海分公司于1917年10月成立，为香港先施公司在上海的分支机构。公司地处南京路浙江路口，创立资本为200万元。该公司以经营“环球百货”为主，兼营旅馆、酒楼和游乐场等附属事业，同时又在上海闸北觅地兴建附属工厂，为该公司提供产品和承包外来业务。黄焕南、刘锡基、郑昭斌先后担任先施公司上海分公司经理。下设进货、收支、文案和营业部等内部机构。新中国成立后，先施公司上海分公司百货门市部于1954年停业，旅馆部于1956年参加公私合营。

馆藏先施公司上海分公司全宗档案共85卷，档案排架长度5.6米，档案起止年代为1917—1966年，编有案卷目录。

档案主要内容：

1. 总类

有该公司与香港总公司1950—1966年间有关业务的往来函件，该公司商场、旅馆、乐园民主改革运动学习讨论小组会议记录，工会有关提高福利待遇的小组会议记录，历年发放股息标准、年终结算、向上级部门反映四大百货公司困难问题的报告，另有《先施公司二十五周年纪念册》及1954年编写的《抗战以来上海百货公司工人运动资料》等。

2. 人事类

有该公司职员名册汇编（1917—1954年），各部职工薪金一览表（1930—1939年），股东名册，乐园部艺员、招待员名册，解放后先施乐园人事名册等。

3. 报刊类

有三区百货业工会发行的《百货职工》《百货通讯》，三区百货业工会先施分会发行的《热流》《会讯》等油印小报，三区百货业工会整理委员会发行的《快报》《百职号外》《百职报道》和《先施消息报》等油印小报等。

金城银行

全宗号 Q264

金城银行1917年创办于天津，总董王郅隆，总经理周作民。经营存放款业务。1918年在北京设总经理处。1920年经营货栈业。1921—1922年与盐业等行合组联合营业事务所，1923年合组四行储蓄会。1929年创办太平保险公司。1931年与中南银行合组诚孚信托公司。1936年总管理处迁至上海。董事长兼总经理周作民。1942年另在重庆设总管理处。抗战胜利后国民政府以战时上海总行曾经与日伪勾结，勒令该行停办附属机构，后由交通银行董事长钱新之任该行董事长才废除此议。1949年上海解放后，该行官股股份归国家所有。1951年改为公私合营企业。

馆藏金城银行档案共1 418卷，档案排架长度37.6米，档案起止年代为1917—1952年，编有案卷目录。

档案主要内容：

1. 总类

有该行章程，董事会、股东会会议录，中南等五行联营委员会成立简章及会议录；联合董事会会议录，该行历届行务会议录，劳资协商会议录；各行、处书面报告；该行慈善募捐文件，关于填报抗战损失事项与分支行来往文件；该行1943年大事记；创立20年纪念刊，《金城职工》《金城通讯》等行刊，该行关于各工厂、对外贸易、西南金融、产业交通建设、各省经济调查材料，如成立西北区、西南区管辖行调查机构等。

2. 组织人事类

有该行组织大纲，申请登记文件；分支行处机构变动材料；该行人事委员会会议录、金城等五行联营、联管委员会成立简章及会议录；关于参加公私合营的文件；该行董监事、股东、职员名册、履历表及人事任免文件等。

3. 业务类

有该行储蓄存款章程，放款信托简章，代理保险、买卖证券章程，国外部进行易货贸易的办事程序，总行业务，业务会议录，银团会议录摘要，投资事业管理委员会会议录；领用中国银行兑换券文件，设立四行储蓄会有关文件，总支行关于存放款、战前存款偿付、放款呆滞催收等文件，如对大生纱厂、开滦煤矿、焦作煤矿、中福公司、民生煤矿、恒升煤矿等借款文件；调查上海市况、金融市场、交易所等情况文件；组织西南实业协会文件，调查玉门油矿文件，分摊通泰五公司债票文件，中交两行限制兑现向汇丰银行借款、组设银团等事来往文件；分行业务报告、营业情况报告，有关金融风潮、币制改革文件，弥补亏损有关文件，新中国成立后代理中国人民银行华侨储蓄业务的文件等。

4. 财会类

有该行增资文件，股票转让，重庆等分行精简、结束财务处理报告；该行资产负债表、损益表，重估资产报表、历年存放款比较图及有关报表，疏通河北省青海河工程短期公债基金委员会收支月报表等。

中 南 银 行

全宗号　Q265

中南银行于1921年创办。黄奕住、黄钦书先后担任董事长，胡笔江、黄浴沂先后任总经理。该行于1951年参加公私合营。

馆藏中南银行档案共735卷，档案排架长度28米，档案起止年代为1923—1952年，编有案卷目录。

档案主要内容：

1. 总类

有该行及分支机构章程、办事细则，行史及沿革，成立大会、董事会议、董监事联席会、执行委员会议、股东大会、与金城、盐业、大陆等银行联管会会议录，四联总处视察报告，劳资协商会议录，1938年胡笔江遇难经过文件，代收华侨捐机款文件等。

2. 组织人事类

有该行及各分支机构成立文件、注册登记文件，该行与金城等行设立联合营业所、四行准备库、四行储蓄会文件，董监事及人事任免文件，股东名册，重要职员履历表、调查表、薪津表、职员服务记录表等。

3. 业务类

有该行各部业务规划、业务方针，行业业务状况调查表，总行与各分支机构业务往来文件，经营房地产、发行钞票、经营外汇等文件，投资德丰纺织公司等业务文件，出售德丰纱厂文件，代收解款、与他行缔结代理公约文件，办理财政部抵押借款文件，处理厦门金融风潮文件，与金城等银行贷款救济市面文件，四行储蓄会委托放款文件等。

4. 财会类

有该行处置公债文件，历次增资文件，换发股票、申请股权文件，清估财产报表，买卖期货账，历年决算、查账报告，总账及各种账册等。

大陆银行

全宗号　Q266

大陆银行1919年创办于天津，主要经营存放款等业务。谈荔孙为首席董事，曹心谷为总经理。1920年在北京设总管理处，增设信托、储蓄、仓储等业务，谈兼任总经理，1923年与盐业等银行合设四行储蓄会。后增设商业、国外汇兑、房地产业务。1933年总管理处移设天津，许汉卿为总经理。1939年移沪营业，1943年上海分行改为总行。1946年增设证券业务。董事长颜惠庆，总经理许汉卿。1951年与盐业、金城等行合并成立公私合营联合总管理处。

馆藏大陆银行全宗档案共1 060卷，档案排架长度26.4米，档案起止年代为1919—1951年，编有案卷目录。

档案主要内容：

1. 总类

有该行章程，1919—1949年董事会议录，总经理行务报告书，董监事、股东会议录，关于征税、劳资纠纷等来往文件，摊派捐款文件，劳资协商会议录，1944年处理汉口被炸事件的来往文件，该行大事记，1951年与盐业等合营银行召开座谈会的文件，《大陆季刊》等。

2. 组织人事类

有该总行设立登记文件，附属机构新陆公司等设立及清算文件，总分行机构变动情况，设立外汇课、战时湘行移沪办公、津行裁撤机构文件，战后各分支机构申请复业有关文件，该行董事、股东、职员名册及人事任免文件，行员一览表，与金城等行订立五行联合会的文件，1951年与盐业等行筹组五行联合总管理处及申请公私合营文件等。

3. 业务类

有该行储蓄、信托等部规则、业务计划，业务会谈录、工农业报告，总经理视察各分支行会议录，总行关于外汇、仓库、购存公债、工商摊提公积金、与国外银行开立往来户、买卖外币股票、放款业务与分支机构来往文件，1921 年总行处理京津金融风潮函件，清理渝行新丰企业公司等厂欠款文函，结束外汇部业务折换中联券文件及营业报告书，关于鸿丰面粉厂欠款作为投资的文件，经营房地产、调查各行房地产情况、建筑大陆商场、购置吉祥里、北京西交民巷等欠款处理情况文件，关于汉口刘歆生房地产押款处理经过文件，出售泰辰里房产等文件，清偿战前存款、代理四行储蓄会款项文件，交通部等机构向该行借款文件，该行投资兴陆公司嘉兴油厂文件等。

4. 财会类

有该行增资变更情况简述，关于查账、盈余分配、收解股款、战时损失等事的清册，该行资产负债损益概况，1950—1951 年该行分支机构财务计划及会议录，该行 1951 年重估资产文件，该行决算书、总账、总分支行存放款，开支统计表、汇总统计表等。

浙江兴业银行

全宗号　Q268

浙江兴业银行设立于1907 年，为官商合办性质，最初隶属于浙江全省铁路公司，后独立。该行经营发钞、存放款等业务，行址浙江杭州，总司理胡藻青。1915 年总行迁沪，叶揆初任总经理。增设储蓄、房地产、信托业务。1934 年投资建设钱塘江大桥，1935 年停办发行钞票业务。1938 年总经理改由项叔翔担任。抗战胜利后，徐寄庼任该行董事长，并增设外汇业务。1952 年，该行实行公私合营。

馆藏浙江兴业银行全宗档案共 1 754 卷，档案排架长度 40 米，档案起止年代为 1907—1952 年，编有案卷目录。

档案主要内容：

1. 总类

有该行章程，战时金融法令概要，该行股东会议录，股东会报告，行务会议录，该行劳资协商会议录，该行简史，该行 1937、1949 年回顾行史卷，该行 40 周年纪念册，浙江全省调查总局等机构调查该行情形报告，总分支机构关于预防舞弊、纳税、经济调查等事来往文件，浙江省财政厅通知该行处理孙中山等储汇款项的照会，该行建筑汉口行屋说明书，有关国内经济情况的汇编文件经济日报，每周通讯，工会刊物《浙江群众》等。

2. 组织人事类

有该行总分支机构设立登记文件，工农业执照，1950 年公私合营文件；该行董监事、职员任免文件，股东名册，人事管理报告，总分行职员职掌调查表，行员保证人记录，职工人数统计，人事调查表，同人录等。

3. 业务类

有清政府度支部准该行发行钞票的指令及该行发钞事宜文件；该行工农业计划，工农业报告；有关存放款、催还欠款文件，如办理天章造纸厂、中兴煤矿、财政部建设委员会淮南路矿公司及胶济铁路、申新二、九厂、河南豫丰纱厂、利成、宝成纱厂等抵押借款文件，关于苏浙铁路所欠借款减折免息摊还文件，美兴染织厂抵押透支诉讼案文件，同浙江地方实业银行等订立还款合同；该行处理公债及外币账文件；向中国银行领券、收回自发钞票文件；向国外银行开户订约文件；与台湾银行订立通汇契约；中国农业银行委托该代做公债套利文件；成都分行将行资移港与港分行划汇文件，派员赴美调查银行业务文件，公私合营机构向该行探讨业务报告；投资业务文件，如投资英商振业公司会议录，设立中国投资公司文件，投资汉口工厂文件；该行储蓄、保证金文件，如存款准备金存放汪伪中央储备银行金融检查处文件等。

4. 财会类

有总行关于财务处理的指示，浙路股款清算卷，津行等分行的决算报告，1943—1945 年增设纠纷文件，苏州、无锡等分行财务计划及总结等。

新华信托储蓄银行

全宗号　Q269

新华信托储蓄银行,原名新华储蓄银行，由中国、交通两银行拨款成立，资本总额 200 万元。1915 年 2 月正式开办，总行设于北京。后因加招商股，1926 年改名新华商业储蓄银行。1931 年改组为新华信托储蓄银行，总行迁上海，董事长先后有冯耿光、谢寿天等，总经理先后有方仁元、王志莘等。该行除办理各种商业储蓄业务外，还大力开展信托业务，设有附属企业新原、新公公司。1948 年 11 月改名为新华信托储蓄商业银行。1952 年 11 月，该行实行公私合营。

新华信托储蓄银行全宗档案共 1 026 卷，档案排架长度 24 米，档案起止年代为 1920—1950 年，编有案卷目录。

档案主要内容：

1. 总类

有该行章程，关于管理、总务、行务设计与北京分行等往来文件，关于银行法令、填送银行调查表等事与财政部来往文件，上海银行公会、直接税局的往来文件，与公私合营银行联合总管理处来往文件，该行董事会议录、股东会议录、行务会议录，该行简史、大事记，1950 年该行参加全国金融业联席会议会议录及参考资料等。

2. 组织人事类

有该行及分支机构设立文件，变更登记注册、改选董监事文件，行员储金投资委员会简史及该行参加公私合营联合总管理处文件，股东、董监事、职员名册，职员职务分配表、人事统计表，人事概况报告，人员登记表及员生履历表，沪区全体员工劳动公约，行员保证书等。

3. 业务类

有该行各项业务规定，业务管理研究的文件，该行业务会议、业务计划及营业报告，该行关于透支、领钞、公债买卖与保管、委托收付、汇总、外汇、存放款等业务与分支机构往来文件，该行关于票据交换与银行公会联准会来往文件，为农业贷款与中华农业合作贷款银团等来往文件，1947 年中央银行审查工贷会议录，1952 年冻结存款文件，与投资机构及放款机构所订合约及投资业务文件等。

4. 财会类

有该行会计规则，该行调整资本有关文件，检查分行账目报告书，为旧账清理与分支机构来往文件，股务来往文件，决算报表，存放款比较表，损益表，重估资产文件等。

浙江第一商业银行

全宗号　Q270

浙江第一商业银行前身为官商合办浙江银行，1909 年创办，1912 年改组为中华民国浙江银行，1915 年改组为浙江地方实业银行。1923 年官商分营，上海、汉口划归商股，设浙江实业银行。1948 年改组为浙江第一商业银行。该行经营存放款、储蓄、发行货币、国外汇兑、信托等业。董事长先后为胡济生、卢学溥、李馥荪，总经理先后为李馥荪、陈朵如。该行总行最初设于杭州，1923 年改设于上海。上海解放后，该行董事长李馥荪于 1950 年在香港另设浙江第一银行。

馆藏浙江第一商业银行全宗档案共 515 卷，档案排架长度 11.2 米，档案起止年代为 1921—1953 年，编有案卷目录。

档案主要内容：

1. 总类

有该行章程，银行修正法，该行简史，股东会议录，董事会议录，行务会议录，劳资协商会议录，该行关于废止内战大同盟募捐材料，关于币制改革、税务、外汇、要求北洋政府释放被捕学生等事与有关方面来往文书等。

2. 组织人事类

有该行组织机构设立登记文件，改组更改行名，申请加入联营处文件，董监事任免文件，董监事、股东行员名册，李馥荪、章乃器与有关方面来往文函等。

3. 业务类

有该行发行货币检查业务放款、国外汇兑有关文件，储蓄处营业状况报告书，调查抗战时期办理瑞士法郎汇款情形报告，该行投资浦口地产、杭州电气公司、钱塘江大桥文件等。

4. 财会类

有该行调整资本股票过户、划分官商股份、检查财务、清估财产文件，历届账略报告、财务计划总结、决算表等。

上海商业储蓄银行

全宗号　Q275

上海商业储蓄银行于1915 年 6 月 2 日正式成立，发起人为陈光甫、庄得之等。该行以服务社会、辅助农工商实业、发展国际贸易为营业方针，创立资本为 10 万元，1917 年增资为 30 万元。董事长、总经理先后为陈光甫、伍克家。1951 年 7 月改为公私合营银行。

馆藏上海商业储蓄银行全宗档案共 4 607 卷，档案排架长度 116 米，档案起止年代为 1919—1951 年，编有案卷目录。

档案主要内容：

1. 董事会

有常务董事会成立文件，章程及办事细则，创办人名单、历届董监事名单、历届股东名册，历届董事会记录及决议案、股东大会记录及议案，股票发行及过户审查文件，全行业概况报告，历年增资报告，处理行员舞弊情况报告，关于该行与中国旅行社在抗战期间及战事结束之后业务概况报告书，股票注册过户文件，股款审查表、股票登记表及股权人身份证等。

2. 行政事务类

有上海商业储蓄银行大事记，沿革史料；银行章程、行业规范及分支行办事细则，行员服务规则，会计规程；历次行务会议记录及提案，行务计划会议记录，总行行务执行委员会会议记录，业务会议记录，管理会议记录，劳资协商会议记录，人事、放款、同仁福利、棉业研究委员会会议记录，总经理处会议记录；历年业务通函；重要业务事项报告书，各分支行经理月报，各分支行每月业务报告书，各期营业报告书；营业执照；行员履历表、行员人事资料一览表、行员经济情况调查表、重要人物一览表；各分支行抗战期间撤退情况报告书，抗战期间损失情况报告等。

3. 陈光甫档案

有陈光甫日记、谈话记录稿、记事录、言论集、专用密码本、照片，陈光甫为发行“二五”库券与蒋介石往来文件，陈光甫与美国世界贸易公司商讨中国桐油的生产、管理、价格及出口问题的往来函件，陈光甫担任各种职务的特派状、聘用书等文件，陈光甫赴美谈判银行问题文件，陈光甫抗战期间在渝参与政府机关活动的有关文件，陈光甫竞选立法委员文件，陈光甫与贝淞荪、张公权、陈果夫、杨虎城、杜重远、孔祥熙、孙科等人的往来信函等。

4. 业务类

(1) 放款　有放款委员会会议记录，全行历年放款调查报告，对振新、福新、茂新、新生、鸿章、常州大成纱厂押款专卷，对海门大生纱厂、九江纺织公司、中国植物油厂、永利化工厂、中国水泥厂、英商祥泰木行等厂商放款的文件，有关发放农业贷款的文件，通泰盐垦公司贷款文件及江南铁路、陇海铁路、淮南铁路建设放款文件等。

（2）稽核　有会计处工作报告，1915—1949 年度监察人查账证明书及外国会计师查账报告，稽核室会议记录等。

（3）信托　有陈光甫、李铭等人股份授权书副本，证券市场报告书及报表，该行重庆嘉陵新村、贵阳分行房屋、济行行屋建筑蓝图，建造上海市中心住房蓝图等。

（4）调查研究　有金融行情周报，上海市每周银根展望（1937 年 10 月至 1945 年 5 月），扬子江流域经济概况报告，苏皖钱业经营概况报告，重要商品市价周报，全国各地零售物价调查表（1946—1950 年），上海各种商品市价表，上海重要物价、生活指数表（1936—1941 年），全国商情简报及市况通报（1938—1950 年），对米、棉、纱、茶、布、桐油、小麦及面粉、糖与糖业、烟与烟业、煤与煤业进行商品调查的报告（1928—1935 年），对证券煤纱交易所、金号业、信托业、报关业、典当、房地产、进出口业、百货业、出版业、五金、铁工厂、钢精、钢铁、机器、制罐、电镀电刻、汽车材料、电器、翻砂、铜锡、纺织业、服装业、饰品业、食品业、饮食业、南北货业、中药业、西药业、化工业、医院、政府机关、公共机构、慈善机构、寺院、合作社的调查报告等。

（5）投资　有该行投资宝丰物产保险公司、国泰保险公司、美亚保险公司、大生纺织公司、美商中国营业公司、英商中国钢铁制造公司、英商恒业地产公司、上川工业股份有限公司、美商中国钢车制造公司、英美烟草公司、新纪公司、世界贸易公司等文件。

（6）仓库　有该行仓库工作人员表、历年仓库报表等。

5. 财务类

有该行的资产负债表，历年增资文件，总决算表，1927—1928 年度董监事查账报告，总账、股本账、股东分户账、定期栈押放款账、活期存款账、特种往来清户账等。

盐 业 银 行

全宗号　Q277

盐业银行由张镇芳等发起筹组，于 1915 年 3 月在北京成立，1935 年总管理处移至上海，行址设于上海北京路 280 号。在北京、天津、汉口等处设立分行，香港设立支行。经营存放款等银行业务。盐业银行董事长为任凤苞，总经理为吴鼎昌。

馆藏盐业银行全宗档案共373卷，档案排架长度8.8米，档案起止年代为1915—1951年。该全宗档案已经过系统整理，编有案卷目录。

档案主要内容：

1. 总类

有盐业银行成立的有关文件，该行沿革及简史，向工商部领取执照的有关文件，该行章程及办事细则，历届董监事会议记录及提案，历届行务会议及股东大会记录及提案汇集等。

2. 人事类

有盐业银行建行初期人事任用的有关文件，董监事及主要负责人文件，该行同仁录，人员调派及奖惩的有关文件等。

3. 业务类

有盐业银行业务报告及业务总结，历次增资方案，历年营业概况及营业报告，历年结算损益、盈余分配及账务处理报告；有关开办储蓄、放贷、抵押透支等业务工作的报告，有关承售公债、承汇盐税余款的文件；该行投资事业概况报告，包括投资外币资产、房地产等业务工作调查表；该行历年纳税报告，重估财产报告，战时财产损失报告；该行调查部1934—1940年对工商企业进行行业调查的调查报告等。

4. 财务类

有盐业银行会计规则，历年决算报告，总账，各科分户账，放款分类报告表，兑换账，传票等。

中国通商银行

全宗号　Q281

中国通商银行始创于1896年4月26日，为中国第一家华商银行。总行最初设在上海，后迁往北京。先后设立天津、保定、烟台、重庆、汕头、香港、福州、九江、常德、扬州、苏州及宁波等分行。八一三事变后，特设上海分行，将原有总行迁至上海法租界霞飞路办公。1943年呈准财政部令总行在沪撤销，在渝设立总行。1945年抗战胜利后，总行于1946年春迁回上海，京、津、甬、杭、锡等处机构复业。傅筱庵、杜月笙曾为该行董事长兼总经理。1952年参加公私合营。

馆藏中国通商银行全宗档案共767卷，档案排架长度13.6米，档案起止年代为1930—1950年，编有案卷目录。

档案主要内容：

1. 总类

有中国通商银行成立文件，简史，章程及办事细则，盛宣怀关于该行行务问题的函件，向财政部登记注册的文件，财产登记表、重估财产报表、战时财产损失报告、战时撤退情形报告，调查傅筱庵文件，董事会记录、行务会议记录、股东会议记录、展业委员会会议记录等。

2. 组织人事类

有中国通商银行成立、变更登记及各分支行裁撤文件，盛宣怀饬裁冗员、节约开支文件，董事长、董事、支行负责人的任免迁调文件，职工名册、考绩表、薪津表，股东名册等。

3. 业务类

有中国通商银行工作计划及工作总结，各分支行业务报告，历届营业报告，增资文件；为发行钞票、发行兑换券、领用准备金等事与财政部往来函；1925—1929年定印钞票合同；有关存款、放款、贴现、拆借等业务文件；有关承办小麦押款、民食调配委员会、财政部借款专卷；投资事业调查表，投资中国建设银公司、西北毛纺厂、中兴煤矿公司文件；杜月笙有关投资《新闻天地》文件；该行地产调查报告及租户清册；处理与大亚银行借款纠纷、汉口沅裕恒记银号倒闭归还欠款文件等。

4. 财务类

有中国通商银行及各分支行财务计划及财务总结，历年预决算表，查账报告，各种账册等。

上海市金融业私营企业业务管理委员会

全宗号　Q320

上海市金融业私营企业业务管理委员会全宗,缺乏该机构本身的档案文件，其沿革不详。从该全宗仅存的账册推算，该委员会大约存在于20世纪50年代初，结束时间不明。

馆藏上海市金融业私营企业业务管理委员会全宗档案共1 465卷，档案排架长度42.4米，档案起止年代为1932—1952年，编有案卷目录。

档案主要内容：

1. 中国征信所

有中国征信所的行业调查资料（普字第1—25360号、审号第1—1115号、密字第1—603号、津字第1—30001号、特字（个人）第1—30023号），中国征信所对外汇标金的调查资料，中国征信所对外汇金币及对公债，丝业、纱花、面粉、染料市况的调查资料，中国征信所的调查报告书（第1—21326号），中国征信所汉口分所、天津分所的调查资料，该所编印的征信日报、征信年报、征信新闻、每日商情报告、工商新闻等资料。

2. 中央银行经济研究处

有金融物价统计日志，国定税则委员会上海物价日报，中国每日物价指数（1935年至1937年10月），上海现银移动状况（1935—1936年）等。

3. 美国驻上海商务代表处

有该处关于中国贸易与工业的年报（1934—1935年），1935年中国经济年报等。

4. 财务类

有该委员会的总账、现金簿、分类账、传票、收支对照表、日计表、银行往来对账单等。

四联总处

全宗号　Q322

1937年8月中央、中国、交通、中国农民银行在上海组成四行联合办事处，其职责是对四行联合经营的业务进行监督。1938年11月该处在汉口改为四联总处，后迁往重庆，成为国家战时金融主管机构。1939年10月改组设理事会，由蒋介石兼任理事会主席，孔祥熙、宋子文、钱新之任常务理事，负责拟制战时金融政策及办理有关特种业务，督促中、中、交、农四行的总行移设重庆，布置西南、西北金融网，集中外汇审核，统筹钞券印制，军政款项的调拨，核办生产事业贷款及投资等。1942年中央信托局、邮政储金汇业局也受该处监管。1942年9月孔祥熙任理事会副主席。1943年该处又设联合征信所。抗战胜利后该处于1945年8月在上海设分处，12月总处迁南京，业务收缩，仅办理放款业务，1948年成为负责设计、联系、考核、审核合乎国家贷款的机构，至同年11月撤销。

馆藏四联总处全宗档案共178卷，档案排架长度4.8米，档案起止年代为1919—1948年，编有案卷目录。

档案主要内容：

1. 总类

有四行二局条例章程，1942—1948年理事会议程及会议记录，上海分处委员会会议记录，1940年总处工作报告摘要，四行联合董事会工作情况报告，总处文献选辑等。

2. 组织人事类

有该处组织章程，四联总处缩编经过，四行联合董事会组织情况文件，管理外汇机构组织及职掌演进概况等文件；秘书处同仁通讯录，总处职员名册及办事处职员名册，银行人员手册，包括存款、征信、承兑、出纳、外汇、人事、会计制度、注意事项等文件。

3. 业务类

有总处处理伪钞办法，统一发行实施办法，金圆券发行准备、移交保管办法等文件，总处各项业务计划（如国内汇兑及金融工作三年计划），修正1943年度推行储蓄业务计划纲要，改善华侨汇兑措施，关于平抑后方市场利润的补充意见，伪中储券收换经过情况文件，有关银行业务文件，永利制碱公司等企业借款合约，国内汇兑问题节略，金圆券发行准备移交保管办法等。

4. 有关企业情况

有淮南路矿公司、扬子电气公司章程，长江煤矿股东临时会议记录，世界书局董监事一览表，中国建设银行公司股东名册，沪杭甬铁路借款协定、董事会记录及创设缘起，汉冶萍公司与安川合办九州制钢公司合同章程等。

5. 财会类

有抗战以来该处业务统计表，历年收支概况，四行历年放款统计表、通汇处统计表，总处金融统计年报，核定专款放款资料及统计表，成都、昆明等地票据交换逐月比较表，央行业务局各项简明统计表等。

四行二局

全宗号　Q323

四行二局是中央银行、中国银行、交通银行、中国农民银行及邮政储金汇业局、中央信托局的简称，均为国家银行和国家级金融机构。其中四家银行于 1937 年 8 月组成四行联合办事处，后改为四联总处，1938 年迁往重庆，成为国民政府战时金融决策机构。1942 年 5 月国防最高委员会又将中央信托局及邮政储金汇业局划入四联总处。该处于 1948 年结束业务。解放后，上述金融机构被人民政府接收。

馆藏四行二局全宗档案共 439 卷，档案排架长度 4 米，档案起止年代为 1931—1956 年，编有案卷目录。

档案主要内容：

1. 总类

有中央银行行务委员会会议记录，央行上海金融界星期五座谈会会议记录，四行二局员工座谈会会议录，四联总处及四行二局地下工作史，央行关于严禁公职人员参加帮会的规定，中、中、农、四联总处、中信局、江苏地方银行、上海市银行、江苏省农民银行等机构历史考证，央行来沪复员纪念照片、央行成立 30 周年纪念照片，中国农民银行《本行通讯》，1939 年国民党党报评论集等资料，1941 年汪伪 76 号特工逮捕央行工作人员档案等。

2. 组织人事类

有央行总务处一览表，农行关于知识青年从军征集委员会组织办法及组成名单，解放初接管中央银行的办法及处理文件，中、中、交、农、中信局、上海市银行行员名册，央行历年人事变动记录、行员保证书，中国农民银行、中央银行、中国银行总管理处留用人员名单，四联总处银行人员训练所各行局处服务人员调训办法及调训人员名单、毕业纪念册，央行中训团党政训练班概况及受训人报到、考核表，央行行员保证书，四联总处调用人员登记册，中央合作金库负责人名单，反映中央、中国农行、中信局、邮汇局、上海市银行人事情况的文件，1931—1933 年江苏省政府职员名录，仁社、文社社友录；1941 年铨选部职员录等。

3. 业务类

有四联总处业务章程汇编，四联总处与各银行、中央合作金库等机构业务来往文件，四联总处、中央、交通、中信局、上海市银行、江苏省农民银行等机构业务档案摘录，中央合作金库购粮舞弊报告等。

4. 工会类

有上海四行二局金融机构的工人运动文件，邮汇局邮务工会会务通讯，四行二局员工联谊会、中央银行员工福利会、福利事业协进会等文件。

上海证券交易所

全宗号　Q327

上海证券交易所于1946年9月由杜月笙、王志莘、徐寄庼、钱新之、夏屏芳等，在华商证券交易所原址汉口路432号筹备成立，资本10亿元，系官商合办性质。该所内设秘书室、业务处、财务处、调研处。董事长杜月笙。王志莘任代理总经理。以经营本国股票为主，兼营政府公债和外商在华发行的股票。开业时仅做现货交易，上市证券20种。后逐步试办递延交割和套利交易。至1947年底上市证券32种，经纪人245家。1948年8月19日国民政府命令该所停业。1949年2月21日又命其复业，但交易平淡，5月初即宣告停业。

馆藏上海证券交易所全宗档案共857卷，档案排架长度15.2米，档案起止年代为1935—1951年，编有案卷目录。

档案主要内容：

1. 总类

有交易所法和施行细则，该所章程、营业执照、大事记，财政部、经济部关于成立上海证券交易所的训令，上海市军管会财经接管委员会金融处训令其停业并解散员工文件和清理工作报告，发起人会议录、股东常会会议录，该所经纪人公会章程、成立文件，个人经纪人和法人经纪人市场营业申请书，经纪人申请撤销注册、增资、换照、入场、停业等文件。

2. 业务类

有该所营业细则，证券套利交易办法，开办、停办递延交割交易文件，中国、交通两行驻上海证券交易所联合办事处为告知证券交割注意事项致该所函，华股、外股、短期库券交易记录，景福衫袜厂、永安公司、丽安百货公司、大中华火柴公司、统益纺织公司、信和纱厂、中国内衣公司、新亚制药厂、荣丰纱厂、商务印书馆、信谊制药厂、梅林罐头公司等申请股票上市开拍、填送股票号码和样张、股东名单、公司章程、执照等与该所来往函件等。

3. 人事类

有该所股东名册，所员名录，所员登记表，董事、高级职员名册，经纪人名单，经纪人公会理监事名单，人员任免、迁调等文件。

4. 财务类

有该所历年决算表，正明会计师事务所审查该所账目报告书及其他各类账册等。

5. 其他

有上海商业储蓄银行、中国通商银行、中国实业公司、香港广东银行、上海盐业银行、中国信托有限公司、生大信托股份有限公司、永成银行、金城银行、聚兴诚银行、浙江兴业银行、中央信托局、中南银行、大陆银行、中汇银行、敦裕钱庄、美丰银行、中国建设银公司等企业章程、股东名册，华丰、公泰、益统、丰大、中记证券号和香港联合证券公司账册等。

太平产物保险公司

全宗号　Q334

太平产物保险公司于1929年底开业，董事长钱新之，总经理周作民，实际负责人为副总经理丁雪农。1951年参加组建公私合营太平保险公司。

馆藏太平产物保险公司全宗档案共339卷，档案排架长度23.2米，档案起止年代为1927—1953年，编有案卷目录。

档案主要内容：

1. 总类

有太平产物保险公司沿革概况、公司章程、董事会会议记录、股东名册、公司十周年纪念刊原稿，太平分保集团沿革，收购丰盛保险公司有关文件，丰盛保险公司章程及董事会会议录，太安丰总处出版刊物《保险界》等。

2. 业务类

有公司历年营业报告，与法商保泰、美商美亚等国外同业订立火险分保契约的文件，与中央信托局产物保险处、中国保险公司订立水火险分保契约文件，公司国内外火险赔款登记及国内运输险赔款登记文书，公司参加组建公私合营太平保险公司有关文件等。

3. 人事类

有公司人事规章办法，人事科大事记，公司员工名册、考绩表及保证书，总公司及所属分支公司员工任用、调派、薪金、奖惩文件，上海市保险业经济人协会入会申请表及调查统计表等。

4. 财会类

有总公司及所属各地分支公司、太平分保集团会计规程，公司暗账及有关单据，总分公司往来账，保险同业往来账，总公司分类总账，决算表，各类传票等。

太平人寿保险公司

全宗号　Q335

太平人寿保险公司原为太平保险公司人寿保险部,1934 年 4 月开始营业。1938 年 12 月，由交通、金城、中南、大陆、国华、东莱六家银行出资，正式成立太平人寿保险公司，董事长周作民，总经理顾炳元。至 1951 年 11 月，参加由太平产物等 12 家私营保险公司合并成立的公私合营太平保险公司。

馆藏太平人寿保险公司全宗档案共 30 卷，档案排架长度 0. 8 米，档案起止年代为 1934—1955 年，编有案卷目录。

档案主要内容：

1. 总类

有公司章程，董事会及股东会会议记录，股东名册，公司历年重大事件记录和有关通告等。

2. 业务类

有公司历年营业报告及告保户书，医务员验体要则，瑞士分保记录表，新中国成立后公司向保户清偿人寿保险契约有关文件等。

3. 人事类

有公司员工履历卡、保证书、人员调派及支付薪津有关文件等。

华安合群保险公司

全宗号　Q336

华安合群保险公司1912 年 7 月成立，由徐绍桢、桑铁珊、吕岳泉、朱葆三等人在原华安人寿保险公司基础上创设，专营人寿保险业务，董事长徐绍桢（后由杜月笙继任），总经理英人郁赐（后由虞顺德继任）。该公司在国内各大城市及南洋巴达维亚、棉兰、西贡等地设有30多处分公司。1957年结束业务。

馆藏华安合群保险公司全宗档案共356卷，档案排架长度12米，档案起止年代为1907—1963年，编有案卷目录。

档案主要内容：

1. 总类

有董事会申请立案、注册文件，组织规条、办事细则，1920年、1921年、1925—1927年、1930—1957年董事会会议记录，公司章程，股东责询函件，新老公司办理移交有关文件及合约，印尼独立公司章程，向北洋政府工商部、国民政府全国注册局、工商部、香港政府、上海市人民政府申请登记有关文件，昆明、北平、杭州、汉口、南京、南昌等公司注册文件，历年股东常会会议录、公司执行部会议录，股东印鉴、股东名册、增资配股文件等。

2. 人事类

有该公司1—44次劳资协商会议录，人员任免调配有关文件，员工团体保寿名录等。

3. 保险业务类

有历年保险单、有效保户统计表，印尼分公司与瑞士再保险公司寿险分保有关文件，各地经理员合同摘要等。

4. 房地产投资及其他业务类

有建造华安大厦有关文件，汉口、吧城分公司房地产有关文件，印尼分公司抵押放款有关文件，吧城、棉兰分公司房地产契据底片等。

5. 财会类

有该公司总账、现金收支账、资产负债分类账，收益损失账、辅助分类账，印尼雅加达分公司月报账和公司收支凭证等。

6. 清理解放前寿险

有该公司关于清理解放前寿险与军管会金融处、人保公司往来文件，应清偿人寿保险契约分户给会金额表等。

7. 分支机构

有在小吕宋开办东方人寿保险公司有关文件，小吕宋分公司结束文件；印度尼西亚分公司有效保户统计表、业务往来函和会计报告，雅加达分公司有效保单概况；吧城、汉口、两广、棉兰等分公司业务往来函等。

泰山人寿保险公司

全宗号　Q361

泰山人寿保险公司的前身系泰山产物保险公司寿险部,1946 年 8 月成立。董事长徐寄庼，总经理蒋彦昆。主营团体及个人之人寿保险。1954 年奉令停业清理。

馆藏泰山人寿保险公司全宗档案共 448 卷，档案排架长度 14.4 米，档案起止年代为 1932—1956 年，编有案卷目录。

档案主要内容：

1. 总类

有改组成立泰山人寿保险公司决议，章程，创立会、股东会会议记录，营业指南，股东名单及股票收据、红利清单，公司消费合作社有关文件等。

2. 业务类

有泰山人寿保险公司（包括前产物公司之寿险部）团体、个人人寿保险之要保书、保单、验身书等单据，寿险保户投保书，人寿保险的保险契约处理办法，与同业关于分保等事务往来文件，公司停业后清偿人寿保险契约文件，与保户往来函，总公司与各地分公司业务往来函，新中国成立后申报歇业有关文件等。

3. 会计类

有公司总账、总清账及代理总清账，营业账转账簿，现金收入支出传票，浙江兴业银行总行账目及公司与银行往来账目，保户费收据，分红续费卡、不分红续费卡等。

泰山产物保险公司

全宗号　Q362

泰山产物保险公司1933 年 1 月正式创立。徐寄庼任该公司董事长兼总经理。主要经营水火险、汽车险、航空险等保险。该公司原设有寿险部，至 1946 年 8 月后，另设泰山人寿保险公司。1952 年经上海市军管会金融处批准歇业清理。

馆藏泰山产物保险公司全宗档案共634卷，档案排架长度12米，档案起止年代为1930—1956年，编有案卷目录。

档案主要内容：

1. 总类

有公司股东会、董监事会议记录，股东名册，股权登记等。

2. 业务类

有公司历届营业报告（1932—1945年），关于保险业务事项致客户、代理处函，与同业及各地分支机构业务往来函稿，与外商保险公司订立分保合约有关文件，公司保费清单及退保咨照单留底，久联办事处会议记录等。

3. 投资类

有公司买卖股票、债券、房地产文件、代管土地执业证等。

4. 人事类

有公司职员名单、保证书、薪津表，人事任免、调派文件等。

5. 会计类

有公司查账报告（1934—1953年），总公司火险部总账、现金收支簿、传票，香港、汉口、杭州等地分公司各种账目及传票、资产负债表，公司投资其他实业的股票等。

中国旅行社

全宗号　Q368

中国旅行社成立于1927年，其前身为设立于1923年的上海商业储蓄银行旅行部。主要职责为办理国内及日本等地旅游、运输、旅馆等业务，并出版旅行杂志。该社下设火车、出版、轮船、行李等部，1928年改为运输、车务、航务、出版、会计、出纳、稽核等7部，在杭州、北平、南京等数十个城市设立分社，1930年代又增设旅馆部等，1937年接管首都饭店和西京招待所，并与日本观光局合办东方旅行社。历任社长为黄闳道、陈湘涛等，董事长为庄得之等。上海解放后，该社继续营业，增设了国外进口物资承运业务。董事长朱如堂。

馆藏中国旅行社全宗档案共854卷，档案排架长度15.2米，档案起止年代为1927—1955年，编有案卷目录。

档案主要内容：

1. 总类

有该社章程，1931—1950 年常务董事会、董事会、股东会议录，1931—1951 年社务会议录；1933 年年度报告，1937—1939 年简报，总社通讯、联社通讯，1940—1941 年社务报告，1—15 期社务丛报，周间重要事业报告，1941—1952 年各分社总结报告，1944 年各社经理报告，抗战期间各分社有关战事情况报告，1951—1952 年重要事务综合报告，1953—1954 年劳资纠纷有关文件；该社杂志《旅光》《沪讯》等资料。

2. 组织人事类

有该社组织简则；设立厦门、赣县、澳门等各分社、宝鸡等支社、招待所、昆明商务酒店等，战后收回南京首都酒店，1934—1946 年分支机构历年变动情况等文件；该社 1951 年争取公私合营有关文件；1954—1955 年该社结束业务，重庆等分社、旅行杂志社结束文件；该社人事规则；董监事履历、职员任免文件、工友调动记录、职务记录等。

3. 业务类

有该社承揽运送货物、招待外宾合作章程，1946 年发展国外业务计划书，加强华南区行旅行社服务计划，1948 年业务计划书；发展货运、争取秋运会议、西南运输会议及各分社业务会议录；1946—1952 年营业报告，1935 年川江旅行事业报告；战时为美军开设纪念品商店及推动导游业务的文件，1938 年承办西南、西北公路沿线招待所及附设的旅行社概况报告，各地招待所开业记录簿，与西安华清池合办招待所等业务来往文件，在各城市办理出口运输业务的文件，与日本旅行社等订立业务合同，与越南总督府工程总监订立代营越南火车票业务合同，与苏联旅行社上海分社订立代理旅游业务合同；1935—1948 年业务通讯，1944 年各分社经理月报，1947 年业务报告，长春铁路宾馆报告书等。

4. 财会类

有该社会计规则，会计实务提要，增资变更登记文件，1924—1952 年决算报表，1952 年资产及财务报告，职员薪金表等。

南洋企业公司

全宗号　Q373

南洋企业公司于1940 年设于上海，系私营企业。经营农矿工商企业的策划创设与管理，推进投资及进出口贸易、证券、运输等业务。该公司下设企业、信托、贸易等三部，并在香港、南洋、缅甸等地设立分公司，太平洋战争爆发后停歇南洋业务，另设联贸行经营华中与华北业务，又设大亚工程公司、南洋信托股份有限公司，工程、农业研究所及化工试验所，1943 年设立仪器制造厂、华侨化工股份有限公司、同德农业研究所。抗战胜利后，该公司有物产、工程、杂粮、燃化、证券、纤维、木业等部及天津、昆明等地分支机构十余处，董事有周作民、李光前、缪云台、黄浴沂等。1949 年 5 月总公司迁香港。该公司于 1952 年成立临时管理委员会主持业务，对各分公司财产予以清估。

馆藏南洋企业公司档案共 1 534 卷，档案排架长度 21.6 米，档案起止年代为 1921—1954 年，编有案卷目录。

档案主要内容：

1. 总类

有公司章程，公司 1941 年大事记，公司沿革概况，公司股东临时会议录，1940—1949 年股东会议录，1941—1946 年总公司及香港、暹罗等分公司董事会议录，1951 年私股代表座谈会会议录，1952—1953 年企业公司监管会议录，华侨化工股份有限公司、南洋家具厂等附属企业董事会议录，该公司劳资协商会议录，该公司秘书室文件，该公司为税务问题与财政部所得税处来往文件，公司董事、股东信件，南洋烟草公司、伟成企业公司章程，世界书局、联合实业管理公司等股东会文件等。

2. 组织人事类

有该公司发起人往来文件，成立文件，申请登记文件，分支机构变更情况文件，与南洋家具厂、南经绸庄、德丰行联贸行等合伙议据，与通成公司合设糖号合同，该公司股东、职工名册、职工登记表、保证书、董事会聘用人事文件、人事任免文件，南洋农具厂组织人事文件等。

3. 业务类

有该公司设立辅助投资公司建议，扩展宝祥源煤矿区补充计划，发展国外贸易建议，公司附属南京猪鬃厂生产计划，制鬃工作报告、合约等文件，有关进出口业务与美国国际销售公司等机构来往文件，关于货物规格、数量、价格、检验、装运等业务与伦敦等公司来往文件及进、出口报单，如猪鬃出口纽约、伦敦有关单据和函件；有关销售猪鬃、铁路器材、化工原料、米、布、药、植物油、牛羊皮等产品与新亚酵素公司、新加坡、泰国、西贡等公司、伦敦、肯尼亚等客户来往文件及合约、销售确认书，如与新亚化学制药公司总经销合同、与中国通运公司越南贸易合约副本、订货单；关于金融业务与汇丰银行等来往文件及质押透支合同；有关房地产文件，如凤阳路、杨思地区房地产销售、租赁等业务及房租纠纷与联华房地产等公司来往文件及租地、买卖土地合同，永康新村房屋建筑图、沧口房地产图，南洋信托公司地产部工作报告及房地产参考资料；公司 1941 年业务会议录，1941—1943 年会议随笔，公司 1943—1944 年每周报告，公司职员每日经办事件记录，贸易部业务会议录、每周报告；食糖市情报告等。

4. 财会类

有该公司会计及稽核纲要，筹备处股款收据，公司股权登记文件，银钱日记账，增资通知及增资股款收据，增资认购书，股息、红利分配文件；天津分公司 1951—1953 年资产负债表，香港分公司对账单；总公司与广州分公司等 1952 年清估资产总结及各类账册，职工薪金表，传票等。

中国植物油料厂全宗汇集

全宗号　Q398

中国植物油料厂全宗汇集包括中国植物油料厂（以下简称中植）及其各办事处、各厂（如中植渝铁工厂、中植邵阳宝庆炼铁厂、中植柳铁厂、中植上海一厂、中植上海二厂等）和参加合办的企业（如中国油脂工业有限公司、国泰实业有限公司、四川农业公司、国民联合机器厂有限公司等）的档案。中国植物油料厂全称中国植物油料厂股份有限公司，1936 年 8 月创办于上海，由川、鄂、湘、浙、皖、赣省政府赞助及油商等投资，资本总额为国币 200 万元。该厂主要经营桐油、茶油、菜油、棉籽油、豆油等十余种油类产品。该厂在汉口及其他地方设办事处、分处，并根据产桐区营业需要，设榨油厂和炼油厂。另投资合办了 7 家企业。1937 年抗战爆发后，该厂重心先后移往香港、重庆。1945 年抗战胜利后业务中心迁回上海，当时股本总额达国币 20 亿元。1949 年解放后结束业务。

中国植物油料厂设董事 17 人，其中官股董事 8 人、商股董事 9 人。正、副董事长为周诒春、萧铮，总经理为张嘉铸（禹九）。下设总办事处、财务处等部门。所属各厂设厂长（或主任）1 人，各办事处设经理（或主任）1 人，秉承总经理以总办事处之命，负责办理各厂、处事项。

馆藏中国植物油料厂全宗汇集档案共 3 003 卷，共分 38 个目录号，档案排架长度 60.8 米，档案起止年代为 1912—1949 年，编有案卷目录。

档案主要内容：

1. 总类

有中国植物油料厂 1948—1949 年工作报告，历届常务董监事联席会议记录，历年制品产量和销货统计表，以及该厂简史、通讯和月刊；各厂、处工作总结，工作年报、月报、周报及存货月报；各地油料行市报告和订货凭单；上海市榨油厂调查表及上海一厂、二厂厂务概况表等。

2. 规章类

有中国植物油料厂股份有限公司章程、会议人员规程草案和员工福利社简章；各厂处规章、组织条例和办公细则；上海厂处保障安全临时委员会暂行规则以及上海办事处关于配售食油的办法规定等。

3. 人事类

有中国植物油料厂关于人事调动问题与各厂处的来信函件；中国植物油料厂同仁录，股东名册，各厂处负责人通讯地址一览表，会议人员名册和在职员工统计表；上海办事处负责人一览表及上海各厂职工名册等。

4. 财会类

有该厂财务制度概述；1936—1948 年财务处会计报表，1937—1948 年资产负债表以及该厂贸易处综合组 1949 年接收敌伪物资统计表；该厂总办事处财务报告及各厂财务报告、行市报告等。

上海市粮食系统全宗汇集

全宗号　Q399

上海市粮食系统档案全宗包括经济部中央工业试验所上海酿造实验工厂、军政部联合勤务总司令部上海粮服实验工厂、农林部上海实验经济农场农产加工厂、建成机制面粉厂、粮食部上海第一碾米厂、粮食紧急购贮会粮食第二、第三仓库等 7 个机构形成的档案，它们除建成机制面粉厂外均系国民政府管辖的粮食机构。上海解放后，上述机构大部分由军管会接收，只有建成机制面粉厂因系民营企业，仍然保留。

馆藏上海市粮食系统全宗档案共 378 卷，档案排架长度 12.8 米，档案起止年代为 1945—1949 年，按机构分 7 个目录号，编有案卷目录。

各机构档案主要内容：

1. 经济部中央工业试验所、上海酿造实验工厂

有工业试验所组织条例、章程，上海区试验工厂一览表，该所关于接收日资上海理化学工业株式会社事宜来往文件；该厂历史沿革，厂务会议录，1946—1947年工作报告，1947—1949年工作月报，关于业务、商标、改名为第一厂等事宜的文件，人事任免文件及工人管理规则，各类财会报表；第一厂关于生产方面的往来文件，业务课工作日记及人事材料，1949年组织员工护厂的会议录等。

2. 军政部联合勤务总司令部上海粮服实验工厂

有该厂厂务会议录，第一、第三工场关于原料购买、制品生产的文件，人事任免有关文件及员工名册，组织员工友谊筹备会合影照片等。

3. 农林部上海实验经济农场农产加工厂

有农林部农产加工、申请美援计划书等文件，上海实验经济农场组织系统表，农林部加工场员工名册及薪金表，上海实验经济农场生产计划及1946年工作简报等。

4. 建成面粉厂

有该厂沿革文件，该厂章程，董事、股东会议录，业务来往文件，物资统一购运消费存储及会计处理通告，该厂员工名册、股东董监事名册，全国面粉同业公会及各省市同业公会会员名册等。

5. 粮食部上海第一碾米厂

有中国粮食公司关于粮商登记规则及办理事项与该厂来往文件，该厂关于粮食加工、麻袋调拨、购买机器等事与粮食紧急购贮会等机构来往文件，粮食部粮食工厂管理处等机构关于人事管理、员工福利等事与该厂来往文件，该厂人事任免文件，1948年会计报表等财务文件。

6. 粮食紧急购贮会粮食第二仓库

有粮食紧急购贮会与该库业务会议录，粮食紧急购贮会关于市场抛售、接收仓库、拨粮办法等事与该库来往文件，该库业务报告，拨粮凭单核销清单，该库人事任免文件，员工登记表、员工名册等。

7. 粮食紧急购贮会粮食第三仓库

有粮食紧急购贮会关于催报粮食仓溢、仓损等问题的来往文件，该库仓溢、仓损分产分类分批报告表、粮食收发存明细表，粮食紧急购贮会关于员工调派、录用等事与该库来往文件等。

上海内地自来水公司

全宗号 Q403

上海内地自来水公司最早创办于1897年1月，设于南市，属商办性质，专营沪南地区供水业务。李平书曾为公司早期的负责人。抗战时期一度停业，抗战胜利后复业。公司董事长兼总经理为姚慕莲。1954年4月该公司申请公私合营，1956年并入上海市自来水公司。

馆藏上海内地自来水公司全宗档案共952卷，档案排架长度35.2米，档案起止年代为1909—1956年，编有案卷目录。

档案主要内容：

1. 人事类

有聘请总经理文件，董监事名单，职工名册，职工调动工作、任职的文件，劳工状况调查表，人事工作日记，组织系统表，历年劳资纠纷文件等。

2. 计划统计类

有沪西给水办法，1946年1月至1949年5月工程概况月报表，公司业务扩充与改善计划书，水质化验统计表，1949—1953年生产状况统计表等。

3. 业务类

有拒绝法商水厂添设干管的方案，售水办法，水炉业用水办法，普装水表办法，调整自来水价格，历年营业状况报告表等。

4. 工程类

有在新桥路、新肇周路排布管道、保护地下水管的文件，排管以改善沪西水荒、装迁给水站的文件，关于消防水龙和民用水龙合用一根水管的文件等。

5. 材料类

有采用国产铁管、标购电动机、购置水表文件等。

6. 综合类

有概况报告、会议记录、设备概况手册、抗战期间损失情况报告、重估财产报告、水厂地形图等。

7. 财务类

有总账、工资账，1950—1954年度分户账、现金账，各类传票凭证，1952—1954年度财务报表等。

上海市祥生出租汽车公司

全宗号　Q407

上海市祥生出租汽车公司1931年11月创立，先后在愚园路、杜美路、九江路、北火车站等地设立十余个分站。公司负责人周祥生、杨文寿、周三元。该公司主要经营汽车、运输卡车及三轮车出租业务，附带从事车辆设备改装等事务。1951年8月参加公私合营。

馆藏上海市祥生出租汽车公司全宗档案共143卷，档案排架长度2.4米，档案起止年代为1928—1951年，编有案卷目录。

档案主要内容：

1. 综合类

有董事会函件，股东名册，劳资协商会议记录及有关文件，各分站租地合同、广告、汽车买卖单据，四大出租汽车公司合并草案，新华工业社、华俄发记汽车油公司章程等。

2. 人事类

有该公司职员保证书，解雇及退职人员名单，司机及职工名单，司机工资单，有关李孟孚的资料等。

3. 业务类

有该公司业务会议记录，该公司与沪杭长途汽车公司有关汽车客运状况的往来文件，就联营事宜与京沪区铁路局往来文件，参加工商联及劳资关系事宜与同业公会及工商联往来文件，汽油分配、公私合营的文件等。

4. 财务类

有决算报告，财务损益对照表及损益计算的文件，查账报告，银行对账单，请求货款质押品清单，1938—1948年公司资本增减记录等。

浦东地方建设公司

全宗号　Q408

1945年浦东各界爱国人士王艮仲、黄炳叔、陈陶遗、葛李华等组织浦东地方建设发起人会，1946年3月，浦东地方建设公司正式创立。额定资本法币 1 亿元。该公司以发展交通事业为主营宗旨，开办运输、汽车修理业务。下设总管理处、交通事业部、木业部。1954 年 9 月 25 日，与上川交通公司、上南交通公司合并成立公私合营上海市浦东公共交通公司。

馆藏浦东地方建设公司全宗档案共 240 卷，档案排架长度 4.8 米，档案起止年代为 1920—1954 年，编有案卷目录。

档案主要内容：

1. 综合类

有该公司各种规章、制度、办法，股东会会议记录，股东名录，劳资协商会议记录，公司申请开业有关文件，公私合营会议记录及有关文件，公司总管理处收文簿等。

2. 业务类

有上海市公用交通业同业公会文件，公司申请驾驶执照、办理运输服务的文件，公司有关调整运价、分设车站、征借车辆的文件等。

3. 工程类

有公司修建上（海）南（汇）路姚周段工程、塘姚段工程的文件，维修路面、架设桥梁及其他工程类文书等。

4. 人事类

有公司职工人事任免、迁调及奖励、处分文书，职工薪给统计等。

5. 庶务类

有公司申请购置卡车轮胎、汽油、零件的文书，租房租地、装修电话、粮食登记以及车辆肇事赔偿、乘客失物登记文书等。

6. 财务类

有公司决算报告、重估财产报表、公司现金收支账、分户账册、公司总账等。

7. 其他

有中国建设服务社浦东工作站会议录及其章则、名册，中国建设服务社浦东工作站大事记，中国建设服务社工作报告等。

上川交通股份有限公司

全宗号 Q409

上川交通股份有限公司于1924 年 4 月由黄炎培、张志鹤等人发起成立，经营上海县庆宁寺至川沙县城铁路客运和货运事业。瞿钺任董事长，顾伯威任经理。该公司下设总务、车务、工务、机务、会计等5组。抗战爆发后，公司路产被日伪占管。1945年8月复由市公用局接收。1954年9月25日合并改称公私合营上海市浦东公共交通公司。

馆藏上川交通股份有限公司全宗档案共528卷，档案排架长度13.6米，档案起止年代为1923—1954年，编有案卷目录。

档案主要内容：

1. 总类

有公司沿革、章程，股东会、董事会议事录，关于增资、注册、立案等与交通部、农商部往来文书，有关通达轮、川南轮注册事与交通部往来文书，1954年合营协议书，扩建南川路招股文件，1947年顾伯威赴美考察报告，1927—1946年顾伯威私人函件，公司产业工会议事录，上海党政军各机关就请发乘车证、免票与上川公司的来往文书，1927—1934年京沪苏长途汽车联合会议记录等。

2. 业务类

有公司业务会议记录，联运简章、规则、行车目表，有关调整行车时刻、发售联票、调整票价等事与市轮渡、公用局、川沙县政府的来往文书，公司行车里程和人数统计表，业务月报表，公司租借塘工分局东渡公轮码头合同，购买通利轮契约，投资建筑北川行车和南川各项工程招标承包与各行商往来函等。

3. 人事类

有公司股东名册，职工名册、履历表，铁路员工登记表，产业工会会员名册，职工有关调动、提升、任免文件等。

4. 财务类

有公司1920—1929年上川线筹备期间各项预算表，公司总账、资产负债明细分类账、损益明细账、材料收发明细账、客运进款日记账、股票过户报告等。

上南交通公司

全宗号　Q410

上南交通公司原名上南长途汽车公司，1921年1月由穆恕再、陈子声、汪锡范、朱子灏等发起创立。1934年改名为上南交通股份有限公司。公司董事长兼总经理穆恕再。历任董事长有杜月笙、陈子声、汪倬云等。主要经营铁道机车、货车及汽船的载客、货运业务。抗战时期，该公司损失惨重。抗战胜利后，恢复营运。1954年9月25日并入公私合营上海市浦东公共交通公司。

馆藏上南交通公司全宗档案共154卷，档案排架长度4米，档案起止年代为1921—1954年，编有案卷目录。

档案主要内容：

1. 综合类

有该公司沿革、章程及其各项规章制度、条例、办法，1937—1951年公司股东会议记录及董监联席会议记录，公司职工会议记录、政工会议记录、工会会议记录及劳资协商会议记录，1927—1940年间上海市政府颁布的各种规定、条例、办法及上海市公用局的通知、来往函，公司通告留底、公司公私合营协议书，公司职工名册、董事监察人名册、股东名册，公司各种合同、合约、契约等。

2. 业务类

有该公司1952—1953年客运货票收入月报表及稽查补票、优待军属票等报告单，营业收支报表、业务报表，1947—1948年优待各校教职员乘车的照片及名册，关于行车业务、行车人员纠纷、各单位申请优待及免费乘车等问题与上海市公用局的来往文件，1940—1951年关于调整票价及征收附加税等问题与上海市公用局及南汇县人民政府来往文件，1953—1955年行车安全会议记录等。

3. 人事类

有公司职工工资记录及职工登记表，职工保证书，职工录用、辞职、借调的文件，职工福利及劳动保险文件等。

4. 基建类

有公司关于整修路面、钢轨、枕木及疏通道事宜与上海市公用局的往来函，行车路线图及各种土地简图等。

5. 供应类

有1938—1952年各种材料采购、分配的文件等。

6. 总务类

有公司关于职工制服发放，修建、租借、迁让房屋及修理机车计划等问题与上海市公用局来往文件，关于医疗及清洁卫生等问题与上海市卫生局来往文件等。

7. 计划类

有1951年工作计划、1952年度损益计划总表、1953年度生产计划，修筑公路专卷等。

8. 财务类

有公司总账，现金收支日记账，固定资产明细账，1953—1954年重估财产账册，1924—1949年第一至第十八届财务账略报表，1948年营业收入日报表，1928—1948年会计师查账报告等。

华商上海水泥股份有限公司

全宗号　Q414

华商上海水泥股份有限公司成立于1920年，由刘鸿生、朱葆三、李拔可等创办，刘鸿生任总经理。1923年开工出货，主要生产象牌水泥，年产量36万桶。1926年和启新公司生产的马牌水泥成为国产水泥的主要品牌。上海水泥股份有限公司也成为全国第二、南方最大的水泥生产厂家。抗战时期，该公司损失惨重。抗战胜利后，恢复营业，但受内战及经济动荡影响，日益衰退。

馆藏华商上海水泥股份有限公司全宗档案共659卷，均为永久卷，档案排架长度14.4米，档案起止年代为1920—1949年，按年度—问题分类排列，编有案卷目录。

档案主要内容：

1. 综合类

有该公司关于拟订、修订本厂规约、施行细则、应办事项及组织考工委员会拟订规则及考工须知等文件，该公司关于工厂法、工厂检查施行法、施行日期的通知及本厂规则与施行细则的拟订和修改呈请核准备案等文件，召开董事会的通知、董事会议案等。

2. 业务类

有该公司关于设立、历次增加资本及修改章程等向有关机关呈请登记注册、颁发执照等来往文件，该公司关于外商企业侵犯商标专用权利等问题与商标局等单位的来往文书，1926年参加芝加哥博览会、铁道部全国铁路沿线出产货品展览会等来往文件等。

3. 人事类

有该公司呈报上海市社会局的工人名册，关于生产例假、职工工资生活工作、工人的记过开除等问题的布告，关于抗战胜利后在厂日籍技术人员去留问题与上海日侨管理处、京沪地区战俘管理处的往来文书，关于总经理刘鸿生、厂经理朱光炬及各职员自请辞职和解雇的文书，关于工人管理办法、考工规则、须知等各项手续的文书，公司职员调查表等。

4. 财务类

有该公司职员薪水单（总事务所），该公司职员花红分配及考勤等文件。

上海市公共交通公司筹备委员会

全宗号　Q417

上海市公用局于1945年冬成立上海市公共汽车公司筹备委员会及上海市电车公司筹备处，负责规划上海的公共汽车、电车的营运事宜。1946年11月，上述两机构合组成立上海市公共交通公司筹备委员会，该委员会主任由市公用局局长赵曾珏兼任。主要职能是募集股款、拟具营业计划、订立各项规程、定购车辆材料等。1949年5月，由上海市军管会接管。

馆藏上海市公共交通公司筹备委员会全宗档案计2 590卷，档案排架长度25.6米，档案起止时间为1945年9月—1949年5月，编有案卷目录。

档案主要内容：

1. 规章类

有淞沪区公共事业实施办法，筹备会组织规程，筹备会分层负责实施办法，研究委员会组织规程，该会所属临时交通组及修理厂组织规程，司机驾驶车辆安全奖励暂行办法，该会所得税法施行细则及特种营业税法，车辆进出检查规则，有关保险事项文件等。

2. 会议记录类

有市政会议记录，公用局局务、业务会议、研究委员会会议记录，调整公用事业价格、征求会歌、出席国际合作节有关筹备小组、购置房地会议、电车公共汽车联席会议、职员进修考察办法讨论会、员工福利会会议记录，标售敌伪物资记录等。

3. 业务类

市政会议第一届六次法规委员会名单及公用事业施政报告，第九次市参议会施政报告中有关该会工作汇报，1948年参议会施政视察报告，市参议会公用事业调查委员会报告，筹备公司计划草案及计划书，该会营业计划及工作概况，改善电车拥挤计划，免费乘车办法等。

4. 人事类

有组织系统表职员名单，公务员年终考绩和平时考核文件，计算工资办法，中英文名称，职员试用及任免迁调等暂行办法，电报挂号及组织人员命名有关文件，组织印鉴及人员成立事项的文件等。

大隆机器厂

全宗号 Q456

大隆机器厂全宗包括大隆机器厂、泰利机器厂两部分。

大隆机器厂又称大隆铁厂，由严裕棠、诸小毛、钱恂如等于1902年共同出资白银7 500两创设，系我国民族机器制造工业中颇具规模的企业。抗战时期，大隆机器厂为日军占领。由日商内外棉接管，更名为内外铁厂，后又改称大陆铁厂，专为日军生产军火。抗战胜利后，由国民政府经济部作为敌产接收，改为资源委员会上海机器制造厂第一厂。1947年由严氏赎回经营。1954年参加公私合营。

泰利机器厂创办于1937年。八一三事变爆发，地处闸北的大隆机器厂受战事影响，厂房设备尽毁，严庆龄等人合伙改组大隆厂为泰利机器厂，定址于沪西江苏路西诸安浜路21号，资本额为法币220万元，专门从事纺织机器的制造。解放后，该厂实行公私合营。

馆藏大隆机器厂全宗档案共159卷，档案排架长度4米，档案起止年代为1920—1949年，编有案卷目录。

档案主要内容：

1. 总类

有大隆机器厂、泰利机器厂厂规，泰利机器厂、沪西机器厂工人福利会章程草案，泰利机器厂产业工会章程及成立大会会议记录，大隆、泰利机器厂产业工会会议记录，大陆铁工厂工会筹备记录簿，福利设施筹备计划书及筹备会会议记录，大隆、泰利厂工商执照，大隆机器厂有关生产活动的来往文件，泰利机器厂订货资料，订立抵押借款合同书等。

2. 人事类

有大隆机器厂股东名单，泰利机器厂会员名册、职工名册，大隆机器厂股份有限公司股东印鉴卡，上海机器厂第一厂工会会员名册，大隆机器厂外出人员名单等。

3. 财务类

有泰利、元生、德孚三厂资产负债总表，泰新纺织厂股份有限公司损益资产负债表，泰昌纺织厂股份有限公司损益资产负债表，元生企业公司损益计算书、资产负债表，德孚机器厂股东负债表等。

4. 劳资纠纷类

有泰利制造厂、大隆机器厂、大陆铁工厂工潮斗争情况等文件，泰利机器厂全体职工罢工斗争的有关文件等。

5. 资料类

有泰利机器厂、泰新纺织厂、泰昌纺织厂等企业的资料，灵宝中国打包公司、迦陵大楼、光裕中小学等单位的资料等。

阜丰面粉公司

全宗号　Q465

阜丰面粉公司是我国第一家近代民族资本机器面粉厂，由安徽寿县孙氏家族于1898年创建，1900年正式投产。该厂后于1916年在山东济宁创办了济丰面粉厂，1919年在河南开办了通丰面粉厂，1923年租办长丰面粉厂，1924年租办无锡泰隆面粉厂，1926年租办上海裕通面粉厂，1935年租办上海新祥面粉厂，1936年租办信大面粉厂，至1937年，其规模曾超过拥有8厂的福新公司，产品商标有红蓝自行车、绿炮车、飞虎、英雄、凤戏牡丹、桃花等。

馆藏阜丰面粉公司全宗档案共5 945卷，档案排架长度15.2米，档案起止年代为1882—1956年，按问题分类，编有案卷目录。

档案主要内容：

1. 综合类

有阜丰面粉有限公司1882年关于地契、土地证等文件，该公司招股简章、管理工人规则等规章制度，1919、1931、1935、1950年股东会议录，1939、1947、1950、1951年董事会议录，阜丰面粉厂1936年建造麦栈机房工程（建筑章程附说明书），公司1921、1926、1929—1936年总经理通告簿，1952年面粉规格施行办法、违反规格处理办法及面粉检验方法，1953—1954年总经理通告，1951年撰写的阜丰面粉厂历史资料，1936年有关经理孙仲立参加国际劳工大会等函件汇存等。

2. 人事类

有股东名册、历年职员辞职、停职、调派工作文件，1926 年关于工人争执、赏罚等记录与劳资纠纷有关文件（附大罢工记录），1954 年劳动保护通报文件等。

3. 业务类

有 1900 年阜丰面粉厂商标（小粉袋样），1923 年有关向商标局申请注册来往文件，1928 年公司动态报告、概况报告书、营业报告，公司 1930—1937 年营业报告，1931、1937、1938 年、1942—1950 年阜丰面粉厂苏庄号、锡庄号、泰庄号、高邮麦庄号、郾庄号、漯庄号等业务往来函件，1945 年厂务会议录、管理分工系统表，有关订购合约、生产改革及代磨面粉等业务函件，1951 年上海市面粉产销加工协商委员会议记录，1952—1953 年业务座谈会记录，1954 年生产及改进工作总结报告等。

4. 财务类

有历年股东认股书，1900—1916 年全年账略（第一届至十六届账略），公司第廿一届至四十一届（1918—1940 年）账略，公司 1928 年资本、公积、折旧、上届滚存、厂屋基金、余利等文件，1951 年重估财产、调整资本、变更登记有关文件等。

福新面粉公司

全宗号 Q466

福新面粉公司系1913 年由荣宗敬等创办于上海，至 1921 年发展到 8 个厂，成为我国民族资本最大的面粉公司。其红绿牡丹、宝星、天竹、寿字、渔翁等牌商标，蜚声全国。在 1926 年美国费城博览会上，荣氏面粉企业获领面粉奖状。抗战胜利后，福新各厂压缩调整，六厂未复工，四厂并入二、八厂。

馆藏福新面粉公司全宗档案共 9 942 卷，档案排架长度 8 米，档案起止年代为 1913—1956 年，按年代—问题分类，编有案卷目录。

档案主要内容：

1. 综合类

有 1913 年福新面粉一厂股单章程，1920 年福新七厂沿革及 1932 年七厂全图，1926 年福新二厂房契，1929 年《茂新福新申新总公司三十周年纪念刊》，1934 年福新一、二、五、七厂股东会议等文件，公私合营福新面粉厂 1956 年工作总结及报告等。

2. 业务类

有 1917 年福新二厂各麦庄报表，福新总公司 1920 年、1932 年营业报告，1922—1932 年洋麦洋粉输华比较表，1923 年福新各厂厂务会议记录及行政座谈会议录，1935 年福新总公司关于香港经销面粉、台湾经销麦皮业务的往来函件，1945 年福新三厂、二厂、七厂业务会议录，1950 年各厂业务委员会会议录，1953 年经营管理总结、增产节约方案，1953—1954 年各厂总结报表，1956 年福新面粉厂合理化建议处理奖励办法和劳动竞赛有关文件等。

3. 人事类

有 1923 年劳资协商会议录，1928 年福新等厂工人服务规约、工人复工书等，1953 年福新公司调整组织方案，1956 年申新系统企业史料（荣氏企业创办人介绍）等。

4. 财务类

有 1913 年福新一厂资本及财务汇总有关文件，1937、1947、1948 年红账，1920 年一、二、三、七厂账略，福新二厂 1929 年至 1950 年红账等。

国营上海面粉厂、面粉工业五厂公记及八厂联营处全宗汇集

全宗号　Q467

面粉工业五厂公记系由阜丰、福新、华丰、裕通及无锡茂新面粉厂联合设立于 1947 年，代国民政府财政部收购小麦、加工面粉。上海面粉工业八厂联营处则是 1951 年由阜丰、福新、华丰、裕通、申大、建成、鸿丰、协丰等面粉厂联合设立，下设小麦联购处，在外地设立各办事处，在当地购买小麦，供应上海面粉八厂。国营上海面粉厂的前身为福新七厂，设立于 1920 年，于 1951 年改组为国营上海面粉厂。

馆藏国营上海面粉厂、面粉工业五厂公记及八厂联营处全宗汇集共 1 088 卷，档案排架长度 3.2 米，档案起止年代为 1928—1958 年，按年度—机构分类排列，编有案卷目录。

档案主要内容：

1. 国营上海面粉厂

有1953—1954年上海面粉厂摸底情况汇报，1955年工作计划、总结、消防安全操作规程等。

2. 上海面粉工业五厂公记

有五厂公记成立有关文件，五厂公记蚌埠庄购麦用款文件等。

3. 上海面粉工业八厂联营处及小麦联购处

有八厂联营组织法、营业规章、联营组织章程、办法、会议记录、节约纲领等文件，联营处业务会议记录，商标注册证，定额问题座谈会，销货事项及推销面粉计划书等，联购处业务组汇报记录，业务总结及附表，小麦采购计划、各庄费用、成本、检验统计等文件，与镇江庄号、漯河、合肥、蚌埠、扬州办事处等业务来往文件，联购处镇江、扬州、常州、蚌埠办事处分类账等。

吴淞煤气厂

全宗号　R55

吴淞煤气厂于1945年10月6日由上海市公用局接收日伪大上海瓦斯公司吴淞工场而成立，次年1月21日正式对外营业，主要生产煤气、焦炭及其他化工副产品。陈柱一、宋国祥、许宝骏、叶德曾先后任厂长。内设总务、技术、供应、业务、会计等5科和正副两名工程师。1949年上海解放后，由上海市军管会接收。1953年起由上海煤气公司统一经营。

馆藏吴淞煤气厂全宗档案共215卷，其中日文档案31卷。档案排架长度4米，档案起止年代为1913—1949年，编有案卷目录。

档案主要内容：

1. 综合类

有该厂1949年厂务会议记录，有关启用印信日期、办事处成立日期、筹组煤气公司、设置人事管理机构等问题与公用局来往文书，为添设煤气班问题与交通大学来往文书等。

2. 营业类

有该厂营业月报表，煤气用户收费日报表，用户请装煤气及过户的文件，调整煤气售价和租表费公告，收取用户保证金文件，销售副产品与有关方面来往文书，该厂处理1945年10—12月市中心区用户煤气账款事与上海煤气公司和公用局来往文书等。

3. 工程建设类

有该厂招商承包开掘自流井工程、建造机械发生炉屋架工程与有关单位往来函件，与英商上海煤气公司联合敷设高压管工程的有关文件，承建南市煤气厂计划书，向公用局申请掘路执照的文件，购买原煤、氧气、电石、稀硫酸液、水泥、汽油、柴油、煤气表、煤气管理等与有关单位来往函件等。

4. 人事类

有该厂历任厂长的任命文件和交接清册，职员名册、履历表、保证书，员工任免、奖惩、调整待遇、增加福利等文件，为留用和遣送日籍技术人员与公用局往来文件等。

5. 财会类

有该厂收支预算报告，煤气成本分析表，缴纳营业税、所得税和向银行借款的文书，为请拨购煤款、房屋修理费、公用事业补贴费等经费与公用局来往文件等。

6. 其他

有大上海瓦斯股份有限公司章程，股东会议记录，历年营业报告书，南京、无锡、苏州、杭州瓦斯企业调查报告，吴淞、杨树浦煤气厂调查报告，与英商上海煤气公司的业务往来函件等。

上海银行业同业公会联合准备会

全宗号　S177

上海银行业同业公会联合准备会成立于1932年2月。该会是由上海市银行业同业公会发起，上海市各银行组织，以调剂金融为宗旨，办理联合准备及拆放款项事宜。李馥荪任主席，下设执行、保管、评价等专门委员会及票据交换所，会员银行有中国、交通、四明、中南等26家。该会于1946年8月结束，同年与钱业同业公会筹组上海银钱业联合准备会。同年8月，为管理遗留的剩余基金及房地产，设立银联基金管理委员会，主要负责人为陈朵如、居逸鸿。该会于1950年3月解散。

馆藏上海银行业同业公会联合准备会全宗档案共866卷，档案排架长度10.4米，档案起止年代为1920—1950年，编有案卷目录，已拍摄缩微胶片31盘。

档案主要内容：

1. 总类

有该会组建成立的有关文件，该会章程、公约及章程、规则的条文解释，1931 年及 1942 年该会会员银行代表两次签订的公约正本，该会十周年纪念册目录及十年大事记，该会第 1—18 次委员银行代表大会会议记录、常务委员会议记录，第 1—52 次执行委员会会议记录，票据交换所委员会第 1—25 次会议记录，票据承兑小组委员会会议记录，该会历次会员银行代表大会及执行委员会提交的提案和报告，日军进入租界后各日文报刊对该会前途诸种估测的译文等。

2. 业务类

有该会年度业务报告书，该会经理向常务委员会议作的事务报告，该会票据交换所、票据承兑所报告及业务情况，研究废两改元的有关文件，关于汇划制度、法币处理以及日本军票买卖等事向日伪当局的申述意见，抗战胜利后该会为恢复票据交换及法币本位事与各交换银行的往来文件，该会代办现钞保管、举办拆放业务以及调整基金和公库证等的文件，该会拟定催偿各钱庄拖欠中国、中央、交通三行借款计划等。

3. 组织人事类

有该会基本会员银行、特约往来银行名录，该会执行委员、票据交换所委员、保管委员、评价委员高级职员名单，全体职工名单，该会科主任以上职员升调的文件，设置票据承兑所以及创立第一承兑投资银行的文件等。

4. 财务类

有该会总账、基金账、利息账、有价证券分户账、同业往来账、各项开支簿，该会决算表及会计师报告书、资产负债表、房地产估价报告单等。

上海钱业联合准备库

全宗号　S178

上海钱业联合准备库成立于1932 年 10 月，是上海市钱业同业公会为巩固全体同业基础、调剂金融、办理联合准备事宜而特设的机构。上海市钱业同业公会会员为该库的基本会员，该库主要负责人有何衷、裴云卿、邵燕山、陆书臣，下设执行、检查、估价、保管等委员会。上海钱业联合准备库于 1946 年 4 月结束业务，同年与原银行业同业公会联合准备会合组成立上海银钱业联合准备会。

馆藏上海钱业联合准备库全宗档案共 71 卷，档案排架长度 2.4 米，档案起止年代为 1931—1949 年，编有案卷目录。

档案主要内容：

1. 总类

有修正上海钱业联合准备库章程草案，银行、钱庄两公会筹组上海银钱业联合准备会公约草案，该库发行准备财产存证缘起、准备财产存证简章，该库保管委员会简章，该库同业票据交换规则、代理交换细则和同业拆放简章，举办钱庄业务研究社的缘起、章程，该库 1936—1945 年会员代表大会记录，1935—1943 年、1945—1947 年执行委员会议记录，1935—1939 年、1942—1943 年常务委员会议记录，1943—1945 年常务理监事会议记录，1943—1945 年理监事会议记录等。

2. 业务类

有该库关于同业拆放与各钱庄的往来文件，有关交送破旧钞票、交换支票等事与各银行的往来件，客户向该库拆借款项提供担保的文件，为领用暗记券与中央银行发行局的往来文件，与有关银行及钱庄为开立新户、票据交换、兑换新法币等业务的往来文件，与中国、中央、交通三行及银行联合准备库为押品移交、票据解收等有关业务的往来文件，向中国、中央、交通三行赎取客户借款抵押道契的有关文件，各银行有关发行新版辅币券与该库的往来文件，有关划头、汇款、押款等事通知会员的文件等。

3. 组织人事类

有该库理监事名册，执行、检查、估价委员会重要职员及委员钱庄名单，会员入会志愿书，各银行报送的主要负责人更动情况，钱庄业务研究社社员名单，经理、副理及全体职工参加伪自警团名册等。

4. 财务类

有该库同业拆放抵押品分户账、该库缴存准备财产分户账、该库财产保管摘录等。

上海银钱业联合准备会

全宗号　S179

上海银钱业联合准备会于1946 年 7 月成立，是上海银行公会及钱业公会遵照财政部规定联合组织的金融服务机构。该会以解决各会员银行、钱庄业务问题为宗旨，业务有公库证拆放、调整准备财产、调整公库证款额、执行公库证拆放等。李馥荪为主任委员，并成立评价委员会，下设房地产股、证券股、货物股等机构。地址位于香港路59号。1949年3月主要业务移交上海市票据交易所办理后，结束活动。

馆藏上海银钱业联合准备会全宗档案共125卷，档案排架长度6.4米，档案起止年代为1936—1950年，编有案卷目录。

档案主要内容：

1. 总类

有该会章程、公约，该会筹备会议记录，会员行庄代表大会会议记录，理监事联席会议记录，评价委员会会议记录，执行委员会会议记录，执行委员会签字决议稿，印鉴样本，该公会致会员行庄的通函，会员行庄代表人名录等。

2. 业务类

有该会评价委员会工作规则、工作报告，筹集拆放第二基金及订定调整基金办法，公库证拆放暂行办法，会员行庄入会手续，认缴准备财产调查报告、认缴准备财产书、缴存准备财产文件（财产之领息、登记、过户、注册、增资），公库证发放文件，主管员查账报告等。

3. 组织人事类

有该会评价委员会名册，重要职员名册，襄理以下职员名册，该会聘任经理、主任名单，银钱业同仁联谊会组织和人员名单等。

4. 财会类

有该会年度决算报告，该会会员交存准备财产清单，各项开支及统计表，总日记表，总账，公库证收付账等。

经募通泰盐垦五公司债票银团

全宗号　S442

经募通泰盐垦五公司债票银团于1921年6月与大有晋、大豫、大赉、大丰、华成五个盐垦公司签订发行债票合同。盛竹书任银团主席。主要职能是派稽核员分驻五个公司，负责情况调查、监察账目、债务处理等。结束时间不详。

馆藏经募通泰盐垦五公司债票银团全宗档案共 102 卷，档案排架长度 3.2 米，档案起止年代为 1913—1936 年，编有案卷目录。

档案主要内容：

1. 综合类

有银团会议记录，银团与五盐垦公司的联席会决议，稽核处董事会文件，五盐垦公司章程，五盐垦公司董事会议录、股东会议录，实业部两淮盐垦讨论会，南通实业总管理处、总务处章程及各公司会计规则等。

2. 组织人事类

有稽核处组织大纲、稽核办法，大丰公司内部组织情况，大丰公司同人录等。

3. 业务类

有盐垦五公司调查报告，稽核大丰、大赉、大豫、大有晋盐垦公司报告，五盐垦公司月报、年报表，华成公司改良垦务意见等。

4. 财会类

有五盐垦公司债票银团存折和借据，五盐垦公司历年收支账，大有晋公司工程预算，大豫公司工程预算及地方等级估价表，该银团佣金户流水账，张謇为各盐垦公司募集资金说明书、农业试验场账册等。

5. 其他

治理王家港商榷书，辟治江北五县串场大河计划、呈文，浚治长江计划文牍汇刊，通泰农场聘请美国昆虫专家合同及往来文书等。

上海证券物品交易所

全宗号　S444

上海证券物品交易所创办于1920 年，系中国创办最早的综合性民营证券交易机构，从事证券、棉花、棉纱、杂粮等物品交易。理事长虞洽卿。1929 年该所的棉布交易并入上海华商纱布交易所。1933 年该所的金银部营业归并于上海金业交易所，上海证券交易市场于 9 月停止营业，上海证券物品交易所遂正式结束。

馆藏上海证券物品交易所全宗档案共 34 卷，档案排架长度 0.8 米，档案起止年代为 1919—1939 年，编有案卷目录。

档案主要内容：

1. 总类

有公司法、交易所法、交易税例，该所条例、该所营业细则，《交易所诠谛》《证券交易所及它的营业》《德国有价证券市场论》《银元英镑换算表》等资料，该所就农商部拟定的物品交易所条例提出书面修改意见等。

2. 组织人事类

有该所为成立事与有关当局来往文件，开幕照片，该所为营业执照、注册、立法等问题与有关方面来往文件，农商部发给该所营业执照的批示，该所与上海金业交易所结束合并契约等，该所理监事及各处科同事录，该所就改选理监事事向上海市政府备案呈文，该所股东更换名义证明书等。

3. 业务类

有该所临时整理委员会和临时整理设计委员会的议事录，该所经纪人公会为本所股票买卖违法事议定解决办法会议录，该所与中国振业银团、东南信托公司签订的契约和合同，该所与日商业务来往文件，会审公廨和上海租界临时法院关于该所业务上诉案的判决书，该所投资普利纱布号、增加经济人本证通融额有关文件等。

4. 财会类

有该所股东认股书、存单、代用品缴纳书、股票，该所分摊政府借款、缴纳营业税有关文件，该所财务决算账册及报表等。

上海兵工厂

全宗号　S446

上海兵工厂成立于1917年，前身为1865年成立的江南制造局，该局生产机构由造船和兵工两大部分组成。1905年造船部分独立，称为江南船坞，1912年改称江南造船所。兵工部分于1917年改称上海兵工厂。该厂是旧中国规模最大的军工企业。1932年一·二八淞沪抗战后，兵工厂停办。1937年抗日战争时并入江南造船所。

馆藏上海兵工厂全宗档案共90卷，大部分系兵工厂前身江南制造局档案，兵工厂本身档案较少。档案排架长度4米，档案起止年代为1851—1933年，编有案卷目录。

档案主要内容：

1. 总类

总商会驻厂办事日记，江南制造局平面图及各厂房照片，陆军部直辖上海兵工厂招商投标简章，租用购买民地、添建厂房的契约文本，江南制造局与上海县关于完纳粮赋问题的来往文件，制造局与船坞厂关于改筑徽宁会馆马路费用问题的来往文件，制造局购地被乡民占用的有关文件，收发文簿等。

2. 组织人事类

有上海总商会接收委员及驻厂办事员名单，遣散、暂留员工名册等。

3. 业务类

有生产军火清册及各方提取军械的文件，出售机器、废料签订的合同和估价单等。

4. 财产类

有机器移交清册，积欠款项清册，制造局内外地基、房屋清册，兵工厂所属老龙华、浦东局、高昌庙办事处印章，各厂机具、物资清册，地租簿及家具清册等。

五、文化机构档案

上海广播电台

全宗号　Q49

上海广播电台成立于1945 年 9 月 26 日，系接收日伪中国广播协会“上海”“国际”电台合并而成，陈甫屏任台长。下设秘书一人和工务、播音、业务、总务等四科，并与市警察局合设秘密电台，干扰解放区对上海的广播。1949 年 5 月 27 日，被上海市军管会接管。

馆藏上海广播电台全宗档案共 129 卷，档案排架长度 5. 6 米，档案起止年代为 1945—1949 年，编有案卷目录。

档案主要内容：

1. 总类

有上海市党政接收委员会议事录，接收日伪机关和事业统计表、资产目录，接收上海各电台有关文件，上海电台、黄浦电台、大东电台、东亚电台、中央广播器材修造所沪厂有关文件，上海市公、民营电台申请复业文件，国民党宣传部宣传通报，上海市各机关一览表等。

2. 业务类

有业务会议事录，有关传音、录音、广告的文件，播音节目表、节目播送通知，增音、发音室工作日报表，该台与中央及各地电台业务往来函，上海市各电台设备调查表，听众来信等。

3. 人事类

有职员名册、职掌表、履历表，考绩加薪名册，国民党党员登记表，中央广播事业指导委员会和中央广播事业管理处职员录等。

4. 财务类

有该台各类经费账册等。

上海市立科学馆

全宗号　Q237

上海市立科学馆设立于1946年，其前身为创设于1945年12月的市立科学实验所，隶属于上海市教育局。涂羽卿兼任所长。1946年市立科学实验所改组为市立科学馆，改隶社会局教育处，设立总馆办事处，至上海解放后停止活动。

馆藏上海市立科学馆全宗档案共54卷，档案排架长度0.8米，档案起止年代为1945—1949年，编有案卷目录。

档案主要内容：

1. 总类

有上海市立科学馆概况，上海市政府、教育局等关于各项社教活动、行政管理发来的指令，该馆工作实施方法、工作报告、工作会议录，有关单位要求该馆提供资料、各校要求登记参加实验的来函，各实验站药品仪器清册等。

2. 人事福利类

有该馆组织规章，教育局关于人事调配方面的规章指示，该馆员工名册、履历表、动态月报表、员工考绩表、员工福利情况文件、员工家庭状况调查表、员工领取配额物资办法及经过情况文件等。

3. 业务类

有该馆1947—1948年各学期物理、化学、生物教育实验站实验日志等。

4. 财会类

有该馆建筑馆舍概算书，财产增减表清册，1946—1948 年财产目录，资本负债平衡表、经费表等。

上海市教育局巡回施教队

全宗号　Q238

上海市教育局巡回施教队设立于1948 年，以巡回各区开展民众识字教育为主要任务。黄仁荣为队长，下设总务、教务、推广等三股。1949 年 5 月结束。

馆藏上海市教育局巡回施教队全宗档案共 46 卷，档案排架长度 0.8 米，档案起止年代为 1948—1949 年，编有案卷目录。

档案主要内容：

1. 总类

有工作实施方案及规章制度，各种工作报告、工作日记及会议记录，财产目录、财产价值登记表，收文簿，启用钤印印文文件等。

2. 组织人事类

有该队的组织规则，人事任免调动文件，教职员名册及履历表，队员奖惩问题文件，工作人员考勤报告书等。

3. 业务类

有开展民众识字运动的各项措施及宣传文件，发行壁报的要点、表式和办法，民众识字班结业试题，参加户口调查情况报告，民众学生调查报告及结业名册，结业典礼情况报告，施教班站分布图，失学民众调查表等。

4. 财务类

有上海市巡回施教队关于各项经济开支方面的训令，各项费用支出情况表，教职员工工资单等。

暨南大学

全宗号　Q240

国立暨南大学1927 年成立，其前身为清政府于 1906 年在南京创办的暨南学堂，内设教务、训导、总务三处，大学部下设文、理、法、商四学院和南洋研究馆，校长由郑洪年、沈鹏飞、何炳松、李寿雍担任。抗战爆发后，学校迁往租界上课。1941 年在福建建阳设分校，1942 年全部迁入该地。1946 年返沪，在青云路复校。1949 年 9 月，文、法、商三学院并入复旦，理学院并入交大。1951 年，学校并入燕京大学。1958 年 9 月，在广州复校。

馆藏暨南大学全宗档案共 958 卷，档案排架长度 17.6 米，档案起止年代为 1917—1951 年，编有案卷目录。该全宗部分档案因 1951 年学校并入燕京大学而保存在北京大学。

档案主要内容：

1. 抗战前档案

有该校校务会、行政会、华侨学生指导委员会、秘书处处务会议事录，该校向中英庚款董事会和中华教育文化基金董事会申请补助往来文书，修建校舍合同，真如校产调查表，租赁新闸路和赫德路临时校舍的文件，有关人员人事材料等。

2. 抗战期间档案

（1）综合类

有该校各种章规、大学组织大纲，校务会、迁校委员会议事录，东南联大、南洋研究馆移交清册和报告，职员题名录，任免会计室主任文件等。

（2）教务类

有教育部关于教员检定、教务、学生学籍等训令，教员课程一览表，导师名册，肄业侨生登记表，各种学生名册等。

（3）训导类

有教育部各种训导训令，该校各种纪念会训话稿，管训座谈会议事录，顾祝同等捐赠救济金文件，侨生特种救济金核发办法和发放名册等。

3. 抗战后档案

有该校租借真如校产问题与教育部、交通部往来文书，校务会、行政会议事录，校长交接文件，增设院系、购买房屋的文件，专任教授、副教授名册，校长等工作人员调动和考核的文件，学生名册，学生申请公费、奖学金报告等。

4. 解放后档案

有军管会接收该校布告，学校概况调查表、教授调查表，房地产登记表，各种移交清册等。

5. 教务类

有暨南大学教务一览，该校 1919—1939 年、1942—1947 年毕业生名册，1932—1949 年学生名册，1932—1939 年、1946—1948 年毕业生成绩册，1937—1941 年毕业生照片，历届学生报到表、学历表，同学会会员录等。

6. 年刊、校刊类

有该校 1925 年、1930 年、1937 年、1940 年、1945 年、1947 年纪念刊，《暨南周刊》，1949—1951 年教职员名册、履历表，关于聘请郑洪年、沈鹏飞事与有关单位的往来文书，各同学会文件等。

7. 财务类

有该校总账、分类账、经费分类账、银行账、现金账、收支传票、财务报告等。

8. 补遗

有该校内迁学生名册，《暨南大学概览》《暨南大学一览》，1943—1948 年新生报到表、学历表，学生申请公费、贷金等有关文件，介绍学生工作的有关文件等。

大 同 大 学

全宗号 Q241

大同大学创立于1912 年 3 月，初名大同学院，由胡敦复、朱香晚、平海澜等 11 人发起创办，为私立大学。1922 年该校在国民政府教育部获准立案时改校名为大同大学。胡敦复、曹梁厦、胡刚复及平海澜等先后担任该校校长。该校设有文、理、商、工 4 个学院。下设 14 个系、2 个专科及大同中学。1952 年全国高等院校院系调整，大同大学宣告结束，相关各系分别并入复旦、同济、交大、财经学院等院校。

馆藏大同大学全宗档案共 703 卷，档案排架长度 19.2 米，档案起止年代为 1912—1952 年，编有案卷目录。

档案主要内容：

1. 校董会

有立达学社会议记录，校董会组织大纲及校董名单、简历表、会议记录，1950 年聘请平海澜任校长文件等。

2. 校务类

有该校校务会议记录，工作报告及工作总结，学校沿革及概况调查表，设备调查表、科目调查表，历年毕业生人数统计表，师资情况调查表，院事日记（1922—1924 年）等。

3. 组织人事类

有该校组织规程、组织系统表，教员履历表，历年教职员一览表、历年教职员名册随机调查表，老师及职员登记表等。

4. 教务类

有教育部对该校系科变迁、增设院系的指示和批复，该校为更改系科名称、增设系科与华东教育部来往文件，各学院课程表，教学计划及讲授提纲，毕业生分配调查表、分配名册、分配方案等。

5. 财务类

有该校账册、报表等单据目录，历年学费总登记簿，1937—1944 年度分类账单，大学收费一览表，1949—1952 年度会计报表等。

6. 学籍管理类

有该校各院科系历届毕业生、学生人数统计表，毕业生名单，历年各科毕业生调查表，学生成绩册，学生名册及各科学生一览表，学生转学、休学、退学名册等。

沪 江 大 学

全宗号　Q242

沪江大学成立于1906 年，原名上海浸会大学，为美国基督教南北浸礼会所创办。上海浸会大学最初分神学院及大学院。1915 年经校董会议决，改中文校名为沪江大学，1917 年沪江大学在美国弗吉尼亚州注册立案。1927 年神学院分立，1929 年获准在国民政府教育部立案。柏高德、魏馥蓝、刘湛恩、樊正康、凌宪扬先后出任该校校长，下设文学院、理学院、商学院及教育学院。新中国成立后，1951 年 2 月，沪江大学由上海市人民政府接办，改作私办公助，校务由余日宣、蔡尚思主持。1952 年全国高等院校院系调整，沪江大学结束，各院系分别并入复旦大学、华东师范大学等相关院校，校址移归上海机械学院。

馆藏沪江大学全宗档案共 1 261 卷，档案排架长度 48 米，档案起止年代为 1906—1952 年，编有案卷目录。

档案主要内容：

1. 总类

有该校政策、办学方针和计划，学校立案文件，该校加入上海地区联合教会大学文件，该校沿革及大事记，各学院及沪东公社简况，会议记录，校长年度报告（1933—1949 年）和沪江各学院院务报告，刘湛恩、凌宪扬、李耀邦、张春江等人的简历、自传、言论集、讲演稿等。

2. 行政类

有该校及其校董会、校务委员会、城中区商学院和沪东公社章程、细则和组织规程，该校行政组织概况表，有关购置地产、修建校舍、租借场地、交纳捐税、订购教学仪器等文件，有关发放奖学金、调查教职员工福利待遇等文件，该校校产契据（1900—1934 年）、财产清单及建筑图样，该校 1952 年院系调整时的移交清册等。

3. 教学类

有该校教学计划和教学大纲、修正课程、学校考试、增聘教员等文件，有关新生入学、招生、课程选修、公布考试规则、推行导师制和设置女生监学文件，各院系课程设置一览表，各院所属系科必修、选修科目统计表，商学院教材大纲及部分学生的毕业论文等。

4. 学籍管理类

有该校学生入学、休学、退学、转学、补考、颁发毕业证书、证明学籍文件，基督徒学生人名录，学生名册、学生成绩册、学生毕业证书存根等。

5. 学生活动类

有该校学生团体、团契组织索引一览表和工作报告书，学生自治会、同学会、同学助学会和社会学会等学生团体宪章、章程和组织细则，禁止学生参与进步活动、处理学生罢课风潮、安排课外活动文件等。

6. 宗教活动类

有沪江神学院特别会议记录，沪江浸会堂简史、会章、组织大纲、教务报告和人员名册，该校宗教团体、教堂和宗教活动的调查统计表等。

7. 人事类

有沪江大学历任华籍校长人选讨论、教职员聘任和教员资格审查文件，校务委员会、校董会、行政委员会、各院系负责人和教职员名册等。

8. 财务类

有沪江大学财务委员会会议记录，接收政府补助金及接纳美国创办人委员会捐款和劝募校友捐助战后复校基金文件，会计年度报告，总账、分类账；学杂费清账及总登记表等。

9. 校刊类

有沪江大学年刊（1917—1952 年）和英文校刊合订本（1939—1949 年），《沪大校闻》《沪江新声》《沪江双周刊》《陪都沪大校讯汇录》，私立东吴大学沪江大学联合法商学院校刊等。

圣约翰大学

全宗号　Q243

美国基督教圣公会中国教区主教施约瑟以培雅、度恩两书院为基础，于 1879 年 9 月创办圣约翰书院。1906 年，正式以圣约翰大学之名向华盛顿哥伦比亚特区立案。书院最初由施约瑟任主任，后由卜舫济任校长。学校开办之初设国文、神学二部，后增设医学部和英文部，分正科和预科，1905 年组成完全大学，设置文、理、医、神四个学院。1947 年 10 月 17 日校董会立案申请国民党政府批准。上海解放后，学校逐步与美国教会脱离关系。1952 年全国高等院校院系调整，圣约翰大学各院系分别并入相关院校，校址划归华东政法学院，该大学结束。

馆藏圣约翰大学全宗档案共 2 050 卷，大部分为英文，档案排架长度 79.2 米，档案起止年代是 1878—1952 年，编有案卷目录。

档案主要内容：

1. 总类

有该校五十、六十年史略，校史资料，学校概况调查表，施肇曾土木工程学院成立简史，卜舫济为筹设上海联合医学院与各方来往函，圣约翰大学停办、复校及延期开学有关文件，罗氏图书馆历史，该校全图及校舍平面图，申请立案文件，校董会 1928—1950 年会议记录，1916—1952 年校务会会议记录，教职员会议记录及各学院各委员会会议记录，校长手册，学校年度报告，各院系工作报告，卜舫济与孙中山、蔡元培、颜惠庆等各方来往函，圣约翰大学致蒋介石贺电；1917—1951 年约大年刊等。

2. 行政类

有圣约翰大学组织法、教育工作政策等文件，行政组织系统表，学校规程，组织章程，校长室通告，校产文件，为教员和学生的户口、外出、学习等出具的证明信，建造校长住宅合同，中国基督教大学促进会、中美教育基金会等为发放奖金与约大来往函，圣约翰大学宗教教育问题有关文件，美国圣公会就约大校务、经费、现状等与该校负责人来往函等。

3. 教学类

有圣约翰大学教务及与各大学联系文件，教务处通告，圣约翰大学各系课程表及教学计划大纲，课程内容和应用课本呈报表，教员文章及学生毕业论文集锦，土木系学生参加治淮工作总结等。

4. 学籍管理类

有约大就学生参加战地服务、救灾和校友会活动等事与基督教青年会往来文书，与申请入学的外籍学生往来函，转院转系的办法，学生报名登记簿，外校转学生报名单，学生投考报名单，历届毕业生名册，1894—1951 年学生成绩报告单存根，学生毕业证书存根，毕业生通讯录等。

5. 人事类

有 1908—1934 年接受圣约翰大学荣誉学位者名单，聘任沈嗣良为圣约翰大学校长的文件，教职员名单，教员履历表，聘书，1895—1941 年校董会名单，教员资格审查履历表，为聘任政治教员事呈华东军政委员会教育部函及其批复等。

6. 财务类

有财务委员会财务报表，为约大修筑费用及经费问题通函，学费账、现金收入簿，上海教区预算，约大经费预算及财务报告，收支账册、分类账、总账和职工薪金账等。

7. 资料类

有基督教华东六大学联合毕业典礼秩序册，中华全国基督教协进会 1922—1927 年五年工作回顾，中国基督教教育会有关教育等问题的文件，华东基督教教育会公报，美国教会上海及江苏教区会议记录及有关文件，美国在华基督教大学联合会对中国教会大学的意见及中国政治形势分析文件，在华基督教大学院校统计报告，扶轮社宣传小册子，中国斐陶斐学社章程，江苏教区日校报告，陈毅在市政府举行的文艺界座谈会上作关于中共文教政策的说明，中国地区宗教宣传问题及活动的文件等。

震旦大学

全宗号　Q244

1903 年 3 月 1 日，马相伯创办震旦学院。1905 年 2 月，马相伯离校另创复旦公学，震旦停办。同年8月，重新开学，由李问渔任总教席。至1931年，学校行政由天主教耶稣会控制。1928年，震旦学院始称震旦大学。1931年，学校成立董事会，先后由马相伯、谢冠生、朱季球任董事长，胡文耀任校长。1951年2月，教会停拨经费，传教士退出学校。1952年全国高等院校院系调整，震旦大学停办。

馆藏震旦大学全宗档案共1 243卷，其中法文档案约占三分之一，档案排架长度34.4米，档案起止年代为1903—1951年，编有案卷目录。

档案主要内容：

1. 校史概况类

有该校历史考证书，简章、概况资料，廿二届毕业纪念册，身居要职校友名单，樊国栋简史及新校舍照片等。

2. 政治宗教类

有1905年马相伯辞职纪事，立案文件，向洛克菲勒基金会申请补助文件，1919年罢课事件和其他学运资料，同学会会刊，校友名单，1908—1917年学生名册等。

3. 校院长函件类

有校长与附中神甫有关教育函件，桑黻翰、才尔孟旅行法国报道参观等情况与学校往来函件等。

4. 教务行政类

有该校教学计划和大纲，校历，学生保证书，历年课程表，教务统计报告、课程改革计划、各科讲义，办理夜大学文件，校规，教职员名册、历年学生名册、成绩卡、成绩册，毕业生统计表、毕业生名册、毕业证书存根，同学录、通讯录等。

5. 总务经费、物资、图书类

有该校校务计划和报告，扩充校舍计划，建筑天文台、小教室计划，学校房地产纠纷诉讼文件，学生申请奖学金、助学金、补助金文件等。

6. 震旦女子文理学院及牙专科类

有女子文理学院校史资料，工作报告，并校意见，教学工作总结，学生名册、教职员名册；牙专科并校交接文件，学校情况报告，教职员名册、调查表；震旦大学移交图书、仪器、教员清册；博物院移交文件等。

7. 政治经济及其他参考资料类

有关中国租田制度、公路、矿产、农业、经济等调查统计资料，亚洲远东各国经济恢复和建设资料，《上海法租界史略》汪景侃译稿，上海街道名称表，徐汇中学章程、光启中学校刊，弟尔里安（Dianium）日记十五本等。

8. 博物院类

有概况、院刊、建筑图纸、禽类清册，标本采集及产地记载文稿，为鉴定、交换标本与美、日等国和国内各大博物馆等机构往来函件，樊国栋在中国各地旅行日记，各类动植物笔记，英国倍德法远东探险队旅行报告等。

9. 土地契据簿册类

有青浦、松江土地清册、租册，登记丈量文件，租户一览，典于记账房有关函件等。

10. 照片幻灯片类

有校舍、学校各种活动、震旦博物院、广慈医院照片，各年级学生照片，一战期间华工参加各种活动幻灯片等。

11. 财务类

有各种账册，1919—1949 年震旦大学医科杂志等。

12. 补遗

有震旦历史资料、学校概况、教学工作总结、学生名册、成绩册、同学录，女子文理学院概况表、教学计划、大纲等。

13. 其他

有上海外国语学院学生初步整理该校档案的工作总结等。

东吴大学法学院

全宗号　Q245

东吴大学法学院创办于1915 年，名义上是东吴大学的一个学院，实际除小部分经费由美国教会通过东吴大学拨给外，两校相对独立。该学院以培养通晓英美法律的人才为宗旨。太平洋战争爆发不久，该校停办。部分师生于 1942 年在上海开办中国比较法学院，由吴蕴斋任院长；部分师生在重庆与沪江、之江两大学联办法商工学院。抗战胜利后，沪渝两地学校合并。1952 年全国高等院校院系调整，东吴大学法学院结束，会计系并入上海财经学院，法律系并入华东政法学院。兰金、文乃史、吴经熊、盛振为、杨永清先后任院长。

馆藏东吴大学法学院全宗档案共523卷，档案排架长度12.8米，档案起止年代为1915—1952年，编有案卷目录。

档案主要内容：

1. 总类

有该学院历史事实考证书，学院章程、法科研究所章程，教育系、会计系的设置，在渝成立法商工学院与教育部的来往文件，该学院院务会议记录、中华基督教卫理公会华东议会记录，概况调查表、法律学研究所调查表；东吴大学概况、简史，校董会章程、校董会议事录，1940年校长年度报告等。

2. 教务类

有该学院改办日校与教育部来往文书，教务处工作报告，1950年和1951年教学计划，课程一览，重庆时期所开的课程表和教授授课时数表，1951年法律系课程改革及教学情况总结，历届毕业生毕业论文等。

3. 学籍管理类

有该学院1929—1943年春季录取新生通告，1936—1951年学生注册簿，1918—1953年历届毕业生名册，1918—1953年历届学生保证书、成绩单、个人履历表等文件，1939—1952年历届毕业生毕业证书存根，1949—1952年毕业证书报教育部验印名册等。

4. 学生活动类

有该学院学生自治会第一次理事会会议记录和理事名单，第1—7期《东吴生活》，学生社团组织申请书和登记表，青年团团员名单，历年学生通讯录及历届校友通讯卡等。

5. 人事类

有该学院校董、校长、院务委员会委员名单，1931—1941年新聘教员简历，1945—1949年教职员履历表，法律学历届教授名单等。

6. 资料类

有《私立东吴大学年刊》《私立东吴大学法学院校刊》《私立东吴大学文理学院一览》《雁来红》《中华基督教卫理公会五十周年纪念册》《中华监理公会年议会五十周纪念刊》等。

7. 财务类

有该学院分类账、日记账、收支对照表、支出预算书、总账等。

上海商学院

全宗号　Q246

国立上海商学院成立于1932年，以培养商业专门人才为宗旨。其前身是国立东南大学上海商科，几经更名，先后称第四中山大学商学院、江苏大学商学院、中央大学商学院。内设教务、训导、总务三处，下设会计学、银行学、工商管理学、国际贸易学、统计学、保险学等系，院长先后由徐佩琨、裴复恒、陈恩普、朱国璋担任。抗战期间，被汪伪政府接办。1949年5月27日被上海市军管会文教委员会高教处接管。

馆藏国立上海商学院全宗档案共440卷，档案排架长度5.6米，档案起止年代为1928—1952年，编有案卷目录。

档案主要内容：

1. 秘书类

有各委员会简章，学校概况，1936年《国立上海商学院一览》，第三届毕业纪念刊，院长交接文件，该院工作报告，教职员履历表，第一至第三十三期院务半月刊等。

2. 人事类

有1930—1941年教职员、教授聘函，1931—1946年教职员名册、调查表，1933—1943年教职员、学生通讯录，1935—1945年毕业生名册，1931—1938年学生名册，1932—1942年校历等。

3. 训导类

有学生通则，学生自治会组织大纲、章程，学院概况、校史、大事记，各项规章，一·二八战事损失调查表，院务会议事录、院维持会议事录，1946—1949年教职员名册、聘函、履历，1946—1949年学生名册、调查表，1947年毕业生纪念刊，1928年《国立中央大学商学院一览》，院务报告等。

4. 总务类

有解放初期院务会议事录，院务委员会宣言和情况报告等。

5. 财务类

有1947年、1948年预决算表，1949年各类账册。

6. 补遗

有江湾校址道契、学生学籍卡等。

上海法学院

全宗号 Q247

私立上海法学院成立于1926年，原名上海法科大学，校址设在江湾路547号。该院以培养造就政法、财经人才为办学宗旨。学校先后开设法律、政治、经济、会计及银行等系。私立上海法学院董事长先后由潘大逵、钱新之担任，院长先后由褚辅成、褚凤仪担任，沈钧儒任教务长。1951年8月，私立上海法学院法律系与其他六所私立院校合并成立私立上海学院。1952年全国高等院校院系调整时，私立上海学院宣告结束，原该院有关系科分别并入复旦大学、上海财经学院、华东政法学院等院校。

馆藏上海法学院全宗档案共354卷，档案排架长度5.6米，档案起止年代为1927—1951年，编有案卷目录。

档案主要内容：

1. 总类

有上海法学院概况，学校概况调查表，1946—1947年校历，学校发文底稿，有关抗战损失情况报告，产权与土地登记文件，有关并校移交校舍校具清册，校董会会议记录、校务委员会会议记录等。

2. 组织人事类

有上海法学院立案文件，章程及办事细则，院长就职文件，校董名单、教职员名册及简表；学校组织系统表等。

3. 教务类

有各系系主任会议记录，商业专修科改设统计会计速成班文件，开设会计专修班计划书，历届招生简章，学程总表，学院招生名额问题报告，有关考试事项文件，有关毕业考试文件（1939—1947年），毕业生工作分配文件，学生履历表及成绩表等。

4. 学籍管理类

有上海法学院历届新生及转学生名册，学生学籍卡、学籍备案簿，有关学生入学、修学、退学、转学等文件。

5. 校刊类

有《上海法科大学一览》《戊辰年刊》《上海法科大学己巳毕业纪念刊》，上海法学院1929—1949年毕业纪念刊，上海法学院十周年、廿周年纪念特刊等。

上海法政学院

全宗号　Q248

私立上海法政学院创立于1924年9月，原名上海法政大学，其前身为女子法政学校。发起人为徐谦、沈仪彬、张一鹏等。该院以研究高深学术、造就法政人才为办学宗旨。徐谦、沈仪彬、张知本、郑毓秀、章士钊、张道忠等先后出任该院院长。学制分为本科、专科、专修科三种。先后设有法律、政治、经济、社会、社会、教育、新闻、银行、市政、司法、监狱、外交、财务会计等系科。1951年并入私立上海学院，1952年私立上海学院奉令结束。

馆藏上海法政学院全宗档案共668卷，档案排架长度12.8米，档案起止年代1924—1951年，编有案卷目录。

档案主要内容：

1. 校董会

有该院立案文件，1946年度校董会会议记录，聘请张忠道任院长，校董名单，履历表等。

2. 校长办公处

有该院章程汇编、组织大纲、学生通则、学生须知，院史资料，院务会议记录、上海市专科以上学校联合会会议记录、1949年度接收委员会会议记录，工作报告及工作总结，学校概况调查表、各处情况调查表，1949年向上海市军管会文教会备案文件，1928—1950年校历，1926—1945年教职员名单，聘书存根、教员资格审查表、师生通讯录等。

3. 教务类

有该院教务会议记录，教务处工作报告，招生简章，教学计划书，为增设社会、教育、监狱、新闻等系科与教育部来往函，改进校务、改革课程报告，1949—1951年各科学程学分学时一览表及课程表，毕业生论文暂行条例，为毕业学生介绍工作文件等。

4. 学籍管理类

有该校为学生学籍资格问题与教育部来往函，历届学生名册，历届毕业生登记表、调查表，历届毕业生名册，历届学生成绩表，为1930—1940

年新生入学资格问题与教育部往来函等。

5. 训导类

有该院训育委员会规程，聘请训育主任及训育委员会委员文件，学生学行考查表，训导月报表，受训导学生论文，学生生活调查表等。

6. 财务类

有该校教职员薪津册、基金簿、收支分类账册、零用金账册、总账、出纳登记簿，1943—1950 年度应收学费布告等。

同德医学院

全宗号 Q249

私立同德医学院成立于1930 年 7 月，以培养医学专门人才为宗旨。其前身是中国德医学会会员和同济医学院首届毕业生沈云扉发起创办于 1918 年 9 月的私立同德医学专门学校。学校内设教务、庶务、训育三处，下设附属医院、附属中学、高级护士职业学校，江逢治、黄钟、庞京周、顾毓琦先后任校（院）长。1952 年全国高等院校院系调整，该院并入上海第二医学院后结束院务。

馆藏私立同德医学院全宗档案共 282 卷，档案排架长度 7.2 米，档案起止年代为 1918—1952 年，编有案卷目录。

档案主要内容：

1. 校董会档案

有该院历史事实考证书，呈请立案、改组与上海市教育局、教育部往来文书，1924—1933 年校董会议事录，校董章程、董事名单、履历表、聘函，该学院呈请立案与教育部、江苏教育厅、上海市教育局、上海县知事公署等单位往来文书，学院委员会组织大纲、会议记录、委员聘函等。

2. 校长办公室档案

有该院历史沿革、概况调查表、章程、组织系统表，1931—1950 年院务会议事录，校长江逢治不服校董会决议引起风潮的有关文件，校董、赞助人、教授题名录，1923—1952 年教员名册、履历表，该院附属医院向上海市卫生局申请注册文件等。

3. 教务处档案

有该院教学大纲、教学计划，教务处会议记录、教务委员会会议记录、招生委员会议事录，学生招生简章，历年教务处布告底稿。1934—1948年毕业生名册，1940—1951年新生名册等。

4. 训导处档案

有教育部、上海市教育局颁发的各种章则、训令，训导处布告底稿，为学生申请奖学金、助学金事与青树奖学金委员会等单位往来文书，助学金审查委员会经济会议记录等。

5. 总务处档案

有该院财务委员会、经济审查委员会、事务委员会会议记录，新校舍建筑委员会章程和扩建校舍建议书，购买上海市卫生试验所地基合同契约，同孚路校址产权纠纷文件，为收回江湾翔殷路校舍与上海市敌伪产业处理局往来文书，为申请补助费与教育部、江苏省教育厅、财政厅等单位往来文书，附属同德中学基金募捐函件和校舍租赁契约，1919—1951年毕业生名册、成绩一览表、教师课程表，1930年《同德季刊》，同德医学院1937年级和1940年级级刊，该院移交清册等。

上海美术专科学校

全宗号　Q250

上海美术专科学校于1912年11月在上海乍浦路成立，创办人刘海粟，原名上海美术学校。1913年迁校址于海宁路，改名为上海图画美术院。1915年向沪海道公署立案，改名上海图画美术学院。1919年成立校董会，聘请蔡元培、梁启超等社会知名人士出任校董，改校名为上海美术学校，开始兼收女生。1921年更名为上海美术专门学校，1930年改名上海美术专科学校，获准向国民政府教育部立案，并成立了美成中学，开办了绘画研究所。刘海粟为该校校长。下设雕塑、中国画、西洋画、图案画、艺术教育等系及高级艺术科、艺术师范科等专业。上海美术专科学校于1952年停办。

馆藏上海美术专科学校全宗档案共508卷，档案排架长度24.8米，档案起止年代为1912—1952年，编有案卷目录。

档案主要内容：

1. 总类

有私立上海美术专科学校历史考证，校董会会议记录，校董孔祥熙、曹启明捐助经费的来函，该校25周年纪念专刊、历届毕业纪念刊，学校抗战期间受损失情况调查表，学校财产目录、校舍图、校舍面积调查表，上海美术专科学校移交清册，刘海粟二度赴欧举办美术展览文件等。

2. 组织人事类

有该校历次立案登记文件，董事会章程、组织大纲及学则，校董名单及历年聘请校董文件，概况调查表，1932—1952年该校教职员工名册、职务名单、履历表及员工师生人数调查表等。

3. 教务类

有该校教务委员会会议记录，教授会、讲助会会议记录，校长办公处日记，北洋军阀政府取缔该校设置“模特儿”文件，1925—1926年该校更改学制、调整系科设置文件，课程表编配表，增设图案系及音乐系文件，招生简章及招生工作报告，1932年校庆十周年举行绘画展览会的会议记录、征集作品的文件，1926年参加美国费城美术展文件等。

4. 学籍管理类

有该校学生名册及学籍卡，学生入学、修学、转学、退学、补考、颁发毕业证文件，学生成绩册及学生毕业证存根等。

5. 财务类

有华东教育部了解刘海粟支借学校经费情况文件，该校历年总账、日记账、学费簿、收支账记证等。

上海市1952年停办高等学校联合办事处

全宗号　Q251

上海市1952年停办高等学校联合办事处成立于1952年10月，是一个为配合1952年上海市高等学校院系调整而设立的临时性机构，主要职责是办理院系调整时停办的圣约翰大学、震旦大学、沪江大学、大同大学、东吴大学法学院、上海法学院、同德医学院、立信会计专科学校、上海美术专科学校、中华工商专科学校、上海市立工业专科学校、上海市商业专科学校等12所高等学校的结束工作。此外，还接管了华东交通专科学校、华东速成实验学校、中华教育文化基金会、暨南大学、之江大学等部分院校的档案。余日宣、赵国栋先后担任主任，下设秘书处、校产处、教务处等三个部门。1956年4月撤销。

馆藏上海市1952年停办高等院校联合办事处全宗档案共399卷，档案排架长度6.4米，档案起止年代为1933—1956年，编有案卷目录。

档案主要内容：

1. 总类

有该处成立文件、沿革历史考证，1952年处务会议、秘书室会议、教务会议记录及校产处工作记录，该处停办高校校产工作总结及统计表，整理行政档案工作报告，留用与销毁各校印章的印模登记册，1952年至1954年1月工作总结等。

2. 组织人事类

有工作人员名单，主要负责人调动文件，停办高校教员请求分配工作报告，该处人员工作安排文件等。

3. 接管类

有该处关于交接问题的往来文件，工作人员办理接收手续的报告，各停办高校的移交清册、移交文件、档案印信登记表等。

4. 接收物资调配类

有该处处理各停办高校的教学器材、图书资料、家具等与华东教育部往来文件，各停办大学物资移交清册，调拨给各个单位的物资调配通知单等。

5. 学籍管理类

有该处关于教务工作方面的报告，教务处就处理各停办高校毕业生、复学问题请示报告，华东高教局颁发的《关于华东区高等学校处理学生学籍问题的若干规定》，有关各停办高校学生休学、复学、转学、退学、毕业的各种文件等。

6. 财务类

有华东教育部关于编造预算的通知，财务预决算报表，该处为处理各停办高校未了财务问题与华东教育部等单位的往来函件，总账簿、行政经费日记账、经费部分日记账、接收款项日记账、预算及决算表等。

上海税务专门学校

全宗号 Q252

上海税务专门学校1935年成立，以培养海关专门人才为宗旨。前身是清末税务督办唐绍仪1908年9月创办于北京的税务学堂。内设教务、训导、事务三处，开设内勤、外勤、海事等班，1947年前，校长由关务署署长兼任，之后聘余文灿任校长。1940年，学校迁往香港，1941年底又撤至重庆，1946年初返沪复校。1949年7月，该校停办。

馆藏上海税务专门学校全宗档案共296卷，档案排架长度3.2米，档案起止年代为1934—1948年，编有案卷目录。

档案主要内容：

1. 校长室档案

有该校组织章程、概况调查表，校务会议事录，学校调整归并有关文件，校长交接文件清册，教职员聘任、调动、考绩等有关文件，教职员名册、履历表，关务署任命校长、副校长指令，江海关移交前税务专门学校卷宗清册等。

2. 教务类

有该校1941—1944年教务处会议记录，1941—1946年招生简章，历年学生名册、新生名册，第五届内勤班毕业生名册，学生申请求学、转学、派关任用有关文件，教务处发布的有关学生奖励、记过、退学等的布告等。

3. 训导类

有该校关于停办后教职员工遣散、生活费问题与上海军管会驻海关专员往来函，财政部关务署转发该校的各种训令，学校自治会章程，公役登记表等。

4. 总务类

有该校房屋建筑图纸，教职员动态月报表，历年经费预决算表，学生缴费账册，抗战时公私财产损失调查表，校产清册，校舍被焚毁有关文件，该校各种账册、传票等。

民治新闻专科学校

全宗号　Q253

民治新闻专科学校成立于1928年，创办人为校长顾执中。该校以培养新闻人才为社会服务为办学宗旨，属私立学校。1944年该校经教育部批准立案，1946年冬在香港创设分校。学制分为本科、专科两种，先后开设新闻概论、采访、编辑、管理、印刷、俄文、广播等专业。该校先后聘请于右任、潘公展、顾维钧等为校董，校址位于长乐路39号。1952年该校奉命改组为补习学校。

馆藏民治新闻专科学校全宗档案共49卷，档案排架长度0.8米，档案起止年代为1928—1951年，编有案卷目录。

档案主要内容：

1. 组织人事类

有该校为设立、立案事与社会局的往来文件，章程及校规，学校概况调查表、沿革及历史考证文件，组织系统表，校董名单、学校负责人名单、教职员名单及照片册，为改组为补习学校事与华东教育部的往来函等。

2. 教务类

有该校课程表、课程草案及关于考试等方面的文件，招生简章，学校关于课程改革文件，该校制定的学生出版条例、课外写作规程、壁报刊物发行办法等规定，校务委员会会议记录，工作总结，举办新闻艺术等三个短训班的文件，为增设俄文、广播两系与华东教育部往来文件等。

3. 学籍管理类

有该校1928—1950年度学生学籍表，1942—1943年度学生名册，1944—1946年度同学通讯录，1948—1949年度毕业生名册、登记表及成绩表，学生照片集，1946—1948年度各系学生点名册，1947年度香港分校新生报名单及学生调查表等。

《申报》《新闻报》

全宗号　Q430

《申报》是近代中国发行时间最长的中文报纸，由英商美查创刊于1872年。1907年后产权及管理权由中国人接管。1912年，史量才接办《申报》，其发行量和影响力大为提高。

《新闻报》由中外商人合资兴办，创刊1893年。辛亥革命后，该报以报道经济新闻为主，工商界为主要读者对象。抗战中，该报为日本军方控制。

抗战胜利后，《申报》和《新闻报》均被国民党政府接管。上海解放后，两报由上海市军管会接管并停刊。

馆藏《申报》《新闻报》全宗汇集档案共 273 卷，其中《申报》有 170 卷，《新闻报》有 103 卷。档案排架长度 5.6 米，档案起止年代为 1923—1949 年，主要内容集中在 1945—1949 年，编有案卷目录。

《申报》档案主要内容：

1. 总类

有营业执照、登记证，编辑部大事记，房屋照片和内部活动照片，董事会、股东会会议记录，馆务协进会、咨询委员会会议记录，聘请律师、会计师、医师函件，驻南京办事处工作报告，驻全国各地记者电报，报馆业同业公会理监事名单和常务理事会、联席会议、会员大会会议记录等。

2. 事务管理类

有发行、赠报、外埠分销、地图销售、营业报告表，刊登广告、广告登记表，与南京、台湾、杭州、北平等办事处关于员工薪水、经费报销和其他事务工作往来函，读者来信处理、稿费投寄及该报馆向银行抵押贷款和归还等函件。

3. 业务管理类

有新闻底稿，与上海、江苏、浙江、安徽、四川、湖北、福建等省市党政军界来往函，与英国新闻处、英驻华使馆、法新社、《印度日报》、新加坡中央社、塔斯社上海办事处、美国新闻处、美国合众通讯社、中央通讯社、《星岛日报》、《华美日报》等通讯社、报馆来往函等。

4. 人事类

有该报馆社长、经理、主任简历表，员工退职金统计表、薪级表、保证书、馆方保证书、个别员工履历，股东名册，招考练习生、应征练习生名册，驻外采访人员通讯录及函件等。

5. 其他

有上海各报动态，各日报重要人物名单，上海期刊调查表，各报资金额及代表人姓名，江苏省各局、处及军警宪 1948 年工作报告，上海市政府及财政局、公用局、卫生局、工务局、地政局、社会局、教育局 1945 年、1946 年工作报告，上海市参议会会议记录和议员提案文件等。

《新闻报》档案主要内容：

1. 总类

有该报沿革、组织规程、营业执照、规章制度，文书工作细则，新闻杂志审查委员会规则，总经理来往函件，1930—1949 年股东常委会会议记录及董监等会决议，抗战前该报兼办《上海导报》的文件，报业同业公会会议通知和会议记录，抗战胜利后国民党中宣部接管上海汪伪报纸、杂志、通讯社的情况报告等。

2. 业务类

有该报临时业务委员会及社务会议记录，与全国各地分馆，办事处、驻外记者等往来业务函，赠报、交换报纸、发行经销文件，广告价目表及与各广告代理商、广告客户往来业务文件等。

3. 人事类

有该报馆员工服务规则，驻外地记者名单、通讯录、人事概况调查，员工工资单、离职证明、人事更动，记者职工被捕材料，股东名册及求职函等。

六、租界机构档案

上海公共租界工部局

全宗号　U1

上海公共租界工部局(Shanghai Municipal Council）是公共租界最高行政机构。1854 年 7 月 14 日成立，1943 年 8 月 1 日结束。1845 年 11 月英国首任驻上海领事巴富尔与上海道台宫慕久订立《上海土地章程》，规定洋泾浜以北约 830 亩土地作为英商居住地，1846 年根据该章程第十二条组建道路码头委员会，即工部局前身。1848 年苏州河北面的虹口被划为美租界，1849 年划定法租界。1853 年 9 月小刀会起义后，英美法三国领事借口中国官员无力保护租界，擅自对《上海土地章程》进行修改，1854 年 7 月 14 日正式建立了工部局，取代道路码头委员会。1862 年 4 月，法国独自成立公董局，管理法租界。次年英美租界合并，初称洋泾浜北首洋人租界，后通称公共租界。公共租界经过多次扩张，到 1899 年面积达 32 110 亩。1941 年太平洋战争爆发，日军占领公共租界。1943 年日本一手导演“交还租界”，8 月 1 日，日伪上海特别市第一区设立区公署，管理原公共租界辖区。工部局随之结束。

工部局分为决策机关和行政机关两部分。决策机关是董事会，由纳税人会议选出 5—9 人组成，下设警备、工务、财务、卫生、铨叙、公用、交通、学务等若干顾问性质的委员会，每个委员会有董事 1—3 人参加。行政总机关为总办处，下设火政处、警务处、法律处、卫生处、工务处、学务处、情报处、华文处、财务处、管理工厂事务股、乐队、图书馆、万国商团、监狱等机构。总办处对外代表工部局，对内即为所属各部门的枢纽。

馆藏工部局全宗的档案共 48 602 卷，主要为英文。档案排架长度 970. 4 米，档案起止时间为 1845—1949 年，编有案卷目录。

档案主要内容：

1. 总办处

工部局早期档案基本上都包含在总办处档案中。有英租界道路码头委员会会议录（1846 年 12 月至 1854 年 6 月），1854—1943 年的工部局董事会会议记录，1854—1943 年期间财务、园地、工务、火政、警备、电力、公用事业、交通、卫生、教育、图书馆、房捐估价、铨叙、人力车等各委员会、西人纳税人会议和万国商团的会议录；上海纳税人会年报，总办处与学务处、财务处、警务处、工务处、商团、领袖领事及上海地方当局的来往信函，工部局年报、公报、地价表、《上海土地章程》《上海英法美租界租地章程》《上海洋泾浜北首租界章程》和各类布告；工部局人事履历表、求职申请、任命、奖惩、补助等文件和各部门的工资单；上海工部书信馆邮票样票；《上海洋泾浜设官会审章程》、大闹会审公廨案、《收回上海会审公廨章程》；租界市区计划，工部局市政便览，工部局公墓章程，外滩公园规则；外白渡桥和浙江路桥设计图及说明；1897 年独轮车夫抗捐斗争文件等。

2. 警务处

有警务处组织机构编制、规章制度、人事任免和奖惩方面的文件；巡捕房收集工运、学运和上海各界人民抗日斗争的情况以及调查文艺团体、报刊、社团情况的警务情报和警务日报；各种刑事、民事案件和诉讼、审讯、判决等记录及被捕人员的指纹登记簿、照片、底片等；警务处关于宁沪杭地区国民革命军情况的调查报告，警务处协助江苏都督逮捕谋刺宋教仁凶犯应桂馨案，警务处向英领及英国驻港海陆军联合情报局提供孙中山在沪活动等情报；万国商团 85 周年纪念册，商团年度检阅俄国队等各队活动情况；五卅惨案前后警务处发布的警令、指示、布告；虹口等捕房在五四期间发现的抗日标语和漫画；警务处勾结军阀、买办、国民党、日本人等破坏罢工罢市、镇压罢工工人、逮捕中共地下党员的情况；会审公廨对日商内外棉纱厂工人顾正红烈士的审理记录，五卅、六一惨案的审理记录，受伤志士、蒙难烈士的名单；中日战争每日情况报告及反映上海各界人民抗击日本侵略斗争情况的材料；日本轰炸先施公司的情况报告和日军在租界示威游行被投手榴弹案件报告等。

3. 工业社会处

有该处与国际劳工机构、学运调查机构、中国统计学社等单位的来往信函；调查工部局职员中各层次人员的日常收支情况、生活指数的统计材料；上海西侨生活费指数序言与说明，上海工人生活费指数的报告，上海市工厂工人实际收入调查表、计算表，上海主要物品的价格表、调查表，工业现状细则和上海市生活概况等。

4. 财务处

有历年发行公债的申请、转移登记本、还本册、户名册、过户凭单；职员储蓄金账簿，银行存款清册、地产清册、权利委托处理登记簿，各部门职员的薪饷清册；工部局会计报告和财务预决算报告；英租界各区房捐估价图等。

5. 华文处

有工部局1930—1942年的年报底稿和工部局1931—1943年的公报底稿，华文处与工部局其他各部门有关华语学习和其他行政事务的来往信函，工部局内外部的各类通知、信函、便览、章程等的英文底稿和译文副本，有关华语学员和教师等文件和中外籍人员个人专卷等资料。

6. 监狱

有监狱通令、国民政府法令、警务处警令及各种条规，华籍职员名册；监狱与外国驻沪机构、地方法院及犯人家属的来往信函；监狱职员的报告、请求、建议和个人文件，枪支登记簿、监狱值勤簿、高级狱吏日志，监狱的人事任用、辞退人员的工资单等；犯人的犯罪记录，接收释放犯人的日报表，犯人的上诉书、疾病记录、验伤和死亡报告，监禁犯人的档案材料等。

7. 工务处

有人事任免、职员名录、薪金表和求职申请，租界内工厂一览表，难民所及其收容情况；万国商团房屋工事的修建；各类训令、信函、议事规则、公报、年报、会议记录、财政收支、预算、各类财务报告、报表的统计表、汛潮报告、雨量测定记录及防汛措施；房屋租赁、地产登记及各种配套设施的修建管理，码头建造、道路拓宽、污水处理、环境整治及车辆运输管理等文件。

8. 法律处

有该处的服务条例、各部门名录及人事档案，工部局捕房、法律处、保甲自警团、海关、银行等的条例、法律和规则；1931—1942 年工部局律师报告和 1865—1936 年诉讼事件一览表；法律处与物资统制局的交易和 1927—1937 年中国税务系统概况；法律处与警务处、工务处、第一特区法院来往文书，租界内中国法院的备忘录等。

9. 卫生处

有该处组织机构、各部门工作职掌，各委员会议事规则、成员名单、会议记录；1931—1942 年度的预算，每年底的特别和正常消费，薪水委员会的薪给事宜、工作报告、各项津贴及英美法币值汇率材料；1925—1944 年上海人口分布调查及租界人口统计资料，1942 年上海流动人数统计表，上海生活指数统计及 1933—1944 年出生死亡人口统计材料；房地产章程和附则，1902—1938 年交通运输和卫生管理规则、卫生法规、通告和对职员的训令、便函，医学科学的讲演、论文、宣传影片、广告和书刊，房屋、车辆、物资的管理和医疗仪器、药物、食品的购置及有关合同，医疗报告、病人病例、体格检查、儿童福利、慈善组织、难民救济等有关材料，公共卫生和饮食业管理资料及收发文档案汇集，月报、年报、年终总结报告等。

上海法租界公董局

全宗号　U38

上海法租界于1849 年 4 月划定。法租界公董局成立于 1862 年 4 月 29 日，早期又称法国筹防公局，是统管法租界各项事务的机构，直属法国驻沪总领事。1943 年日本一手导演“交还租界”，7 月 30 日上海法租界地域改为汪伪上海特别市第八区，公董局即告结束。公董局权力机构是董事会，有关租界内重大问题都必须经董事会讨论并经总领事批准后执行。1862 年公董局成立时，由法驻沪总领事任命董事会董事。1866 年改为由选举人（纳税人）大会选举产生董事。1927 年起董事会由临时行政委员会代替，直至公董局结束。

董事会初设财务工务、警务等 2 个委员会，以后陆续增设，到 1936 年有工务、财务、教育、卫生救济、交通、园艺、地产、厘正房捐、医院管理等9个委员会。各种委员会均属顾问性质组织，研究董事会提交的事务，商议意见供董事会决策时参考。行政执行机构为总管理部，对外代表公董局，对内协调各部门执行管辖权，最高负责人是总办。1928年增设督办。总办在督办和董事会主席监察之下管理市政总理处的事宜和使用经费。

在公董局初建时，内部未分设机构。1864年设立市政总理处、公共工程处、警务处。1893年添设附属各机关，处置不属三大处的公务。1939年公董局分为总管理部和警务总监部两大部门。总管理部下辖行政总办部、技政总办部、司法顾问部。行政总办部下设政务秘书处（行政秘书处）、财务讼事处（财政处）、地产处、分类营业处、医务处（医务科）、卫生救济处（公共卫生救济处）、教育处及法国公学、中法学校、萨坡赛小学、雷米小学、安南小学、喇格纳小学和一个宰牲场。技政总办部设有一般技术研究处（技政秘书处）、无线电台、信号台和天文台、救火会（消防队）、种植培养处（种植科）、公共工程处。警务总监部（警务处）下辖捕房区、政治部、刑事部和直属总监管辖的其他部门。警务总监部的最高负责人为警务总监，总监下有副总监，兼管政治部及刑事部，总巡管辖捕房、俄捕队和司法警察队。

馆藏上海法租界公董局全宗档案共12 986卷，主要为法文。档案排架长度228米，档案起止年代为1849—1946年，编有案卷目录。

档案主要内容：

1. 市政总理部

（1）会议记录　有1907—1943年董事会会议记录，1908—1942年各委员会会议记录等。

（2）行政规章　有1866—1942年警务路政章程，1869—1943年法租界市政管理的各种章程，公董局行政管理章程，华员储蓄章程，法总领事各项署令等。

（3）人事　有人员目录、人事登记表、人员编制及薪给表、华籍职员工资等级规则、工资统计和发薪簿，各部门和气象信号台及无线电台职员任命、调动、休假、福利、语言考试、辞职等情况文件，中外求职人员名单及函件等。

（4）工作报告　有1870—1941年公董局工作年报，1910—1942年公董局公报，1931—1942年公董局华文公报，1913—1943年各处年终报告，工作报告、月度工作报告，总工程师工作报告等。

（5）各类通知与收文登记簿　有秘书处通知和命令簿，租界人口调查函件，人口调查表，各种请求书，1904—1943年收文登记簿等。

（6）市政工程类　有码头章程和合同，公园、建筑章程，1908—1932年电车行驶章程，公董局房屋和租界市政建设工程的建造、修建、扩建及使用情况等文件，法公董局与法商电车电灯自来水公司、上海煤气公司、上海电力公司等业务往来函件和合同，1890—1921年法租界道路上的煤气路灯文件等。

（7）警务、司法、消防类　有警务处车务委员会会议记录，法租界宵禁、防空、治安措施的文件；交通章程和交通管理材料，对骑巡队马匹和狗的管理等文件；第二特区地方法院与司法顾问处函件，临时罪犯戒烟所文件；1917—1942年英法两租界火政处与华界消防处合作的文件，火政处内部工作规定，防火措施，火警报告，公共救护服务，救火器具购置、救火员指南等。

（8）卫生、教育类　有卫生处备忘录、职权和指示，法租界内行医章程，医师登记、租界卫生及预防措施，公董局所属医院、化验室及巴士德研究院有关活动与人事方面的文件，宰牲场组织、人事、牲畜宰杀管理的文件；教育处督导工作报告，中外学校调查，学校补助金和办校申请报告，公董局局立学校章程、组织人事、校务会议、工作报告和教学活动的文件；各慈善团体公共救济的文件，上海普慈疗养院创办和管理文件等。

（9）税收、公债、财务类　有码头捐协议，地捐、印花税、执照税和各种捐税征收文件及章程，各种捐税税率表，丈量处的地价调整、地产估价、土地丈量立界及费率等的文件，法租界地册簿、地册图；1914—1939年公债户名总索引、中签号码登记簿、还本付息收据；1918—1943年公董局预算合订本，部门编制的支出预算，招标契约和合同，房屋及车辆保险文件；1881—1943年公董局各部门财产清册等。

（10）中外官署　有1940—1943年法总领事公布各项规章、人员任用和级别的署令，关于公布董事会决议的署令，批准医生开业和分类营业的署令；有公董局与英、美、比、荷、俄、日等国领馆的往来函件，与中国政府机关、海关、邮政局、濬浦局等往来函件，上海第二特区的“良民登记”；与美、英、日等国商务总会、旅华法国商务总会、上海总商会和中国商人同业公会等往来函件。

2. 警务处

（1）政治剪报类　有法捕房侦查、逮捕、审讯中国共产党、各国在沪共产党和第三国际派遣人员和中外进步人士的材料，收集国民党政府活动和调查暗杀、谋杀事件的文件，调查工会组织、学校、文艺团体、报刊、社团及上海法租界纳税华人会等活动的材料，租界抗日活动和遭租界当局镇压的文件等。

（2）人事类　有巡捕房内部组织表和人事编制、巡捕个人的人事文件，捕房人员任免、奖惩、训练、请假、医疗等情况的文件，捕房人员考查记录表，外籍职员求职及任职文件等。

（3）制服队　有捕房各种通令，捕房和各分捕房地址一览表和地区图，制服队、捕房和分捕房工作报告、工作月报，租界防卫报告，捕房日报及每日工作决定；里正登记表和里正制度文件，司法鉴定报告、武器鉴定书，捕房预算等。

（4）物价检查处　有法租界日用品管理委员会会议记录，物价管理委员会会议记录；法捕房控制粮食、副食品、煤炭、卷烟情况和物价管理，各厂商申请营业执照等文件。

（5）保甲委员会　有法租界保甲委员会成立和保甲制度文件；租界人口和外侨户口调查统计情况，身份居住证的申请，保甲户口表和户口证，联保长、甲长名单等。

（6）民刑事类　有法租界内偷窃、吸毒、贩毒、赌博、绑架、诈骗等民刑事案件材料，刑事案报告书，犯人照相登记簿，被捕人员指纹卡等。

3. 地产处、丈量处（股）

（1）地契类　有公董局征用土地的各种地契、地产契约及公董局产业道契和图样等。

（2）土地测丈、立界类　有业主请求开辟通道、测丈、立界、请领图样，地册丈量，土地丈量、立界、转让过房、置产出售等文件及图样，道路的让路、筑路、征地、升科的文件和图纸，法租界地籍图，估定法租界地价册、法租界地册总图、法租界地图等。

（3）综合类　有地产权、地捐纠纷，地捐、租界界线文件，丈量股通知书，地册工作各项报告，视察员每周业务工作报告，第八区公署地捐、地产业务文件，1909—1928 年公董局与上海工程总局订立越界地下水管合同，法租界资产清单和法租界地产清单等。

4. 公共工程处

（1）人事类　有员工工资、调动、离职、合同、福利、处分等文件，员工个人文件，职员名册、工资名册，中国职员工资名单、工资表和薪金册等。

（2）报告、预算类　有工作报告、年终报告、月报，董事会会议决议，预算等。

（3）工程类　有法租界会审公廨建造工程，法国领事馆、法国殖民军营房、公董局房屋以及公园、菜场、公厕、公墓等公共设施、建筑修建、维修、改装，设备安装等情况及建筑图样；道路修建、扩建、道路租界界石设置、土地征用、建筑申请、道路养护、路灯照明和地下设施工程；码头维修、河浜疏浚、排水工程及防洪措施的文件；器材、设备、材料订购和修理情况，工程招商投标，法商电车电灯自来水公司业务，1921—1937年公共工程处管理和活动情况的文件等。

（4）业务往来和补遗类　有公董局、公共工程处与法电等业务往来信函，丈量股征用土地文件，地籍登记表；营造执照登记册、营造建筑申请，工程项目各种报表，中式、西式、半西式房屋建筑统计图表；1849—1871年法国在上海建立租界的文件等。

5. 卫生处

（1）总务类　有卫生处组织机构、工作概况、内部通知；公董局董事会决议案，卫生委员会会议记录，工作年报；化验所改为巴斯德研究院、宰牲场内部管理规则和各种报表；医药、食品、传染病预防等卫生管理章程及其修订情况；传染病情况报告和死亡统计表，药品、牛奶及奶制品的统制销售，物资供应委员会对物资统制记录等。

（2）人事类　有员工个人材料，人员任免、薪金、福利、语言考试，外侨求职信件等文件。

（3）公共卫生、防疫类　有租界清洁卫生、食品卫生管理和违章罚款；公墓、殡葬业开设申请和焚尸运柩；灭蚊、灭鼠、灭蚤等防疫措施，预防牲畜传染病措施及死畜处理；传染病流行情况及预防措施，关于预防接种、传染病及死亡的各种统计表、接种日程表；业主申请营业执照和投标承包文件；1936—1943年营业执照会议决议记录等。

（4）医药管理类　有医院、诊所、医药学校、药厂、药房申请开业执照及卫生处调查，中西医师登记等文件。

（5）饮食卫生类　有卫生处关于牛奶棚、牧场卫生检查、售品规定、营业、停业和营业执照申请文件；自来水消毒，自来水、自流井水、牛奶、冷饮、食品、药品等取样检验等文件。

（6）救济类　有1913—1942年法租界公益慈善会会议记录，难民处置办法、外籍贫民救济；卫生处对各学校医务和卫生检查；医院、慈善机构申请、减免捐税和补助，白俄医院、广慈医院、普慈疗养院等医务机构的工作情况；保送病人就医治疗文件等。

（7）财务类　有1933—1943年卫生处各种预算，医疗器械、药品、疫苗订购等文件，公董局施诊所收费月报表，财产清册、账单、各医院年度收支表等。

七、日伪机构档案

日伪上海特别市政府

全宗号　R1

1937年12月15日，日本侵略者扶植汉奸苏锡文成立伪上海市大道政府，下设秘书处、肃检处、五区联合办事处、教育科、财政局、警察局、社会局、交通局。1938年4月28日改为督办上海市政公署，苏锡文任督办，增设地政局、塘工委员会。同年10月16日又改为上海特别市政府，下设秘书处、司法处、宣传处、物品配给处、县政管理处、总会计处、市金库、宣传委员会、社会运动指导委员会、教育委员会、保甲委员会、法规委员会、财务委员会、社会局、财政局、教育局、土地局、卫生局、工务局、建设局、粮食局、经济局、社会福利局、警察局、清乡事务局等机构，先后由汉奸傅宗耀、陈公博、周佛海任市长。

馆藏日伪上海特别市政府全宗档案共15 236卷，档案排架长度210.4米，档案起止时间为1937—1945年，编有案卷目录。

档案主要内容：

1. 上海市大道政府

（1）组织类　有市长就职、各局成立文件，警察局、社会局、交通局、肃检处、工业局、财政局、车辆管理处、船舶管理处等机关组织法、章则及办事细则等。

（2）总务类　有市政府及各局人员任免名单，接收法院、上海市银行、兴业信托社、农林场的文件，惩戒公务员、查获买卖枪支、黄浦江浦东渡口往来人员登记及检查文件，行业等级表，对抗战前上海机关旧职员请求安置工作的批复文件，交通局、警察局、派出所、教育科的工作报告及办事日记表等。

（3）行政类　有设立水巡队分队、警察局分局、司法巡官文件，添设女警、接管警权、组织青年团、恢复救火会、清查户口、推举村街各长、取消维持会机关、设立施疗所、设立税务局开征捐税、船舶登记、医师医院注册等文件。

（4）经费类　有市政府及各局经费、开办费、临时费、经费报销、职员薪金表等文件。

2. 督办上海市政公署

（1）组织人事类　有督办上海市政公署组织法规、章则，警察局、财政局、交通局、肃检处规章及办事细则；督办就职，警察局、财政局、社会局、地政局、交通局、肃检处等各局、处负责人任用，各局职员、各区区长任用，推举镇村街各长等文件。

（2）行政类　有工商登记、各团体立案文件；筹设养老院、孤儿院，设立沪西病院、隔离医院、浦东、南市、沪西、闸北施疗所文件；开办农场文件；筹设民众相谈所、市民问讯处文件；组织青年团、特别警察队、水上巡逻队文件；学校登记及调查、订立课程、课本、视察校务以及开征捐税、清理田赋、官产、修理海塘、马路、桥梁等文件。

（3）总务类　有督办上海市政公署颁发奖章文件，新闻检查报告，各局处科工作报告及会议记录，日军调防情形、查处枪支及别动队情况调查报告等。

（4）经费类　有督办上海市政公署及各局开办费、经常费、行政开支、备用金、流动金、职员薪津等文件。

3. 上海特别市政府

（1）警政类　有警察局成立及变动、各分局交接文件，各分局局长任免、长警异动表及警夫花名册，警察暂行条例，警察局各项规章制度如获失枪支奖惩规则、自卫枪给照实行细则、枪械使用规则、警察局组织法、警察任用办法等，警察局工作月报（1942—1943 年度）、警务月报、上海警察局情报（1941 年 10 月至 1943 年 8 月），开设警察学校文件，惩治盗匪、清查户口办法，户口统计表，发放居民居住证办法，外侨管理文件，各分局交接文件，收回租界文件，各区救火会文件等。

（2）财政类　有财政局设立沪南、沪西、浦东办事处文件，各项规章制度及各种财政法规，工作月报，收支结存日报表，管理上海市公产、各区县设立金库、市公有土地管理文件，开征各种捐税文件，各区捐税收入日报表，各区县设立稽征处、消费特税处的文件，发放中储券、调整新旧货币文件等。

（3）教育类　有教育局章程及办事细则、工作报告，上海市大、中、小学校管理办法，教师登记规程，教职员工名册，苏浙皖三省 1939 年度教育统计表，全国教育统计报告，收回租界教育权文件等。

（4）地政类　有组织上海市土地整理委员会、土地评价委员会文件，点受前上海市地政局鱼鳞册、地籍册、地形图、各区土地所有权状等文件，上海市地保暂行规则，闸北区房屋登记暂行规则，土地执业抵押权、地上权、地役权暂行条例，土地登记工作旬报表，交涉收回前市政府寄存工部局之土地图等。

（5）公用类　有公用局局长、职员任免文件，工作月报表，川南两路管理处工作报告，设立船舶管理处、车船登记处文件，交通部公布之各项公路章则，工程投标章程、水上交通管理规则、给水章则、管理码头暂行规则，修养公路文件，各种车辆登记及调换执照办法等。

（6）工务类　有筹组工务局及各办事处文件，工务局章程，职员任用文件，工作月报表（1942—1945 年），会议记录，公务投标规则、防汛规则；修筑广中路、共和新路、军工路、沪太路、场中路，修缮纳通桥、蒋家桥、白莲泾桥，整修海滨、浴场、海塘，开展植树运动等文件。

（7）卫生类　有卫生局成立、卫生局局长任免及职员任用、设立卫生研究所文件，工作报告，医师、护士、助产士等人员管理，医院、菜场、清洁站等场站管理，各区成立防疫协会文件等。

（8）粮食类　有粮食局筹备成立、局长及职员任用文件，工作报告表、各地粮食产销情况调查表、农作物调查表、食用油厂调查表、各种杂粮调查表，抑平粮食价格、各机关粮食配给办法，粮食进口消耗数量表、各区公粜统计表、食粮库存月报表，计口授粮报告，军警食品配给文件等。

（9）经济类　有经济局局长及职员任免、物品配给处处长及职员任免文件，设立各区办事处及驻在员文件，上海市商品工厂登记月报表、上海市主要商品总登记表、主要商品销量及价格调查表、各区经济状况调查报告、零售物品价格指数表、棉制品价格调查表，组织消费合作社、各种经济团体文件，各种经济管理法规，苏浙皖物资收买配给实施纲要、战时物价管理暂行办法、工厂登记整理办法、处理经济案件办法、没收物资处理暂行办法等。

(10) 区政类　有上海市各区公署组织法，司法行政法，各区区长及职员任用文件，处理各区区长渎职文件，各区工作报告，各区工商登记办法，社会治安计划，组织坊、镇、乡公所、调整保甲、组织各乡自卫队文件，征收田赋文件等。

(11) 社会管理类　有社会局成立、局长及职员任用文件，组织救济委员会文件，上海市救济事业状况、难民情况调查、各业职工待遇调查报告、工人生活费指数调查报告、慈善团体调查报告，设立劳资纠纷调解委员会及调解劳资纠纷文件等。

(12) 社会福利类　有社会福利局组织及职员名单、设立职业指导所文件、职业指导所工作月报、救济难民及劳资仲裁文件等。

(13) 总务类　有市长就职文件，市政府经费管理、组织宣传委员会、新闻检查文件，市政府组织系统表、各剧院调查表，复兴南市计划，组织青年团、建立市金库、市政公报底稿文件等。

(14) 人事类　有上海特别市政府各种委员会目录，市政府职员名册，各种组织规程、办法，人事委员会会议记录等。

(15) 统计类　有上海特别市政府各局处人员分析表，火灾、违警、救护、户口等情况统计报告，上海户口变动调查表、上海治安情况调查表，上海特别市职工食物、住房、衣着、食品费用表，市政府公务统计方案等。

日伪上海特别市政府警察办事处

全宗号　R2

日伪上海特别市政府警察办事处成立于1943年8月30日，是日伪上海特别市政府直属机构。该处主要职责为督查全市警察机关工作，稽核各警察机关预算、经费报销及其他会计事项，办理市长交办的有关事项。处长为陈公博，下设秘书、稽核两室，1944年撤销。

馆藏日伪上海特别市政府警察办事处全宗档案共213卷，档案排架长度1.6米，档案起止年代为1943—1944年，编有案卷目录。

档案主要内容：

1. 组织人事类

有该办事处改组成立、结束的文件，沪西警察划归办法，市中心警察分局改隶，该处人事类文件等。

2. 法规类

有取缔诲淫书物规则、取缔集会规则、惩治盗匪条例、禁烟办法、保甲委员会组织规程等。

3. 治安类

有处理淞沪地区私盐案、处理军警冲突事件文件等。

4. 会议类

有强化户籍警察、防空及特务工作、举行大东亚战争纪念、云南起义纪念、警政会议等各类专题会议的记录等。

5. 宣传类

日伪国民党党员宣传工作文件、纪念大东亚战争二周年文件、给汪精卫的慰问电等。

6. 交通行政类

有改用新路名文件、车站城门检查办法、公务员乘车检查办法等。

7. 财务类

有经费支出概算报告、各分局行政收入明细表、员工工资单等。

日伪上海特别市警察局县警务室

全宗号　R3

日伪上海特别市警察局县警务室成立于1944 年 3 月 1 日，是市警察局的下属机构。其职责是管辖上海特别市所属申江、奉贤、南汇、川沙、宝山、嘉定、崇明等七个县警察局的警务活动。县警务室主任由上海特别市警察局副局长卢英兼任。1945 年 3 月该机构撤销。

馆藏日伪上海特别市警察局警务室全宗档案共 42 卷，档案排架长度 1.6 米，档案起止年代为 1944—1945 年，编有案卷目录。

档案主要内容：

1. 组织人事类

有该机构成立文件、组织规程，日伪奉贤、南汇、嘉定、申江、崇明、川沙等县警察局局长就职文件，各县警察局职员名册，长警动态月报表，改组、增设派出所及水上警察队的文件等。

2. 警政类

有各县警察局警务月报，长警训练文件，奉贤、嘉定、申江、宝山等县警察局1944年8月至1945年1月对驻境军队、机关、团体调查表等。

3. 警务类

有嘉定、奉贤、宝山、南汇警察局有关1944年、1945年间特高组、宪兵队、侦缉队、保安队、别动队和忠救军等活动情况的报告，各县警察局有关违警、刑事、人犯口粮等月报表，崇明、南汇、申江县警察局户口统计报表和户口变动统计调查表，日伪奉贤、南汇、嘉定、崇明、宝山县警察局处理乡保长、警察被绑架、暗杀情况的文件等。

日伪上海特别市县政管理处

全宗号　R4

日伪上海特别市政府在行将覆灭之际，为强化所属区县的政务警务，于1945年3月1日设立了日伪上海特别市县政管理处，负责掌管所辖七县（南汇、奉贤、申江、川沙、嘉定、崇明、宝山）、五区（浦南、浦北、沪北、沪西、江湾）的县政指导工作。该处下设秘书室及4个科，罗君强、蔡羹舜、沈靖华先后出任处长。1945年8月日伪政权覆灭，该处随之撤销。

馆藏日伪上海特别市县政管理处全宗档案共247卷，档案排架长度4.8米，档案起止时间为1944—1945年，编有案卷目录。

档案主要内容：

1. 组织人事类

有该处组织规程、办事细则及文书处理办法，市政府任免该处工作人员的训令，所属各区、县、镇、乡长名册，警署官员名册，中小学校长名册，所属各机构公务人员考绩文件，该处成立文件，历届处长交接文件，各县田房评价委员会组织规程等。

2. 法规类

有上海特别市县政管理处强化县政纲要，各县县政府通则及区公所组织规程，上海特别市各区县田赋征收实物的规章等。

3. 政务类

有各区县县政会议记录，各区县镇长会议记录，施政报告，县政概况调查表，各区县政府工作月报，各县政府田赋旬报表，有关税收文件，户口登记表，各区县学校情况调查表，部分市属医院、诊所划归区县管辖的文件，各区县农业生产情况调查表，就疏浚、修建各区县公署境内水陆路道、办公用房等问题与市建设局的往来文件，拨借军警米文件等。

4. 警务类

有各区县警政谈话会议记录、治安谈话会议记录，各警察局局务会议记录、工作报告，各区县民刑事案件月报表，宝山、川沙二县及浦南区公署关于辖区内日军驻扎活动情况的报告，各县警察局关于游击队（共产党、国民党武装游击队员）策反、劫持、宣传等活动的报告等。

5. 财务类

有该处及所属各区县经费概算书、员工薪金册等。

日伪上海特别市物资统制委员会

全宗号　R5

日伪上海特别市物资统治委员会成立于1942 年 3 月 31 日，隶属于日伪中央物资统制委员会。其主要职责为控制上海地区物资外流，特别是阻止物资流入长江上游地区，对非沦陷区实行经济封锁。主任委员赵尊岳，下设事务、调查两个组。1942 年 12 月 31 日该委员会根据汪伪国民政府行政院训令结束工作。

馆藏日伪上海特别市物资统制委员会全宗档案共 11 卷，档案排架长度 0. 8 米，档案起止时间为 1942—1943 年，编有案卷目录。

档案主要内容：

有该委员会成立及结束文件，组织规程，正副主任委员聘任文件，会议记录，会计规程及经费预决算书，筹备物价对策委员会文件，物资每日移动数量表，租界内物资每日移动表，物价评定大纲，抑制物价的有关文件等。

日伪上海特别市政府考绩委员会

全宗号　R9

日伪上海特别市政府考绩委员会成立于1942 年 1 月，直隶市长领导，并受汪伪国民政府行政院铨叙部指导，负责办理市政府机关和各区公署公务员考绩事宜。先后由伍朝柱、程进修任主任委员。1944 年 8 月 31 日，该委员会结束，并入日伪上海特别市政府人事委员会。

馆藏日伪上海特别市政府考绩委员会全宗档案共35卷，档案排架长度0.8 米，档案起止年代为 1942—1944 年，编有案卷目录。

档案主要内容：

1. 总类

有该委员会成立与结束文件、人事任免文件、会议记录、移交清册等。

2. 规章类

有该委员会章程、办事细则，考绩法、公务员考绩实施细则、职员奖惩暂行条例、考绩委员巡视团规则等。

3. 业务类

有考绩业务的来往文件；第一至第六区公署，川沙、北桥、奉贤、宝山、嘉定等特别区公署，上海特别市政府总会计处、宣传处、粮食处、警察局、社会局、教育局、财政局、卫生局、地政局、社会福利局、工务局、公用局、保甲委员会、清乡事务局等单位的公务员考绩表、署长考绩表和公务员考绩表最后复核摘要等。

日伪国民政府清乡委员会上海分会

全宗号　R10

日伪国民政府清乡委员会上海分会成立于1942 年 8 月 31 日，目的在于配合日军的军事行动，清剿上海地区中共领导的新四军、游击队和其他爱国抗日武装力量，对抗日根据地实行经济封锁，并实施法西斯统治。主要包括训练清乡工作人员、设立警防团、建立保甲制度、构筑封锁线、进行户口调查和土地查报、推行奴化教育等。该委员会由陈公博兼任主任委员，下设第一、二、三、四处分别办理政务、军务、清乡费用和特别侦查审判处，还专门设有封锁管理处、政治工作团、清乡地区办事处、党务办事处等机构。1943 年 6 月 30 日，该委员会撤销。

馆藏日伪国民政府清乡委员会上海分会全宗档案共 108 卷，档案排架长度 1.6 米，档案起止年代为 1942—1944 年，编有案卷目录。

档案主要内容：

1. 组织人事类

有该会成立及结束文件，第一期清乡地区办事处成立、改组和结束的文件，宝山特别区土地查报总处组织系统表，职员名册、履历表等。

2. 规章类

有该会封锁管理处组织规程、清乡地区特别区公署暂行组织规程，清乡地区办事处组织章程及办事细则，清乡委员会上海分会办理土地查报规程、上海特别区土地查报处组织规程，清乡地区警察局协助办理调查户口办法、清乡地区经济封锁及物资统制办法（草案），清乡地区警防团组织规程、警防干部训练团组织规程，清乡地区物价评议委员会组织规程及物价调查员暂行条例，上海清乡地区交通取缔办法、通信取缔办法等。

3. 会议记录类

有清乡委员会上海分会会议记录，清乡地区各区公所会议记录，清乡地区各区公署召开的各乡镇警防会议记录，上海地区物价评议委员会会议记录，各土地查报处处长谈话会会议记录，上海清乡地区办事处会议文件等。

4. 报告、报表类

有上海清乡地区土地查报分队工作报告，第一期清乡地区办事处工作进度预定表，上海清乡地区乡镇现况调查表，奉贤、北桥等区赋税管理处经征各项捐税报表等。

日伪上海特别市政府粮食管理委员会

全宗号　R12

太平洋战争爆发前夕，日本帝国主义加紧了对中国的经济掠夺和封锁，造成沦陷区物资奇缺。上海地区在 1941 年发生了严重的米荒，粮价飞涨，民不聊生。10 月 15 日，日伪成立上海特别市粮食管理委员会，其主要职责是负责处理中央粮管会调拨的粮食，属临时性机构。该委员会由社会局局长凌宪文兼任主任委员，下设总务、管理两个组。1942 年 1 月 1 日粮食管理局成立，该委员会即告结束。

馆藏日伪上海特别市政府粮食管理委员会全宗档案共 27 卷，档案排架长度 0.8 米，档案起止时间为 1941—1942 年，编有案卷目录。

档案主要内容：

1. 组织人事类

有该委员会筹备成立文件、组织规程，组织巡回稽查队、职员任用文件等。

2. 业务类

有该委员会办理公粜暂行办法（草案），公粜暂行实施办法（草案），粮食补充办法，各区需要粜米数量报告，办理公仓米的文件，各机关团体请发公粜米的来函，处理米商舞弊的文件，调查米价情形报告，抑制米价的有关文件，救济米荒并向租界交涉洋米入境、集资收买米谷的文件，办理公粜米报告，业务工作总结，办理公粜米的会议记录，粮食联络会议记录等。

3. 财务类

有该委员会会计问题报告，经费支出概算书、计算书，解交米款文件等。

日伪上海特别市经济局

全宗号 R13

日伪上海特别市经济局成立于1943年3月1日，为日伪上海特别市政府的直属机构，并受日伪实业部指导监督，负责全市经济行政事宜。其主要职掌是负责工商业登记管理，负责工商团体组织登记、指导监督，实施工商业调查、保护、奖励及改良，负责指导实业部主管的主要商品的制造、保存、移动及配给，负责物价调整及管理等事项。王志刚、徐天深、许江、刘星晨先后任局长。日伪上海特别市经济局内部机构几经变动，先后设有秘书、技术、视察、会计等室以及8个科，另设物价评议委员会、度量衡检定所，并在各区设立办事处，在各菜场设有管理处或管理员。1945年8月终结。

馆藏日伪上海特别市经济局全宗档案共2 274卷，档案排架长度24米，档案起止年代为1942—1945年，编有案卷目录。

档案主要内容：

1. 组织人事类

有该局成立、组织系统表，人员名册及调查表，度量衡检定所人员任用暂行规则，日伪经济局组织暂行条例，农业增产策进委员会成立文件及组织规程，物资调查委员会组织大纲等。

2. 业务规则类

有上海市度量衡器具检查执行规则及度量衡器具营业条例，商品登记规则，关于处理囤积货物办法，公司登记规则（修正案），上海特别市政府管理金融机关暂行办法，工商同业公会管理暂行条例，主要商品申请须知，统制粮食联营组织通则，苏浙皖米谷运销管理暂行条例，仓库存储商品登记规则，技师开业规则，管理押店营业暂行规则，交易所兼理员暂行规则，收买棉花办法，修正会计师登记条例，管理小型制丝工场规则，上海市保险业规则，管理水产暂行条例，战时利率暂行办法，森林保护暂行条例，民营煤矿增产及运销办法，私立农场圃登记暂行办法，各农场荒地耕牛暂行办法，蚕种制造条例，日用品生产实施纲要，农场林垦场登记暂行规则，上海市主要商品价目表，棉纱棉布查缉办法，物资移动取缔办法（修正案），军需物资原则统制采办办法，各度量器厂登记办法等。

3. 工商登记类

有各公司、工厂、各同业公会向日伪上海特别市经济局登记注册的文件，其中金融业有联华银行、中国实业银行、浙江实业银行、华商证券交易所、劝业银行、农商银行、农工银行上海分行、盐业银行等，市政建设有上海恒产股份有限公司等，工厂有新亚化学制药股份有限公司、大中华毛织厂股份有限公司、中法大药房、屈臣氏罐头食品厂、拜尔药品无限公司、三友实业股份有限公司、南洋兄弟烟草公司、梅林罐头股份有限公司、泰康罐头食品公司等，商业、服务业有正章洗染股份有限公司、永安公司、祥生汽车公司、大新股份有限公司、上海杏花酒楼、升记股份有限公司等，出版业有大东书局、世界书局、开明书局等。文件内容包括该单位章程、成立日期、董监事（理监事）、股东名册，营业调查表、增资报告等。

日伪上海特别市社会局

全宗号　R14

日伪上海特别市社会局是日伪政权在上海设立的掌管户籍调查登记、慈善机构管理、劳工管理、社会运动督导以及农工商各业改良等事务的机构，成立于1938年10月，由日伪督办上海市政公署社会局改组而来。下设第一、第二、第三、第四等四个科及秘书室，另有救济院、施疗所、履仁医院、东沟园林场等附属机构。1943 年 2 月解散。

馆藏日伪上海特别市社会局全宗档案共 1 045 卷，档案排架长度 18.4 米，档案起止年代为 1938—1945 年，编有案卷目录。

档案主要内容：

1. 总类

有日伪上海特别市社会局局务会议记录、工作报告，各办事处主任会议记录，日伪上海特别市政府关于社会局官员的任免令，该局职员名册、考绩表、履历表、晋级奖励名册，该局拟订的社团组织表、失业工人登记暂行规则、管理邑庙商场暂行规则等。

2. 工商业登记类

有中华实业银行、永安纺织股份有限公司、元丰毛纺织染股份有限公司、晋丰造纸厂、大上海瓦斯公司、中华化学工业股份有限公司、中西大药房、信谊化学药厂股份有限公司、新丰保险股份有限公司、老大房森记糖果食品店等金融、纺织、造纸、化工、制药、食品、百货、典当等行业的商业登记呈请书、商业登记调查报告等。

3. 医疗类

有该局所属各医院诊病简则，管理医院暂行规则，各施疗所组织规则、办事细则、经费预算表、经费决算表、工作报告、职员名册，该局所辖各施疗所主任医师通讯录，首届主任医师联席会议记录等。

4. 会计类

有该局 1938—1940 年收支月报表、收支概算书、收支对照表，1941 年经费开支表，职员薪饷册等。

日伪上海特别市社会福利局

全宗号　R15

日伪上海特别市社会福利局成立于1943 年 3 月 1 日，由日伪上海特别市社会运动指导委员会和赈务委员会上海分会合并组成，隶属于日伪上海特别市政府，并受汪伪国民政府行政院监督指导。其主要职责是经管全市社会行政及社会福利事宜，具体处理慈善公益、各业职工工会和外侨民事纠纷等事务。局长孙鸣岐。1945 年 8 月，随着日伪政权的覆灭，该局也随之终结。

馆藏日伪上海特别市社会福利局全宗档案共 121 卷，档案排架长度 4.8 米，档案起止年代为 1943—1945 年，编有案卷目录。

档案主要内容：

1. 组织人事类

有该局成立、局长就任的文件，接收日伪上海特别市社会运动指导委员会和赈务委员会上海分会、设立劳工事务所等机构的文件，有关上海市袜针、脚踏车拖车、制履、绸布整理、面制粉团、铅印、水果、童服、理发等业职业工会发起人、筹备员、理监事履历表及理监事改选的文件，上海市残废养老院、上海流民习勤所、上海怀幼院、上海福幼院、苏北孤老院等慈善团体理监事登记表、董事名册及会员名册，劳资争议仲裁委员会委员名册等。

2. 规章类

有该局救济院规程（草案），管理公益慈善团体办法（草案），上海特别市慈善团体登记规则、组织准则（草案），劳资争议处理办法（1944 年），上海流民习勤所、上海残废养老院等慈善团体章程，上海袜针业、水果业、理发业等部分行业职业工会、同人福利会章程等。

3. 业务类

有日伪上海特别市社会福利局处理外侨房屋、水电纠纷的调查报告，有关上海各业职工工会、上海各慈善团体申请登记、报告成立经过和解决劳资纠纷等问题的文件，申请登记的有关文件，救济院为留养人员的收容、遣送等问题与上海特别市政府、社会部的往来文件等。

日伪上海特别市复兴局

全宗号　R16

日伪上海特别市复兴局成立于1938 年 9 月，隶属于伪维新政府内政部，由陈群任局长。该局的主要职责是负责修复在八一三抗战中遭受严重破坏的市政设施，并进行扩建。该局下设三个科，分别负责总务、市政建设的计划设计和监督事项。具体的市政建设工程由日伪恒产股份有限公司和大上海瓦斯股份有限公司承担。1941 年 6 月，日伪上海特别市复兴局奉令撤销。

馆藏日伪上海特别市复兴局全宗档案共 50 卷，档案排架长度 3.2 米，档案起止时间为 1938—1941 年，并有案卷目录。

档案主要内容：

1. 组织人事类

有该局成立与结束的文件，章程，人员任命调派文件，日伪上海特别市建设咨询委员会组织章程，上海恒业股份有限公司成立和内部机构调整文件，筹组大上海瓦斯股份有限公司的文件等。

2. 业务类

有该局施政工作报告，出资购买百老汇大厦的文件，上海新都市计划图、上海都市建设计划大纲、大上海基本区划大纲和建设计划图、都市建设第一期工程图，复兴局监督工程暂行规则，该局处理土地征收纠纷的文件，恒产股份有限公司土地出租暂行规则、营业报告书、业务概况报告、工程竣工调查表和工程设计说明书，大上海瓦斯股份有限公司营业报告书、工程状况报告、铺设煤气管计划图等。

日伪上海特别市沪西区公署

全宗号　R18

日伪上海特别市沪西区公署前身是1938 年 10 月成立的督办上海市政公署沪西政务署，后数度更名，先后称上海特别市沪西政务署、上海特别市沪西区公署、上海市沪西区公署、上海特别市第四区公署。1945 年 8 月随着日军投降，区公署结束。区公署下设第一科（掌管区公署文书、人事等事务）、第二科（掌管户籍、保甲、治安等事项）、第三科（掌管水利、道路、农工商等事项）和秘书室、会计室等科室。

馆藏日伪上海特别市沪西区公署档案共 762 卷，档案排架长度 17.6 米，档案起止时间为 1938—1945 年，编有案卷目录。

档案主要内容：

1. 总类

有该署组织规程、办事细则，区务会议记录，工作月报表，1939—1941 年经办的重要事务日记，关于行政经费、薪津问题与日伪上海市政府的来往文件，工作人员任免、考绩、奖惩、抚恤等文件，历任署长交接材料，工作人员名册和薪饷清册等。

2. 工商类

有辖区内外国人开设工厂状况的报告，工厂商店的调查报告，工人生活状况的报告，关于厂商登记、物资登记与日伪上海市政府的来往文件，关于水陆交通情况的报告等。

3. 农业类

有关于农田水利、农林渔牧业、制丝业情况的调查报告，关于农业生产、农业灾情、组织农业生产互助社等问题与日伪上海市政府、市社会局等来往文件，田赋税率调查表，关于田赋问题与市财政局的来往文件等。

4. 文化宣传类

有关于出版、宗教团体、话剧巡回演出、日本人讲演、戏剧检查等问题与市政府、社会局的来往文件及反共宣传标语和印刷品等。

5. 社会管理类

有辖区内各镇公所成立情况的报告，镇防共自卫团情况的报告，各坊青年团成立情况的报告及团员名册，各坊、镇长任免文件，区、镇工作人员不法行为的处理材料，区防疫委员会及该会会议记录，关于强迫人民拆屋迁坟问题与日伪上海市政府、卫生局等来往文件，关于调查公私医院、诊疗所、医师等问题与卫生局的来往文件等。此外，还有日伪中央和上海市政府颁发的各种法规、条例，如非常时期财政经济扰乱取缔条例、国民义务劳动法及民众政治领导纲领、妨害新法币治罪条例、公债条例、关于中小学生训练标准及训育方针实施大纲、关于米价变动紧急措施等，以及教职员概况调查表、中小学整顿情况报告、田赋征收表、税率调查表等。

日伪上海特别市沪西警察总署

全宗号　R19

日伪上海特别市沪西警察总署，是根据日伪上海特别市政府和上海公共租界工部局达成的协议，于1941年3月15日成立，1942年5月11日改组为上海特别市沪西警察局，由上海特别市政府与工部局共同管理。主要职责是负责沪西地区的治安、户口调查、交通、收集情报、侦查逮捕政治犯、调解争执等警务。署长潘达，下设总务课、特高课、刑事课、外事课、督查课等内部机构。1943年10月该局奉令结束。

馆藏日伪上海特别市沪西警察总署全宗档案共1 135卷，档案排架长度 35.2 米，档案起止时间为 1941—1943 年，编有案卷目录。

档案主要内容：

1. 人事类

有该署为划定职权问题给所属单位的训令，职员名单，人员变动情况表，任免各分署长、分局长、课长、巡官、科员的训令，员工考绩文件等。

2. 规章类

有该署组织条例、组织规则、办事细则及职别职掌表，所属派出所章程、出理案件章程、速提协缉人犯办法、节日临时戒严实施办法、惩治盗匪暂行办法、危害民国紧急治罪法等。

3. 业务类

有该警察总署及下属机构施政报告、工作报告，所管辖地区户口统计表，处理所管辖地区偷盗、绑架、抢劫、欺诈、赌博、伤害、吸毒贩毒、自杀等案的文件，处理妨害交通和车辆肇事事件的情况记录，有关实施物资统制的文件，处理所属地区劳资纠纷的文件，该署与公共租界划分延平路康老脱路地界问题的文件，转发日伪上海市政府破坏共产党抗日活动的训令及收集共产党活动的情报，禁销报刊文件，特高课电影戏剧查验表等。

4. 经费类

有该机构经费收支预算书、员工薪饷米贴清册等。

日伪上海特别市第一区公署

全宗号　R22

日伪上海特别市第一区公署成立于1943 年 8 月 1 日，管理原公共租界区域。1944 年 2 月 1 日接管第八区公署，管辖范围进一步扩大到法租界。署长先后由陈公博、吴颂皋担任。下设人事委员会、总务处、经济处、财务处、教育处、卫生处、工务处、社会福利处（后该为工业调查处）、消防处、秘书处等 10 个内部机构。同年 8 月 1 日，日伪上海特别市第一区公署奉令撤销，所管事务分别向市政府与警察局移交。

馆藏日伪上海特别市第一区公署全宗档案共 2 246 卷，档案排架长度 41.6 米，档案起止时间为 1943—1945 年，编有案卷目录。

档案主要内容：

1. 组织人事类

有该公署组织系统表、官员任免文件、聘用日籍职员名单，区公署及各处室章程及办事细则、职员服务纲要等。

2. 教育卫生类

有该公署教育行政条例，图书馆组织条例，医生登记注册文件，化验、住院、公墓管理和生死统计等文件，该区内学校招生、经费管理及工作报告等。

3. 公用事业类

有该公署接管第一、第八两区公用事业方案，公共汽车路线变更、票站、票价、水电供应、修房筑路、电话设置等文件。

4. 经济管理类

有工部局物资统制局调查执行处查询违章商人的传讯通知及口供录；关于商品市场价格、种类、储存、消耗、生产方面的调查报告，如物价调查报告、调查煤球火柴肥皂与洋烛器制造业产销状况、每日商品价格调查报告、各种商品最高售价表、各商号商品价格表等；同业公会会员名册；开征各种捐税的文件等。

5. 警务类

有该公署编制保甲及自警团暂行办法，所属区域外国人登记文件，交通事故调查报告，处理民事纠纷及刑事案件的文件等。

6. 经费类

有该公署 1944 年度预算书、各处经费报告书、员工薪金册等。

日伪上海特别市第七区公署

全宗号　R23

日伪上海特别市第七区公署成立于1943 年 12 月 1 日，其前身为日伪上海特别市南市区政务署。该公署的管辖范围为南市五个街坊的区域。其主要职责是区内自治、保甲、治安及公益事项，署长卢英。1944 年 10 月 1 日该署奉令结束。

馆藏日伪上海特别市第七区公署全宗档案共 302 卷，档案排架长度 3.2 米，档案起止时间为 1943—1944 年，编有案卷目录。

档案主要内容：

1. 组织人事类

有该公署成立及撤销文件，组织规程，县长及区署长考绩文件，新国民运动促进委员会组织条例，该署重要职员名册，各区农业增产策进委员会组织通则等。

2. 政务类

有冬赈暂行办法，教职员待遇状况调查表，区私立学校、社教机关概况表，医师、助产士管理办法，公私立医院调查表，举行冬赈施放棉衣文件等。

3. 经济管理类

有修正苏浙皖米谷运销暂行条例，鼓励人民开采煤矿暂行条例、麻类移动取缔办法，开放十六铺里马路口铁门以利商民活动文件，实施新旧币交换文件，施行油粮标准价格文件，变更各区地方款收支手续文件，调整苏淮特区现行通货办法，战时物价管理暂行条例及实施办法，棉作生产成本调查表，区各同业公会统计表，生产互助社暂行办法等。

4. 警务类

有惩治盗匪暂行条例，通缉犯人文件，修正战时刑事特别条例，大赦条例及再犯预防条例，旅外侨民国籍证明书条例，上海码头黑暗情形调查报告，查禁先天道会文件，保甲团队实况调查表，修正保甲委员会组织规程，保甲自警团呈请备案的有关文件等。

5. 经费类

有该区田赋及保安经费等文件。

日伪上海特别市第八区公署

全宗号　R24

日伪上海特别市第八区公署成立于1943年7月30日，署长陈公博。内设总务处、会计处、财务处、教育处、卫生处、工务处、公用处、社会福利处、消防处、区金库等10个内部机构。该公署的管辖范围为原法租界区域。1944年2月1日该区奉令撤销，辖区并入第一区公署。

馆藏日伪上海特别市第八区公署全宗档案共183卷，档案排架长度5.6米，档案起止年代为1942—1944年，编有案卷目录。

档案主要内容：

1. 组织人事类

有该公署署长陈公博就职的文件，第一、第八二区合并文件，各处室职员任免文件，职员履历表，该公署暂行组织规程，各处室组织规程及办事细则等。

2. 收回法租界

有接收法租界公董局文件，收回上海法租界外交文件，备忘录，接收法租界要点，法租界交还仪式的规定，财产处置办法等。

3. 政务类

有该公署及各处施政报告，工作月报表，开征捐税的文件，统制物资文件，工商物价调查报告，各同业公会登记表，整理土地房屋公产的文件等。

4. 警务类

有该该区户口登记调查文件、保甲制度文件、查缉罪犯文件、处理交通肇事文件等。

5. 财务类

有该公署收入支出报告书、经费支出计算书、公产租金征收报告表及账册等。

日伪上海特别市经济警察第一大队

全宗号　R27

日伪上海特别市经济警察第一大队成立于1943 年 10 月，直属于日伪上海特别市第一警察局特高处经济科。其主要职能为检查各交通关卡的物资移动事项，目的在于加强控制战略物资的移动。1945 年 8 月随着日伪政权的灭亡，该机构也随之消亡。

馆藏日伪上海特别市经济警察第一大队全宗档案共 139 卷，档案排架长度 4. 8 米，档案起止时间为 1944 年 2—5 月，编有案卷目录。

档案主要内容：

1. 商店调查表

对市内各棉布商店调查表，各绸布商店调查表，建筑材料级营造业商店调查表，油漆、车行、洗染业商店调查表，切面、豆腐、调味、盐油、酱业商店调查表，鲜咸肉庄、鱼庄、鸡鸭蛋行调查表，米号、杂粮商店调查表，医药商店调查表等。

2. 工场调查表

皮毛制革业工场调查表，各制药、橡胶、肥皂、火烛、烟业工场调查表，五金、铸铁、制针、制缸、铜白、铁业工场调查表，煤球、木炭、柴行工场调查表，电机、机器、铜铁业工场调查表，纺织、染织、织绸、针织内衣工场调查表等。

3. 金融业调查表

各银行调查表、保险业调查表、钱庄业调查表、证券业调查表、信托业调查表等。

4. 其他调查表

黄浦、新成、老闸警察分局按街道路别职业调查表，医师、同业公会、俱乐部、同乡会等调查表，旅馆、茶室、仓库堆栈调查表等。

日伪上海特别市政府财政局

全宗号　R32

日伪上海特别市政府财政局是日伪政权在上海设立的掌管全市财政收支、稽征各类捐税、发行公债、对所属官商合办事业进行管理的机构。成立于1938年10月，由日伪督办上海市政公署财政局改组而来。下设财务研究委员会、专员室、秘书室、总务科、田赋科、消费特税科、营业税科、房地捐科、执照科、主计科、金库科、监察科等机构。1945年8月解散。

馆藏日伪上海特别市政府财政局全宗档案共612卷，档案排架长度12.8米，档案起止年代为1938—1945年，编有案卷目录。

档案主要内容：

1. 总类

有日伪上海特别市政府财政局办事细则，日伪上海特别市县财政局办事细则，1939年、1940年该局经办日记，该局局长、专员、科长的委任令，职员名册，日伪上海特别市财政局移交清册等。

2. 公债类

有1942年日伪上海特别市公债发行细则、还本办法，1945年日伪上海特别市公债意见书、发行细则，1945年日伪上海特别市临时救济库券发行细则等。

3. 赋税类

有该局地价税征收方案、章程、施行细则，地价公断办法及土地估价委员会组织规程，征收田赋方案、章程、办法及整理田赋的报告，各区征收田赋清册，征收房捐章则、房屋租赁暂行办法，清理全市沙田大纲、暂行办法、登记方法等。

4. 会计类

有日伪上海特别市政府1943、1944年度总概算书，该局总账、现金支出日记账、岁出分类账、地价税总账，日伪国民政府清乡委员会上海分会现金日记簿，日伪上海特别市金库收入分户账、收支日记账、银行来往账等。

日伪上海特别市政府保甲委员会

全宗号　R33

日伪上海特别市政府保甲委员会成立于1943年3月，第一任主任委员吴颂皋。保甲委员会内设总务、编查、训导等三股。市属各区的保甲事务由各区公署依保甲委员会的指令办理。保甲委员会还在特别区设立办事处，在清乡地区设立保甲室。1943年公共租界和法租界“交还”给日伪上海特别市政府，原租界内的保甲事务由日伪上海特别市政府第一警察局保甲处接管。该保甲处受保甲委员会指挥、监督。各区的自警团亦受保甲委员会指挥、监督。1945年8月随着日军投降，保甲委员会结束。

馆藏日伪上海特别市政府保甲委员会全宗档案共412卷，档案排架长度7.2米，档案起止年代为1942—1945年，编有案卷目录。

档案主要内容：

1. 组织规章类

有保甲委员会组织条例、组织系统表、办事规则和各科办事细则，保甲处组织系统表、办事细则，区公署组织条例、区办事处组织条例、办事细则，自警团、特别自警团组织规程、办事细则、组织系统表等。

2. 人事类

有保甲委员会职员名册、职员履历表、职员任免文件，保甲处人员任免文件，各区总联保长、联保长、保长、甲长名册，自警团人员任免文件等。

3. 会议记录、报告类

有保甲委员会会议记录、各区办事处会议记录、各区保甲会议记录、保甲长会议记录、保甲处处务会议记录，保甲委员会工作报告、各区办事处工作报告、保甲处工作报告等。

4. 业务类

有市区编织保甲暂行办法，市区选举保甲人员细则，乡镇保甲办法，各区保甲概况表，保甲区划图，第四区保甲办事处推行保甲实施方案，部分中小学校长关于强化保甲组织的意见书，各保甲区地图，各区强化自警团组织实施方案、训练方案及编制表，保甲处关于自警团干部集训经过情况的报告，有关申报户口领发居民证的各项规定，保甲委员会关于废品调查统计与区公署、区办事处往来文件，各区户口异动表、统计表，第一区特别身份证颁发条例，各区进行防空活动的有关文件，保甲委员会预算、决算书，各区办事处预算决算书等。

日伪上海特别市政府总会计处

全宗号　R35

日伪上海特别市政府总会计处成立于1942 年 7 月。其职责是负责市政府及所属各机关的会计、审计、统计事务。戴德、陈秋实先后担任处长。1945 年 4 月该总会计处奉令撤销。

馆藏日伪上海特别市政府总会计处全宗档案共 155 卷，档案排架长度 6.4 米，档案起止时间为 1942—1945 年，编有案卷目录。

档案主要内容：

1. 组织人事类

有日伪上海特别市政府总会计处成立、改组与结束文件，组织系统表，负责人名单及人事任免文件等。

2. 规章

有总会计处、各机关会计室、各区公署会计室的组织章程、办事细则，总会计处颁发的会计规程、会计格式、会计制度、记账说明、办事规程，陆海空军公积金保管规则、会计师条例、支领出差经费暂行办法、提存资金办法、敌产管理特别会计法、检举贪污办法等。

3. 财会类

有日伪上海特别市政府总会计处和第一、第八区公署会计处总账、总分类账、岁出分户账、岁入分类账、暂时欠款分户账、预备金动支登记簿等。

日伪上海特别市警察局

全宗号　R36

日伪上海特别市警察局是日伪政权在上海设立的警务机构，掌管全市公安、消防、公众保健等事务。前身系日伪督办上海市政公署警察局，成立于1938年10月14日。下设总务、行政、特高、卫生、司法等五科及勤务督察处、警察总队、水巡总队、侦缉总队、消防队、警士训练所、警察医院等机构，并在全市各区设立警察分局。1943年8月，汪伪政权“收回”租界，在原公共租界设立第一警察局，原法租界设立第三警察局，日伪上海特别市警察局则改称第二警察局。同年9月，伪沪西警察局并入第一警察局。11月第一、第三两警察局合并，仍称第一警察局。次年8月，第一、第二两警察局合并，称上海特别市警察局。卢英、陈公博、周佛海等先后任局长。1945年8月结束。

馆藏日伪上海特别市警察局全宗档案共2 399卷，档案排架长度34.4米，档案起止年代为1940—1945年，编有案卷目录。

档案主要内容：

1. 总类

有日伪上海特别市警察局组织规程，第一、第三警察局组织规程，日伪上海特别市警察局办事细则，该局警察处办事规则、督察处处务规程及卫生科办事细则，第一、第三警察局组织系统表，官警名册及处、科长名册，官警一般状况调查表，日籍官员履历表，各警察分局花名清册，警士训练所1—4期同学录等。

2. 会议记录类

有日伪上海特别市警察局会议记录，警宪联络会议记录，各处、科及各分局会议记录等。

3. 情报调查类

有该局情况日报、特高课情报、外事情报、经济情报，1942年12月至1943年9月、1944年1月、2月、6月警察月报，上海地区工厂、无线电器材商店实态调查，老闸区布厂业调查，上海金融机关调查表等。

4. 刑事案件类

有该局及徐汇、虹口、闸北、黄浦、老闸、长宁、高桥、江湾、静安寺等警察分局有关侦查谋杀、抢劫、伤害、盗窃、赌博、吸毒、贩毒、恐吓、绑架、敲诈等刑事案件的文件。

5. 卫生管理类

有医院、医师办理注册规则，防疫简则，“慰安所”组织规约，筹办浦东等区隔离医院文件，饮食厂店申请领照、各区呈报中西医领部证文件，历年各种病症死亡统计表，宰作、牛奶棚、畜犬、垃圾、清洁捐、殡葬、粪便管理等文件。

日伪上海监狱

全宗号 R37

日伪上海监狱即原提篮桥监狱，1943 年由汪伪政权接收，抗战胜利后，该监狱由国民政府司法行政部接管，改称司法行政部直辖上海监狱。

馆藏日伪上海监狱全宗档案共 10 297 卷，档案排架长度 40 米，起止年代为 1935—1949 年，编有案卷目录。

档案主要内容：

1. 罪案登记类

有日伪上海监狱内各种人犯的案例调查，包括盗窃、杀人、抢劫、吸毒贩毒等共计 10 000 件。

2. 监所管理类

有日伪上海监狱犯人指纹卡，囚犯配给囚粮及其他物品的有关文件，犯人死亡说明书，人犯统计月报，人犯教诲教育工作报告，人犯疾病登记表及犯人受罚减食记录，案犯家属申请保释文件等。

3. 人事类

有日伪上海监狱组织法，职员名册及履历表，职员任免、调派、请假文件，国民政府颁布的司法行政法令、公务员任用规章、登记案例，日伪上海监狱第一分监现任看守人员名册等。

4. 秘书行政类

有日伪上海监狱接收日本刑务所家具文件，监狱职员及看守订制服装、物品配给、申领经费文件，监狱整顿建设、修缮及购置物品文件，监狱财产目录，收发文登记，监狱看守值勤登记等。

日伪江苏上海地方法院

全宗号　R38

日伪江苏上海地方法院前身为国民政府江苏上海地方法院，成立于1937年8月13日。下设浦东、沪西、嘉定等3个分院，负责受理上海及嘉定地区的民事刑事案件。严抡魁、倪世清、吴宗兴先后出任院长。院址上海南市蓬莱路245号。1943年8月1日，该院与江苏上海第一、二特区地方法院合并，改组为日伪上海地方法院和日伪上海地方法院检察署，日伪江苏上海地方法院即告结束。

馆藏日伪江苏上海地方法院全宗档案共13 116卷，档案排架长度74.4米，档案起止年代为1937—1943年，编有案卷目录。

档案主要内容：

1. 司法行政类

有法院组织概况报告，接收嘉定地方法院及看守所文件，该院改组报告，章程及办事细则，院长就职文件，工作人员任免文件、工作人员考绩文件，处理工作人员违法案件的有关文件，律师登记录，移交清册等。

2. 司法业务类

（1）民事类　有该法院对妨害家庭、离婚、脱离关系、确认身份、确认继承权、产权、土地所有权、抵押权、定金、借款、欠款、抵款、票款、欠租、押款、贷款、契约、遗产、析产、债务、破产、买卖赔偿、申请拍卖抵押物、执行异议等民事案件的审理文件。

（2）刑事类　有该法院对杀人、抢劫、强盗、欺诈、伤害致死、伪证、侵占、强奸、盗窃、恐吓、吸毒、伪造货币、非法持有武器、买卖人口等刑事案件的审理文件。

日伪江苏上海第一特区地方法院

全宗号　R39

日伪江苏上海第一特区地方法院成立于1941年12月8日，其前身为国民政府江苏上海第一特区地方法院。主要职责为负责上海公共租界内的民事审判及检验事宜。冯世德、徐维震先后任代理院长，张宗儒任首席检察官。院址位于上海浙江北路七浦路口。1943 年 8 月 1 日，日伪政府改组上海各司法机关，该法院奉令结束。

馆藏日伪江苏上海第一特区地方法院全宗档案共 15 851 卷，档案排架长度 84 米，档案起止年代为 1941—1944 年，编有案卷目录。

档案主要内容：

1. 司法行政类

有该法院职员履历表、工资清册、财产目录，刑事涉外案件报告书及判决书，1942 年度民事案件月报表，诉讼卷宗保存簿、执行死刑登记簿、保安处分登记簿、行政卷宗总目录等。

2. 司法业务类

（1）民事类　有该法院对离婚、有伤风化、妨害家庭、确认身份、确认继承权、土地所有权、抵押权、借款、还款、票款、欠租、押款、贷款、破产、买卖赔偿、执行异议、违反交通规则、妨害市容等民事案件的审理文件。

（2）刑事类　有该法院对妨害公共安全、肇事、杀人、抢劫、强盗、欺诈、伤害致死、伪证、侵占、强奸、恐吓、吸毒、贩毒、伪造货币、非法持有武器、拐卖人口等刑事案件的审理文件。

日伪江苏高等法院第二分院

全宗号　R40

日伪江苏高等法院第二分院成立于1941 年 12 月 8 日，其前身为国民政府江苏高等法院第二分院。主要职责为受理公共租界内的一审民事、刑事案件及日伪江苏上海第一特区地方法院的上诉案件。徐维震为院长，胡哈谷任首席检察官。原址设在北浙江路 191 号。1943 年 8 月 1 日，该院奉令结束业务。

馆藏日伪江苏高等法院第二分院全宗档案共 1 703 卷，档案排架长度 6.4 米，档案起止年代为 1941—1945 年，编有案卷目录。

档案主要内容：

1. 组织人事类

有该法院官规，院长及法官任用迁调文件，职员任用规章，职员家庭状况调查表、员工任用资格审查表、职员考绩表，院长、庭长、推事、书记官名单，律师、会计师登记表等。

2. 司法行政类

有该法院所属地方法院诉讼案件调查报表，处理少年犯事项报告，刑事案件已结未结月报表，上诉、审诉卷宗保存簿及检查簿等。

3. 司法业务类

（1）民事类　有该法院对妨害家庭、离婚、脱离关系、确认身份、继承权、土地所有权、遗产、迁让、赔偿、加租、欠款、解除契约、佣金、地捐等民事案件的审理文件。

（2）刑事类　有该法院对杀人、强盗、勒索、拐卖人口、恐吓、吸毒、贩毒、妨害家庭、伪造货币、强奸、危害公共安全等刑事案件的受理文件。

日伪江苏上海第二特区地方法院

全宗号　R41

日伪江苏上海第二特区地方法院成立于1940 年 11 月 8 日，其前身为国民政府江苏上海第二特区地方法院。主要职责为管辖、审判上海法租界内之刑事、民事案件及检验事务等。孙绍康、陈秉钧先后出任院长，黄炎任首席检察官。院址设在薛华立路（今建国中路）20 号。1943 年 8 月 1 日，该法院奉令结束业务。

馆藏日伪江苏上海第二特区地方法院全宗档案共 19 838 卷，档案排架长度 97.6 米，档案起止年代为 1940—1943 年，编有案卷目录。

档案主要内容：

1. 司法行政类

有该法院职员名册及履历表，书记官、推事及通译进退文件，会计师、律师登记表，收案簿、办案进行簿，1943 年度判决书，收支预算表，诉讼卷宗保存簿，民事案件归档日记本，各处、科、所收文簿，在监监犯死亡暂记簿等。

2. 司法业务类

（1）民事类　有该法院对妨害家庭、确认身份、土地所有权、欠租、债务、执行异议、拍卖抵押物、贷款、契约、析产、脱离关系、产权、离婚、有伤风化、定金、借款、票款、继承权等民事案件的审理文件。

（2）刑事类　有该法院对危害公共安全、杀人、抢劫、强奸、盗窃、欺诈、伤害致死、侵占、伪证、恐吓、吸毒、贩毒、拐卖人口、非法持有武器等刑事案件的审理文件。

日伪江苏高等法院第三分院

全宗号 R42

日伪江苏高等法院第三分院成立于1940年11月8日，其前身为国民政府江苏高等法院第三分院。院址设在永嘉路恒爱里9号。主要职责为受理管辖的一审民事、刑事案件和日伪江苏上海第二特区地方法院上诉的案件。乔万进、周先觉等先后出任院长，刘肇福、郭怀璞等出任首席检察官。1943年8月1日，该法院奉令结束业务。

馆藏日伪江苏高等法院第三分院全宗档案共240卷，档案排架长度4米，档案起止年代为1940—1943年，编有案卷目录。

档案主要内容：

1. 司法行政类

有该法院密查吴熙、王鉴、张鑫长、于弼等渎职文件，中外律师名册，移交清册，关于哈同遗产事件文件，收状簿、收案簿、法庭登记簿等。

2. 司法业务类

（1）刑事类　有该法院受理杀人、强盗、盗窃、拐卖人口、吸毒等刑事案件的文件。

（2）民事类　有该法院受理确定所有权、迁让、加租、赡养费、给付生活费、借款、离婚、分居、返还空地、损害、租金、契约、租约、妨害自由、货款、票款、返还财产等民事案件的文件。

3. 财务类

该法院1943年度收入计算书，1942年度解交所得税文件，岁出预算明细分类账，1930年度经费文件等。

日伪上海地方法院

全宗号 R43

日伪上海地方法院成立于1943年8月1日，由原日伪江苏上海第一特区地方法院、日伪江苏上海第二特区地方法院、日伪江苏上海地方法院合并改组而成。院址在浙江北路191号。主要职责为受理上海区域内的民事、刑事案件。赵镇镗、季仰周、冯进德先后任院长。下设嘉定分院及南汇、奉贤、川沙等三个分庭。1945年8月，该法院为国民政府接收。

馆藏日伪上海地方法院全宗档案共22 256卷，档案排架长度226.4米，档案起止年代为1943—1945年，编有案卷目录。

档案主要内容：

1. 司法行政类

有该法院现任公务人员调查表，职员名册，法警、卫警名册，外籍律师登记表，刑事涉外案件判决书，刑事案件已结未结月报表，民事案件判决册（1943年9月），民事财产权案件判决册（1943年8月），各类诉讼卷宗存本，调解档号簿，移交清册等。

2. 司法业务类

（1）民事类　有该法院对执行异议、申请拍卖抵押物、买卖、赔偿、破产、债务、析产、遗产、契约、贷款、押款、欠租、票款、抵款、欠款、借款、定金、抵押权、土地所有权、产权、确认继承权、确认身份、脱离关系、离婚、妨害家庭、违反交通规则等民事案件的审理文件。

（2）刑事类　有该法院对杀人、肇事、抢劫、强盗、欺诈、伤害致死、伪证、侵占、强奸、盗窃、恐吓、吸毒、贩毒、伪造货币、非法持有武器、拐卖人口等刑事案件的审理文件。

日伪上海地方检察署

全宗号　R44

日伪上海地方检察署成立于1943年8月1日，受日伪上海高等检察署领导。地址位于上海建国西路20号。主要职责为管辖全上海的犯罪侦查起诉和执行刑法等。陈秉钧、蔡日新、沈文杰等人先后出任署长。下设嘉定分署及司法行政部法警上海队，并领导日伪上海地方法院奉贤、川沙、南汇分庭之检察官。1945年8月，被国民政府接收。

馆藏日伪上海地方检察署全宗档案共6 922卷，档案排架长度20.8米，档案起止年代为1943—1945年，编有案卷目录。

档案主要内容：

1. 组织人事类

有陈秉钧就职、地方法院改组文件，检察官名册及简历表、检察官进退文件，组织系统表、职员情况调查表、职员考绩表，律师名册等。

2. 司法行政类

有该署办理扣押王树春渎职案等文件，该署看守所造报册，看守所改组文件，人犯死亡证书，起诉书、处分书、申请书文件，卷宗保存本，收案本、分案本等。

3. 司法业务类

（1）民事类　有该署对妨害家庭、离婚、脱离关系、确认身份、确认继承权、产权、土地所有权、抵押权、定金、借款、欠款、抵款、票款、欠租、押款、贷款、契约、遗产、破产、买卖赔偿、申请拍卖抵押物、执行异议等民事案件的审理文件。

（2）刑事类　有该署对杀人、抢劫、强盗、欺诈、伤害致死、伪证、侵占、强奸、盗窃、恐吓、吸毒、伪造货币、非法持有武器、买卖人口等刑事案件的审理文件。

日伪上海高等法院

全宗号　R45

日伪上海高等法院成立于1943年8月1日，是日伪上海市政府的直属机构。其主要职责为管辖上海地方法院，上海地方法院嘉定分院，松江、南通、崇明地方法院的司法审判工作；管辖海门、启东特别区公署，金山、川沙、青浦、宝山、奉贤、南汇县政府的司法审判工作；管辖浙江鄞县分庭及鄞县地方法院的司法审判工作。1945年8月，被国民政府接收。

馆藏日伪上海高等法院全宗档案共1 823卷，档案排架长度8米，档案起止年代为1943—1945年，编有案卷目录。

档案主要内容：

1. 司法行政类

有该法院成立文件，筹设奉贤、南汇、川沙、崇明等分庭文件，职员迁调任免文件、职员履历表、律师登录事项表，发文簿、诉讼卷宗检查簿、收案簿等。

2. 司法业务类

（1）刑事类　有该法院受理的妨害农工商、妨害自由、诈欺、伪造有价证券、强盗、伤害致死、杀人、拐卖人口、窃盗、伪造文书、毁损、恐吓、抢夺等刑事案件的文件。

（2）民事类　有该法院受理的借款、欠租、票款、股息、赔偿、返还定金、迁让、履行契约、离婚等民事案件的文件。

日伪上海高等检察署

全宗号　R46

日伪上海高等检察署成立于1943年8月1日，为日伪最高检察署的下属机构。地址位于建国西路25弄楚园。主要职责为管辖日伪上海地方检察署，松江、南通、崇明地方检察署，海门、启东特别区公署，嘉定分署，以及金山、青浦、川沙、宝山、奉贤、南汇等县的检察事务。胡治谷任检察长。1945年抗战胜利后该署被接收。

馆藏日伪上海高等检察署全宗档案共170卷，档案排架长度2.4米，档案起止年代为1943—1945年，编有案卷目录。

档案主要内容：

1. 司法行政类

有该检察署检察官及职员任免文件，职员履历表，上海监狱犯人名册，收案簿，收发文簿等。

2. 司法业务类

有该检察署处理杀人、盗窃、赃物、侵占、强盗、伤害致死、鸦片、妨害家庭、妨害自由、抢劫、渎职、拐卖人口、勒索、伪造公印、恐吓、诬告、公共危害等刑事案件的文件。

日伪上海特别市商会

全宗号　R47

日伪上海特别市商会成立于1942年6月27日，江上达、沈维挺、闻兰亭、裴云卿、林康侯、王伯元先后担任会长。内设总务、财务、商务、指导、调查等五科，下设江湾、浦东、沪西、南市、吴淞等五个事务所。该商会成立后主要工作有：调整改组同业公会，受伪实业部委托办理公司、商号登记注册和商标查验工作，办理物资搬出入证明工作，办理平价米分配等工作。1945 年 8 月，日伪上海特别市商会结束工作。

馆藏日伪上海特别市商会全宗档案共 239 卷，档案排架长度 4.8 米，档案起止年代为 1940—1945 年，编有案卷目录。

档案主要内容：

1. 总类

该会沿革及大事记，规章及办事细则，成立大会记录、理监事联席会议记录、整理委员会记录，财产目录，收发文登记本等。

2. 组织人事类

该会成立立案文件，设立事务所的文件，组织系统表，理监事名单及履历表，整理委员会、商务委员会、设计委员会委员名单，职员名册、职员调查表等。

3. 业务类

该会及各事务所工作报告，各业公会、团体、企业、个人要求发还被日伪军警强占产权、扣留运销物资的来函及该会与有关机关的往来文，各同业公会要求减免税收的文件，上海市主要商品评价办法，各同业公会办理存货登记文件，上海市主要商品名称表，物价对策座谈会记录，该会承办平价米供应文件，各公司、同业公会补行登记及重新登记文件，各同业公会函报的成立大会记录、会员大会记录、理监事名单、组织章程等。

4. 财务类

该会查账报告书、历年收支预决算表、征收会费文件、职工薪津表等。

日伪上海特别市教育局

全宗号　R48

日伪上海特别市教育局成立于1938 年 11 月，由日伪大道市政府教育科与学校教材编辑委员会合并组成，是日伪上海市政府的直属机构。主要职责是管理上海市的教育行政工作。陈修夫、苏锡文、林炯庵、戴英夫先后出任局长。下设五科二室分别管理总务、人事、学校教育、社会教育、教育研究等各项事宜。1945 年 8 月，该局随着日伪上海特别市政府的覆灭而结束。

馆藏日伪上海特别市教育局全宗档案共 1 488 卷，档案排架长度 20 米，档案起止年代为 1937—1945 年，编有案卷目录。

档案主要内容：

1. 组织人事类

该局组织系统表，上海特别市教育委员会筹备成立经过报告，该局员工任免文件，该局所属学校员工任免及更动情况文件，各校教职员工履历表、经济概况表、印鉴表，教职员工考绩报告等。

2. 教育行政类

该局工作计划与工作报告，教育委员会工作报告，会议记录，各区扩充初等教育计划，上海市呈报中等教育缺点改正办法的意见书，所属各学校概况调查表，关于学校防空实施办法及市立学校临时疏散实施大纲，私立学校暂行规程，国定教科书使用保管办法，抽查各级学校暂行办法，上海市国民教育辅导研究办法大纲草案，关于扩大日语补习学校及青年学校暂行办法，关于中小学办理暑期补习班的规则，关于中等学校和教导主任公民教师资格审查委员及拟定中小学训育方案等文件，清乡地区特种教育大单元设计、教学纲要暨推进各县教育计划大纲，制定与推行反共奴化教育方案，上海特别市补助私立中小学暂行办法等。

3. 法规类

该局章程及办事细则，上海教育设计委员会组织简则，南市区学校卫生促进委员会章程，上海市学校行政管理规程及校长集训办法，教职员服务规约，教育暂行规程，小学教育办法及调查失学儿童办法，小学公民训练标准草案及中学训育方针实施办法大纲，中学恢复三三制编级办法，各级学校体育促进办法暨各地体育场、体育实施办法，私立学校暂行办法，上海市市长奖学金暂行办法，关于社会教育各项办法等。

4. 教务类

有教职员进、退、请假、代课应备证件管理办法，关于私立中小学整理、立案暂行办法，各大中小学、职校、补习学校、艺术学校的立案登记文件，各级学校调查表、成绩册、毕业生名册和有关来往文件，有关租界内各种学校情况调查表，社会教育的调查报告、教务方面的往来文件，有关新国民运动、青少年团、孔庙祭、日语教师、社教人员训练班、留日学生、小学教职员讲习会等问题的往来文件，所属各校校务移交文件，市立各中小学学生申请减免费的文件等。

5. 财务类

有该局财产目录，该局及各学校经费预决算报告，该局订立的市立学校征收学杂费暂行办法，市立大中小学校开办费管理暂行办法，该修正学校养老金、抚恤金条例，教职员薪金表，职工、学生申请生活补助费文件，接收移交财产清册，所属各学校学费收支概况调查表，所属各学校校产调查表等。

日伪上海特别市卫生局

全宗号　R50

日伪上海特别市卫生局成立于1941 年 3 月，由原日伪上海特别市警察局卫生科改组而来。下设 3 个科及医院管理处，附属机构有南市卫生事务所、沪西卫生办事处以及南市、闸北、高桥、沪西、宝山等 5 所医院。1945 年 8 月解散。

馆藏日伪上海特别市卫生局全宗档案共 1 576 卷，档案排架长度 22.4 米，档案起止年代为 1941—1945 年，编有案卷目录。

档案主要内容：

1. 法规类

有医师医士暂行条例，助产士护士暂行条例，麻醉药品管理条例，医师、药剂师、助产士、护士请领部证章程及注册规则，公私立医院、药商、医疗器械商注册给照规则，检验进市肉品规则，该局办事细则，防疫设施委员会组织章程，牲畜检疫处章程，卫生试验所章程，市立医院办事细则等。

2. 总务类

有该局工作报告，卫生教育实施区工作报告，各医院施疗所主管人员第 1 至第 31 次月会会议记录，筹设沪西、南市时疫医院文件，各区施疗所移交清册等。

3. 医政类

有牙医师、镶牙生、西医师、中医师、护士、助产士、药剂师、药剂士、兽医注册领照和公私立医院、药物化学研究所、电疗所、中西药商注册领照文件，公私立医院调查表，医药从业人员调查表，上海霍乱疫病发生概况期报及上海市防疫会议记录等。

4. 卫生类

有改善平民村卫生事宜及规定卫生事务办法，招商承办清洁捐文件，筹办火葬的呈文和指令，南市卫生事务处呈报的公墓、殡仪馆调查表，殡仪馆寄柩所同业公会组织章程，南海、永安、湖州、斜桥、天安、白宫、万安、公平、世界、乐园、国际等殡仪馆、寄柩所申请登记注册文件和寄柩月报表，万国公墓关于市民申请墓穴文件，各饮食厂、饮食店、理发店、浴室、茶水店、鲜肉干肉店、禽兽产品店等申请领照文件等。

5. 人事类

有该局职员履历表、公务员登记审查表、职员任用文件，所属浦东医院、南市医院、沪西医院、沪北医院、闸北医院、高桥医院、宝山医院、崇明医院、沪北传染病医院、南市隔离医院、南市卫生事务所、沪西区卫生办事处、各区诊疗所人员任用文件，各区雇佣清道夫文件等。

6. 经费类

有该局经费预算书、支出预算书、支出概算书，各市立医院、诊疗所支出预算概算书等。

日伪上海特别市工务局

全宗号　R51

日伪上海特别市工务局于1938年10月25日成立，先后由赵光弟、徐季敦任局长。该机构主要职能是掌管公共土木工程及其他建筑的管理、监督指导。1945年3月1日该机构撤销。

馆藏日伪上海特别市工务局档案共1 170卷，档案排架长度12.8米，档案起止年代为1938—1944年，编有案卷目录。

档案主要内容：

1. 总类

有全国经济委员会函请各省市拟定道路河川修治计划，改定市中心路名文件，拟订整理人行道暂行罚则，市民请求修建道路、桥梁、码头、驳岸规则，内地的外国教会组织租用土地房屋暂行章程，南汇区区公署请检送暂行建筑条例等。

2. 道路、码头修筑类

有关于修筑中山路、宝山路、新民路、共和新路、交通路、虬江路、烟路、宝安路路面的文件，重修广中路、重建吴淞轮渡码头、修筑周家渡码头以及奉贤区修筑西渡口码头工程文件等。

3. 建筑执照办理类

有潘荣记营造厂呈请登记发给执照，市民申请凿井、整修房屋以及建筑等执照，申请拆除违章建筑执照等。

4. 桥梁修建类

有浦东北区区公署呈请修建维新桥，警察局修建浦东杨思镇恒大桥，上海特务机关申请修建金家巷路桥，修建中山路桥三号桥、四号桥，场中路三号桥，真大路第二、三号桥，宝山区罗月路桥，浦东白莲泾桥、蒋家桥等的文件。

日伪上海特别市公用局

全宗号　R52

日伪上海特别市公用局于1938 年 10 月 25 日成立，主要经管水陆交通、城市给水、电力、码头、广告等公用事业，赵光弟、李鼎士、王长春、叶雪松、徐季敦先后任局长。内设秘书室，技术室，一、二、三、四科等部门，二、三、四科附设船舶管理处、车务管理处、公共汽车管理处、上川上南铁路管理处等机构直接参与经营。1945 年 2 月底，该局与工务局合并成立建设局。

馆藏日伪上海特别市公用局全宗档案共 544 卷，档案排架长度 13.6 米，档案起止年代为 1938—1945 年，编有案卷目录。

档案主要内容：

1. 总类

有该局组织章程、办事细则，1942 年、1943 年工作月报，上川、上南铁路管理处工作报告，1941 年各区公用事业调查表，交通局移交清册等。

2. 水陆交通管理类

有汽车行管理规则、陆上交通管理规则，市轮渡调整方案，市轮渡公司东昌丸肇祸案，市轮渡公司收支报表，市轮渡公司加价与该局往来文件，西康路、陈家渡、昌平路、长安路、潭子湾、宜昌路、张家角、淮安路、梅园路等渡口渡户和济渡业同业公会请求恢复济渡和申领执照事与该局往来文件，整顿营业三轮车、取缔违章车辆、核发汽车和船舶通行证等的文件，各商号申请车辆行驶许可证、“吏”“军”字头汽车牌照、三轮车人力车牌照事与该局往来函，法商电车电灯公司为调整价格与该局往来函等。

3. 广告管理类

有广告管理规则，取缔违章广告文件，各商号办理广告登记及请免广告捐的函件等。

4. 人事类

有该局和所属机构员工履历表，任免、迁调文件，上川、上南铁路管理处处长交接文件等。

5. 其他

有市民租用岸线暂行办法，码头仓库管理办法，码头管理所组织规则，锅炉管理办法，各工厂的锅炉登记和检查，调查大上海瓦斯公司的有关文件等。

日伪上海特别市建设局

全宗号　R53

日伪上海特别市建设局于1945年3月1日由工务局、公用局合并改组而成，统一负责全市工务、公用、交通事宜，徐季敦任局长。同年8月抗战胜利，该局被接收。

馆藏日伪上海特别市建设局全宗档案共195卷，档案排架长度4米，档案起止年代为1944—1945年，编有案卷目录。

档案主要内容：

1. 总类

有该局各项法规、办法，筹设养路工程队、苏沪公司工程处有关文件，中央政府市政府颁布的各项法规等。

2. 营建管理类

有该局颁发的修理房屋工程程序办法、公墓规则、建筑行业工人管理办法，调整建筑执照收费、核发建筑执照、取缔违章建筑的有关文书，上海市内钢筋水泥建筑物调查表，各商号申请修建执照文书，各机关学校呈请修造房屋及该局招商承建中山、胶州、外滩、虹口四公园茶室文书等。

3. 市政工程管理类

有华中水电公司、上海市煤气公司、上海市都市交通公司、上海电话公司等单位申请掘路执照有关文书，修筑长安路、制造局路、场中路、虹桥路、大民路、上海至松江道路、保安司令部门前道路及真南路桥、交通路桥、河南路桥、四川路桥、恒丰路桥、福建路桥、山西路桥、曹家渡桥及各县桥梁工程的文书，修复路面、窨井、沪西区下水道工程及掘土井工程文书等。

4. 交通管理类

有该局配发乘车证、通行证，修理路牌，调整市轮渡组织、轮渡价格及上川、上南两路购置枕木、煤炭等文件。

5. 人事类

有该局职员名册，外籍员工异动表，该局和附属机关人员任免、迁调，请求救济、抚恤等文件。

日伪上海特别市交通局

全宗号　R54

日伪上海特别市交通局1937年12月20日成立，主要负责伪大道市政府行政区域内交通、公用、工务事项。该局内设一科、二科、三科、技术室、船舶管理处等部门，张书坤、周毅、赵光弟先后任局长。1938年10月6日伪维新政府指令改组伪市政府，交通局解散改为公用局、工务局。

馆藏日伪上海特别市交通局全宗档案共15卷，档案排架长度1.6米，档案起止年代为1937—1938年，编有案卷目录。

档案主要内容：

1. 总类

有该局职员简历，市政府附属各机关启用印信、到职视事与交通局往来文书等。

2. 交通、工务管理类

有该局拟具的真实车主凭证办法和营业人力车车主凭证办法，上南公司请求发还所有权并进行登记的文件，修筑高桥海塘、西沟桥梁和东昌路码头工程文件等。

3. 其他

有上川铁路管理处组织章程、办事细则，人员任免文件等。

日伪上海自来水厂

全宗号　R56

日伪上海自来水厂即指华中水电股份有限公司上海自来水分公司，于1942年由日军组建成立，下辖被日军相继占领的闸北水厂、内地自来水厂、浦东水厂、英商上海自来水公司等4家水厂，下设总务、人事、仓库、净水、配水等5科，均由日本人控制。其间以维持供水为经营目的。1945年8月抗战胜利，该分公司被上海市水电业接收管理委员会接管，更名上海自来水公司。同年9月17日，英商上海自来水公司产权交还英商经营。

馆藏日伪上海自来水厂（华中水电股份有限公司上海自来水分公司）全宗档案共179卷，均为日文，档案排架长度6.4米，档案起止年代为1938—1945年，编有案卷目录。

档案主要内容：

1. 水质测试

有南京、芜湖、扬州、淮河、泰县、常州、镇江、无锡、苏州、南翔、浦东、吴淞、镇海、杭州、松江、嘉兴、安庆等水厂水质试验表等。

2. 人事类

有上海自来水分公司职工名册、人名簿、印鉴簿、工资及补贴收据等。

3. 财会类

有上海自来水分公司1944—1945年总结算分类账、分类账、结算明细账、预收明细账、事业收入明细账、经费账、损益结算账、银行存款账、现金出纳账等账册。

日伪水产管理局

全宗号　R57

日伪水产管理局成立于1938年6月1日，系日伪维新政府实业部组建的管理水产经营事业的行政机构，设址上海，张柱尊兼任局长。1940 年 4 月 5 日迁址南京，同时在原址设驻沪办事处。1940 年 9 月，该局改隶伪农矿部，称农矿部水产管理局，汪曼云任局长。1941 年 8 月后仍隶伪实业部，称实业部水产管理局，吴稚文、姜可先先后任局长。该局下设上海、舟山、宁绍、杭州、苏州、南通、芜湖等 8 个海区，各海区设渔市场，经营水产品交易。1945 年底，该局被接收。

馆藏日伪水产管理局全宗档案共 33 卷，档案排架长度 0.8 米，档案起止年代为 1938—1944 年，编有案卷目录 1 册。

档案主要内容：

1. 总类

有该局工作计划，建设水产事业五年计划，水产研究工作计划，渔业贷款计划，水产管理规则，筹设水产陈列室文件，渔业调查、渔苗调查等。

2. 人事类

有该局工作人员任免文件，职员名册，渔市场职员任免文件等。

日伪上海特别市土地局

全宗号　R58

日伪上海特别市土地局的前身为1937 年 12 月成立的伪大道市政府地政局，1938 年 10 月始改称上海特别市土地局。负责土地评价、丈量、登记和征用，田赋和地价税征收，地图绘制，土地执业证换发以及房屋管理等。历任局长有范永增等。

馆藏日伪上海特别市土地局全宗档案共计 8 426 卷，档案排架长度 40.8 米，档案起止年代为 1938—1945 年，按年度—问题分类排列，编有案卷目录。

档案主要内容：

1. 综合类

有该局成立及局长就职、接收前地政局寄存工部局档案及收回租界案等文件，该局章则和各种法规、组织规则、工作报告案、建设上海市政章程、土地法、土地整理委员会组织章程、局长工作日记等。

2. 土地评价类

有评价委员会章程，土地评价委员会历次会议记录，土地评价委员会组织规程委员名单及市民异议地价等文件。

3. 土地测丈类

有调查土地面积、整理上海地形图籍、查勘建筑、查勘华租界界址和测丈法租界土地等文件，清丈各区土地的文件等。

4. 土地登记类

有溢地升科、部照升科、升领浜地等文件，市民和日伪机构要求订立永租草契、市民道契换证和外商企业洋行申请永租契等文件，征收永租契地年租暂行办法、永租契改换土地执业证办法大纲等。

5. 土地使用类

有该局征用市民土地、市民租用岸线暂行办法、筑路征用民地办法等文件，日军、特务机关和日本驻沪机构征用民地以及市民为被征土地声明异议的文件等。

6. 征收田赋类

有该局征收田赋考成条例、契税条例，市中心区开征田赋、处理收复地区历年归欠田赋办法等。

7. 办理不动产类

有犹太巨商哈同夫人罗迦陵遗产案文件，发行不动产契纸案暂行规则草案，征收不动产转移税暂行规则草案等。

8. 房屋管理类

有该局拟订民有房屋代管办法，外侨请领房屋登记办法，建设区域内拆迁房屋、市民要求缓拆房屋以及市民异议拆屋估价等文件。

日伪中央储备银行

全宗号　Q325

中央储备银行由汪伪政府创办于1941年1月。总行设南京，上海设分行。该行有经理国库、发行兑换券、承募国内外债券并经理其还本付息等业务的特权。周佛海、钱大櫆为正副总裁。抗战胜利后该行被国民政府接收，清理停业。

馆藏日伪中央储备银行全宗档案共5卷，档案排架长度0.8米，档案起止年代为1941—1942年，编有案卷目录。

档案主要内容：

1. 总类

有该行规则汇编，主要有人事规则，包括服务、待遇、保证、年金等各项规则及优利存款规则等。

2. 组织类

有周佛海 1941 年关于该行成立发表的声明等。

3. 业务类

有该行 1942 年 1 月拟写的概要及年度报告，该行计划设立第一承兑投资银行的缘起及章程等。

第三章　馆藏革命历史档案介绍

革命历史文件

全宗号　D1、D7

革命历史文件全宗是上海市档案馆将馆藏我党在解放前形成的文件资料以及解放后主题相关的出版物集结形成的人造全宗。上海市档案馆馆藏的革命历史文件历年来由中央档案馆、上海革命历史纪念馆筹备处、上海市高级人民法院、上海市鲁迅纪念馆、上海市公安局档案管理处、上海社会科学院历史研究所、中华书局《辞海》编辑所等单位及革命老同志移交给本馆。

馆藏革命历史文件 D1 全宗档案共 2 606 卷，档案排架长度 17.6 米，档案起止年代为 1919—1990 年，编有案卷目录。

革命历史文件 D1 全宗成分复杂，主要分以下两个部分：

1. D1－0 号目录为出版物，主要内容如下：

（1）档案资料编研类

《中共中央文件选集》《中国共产党上海地方委员会上海区执行委员会组织史资料》《中国共产党上海市组织史资料（党的创立及大革命时期）》《中国共产党上海市组织史资料》《抗日战争时期中共江苏省委与华中局城工部》《中国共产党江苏省委组织史资料》《中共中央华中局敌区工作部组织史资料（抗日战争）》《中国共产党上海市委员会组织史资料（解放战争）》《上海工人三次武装起义档案史料汇编》《上海各界妇女抗日救亡运动资料汇编》《政策法令汇编（华东军政委员会参事室编）》《中国共产党江苏省第三次代表大会文件汇编》《西南区土地改革运动资料汇编》《中共上海区委会议记录汇编》《江苏省行动委员会会议记录汇编》《中共上海各区书记联席会议记录汇编》《上海革命历史文件汇编》《江苏革命历史文件汇编》《党内资料》《山东革命历史档案资料选编》等。

（2）史料学术研究类

《党史研究》《党史资料征集通讯》《党史通讯》《党的文献》《革命文

物》《青运史研究》《江西党史通讯》《浙江党史通讯》《第二次国内革命战争时期上海市党组织分布和党员数字统计表》《第二次国内革命战争时期上海主要革命烈士简况》《1921 年至 1927 年上海地区党组织沿革》《上海革命活动遗址》《中国共产党上海地区组织大事纪要》《新民主主义革命时期上海党史大事记》《上海革命历史纪念馆陈列计划》《上海"孤岛"文学报刊编目》《十九种影印革命期刊索引》《中国人民解放军华东军区第三野战军第三次国内革命战争战史》《上海市革命烈士英名录》《文史资料选辑》等。

（3）其他

《维新政府初周纪念册（行政院宣传局编制）》《留青集（元一署）》《孝节忠信、礼义廉耻》《交通大学上海学校附属高等小学二十周纪念册》《上海市历史文献图书馆所藏台湾史料目录》《上海市大观》《中国新舆图》《申报图画周刊》《上海医科大学六十周年校庆简况介绍》等。

2. D1－1 号目录为文件、信函、照片、资料、宣传品等，主要内容如下：

（1）五四运动和党成立初期（1919 年 5 月至 1923 年 12 月）

苏联第一次对华宣言，上海学生联合会成立章程、宣言及罢课的通知，五四运动宣传单，李大钊论联治主义与世界组织，向警予同志给功侄的信，《山东劳动周刊》第一号，马克思主义研究会宣言、日程，恽代英同志关于办教育的意义给舒新城的信，中国共产党第二次、第三次全国代表大会宣言及决议案等。

（2）第一次国内革命战争时期（1924 年 1 月至 1927 年 7 月）

中国国民党第一次全国代表大会宣言和会议记录，李林 1924 年在巴黎与中国社会主义青年团旅欧支部成员合影，肖劲光为李林题词及伍修权为李林在彭杨军校任职的证明信，日人残杀同胞雪耻会给上海学生联合会的紧急通告——号召加入雪耻会，中共上海区委员会告上海市民书——反对奉系军阀压迫上海人民，东征军总指挥部总政治部主任周恩来给师扬县长的信，上海总工会为日本纱厂工人上工事告全国同胞书，中共中央执行委员会关于孙中山先生逝世周年纪念日告中国国民党党员书，青年军人学会关于五卅惨案的感言，中国济难会临时全国总会要求全体会员宣传军阀惨杀江阴农民运动领袖周水平罪状的通知等。

（3）第二次国内革命战争时期（1927 年 8 月至 1937 年 7 月）

广东农军占领汝城之经过，湖南农民运动的真实情形，恽代英、周恩来、邓演达等邀请吴稚晖演讲、写稿等方面的书信，共产党暴动浙东计划，郭亮遗嘱，中华全国人道互济总会为八一国际的宣言，彭湃等五同志在狱中给党的报告，中共北满委员会关于中国革命的十大纲领，鲁迅给青年翻译家韦素园的信，中共湖南省委及所属各界党组织情况，中共中央委员恽代英烈士遗笔，中共江苏省委关于上海五卅工作总结，中国科学研究会关于六二三沙基惨案纪念宣言，中共江苏省委为万宝山惨案宣言，瞿秋白于1931年9月7日写的《乱弹》原稿手迹，共产国际杂志第31期社论《中国革命危机与中国共产党的任务》，中国共产党对于时局的主张，中共中央为上海事变给各地党部的信，中央组织局关于产业支部工作检查大纲及支部巡视员工作条例，共产国际政治秘书处关于上海事变的指示，被难革命战士调查表，秘密工作基本规则，中国人民对日作战基本纲领，上海职业界救国会宣言，毛泽东关于停战抗日之谈话，毛泽东对蒋介石26日宣言之谈话，国立同济大学一二・九工作总结，抗日军政大学招生广告等。

（4）抗日战争时期（1937年8月至1945年8月）

中国共产党抗日救国十大纲领，关于出狱政治犯的处理原则，上海陷落后上海党的任务决议，青年救亡同盟成立宣言，周恩来对日寇进攻华南的初步分析及建议，新四军叶挺、项英给上海市各妇女团体联合会的信与慰劳品收据，毛泽东关于教导院工作问题给何长工的信，毛泽东关于抗大毕业生工作分配问题的亲笔信，周恩来巡视浙东片段，毛泽东修改战士课本给萧向荣的信，周恩来1940年在重庆的演讲——第二期抗战与文化工作，中央敌委关于敌后大城市群众工作的指示，中共中央关于抗日根据地土地政策的决策，钟民在组织工作会议上关于反清乡斗争中党与群众工作的基本总结，晋冀鲁豫边区政府关于重视保护禁山林木的命令，毛泽东、周恩来给郭沫若的信，中共浙东区委员会施政纲领，延安总司令部命令第1—5号——关于日本无条件投降后受降等问题等。

（5）第三次国内革命战争时期（1945年9月至1949年9月）

上海电力公司全体职工向各界呼吁，周恩来为《新华日报》在沪出版问题给上海市长钱大钧的信，中共代表团周恩来、董必武等为感谢柳亚子对四・八遇难烈士吊唁的致谢信，上海市学生争取和平联合会关于南京血案告社会人士书，周恩来为开放苏北沿江各坝问题给宋子文的信，中共中央华中分局关于动员全党全军全民财力渡过财政难关坚持华中斗争的紧急决定，爱用国货抵制美货筹备会告各界人士书，南京惨案亲历记，国立浙江大学学生自治会关于天堂血泪——一〇二五事件、一〇二九惨案实录，毛泽东论新民主主义的经济，任弼时论土地改革中的几个问题，圣约翰大学学生会关于新的阴谋新的迫害——所谓民意调查的内幕与企图，邓子恢论阶级立场与建党路线，陈云关于中国职工运动当前任务报务，王孝和烈士材料，曾山关于接收济南经验的总结，刘少奇在中央工委敌工会议上的总结报告，上海地下党职委店员委员会的组织材料，刘少奇论国际主义与民族主义，毛泽东关于时局的声明，上海工人协会关于揭破阴谋迎接解放、严重抗议国民党屠杀公交工人的文件，南京四一血案真相，刘晓、刘少文对上海解放后会师工作的指示，华东局关于接管江南城市的指示等。

（6）社会主义改造和建设时期（1949 年 10 月至 1966 年 5 月）

毛泽东、周恩来为鲁迅墓和纪念馆的亲笔题字，黄炎培给中央领导的信，朱德手稿——关于进兵西藏粮食的接济办法，陈毅给江庸的信，郭怡忆李白烈士，董必武奉和毛泽东 1960 年 6 月 13 日读报有感诗等。

D7 全宗由上海地方党（群）会议记录、江苏省文件汇集、中共上海市委区委及工会文件、中央文件汇集等几个文件汇集组成。该全宗共有档案 2 455 卷，档案排架长度 9.6 米，档案起止年代为 1921—1949 年。

档案主要内容：

1. 1923—1927 年上海地方党（群）文件

中共上海区委会议记录（1926—1927 年）。

中共上海地委会议记录（1925 年）。

中共上海地方执行委员会会议记录（1924—1925 年）。

中共上海地委兼区执行委员会会议记录（1923 年）。

中共上海区委文件（1925—1927 年），主要有上海区委关于组织工作、宣传工作、政治工作、武装暴动、北伐、妇女运动等文件。

中共上海区委秘书处文件（1925—1927 年），主要有秘书处编印的通讯及上海区组织系统表等。

中共上海区委组织部文件（1925—1926 年），主要有各种会议规定、制度、训练班工作、发展组织、征收党费、干部名单等文件。

中共上海区委宣传部文件（1925—1927 年），主要有各种政治宣传、教育宣传、纪念活动宣传等文件。

中共上海区委妇女部文件（1926—1927 年），主要有召开全国妇女代表大会、妇联改选、妇女运动等文件。

中共江浙区委员会文件（1926—1927 年），主要有江浙区第一次党代会文件、江浙区外埠各地社会概况、江浙区书记工作报告、江浙区铁路工人运动报告、蒋介石摧残江浙两省民众运动经过报告等。

中共上海地委文件（1924—1927 年），主要有地委工作报告，组织、宣传、学生运动、群众工作、妇女工作等文件，党员名册、统计表等。

中共上海各部委、支部文件（1925—1927 年），主要有南市部委、吴淞部委、引翔港部委、小沙渡部委、曹家渡部委、浦东部委、闸北部委、沪东部委、杨树浦部委、法界部委、吴淞独支、徐家汇独支、团上海地委等机构的文件。

江苏、浙江各地中共组织的文件（1925—1927 年），主要有南京地委、宁波地委、杭州地委、丹阳独支、绍兴独支、温州独支、无锡县委、徐州独支等关于农民运动、职工运动、学生运动、群众运动文件，党的工作、组织宣传工作等文件。

上海及江浙各地群众团体文件（1923—1927 年），主要有上海总工会总章、会议记录、罢工统计表、职工运动等文件，陶静轩烈士事迹、生平，上海人道互济会关于被捕、被杀同志名单，上海邮务工会、日华纱厂工会、沪宁铁路总工会、海员工会、手工业工会文件，上海学生联合会等关于学运文件，上海各团体联合会援助小沙渡工潮宣言等。

上海及江浙各地团组织文件（1922—1927 年），主要有团上海地委、团江浙皖区兼上海地委、团南京地委、团徐州地委、团无锡支部、团苏州支部、团江浙沪区委的文件等。

2. 1921—1945 年江苏省文件

1921—1926 年的文件，主要有江苏各地团组织活动的文件。

1927—1935 年的文件，主要有江苏省委会议记录、工作报告，1927 年江苏省委关于武装暴动的文件，江苏省委关于秋收斗争、年关斗争、工运、农运、士兵工作、反帝运动、群众工作等文件，关于党的工作、秘密工作、组织宣传工作、城市工作等文件，江苏省委巡视员巡视各地报告，1927 年江苏省委组织及交通关系图，1930 年江苏省委组织状况一览表，江苏省委给南京、常州、扬州、镇江等地党组织的指示信等。

1937—1945 年的文件，主要有江苏省委关于抗日救亡等工作的文件，江苏省政治、经济情况报告，游击运动文件，上海职工运动经验，华中局关于苏南工作报告、浙边部队活动情况等。

3. 中共上海市委、区委及工会文件

中央巡视委员会上海巡视日记（1928—1929 年）。

上海中央局等文件（1930—1935 年），主要有 1934 年上海中央局工作计划、报告，1935 年临时中央局致共产国际的报告，康生 1935 年关于上海中央局组织系统及几次破坏情况的报告等。

中共上海市委、区委等的文件（1927—1935 年），主要有 1927 年市委关于各区委书记联席会议记录，各区中共党员统计表，中共上海闸北区委关于组织、宣传、群众斗争等文件，中共上海浦东区委工作计划、报告，组织、宣传、职工运动等文件，中共沪中区委、沪东区委、吴淞区委、沪西区委、法南区委、沪北区委等的文件，1930 年罗章龙、史文斯给中央局的信等。

上海工会组织文件（1927—1933 年），主要有上海总工会、上海工会联合会关于打倒反动的工会统一委员会的文件，纪念二七、五卅、广州武装起义的文件，关于上海工人罢工、年关斗争等文件，纪念上海工人三次武装起义的材料，关于组织、宣传、失业等工作的文件，上海纱厂工会、电信工人联合会、码头工人、市政工会等各行业工会的文件，1927 年对上海工人三次武装起义参加者情况调查等。

上海学生联合会等群众团体文件（1925—1936 年），主要有上海学生联合会 1925 年国际青年纪念日告同胞书，上海学生联合会为打倒蒋介石御用的伪学联而斗争（1927 年），中国济难会江苏省总会过去工作概况及今后计划（1928 年 7 月），1935 年上海各界救国会五卅工作检查等。

4. 1921—1949 年中央文件

1921—1927 年的文件，主要有中共中央局关于建立发展党、团、工会组织及宣传工作的通告（1921 年），有关中央与国民党关系问题的文件，关于党内组织、宣传教育、秘密工作、工运、农运、妇女运动等文件，1925 年关于支援上海日本纱厂工人斗争文件，中国济难会章程，八七会议文件等。

1927—1936 年的文件，主要有中央致江苏省委信，中央关于济难会、互济会、反帝大同盟工作文件，1928 年中央关于对第三党的认识和态度，1928 年中央关于巡视员工作的条例，中央关于武装暴动问题的指示，中央关于 1932 年上海事变斗争纲要，白区工作文件等。

1937—1945 年的文件，主要有中央关于南方游击区工作方针、指示，反对国民党投降主义倾向的指示，抗日救亡运动的指示，对新四军游击战指示，论秘密工作及其与公开工作的联系，关于发展华中武装指示，毛泽东等对发展苏北根据地的指示，关于开展敌后大城市工作的通知，关于上海党秘密工作的指示，关于建立交通线的指示，关于沪杭甬、苏浙皖等地区工作的指示，刘少奇、陈毅关于发展江南准备工作问题的电报，中央关于上海起义问题的指示，撤退江南部队向北进军的指示等。

1946—1949 年的文件，主要有中央关于坚持发展江南游击战争指示，对山东、华中歼敌的指示，合并山东、华东野战军的指示，出兵淮北作战的指示，华东、山东、华中领导机关合并的指示，关于国统区斗争策略的指示，各级城工部工作的规定，设立上海中央局的指示，关于解放战争第二年任务与方针的指示，中央军委关于渡江三方案给粟裕的指示，中央关于城工部改名为统战部及其工作任务的指示，关于军事管制问题的指示，新解放城市的各种政策，军委关于占领上海的指示，中央关于打击银元使人民币占领阵地的指示等。

江苏省革命历史文件

全宗号　D6

江苏省革命历史文件为一组综合性的历史文件汇集,包括中共中央、上海地委、上海区委、中共江苏省委兼上海市委、中共中央华中局敌区工作部、中共上海市委、上海总工会等机构形成的历史文件。中共上海地方执行委员会（简称上海地委）成立于 1924 年 4 月，负责人庄文恭。中共上海区执行委员会（简称上海区委，又称浙江区委）成立于 1925 年 8 月 21 日，历任书记有尹宽、王一飞、罗亦农。上海总工会成立于 1925 年 5 月 31 日，历任委员长有李立三、何松林。中共江苏省委兼上海市委成立于 1927 年 6 月上旬，历任书记有陈延年、赵世炎、王若飞（代理）、邓中夏、项英、李富春（代理）、徐锡根等。中共上海局成立于 1933 年 1 月，历任书记有李竹声、盛忠亮、黄文杰。中共华中局敌区工作部成立于 1943 年 4 月，部长刘晓、刘长胜。中共上海市委成立于 1945 年 8 月 9 日，书记有刘长胜、张承宗。

馆藏江苏省革命历史文件全宗档案共 3 744 卷，档案排架长度 22. 4 米，档案起止年代为 1923—1949 年。该全宗档案按机构—年度大流水排列，检索工具有案卷目录。

档案主要内容：

1. 中共中央文件

有中共中央关于反抗上海帝国主义、国民党、资本家屠杀工人、发动广大人民斗争的通告，五一工作的通告，发展产业工人党员加强党的无产阶级基础的通告，互济会工作决议，中国共产党八一宣言，关于上海事变给各地党部的信，研究上海各阶层动向的指示，刘少奇、饶漱石、曾山关于江南国民党统治区内我党的工作方针政策的指示，调整国统区党组织的指示，上海中央分局改为上海中央局的通知，1945 年 8 月关于上海现在不宜起义致华中局的电，中共中央政治通讯等。

2. 中共江苏省委文件

有江苏省政治状况与党的任务和策略，江苏省第二次党员代表大会宣言、会议记录等会议材料，上海三次武装起义二周年纪念的行动大纲，上海市五卅四周年纪念计划、告上海市民书，关于五卅工作教训、八一工作、丝厂与药业工人斗争、秋收斗争、开展游击战争等问题的常委会会议记录，沪西内外棉纱厂斗争决议案，反抗帝国主义、国民党、资本家屠杀电泡厂工人宣传大纲、通知，关于老怡和工厂工人斗争问题给沪东区委的信，为组织工人纠察队告上海工友书，党团工作条例，二七运动及年关斗争的决议，上海贫民工作决议，省委通讯等。

纪念十月革命节的工作决定，江苏省行动委员会关于国际大会、法商工人斗争、法电工作、职工运动及上总组织问题等会议记录，江苏省组织状况一览表，组织部各项统计表，上海市及南京市各区支部统计表，告电话、纱厂、商务印书馆等工厂罢工和失业工友书，三八妇女节、国际青年纪念日、双十节纪念宣传大纲，保护领导机关问题的指示等。

3. 上海地委文件

有讨论对于时局的主张、收齐党费及募特别捐、国民运动问题、改组小组、整顿纪律及地方预算改定问题、列宁追悼会问题、日本枪杀顾正红与工人同胞与宣传示威运动计划、上海地委改组为区委案、整顿党团案及组织工作报告、九七游行事变、审查赴莫斯科名单及杭州民校问题、对总工会的政治问题、宣传问题与职运的讨论等问题的会议记录，上海地方同志统计表，上海地委组织的小组名单及分划，工人自卫团组织纲要，上海党员统计表，部委员会的组织问题的通告，关于五卅纪念宣传问题的通告，反对段祺瑞政府的宣传通知，上海地委妇委关于妇女运动的报告等。

4. 上海区委文件

有上海区委五卅行动计划的报告和关于讨论小沙渡、日华厂工潮、老怡和问题、“三八”纪念、政治问题、罢工问题、妇运问题等的主席团会议记录，动员群众反对司法复查问题、召开市民大会问题的紧急通告，反对英帝国主义进攻粤政府、反对日军炮击大沽口等通告，关于反对西山会议问题、反对帝国主义援助张作霖、反对反动军阀孙传芳暗杀刘华运动等通告，各部委工作报告和记载罗亦农发言等内容的各部委书记联席会议记录，关于市政府和复工、接收各机关问题、讨论上海工作、中央对上海问题的决定及致电武汉反蒋问题、区委今后工作计划和讨论中央报告决议案等的区委特委会议记录，关于与国民党合作问题的区委民校问题讨论会会议记录等。

5. 中共中央华中局敌区工作部文件

有成立情报部由潘汉年任部长的通知，各地党组织情况统计向中央的报告，中央关于时局与华中局的任务的指示，我军进入城市与交通要道后各项工作的指示，在上海筹办新华日报社问题复毛泽东电，关于浦西及五、六分区（江南）的工作方针问题复粟裕电，叶飞、谭启龙分别停止江浙部队去参加上海起义的通知，关于取消上海武装起义的决定和今后方针给刘长胜、张执一、陈伟达的指示，关于派党员加入三青团问题给上海部委的复电，关于浦东、浦西仍归苏南区党委领导的通知等。

6. 中共上海局文件

有刘少奇关于上海近郊游击战争发展情况给中央的报告，刘晓关于沪地下党工作报告致中央电，刘晓关于学生爱国运动的总结报告，刘晓关于对上海分局的组织意见，关于到各解放区党员群众名单的报告，关于京沪工作向中央统战部的报告，刘少奇、刘晓关于地下党同解放军会师后工作指示电，刘晓关于上海局工作布置、工作措施的报告等。

7. 上海总工会等群众团体文件

有上海总工会总章、工会条例草案、上海总工会主席团会议记录、执行委员会会议记录、常务委员会会议记录，工贼及伪工会问题的报告，孙中山逝世纪念日宣传纲要，工会组织调查统计，全部职员表，最近罢工工人调查表，上海总工会被封之前后上海工人运动状况，上海总工会被封后工作概况，陶静轩等烈士的生平、事迹宣传品，上海总工会为参加暴动告内外棉工友书，上海总工会职工会职工运动标语口号集，上海总工会为纪念四一二、五一国际劳动节、五卅运动等告上海工友书和宣传品等。

上海妇联为打破封建的旧礼教告全国姐妹书。

上海工会联合会常委会会议记录、党团会议记录、工作人员会议记录，上海工会联合会八一告工友书、九七宣传大纲等各项纪念活动的宣传品，上海反帝大同盟告美英在华士兵书。

上海各界救国联合会为九一八事变五周年纪念宣传大纲和为反对压迫救国运动告同胞书，上海职业界救国会宣言。

上海市反帝联合会反对日本帝国主义进占锦州，罢工、罢课、罢业等传单，纱厂工会纪念苏联十月革命告上海工友书，女工代表大会告女工工友书等。

上海大学

全宗号　D10

上海大学是国共两党共同创办的培养革命干部的学校，于1922年10月由东南高等专科师范学校改组成立，其宗旨是“养成建国人才，促进文化事业”。校长于右任。邓中夏任校务长，主持学校工作。瞿秋白、蔡和森、恽代英等先后在该校任职、任教。上海大学内设校长室、行政委员会、评议委员会、校务部等，下设中国文学、英国文学、美术、社会学、政治学、经济学、法律学、商学、教育学等系。1927年四一二反革命政变后，被国民党反动派封闭。

现馆藏上海大学全宗档案为70卷，档案排架长度为0.8米，档案起止年代为1923—1936年，编有案卷目录。

档案主要内容：

1. 综合类

上海大学大事记，上大简史，上海大学章程，上海大学同学总会章程，上海大学招生、录取新生方案、布告，上大校舍落成和延期情况的报告，上海大学毕业之盛典，上大美术科毕业举行成绩展览，上海大学有关人员照片，上海大学一览弁言等。

2. 组织人事类

上大评议委员会与行政委员会成员名单，上大学生分布在各社会团体中活动的名单，上大校务部附中工作人员名单，上大毕业生名册，上海大学中国文学系、英国文学系、社会系、美术系学生名单，上海大学各系毕业生名单等。

3. 期刊类

《上大周刊》《上大五卅特刊》《上大近讯》《中山主义周刊》《上大校讯》《上海大学三周年纪念特刊》《上海大学留沪同学会成立大会特

刊》等。

4. 访谈类

访问邵力子、王一知、张琴秋、龚兆奎、姚天羽、杨龙英、赵希仁、曹雪松、宋桂煌、戴介民、葛克信、阳翰笙、姜维新等人的谈话记录，沈志远、程永言、姚天羽、宋桂煌、孙仲宇、刘锡吾、薛尚实等人回忆上海大学的文章等。

第四章　馆藏中华人民共和国时期档案介绍

一、中国共产党上海市委员会及其所属机构档案

中国共产党上海市委员会

全宗号　A1

1949 年 5 月，中共中央华东局决定成立中国共产党上海市委员会。上海解放初期，华东局与上海市委合署办公，使用“中共中央华东局暨上海市委员会”的名称。1950 年 1 月，市委和华东局分开办公。在“文革”期间，1967 年 2 月上海市革命委员会成立，中共上海市委工作陷于停顿，直至“文革”结束。1976 年 10 月 20 日，以苏振华为组长的中央工作组到达上海。1977 年 1 月，中共中央决定对原中共上海市委和上海市革命委员会进行改组，任命了新的市委常委会。除“文革”等特殊时期外，历届市委都由上海市党代会选举产生。

中共上海市委是上海地区党的最高领导机关，其任务是在党中央领导下，根据上海实际情况贯彻党的方针、政策、路线。至 1996 年，历任主要负责人有：饶漱石、陈毅、柯庆施、陈丕显、张春桥、苏振华、彭冲、陈国栋、芮杏文、江泽民、朱镕基、吴邦国、黄菊。市委先后设立的主要机构有：办公厅、政治研究室、组织部、宣传部、调查部、统战部、外事小组、监察委员会、经济计划委员会、科学技术委员会、工业生产委员会、工业政治部、市政交通政治部、教育卫生工作部、财贸政治部等。

馆藏中共上海市委档案共 19 364 卷，档案排架长度 320. 8 米，档案起止年代为 1949—1996 年，按年度—问题分类，编有案卷目录。该全宗 1966 年前档案已拍摄缩微胶片。

档案主要内容：

1. 综合类

有中共中央、国务院、华东局关于党的方针、政策性文件，市委贯彻中央、国务院、华东局指示的工作规划、计划、总结、请示、报告，市委、市革委会直属机构党组织的工作计划、总结；市委、市革委会会议记录，上海市第一、二次党员代表会议和历届党代表大会会议材料、市革委会成立大会材料，中央、国务院、市委、市革委会领导讲话，市委、市革委会和市委办公厅等编印的《上海工作》《情况汇报》《内部参考资料》《情况简报》《上海简报》等。

2. 组织人事类

有市委、市革委会关于中央管理的干部任免的请示及中央批复；市委、市革委会关于机构设置、人事任免的决定、通知；市委、市革委会关于基层党委、革委会，机关党组，区、县、局党委、革委会等组织机构设置、干部任免、干部审查、干部解放、组织领导关系的决定、批复、通知；关于精简、整编的方案；关于整党、建党及党员组织工作、组织生活、民主生活会的规定、制度；上海市出席全国党代表大会、全国人大、全国政协会议代表名单、登记表等。

3. 纪检类

有中共中央、市委关于纪检工作的指示，关于整党、反贪污、反腐败、反官僚主义、反不正之风的决定、规定，市委纪委关于纪检工作的计划、报告和总结，关于处理干部特殊化、强迫命令等不良作风的材料，关于处理违纪人员、违纪案件的材料等。

4. 宣传类

有中共中央、国务院、市委、市革委会关于学习马克思列宁主义、毛泽东思想的规划；关于国际国内时事形势宣传教育工作的指示；关于进行社会主义、共产主义思想教育，开展“五讲四美三热爱”活动的指示；关于宣传报道、新闻出版、文学艺术管理、文物保护工作的指示；关于加强干部教育和加强法律常识宣传工作的指示；关于节日庆祝、理论研究、革命历史纪念、举办各种展览会、开展大批判的决定、通知；关于加强社会主义精神文明建设的若干实施意见等。

5. 统战类

有中央、华东局、市委、市革委会关于民主党派、民主人士、工商联、华侨、港澳同胞、知识分子、宗教统战工作的指示、决定、通报、通知，市委统战部关于改组工商联、同业公会等组织及协助民主党派改选问题的报告及市委的批复等。

6. 政治运动类

有关于历次政治运动的政策性规定、实施计划、情况汇报、工作总结报告等，关于粉碎和清算四人帮及其在沪余党的反革命罪行的请示、报告、批示等，市委、市革委会关于对部分干部进行批判、专案审查的批示，关于学习解放军和学习大寨的材料，关于清查运动、冤假错案平反昭雪工作的指示、通知等。

7. 国防战略民兵类

有中共中央、国务院、市委、市革委会对上海民兵工作、征兵、拥军爱民、退伍军人安置、拥军优属、野营拉练、国防基建、武器科研、防空备战、战备通讯、粮库、金库、文物仓库、复退安置、双拥工作等的批示、通知、报告，“文革”中有关文攻武卫、工人武装的批示、通知等。

8. 外事类

有中共中央、国务院、外交部关于外事工作的指示、规定、通知，市委、市革委会外事小组、市外办关于外事工作的请示、报告，市委、市革委会关于国际旅游及接待外宾工作的请示、通报，关于国籍、出国人员管理的规定等。

9. 群众团体类

有市委对工、青、妇工作的批示，工青妇组织工作计划、总结、报告，市工会联合会党组关于私营企业工会组织执行利用、限制、改造政策等问题的请示及市委的批复，关于工青妇领导班子人选问题的批示、筹建青年宫问题的批示，关于表彰先进、劳模评选、职工思想、托幼工作、帮困捐助的通知、批示、意见等。

10. 政法类

有中共中央、国务院、华东局关于加强政法工作的指示、决议、规定、通报，市委关于处理娼妓、贯彻婚姻法的计划、指示和通报，关于处理各种事故、灾难、案件的通报、报告及与华东局等有关单位的来往文书，关于处理劳资纠纷的材料，市公安局关于劳教农场工作的报告及市委的批复，民政局关于精简安置、安抚残疾人、收养遗弃婴幼儿、社会慈善福利的报告及市委的批复，行政区划、人口普查的材料，关于打击刑事犯罪、镇压反革命、特情处置、对敌斗争、公安保卫、武装警卫、枪支管理、航空安全、消防问题的报告、批示，关于抗震救灾、婚姻登记、户口管理、老龄问题、建造纪念设施、追认烈士、社团管理的请示、批示等。

11. 劳动工资类

有中共中央、国务院、华东局关于劳动工资工作的指示，市委、市革委会关于处理工资、年奖、福利、养老保险金、改善离退休人员待遇的指示、规定、通知，关于劳动就业、职工晋升、困难补助、支农、支边、援外的指示、办法，关于学徒培训、安置、子女顶替、知识青年上山下乡、知青返沪的指示、规定，关于精简职工、紧缩城市人口向中央、华东局的简报等。

12. 经济类

有中共中央、国务院、华东局、市委、市革委会下达的上海国民经济计划，关于轻重工业、手工业、私营企业、国防军工生产问题的指示、通报、批复，市委关于手工业企业贯彻七十条的指示，迁厂、并厂、支内、援外、调整协作、技术革命、原料调拨、产品质量、工业排污、资源综合利用等文件，关于浦东开发、技术引进、外商投资、出国考察、中外合资、轿车国产化、企业管理、改革转制、经济合作的请示、批示等。

13. 农村类

有中共中央、华东局、市委、市革委会关于农业、农副业、农场围垦工作的指示，关于市郊各县农村社会主义改造的计划、总结报告，关于农村人民公社工作条例修正草案的若干补充规定，关于贯彻农业发展纲要三十条的若干补充规定，农业机械化、水利、气象、防汛、造林、绿化、“菜篮子工程”、农转非等文件。

14. 财政金融类

有中共中央、国务院关于加强经济协作、各种物资调拨的指示，市委关于财政、金融、贸易、税收、储蓄、市场供应管理工作的指示，关于处理物价、财经违纪问题的材料，关于粮棉油统购统销、农副产品收购的规定、通知，关于海关工作、银行保险、对外贸易、外汇处理、股票发行、证券管理的通知、意见等。

15. 市政建设类

有市委、市革委会关于基本建设、公用事业、整顿市容、房屋管理工作的指示、批示，关于整顿楼堂馆所、处理计划外工程的请示及中央的批示，关于征用土地、拓宽道路、改建人民广场大道工程与开放通往西郊公园的虹桥路等问题与华东局、市建委等单位的来往文书，有关梅山铁矿、隧道、研制大型客机、铁路新客站、石化总厂、万人体育馆、上海宝山钢铁总厂、浦东国际机场等重大建设工程的文件。

16. 交通运输邮电类

有市委、市革委会关于防止和处理交通运输事故的批示，关于执行《中央关于改变部分交通运输企业单位领导体制的通知》的报告，关于处理旅客运输、春运管理、港口装卸等问题的材料，关于汽车出租、地铁、航空安全、机场、港口、航运、无线电、邮电工作的材料等。

17. 科技类

有中共中央转发中央科学小组、科学规划委员会党组关于十二年科学规划执行情况的检查报告，市委、市革委会关于成立科研机构、发展科技振兴上海的决定、报告、通知及批复，关于上海市工业战线技术革新、技术革命运动的文件，关于高精尖项目的基建、设备安排、产品生产等问题的报告及市委、市革委会的批示，关于新技术、新工艺、新产品发展的报告；关于资源综合利用的指示、通知等。

18. 文教、卫生、体育类

有中共中央、国务院、市委、市革委会关于学校教育、医疗卫生、体育工作的指示、批复，关于学校招生、毕业生分配问题的报告及市委的批复，关于选拔留学生的文件，市委、市委办公厅关于半工（农）半读的指示、通知、批复，市委关于计划生育工作的指示、报告，关于防治血吸虫病及防止食物中毒问题的指示，关于防疫工作的指示，关于开展群众性体育活动、举行体育比赛的指示等。

19. 行政秘书类

有中共中央、华东局、市委、市革委会关于行政秘书、保卫保密、档案工作的指示、规划、条例等。

中共上海市委政治法律工作委员会
上海市人民政府政治法律委员会

全宗号 A6

中共上海市委政治法律工作委员会，原名中共上海市委政治法律委员会，成立于1952年8月28日，1954年2月改名为中共上海市委政治法律工作委员会，书记许建国。1956年5月撤销。上海市人民政府政治法律委员会于1953年8月正式成立，主任许建国，1955年撤销。

中共上海市委政治法律工作委员会和上海市人民政府政治法律委员会，实际是两块牌子一套办公机构，主要任务是：在市委、市政府领导下，负责指导与联系民政、司法、公安、检察等部门的工作，以及研究和执行政法工作方针政策。内部机构设办公室、调查研究处、干部管理处，后增设里弄工作委员会。

馆藏中共上海市委政治法律工作委员会、上海市人民政府政治法律委员会全宗档案256卷，档案排架长度4.8米，档案起止年代为1952—1956年，按大流水排列，编有案卷目录。

档案主要内容：

1. 综合类

有市政法委员会、法院、检察署、公安局、民政局等季度、年度工作计划、总结、规章制度及有关处理人民群众来访的统计、总结，市政法工委、市政法党组等会议记录，《综合简讯》《司法改革简报》《里弄整顿情况》等。

2. 组织人事类

有市政法工委、市政法委员会有关机构筹备、成立、人员编制、人事任免的通知、报告，基层组织的情况调查材料，街道办事处组织暂行条例、居委会组织整顿工作总结，市政法委员会关于改造人民法院与人民警察工作的请示报告等。

3. 公安类

有市政法委员会关于反革命分子及汉奸活动情况的调查材料、戒毒工作报告，市公安局、法院关于重大案件的判决及执行问题的请示和市委的批示，市公安局等有关雷德蒙案的公审材料，舞厅、音乐厅的处理办法，社会治安保卫工作意见等。

4. 民政类

有市政法工委关于上海市非正常死亡人员的情况报告及市委的批示，市政法委员会有关贯彻婚姻法、拥军优属的通知、计划、情况反映，市民政局等部门有关外侨游民、暗娼的处理报告，弃婴、婴幼儿教养意见，灾民处理、殡葬社团管理的计划办法等。

5. 运动类

有市委关于民主改革运动、清理中内层工作的指示，市政法委员会关于增产节约运动的计划、总结等。

中共上海市委政法工作部

全宗号 A7

1956年4月，中共上海市委政法工作部成立，对全市司法机关执行党的方针政策情况、政法队伍的政治思想工作进行管理和指导。许建国、朱讯先后任部长，内部机构设办公室、公安司法处、民政监察处、干部处。1962年7月撤销。

馆藏中共上海市委政法工作部全宗档案378卷，档案排架长度7.2米，档案起止年代为1956—1962年，按大流水排列，编有案卷目录。

档案主要内容：

1. 综合类

有该部年度工作计划、总结，部务会议记录、反右倾工作会议记录、简报，执行市委健全党委制的决定等专题业务工作的请示、报告及中共上海市委的批复等。

2. 组织人事类

有该部关于机构设置、干部任免的请示、批复、决定，干部轮训计划、报告，政法系统干部工作调动的请示、批复等。

3. 政法工作类

有市公安局关于敌特专案侦破、消防、治安工作的请示报告，清理改造“地富反坏右分子”的专题报告；市人民法院、人民检察院有关处理刑事、反革命案件的请示及中共上海市委的批复；市人民检察院关于平反冤案的请示及中共上海市委的批复，市人民检察院关于不法资本家犯罪活动的起诉报告；各区委政法部关于开展安全大检查、打击包工头、少年儿童违法情况的报告；该部关于清理敌伪档案的情况报告等。

中共上海市委民主改革办公室

全宗号 A9

中共上海市委民主改革办公室成立于1952年7月30日，其职责是领导全市民主改革运动。1953 年 11 月上海市民主改革运动基本结束，该办撤销。历任主任有李广仁、马子成。

馆藏中共上海市委民主改革办公室全宗档案 251 卷，均为长期卷，档案排架长度为 4 米，档案起止年代为 1952—1953 年。该全宗按大流水排列，编有案卷目录。

档案主要内容：

有中共上海市委关于民改运动的决定、通知、指示、计划、通报：谭震林、陈丕显、钟民、王尧山等有关民改运动的报告；该办关于开展民改工作的计划、总结、方案、会议记录、情况综合统计表、进度报表、请示报告和情况汇报；该办干部名单、干部情况分析、民改经费、干部生活福利、党员名册；各区民改办公室关于民改运动的请示、情况报告，工作计划、总结，民改干部提拔、调配情况报告及人员名单，合作社基本情况调查材料；上海第一批至第六批民改企业名单及有关统计材料，上海外商企业名单、民主人士及资方参加民改名册，市公安局关于处理民改运动中反革命分子的规定，上海市 8 个方面民主改革运动中贯彻“新三反”的总结报告、主要情况收获、缺点与事例材料，私营工厂民改典型控诉材料，民改运动宣传画，人民来信；民船民改办公室会议记录，民改问题的请示与批复，民船民改各大队的基本情况和民改工作计划、总结，各大队民改干部名册和各基层单位民改干部名册，以及中央人民政府政务院民船工作委员会公安部及华东民船工作委员会关于船民协会的暂行组织通则、条例及民改工作情况简报等。

中共上海市委劳动工资委员会
上海市人民委员会劳动工资委员会

全宗号　A11

中共上海市委劳动工资委员会成立于1956 年 4 月，上海市人民委员会劳动工资委员会成立于 1956 年 8 月，两机构合署办公，1966 年“文化大革命”开始后，两机构撤销。两机构负责国营企业、机关、事业单位工资改革业务政策和政治思想工作，统一掌管全市劳动、工资方面的领导工作。历任主任有钟民、杨士法、李广仁、宋日昌。

馆藏中共上海市委劳动工资委员会、上海市人民委员会劳动工资委员会全宗档案 176 卷，档案排架长度 3.2 米，档案起止年代为 1956—1966 年，按年度排列，编有案卷目录。

档案主要内容：

1. 综合类

有历年办公会议记录，《上海工资简况》和《劳动工资情况》，公私合营企业工资改革宣传参考资料等。

2. 组织人事类

有中共上海市委、市人委有关市劳动工资委员会组织机构、干部配备、启用印章等问题的指示，内部机构干部任免的报告以及各区、县委成立劳动工资委员会的报告、通知等。

3. 业务类

有上级机关关于工资政策、工资改革等问题的指示、规定、通知，全市工资改革、职工调资、奖励制度、劳动力管理、劳动保护等问题的报告、请示、通知，劳动工资计划和总结，劳动力情况统计，上海职工实际收入变化情况调查表等。

中共上海市委整风领导小组办公室

全宗号 A18

1960 年 7 月 3 日，中共上海市委三反整风办公室成立，主要职责是领导全市机关开展以反贪污、反浪费、反官僚主义为中心的整风运动，主任泰昆。同年 11 月，市委整风领导小组成立，曹荻秋任组长。内部机构曾设秘书、联络、材料、劳动力、编制等组。1962 年 1 月机构撤销。

馆藏中共上海市委整风领导小组办公室全宗档案共 196 卷，档案排架长度 4 米，档案起止年代为 1960—1962 年，按机构—问题分类排列，编有案卷目录。

档案主要内容：

1. 综合类

有曹荻秋在全市各大口、各区、各局整风领导小组成员及办公室主任会议上的讲话，整风运动报告提纲，石西民在各大口、各区委整风领导小组组长会议上的讲话，各单位整风运动计划，全市整风运动基本情况，上海市、区两级机关整风情况简报，整编人员处理办法，整编工作报告，反贪污斗争几个具体政策问题的规定，《三反整风情况汇报》1—6期，《整风专刊》1—7期，市、区机关在三反整风中揭发出来的问题摘要汇编，整风运动的报告、通知、通报、公函，市委三反整风办公室正、副主任名单和市委各部委、各区委、各局三反整风小组及办公室负责人名单，整风简报等。

2. 会议类

有中共上海市委整风领导小组会议记录，各系统、各局、各区整风领导小组组长、办公室主任会议记录，市委常委整风扩大会议记录等。

3. 统计类

有市区机关坦白交代人数统计、市级单位盗窃情况统计表等。

中共上海市委城市人民公社工作领导小组
中共上海市委政法工作部里弄工作委员会
中共上海市委里弄整风领导小组

全宗号 A20

中共上海市委城市人民公社工作领导小组成立于1960年3月25日，1962年9月8日撤销。职责是负责领导建立城市人民公社的各项实际工作，组长王一平，内部机构设办公室，下设秘书、生产、生活、文教等四个组，后文教组撤销，业务划归秘书组。

中共上海市委政法工作部里弄工作委员会成立于1954年，1955年撤销。职责是负责里弄整顿工作，主任许建国，内部机构设办公室，处理日常业务，办公室下设秘书组、宣传组、材料组、组织组、摊贩组。

中共上海市委里弄整风领导小组成立于1958年1月，同年下半年撤销。职责是领导里弄整风运动，组长许建国。内部机构设办公室处理日常业务，下设秘书组、整改组、组织组、郊区工作组。

馆藏中共上海市委城市人民公社工作领导小组、中共上海市委政法工作部里弄工作委员会、中共上海市委里弄整风领导小组全宗档案195卷，档案排架长度约3.2米，档案起止年代1954—1962年。全宗内档案按组织机构—年度分类排列，编有案卷目录。

档案主要内容：

1. 综合类

有全国总工会党组城市人民公社工作办公室印发各地城市人民公社社章及参考资料，中共上海市委关于建立城市人民公社的打算、工作纲要及会议记录，市委城市人民公社工作领导小组会议记录和负责人在各种会议上的讲话，各区委城办关于建立城市人民公社的工作报告，社科院关于上海城市人民公社所有制性质的调查报告，市委城办编印的《情况反映》及有关城市人民公社情况的统计报表，城办处理人民来信的情况报告等。

2. 组织类

有市委及各区委关于成立城市人民公社领导小组的通知及机构撤销、干部安排的情况报告，市委组织部、市委城办关于街道组织形式和编制的暂行规定，市委里弄工作小组、办公室组织机构、干部名单和各区委里弄工作小组负责人名单及办事处名称、印章等问题的意见等。

3. 里弄工作类

有市委关于里弄整顿工作的指示及市里弄工委、各区有关里弄整顿、摊贩、娱乐场所整顿工作报告，市、区里弄工作办公室关于里弄试点工作计划、报告、意见，市委里弄工作办公室关于居民委员会组织形式和改进办事工作的意见及在里弄中进行社会主义教育的通知，市委城办关于街道里弄工作情况报告及改进、加强街道里弄工作的意见，市委城办关于卢湾区丽园街道组织、里弄生产、个体劳动者、居民经济生活和里委会情况专题调查报告等。

4. 生产生活类

有市委里弄工作办公室关于里弄生产、福利组织分配方案，里弄居民参加各部门劳动的报告，加工单位与工厂企业挂钩的情况报告，街道里弄企业征收税收的意见，街道里弄生产劳动人员回乡参加农业生产的补助费和停工回家补助费的通知，个体劳动者改造的调查报告，加强街道里弄组织劳动保护工作的通知，各区城办关于街道服务事业的调查报告，市委里弄工作办公室召开里弄居民技术革新经验交流现场会，家务劳动服务、幼托工作经验交流会文件，发生火灾、伤亡等事故的通报等。

5. 政治运动类

有许建国在全市整风动员大会上的报告和有关里弄整风的发言稿，里弄整风运动方案、计划、总结及对犯错误个人处分的决定，市里弄整风简报等。

中共上海市委城市社会主义教育运动办公室
中共上海市委农村社会主义教育运动领导小组

全宗号　A21

中共上海市委城市社会主义教育运动办公室1964 年 10 月成立，1967 年 2 月撤销。中共上海市委农村社会主义教育运动领导小组成立于 1965 年 6 月，1966 年 7 月撤销。它们分别负责城市与农村社教运动的开展。城市社教运动办公室主任为杨士法。农村社教运动领导小组由杨西光任组长。城市社教运动办公室内部机构设秘书组、联络组、政策研究组，后增设民兵组。农村社教领导小组内设办公室处理日常业务，办公室下设秘书、联络、民兵等三个组。

馆藏中共上海市委城市社会主义教育运动办公室、中共上海市委农村社会主义教育运动领导小组全宗档案 666 卷，档案排架长度约 11.2 米，档案起止年代为 1964—1966 年。全宗内档案按问题—年度分类排列，编有案卷目录。

档案主要内容：

1. 综合类

有社教运动具体政策的规定、说明、执行情况调查及有关的请示、批复，负责同志关于社教运动的动员报告及报告后的反映，贯彻中央关于社教运动、“四清”和对敌斗争阶段工作要求的意见，社教工作团干部学习中央廿五条集训情况报告，社教运动中人民来信工作总结，社教运动经费预决算表等。

2. 城市社教工作类

有社教运动综合资料，阶段工作计划、总结，各工作团会议记录，城市社教运动简报，街道里弄社教运动试点情况报告、意见及专题报告，各系统基层厂社教工作队上报案件的批复、备案材料，给予或不予各种纪律处分的处理意见，处分决定，对象登记材料，有关人员定案材料，群众检举揭发材料及有关的检查等。

3. 农村社教工作类

有上海市郊各县社教运动工作总结，会议记录，各县工作队干部名册，农村社教运动简报，农村人民公社收益分配中若干具体政策问题的处理意见，农村救济款补助工作的通知、整顿社队卫生组织的意见，农村文教工作的意见，城镇工作小组有关经济退款的材料，各县领导干部自我检查材料，各工作队报送确定地富成分的办法、报告，报送“戴帽”“摘帽”、纠错案件的请示和审批意见等。

4. 划阶级工作类

有划阶级的政策研究及对试点工作队的有关批示，划阶级工作的做法及工作中的典型材料，划阶级工作简报，划阶级办公室有关的会议记录等。

中共上海市委宣传部

全宗号　A22

中共上海市委宣传部成立于1950 年 3 月，1957 年 3 月文艺工作部并入宣传部。1967 年 1 月，宣传部停止办公。1977 年 12 月，市委决定恢复市委宣传部。中共上海市委宣传部是中共上海市委主管全市意识形态领域的综合职能部门，主管上海的宣传、新闻出版、文艺理论等部门工作。历任负责人有夏衍、谷牧、彭柏山、石西民、张春桥、杨永直、车文仪、陈沂、王元化、潘维明、陈至立等。内部机构几经更迭，主要有办公室、宣传处、党员教育处、新闻出版处、文学艺术处、理论教育处、干部处、基层工作处等。

馆藏中共上海市委宣传部全宗档案 5 667 卷，档案排架长度 70.4 米，档案起止年代为 1949—1990 年，按组织机构—年度分类排列，编有案卷目录。

档案主要内容：

1. 综合类

有该部部务会议、专业会议记录，全国宣传工作会议文件，中宣部、华东局宣传部、该部及所属单位关于宣传工作的规定、指示、计划、总结，该部及所属单位关于机构编制、干部调配、待遇等问题的文件，文教统战工作、知识分子工作、对华侨宣传工作等文件，宣传网建设工作材料，悬挂国旗、领袖像问题的文件，解放前党在上海领导文化战线斗争的概况，关于 1988 年上海流行甲肝问题的通报、报告，该部办公室所编《宣传工作情况》《思想情况》等简报和《上海城市文化发展战略研究调查报告集》等。

2. 宣传类

有抗美援朝、爱国公约运动、社会主义教育运动及中苏友好等国际、国内时事宣传工作材料，过渡时期总路线、普选、贯彻婚姻法等政策法令宣传材料，国庆节等节日、纪念日宣传材料，食油、粮食计划供应等人民群众经济生活问题宣传材料，对台宣传工作材料，学习毛泽东著作活动材料，1978 年真理标准讨论概况，开展 1981 年五讲四美三热爱活动、1982 年全民文明礼貌月活动、1986 年精神文明建设、创建农村文明村、军民共建活动等的材料，开展颁发居民身份证和保护妇女儿童权益宣传的材料等，各区、县市级文明单位审批登记表等。

3. 新闻出版类

该部关于新闻报道、广播、报刊、出版发行、保密等工作规定、通知、会议记录等，新闻界思想改造工作材料，华东、上海人民广播电台关于领导问题及处理私营电台问题的报告，新华书店上海分店工作计划、报告，毛泽东著作印刷发行工作的通知及外文书刊处理的报告、资料，各出版社情况介绍，修订《辞海》《辞源》《新知识词典》等问题材料，新闻出版大事记，各系统申请办期刊和出版用纸的报告、批复，《支部生活》《儿童时代》等期刊复刊发行的请示和批复，《上海文化年鉴》出版材料等。

4. 文艺类

有周恩来、陈云、周扬、柯庆施等关于文艺工作的意见、指示，文艺工作规划，上海市文代会材料，召开华东协作区创作会议材料，该部关于工人群众业余文化活动、戏曲改革、剧团等民主改革等工作指示、计划、报告，文物工作、革命史料工作及上海、科技、报刊、历史文献等四个图书馆合并材料，样板戏的演出报告，该部与市文化局关于重建区县剧团的报告和市委的批复，举办上海文化艺术节、首届上海戏剧节、电影节等活动的材料、简报，文艺界创作概况和召开文艺创作会议的材料等，中宣部、市委办公厅、该部关于塑建马克思、恩格斯雕像及名人雕像等的请示、批复，市文化局关于周公馆名称的请示和中宣部的批复，市政府、该部、市文管会关于确定市文物保护单位名单、简介、保护意见、更改路名等的通知、请示和批复，剧团体制改革的报告、批复，建立五卅运动纪念碑、烈士墓、烈士群雕等的请示汇报等。

5. 教育类

有该部及所属单位关于干部理论教育的计划、报告、通知等，党员教育工作计划、报告，学校教育、知识分子教育、文化教育、法制教育、工人教育等材料，宣传系统专家小传等。

中共上海市委教育卫生工作部

全宗号　A23

1955年1月，中共上海市委设立学校工作部。同年5月，市委学校工作部与上海市高等学校教育科学工作委员会合并为市委高等教育科学工作部。1956年6月，成立市委教育卫生工作部。1957年3月，市委教育卫生工作部与市委高等教育科学工作部合并，仍称市委教育卫生工作部。1966年停止办公。其职责主要是负责监督检查教卫系统贯彻执行中央、市委有关方针、政策、决议的情况，指导教卫系统的政治理论学习和教学、科研以及干部管理等事项。历任部长有：刘季平、杨西光、常溪萍。内设办公室、干部处、科学处、政教处、高教处、普教处、卫生体育处。

馆藏中共上海市委教育卫生工作部全宗档案2 300卷，档案排架长度36米，档案起止年代为1954—1969年，按年度—问题分类，编有案卷目录。

档案主要内容：

1. 综合类

有部务会议、部长办公会议、区县文教书记、部长会议记录，年度工作计划、总结，贯彻中央决议精神的通知、报告，关于重大方针政策性问题向市委的请示、汇报及市委的批复，经费计划登记表、财务计划决算、支出明细账等会计报表，高等学校、医疗卫生和体育运动人员出国情况的审批文件及有关外事工作的报告、批复、通知与会议记录，人民来信、情况简报、教育参考资料、教育卫生动态等。

2. 组织人事类

有关于组织编制、机构建立、合并、调整及领导关系的方案、报告、批复及通知，该部关于召开党代会的报告、通知与市委的批复，该部及各高校党委书记会议记录，党总支、支部会议记录，有关组织工作的报告，关于党的工作问题的报告、会议记录、情况调查，有关党的领导问题的会议记录，建党工作会议记录、情况报告，该部关于政治思想工作的意见、规定、会议记录及通知，高级知识分子入党问题的报告与市委的批复，关于知识分子问题的情况报告，文教系统专家小传，有关干部任免、提升、调整、处分等问题的报告与市委的批复，该部干部工作计划、总结、通知、简报，教卫系统审干工作计划、总结、通知及情况统计表，教卫系统干部考察材料，关于工资福利问题的通知、指示、规定、报告及批复，各年度党组织、党员统计报表等。

3. 文教、卫生、体育工作类

有中央负责同志关于文教工作的讲话，市委文教工作会议大会报告、会议记录，教育工作专业会议文件、工作报告，关于教育工作规划、决议及通知，高校、中小学校工作条例，高校教学革命、文科改革的报告、参考资料，中小学教育改革的报告，该部关于毕业生工作的报告、批复、通知及会议记录，上海市扫盲规划和情况报告，该部关于教育工作的回顾参考资料，关于科学工作的意见、方案，有关科学规划的意见和会议记录，对科学工作组织体制的意见和会议记录，卫生工作的通知、报告、批复及会议记录，关于爱国卫生运动与医院工作的通知、报告、讲话提纲，上海市医院工作条例，关于中西医结合问题的调查报告及情况汇报，有关计划生育的报告与市委的批复，有关体育工作会议记录、情况简报、通知、报告及批复，该部有关书刊资料收集和出版问题的报告、通知，有关刊物出版问题的报告及该部的批复等。

上海《支部生活》编辑部

全宗号　A24

1954 年 5 月，上海《支部生活》编辑部成立，编辑出版以全市党员和积极分子为阅读对象的党刊《支部生活》。1954 年 7 月 1 日，《支部生活》正式创刊。创刊初期，《支部生活》编辑部由中共上海市委宣传部直接领导，设编委会，负责人白彦。1955 年 5 月，编辑部划归解放日报社领导，由《党的生活》编辑组负责《支部生活》的编辑出版工作。《党的生活》编辑组组长丁柯。1956 年 10 月，编辑部改由中共上海市委办公厅党刊编辑室负责，设编委会，负责人李家齐。1967 年 1 月，编辑部由造反司令部勤务组领导，编辑部设编辑组、采访组、情况组、信访组、内务组。1971年4月，《支部生活》停刊，编辑部撤销。

馆藏上海《支部生活》编辑部全宗档案365卷，档案排架长度10.4米，档案起止年代为1954—1971年。该全宗已系统整理，编有案卷目录。

档案主要内容：

1. 综合类

有《支部生活》编辑部向中共上海市委办公厅党委、上海市革委会的请示、报告，《支部生活》编委会、编委扩大会议记录，编辑部人员的审查材料等。

2. 编辑业务类

有编辑部工作计划、规划、总结，市委领导对《支部生活》《未及发表的信稿》等送审稿的批示，市委领导在《支部生活》《党的工作》等党刊上发表的文章，《党的工作》《支部生活》《农村支部生活》《未及发表的信稿》《信稿动向》《情况汇报》合订本等。

中共上海市高等学校委员会

全宗号　A26

1952年1月，中共上海市委高等学校党工作委员会成立，书记舒同。1953年3月，改名为中共上海高等学校委员会，书记陈修良。1954年12月，改名中共上海市高等学校委员会，书记王尧山。1955年6月，与市委学校工作部合并，该委员会工作结束。内部机构先后设有办公室、宣传组（部）、组织组（部）、秘书组等。

馆藏中共上海市高等学校委员会全宗档案439卷，均为长期档案，档案排架长度7.2米，档案起止年代为1952—1955年。该全宗已系统整理，编有案卷目录。

档案主要内容：

1. 综合类

有该委工作计划、会议记录，在各高校开展业务工作的总结报告，各高校行政、教学、政治工作的计划、总结及经验介绍，各高校工作简报及中共上海市委的批复，信访材料等。

2. 组织人事类

有该委组织工作会议记录，关于组织领导关系的规定及华东局、中共上海市委的批复，关于党建工作的情况报告及华东局组织部的批复，各高校整党工作情况调查统计表，华东局统战部关于民盟在高校工作的方案及该委统战工作资料，该委、各高校干部调动、任免、留苏预备生选拔的报告，华东人事部、中共上海市委关于各高校党委编制的批复，各高等学校关于共产党员加入民主党派及民主党派人士加入共产党的报告及中共上海市委的批复，各高校师生员工入党转正的审批报告、批复，名教授、干部简历表，各高校教职员工审查登记表等。

3. 宣教类

有该委在三反运动中关于思想改造的动员报告、会议记录、情况总结，该委、各高校宣教工作情况汇报，关于高校政治、思想理论教育的总结、报告，各高校思想改造工作总结报告，陈毅关于上海市高校教师政治理论学习的报告记录，吴克坚关于统战工作的报告等。

中共上海市机械技术工业学校委员会

全宗号　A27

中共上海市机械技术工业学校委员会成立于1953年10月，1954年12月撤销。职责是领导、发展全市各机械技术工业学校党的组织，加强党员干部的教育和管理，贯彻执行教育方针、政策，进行政治思想工作。书记李葵元。内设办公室、组织组、宣传组，并附设中技团委。

馆藏中共上海市机械技术工业学校委员会全宗档案36卷，都为长期卷，档案排架长度2.4米，档案起止年代为1953—1954年，按问题分类，编有案卷目录1册。

档案主要内容：

有该委工作计划、总结、会议记录，所属各校教学工作计划、总结，加强中等技术学校普通文化课师资的报告，学生退学的情况报告及市委指示，该委及各校关于出版校刊的报告，各校毕业生情况调查表，该委建党工作计划、综合报告，组织工作会议记录，干部任命的请示报告及各校干部统计表、党员登记表，有关纪律处分材料，各校关于教职员政治理论、时事政策学习的通知、计划、总结及座谈会记录等。

中共上海市中等技术学校委员会

全宗号 A28

中共上海市中等技术学校委员会1954年12月成立，并将原中共上海市机械技术工业学校委员会并入，1955年12月撤销。其任务是负责领导全市各中等技术学校党的工作，加强对党员的教育和管理，发展党的组织。书记陈超凡。内部机构设办公室、组织部、宣传部。

馆藏中共上海市中等技术学校委员会全宗档案81卷，均为长期卷，档案排架长度1.6米，档案起止年代为1954—1955年，按年代—问题大流水排列，编有案卷目录。

档案主要内容：

1. 综合类

有上海市中等技校党委1954—1955年学校工作要点、综合报告、寒假工作计划，该委对各中等技术学校基本情况调查材料，各中等技校关于学期考试考查、减轻学生学习负担过重、教师、学生开除、退学问题的报告及该委批复，各中等技校关于应届毕业生统一分配的计划、情况报告及上海市中等技术学校的概况，各中等技术学校关于基本建设计划、报告及1954年教学工作计划，该委启用公章、迁址的通知等。

2. 组织类

有市委、该委关于中等技校党委筹建方案的计划意见、报告，市委组织部、该委关于党组织关系转移的通知，该委1954—1955年组织工作重点，该委关于干部撤销处分的通知、决定，该委1953—1954年党员介绍信存根，各中等技校党组织工作计划、总结、审干情况、干部党员名册、统计表，各中等技校关于干部提拔、调动登记表，各中等技校关于入党、转正等问题的报告及该委的批复等。

3. 宣传教育类

有该委关于宣传工作、政治思想教育工作计划，该委及各中等技校关于对学生进行共产主义道德品质教育的计划、总结，该委及各中等技校关于政治理论学习的通知、计划、总结，该委关于宣传唯物主义思想、批判资产阶级唯心主义思想的计划及各中等技校的报告意见等。

中共上海市中等专业学校委员会

全宗号　A29

1956 年 12 月，中共上海市中等专业学校委员会成立，张超任党委书记。该委的主要任务是：领导 19 所中等专业学校所属党的工作，贯彻党的教育方针、知识分子政策，按照干部管理制度协助市委管理和培养干部。该委设组织部、宣传部、办公室、监察委员会等内部机构。1961 年 8 月，全市中等专业学校划归上海市高教局党委领导，上海市中等专业学校党委随之撤销。

馆藏中共上海市中等专业学校委员会全宗档案 278 卷，均属长期保存，档案排架长度 5.6 米，档案起止年代为 1956—1961 年。该全宗已系统整理，编有案卷目录。

档案主要内容：

1. 综合类

有所属学校 1957—1960 年的工作规划、总结，学校教育科研、教育质量、教育改革及劳动收益的意见，中等专业学校实行勤工俭学、半工半读的总结和评比先进集体、个人的材料，该委及所属学校教育工作、学习情况的简报，启用新印章的通知，人民来信的处理意见，学生政治思想教育、时事宣传的计划、报告、总结；统战工作的宣传材料等。

2. 党团组织类

有该委党委的会议记录，该机构撤销的通知，组织工作的计划、总结，党员鉴定、审干等工作的通知、通报、总结，该委及所属学校党组织改选材料，干部的配备、人员分工及下乡劳动的统计材料，党员及党组织的统计报表，预备党员转正及党团员处分材料等。

中共上海市委外事小组
上海市人民委员会外事办公室

全宗号　A32

1952 年 4 月 12 日和 9 月 19 日两次成立临时性的中共中央华东局暨中共上海市委外宾招待委员会。1953 年 2 月正式成立华东暨上海外宾招待委员会，10 月成立中共中央华东局及中共上海市委国际活动指导委员会。1955 年 2 月，成立中共上海市委国际活动指导委员会。1958 年 7 月，在成立上海市人民委员会外事办公室的同时，成立中共上海市委外事小组。1966 年底该两机构停止办公。其职能是在中共上海市委、上海市人民委员会领导下，统一管理上海市的外事工作。历任主要负责人有刘长胜、潘汉年、许建国、刘述周、王一平。内部机构先后设立秘书、宣传、招待、警保、组织、联络、翻译、演出、文化、人事、行政、涉外等处（组）。

馆藏中共上海市委外事小组、上海市人民委员会外事办公室联合全宗档案 6 531 卷，档案排架长度 42.4 米，档案起止年代为 1952—1966 年，按年度分类排列，编有案卷目录。

档案主要内容：

1. 综合类

有外事工作的规定、通报、通知、大事记，外事工作会议文件及该办各种会议记录，该机关工作计划、总结，毛泽东在上海接见外宾谈话记录，全国外事工作会议文件，关于组织建设、接待工作、宣传工作方面几个专题的初步总结，关于机构、干部等问题向中共上海市委的请示报告，各月预算、岁初决算及财产清点、盘存明细表、各年度总分类账等。

2. 外事类

有该机构接待工作指示、规定、计划、报告，国际友人来沪活动简况、接待计划、情况汇报，来沪各国代表团名单、活动日程及参加迎送宴会人员名单，外宾座谈会记录，关于外国专家、留学生等工作向上海市委、国务院外办的请示报告、批复，各单位有关外商企业管理工作、外侨工作等向外办的请示报告，历次展览会文件材料，违反外事纪律的情况报告，该办和国际旅行社等单位关于选派出国代表团、专家及组织我国公民出国旅行问题的意见及旅行归国后所写的小结、汇报等。

3. 宣传类

有中央有关部门对各国重大节日开展友好宣传活动、支持各国人民斗争和纪念世界文化名人等活动的通知、计划、报告，中央《国际活动工作通报》，该办编印的外宾接待工作简报和外事工作宣传资料等，上海国际活动工作通报，上海市外宾情况简报，外宾情况反映汇编，《外事动态》（1—36 期）等。

中共上海市委统战部

全宗号　A33

上海解放初期的统战工作由华东局统战部兼管。中共上海市委统战部于1951年7月正式建立，是上海市委主管统战工作的职能部门。该部的主要任务是：了解情况，掌握政策，调整关系，安排人事，会同市委有关部门对党员、干部、群众进行统一战线政策教育，并办理具体的统战事务。历任负责人有潘汉年、许涤新、刘季平、刘述周、陈同生、吴若岩、张承宗、毛经权等。曾设办公室、干部处、党派处、工商处、联络处、对台办公室、知识分子工作处、机关党委等内部机构。

馆藏该部档案3 562卷，档案排架长度56.8米，档案起止年代为1949—1990年，按年度—组织机构分类排列，编有案卷目录6册。

档案主要内容：

1. 综合类

有中共中央、中央统战部、上海市委关于统战工作的指示，统战工作的计划、报告，中央及市委领导关于统战工作的讲话材料，该部部务会议记录及统战工作研讨会记录，落实知识分子及民族资产阶级、小资产阶级政策等情况向市委的报告，处理特赦、刑满释放人员生活费、住房、调迁与有关落实政策的报告，举办海内外梅兰芳艺术大汇演的报告、名单等材料，建立八一三淞沪抗战纪念碑、谢晋元塑像的请示、意见，迎春茶话会、团拜会情况报告等。

2. 组织人事类

有中共中央、中央统战部关于民主人士安置、教育、工资福利待遇的规定和民主党派成员、高级知识分子加入中国共产党的入党手续、批准权限的规定，市委关于统战系统组织机构设置、人员编制、干部任免的批复、通知，建立民族、宗教、华侨事务委员会及港澳同胞工作小组、市政协党组的请示及市委的批复等。

3. 民主党派类

有改选民主党派领导机构的请示与批复，上海各民主党派组织的分布情况及人数统计材料，协助各民主党派发展组织的意见、办法和情况报告，召开民主党派和有关团体负责人双月座谈会的情况与党派领导人谈心会情况，为落实国民党起义、投诚人员政策成立专门机构向市委的请示，颁发两航起义人员、原江海关起义证明书的通知、意见，黄炎培先生诞辰110周年暨中华职业教育社成立70周年纪念活动的复函，纪念邹韬奋同志逝世四十周年材料等。

4. 科技文教类

有中央、国务院关于知识分子工作的指示，充分发挥知识分子积极性的座谈会材料，减少教授、科学家等知识分子兼职问题的请示与批复，知识分子工作情况和中科院学部委员上海地区名单，上海各大学校友会情况调查，出国留学生情况材料等。

5. 民族、宗教类

有中央关于宗教问题的指示，上海基督教、佛教代表会及人事安排的报告，民族、宗教工作会议材料，全市少数民族和执行民族政策情况的调查报告，恢复各教会爱国组织和基督教男女青年会工作方针问题的请示，恢复佛教活动场所的复函及开展宗教活动的意见等。

6. 对私改造类

有市委统战部关于对资本主义工商业进行社会主义改造的意见、计划、报告、办法，国务院关于私营企业实行公私合营及定息、财产清理、估价等问题的意见、规定、通知，中央关于资本家高薪、病假工资、退职退休等问题的指示、规定、办法，市委关于成立市、区工商联党组和改组工商联同业公会的意见和批复等。

7. 侨务类

中央、国家侨委关于接待、安置归国华侨的指示，上海市宗教、侨务工作情况报告，上海华侨联谊社、归侨协会、留美学生家属联谊会的情况材料，接待华侨、港澳同胞参观团的情况报告，成立联谊俱乐部章程、海外联谊会开幕式、编制和福利待遇等情况报告等。

中共上海市委工业政治部

全宗号　A36

中共上海市委工业政治部的前身是1953年3月成立的市委工业工作部，但不久即被撤销。同年7月成立市委重工业部和市委私营工业部。1954年4月撤销上述两部门。同年11月建立国营工业部，重新成立私营工业部。1955年2月撤销私营工业部。1956年5月将国营工业部分设为重工业工作部与轻工业工作部。1957年5月将两个部门合并为市委工业工作部。1964年改为市委工业政治部。1967年1月该机构停止办公。其主要职能是指导全市工业系统的政治思想工作和党的建设工作，检查督促党的方针、政策的贯彻执行，管理调配工业系统的干部等事项。历任负责人有：钟民、杨士法、周璧、李广仁、刘述周、王少庸。

馆藏中共上海市委工业政治部全宗档案1 205卷，档案排架长度20.8米，档案起止年代为1953—1966年，按年度—问题分类，编有案卷目录。

档案主要内容：

1. 组织人事类

有机构设置、精简调整与人员编制的报告和批复，该机关、各工业局、直属企业干部任免、调配、处分的请示及批复，审干工作报告与计划，干部学习、培训的规划、安排和改进干部管理制度的报告，干部甄别工作统计表，选拔工程师和评定经济师的意见，各厂技术人员情况调查资料，工厂干部试行半天劳动半天工作、三定一顶制度的意见，对出国人员的审批材料，计委对大专毕业生分配计划及该部关于工业系统招收高中毕业生的培养方案，工业系统各单位接收新党员、转党、延长候补期等问题材料，历年党群干部统计表，人民来信及处理情况的报告等。

2. 工资福利类

有关于工人生活情况和存在问题专题调查材料，工人分配住宅的情况、意见及批复，国营企业关于职务工资制改革情况的报告，对工厂干部工资调整的批复，部队转业干部工资定级审批以及对私方人员与右派分子的工资待遇等的规定等。

3. 业务类

有邓小平、李富春等中央、市委领导同志在市委工业会议上的讲话，工业系统传达贯彻中央决议精神的情况，该部部务会议、各区委工业部长会议记录，工业系统政治思想工作计划、规划和总结，关于进行公私合营工作的计划、总结和在私营厂进行生产改革的意见，地方合营厂工作情况综合汇报及改进意见，工业企业生产推行一长制中的政治思想工作的意见、报告，上海工厂企业安全生产的通报及增产节约运动的概况资料，对工厂产品质量情况的调查报告，开展社会主义劳动竞赛的情况报告，全市工业企业先进单位、先进生产者的登记表，工业系统开展技术革新、学习解放军、学大庆情况综述，工厂企业进行社会主义教育的情况报告，工业系统举办半工半读专科学校及各种业余教育组织情况等。

中共上海市工业局委员会

全宗号　A37

中共上海市工业局委员会1952年8月在原中共上海市委工业生产委员会直属工作委员会的基础上成立。主要任务是加强各工业企业政治思想工作，监督生产计划的完成。书记杨士法。内部机构设办公室、组织部、宣传部、统战部、纪律检查委员会。1953年4月撤销。

馆藏中共上海市工业局委员会全宗档案有269卷，档案排架长度4.8米，档案起止年代为1952—1953年。该全宗档案按机构排列，编有案卷目录。

档案的主要内容：

1. 综合类

有该委给中共上海市委的请示报告及市委的批示和有关来往函件，会议记录，下属各厂党的工作月、季、处度报告，各分党委政治工作周报、简报、汇报，部分厂基本情况介绍，各厂民主改革、清产核资、贪污分子退赃物、因工伤亡等情况的报告、总结，各厂生产管理、劳动竞赛、安全卫生检查的计划、总结、汇报、组织条例、制度，部分厂整党建党学习情况汇报，该委及所属厂关于工时改革、工资等级、工资调整及生产奖励问题的请示、批复、计划、报告测算表、方案、技术标准、简报、总结，有关厂盈余分配情况、资产负债表，该委及所属单位处理人民来信工作的报告、汇报、来往文书、通知、统计表等。

2. 组织类

有该委有关分党委干部工作和人事工作的计划、报告，各厂调整机构、干部提升调动请示报告及送审报告表，主要干部名单及配备情况和各厂干部配备情况登记表，各分党委所属厂干部履历表、干部情况统计表，对下属各厂有关人员的处分决定及其材料、处分决定底稿，党员关系介绍信及存根等。

3. 统战类

有该委统战部1952年清产估价报告、意见及“三反”“五反”文件，部分厂合营后公私关系的总结报告、公司章程，部分厂股东会议记录、股东登记情况表等。

4. 宣传类

有宣传工作计划、报告、通报、通知，该委下属部分分党委及厂宣传网工作计划、报告和宣传组织、宣传员统计表等。

中共上海市委工业生产委员会

全宗号　A38

1951年9月、1953年7月和1959年2月，先后三次组建中共上海市委工业生产委员会。1967年1月停止工作。主要任务是协助市委、市人委抓工业生产，研究贯彻执行党的方针、政策。历任书记有：刘长胜、谷牧、马天水。中共上海市委工业生产委员会领导纺织、五金、轻工、电业、建筑等产业党委、各区委工业部。

馆藏中共上海市委工业生产委员会全宗档案1 169卷，档案排架长度16.8米，档案起止年代为1949—1967年，按年度—问题分类排列，编有案卷目录。

档案主要内容：

1. 综合类

有该委各年度工作计划、总结，历次常委会议记录，所属各厂“三反”“五反”材料及“民改”计划、总结，工厂工作简报，关于刻发印章、档案保密工作、秘书工作的函件，1959—1967年的密码电报等。

2. 党务类

有党委有关“三反”工作讨论会议记录，临时党代会会议记录、汇报，发展党员工作计划，成立党组、人员任免的来往文书，支部工作计划、总结，党在过渡时期总路线的宣传教育工作计划、报告，党员关系介绍信、党员名册等。

3. 组织人事类

有市委关于该委的任务、组织机构、干部配备调整名单的决定，该委机关的规章制度和工作人员名单，各处室的职责范围，人事任务和干部统计表，干部任免、干部年终鉴定、干部违纪处理通报，工资级别调整、工资改革情况与有关方面的来往文书等。

4. 工业生产类

有该委国营、地方国营、公私合营企业各年度工作纲要，上海工业生产完成情况，新产品试制规划、试制管理的调查报告、规定、通知，进一步推行专业化生产的意见及国家下达专业化项目的通知，各工业局局长会议记录等。

5. 劳动保护类

有该委关于处理上海电力、自来水公司等六大公用事业结束退职金制度、实施劳动保险条例问题与市委、上海总工会党组、电业党委的来往文书，处理石粉造成工人矽肺中毒问题与市轻工业工会等的来往文书，市政府、劳动局、军工党委等关于工厂伤亡事故的调查报告等。

6. 对私改造类

有该委关于私营工厂进行生产改革的工作报告、工作要点、典型经验及私营棉纺织厂实行三班制的初步意见，公私合营处关于公私合营工作的历次会议纪录，上海总工会关于恒丰纱厂拟作为私营厂民改典型试验的请示及谭震林的批示，各工业系统进行合营工作的计划、总结，处理资本家隐匿敌产及违法罪行的材料，企业接管与市委、市法院等单位的来往文书，私营工厂、手工业作坊要求合并合营等社会主义改造问题的人民来信，上海市资本主义工业调查资料，公私合营企业进行清产定股工作的资料等。

中共上海市军事工业委员会

全宗号　A40

中共上海市军事工业委员会1953年10月成立，1955年4月撤销。主要职责为加强对所属军事工厂党的建设和政治思想工作的领导，加强党组织对生产任务及行政工作的监督，保证生产任务完成。书记张敬人。内部机构设有办公室、宣传部、纪委、保密委员会。下属机构有海军流动厂等14个工厂。

馆藏中共上海市军事工业委员会全宗档案共249卷，档案排架长度3.2米，档案起止年代为1952—1956年，按年度排列，编有案卷目录。

档案主要内容：

1. 综合类

有该委会议记录、扩大会议记录、党代表大会记录，该委年度工作意见及所属厂党委工作计划、总结，政治工作纲要、通知、报告，该委及所属厂纪检工作计划、总结，军工各厂保密保卫工作材料等。

2. 组织类

有该委及各厂组织工作计划、总结，该委年度党员统计表、党群干部统计表，干部任免、工资改革、人员处分材料等。

3. 宣教类

有各军工厂宣教工作计划、总结，各军工厂干部职工理论学习小结、报告等。

中共上海市国防工业委员会

全宗号　A41

中共上海市国防工业委员会于1966年4月15日成立，1967年1月停止办公。任务是领导所属各国防工厂的思想政治工作。内设组织部、宣传部、办公室、监察委员会。

馆藏中共上海市国防工业委员会全宗档案12卷，均为永久卷，档案排架长度0.8米，档案起止年代为1965—1968年，按年度排列，编有案卷目录。

档案主要内容：

有该委建立的请示报告及机构设置的通知，有关工厂划归该委的通知及批复各厂组成党委会等文件，办公会议记录及各厂党委书记会议记录，各厂干部任免表、17级以上干部名册、配备干部意见及组织干部工作计划，该委政治工作文件、会议记录、总结及上级机关有关文件，该委所属厂四清运动总结及有关干部错误处分的决定、结论，各厂基本情况、党员情况，该委及各厂开展五好运动的有关材料等。

中共上海市重工业委员会

全宗号　A42

中共上海市重工业委员会成立于1954年7月，1955年3月撤销。其职责是贯彻党的方针政策，加强政治思想工作，保证和监督行政任务的完成。书记杨士法。委员会内设办公室、组织部、宣传部、纪律检查委员会、团委会、保密委员会等6个部门。

馆藏中共上海市重工业委员会全宗档案200卷，档案排架长度3.2米。档案起止年代为1954—1955年，按内部机构分类，编有案卷目录。

档案主要内容：

1. 综合类

有党委扩大会议、负责同志会议记录，第一次党代会、团代会的决定、决议、工作报告等，该党委及所属各厂政治工作计划、总结；事故通报及有关情况调查报告，该党委及所属各厂关于执行对技术人员政策、端正经营思想、七届四中全会精神传达讨论、贯彻技术经济指标、工资、奖励、产品质量、外宾接待、防汛保卫等情况的检查报告，所属各厂生产情况汇报及与该党委来往文书，人民来信及处理情况，预算、支出明细分类账、行政经费、补助费总账等。

2. 组织类

有机构成立、编制的请示及中共上海市委组织部的批复，组织工作的规定、计划、总结、简报，组织部部务会议记录，支部工作的调查材料及改进意见，审干工作计划及中共上海市委组织部的批示，各单位干部提调送审报告，核定干部级别、减资人员补助、干部情况等统计报表，党员及党组织情况统计报表、党员介绍信，所属厂党委组织调整、干部配备、入党转正、党费收缴等工作的报告及该党委的批复等。

3. 宣传类

有该党委及所属各厂宣传工作计划及总结，宣传部各项工作通知、通报及工作范围、制度，时事政策宣传工作的情况简报、小结，讨论宪法草案的通知、修改意见及疑问汇总等，党员基础知识辅导提纲及各厂学习情况汇报会议记录，所属单位支部教育总结报告，经济建设读本学习、联共党史学习等总结，第一届全国人民代表大会第一次会议学习情况总结报告等。

4. 纪检类

有该党委纪律检查工作计划、意见、通报及检查报告，所属单位关于检查生产、伤亡事故、纪律文件的学习，传达二次全国纪检工作会议精神等专题报告，“三反”后贪污盗窃情况报告及统计材料，所属单位对犯错误人员处理的材料及处分决定等。

中共上海市第一重工业委员会

全宗号　A43

中共上海市第一重工业委员会于1955年4月成立，1956年4月撤销。该委主要职能为领导上海地区所属中央部属国营、公私合营企事业单位党的政治思想工作并监督生产。书记江征帆。内部机构有：办公室、第二办公室、组织部、宣传部、纪委（后改监委）、保密委员会、审干办公室、团委。

馆藏中共上海市第一重工业委员会全宗档案共331卷，档案排架长度5.6米，档案起止年代为1952—1956年，按机构分类，大流水排列，编有案卷目录。

档案主要内容：

有该委工作计划、总结、会议记录，所属各厂情况介绍、生产情况调查报告、总结，该委及各厂保密工作制度、计划、总结，征兵工作、选拔飞行员工作指示、计划、报告，动员家属回乡、粮食计划供应材料等。

有中共上海市委、该委关于成立、撤销组织机构的通知、报告，该委及各厂组织工作、干部工作指示、计划、总结等，该委及各厂建党工作、纪检工作、宣教工作、政治工作材料，该委及所属厂学习党的七届六中、七中全会决议材料，所属厂关于加强集体领导健全党委制的计划、报告、制度，所属单位报送出席全国先进生产者代表大会代表名单及该委政审意见，知识分子安排、教育、改造等工作材料，计件工资、生活福利等问题报告、总结，肃反运动、镇反运动、增产节约运动等材料，青年团华东工业部委员会、青年团上海市重工业委员会、青年团上海市第一重工业委员会会议记录、工作计划、总结、报告等。

中共上海市第二重工业委员会

全宗号　A44

中共上海市第二重工业委员会1955年4月成立，1956年4月撤销。该委任务是领导所属各重工业工厂与中央驻沪重工业单位党的政治思想工作并监督生产。书记张敬人。内部机构有：办公室、组织部、宣传部、纪律检查委员会、保密委员会、团委。

馆藏中共上海市第二重工业委员会全宗档案366卷，档案排架长度为6.4米，档案起止年代为1955—1956年，按年度大流水排列，编有案卷目录。

档案主要内容：

有该委会议记录，该委及所属各厂工作规划、总结，政治工作、宣教工作、保密工作计划、总结，各厂历史沿革概况、增产节约方案、企业管理简报、知识分子调查报告及统计表，各厂生产计划完成情况表，资本主义工商业社会主义改造材料，各厂工人定粮、节约粮食、按户计划供应工作材料，各厂劳动竞赛材料，各厂新产品试制、质量管理、生产事故材料，各厂集体领导材料，人民来信处理情况等。

有该委及所属单位组织工作、干部工作材料，各厂整编定员、工资工作、职工福利情况计划、报告、总结，纪检工作材料、肃反工作材料、人员处分决定，传达讨论中央文件的材料，青年团上海市第二重工业委员会工作计划、总结等。

中共上海市第三重工业委员会

全宗号　A45

中共上海市第三重工业委员会成立于1955年3月，1956年4月20日撤销。其职责是管理全市合营的66个重工业及14个地方工业工厂的党组织和工业干部，贯彻党的政策法令及检查督促各厂工作。该委由俞恒任书记。内部机构设办公室、组织部、宣传部、统战部、纪律检查委员会、团委。1956年7月增设审干肃反办公室，同年第4季度曾以该委为主，与重工业二、三局联合成立工资改革办公室（1956年1月撤销）。

馆藏中共上海市第三重工业委员会全宗档案272卷，档案排架长度6.4米，档案起止年代为1955—1956年，按机构排列，编有案卷目录。

档案主要内容：

1. 综合类

有该委季度工作计划和1956年规划草案，开展节约运动、劳动竞赛、新产品试制、生产奖励制度的通知、报告及会议记录，人大代表视察各厂汇报，劳动保护、知识分子等问题的调查报告，宣传教育、政治学习的计划、会议记录、总结，各厂宣传员登记表，年度财务总账、单位预决算，基层各厂概况，信访工作等。

2. 组织类

有该委关于干部任免、评级、工资奖金等情况的请示与批复，该委组织部及基层党组织的工作计划、报告、总结，干部名册，党员、党的建设情况、组织情况统计表，各厂干部培养提拔规划，干部、劳模政审报告，各厂工程技术人员、管理人员情况统计表及高级知识分子代表人物调查表，工资改革的计划、报告、总结，干部、党员违纪处分的决定等。

3. 统战类

有市委统战部、工业部关于资产阶级分子改造问题及统战工作情况的整理底稿，该委统战部月、季度工作打算，各厂资方人员福利、增资献股、所得税、合并工作、股东会议、定息及其他问题的材料，所属各厂有关统战工作及检查报告等材料等。

4. 团委类

有团市委及该团委印发关于团的工作计划及通知，各厂团支部改选报告及该团委的批复，团员登记表、团干部名册、团员发展情况统计表、团纪处分材料等。

中共上海市钢铁工业委员会

全宗号　A46

中共上海市钢铁工业委员会成立于1956年9月18日，1960年1月22日撤销。其任务是加强上海钢铁工业领导。历任主要负责人有张碧、许言。内部机构先后设立组织部、宣传部、统战部、党委办公室、审干办公室、监察委员会、整风办公室等。

馆藏中共上海市钢铁工业委员会全宗档案480卷，档案排架长度为6.4米，档案起止年代为1956—1960年，按机构排列，编有案卷目录。

档案主要内容：

1. 综合类

有该委及所属基层党委年度工作计划、总结，各年度党委常委会会议记录，参加市委钢铁系统会议的材料，冶金系统誓师大会资料，政治思想学习情况，职工思想调查报告，基层各厂基本概况，开展劳动竞赛评比，年度生产工作总结，对基层在生产及协作关系等问题上的检查报告，颁发该委及基层单位印鉴的通知，人民来信、来访处理，外宾接待工作汇报等。

2. 组织类

有成立组织机构、干部任免的请示与批复，党员、接收新党员、干部统计年报表，干部违纪处分材料，干部工资级别评定问题的请示与批复，对高级知识分子的工作规划，上海市先进工作者登记表，该委及基层党委集体领导编制的规定总结及改善党群关系的报告等。

3. 运动类

有市委工业部对该委整风领导小组成员名单的批复，该委整风运动的规划、总结，肃反运动工作计划、总结、报告及批复等。

4. 团委类

有团市委关于建立该委团委及人选的决定，新工人教育工作总结，团委会议记录，团纪处分材料，所属各厂团委组成人员名单及该委团委的批复，该委团委命名的突击队（手）名单和先进事迹材料等。

中共华东国营纺织工业委员会
中共上海市国营纺织工业委员会

全宗号　A47

中共华东国营纺织工业委员会成立于1952年春，其任务为加强对国营纺织厂的统一领导。书记胡明。1953年4月，该委划归中共上海市委领导，改名为中共上海市国营纺织工业委员会，先后由杨纯、马子成任书记。1956年4月撤销。

馆藏中共华东国营纺织工业委员会、中共上海市国营纺织工业委员会全宗档案1 291卷，档案排架长度为16米，档案起止年代为1952—1956年，按机构—年度分类排列，编有案卷目录。

档案主要内容：

有该委及所属单位工作计划、总结、撤销及移交工作文件等，该委党委会议记录、党代会文件，保密工作计划、通知，镇反、民主改革、三反、肃反运动材料，公私合营材料，知识分子工作材料，处理人民来信材料，该委及所属单位组织工作计划、总结、报告等，干部任免、调动的计划、请示及市委批复，选拔飞行员、特种兵材料，整党建党、纪检工作、宣教工作、政治工作材料，团委会议记录、工作计划、总结等，所属各厂组织概况登记表、生产工作简报、专题报告，机构建立、撤销的请示报告，宣传网络概况表等，增产节约运动报告，贯彻兵役法及动员农民回乡生产材料，工资改革材料，各厂生产、质量管理情况汇报，苏联专家对改进印染布品质的报告，机关预算支出、经费核算等财务报表，上海市纺织团委通报，关于目前上海工人阶级生活福利调查材料等。

中共上海市轻工业委员会

全宗号　A48

中共上海市轻工业委员会1953 年 5 月 14 日成立，1955 年 4 月机构撤销。负责上海市国营、公私合营的各轻工业工厂党的工作。主要负责人张振华。内部机构设置为办公室、组织部、宣传部、统战部、纪律检查委员会。

馆藏中共上海市轻工业委员会全宗档案 410 卷，档案排架长度 7.2 米，档案起止年代为 1953—1955 年，按机构—年度分类排列，编有案卷目录。

档案主要内容：

1. 综合类

有该委工作计划、总结、会议记录，所属党组织传达讨论四中全会记录、汇报，华东财委、华东新闻出版局对有关厂工资改革方案等问题的批复及函件，党委会议记录及关于工资改革、增产节约的会议记录，该委所属各厂的工资改革方案、技术标准、职掌及运动情况总结等。

2. 组织类

有中共上海市委组织部关于该委干部任免批复，市委组织部关于抽调干部给该委的信件，该委组织部及各分党委关于组织工作和整党、建党工作计划与总结，所属部分厂党基层组织机构成立、撤销、调整的请示及该委组织部批复，党员组织处理情况登记表，所属部分厂成立保密、纪律检查委员会、组织干部配备请示报告和该委组织部的批示，党委、总支、支部委员会报表，党员关系介绍信等。

3. 宣传类

有轻工业党委宣传部总结、报告，传达四中全会、全国人民代表大会精神的有关文件，该委宣传部关于生产、整顿劳动纪律、工资改革取消年奖、反官僚主义斗争理论学习等宣传教育工作计划提纲与报告，该委及各分党委总路线宣传教育计划与报告，各厂干训班学习情况汇报等。

4. 对私改造类

有关于公私合营工作总结、部分厂有关公私合营合并文件等，召开合营厂董事会的通知及会议内容，合营申请报告与其他材料，该委统战部工作总结计划、民主人士座谈会记录，各厂认购公债情况等。

中共上海市第一轻工业委员会

全宗号　A49

中共上海市第一轻工业委员会1955年4月成立，1956年4月撤销。该委负责领导中央部局所属在沪的各轻工业工厂党的工作。书记贾晋。内部机构设有办公室、组织部、宣传部、纪律检查委员会。

馆藏中共上海市第一轻工业委员会全宗档案276卷，档案排架长度6.4米，档案起止年代为1952—1956年，按机构—年度分类排列，编有案卷目录。

档案主要内容：

1. 综合类

有该委及所属各厂月、季、年度工作计划、总结、党委会议记录，增产节约、肃反政治思想、党群关系等工作计划、报告，办公室编《工作情况简报》，人民来信和销毁重复文件登记表等。

2. 组织类

有市委组织部关于干部任免、调动的批复，该委关于组织机构成立撤销等通知，该委组织部组织工作、干部工作等报告及通知，各厂组织工作、干部培训工作、建党工作等报告、总结，审干工作计划、报告，该委干部统计表，工资改革和调整工资方案等，各厂工资级别问题的报告，党员名册、党的组织情况统计表、党员组织处理登记表、党员关系介绍信，该委关于党员及有关人员犯错误处分的决定，该委团组织发展工作计划、总结，有关团纪处分的文件等。

3. 宣传类

有该委宣传部宣传教育工作计划与通知、宣传工作总结报告，各厂节约粮食宣传工作计划与汇报，各单位第一个五年计划宣传教育工作计划与汇报，各单位对资本主义工商业社会主义改造的宣传情况汇报等。

4. 业务类

有该委和各厂开展劳动竞赛的计划、报告，处理合理化建议的报告，产品质量问题的检查报告和生产责任事故情况报告，部分厂总结推广先进经验的专题报告，原材料供应问题的报告，该委关于各厂新产品试制情况的工作报告，该委所属厂工业企业经济活动分析等。

中共上海市第二轻工业委员会

全宗号　A50

中共上海市第二轻工业委员会成立于1955年4月，1956年4月撤销。该委职责是负责领导上海市地方国营和公私合营轻工业工厂党的工作和政治思想工作并监督生产。书记张振华。内设办公室、组织部、宣传部、统战部、纪委、保密委员会、肃反专门小组等。

馆藏中共上海市第二轻工业委员会档案399卷，档案排架长度为4.8米，档案起止年代为1953—1956年。档案主要按机构—年度分类，编有案卷目录。

档案主要内容：

有该委会议记录，该委及所属各厂党委工作、统战工作、组织工作、干部工作、纪检工作、监察工作材料，党和知识分子关系情况调查报告，肃反运动材料，团委工作计划、总结等，各厂基本情况及党的领导文件，工业生产方面情况及问题，上海工业主要设备利用情况报告，各厂企业管理、技术工作、产品质量、增产节约、劳动竞赛情况，党在企业中政治工作与经济工作结合材料，工资改革、职工生活、节约粮食、合理化建议、动员职工家属回乡生产等报告，除四害运动材料，苏联专家及外国实习生工作材料，大中华、正泰等厂社会主义改造材料，新华文具厂等关于推行班组经济核算情况，征兵、选拔飞行员材料等。

中共上海市轻工业委员会地方工业委员会

全宗号 A51

中共上海市轻工业委员会地方工业委员会1953年4月成立，1955年撤销。该委负责领导中央部、局所属在沪各轻工业厂和上海市地方国营、公私合营厂党的工作和政治思想工作。书记石一彬。内设办公室、组织部、宣传部、纪委。

馆藏中共上海市轻工业委员会地方工业委员会全宗档案244卷，档案排架长度3.2米，档案起止年代为1953—1954年。该全宗档案按机构—年度分类排列，编有案卷目录。

档案主要内容：

有该委会议记录，该委及各厂工作计划、报告、总结，组织工作、增产节约、安全生产工作、干部工作计划、总结、请示、批复，干部任免、提调的请示、批复，该委与各厂建党工作总结、报告，纪检工作、宣教工作材料，各厂工资改革材料等，该委党群组织、所属厂支部基层党组织及党、政、工、团领导干部名册、统计表等。

中共上海市委科学技术委员会
上海市科学技术委员会

全宗号 A52

1958年10月成立上海市科学技术委员会和中共上海市委科学技术领导小组。1959年7月，市科委与中科院上海分院合署办公。1960年7月，成立中共上海市委科学技术委员会。市委科委与市科委实际是两块牌子一套班子，既是市人委主管科学技术的工作部门，同时又是市委领导科学技术工作的办事机构，主要职能是贯彻执行党和政府有关科学技术的方针政策；综合平衡全市科学技术规划，对全市科学技术工作进行业务指导；领导上海科研单位的党委、党组；代管中科院在沪院、所的党委、党组。其内部机构为办公室、组织处、业务处、宣传处。历任负责人有：陈丕显、刘述周。1967年1月，该机构停止办公。

馆藏中共上海市委科学技术委员会、上海市科学技术委员会全宗档案共1 548卷，档案排架长度20. 8米，档案起止年代为1958—1968年，按其所属年代排列，编有案卷目录。

档案主要内容：

1. 综合类

有1958年市科学技术工作会议记录，市科委关于成立36个重点院所的决定，1959年华东市科技协作会议记录、决议及科技协作项目，刘述周、柯庆施、范长江等讲话，市科委与中科院上海分院合署办公的报告，科协组织建设的报告及市委的批复，刘述周在市委工业会议科学界代表座谈会上的讲话，土超声波运动的情况汇报及中央、市委有关批示，市第二次超声波工作会议文件，张承宗传达八届九中全会精神及庐山会议精神报告，周恩来、柯庆施、刘述周、陈丕显、聂荣臻等在1963年和1964年上海市科学技术工作会议上的讲话、报告，曹荻秋、陈丕显在1966年上海市科学技术赶超大会上的报告、讲话，1960年全国科学技术计划会议、1960年上海市科学技术工作会议文件，聂荣臻在两会议上讲话摘要，1960年华东七省市科技协作会议文件，中央转发聂荣臻关于技术革命运动报告及毛泽东批语等。

2. 组织类

有1958年市科委机关干部统计表、科技人员统计表，市委关于市科委及新建研究院所负责人名单的批复，市委关于市科委及中科院上海分院机构设置与人员编制的若干文件，市委同意上海科大招收先进工人入学的批复，1961年科委直属系统紧缩编制打算，1961年科委系统党的基层组织及党员统计报表，市科协党组关于生物等学会党组名单的请示及市委的批复，1962年科委系统精减职工方案，党员干部轮训计划、实施办法和总结，从社会主义国家毕业回国的留学生使用情况报告及规定，关于党的监察工作的意见、小结，上海化工研究院等基层党委的请示及市委的批复，科委系统处科级以上干部任免请示及市委批复，国家科委关于培养提拔科技队伍新生力量的通知，科委直属系统专门人材登记表等。

3. 科研类

有上海市1958年科学技术研究主要项目及编制计划说明，上海市1959年科学技术重点研究任务，筹建原子能研究所的报告及市委的批复，加强上海科技情报工作与国家科委的来往函件，1960年科学技术工作纲要、重点任务一览表及重大科技项目进展情况汇编，建立科技资料阅览中心和编译馆的报告及市委的批复，上海市1961年至1962年海洋科学发展规划纲要，资源综合利用工作报告，中共中央关于开展采集、制造代食品运动的紧急指示，市科委开展此项工作的报告及市委批复，上海市1960—1967年地质科研规划，上海市1960年计量标准化工作计划，1961年海岸带综合调查工作执行情况报告，国家科委关于1961—1962年国防尖端医学科学研究项目的安排通知，市科委1961年国防医学研究项目，1961—1962年自然科学理论研究规划纲要，超声波技术巩固推广报告，同位素管理工作暂行规定，加强工农业产品和工程建设技术标准管理的意见及市人委批复，1960年高精尖建设项目计划、进展情况报告，1956—1967年国家科学技术发展远景规划等。

中共上海市工业产品科学研究委员会

全宗号　A53

中共上海市工业产品科学研究委员会成立于1959年5月21日，1963年6月撤销。主要任务是领导部分中央驻沪及地方研究所的党组织，贯彻党的路线、方针政策、决议指示，进行思想政治工作，管理院（所）及基层单位党的组织工作，按规定范围管理干部工作，实施党对科学技术工作的领导。书记黄坤。内部机构设有办公室、组织部、宣传部、监察委员会。

馆藏中共上海市工业产品科学研究委员会全宗档案836卷，档案排架长度12米，档案起止年代为1959—1963年，按年度排列，编有案卷目录。

档案主要内容：

1. 综合类

有党委召开第一届代表大会工作计划、决议，委员候选人名单；党委、常委会议记录，名单位科研成果推广情况，监察工作小结，党委办公室情况简报，增产节约和五反运动情况反映，年度决算等。

2. 组织类

有党委机关组织机构、人员编制、干部任免问题报告、批复、通知，党委与基层单位有关组织机构的撤、并、迁及主要领导干部的调配、提拔的来往文书，培养提拔干部的情况报告，审查入党转正记录表，工程技术人员政治审查情况登记表，党员组织介绍信；团委与基层组织关于改造、成立及干部人选的来往文书，团委组织工作计划、组织发展工作的报告及党委批示，团委与基层组织关于团员纪律处理的来往文书，团委扩大会议和基层团干部会议记录，团员组织关系介绍信存根，纪念“五四”表扬先进青年的决定及表扬名册等。

3. 宣传类

有党委及各单位学习八届八中全会决议的记录，党委关于社会主义系统教育的总结，党委宣传部关于整顿报刊出版工作意见的报告，反右倾整风运动有关材料，自我检查组织结论，党委召开右派分子摘帽大会的通知、报告及右派摘帽工作总结等。

中共上海市委基本建设委员会
上海市基本建设委员会

全宗号　A54

中共上海市委基本建设委员会和上海市基本建设委员会成立于1959年2月，是一个党政合一的管理全市基本建设工作的机构。其前身为1956年8月成立的上海市建设委员会。市委建委和市建委的主任皆为陈丕显。内部机构曾设有办公室、计划处、设备成套处、设计处、施工处、城市建设处、科学工作处、基层工作处、干部处。1962年7月，机构撤销。

馆藏中共上海市委基本建设委员会、上海市基本建设委员会全宗档案共1 822卷，档案排架长度51.2米，档案起止年代为1956—1962年，按年代—组织机构排列，编有案卷目录。

档案主要内容：

1. 综合类

有中共上海市委基本建设委员会会议记录，市人大基本建设的议案文件及处理材料，全国基建工作会议上海小组讨论情况、大会发言稿和会议记录，华东协作区基建工作会议文件，市建委工作计划、工作会议记录、委务会议和建委主任办公会议记录，市建委基本建设的法规、制度、标准规范的文件，上海市基本建设成果展览资料，1956年度上海基建工作总结及检查报告，市建委编印的《基建情况》等。

2. 组织人事类

有市建委组织机构、干部配备、人员调整及建委工作职责任务、组织沿革、规章制度等文件，市公用事业局、园林局、建工局、城建局等单位的党员、干部配备、提拔、任免报告和市委、市建委的批复，对流动性建筑工人及设计人员的安置处理意见，科研机构接受分配的大专毕业生之编制的计划、通知，干部下放的计划等。

3. 基建规划类

有国务院、国家建委、市计委、经委、统计局、财政局等有关基建计划、限止项目、文教系统建设、投资结构以及统计工作等通知、规定，国家计委、国家建委、国家经委及中央各工业部门和市人委、市建委批复的各类设计任务书，上海市 1956、1957、1961 年基本建设计划和基本建设项目安排报表、地区、地带建设发展规划，全市道路、铁路枢纽、港埠港区、供电、通讯、供水排水等城市公用事业工程系统的设计、规划，市建委对黄浦、徐汇、虹口、吴淞、南市、长宁、卢湾、静安等区境内基建征地、拆迁方案的批复以及对建造上海市万人体育馆初步设计方案的批复，上海市人委、市计委、财政局等关于全市基本建设、工业生产、工业成本计划拨款的通知，上海市基本建设计划排队表和执行情况表，市规划局用地规划图和市城建局征地范围图，中央一机部在沪单位基本建设规划等。

4. 技术革新类

有国家计委、国家经委和市建委、统计局关于开展技术革新、技术革命运动的通知、规定、通报，全市技术革新运动的情况报告和反映，上海市化工、医药、建工、电力、机械、市政工程等单位新技术设计的报告等。

5. 调查研究类

有上海地区、地表的铁矿、水银、泥炭等资源的储藏调查研究报告，上海市委工业部、市建委、市公交公司等单位关于上海公共交通状况的问题调查报告，上海夏季供水问题的调查研究简报等。

6. 劳动保护类

有国家经委、国家建委、上海市人委、市计委关于安全生产、劳动保护、防火防毒、夏季高温防暑降温等工作的一系列指示、规定和通知，建工局、城建局、建筑工会等发出的安全生产检查、劳动保护、防止火灾、卫生设备设施的通知，市建委复查全市重点工程质量与安全、事故的综合报告等。

中共上海市基本建设设计委员会

全宗号　A55

中共上海市基本建设设计委员会1959年3月成立，1968年6月撤销。该委任务是负责领导上海市设计科研单位的政治思想工作。历任书记有：俞恒、黄涛、方杰。内设组织部、宣传部、办公室、监察委员会、团委。

馆藏中共上海市基本建设设计委员会全宗档案611卷，档案排架长度为8.8米，档案起止年代为1954—1969年，按年度—问题分类排列，编有案卷目录。

档案主要内容：

有该委工作报告、总结、会议记录，保密工作计划、通知、通报，该委办公室编《内部情况》，基建设计工作总结、设计革命运动材料、设计科学研究通讯，市委、该委及所属单位组织机构、干部任免的通知、批复；组织机构、审干工作、精简整编工作总结，知识分子工作总结，监察工作材料及对犯错误人员处分决定等，工资工作、评选先进工作材料，上海市设计科研团委工作材料，工会工作材料等。

中共上海市委市政建设工作委员会

全宗号　A56

中共上海市委市政建设工作委员会成立于1953年12月6日，主要任务是负责掌握城市规划、公用事业、市内水陆交通运输、邮电事业的方针政策，领导各单位党务工作。内部机构设第一办公室（负责行政事务、政策调研等工作）、第二办公室（专司党务）及城市规划、城市建筑、综合计划、人事、企业管理等处以及监察室、民政工作组。书记刘季平。1954年5月14日机构撤销。

馆藏中共上海市委市政建设工作委员会全宗档案183卷，档案排架长度2.4米，档案起止年代为1951—1955年，按问题—年代分类，大流水排列，编有案卷目录。

档案主要内容：

1. 综合类

有该委办公会议、专业会议记录和工作计划、总结报告，市政建设系统开展各项政治运动的计划、情况报告、总结，该委关于公用企业实施劳保条例、结束旧退职金问题的意见及市委批复，该委及下属单位保密工作的计划、总结、通知、来往文书、人民来信等，宣教工作总结等。

2. 组织人事类

有该委及所属单位党的组织建设、机构设置、调整及干部任命、提拔等的请示、批复，工委基层党组织工作的总结，该委及所属党委纪检工作的计划、报告、总结，对犯错误人员的处理材料，党员统计表及党员关系介绍信等。

3. 市政建设管理类

有市政建设工程的计划、总结，关于城市基建项目与有关单位的来往文书，房屋基建、调配、租赁、修理问题与有关单位的来往文书，改善交通拥挤状况的意见，房地局党组试行市政府所属机关房屋使用面积标准暂行规定的请示报告等。

中共上海市市政建设委员会

全宗号　A57

中共上海市市政建设委员会成立于1955年5月14日，1956年8月31日撤销。主要任务是负责城市规划、基本建设、公用事业、市内水陆交通、运输等方面的党的工作，并对企业的生产工作进行监督。主要负责人李干成。

馆藏中共上海市市政建设委员会全宗档案79卷，档案排架长度2.4米，档案起止年代为1955—1956年，按大流水排列，编有案卷目录。

档案主要内容：

有该委建立与撤销机构的通知，该委会议记录，该委所属各单位的工作总结，人民来信等，1955年纪律检查工作及组织工作总结报告，工资改革和高级知识分子调整报告，干部统计表，该委及其所属党委建党工作计划、报告，该委所属单位建立总支、支部的请示及该委的批复，党纪处分的材料，党员介绍信、党员证明信，所属各单位的敌情报告、肃反问题简报等，对资本主义工商业社会主义改造问题的情况简报，征兵工作总结等。

中共上海市委市政交通政治部

全宗号　A58

1956 年 5 月，中共上海市委市政建设交通工作部成立。该机构先后更名为市委交通工作部、市委市政交通工作部、市委市政交通政治部，主要职责是检查市政交通系统党的政策决议执行情况，管理党的基层组织工作和干部审查工作，保证全面完成国家计划。历任负责人为：李干成、林岩、叶进明。内部机构迭经变化，至 1965 年，内部机构设置为办公室、干部处、组织处、宣传处、干训班。1966 年停止办公。

馆藏中共上海市委市政交通政治部全宗档案共 712 卷，档案排架长度 10.4 米，档案起止年代为 1956—1966 年，按年代排列，编有案卷目录。

档案主要内容：

1. 综合类

有 1956 年部务会议记录，所属各局党委书记、局长、办公室主任会议记录，各种专业会议记录，各处室工作职责、工作计划，该部大事记，人民来信来访处理情况，归国海员安置处理意见，铁路、长航、邮电、公用事业等系统关于三反、镇反运动遗留问题的请示，增产节约运动安排、双反简报、整风简报、四清运动规划，“文革”会议记录及材料等。

2. 组织类

有成立及负责干部任命通知，所属各局组织机构设置、人员编制的请示、批复，干部工作规划、意见、总结，高级知识分子名单一览表，工资改革的请示、批复等。

3. 交通邮电类

有疏散人力运输车的请示、批复，上海地区交通邮电部门基本情况汇编，三年大跃进和贯彻八字方针的经验教训，铁道学院违规基建问题及长征人民公社与上运五场天然气开采纠纷来信的处理情况，1960—1967 年上海国民经济和交通运输发展初步设想，曹荻秋关于解决上海地区铁路修建工程进度和修建专用铁路线的批示，交通邮电部门技术革新、技术革命工作规划和总结，交通运输安全问题的报告等。

中共上海市委公用事业委员会

全宗号　A59

中共上海市委公用事业委员会成立于1949年10月，主要任务是贯彻执行市委的方针政策，加强对公用事业系统党组织的领导工作。历任书记有：顾开极、李广。内部机构设有秘书科、组织部、宣传部、保卫科、纪律检查委员会、保密委员会。1954年3月3日撤销。

馆藏中共上海市委公用事业委员会全宗档案366卷，档案排架长度4米，档案起止年代为1949—1953年，按年代—问题分类，大流水排列，编有案卷目录。

档案主要内容：

1. 综合类

有该委1949—1953年工作计划、报告、总结，党委会议、扩大会议、联席会议等记录，该委接管英商上煤、上水、电车及法商电力等公司的工作方案、总结，处理人民来信工作总结、统计表，开展镇反、肃反整风、增产节约、三反、五反、民改等政治运动的工作计划、报告、总结材料等。

2. 组织类

有公用事业党政工团组织形式改变方案、党员名册、组织简况及机关编制意见、报告，提拔、调配干部、调整组织机构、党的领导关系等问题的通知和请示报告，该委所属党组织的组织系统表，新发展党员的统计表，上话、上水、公交党委等有关组织编制问题的报告，对违纪党员的处分决定及统计表等。

3. 宣教类

有该委对工人进行政治、生产教育的计划、总结，学习经济建设常识的计划提要及所属单位禁毒工作报告，该委及所属单位学习贯彻婚姻法的计划、简报等。

中共上海市委公用事业办公室

全宗号　A60

中共上海市委公用事业办公室成立于1958年10月，主要任务是负责主管公用事业管理局、房地产管理局、园林处的党和行政工作。主任李广。内部机构设综合组、公用事业组、房地园林组，后增设天然气办公室。1960年3月撤销。

馆藏中共上海市委公用事业办公室全宗档案30卷，档案排架长度0.8米，档案起止年代为1949—1960年，按问题分类排列，编有案卷目录。

档案主要内容：

有该办关于开展增产节约运动及整风运动的会议记录，市委、该办对该系统机构建立、调整编制、干部提拔、调整、处分的批复，天然气开采、利用的经验交流材料，市容整顿、绿化工作的计划、报告、批复，房屋改建、养护的工作报告，煤气、自来水发展规则等。

中共上海市地质勘察局委员会

全宗号　A64

1958年6月至1962年8月，上海地质工作机构相继为上海石油普查大队、上海市人民委员会地质处、上海市地质勘察局。党组织由于机构变动，相应作了调整。1960年7月8日成立上海市地质勘察局党委，1962年8月撤销。该机构主要任务是统一领导上海地区地质工作。历任主要负责人有张伟华、任锡中、李雷。下设办公室、组织部、宣传部、工会、共青团等五个部门。

馆藏中共上海市地质勘察局委员会全宗档案138卷，档案排架长度2.4米，档案起止年代为1958—1962年，按问题分类排列，编有案卷目录。

档案主要内容：

1. 综合类

有年度工作计划、总结，党委会议、党委扩大会议、党委核心谈心会议记录，贯彻党的八届八中全会和市委扩大会精神的记录，在干部中开展社会主义、共产主义教育运动的意见及宣传部关于宣传教育工作方向的意见，职工工资、劳保、综合奖问题的请示、方案等，人民来信等。

2. 组织人事类

有中共上海市委、建委关于整编地质局机构的有关指示，调整组织机构、人员配备问题的请示报告和中共上海市委、建委的批复，所属单位建立党总支、支部及调整、提升干部的决定、通知，党员干部的处分决定，党员组织关系介绍信等。

3. 政治运动类

有1961年整风运动总结，克服右倾情绪、厉行增产节约运动的打算及给所属单位的指示，所属单位贯彻反右倾厉行增产节约运动的情况，开展以保粮保钢为中心的增产节约运动、整风等召开职工大会的记录，反贪污运动简报、整风运动简报等。

中共上海市委财贸政治部

全宗号 A65

中共上海市委财贸政治部1964年12月成立，前身为成立于1954年11月的中共上海市委财经工作部，1956年5月改名中共上海市委财贸工作部，1961年4月改名为上海市财贸政治部，1967年1月撤销。主要负责领导全市财贸系统党的建设、干部管理和政治思想教育、群众运动等工作。历任主要负责人有：朱讯、李研吾、忻元锡、王晓东、高扬。先后设立了办公室、干部处、基层组织工作处、商业工作处、财政金融工作处、宣教处等内部机构。

馆藏中共上海市委财贸政治部全宗档案922卷，档案排架长度14.4米，档案起止年代为1950—1966年，按年度问题排列，编有案卷目录。

档案主要内容：

1. 综合类

有部务会议、局、行党委书记会议及专业会议记录，市委财贸五级干部会议文件，历年年度工作计划，市委、市人委及财贸工作部等领导人的发言稿、记录稿，《财贸情况反映》和《财贸情况简报》，历年人民来信及处理情况等。

2. 组织人事类

有中央、上海市委及财贸政治部任免财贸系统局长级干部和党委（组）成员的批复、通知，财贸工作部、市委组织部对市财贸系统处长级干部调整的批复及各局的报告，各局、行、校、各区委财贸干部任免报告及市委组织部批复，干部管理制度意见和规定，财贸系统审干工作计划、报告、总结，财贸工作部关于公私合营企业等配备专职党支部书记的意见，干部行政介绍信存根等，中共上海市委、市委监委及财贸工作部对干部的处分决定、批复以及各局的报告，市财贸工作部、市人委财办联合颁发的 1956 年上海市国营、合营商业企业工资改革的文件和工资标准的规定，开展先进工作者运动的报告及通知，上海市财贸系统 1959 年先进集体和先进工作者的名册，市财贸系统关于选派劳动模范、先进工作者参加北京国庆观礼的报告和代表登记表等。

3. 财贸业务类

有中共上海市委批转财贸各局、行有关市场安排、改进商品供应、加强现金管理等办法规定，市委对木柴、木炭供应办法的批复，市委批转财贸工作部改进各县财贸管理体制和加强副食品市场管理的意见，贯彻执行粮食计划供应制度、提倡节约和压缩粮食销量的报告，郊区农村商业工作若干问题的请示、报告，调整全市商业网点的意见，棉布、絮棉、针棉织品、绒线、胶鞋、肥皂等凭证供应问题的意见、报告，全国大中城市副食品生产会议简报等。

4. 宣传教育类

有中共上海市委批转在职工中进行共产主义、社会主义教育的意见及财贸工作部关于对艺徒进行思想教育工作的报告，财贸政治部关于加强基层宣传阵地的情况和意见，基层单位政治思想工作座谈会记录等。

中共上海市委私营工业调查委员会

全宗号　A66

中共上海市委私营工业调查委员会于1954 年 7 月成立，1954 年 11 月撤销。该委负责领导上海市私营工业调查工作。书记李广仁。内部机构设总办公室、轻工业办公室、重工业办公室、资料组、业务组、综合研究组、秘书组。

馆藏中共上海市委私营工业调查委员会全宗档案 241 卷，档案排架长度 4. 8 米，档案起止年代为 1954 年，按大流水号排列，编有案卷目录。

档案主要内容：

有该委工作计划、总结、会议记录，公私合营厂及市政府各局负责人座谈会记录，私营工商业调查工作计划、报告、资料，上海市私营各行业社会主义改造意见、计划，上海市私营工厂基本情况综合表、企业概况表、供产销概况等，该委干部名册等。

中共上海市委农村政治部

全宗号　A69

中共上海市委农村政治部的前身为1959年3月成立的中共上海市委农村工作委员会，1962年8月改名为中共上海市委农村工作部，1964年12月改称为中共上海市委农村政治部。主要职责是领导上海农村党组织的建设工作和农村政治思想工作。市委农村工作委员会主任为魏文伯。市委农村工作部部长为林辉山。市委农村政治部主任为刘杰。中共上海市委农村政治部内部机构设办公室、宣传处、组织处、干部处、机关党委等5个部门。1966年底，中共上海市委农村政治部停止工作。

馆藏中共上海市委农村政治部的档案共有537卷，档案排架长度9.6米，档案起止年代为1958—1966年。该全宗档案按年度大流水排列，编有案卷目录。

档案主要内容：

1. 综合类

有上海各县县委书记学习中共中央关于目前农村工作中若干问题的决定（草案）的体会材料，该部关于上海各县贯彻中央农村工作中若干问题的决定的情况反映，全市农业系统和各县出席上海市第二、三届党代会代表名单及登记表，该部部务会议记录，县委书记会议记录，该部关于上海郊区农村社会主义教育运动的情况和意见，上海市1962年农业先进集体、先进生产者会议简报，郊区学习毛泽东著作的情况反映，郊区各县关于备战工作的情况汇报等。

2. 组织类

有中共上海市委、市委农村政治部关于上海各县机构编制的设置和调整意见以及各县正副县长、县人委委员会的任免通知，上海农村历年干部调配、任免的报告和批复，上海市委农委召开的组织工作会议记录，市委农村政治部关于对上海各县干部调整工资级别的报告及批复，该部关于开除部分党员党籍的决定和材料，关于对各县干部的甄别报告和结论，党员和干部介绍信存根等。

中共上海市委农村工作部

全宗号　A70

中共上海市委农村工作部成立于1957年2月15日，其主要任务是领导上海郊区农村的生产工作和政治思想工作，部长马万杰。内部机构设办公室、干部管理处、基层组织工作处、合作处。1959年2月该机构撤销。

馆藏中共上海市委农村工作部全宗档案共264卷，档案排架长度4米，档案起止年代为1957—1959年。该全宗档案按问题—年度排列，编有案卷目录。

档案主要内容：

1. 综合类

有中共中央及该部关于农村工作的意见、通知，该部编制的情况报告、内部参考资料，中央农村工作部关于农业经营管理工作经验的通报以及全国农业经营管理会议文件，上海市委关于第二次农村工作会议文件，柯庆施、魏文伯在松江等七县县委书记会议上的讲话记录，中央关于人民公社若干问题的决议及公社组织机构的意见，上海市委关于人民公社管理体制、若干政策问题的规定，该部部务会议和县委书记工作会议记录，该部关于郊区公社化运动的报告和请示，市郊各人民公社工作总结、概况，该部关于市郊公社收益分配的文件汇集，该部对郊区进行社会主义教育计划以及农业生产合作社的政治思想工作总结等。

2. 组织人事类

有周恩来、曹荻秋关于对干部下放若干问题的指示、报告，中央农村工作部关于干部管理工作和基层组织工作意见，该部关于机构建立、调整、干部任免、配备的报告及上海市委的批复，该部关于农业系统干部情况的材料，市郊各县委、农牧业党委关于发展新党员以及干部纪律处分的意见、决定，上海市下放干部代表会议文件，关于下放干部参加劳动生产的学习思想情况报告等。

3. 生产类

有中央、国务院、该部关于蔬菜等副食品产销、收购供应的指示、计划，该部农业生产指挥部关于上海农业生产的计划、纲要、通知、总结，该部关于郊区发展地方工业及公社工业的意见，关于上海郊区工业化、电气化、机械化的意见、规划等。

4. 文教卫生类

有该部关于上海郊区教育事业发展的意见、规划，关于郊区绿化工作的规划，第四次全国血吸虫病防治会议文件，该部和市体委关于上海地区农民体育运动的工作计划、通知以及陈毅的讲话记录稿等。

中共上海市委郊区工作委员会
上海市妇女联合会郊区办事处
共青团上海市郊工作委员会

全宗号　A71

中共上海市委郊区工作委员会的前身是成立于1949年6月的中共上海市委近郊工作部，同年8月改为中共上海市委郊区工作委员会。主要职责是代表中共上海市委领导市郊10个区委的工作，历任主要负责人有：赵毓华、马万杰、董铨。内部机构设组织、宣传、统战、工业、农业合作、财贸、文教等7个部与监察、保密等2个委员会和办公室。1957年2月该机构撤销。

上海市妇女联合会郊区办事处于1950年上半年成立，负责领导郊区妇女工作，进行组织、宣传和文化教育，推进生产事业和妇女儿童各项福利事业。内设组织部、宣传部、服务部、生产福利部。1956年7月2日该机构撤销。

共青团上海市郊工作委员会于1949年10月12日成立，团市郊工委在市郊党委领导下，带领郊区青年投入生产、土改、镇反，开展互助合作社和生产高潮等各项运动。主要负责人阎华。内设组织部、宣传部、青工部、青农部、学生部、青教少年部、秘书科、军体部、统战部。1956年7月该机构撤销。

馆藏中共上海市委郊区工作委员会、上海市妇女联合会郊区办事处、共青团上海市郊工作委员会联合全宗档案2777卷，档案排架长度33.6米，档案起止年代为1949—1957年，按机构排列，编有案卷目录。

档案主要内容：

1. 综合类

有市军管会、近郊部关于接管工作及入城纪律等材料，市郊工委常委、委员及扩大会议记录，工委召开区委书记、区长会议记录，市郊工委工作通讯、会议简报，市郊工委改善领导问题的决议，关于匪特、地主、流氓活动情况等材料，市郊一级机关工作计划、总结，关于郊区租佃关系、地租剥削、各区人口、耕地面积等调查资料，关于调整区域和民主建政工作意见、报告，陈毅同志和该委等单位关于修建虹桥、大场机场的报告、通知、总结，该委历年郊区各项工作意见、通报、计划、工作总结，郊区各乡人口、土地、作物等情况统计表，该委关于取消大乡建立小乡制及划区问题的报告、指示意见，关于征地工作及被征土地农民生活出路问题的材料，该委对敌对分子破坏农业社会主义改造问题的指示，工委关于郊区农村建设、农业发展规划、贯彻执行国务院关于加强农业生产等指示情况，关于国家建设征用土地问题向市委请示、调查情况，市郊各区地图、上海市郊特殊土地调查资料，上海市郊统计汇集、工厂概况、市政概况等资料，市委关于撤销市郊工委、建立农村工作部的通知等。

2. 组织类

有市委、市郊工委、市郊各区委关于成立各种委员会的名单、通知，市委、该委关于组织机构与组织领导问题的通知、意见，该委会关于郊区党、政、群各级机构编制方案，该委关于郊区工、区、乡三级组织形式及抽调干部问题的报告，该委和市总工会关于镇、块工会组织问题的报告、意见，该委建党工作，党的组织工作计划、报告、总结，整编后工、区委委员，乡总支委员、郊区党、政、工、群、科以上干部名册，配备表，该委关于农业系统干部情况、干部调整、提拔报告，党员、干部统计年报表，关于干部思想作风问题的材料，关于各区整党中党员政治历史关节问题登记处理情况表，市郊各区委关于“三反”“五反”中干部情况报告及处理材料等。

3. 宣传教育类

有该委和各区委宣传部关于党的宣传工作计划、总结、调查研究、情况报告，关于出版《沪郊农民报》的决定，报社工作方案、报告、工作总结及印模、印章，向群众宣传总路线教育情况，关于干部理论教育、职工形势教育、思想反映等材料，关于加强教育工作和中小教职员工作计划、意见及检查情况，关于农民扫盲调查情况及工作规划，市郊四个典型调查资料汇集等。

4. 土地改革类

有农村土地改革工作计划、总结，华东农委关于土改中若干政策问题的答复，该委关于土改工作情况、土改展览会计划，编印市郊土改通报汇集，关于土改农业生产的指示、情况报告，市郊工委领导关于征收、分配及结束土改工作的报告，土改运动成果统计资料，土改运动征收、没收与分配五大财产统计等。

5. 农业合作类

有该委对郊区十七条规划与农业社示范章程的意见，关于合作社土地规划试行办法，关于合作社工作的通知、决议、检查情况，贯彻中央三次互助合作会议精神，实现郊区合作社方案，各区委关于粮食、棉花统购、销和秋征工作报告、意见与该委、市委的来往文书，对郊区农业改造的情况检查与合作社中一些问题的处理意见，关于互助组，农业社试办总结、生产管理、典型调查报告、统计表，对高级社章与并社问题的规划、意见，关于转并高级社政策问题和收益分配意见方案，该委关于上海蔬菜市场改造方案，关于发展副业生产计划及市委的批复，关于蔬菜经营管理的专题试验总结等。

6. 工业财贸类

有市委、该委关于郊区私营工商业调查材料，部分区委关于劳动就业、失业工人的材料，该委关于市郊私营工业社会主义改造和合营工作计划、总结，关于工时改革方案、计划、总结，各区对工业生产方面报告及工委批转意见，关于对市郊私营小厂、店贯彻统战政策报告、总结，市郊对资改造工作意见、简报、小结，对私营商业和工业改造计划和总结，对新泾、七宝等镇进行全面改造文件，该委财贸系统工作计划、总结，该委对民主改革工厂工作意见、报告、简报、计划和总结等。

7. 青妇工作类

有市郊妇代会情况报告、总结，妇联召开各区主任会议纪要，妇女干部登记表，妇联工作计划、检查、工作任务通知、通报，市郊各区贯彻婚姻法材料，在互助合作运动中发动妇女专题报告；团市郊工委关于青年和少年儿童工作报告、总结，关于在土改运动中青年工作的通报，团市郊工委关于农村青年工作决议、计划、报告，关于中学毕业生工作和总路线教育的报告、总结，关于工厂青教和社会青年工作的文件，关于团员发展情况及纪律处分决定，团员分布、入党情况等。

中共上海市委农村工作委员会
上海市人民委员会农村工作委员会

全宗号　A72

中共上海市委农村工作委员会、上海市人委农村工作委员会成立于1959年3月，1962年7月撤销。其任务是充当市委掌握农村各项工作方针政策的助手，管理农村系统和农业方面的干部及农村党的基层组织工作。主要负责人有：魏文伯、马万杰、宋日昌、徐德建、林辉山。市农委内设农业、副业、工业、水利交道、劳动工资、政治、财政贸易、宣传、组织、计划供应等十个部和办公室及《农民报》编辑室。1960年撤销政法、财贸二部、变为八部二室。另外还建立了社会主义教育办公室、评调处理办公室、副食品基地党委、蔬菜生产供应指挥部等临时性机构。

馆藏中共上海市委农村工作委员会、上海市人委农村工作委员会全宗档案共1 889卷，档案排架长度33.6米，档案起止年代为1959—1962年，按年度—机构排列，编有案卷目录。

档案主要内容：

1. 综合类

有各种会议记录，上海农村一手二调退赔工作的规定及具体情况，建立农业科学研究所的报告，上海农村基本情况、劳动问题的资料汇编及农副业、文教事业情况介绍，接待苏联机械化专家及保加利亚农业代表团的计划、名单、简报、日程表等，郊区开展“三反”运动的情况报告，整社工作报告等。

2. 组织类

有组织机构设置、编制及干部任免等的报告、请示与市委的批复、决定、通知，调整县和人民公社组织机构、编制的意见、规定、报告及各县行政编制名额分配控制表，各县委党群机关、各县政府系统及人民公社干部统计表，县级机关党员干部反右倾斗争情况简报，直属各单位及各县委关于摘掉右派帽子的报批表与该委组织部的批复，“三反”领导小组名单和处理农村干部贪污、浪费的通知、报告、意见等。

3. 农业类

有研究农业生产问题的各县委书记、农业局长会议记录，水利、棉花生产等现场会议记录及土壤普查工作会议记录，夏收及秋收工作的通知、意见，副食品生产研究的报告，立夏、立秋、平整土地、十边土地和饲料、肥料生产问题的记录与报告提纲，郊区农业生产发展规划、计划和耕种面积与播种面积统计表，围垦海滩荒地情况及奉贤农场开荒工作总结等。

4. 水利交通类

有农田水利工作计划总结，机耕道路的规划及修建桥梁工程问题的函，电机灌溉试验、农业机械化、电气化、海塘建闸等工作的计划、意见和总结，郊区交通运输、邮电通讯工作规划意见及情况报告等。

5. 郊区工业类

有县社工业总结、整顿社办工业处理意见、通知，郊区基本情况和工业发展规划及竞赛办法，郊区各县利用天然气、沼气、煤气、电气等工作规划和超声波在农业上的影响作用情况，郊区各县农机设备和发电设备基本建设的意见与市人委的批复，金山电厂设备的报告，郊区工业情况简报等。

6. 劳动工资类

有工资制和供给制相结合的分配制度与三包超产奖励等方面若干问题的意见，研究夏熟预分、供给制和农村公共食堂问题的各县农业书记会议资料，供给制、包产单位部分所有制、社员家庭副业收入等问题的情况和处理意见等。

7. 政法类

有政法、保卫安全生产和国防测量工作通知，郊区政法工作总结报告，各县委各年度政法、公安、保卫、肃反及监察工作意见、请示、计划、报告，各县政法部、检察院、公安局各种专题文件及材料等。

中共上海市委工资委员会

全宗号　A74

中共上海市委工资委员会于1949年7月28日成立，1950年撤销，负责研究处理在执行整编节约方案中有关工资的问题。主任黎玉。

馆藏中共上海市委工资委员会全宗档案29卷，档案排架长度1.6米，档案起止年代为1949—1950年，按问题分类，编有案卷目录。

档案主要内容：

有政务院财委、华东财委政治部、上海市军管会财委等单位关于处理工资待遇、年奖问题的指示、通知、请示、批复，该委、工筹会劳工处调整工资问题的方案、通知及有关材料，中央财委、中央人民政府财政部薪资调查提纲，上海市政府、公安局等单位关于工资待遇的暂行办法，各单位的工资待遇比较表、统计表，工资概况调查表，上海市主要产业工资调查报告，华东工资会议印发的工资材料等。

中共上海市委党校

全宗号　A76

中共上海市委党校创办于1949年6月16日，主要任务是对全市党员干部进行轮训、指导，帮助干部提高政治理论水平，进行各种学术理论研究活动以及编写干部学习理论教材和读物。1969年3月市委党校被迫撤销。1977年11月市委党校恢复重建，1978年正式复校开学。1986年5月兼办上海市行政管理干部学院。1990年8月上海市行政管理干部学院改名为上海行政学院。历任校长有刘晓、刘长胜、陈丕显、柯庆施、彭冲、陈国栋、芮杏文、江泽民、朱镕基等。内部机构设办公室、组织处、教务处、总务处、哲学教研室、政治经济教研室、党史党建教研室等。

馆藏中共上海市委党校全宗档案2 997卷，档案排架长度37.6米，档案起止年代为1949—1990年，按组织机构—年度分类排列，编有案卷目录。

档案主要内容：

1. 综合类

有中央第三中级党校及市委党校一部、二部党委会议记录，校务会议记录，华东局党校、华东人民革命大学党代会记录，三反运动的请示、批复，学员名册及学员分配决定，李培南、魏文伯、曹荻秋、石西民等在市委党校讲话记录，陈毅与华东局党校校长的合影及华东局党校开学典礼照片，该校学术委员会试行条例、学术委员会名单，中共中央党校和市委党校接待外国兄弟党代表团的计划及会议记录，王震视察党校时的讲话，创办校报的请示，庆祝建校40周年活动安排及教学科研成果展览材料等，该校各部门编的《业余教育简报》《上海党校通讯》《党政论坛》（原名《上海党校学报》）及《党校文献情报》等报纸和期刊等。

2. 组织类

有中央第三中级党校组织机构、干部任免及处分决定，干部提拔、调动文件，市委关于市委党校党委人选的决定、批示，中央第三中级党校、上海市委党校合并后党委组成人选等问题的请示，干部离职休养并免去职务的批复和退休审批表，市委党校在第一、二次国内革命战争时期参加工作的老干部名单和军转干部到职后提升使用名册、统计表，上海市党校系统职改工作总结，上海市党校系统各区委、农委、建委等党校教师高、中级职务资格审定名单的通知和登记表等。

3. 教学科研类

有各期干训班教学计划、工作报告，市、区两级机关干部社会主义教育运动短训班学习计划及报告记录，《实践论》《矛盾论》教学计划及学习要点，中国近代革命史教学提纲和计划，政治经济学、社会主义经济学提纲、讲义，中共党史教学大纲、辩证唯物主义和历史唯物主义教学计划、总结，该党校与市委组织部、市委研究室、市纪委、市计划生育委员会等单位举办的振兴上海研究生班、纪检领导干部进修班、人口理论班、外事干部进修班、外向型经济班等招生入学通知、教学计划、总结，党校校长、副校长等领导同志为毕业学员题词、证书样张和毕业纪念册，干部研究班教学计划安排、调研课题、试卷样张及论文答辩材料等。

中共上海市委直属机关委员会

全宗号　A77

中共上海市委直属机关委员会成立于1950年6月1日，1966年停止工作。主要任务是领导市委各部委和市一级工会、青年团、妇联等人民团体的机关党组织，进行党的政治思想工作和党务工作。历任主要负责人有：戴映东、马万杰、黄耀南、张敬焘、刘夫畅。内部机构历经变动，至1963年3月为秘书室、组织部、宣传部、监委、团委。

馆藏中共上海市委直属机关委员会全宗档案1 089卷，档案排架长度14.4米，档案起止年代为1950—1966年，按大流水排列，编有案卷目录。

档案主要内容：

1. 综合类

有党委会会议记录、常委会议记录，年度工作计划、总结、报告，直属机关青年积极分子先进事迹材料，团委工作计划、报告、总结，团委会、常委会等会议记录等。

2. 组织类

有组织工作计划、总结报告、意见等，华东局、市委关于建立市委直属机关委员会的通知，党委干部变动、整党补课总结等，机关整党工作和组织工作情况、意见及会议记录，党委关于公开党的通知和总结，党委干部工资改革情况工作报告、政治历史审查报告，党员、干部、工资福利统计表等，候补党员处理情况登记表，入党、转党审查表，延长候补期决定等，撤销、取消预备党员资格的决定，党员失掉组织关系、开小差等党籍问题的审查结论，党员介绍信存根等，机关建团的决定和团委工作计划、总结等。

3. 宣传类

有宣传工作情况报告、总结、学习计划，宣传委员会议、宣传部部务会议记录，学习党的七届四中、八届十中全会精神的情况总结，市直机关总路线宣传教育和干部理论学习打算，向市委宣传部汇报政治经济学的学习问题和宣传部工作总结，对台湾宣传工作有关材料等。

中共上海市委监察委员会

全宗号　A84

中共上海市委纪律检查委员会成立于1956年8月，1959年1月改名中共上海市委监察委员会。其职责是加强党的纪律，反对党员中各种违法乱纪的现象。历任书记魏文伯、杨士法，机构内设办公室、工业交通监察处、财政贸易监察处、案件审查处理处。1967年初停止办公。

馆藏中共上海市委监察委员会全宗档案3 583卷，档案排架长度41.6米，档案起止年代为1950—1967年。该全宗档案按年代排列，编有案卷目录。

档案主要内容：

1. 综合类

有华东局纪委和上海市纪委年度工作计划、总结、专题报告，市委批转纪委建立上海市各级党的监察委员会及办事机构等问题的意见，该委工作计划、总结、报告及《情况反映》，全体会议、常委会议、专门会议通知、记录、决议，关于文书处理工作的专题报告，传达第二次全国纪检工作会议的总结和组织学习会议文件的报告，反右倾、整风运动的历次会议记录，贯彻党的六中全会学习情况简报和会议记录，肃反斗争中党的纪检工作的几点意见，贯彻中纪委通知的工作情况报告、会议记录、通报，关于结合新三反运动的工作计划、报告及有关材料，该委负责人在历次会议上的讲话记录、发言稿，批转和转发闸北、黄浦、邑庙等区委会的通报、报告、计划的通报和业务学习通报，传达第一次全国监察工作会议决议精神的情况报告和指示以及对肃反、社会主义改造、农业合作化中党的纪律的意见，市监委机关开展“文化大革命”运动的情况简报等。

2. 组织监察类

有市委批转市监委建立、健全各级监委和配备专职干部情况的报告，违纪情况、清查敌伪档案、各级监委组织机构编制的报告，市纪委、监委关于干部调动、提拔等问题与有关部门的来往文书，对犯错误的党员党纪处分的案卷，党员受党纪处分情况统计表，甄别进展情况统计表，案件处理检查报告，情况调查报告、通报、意见，在私营工厂企业的党组织中开展反对容忍、包庇和参与资产阶级反限制反改造斗争的纪律教育的总结，在肃反运动中转给专门小组和各单位有关政治问题的材料，选试点中党内违纪情况和财贸企业干部中资本主义经营思想以及工厂中一些问题的报告，人民来信、申诉信等。

中共上海市委打击经济领域中严重犯罪活动领导小组办公室
中共上海市委打击经济领域中严重犯罪活动办公室

全宗号　A93

中共上海市委打击经济领域中严重犯罪活动领导小组成立于1982 年 3 月 27 日，1985 年 7 月 26 日领导小组撤销，其办公室保留并改名为中共上海市委打击经济领域中严重犯罪活动办公室，1987 年 3 月又改称为上海市打击严重经济犯罪活动办公室，1988 年 12 月撤销。主要任务是领导全市开展打击经济领域中严重犯罪活动的斗争。历任负责人有：胡立教、杨堤、梁绪盈、张定鸿、王兴、石祝三。内部机构曾先后设秘书、简报、材料、综合等组。

馆藏中共上海市委打击经济领域中严重犯罪活动领导小组办公室、中共上海市委打击经济领域中严重犯罪活动办公室全宗档案共有 268 卷，档案排架长度 5. 6 米，档案起止年代为 1982—1988 年，编有案卷目录。

档案主要内容：

1. 综合类

有中共中央、中央纪委有关打击经济犯罪的通知、指示、决定，市委纪委筹备组贯彻《中央紧急通知》的情况报告，该办、该组“经打”斗争中的政策思想认识等问题的报告，处理有关经济问题的请示、报告、通知、资料，领导交办的各项事务性文件，历年工作计划、总结，领导小组会议记录，全市“经打”工作会议、经验交流会，区县“经打”工作领导座谈会，关于一些经济违法犯罪案件和政策法律界限问题向有关单位反映的公函，处理人民来信等。

2. 组织人事类

有市委、市委办公厅关于成立、调整领导小组办公室机构和负责同志任命的通知、批示，关于“经打”组织机构编制问题的纪要、报告，市“经打办”领导任免批复和撤销“经打”机构的意见等。

3. 资料类

有编印的《上海经打情况》《情况交流》《经打要情摘报》《经济犯罪案件统计表》，大案要案（线索）登记表，结案登记表及其附件，取缔非法外贸活动的研究资料等。

中共上海市委组织部

全宗号　A94

中共上海市委组织部成立于1949 年 6 月 16 日，主要职责是：负责选拔与调配全市党的干部，检查全市党组织的工作情况及对上级党组织决议的执行情况，制订或修改全市性的干部工作制度和规定，并协助市委对基层组织和干部进行管理。至 1966 年，历任部长有：刘晓、王尧山、王一平、赵明新、黄庆熙、杨士法。内部机构迭经变化，至 1965 年设有办公室、组织处、干部教育处、干部审核处、老干部工作管理处。

馆藏中共上海市委组织部全宗档案共 8 897 卷，档案排架长度 176. 8 米，档案起止年代为 1949—1990 年，按年度—问题排列，编有案卷目录。

档案主要内容：

1. 综合类

有中共中央、华东局、上海市委关于党的组织工作的通知、指示，中央组织部关于组织工作的通知及上海市委组织部工作简报，中央、市委等领导同志的讲话记录稿，华东局、市委关于调整党的组织、建立区委的决定以及整编工作的指示、决定、通知，上海党的组织工作概况，市委组织部工作计划、纲要、总结报告，组织部务会议记录、各区委书记、组织部长会议记录，建党工作座谈会记录，全市组织工作会议记录，1967—1976年市革委组织组核心会议记录，揭批“四人帮”反革命组织路线罪行发言稿等。

2. 组织人事类

有中共中央、华东局、市委组织部关于干部管理、审查制度的指示、规定、通知，华东局各部委、直属机关党委、上海市委与市政府系统所属单位整编工作计划、报告和编制表，中央、华东局、上海市委和市委组织部关于干部任免调配的报告、批复、来往文书，华东与上海市党政军群各系统组织机构情况表与主要干部名单、统计表，全市党政供给制干部名册，华东局与上海市委关于处理机关旧职员的方案（草案），关于建立、撤销、调整组织机构问题的来往文件，历年党的组织、党员、干部发展情况统计表，全市党支部组织名单，上海地下党党员名单、简历表，关于审查、调配出国人员的来往文书，参加市人大、市政协会议的候选人材料，市委组织部关于在革命战争年代牺牲的烈士材料以及收集革命烈士事迹材料的来往文书，1977年全国党员统计年报表，1967—1977年上海市党员、干部组织和行政关系介绍信等。

3. 干部教育类

有中共中央、上海市委关于干部必须参加体力劳动的以及市委组织部的报告，市委组织部关于筹建干部文化学校、进行干部文化教育训练的工作纲要报告以及市委的批复，全市干部政治情况与文化程度统计表，参加党校、干部学校学习的干部名单，该部领导同志在全国干部文化教育会议上的发言稿，干部参加体力劳动的照片等。

4. 纪律检查类

有中共中央组织部关于入党手续、党员处分、党籍处理等问题的规定、通知及处理材料，各单位关于处理党籍问题向市委组织部的请示报告与批复，关于对少数党员要求退党问题的调查报告、意见，市委组织部领导同志在全市监察工作会议上的讲话记录稿，有关个人向市委组织部、市纪委的申诉报告，市委组织部关于人民来信来访的处理情况意见、简报、总结等。

5. 劳动工资类

有市委组织部关于部级局级干部、国家机关工作人员的工资调整问题的请示报告与市委的批示，中共中央关于对高级干部、知识分子副食品供应问题的批示，中央、市委关于摘掉右派帽子人员的工作分配和生活待遇的规定，市委组织部关于干部福利、下放干部与退休干部生活待遇问题的通知，有关调整军队转业干部工资待遇问题的通知，市人事局关于供给制工作人员津贴标准向市委组织部的请示，市委组织部关于解决干部夫妇分居两地的来往文书等。

6. 调查研究类

有市委组织部关于全国组织工作会议准备工作的调查研究提纲以及对企事业、机关、学校、农村党的组织工作状况的调查材料，市委组织部与各区委关于对党内民主集中制执行情况的检查报告，市委组织部对有关单位干部配备、思想作风等综合情况的调查报告以及党员拥有私营企业股票情况登记表等材料，揭批“四人帮”迫害干部及私藏档案的罪行调查材料等。

7. 政治运动类

有全市各系统关于肃反运动的报告，中共中央、市委关于摘右派分子帽子工作的批示，市委直属党委组织与各系统关于对党员排队分析的情况报告，市委组织部关于抽调干部参加社会主义教育运动、研究组织城乡社教工作队的报告和会议记录，夏衍传达中央关于整党工作批示的报告，上海市委整风委员会和市委组织部关于整风运动的计划、报告、通知以及有关整党工作的会议记录、总结等。

中共上海市委党史研究室

全宗号　A110

中共上海市委党史研究室的前身是成立于1981年7月的党史资料征集调查委员会，是市委设立的征集党史资料的工作机构。1990年党史资料征集调查委员会办公室（党史办）改为党史研究室。历任主任有陈沂、王尧山、陆志仁、江怡等。

馆藏中共上海市委党史研究室全宗档案 215 卷，档案排架长度 4 米，档案起止年代为 1981—1990 年，按年度大流水排列，编有案卷目录。

档案主要内容：

1. 综合类

有上海市党史工作情况汇报，办公会议记录，机构编制、干部任免、离休、退聘、机构职能、职工调动、毕业生分配等批复、报告，上海党史资料征集工作简报，修建龙华烈士陵园的意见、报告和中央领导人的批示等。

2. 党史研究类

有举办党史资料征集工作干部学习班的计划、小结、讲话材料等，新民主主义革命时期上海学生运动大事记，新民主主义革命时期上海党史大事记，《社会主义时期党史大事记》和《党对上海资本主义工商业的社会主义改造》的编写方案、意见，《中国资本主义工商业社会主义改造》（上海卷）的编纂方案、报告、复函，江泽民同志为《上海战役》作的序，上海文化“围剿”与反“围剿”大事记，上海市有关区党史办关于革命遗址情况的上报材料，出版《上海人民革命史画册》的有关材料等。

3. 党史报刊类

有《党史信息》改名、成立编委、任命的报告、批复，有关编辑、发行、署名等工作的报告、办法、规定等。

4. 党史会议活动类

有迎春座谈会的请柬、讲话材料、会议简讯，纪念陈延年、赵世炎座谈会材料，庆祝上海解放 35 周年、40 周年座谈会的通知、议程及讲话材料，纪念上海工人三次武装起义 60 周年会议及有关材料，召开江、浙、沪三省市党史工作协作会的打算、通知、会议纪要，纪念抗日战争和世界反法西斯战争胜利 40 周年座谈会通知、会议日程、讲话材料等。

中共上海市市级机关工作委员会

全宗号　A112

中共上海市直属机关委员会成立于1979 年 9 月 17 日，1990 年 3 月 21 日改为中共上海市市级机关工作委员会。其主要职责是加强市级机关党的思想建设和组织建设。历任主要负责人有：肖车、钱学中、车承统。内部机构设办公室、组织部、宣传部、纪委、团委等。

馆藏中共上海市市级机关工作委员会全宗档案 850 卷，档案排架长度 11.2 米，档案起止年代为 1979—1990 年，按机构—年度分类排列，编有案卷目录。

档案主要内容：

1. 综合类

有市直机关党委年度工作计划和总结，各项制度、办法的暂行规定，市党代会代表名册和出席十二大代表候选人预备名单及各单位提名情况汇报，出席市第五次党代会代表名额分配和产生的办法意见及推荐市委、市顾委、市纪委委员候选人预备名单的报告等。

2. 组织类

有推荐市党代会代表及市两党委各部门机构编制及干部任免的批复及报告，市直机关系统党组织隶属关系的批复，市级机关工会筹建决定和机关工会组织沿革材料，党员和党组织统计年报等。

3. 宣传类

有纪念“七一”表彰先进的通知和负责同志在纪念大会上的讲话稿，获得市一级荣誉称号的优秀事迹材料，市直机关 1982 年度“五讲四美”先进集体、先进个人表彰大会材料，评比“振兴中华”读书活动先进集体和个人的材料，1989 年度市直机关创建文明单位工作情况等。

中共上海市委政法委员会

全宗号 A113

中共上海市委政法小组成立于1978 年 8 月 2 日。1981 年 10 月 21 日改名中共上海市委政法领导小组。1984 年 6 月 20 日正式建立中共上海市委政法委员会。历任负责人有：严佑民、王鉴、胡立教、石祝三、杨堤、吴邦国、倪鸿福。办事机构有办公室、研究室、社会治安综合治理办公室(原综合治理处)、组织处等。

馆藏中共上海市委政法委员会全宗档案 418 卷，档案排架长度 6.4 米，档案起止年代为 1978—1990 年，按年度—问题分类排列，编有案卷目录。

档案主要内容：

1. 综合类

有会议记录、会议纪要、简报，各个时期的恶性案件、重大影响事件，对公检法有争议的案件进行指导和协调、处理意见，报告，复查平反“文革”前及“文革”中冤假错案，信访申诉复查材料等。

2. 组织人事类

有上海市委、市委政法小组关于成立市委政法领导小组请示的批复及有关上海市公、检、法、司干部队伍人数的报告，政法系统有关机构设置、编制、干部任免的报告、批复、通知，市委、市政府、市编委的批复、命令，享受局级政治、生活待遇离职休养审批表、报告、批复，政法系统干部出国（境）考察、访问、培训、进修等的请示、批件等。

3. 公安类

有贯彻中央严厉打击刑事犯罪活动的决定，开展严打的情况报告，贯彻落实全国政法工作会议的情况报告及社会治安综合治理的情况，劳教人员被捕判刑后对其剩余劳教期限处理意见的报告、通知等。

4. 党务类

有政法委《整党工作》，政法口整党情况统计表，整党进展情况简报、简况、会议记录、简报等。

中共上海市委老干部局

全宗号 A114

1964 年，市委决定在市委组织部设立干部三处，负责管理老干部工作，“文革”中撤销。1978 年，市委组织部决定恢复干部三处，重新担负全市老干部的管理服务工作。1982 年 6 月 25 日，市委决定建立上海市老干部局，负责主管全市离休干部工作。1986 年 3 月 5 日，市编制委员会同意调整其内部处室为一室四处，即办公室、综合调研处、安置处、接待处、直属管理处。主要负责人有张民诚、金国正等。

馆藏中共上海市委老干部局全宗档案 109 卷，皆为永久卷，档案排架长度 0.8 米，档案起止年代为 1984—1990 年，按机构—年度分类排列，编有案卷目录。

档案主要内容：

1. 综合类

有办公会议、市老委会、市领导讲话记录，市老干部工作要点、总结，历年《老干部工作情况》，市老干部工作会议情况汇报，组织全市离休干部大型活动的批示、讲话，推荐表彰全市离休干部先进集体、先进个人，贯彻全国关心下一代工作座谈会的报告，市政协、人大提案的处理报告、意见等。

2. 组织人事类

有市委老干部局机关、老干部活动室、老年报社、老干部大学机构设置、调整，局机关及基层干部职务的任免、工资调整，考察处级干部的情况汇报，上海市副局级以上离休干部和第一、二次国内革命战争时期参加工作者名单等。

3. 其他

有解决、调整全市离休干部及遗属的生活、政治、医疗及休养等方面待遇的请示、批复、暂行办法，工资、退改离、更改革命工作时间文件等。

中共上海市教育工作委员会

全宗号　A117

中共上海市教育卫生工作委员会(简称“市教卫党委”)是中共上海市委的派出机构，受市委委托管理本市教育、卫生、体育等方面党的工作的部门。1995 年 6 月时，内设 7 个职能处室，即办公室、组织处、宣传处、统战处、老干部处、研究室、党史办公室，以及机关党委。同年 12 月，增设保密委员会。1998 年 5 月，中共上海市教育卫生工作委员会更名为中共上海市教育工作委员会（简称“市教育党委”）。

馆藏中共上海市教育工作委员会全宗档案共 986 卷，排架长度 9.6 米，档案起止年代为 1995—2003 年。该全宗档案已经过系统整理，编有案卷目录。

档案主要内容：

1. 综合类

有历年工作规则、要点、重点、总结，有关会议记录、纪要，关于召开成立大会、教育机构改革、职能配置、人员编制数的请示、通知、报告，有关人力资源、机关干部、国家公务员、各级领导干部、退休干部、后备干部的统计表，历年编写的上海市教育系统党史大事记、《教卫动态》《教卫情况》《情况专报》等。

2. 组织人事类

有国家教委、市委组织部、市纪委、市政府办公厅、市教卫党委、市教育党委关于人员任免等事项的请示、批复、通知、报告、总结、函及各类报表、情况表、审批表、统计表，有关工作要点、意见、总结、情况汇报等，中共上海市教育卫生工作委员会老干部处关于老干部、离休干部情况统计表，年终总表、统计年报，工作计划、要点、总结、大事记、登记表等。

3. 宣传处

有中共上海市教育卫生工作委员会、市教委有关工作要点、总结、议程、意见、报告、决定、批示、批复、呈报表、登记表、光荣册等。

4. 统战处

有统战工作要点及召开统战工作会议的通知、议程、领导讲话，市委组织部、市委统战部、市教卫党委关于市人大、市政协换届工作及教卫系统换届情况表、推荐名单、通知，关于统战干部基本情况统计表等。

中共上海市委研究室

全宗号　A118

中共上海市委研究室是中共上海市委的调查研究机构，其前身为成立于1978年的市委办公厅政策研究室，1984年9月从市委办公厅划出。下设秘书处、经济处、科教处、农村处、宣传处、党群处、企业处。

馆藏中共上海市委研究室全宗档案184卷，档案排架长度5.6米，档案起止年代为1984—1990年，按问题分类，编有案卷目录。

档案主要内容：

围绕贯彻落实中央、市委决策和主要工作部署的文件，对中央、市委的重大决策、重要工作部署和重要决定事项的贯彻落实情况的调查研究文件，主持或参与起草市委重要会议的文件，起草市委主要领导的有关文件，定期形势分析，重点、难点、热点问题专题调研，基层经验总结，社会情况反映的材料，摘选外省市报刊有关当地政治、经济与社会发展情况的相关报道，朱镕基同志在市委、市政府研究室干部会议上的讲话要点等。

中共上海市委党校第一分校
（中共上海市宣传党校）

全宗号　A123

中共上海市委党校第一分校前身是中共上海市宣传党校，成立于1985年11月，机构名称几经变化。2013年2月，学校整建制划归市委党校管理，更名为中共上海市委党校第一分校。职责是承担上海市宣传系统干部、人才的培训工作。

馆藏中共上海市委党校第一分校（中共上海市宣传党校）全宗档案共50卷，排架长度0.8米，起止时间为1984—1990年，编有案卷目录。

档案主要内容如下：

1. 综合类

有中共上海市委、市委宣传部关于筹建党校的批复及请示，上海市编制委员会关于市宣传系统党校暂定编制的复函，市委关于潘维明、范仁珊任职的批复，市委宣传部关于确定上海市宣传党校等两个单位级别的函，市委宣传部同意学校又称“上海市宣传文化干部培训中心”的批复，该校年度工作总结及计划等，关于第一届党支部选举情况的批复、报告等。

2. 教学类

有该校第1期至第22期党员干部学习班、复旦大学新闻系在职编辑进修班、上海市演出公司影剧院场经理进修班、本市大型企业专职政工干部培训班、音乐茶座及舞厅经理培训班、录像放映单位负责人培训班、宣传干部哲学研讨班、上海市纺织系统宣传干部培训班的招生通知、办学计划、教学活动日程、编组名单、学习情况汇报、思想小结、学员登记表等。

中共上海市委对台工作小组办公室
上海市人民政府台湾事务办公室

全宗号　A124

中共上海市委对台工作小组办公室、上海市人民政府台湾事务办公室是市委、市人民政府主管对台工作部门和处理涉台事务的办事机构。1981年1月5日成立中共上海市委对台工作小组办公室，1986年1月17日设立上海市人民政府台湾事务办公室，1989年3月23日市委对台工作小组办公室、市人民政府台湾事务办公室机构合并。

馆藏中共上海市委对台工作小组办公室、上海市人民政府台湾事务办公室全宗档案158卷，档案排架长度2.4米，档案起止年代为1981—1990年，按问题分类，编有案卷目录。

档案主要内容：

历年中共上海市委对台办的工作要点、小结及对台工作有关方针、政策贯彻执行情况等文件，中共上海市委对台工作小组办公室办公会议记录，《对台工作简讯》《对台工作参考》《对台工作文件选编》《上海对台工作》等涉台资料，接待台湾同胞来沪探亲、旅游、落实政策及衍生的医疗、婚姻、丧葬、宗教等问题处理情况的材料，关于对台经贸、投资、通航、渔民接待方面的文件，对台宣传工作会议文件专辑，对干部、群众进行对台方针、政策的教育文件，对赴台人员做好行前思想教育及返回后信息反馈工作的材料，涉台事务工作的新闻报道等。

中共上海市委党的群众路线教育实践活动领导小组办公室

全宗号　A122

中共上海市委党的群众路线教育实践活动领导小组于2013年7月成立，职责是在市委领导下有效推进全市党的群众路线教育实践活动。

馆藏中共上海市委党的群众路线教育实践活动领导小组办公室全宗档案共3 359卷，排架长度7.2米，档案起止时间为2013—2015年，编有案卷目录。

档案主要内容：

1. 文书档案

有中共上海市委党的群众路线教育实践活动领导小组历次会议方案、议程、领导讲话稿，市委书记韩正、副书记李希等的有关批示，市委贯彻落实党的群众路线教育实践活动视频会议精神汇报的初步意见，上海市深入开展党的群众路线教育实践活动实施方案，第一批党的群众路线教育实践活动总结、专项整治、整改落实、正风肃纪、建章立制情况的请示、批示、情况汇报，中央和上海市党的群众路线教育实践活动专报简报，领导班子专题民主生活会、党员专题组织生活会相关材料，群众评议、满意度测评的方案、结果等，整改落实方案、专项整治方案及结果报告，针对突出问题的分析研究报告，对外公布和承诺的整改措施，向上级领导小组办公室报送的情况报告、工作安排、实施意见、方案、交流发言稿、新闻稿，各种相关人民来信、来访记录，各种统计表、汇总表，各部门、各单位、各区县报送各阶段的工作思路、方案、请示、调研报告、情况汇报以及在活动中建立的各项规章制度汇编等。

2. 音像档案

音像档案由照片和光盘组成。照片主要有市委召开党的群众路线教育实践活动动员、总结大会，中央督导组和市领导听取教育实践活动情况汇报，接见市委第九督导组全体成员等。光盘包括音频、视频，有中共上海市委常委会专题民主生活会情况通报会、党的群众路线教育实践活动总结大会及上海市党的群众路线教育实践活动第一批总结暨第二批部署会议录音，市教育实践活动动员、总结大会及活动全过程新闻整合、新闻内参片《办事难在哪?》、电视政论片《赶考路上》及《苏联亡党亡国 20 年祭》等视频。

中共上海市委“不忘初心，牢记使命”主题教育领导小组办公室

全宗号 A127

2019 年 5 月 31 日，中共上海市委主题教育“不忘初心，牢记使命”主题教育领导小组成立，并下设市委主题教育领导小组办公室，2020 年 1 月 9 日撤销。其主要职责为：按照市委主题教育领导小组要求，抓好全市各级党委主题教育的开展；了解掌握全市主题教育进展情况、主要经验、正反典型，研究分析存在的问题，向领导小组报告并提出意见建议；筹备领导小组会议和有关工作会议；加强与市委巡回指导组的沟通对接和服务工作；对各单位开展主题教育进行指导、督促和检查；组织协调全市各新闻单位开展宣传报道、舆论引导和重大典型宣传等。领导小组办公室内设综合组、宣传组、联络组。李强任市委主题教育领导小组组长，于绍良任

市委主题教育领导小组办公室主任。主题教育期间，中共上海市委分两批向全市派出各个巡回指导组，第一批 20 个，第二批 13 个。

馆藏中共上海市委“不忘初心，牢记使命”主题教育领导小组办公室全宗档案 4 535 件，档案排架长度 4 米，档案起止年代为 2019—2020 年，按年度—保管期限—来源分类排列。

档案主要内容：

1. 中央“不忘初心，牢记使命”主题教育领导小组关于设立中央“不忘初心，牢记使命”主题教育领导小组办公室的通知，中共上海市委关于设立中共上海市委“不忘初心，牢记使命”主题教育领导小组的通知，中共上海市委常委会“不忘初心，牢记使命”主题教育工作安排等。

2. 中共上海市委“不忘初心，牢记使命”主题教育领导小组办公室关于市委领导小组会议精神的传达提纲，中央第六指导组召开党员群众和工作服务对象座谈会的方案、党员群众和工作服务对象座谈会建议人选名单，全市主题教育活动的工作部署、推进报告、动态简报、统计报表，上报中央教育办的上海主题教育活动工作总结、特色经验做法等，上海市基层党支部工作优秀案例选编、上海基层党建考察点位汇编等。

3. 中共上海市委主题教育各个巡回指导组巡回指导工作会议议程、纪要，开展“不忘初心，牢记使命”主题教育工作的情况汇报、问题梳理、工作简讯，主题教育评估工作学习指导，被指导单位的动员讲话、干部谈话记录、调研方案及检视问题方案的审阅意见、典型案例、评估报告等。

4. 全市各被指导单位关于主题教育整改落实情况的报告，各被指导单位关于“不忘初心，牢记使命”专题民主生活会的情况报告等。

二、上海市人民代表大会及其常务委员会档案

上海市人民代表大会及其常务委员会

全宗号　K1

上海市人民代表大会是上海地方国家权力机关。1954 年，根据中央人民政府委员会《关于召开全国人民代表大会及地方各级人民代表大会的决议》及上年 3 月颁布的《中华人民共和国全国人民代表大会及地方各级人

民代表大会选举法》，上海开展了解放后第一次普选，选举产生了上海市第一届人民代表。1954 年 8 月至 1967 年 2 月，上海市人民代表大会经历了一至五届，共举行会议十五次。（注：第一至第五届人民代表大会档案当时随“上海市军事管制委员会、上海市人民委员会”（B1）全宗进馆，在该全宗内有说明。）

馆藏上海市人民代表大会及其常务委员会全宗档案共 3 584 卷，档案排架长度 62.4 米，档案起止年代为 1977—1993 年，按届别—机构—年度分类，编有案卷目录 3 册。

档案主要内容：

1. 总类

有上海市第七届至第九届代表大会会议文件、代表名单，主席团、秘书长及各委员会委员名单，各届人代会各项议程、决议和中共上海市委的指示，领导人的各项报告，历年市政府各种会议记录，各次会议提出的议案和议案处理情况、人民来信来访工作报告、总结，各届、各次会议代表名册、候选人名单、大会代表登记表，各届会议准备工作的请示报告、汇报，各届会议情况反映、简报，关于设备购置等行政事务工作的报告、公函，有关单位来往文书及经费预决算表等。

2. 组织人事类

有制订的各界人代会会议组织条例、选举办法、选举和协商委员会正副主任、委员，人民代表大会代表名额及提名协商规定、候选人提名决议、干部任免，市政府组织机构的成立、撤销、接管工作情况报告等。

3. 市政建设、爱国卫生类

有关于上海市国民经济和社会发展计划的报告、决议，继续深入开展“五讲四美”活动计划、总结，上海市人大市政建设委员会工作制度、计划、总结和办公会议记录，关于黄浦江上游引水工程议案的决定，市人大代表视察《食品卫生法》执行情况、环境卫生情况的通知及关于立法问题提案的函，市住宅建设大会审议通过情况汇报、会议记录、议案处理情况及市人大常委会审议通过的《上海市经济技术开发区条例》等。

4. 工业生产类

有关于新工业区建设问题的会议记录，全国人大代表和市人大代表视察市政府重、轻工业工作的总结报告，市人委关于工业、企业调整名单和归口管理的通知等。

三、上海市人民政府及所属机构档案

上海市军事管制委员会
上海市人民委员会

全宗号 B1

上海市军事管制委员会成立于1949年5月27日，是上海解放初期的最高军政权力机关，主要职责为统一上海的政治、军事、经济、文化等接收管制事宜，由陈毅任主任，粟裕任副主任。下设军事、政务、财经、文化教育等四个接管委员会和公安部、淞沪警备司令部、外侨事务处、近郊接管委员会，内部机构设办公厅、秘书处、总务处、交际处、人事处、运输司令部、公共房屋分配（管理）委员会等。

上海市人民政府成立于1949年5月28日，1955年2月改称为上海市人民委员会。上海解放后至1958年，陈毅任市长。1958年11月至1965年11月，柯庆施任市长。1965年11月，曹荻秋任市长。市政府（市人委）设办公厅处理日常工作，内部机构设置根据形势和工作需要，进行过多次变动调整，从最初的秘书、行政、交际等三处，到1966年“文革”前共设有秘书处、文印处、地区工作处、联络处、人民来信来访处。

馆藏上海市军事管制委员会、上海市人民委员会全宗档案共22 653卷，档案排架长度为264米，档案起止年代为1949—1988年。该全宗档案按年度—问题大流水排列，编有案卷目录。

档案主要内容：

1. 综合类

有上海市军管会颁布的布告、通令、命令及各种政策法规、接管统计，上海市人民政府、市人民委员会制发的一系列法规条例、制度，上海市人民政府大事记，市人委各委、办、局主要工作职责和市、区分工的规定，各区人民政府的工作指示及区政府的工作总结报告，各区人代会工作计划、通知，上海市人民政府关于加强街道里弄集体事业管理的指示、规定、办法，人民来信来访调查情况汇报总结，市政府办公厅接待外宾的有关文件等。

2. 会议文件类

有上海市第一、二、三届人民代表会议文件；上海市第一至第五届人民代表大会会议文件，代表名单，主席团、秘书长及各委员会委员名单，各项工作报告、决议和大会记录、情况反映、代表发言稿；市政府、市人委领导同志在各种会议上的讲话记录；历年历次市政府、市人委委员会议记录；市长、秘书长集体办公会议记录；区、县、局长会议记录；办公厅厅务会议记录、办公厅主任会议记录等。

3. 组织人事类

有国务院关于国家机关精简机构、紧缩编制、调整干部的指示、通知，市政府、市人委关于调整所属工作部门向国务院的报告，市政府任免干部的通知，市政府、市人委所属单位机构成立、撤销、归并、调整领导关系的请示、批复及来往文书，市政府组织机构、组织系统表，办公厅组织编制、干部名册及各类干部统计报表，市政府关于录用工作人员的办法等。

4. 司法类

有市政府关于司法、监察工作的各项规定，市人委对监察局关于国家机关人员违法乱纪处分报告的批复，市人民政府关于惩治反革命的条例、查禁烟毒、取缔赌博、禁止娼妓等规定，有关案犯案件处理情况的来往文书，关于处理反革命分子财产的批复，取缔宗教反动组织的布告，市法院、监狱工作总结报告，关于公安保卫、出入境管理的各项指示、规定等。

5. 民政类

有关于省市划界、市区县行政区划的文件，市政府关于修改路名的决定，上海市各区人口、面积统计，关于户口管理的决定与办法，关于推行计划生育若干规定的通知，关于评选劳动模范、安置复员转业军人工作及追认革命烈士的指示、批复，市人委关于救灾、救济、处理失业情况的意见，关于婚姻登记的办法、规定以及关于殡葬管理工作的规定，关于公民义务献血计划的批复等。

6. 工农业生产类

有市政府关于对轻工、纺织、化学、机电等工业生产管理的通知、批复，上海工业企业调整名单和归口管理的通知，关于同意上海港宝山作业区等工业类开发规划方案的通知，虹桥关于新工业区建设问题的会议记录，市人委关于工业品出厂价格管理的规定，关于工厂内迁支援外地建设的报告及批复，国务院发布的农业生产合作社示范章程草案的通知，关于农田水利建设、农业发展规划，上海市郊土地改革有关文件，市人委关于建立农业学校、加强农业技术人员管理的意见、报告，关于保护山林、渔政管理、蔬菜生产供应等工作的指示等。

7. 财经类

有中央关于划分中央与地方财经管理职权的决定，上海历年国民经济计划，关于财政管理的规定及预决算条例、征税条例，关于加强金融工作管理、控制物价的各项规定、办法，上海市人委关于工资改革的通知，关于加强统计工作的决定，关于票证管理、国营农场粮油购销政策的批复，关于处理劳资纠纷的指示以及接管外商企业的文件等。

8. 文教体育卫生类

有国务院关于文化教育工作的各项指示、通知，市人委发布的上海市历史和革命遗迹保护办法、文物保护管理办法，关于各娱乐场所的管理办法，关于改革学制、培养师资的规定、通知，市人委关于体育工作管理体制及市区分工的通知、规定，关于开展爱国卫生运动、传染病防治、加强医疗机构管理的通知、计划、总结报告，关于对医药卫生劳保案问题的规定等。

9. 城建交通类

有市人委关于制订上海城市规划的通知，关于嘉定、松江等地总体规划的批复，延安东路越江隧道、铁路上海新客站等工程的批复，上海市建筑物结构设计标准，高层建筑使用管理规划，房地产管理的有关指示、办法，关于对国家建设征用土地和处理情况报告的批复，关于上海市公共交通票价的改革方案，关于加强气象预测以及防汛防台工作的指示、决定，市政府、市人委关于交通、运输、邮政工作的各项批示规定等。

10. 民族、宗教、外侨事务类

有民族事务委员会组织通则，市政府关于尊重、照顾少数民族生活习惯、宗教信徒的规定，关于贯彻民族政策、处理民族事务的往来文书，关于加强对宗教活动管理的意见，市政府、市人委关于华侨事务的各项规定、指示，关于设立侨务机构的报告，关于对归侨安排问题的来往文书，市政府关于处理华侨婚姻纠纷的指示以及处理外国人入、退中国籍的有关文件等。

11. 党务类

有市政府党组历次会议记录、工作总结报告，市委和市委党组关于建立各业务部门分党组的报告等。

12. 其他类

有陈毅、柯庆施、曹荻秋、金仲华等在上海市第一、二、三届人民代表大会上的录音报告，市政府办公厅编印的《市长办公会议纪要》《市政府办公会议纪要》等。

上海市人民委员会政法办公室

全宗号　B2

上海市人民委员会政法办公室成立于1955年3月，1957年4月撤销。其职责是协助市长管理公安、民政、司法、监察等局的工作。主任许建国。下设秘书、机要秘书和第一组、第二组、第三组。

馆藏上海市人民委员会政法办公室全宗档案138卷，档案排架长度约2.4米，档案起止年代为1954—1957年，按问题分类排列，编有案卷目录。

档案主要内容：

1. 综合类

有该办年度、月度工作计划、总结，政法部门局院长联席会议记录，办公会议及室务会议记录，该办、检察院，法院、公安局、民政局领导在市一、二、三届人民代表大会上的发言稿，国务院关于政法工作体制问题的方案、初步意见及该办政法部门讨论情况报告，该办组织机构、工作任务及各项制度、干部统计表，司法局、民政局、监察局建立调整和改进组织编制的请示报告，人民代表、政协委员视察政法工作的情况报告，该办及政法各单位处理人民来信和来往文书、处理报告，政法干部思想作风问题的报告等。

2. 司法检察类

有中央公安部关于清理积案的指示，市人民法院贯彻“合法及时”的情况及该办的检查报告，市高级人民法院、检察院、公安局关于上诉、管制、提审、释放、换押等具体手续的规定，市人民法院等单位关于管制分子待遇、反革命敌产处理的请示报告及市委的批复，少年犯刑事责任问题的请示报告及该办的批复，上海治安及消防设施的材料汇集，中央司法部关于律师工作的指示、通知及上海贯彻执行情况，司法局关于筹建法律学校的报告及市人委的批复，社会各界讨论宪法情况反映、讨论意见，中央司法部关于开展公证工作的指示、通知及上海贯彻执行情况等。

3. 民政类

有民政局关于民政工作中急待解决问题的请示报告及该办研究意见，国务院关于安置复员军人的决议及有关复员军人待遇的规定，民政局节日拥军优属计划，社会改革改造和兵役工作情况报告，该办及民政局等单位关于里弄整顿工作总结及整顿后的组织领导、组织条例等问题的来往文书，开展地区调查摸底的意见，市人委批转民政局关于募捐寒衣工作和冬令救济工作的通知，民政局关于动员农民回乡生产的工作方案、总结，收容游民的标准，民政局关于接办教养机构、劳改农场计划等问题的报告及市人委批复，民政局关于社团登记和旧社团处理意见的报告等。

4. 监察类

有中央监察部工作总结和关于惩戒工作批复、通知，市人委关于惩戒工作中若干问题的通知，市监察局工作计划、总结及公民控诉处理报告，市监察局对工业、财粮、基本建设、商业等部门的工作检查报告及市人委、该办的批复，传达全国监察工作会议精神及全市监察工作会议文件等。

上海市军管会文化教育管理委员会新闻出版处

全宗号　Q431

上海市军管会文化教育管理委员会新闻出版处于1949年5月27日成立，专门负责上海辖区内报纸、刊物、通讯社、出版社、书店、广播电台等文化宣传机构的接管工作，周新武任处长。该处下设新闻、出版、广播、研究、会计等5室，1951年结束工作。

馆藏上海市军管会文化教育管理委员会新闻出版处全宗档案共443卷，档案排架长度11.2米，档案起止年代为1945—1951年，编有案卷目录1册。

档案主要内容：

1. 总类

有上海市军管会文化教育管理委员会工作计划，该处接管工作计划、综合报告，书刊查禁处理原则，张春桥对接管《大陆报》《益世报》《东南日报》等单位的意见，该处关于国庆游行的文件等。

2. 接管类

有该处接管上海市政府新闻处的工作报告；该处接管《中央日报》《申报》《中华时报》《金融日报》《时事新报》《大晚报》等单位的报告，被接管各单位的沿革和物资清册；上海市广播电台管制工作报告；该处对上海、华东、中央、正一等通讯社，勤政、合作、公建、远东、利华、福音、华美、新声、新运等电台，铁风出版社、正中书局等机构概况的调查和接管报告等。

3. 未接管类

有该处未接管之京华印书馆、黎明书局、地方自治出版社、国际问题研究所、正气出版社、文艺协会、工商天地社、再造社、新中国画报社、文艺杂志社、新妇女杂志社、文书书局、学识出版社、生活周刊社、大众生活出版社等单位概况的调查资料等。

4. 其他

有中国新闻专科学校董事、教职员名册，教师薪金名册，历届师生通讯录，学生名册、相片册、成绩簿、注册表、肄业证明书，校刊、校庆纪念题词等。

上海市人民委员会文教办公室

全宗号　B3

上海市人民委员会文教办公室成立于1955年初，1957年4月撤销；1962年4月重设，1967年撤销。其职责是指导、监督与加强全市教育、卫生、体育、出版等方面的工作。历任主要负责人有：刘季平、金仲华、陈琳瑚。下设综合组、教育组、卫生组、出版组，后改为综合组、教育组、文化艺术组、卫生体育组。

馆藏上海市人民委员会文教办公室档案259卷，档案排架长度3.2米，档案起止年代为1955—1967年，按问题分类排列，编有案卷目录。

档案主要内容：

1. 综合类

有文教办关于上海市文教事业基本情况的打算、意见及文教事业规划，文教事业管理工作提纲、要点、总结，该办办公、会议制度、会议记录、行文关系、印章启用、人民来信来访情况报告，机构、编制、干部任命的请示、批复，各种干部统计表，文教系统精简工作计划、总结、情况报告，劳动工资年报，工资改革计划、方案、总结，文教系统统战工作情况汇报，开展五反运动的计划、会议记录、情况简报等。

2. 卫生类

有市人委批转《上海市推行划区医疗服务方案》的通知，卫生局关于医院接办、合并、调整领导关系等问题的请示及市人委批复，市人委、卫生局关于医院收费标准及贫病减免归口的报告，批复，整顿公费医疗管理工作的报告及情况反映，卫生局关于中医工作、中医诊所、中药配方等问题的报告，工业卫生、职业病防治工作总结，爱国卫生运动实施计划及爱国卫生运动委员会工作总结，该办批复市卫生局、红十字会关于里弄开展红十字会工作的意见，加强农村基层卫生组织的通知等。

3. 教育类

有教育部、教育局关于师资及学校行政干部的培养训练、调配、升级等指示、通知、计划，高教部关于高校工作及调整院系的指示、通知，该办有关新建高校、中专和调整专业设置的文件，教育工作调查报告，教育局、团市委关于学生从事劳动生产与自学问题的计划、总结及通报，文教办、教育局关于工厂办学及里弄民办学校问题的函件，高教局留学生工作计划、情况报告及会议文件，教师提升职务、工资调查的报告等。

4. 文化出版类

有文化部、出版事业管理处关于出版发行、定价、出口、审查、处理及稿酬问题的指示、函件，国务院、文化部、市委、出版处、文化局等关于处理反动、淫秽、荒诞书刊的指示、规定及有关材料，该办关于文化工作的调查报告及情况反映，市文化局关于戏剧、美术工作方面的报告，市文化局关于流散艺人、私人办团等问题的处理意见及情况反映，文物修缮、古墓挖掘、瓷器、青铜器征集捐献的材料等。

5. 体育类

有市体委对私营体育事业机构进行社会主义改造的工作计划、方案、总结，市体委体育工作会议情况及有关业务工作情况汇报，市体委关于全国及上海市各种体育运动竞赛大会的计划、工作报告、总结，体育干部训练、运动员集训的计划、总结、函件，运动队、体育场馆的调查报告，市体委、卫生局关于游泳池管理办法及公共体育场所工作简则，接待国际体育代表团及参加国际体育活动的通知、情况报告等。

上海市人民委员会重工业办公室

全宗号　B4

上海市人民委员会重工业办公室成立于1955年2月，1957年4月撤销。职责是协助市人委对重工业管理局执行计划、方针、政策和重大措施等方面进行监督、检查和指导，协助各局制定工作计划，提出问题研究解决。主任马天水、李广仁。下设秘书、计划、生产技术、私营、基本建设等组。

馆藏上海市人民委员会重工业办公室全宗档案310卷，档案排架5.6米，档案起止年代为1954—1957年，按问题分类排列，编有案卷目录。

档案主要内容：

1. 综合类

有该办历次会议记录、工作计划、总结报告，该办各工业局学习中央全会精神的简报、检查规划、书面汇报，全国和市人大代表视察上海重工业工作的日程、总结，调整地方工业管理机构、加强事业管理的通知、方案，该办及第一、二重工业局工作任务及工作关系的报告，地方重工业组织编制及该办干部任免、调配的报告，秘书、信访、福利、工资改革工作报告，防汛工作总结等。

2. 生产类

有重工业摸底调查计划、情况报告，加强重工业计划工作的意见，上海地方工业生产安排、完成情况及产销情况报告，重工业加工订货工作报告，上海地方重工业系统增产节约计划，技术改造、劳动竞赛、评比奖励专题报告及经验介绍，对创造发明、合理化建议的群众来信的批复，地方重工业产品质量检查的计划、报告，建筑安装工程包工暂行办法、通知，建筑工程设计、施工、验收标准的规定、函件，有关工厂内迁的来往文书、请示报告，国际技术合作文件等。

3. 对私改造类

有该办领导人有关合营企业改造改革工作的报告，对上海私营工业进行社会主义改造的初步计划，公私合营工作中统战政策的初步检查，对新合营企业加强管理的试行办法，小厂合并、清产定股等有关政策问题的情况汇报，公私合营厂盈余分配、分息分工的计划、方案、报告、批复及调查资料，私营营造业、凿井业的改造、管理问题的计划、办法、条例，私营企业派员工作报告，公私合营厂改造资本家工作检查报告，合营过程中发生事故的通报等。

上海市人民委员会轻工业办公室

全宗号 B5

上海市人民委员会轻工业办公室成立于1955年2月，1957年4月撤销。其职责是对轻工系统工作部门实行检查、督促及综合性的指导工作。主任石英。内部机构设秘书组、计划组、企业管理组、手工业组、合营组，后调整为秘书组、计划组、生产技术组、劳动工资组、基建财务组、合营组。

馆藏上海市人民委员会轻工业办公室全宗档案236卷，档案排架长度约4.8米，档案起止年代为1954—1957年，按问题分类排列，编有案卷目录。

档案主要内容：

1. 综合类

有该办及所属局贯彻七届六中全会决议精神的情况，人民代表视察轻纺工业情况报告，轻纺工业局、公司组织机构、编制情况、职责分工情况报告，干部情况统计表，人民来信及信访工作报告，轻纺工业综合性计划、总结等。

2. 生产类

有该办工业生产安排情况报告及中央轻工部上海调查组对计划安排情况调查报告，轻纺工业生产概况，该办及有关单位关于原材料供应、加工订货的情况报告，上海市轻纺工业产品质量检查情况报告，产品供、产、销情况报告，该办所属单位与商业部门有关产品价格问题的来往文书，开展社会主义劳动竞赛的通知、报告，合理化建议、创造发明、技术标准、操作规程的来往文书，贯彻增产节约的通知、节约指标及执行情况报告、经验介绍，安全生产、劳动保护的报告，迁厂的有关材料，各种专业会议文件等。

3. 对私改造类

有市委、市人委关于社会主义改造的规定、指示、通知，市委统战部、轻工业办公室对轻纺、手工业统战工作方面的意见，上海市私营轻纺工业社会主义改造规划、意见、准备工作报告、总结，资本家安排情况报告，公私合营后人事安排，公私共事情况意见及反映，公私合营企业盈余分配情况报告，私营企业清产定股的来往文书，外商企业处理意见、情况报告等。

4. 劳动工资财务类

有轻纺工业局、公司、劳动局和劳动工资委员会有关工资改革中政策原则问题的请示、报告及处理意见，该办所属局工资改革调查报告，工资改革测算汇总表，该办轻纺工业局、公司有关财务处理的办法、规定、通知及报告，市计委及轻办所属各局有关编制财务成本、预决算的通知，财务计划执行情况报告，基本建设方面财务及拨款问题的来往文书等。

上海市人民委员会财粮贸办公室

全宗号 B6

上海市人民委员会财粮贸办公室成立于1955年2月，简称五办。其主要任务是协助分管副市长管理财政、金融、税务、粮食、工商业、对外贸易等工作。内部机构设财政金融组、商业一组、商业二组。1956年增设了秘书组、劳动二资组、商业改造组。1957年12月撤销。1961年4月成立上海市人民委员会财贸办公室，负责对全市的财贸工作进行督促检查、协调审核、调查研究。内部机构设秘书组、商业一组、商业二组、财经组、郊区工作组等。历任主任有：宋季文、马一行、石英。1967年2月撤销。

馆藏上海市人民委员会财粮贸办公室全宗档案668卷，档案排架长度8米，档案起止年代为1955—1967年，按时间大流水排列，编有案卷目录。

档案主要内容：

1. 综合类

有市财办会议记录、市财办1956—1957年工作计划，财贸系统各局党委1955年政治工作计划报告，市财办、人行等党组关于健全党委制、贯彻六中全会精神的报告及市委的指示，审干工作计划，市编委关于市财办机关设置和编制名额意见的通知和市财办的意见，财政部对挪用、贪污公债款处理意见的批复，市委财贸部、市财办、劳动局、商业局关于国营商业企业工作人员工资改革的规定，市财办、市工联对上海职工工资收入情况的调查报告、资料，市财办、店员工会关于在批发商改造中吸收职工的待遇的规定、办法、报告、通知，市财办编辑的《上海物价资料》《财贸工作简报》《市财办每周工作纪要》《上海商业工作的主要情况》《财办调查研究资料汇编》等。

2. 财税类

有中财部、市财办、财政局、人行关于预决算和财政、税收的规定，市人委对企业资金、财务管理、地方工商税等规定的批复，市财办关于上海地方流动资金管理办法的报告，市财办、统计局关于第一个五年计划期间国家资金积累的资料，市财办关于加强财政信贷工作的报告，1955—1956 年上海合营企业财务情况调查汇总表及合营企业预算管理办法，提存折旧金、奖励金办法的规定及批复等。

3. 金融类

有国务院保护侨汇政策的命令及市人行关于华侨提资、侨信、侨汇工作的请示，人行分行、商业局关于银行清理解放前放款补充办法的请示及私营企业在解放前对银行欠款、存款偿付意见的报告等。

4. 商业贸易类

有国务院、粮食部、市人委、市粮食局等关于粮油统购统销的规定，市委办公厅、财办、商业一局、二局等单位关于糖、猪肉、棉花、煤、蔬菜等市场供应问题的情况调查报告、意见，市人委、粮食局加强上海粮食及副食品外流管理办法，市财办实行粮食按户计划供应方案、办法，粮食定量供应问题的规定、办法，市人委上海市场管理暂行办法及批转农副产品市场管理办法，市财办 1957 年居民货币收支与商品购买力的报告及 1957 年市场情况报告，粮食局关于加强粮食代销店管理及对面粉、杂粮店进行企业代销的方案，市财办就解放后上海私营工商业资产及利润分配变化情况给市委的报告及市委的批复，商业局关于接管英商企业的方案报告，财政局关于没收敌产中工商企业股份的处理问题的请示与财办的批复等。

5. 政治运动类

有市财办、商业局对私改造计划、总结、报告及有关材料，组织整顿与改造摊贩的情况报告、方案以及会议记录，市财办肃反运动总结及组织机构说明，财政局关于“五反”处理办法的报告及市人委的批复，财贸职工印发的破四旧、立四新的宣传品等。

上海市人民委员会交通办公室

全宗号　B7

上海市人民委员会交通运输办公室成立于1955年3月，简称六办。其主要任务是指导、监督、检查有关交通、运输、邮电等部门的工作。内部机构设航港、邮电、铁路、综合等组。历任主任有：牛树才、叶进明、李干成、韩克辛。1955年8月，与市人委市政建设办公室合并，成立市政建设交通办公室，同年11月分设。1956年5月，再次与市人委市政建设办公室合并为上海市人民委员会市政建设交通办公室，同年8月成立市政建设委员会。1958年8月成立华东运输指挥部，并与六办合署办公。1960年4月，并入中共上海市委交通工作部。1962年8月，华东运输指挥部撤销，六办划归市人委领导，并改为市人委交通办公室，1966年底撤销。

馆藏上海市人民委员会交通办公室全宗档案471卷，档案排架长度5.6米，档案起止年代为1955—1967年，按问题—时间分类排列，编有案卷目录。

档案主要内容：

1. 综合类

有有关领导、人民代表视察上海市交通、运输、邮电等工作的报告及在有关会议上的讲话，学习七届六中全会决议给市委的报告，工作计划、简报，各种会议记录，华东运输指挥部工作任务、机构设置方案、干部任命和有关机构变动的意见，该部重要会议记录，该办对改进国家体制的决议（草案）有关交通运输、邮电及城市建设部门内容的讨论意见，该办及各单位关于传达中央统战工作指示和贯彻市委护大会议精神的报告，接待外国代表团的计划、总结，归国华侨、船员工作报告，工资改革工资标准的规定，工资增减统计表等。

2. 交通运输类

有该办关于交通运输计划完成情况给国务院、市委、市人委的报告，国务院、铁道部关于铁路工作的指示、公函，铁路局与物资单位关于铁路运输的合同及协议书，市人委制发的《上海市苏州河港埠管理暂行办法》及有关文件，港务局有关港务监督、维护港内秩序的公函，划分内河民船管理范围的请示及交通部的批复，上海港对进口外轮检查的报告、码头仓库问题的报告，上海海运史料，节日客运工作指示、通知、计划，铁路、航运事故处理报告，交通运输局、运输公司关于汽车外调支援青海省建设的报告总结，交通运输局运价方案、报告和市人委的批复，民用航空局上海管理处民航工作计划、月报、总结，私营运输业社会主义改造规划、意见、报告，交通运输系统开展增产节约运动意见等。

3. 邮电类

有邮电、电信局工作总结，历年上海邮政电信综合统计年报，电话公司关于市内电话改建 6 位号码工程工作计划和报告、国务院批复，电信局关于加强沿海通讯联络工作的报告，邮局关于邮寄包裹问题的暂行规定及请示，邮局关于邮电资费的来往文书、意见、会议记录，集邮及改善服务的报告，农业合作社邮递员问题的报告等。

4. 市政工程类

有市公用局基本建设方案、设计任务书、报告，市政工程局、规划局关于修建道路、桥梁的报告、公函，共和新路旱桥工程设计任务书和有关文件，肇嘉浜污水入江、绿化的初步设计和会议记录，规划局关于住宅工程造价计算办法及用地设计的公函，园林管理处园林工作请示报告、总结、通知等。

上海市人民委员会市政建设办公室

全宗号　B8

上海市人民委员会市政建设办公室成立于1955 年 2 月，简称七办。其主要任务是指导和监督市人委所属市政工程局、规划局、房地产管理、公用事业等单位的工作。主任李干成。内部机构设办公室、城市规划处、区划管理处、建筑管理处、勘测总队、监察等部门。1956 年 6 月，与市人委交通运输办公室合并为市人委市政建设交通办公室。

馆藏上海市人民委员会市政建设办公室全宗档案 50 卷，档案排架长度 1.6 米，档案起止年代为 1952—1956 年，按问题排列，编有案卷目录。

档案主要内容：

1. 综合类

有 1955、1956 年工作计划，市政系统各单位组织编制及系统表，该办各单位资本主义改造计划、报告，该办各单位关于人民代表视察工作的计划、总结、意见和李干成在人代大会上发言，市委关于市运输公司划归交通运输办领导问题等文件，谭震林关于开展增产节约运动的报告，市委向中央、华东局关于增产节约的报告和公用、交通、房地等局向市建委的报告，干部任命、调动的文件，法商电车电灯公司组织系统人员名单、接管方案和法商水电交通公司重要人物情况介绍等。

2. 市政建设类

有该办向外宾宣传有关市政建设业务方面的资料，全市工房住宅建设及建筑管理资料，安乐人造丝厂原址生产问题的全部文书等。

3. 交通运输类

有交通局关于基本建设的设计任务书与专题报告，交通局关于安全生产、劳动保护工作的报告等，市委关于交通局对搬运公司问题意见的批复，延长公共交通路线、调整办公时间的报告及公函等。

4. 市政公用事业类

有上海市政建设、公用事业规划，市政工程局关于肇嘉浜工程的技术设计、检查报告等，市政工程局1955年维护、修理工作总结，1955、1956年基本建设简报和报告及道路工程报告、公函，自来水公司关于上海给水事业统一管理问题的报告和有关材料，自来水公司关于生产、建设、财务问题的计划、总结、报告，市邮局统一管理上海市内电话的方案等。

上海市人民委员会文艺办公室

全宗号　B9

上海市人民委员会文艺办公室成立于1955年2月，1957年2月撤销。其职责是对上海市文化艺术、电影、书刊等事业进行监督、检查与指导。主任夏衍。内设综合、电影社文、文学艺术三个组。

馆藏上海市人民委员会文艺办公室全宗档案107卷，档案排架长度1.6米，档案起止年代为1954—1957年，按年度排列，编有案卷目录。

档案主要内容：

1. 综合类

有该办工作计划、总结、会议记录；有关机构编制及人事安排的来往文书，该办及所属部分单位干部名册，调整干部工资、级别评定的通知；各文化事业单位紧缩改造摸底计划及方案；迎接人民代表视察上海文化艺术工作的资料；接待外宾简报；上海市文化艺术事业基本情况汇报；所属单位关于改善高级知识分子工作条件、生活、学习的情况报告；关于上海民盟拟向文化艺术界中发展民盟盟员问题的文件；市人委及文化局关于成立及撤销文化艺术干部学校的来往文书；关于筹备邹韬奋纪念馆、自然博物馆，成立群众艺术馆的文件等。

2. 文艺类

有上海文艺界举行座谈会记录；关于撤销华东戏曲研究院，成立上海越剧院、上海京剧院的通知、报告；文化局关于国营、民间剧团、私营剧场调查报告及改造安排工作文件；文化局、上影等单位关于文化事业经费规划的来往文书；文化局关于传统剧目整理工作奖励试行办法及戏曲整旧创新问题的报告；有关电影工作的文件；市人委、文化局关于文化广场管理问题的来往文书；文物保护的有关规定和文物普查工作总结与市人委、文化局等关于接收、捐献文物的来往文书等。

3. 图书出版类

有文化局关于上海市公共图书馆的方针、任务、工作纲要，图书资料情况调查报告，征用、调拨、接收、代管图书的有关文件，处理反动、淫秽、荒诞书刊的工作方案、审读工作报告及会议记录，上海市出版处对出版事业的规划和社会主义改造的意见，成立上海市文物图书及特种手工艺品出口鉴定委员会的来往文书，上海美术出版社工作报告等。

上海市人民委员会农业办公室

全宗号　B10

上海市人民委员会农业办公室成立于1962年7月。其主要任务是督促市、县农业部门贯彻执行党和国家的方针、政策、计划、决议，并检查执行情况；研究审核市、县农业部门向市人委提出的工作计划和请示报告；组织有关部门进行协作；调查研究总结工作经验，向市人委反映情况，提出意见和建议。至1966年8月为止，内设综合组、调查研究组、精简办公室、农机筹备小组。历任主任有：宋日昌、张辑五。

馆藏上海市人民委员会农业办公室全宗档案157卷，档案排架长度3.2米，档案起止年代为1962—1966年，按年度排列，编有案卷目录。

档案主要内容：

1. 综合类

有该办办公会议、县长会议、全国及市农业科学技术工作会议等的记录、文件和发言材料，召开上海市第二次贫下中农代表大会的请示及市委的批复，郊区发展多种经营规划及意见的报告，农办、科委关于农业科学技术工作规划及在郊区建立生产试点问题向市委的报告，对加强土地管理规定的意见，人民来信的处理情况等。

2. 组织人事类

有干部人事调动、任免、机构设置的报告及干部统计报表，该办调整工资、增加编制的请示、报告及批复，将农科院划归市人委领导的请示及市人委的批复，上海农学院撤销后移交工作及对各单位成立机构、增加编制、接受人员、交接等请示的批复，“五反”材料及运动情况记录，农业先进集体、先进生产者、先进工作者的发言稿及代表会议材料等。

3. 农林副业生产类

有农副业生产规划、计划、情况报告及第三个五年计划的打算，粮食产量分配政策、花木产销情况报告，农垦工作、郊区林木破坏情况、调查处理宝山横沙涝灾问题、中小农具修理制造、各县借粮处理情况等报告及市委的批复，市郊机电排灌灌区清查整顿工作意见的报告，有关单位关于农机、电灌、水利工程报告的处理，病虫害防治的调查报告等。

4. 农用资金类

有郊区“二五”计划期间农业生产及农用资金的检查报告，关于人民公社收益分配、财务管理制度的报告、批复，关于农业资金使用、郊区农村社队资金安排情况的报告，有关单位修路建桥、收益分配、调整核算、社队财会辅导员交接等文件处理情况，关于开展清理农村四项贷款工作向市委、市人委的报告等。

上海市人民委员会公用事业办公室

全宗号　B11

上海市人民委员会公用事业办公室成立于1962年9月，1967年初结束业务。其职责是协助市长监督、检查与指导市人委所属城建、地质、房地、建工、公用、交通等局和设计院的工作。主任赵祖康。

馆藏上海市人民委员会公用事业办公室全宗档案215卷，档案排架长度2.4米，档案起止年代为1962—1967年，按年度排列，编有案卷目录。

档案主要内容：

1. 综合类

有上海市城市建设、公用事业规划、总结，该办各种会议记录，关于组织体制、职责分工和人员编制的意见、报告及批复，该办干部编制、劳动工资统计表，增产节约运动情况资料及会议记录，对外宣传资料等。

2. 城市建设类

有关于公用事业设施及房屋建筑管理的有关文件，自来水营业章程、给水站管理的报告及批复，市人委批转城建局关于公路养护管理情况报告，路面管理试行办法，征收和使用公路养护费暂行办法，市容整顿管理及地名、路名更改报告，南京东路、徐家汇、静安寺改建整顿工程的规划、设计、报告、总结，关于公共交通的来信和处理情况报告，高压线路的选择及用地问题的报告等。

3. 环境保护类

有工厂废水、废气、废渣管理的报告，制止黄浦江水质恶化的初步规划，关于《市区行道树种植、养护、管理暂行办法（草案）》的意见，园林处关于绿化保护、公园改建、动物园调整及园林经费的请示报告，上海城市绿化工作经验材料等。

4. 地质水文类

有关于控制市区地面沉降和加强防洪排水工作的请示报告及市人委的批复，上海市深井管理办法，关于防洪工程及苏州河驳岸、防洪墙管理的报告，关于开采和利用上海天然气问题的来信和请示报告等。

中共上海市人民政府直属机关委员会（中共上海市人民委员会直属机关委员会）

全宗号 B12

中共上海市人民政府机关委员会成立于1949年8月。1950年6月在其之下成立中共上海市人民政府直属机关委员会，1955年后改称中共上海市人民委员会直属机关委员会，1967年初停止办公。历任主要负责人有：陈行庚、林立、宋日昌、曾涛、宋季文、张承宗。内部机构设办公室、组织部、宣教部、统战部。

馆藏中共上海市人民政府直属机关委员会全宗（含上海市人民政府直属机关文体委员会、整风领导小组、专门小组）档案 1 962 卷，档案排架长度 25. 6 米，档案起止年代为 1949—1967 年，按大流水排列，编有案卷目录。

档案主要内容：

1. 综合类

有机关党委常委扩大会、常委会记录，第一、二次党代表大会的总结报告、大会决议等，陈丕显、许萌等在党代会上的报告，党委年度工作计划，第一、二次团代会文件，团委会议记录，加强民兵工作的决定，机关征兵工作的通知、简报，人民来信来访的处理情况，统战工作的指示、批示、工作计划、检查报告等。

2. 组织人事类

有关于公开党的工作计划、报告、通知、总结，所属机关党的组织调整的报告、批复，党、团组织和党、团员统计报表，颁发印章的通知，干部职务、级别调整的报告和市委批示，各直属机关民兵师关于民兵团级干部的任命，各机关党组织整党、建党工作计划、总结，上海市先进工作者的事迹材料，表彰先进团员的决定，团员参加民主党派问题的批复，党、团员介绍信等。

3. 宣教类

有局以上干部学习马列著作的意见，中共上海市委、该委关于加强培养共产主义道德的宣传教育工作的指示、经验报告，该委对青年团、文化工作的指示，宣传部关于进行过渡时期总路线的宣传教育工作的通知，宣传部关于工商业社会主义改造工作的反映报告等。

4. 纪检类

有监委会议记录，纪检工作的计划、意见、总结报告，纪检工作细则，违纪案件统计表，党员违纪处分决定等。

上海市增产节约委员会

全宗号　B13

上海市增产节约委员会成立于1952 年 1 月，1953 年底撤销。其主要任务是领导市政府所属单位的三反、五反运动。下设秘书组、检查队、联络组、材料组、宣传组、工商组、外商组。

馆藏上海市增产节约委员会全宗档案共959卷，档案排架长度19.2米，档案起止年代为1951—1953年，按年度排列，编有案卷目录。

档案主要内容：

有市、区、县、市级机关三反、五反组织机构成立的通知、工作分工，市委、该委三反、五反的工作计划、方针、政策，陈毅、刘长胜等领导同志关于三反、五反运动的报告，该委会议纪要、增产节约简报、工作总结，各机关三反运动情况报告、战果分析、统计报表，各人民法庭审判贪污犯的判决书及刑事处理问题的来往文书，五反运动情况报告，关于精简节约运动的进展情况报告，关于三反、五反学习情况的汇报等。

上海市人民政府郊区土地改革委员会

全宗号　B14

上海市人民政府郊区土地改革委员会成立于1950年12月23日，1954年撤销。其主要任务是负责上海市郊的土地改革运动，加强对上海市郊土改工作的统一领导。主任周林。

馆藏上海市人民政府郊区土地改革委员会全宗档案204卷，档案排架长度4米，档案起止年代为1950—1954年，按问题排列，编有案卷目录。

档案主要内容：

1. 综合类

有国务院关于划分农村阶级成分的决定与补充规定，市政府颁发的上海市郊土地改革实施办法，该委关于收回外国人在市郊土地的有关来往文书、调查处理情况，处理各机关、学校、工厂企业及个人申请租用、拨用、保留土地问题与有关单位的来往文书，该委、各区土改委员会、市郊各重点乡土地改革工作的计划、报告和总结，土改工作队个人总结，土改运动、土改成果统计资料，土改工作会议记录，处理土改遗留问题的来往文书，上海市及各区人大代表关于土改问题的提案，处理公墓用地、回民土地问题与有关单位的来往文书，土地改革展览会展品登记表和观众意见簿，斗争处理土匪、地主的有关材料，市郊各区土改委员会关于划定市镇的意见，各民主党派、社会各阶层人士参加土改工作的报告、总结，土改经费预算等。

2. 组织人事类

有各区土地改革委员会、人民法庭人员名单、报告等，各民主党派、社会团体、各阶层人士参加和参观郊区土地改革工作的人员名单及履历表，该委关于处理个人阶级成分问题与有关单位的来往文书等。

上海市人民委员会外事处

全宗号　B15

1949 年 5 月 11 日上海市军事管制委员会外侨事务处成立，1950 年 12 月 11 日改名为上海市人民政府外事处和上海市军事管制委员会外事处，1955 年 2 月改名为上海市人民委员会外事处。“文革”开始后结束工作。该机构主要负责处理全市涉外工作。内设办公室、秘书、行政等科室。历任处长有：章汉夫、黄华、俞沛文、梁于藩、卢伯明。

馆藏上海市人民委员会外事处全宗档案 5 724 卷，档案排架长度 83.2 米，档案起止年代为 1949—1986 年，按年代排列，编有案卷目录。

档案主要内容：

1. 综合类

有该处历年工作计划、总结，处务会议记录及大事记，该处有关工作制度、组织规程、机构变迁、更改名称的决定，该处编制方案，干部名册、定级、提拔、调配及工资、福利的规定，保密工作报告、制度、检查情况，人民来信处理报告及统计表等。

2. 外侨房地产管理类

有处理房地产工作总结及外交部的有关批复，处理外国人所占土地的原则、办法，外国人房地产交涉案处理办法等。

3. 外商企业管理类

有关于处理外商企业有关问题的请示、指示，外商企业的简况资料，外交部关于处理外商银行的各项指示及外商银行转让的处理方案、批示、转让契约、授权书等，外贸、外资企业管理原则，外国进出口商登记材料，外商企业违法案件处理情况，关于外商企业解雇职工及劳资纠纷案的处理意见等。

4. 外事类

有关于外事工作纪律的指示，外国驻上海领事馆开馆闭馆、领事到任离任的有关文件，关于外侨变更国籍事项的指示，对外国侨民民刑案件的处理意见，对接受外国机构救济的调查资料，该处接待外宾工作的总结、来往电报稿等。

5. 外侨宗教事务类

有关于宗教工作的指示，上海市教会团体调查材料，有关外国教会和接管外资津贴的文化教育救济机构处理的规定，有关外侨文化社交团体的组织、活动情况报告，外国教会申请结束及其善后工作处理的原则，取缔"圣母军"的报告等。

6. 出入境管理类

有外交部关于外国人出入境及外交公务人员旅行事项的指示，外国人申请入境的文书及出入境人统计表，我国公民出、归国的有关文书，美犹联合救济委员会申请遣送犹太侨民出境的文书等。

上海市人民委员会华侨事务处
上海市人民委员会港澳同胞问事处
上海市归国华侨联合会

全宗号　B20

上海市人民委员会华侨事务处于1953年2月成立，负责管理上海侨务工作。处长屠基远，内部机构有办公室、一组、二组、三组。

上海市人民委员会港澳同胞问事处成立于1957年11月，负责联系港澳同胞的接待、宣传、就业等事宜。处长张萍。问事处与市侨委合署办公，业务归侨务处管理。

上海市归国华侨联合会1956年9月正式成立，是归侨群众团体。宗旨是团结上海归侨发扬爱国主义精神，遵守宪法，积极参加祖国社会主义建设，并促进海外侨胞爱国大团结。主任委员郭棣活。市侨联下设宣教工作委员会、联络工作委员会、文娱福利工作委员会、职工学生工作委员会、接待工作委员会、福利基金委员会、子女教育工作委员会。市侨联由市委统战部领导，业务、行政归口市侨务处管理。1962年2月成立市侨联各区工作委员会，区工委由各区的区委统战部统一领导，业务上受市侨联指导。

馆藏上海市人民委员会华侨事务处、上海市人民委员会港澳同胞问事处、上海市归国华侨联合会全宗档案348卷，档案排架长度5.6米。档案起止年代为1952—1966年，按问题分类排列，编有案卷目录。

档案主要内容：

1. 综合类

有中共中央、国务院、中央侨委、市委关于侨务工作的指示，市侨务处、问事处历年工作计划、报告、总结，全国侨联一届四次扩大会议、市侨务工作会议、侨务处处务会议、市侨联代表会议等会议材料，归侨学生先进模范人物事迹材料，侨务处、市侨联情况反映、侨情汇报等简报，人民来信及处理意见，归侨、侨眷、港澳同胞家属调查报告等。

2. 组织人事类

有成立市人委港澳同胞问事处、市侨联、市华侨投资公司、中国新闻社上海分社、各区侨联工作委员会等机构的请示、批复，关于调整侨务处内部机构的意见，市侨联主席、副主席、秘书长名单，侨务处干部任免材料，干部定期统计表等。

3. 侨资、侨汇管理类

有市侨务处关于侨资工作的请示及市人委的批复，侨资企业社会主义改造意见、报告，侨资企业股权登记规定，市侨务处为华侨投资、侨资定息等事与有关单位的来往文书，市侨务处有关侨汇任务、侨汇措施及侨汇物资供应的报告、意见及市委的批示等。

4. 归侨出境、就业、就学类

有归侨、侨眷、侨生身份证解释，归侨身份证及进口物资免税问题的报告，办理归侨出境手续的来往文书，党团员归侨、侨生及其家属出境登记表、出国人员名册，市侨务处有关归侨、归侨学生就业、就学问题的请示及市人委的批转意见，市侨务处关于侨生工作的报告及市委的有关指示，华侨学生小额贷款办法，归侨住房调配的报告、意见等。

5. 接待归侨类

有市侨务处接待归国华侨、港澳同胞参观团的计划、报告以及接待安置日本等归国华侨工作的总结等。

上海市民族事务委员会

全宗号 B21

上海市民族事务委员会成立于1953年8月，1966年停止对外办公，1978年11月恢复。上海市民族事务委员会是上海市人民政府管理民族事务和伊斯兰教事务的工作部门，承担对民族事务和伊斯兰教事务的协调管理工作。历任主任有：吕镇中、金学成、哈宝信、杨奇庆。该委曾设办公室、业务一处、业务二处、业务三处、政策法规研究室等。2000 年 5 月，上海市民族事务委员会与上海市宗教事务局合并组建上海市民族和宗教事务委员会。

馆藏上海市民族事务委员会全宗档案 1 426 卷，档案排架长度 13.6 米，档案起止年代为 1950—2000 年，按年度—问题分类排列，编有案卷目录 4 册。

档案主要内容：

1. 综合类

有市民委部分年度工作计划、总结，周恩来在民族工作座谈会上的讲话和报告，市民委扩大会议筹备、召开等文件，1960—1966 年市民委会务会议记录簿，接待日本、印度、巴西等国文化代表团和伊斯兰教教友的材料，接待达赖、班禅、帕巴拉等少数民族参观团的有关材料，党的十一届三中全会以来民族工作总结，各年度财务决算表，各种文件移交清册等。

2. 组织人事类

有市民委成立文件，1950 年产生上海市各界人民代表会议少数民族代表的文件，组织机构、干部配备方面的请示报告，1955—1966 年市民委干部重要统计报表，建立党组及机关干部、有关人员的任免、干部定期统计报表等。

3. 少数民族工作类

有 1955、1959、1962、1963、1964 年上海市少数民族人口统计表，1955—1958 年上海市少数民族党团员统计表，上海市回民文化协进会筹备、成立、结束及成立上海市民族俱乐部的请示报告、批复等文件，1951 年上海市少数民族资料汇集，少数民族劳动就业、文化教育的文件，少数民族公私合营及社会主义改造的文件，高等学校中少数民族情况报告，少数民族政策方面的文件，伊斯兰教三大节日放假等文件，1959、1962、1964 年开斋节情况及开斋节的文件，市民委组织参加中央民委组织的各民族观礼团文件，1966 年上海民族工作要点和通知，召开民族团结进步表彰会、全国少数民族传统运动会、民族工作交流会、研讨会全套材料，举办民族工作展览、少数民族画展、美术作品展、民族知识大奖赛、小歌手演唱赛等材料，举行开斋节、古尔邦节、迎春、国庆等联欢会、茶话会等材料。

4. 接待和交流类

有接待外宾工作计划、报告和情况汇报，1983 年对口支援工作进展情况的通知及上海有关情况汇报，组织上海市民族经济考察团赴甘肃、青海、西藏等地考察情况汇总、座谈会纪要、协作项目意向项目表及考察团活动照片等。

上海市宗教事务局

全宗号　B22

上海市宗教事务局成立于1956年3月，其前身为华东行政委员会宗教事务处、上海市人民政府文化教育委员会宗教事务处、上海市人民委员会宗教事务处。职责是负责宗教界上层人士的统战工作和教徒的群众工作，指导各区县宗教、民族、华侨等业务及宗教活动、场所的管理，宣传、贯彻、执行宗教政策。1966年底撤销。1978年11月恢复建制。历任主要负责人有陈一鸣、盛志明、叶尚志、杨增年、王宏逵、何全刚、陶人观、孙金富等。内部机构设办公室、人事院校处、政策法规处、天主教工作处、基督教工作处、佛道教工作处、宗教事务服务中心。2000年5月18日，上海市宗教事务局与上海市民族事务委员会合并建制，成立上海市民族和宗教事务委员会。

馆藏上海市宗教事务局全宗档案2 648卷，档案排架长度32.8米，档案起止年代为1950—2000年。该全宗内1950—1966年的档案按年度—问题分类排列，1979—2000年的档案按年度—机构分类排列，编有案卷目录。

档案主要内容：

1. 综合类

有中共上海市委宗教工作委员会的总结，关于宗教政策和宗教工作中一些问题的处理意见，上海市宗教工作简报，历任局长在宗教会议上的报告，宗教界经济生活情况反映，对宗教团体刊物出版的整顿意见，国务院宗教局对复活节、圣诞节等宗教节日活动加强管理的通知，上海市宗教事务局的大事记、工作计划、总结，局办公会议记录、局务会议记录、党组会议记录，宗教系统各种会议记录、讲话稿，宗教事务专报、简报，人民来信及处理意见，国务院颁布两个宗教法规的命令、计划、报告、汇编，各宗教团体清理整顿成立登记的批复、申请书、登记表，《上海市宗教活动场所管理规定》的发布令和《上海市宗教事务条例》的通过稿及实施情况的纪要、汇报等。

2. 组织人事类

有调配干部、干部任免、处分的报告及干部统计表，机构设置，人事组织工作的管理、考核、录用、培养、提升、调任、处理、离退休等的批复、报告、实施方案，关于宗教团体工作人员调整工资、编制、福利等问题的通知和报告，市委统战部关于宗教界转业人员处理意见及批复，调整天主教神职人员、修女待遇问题的意见等。

3. 宗教工作类

有关于基督教、天主教、佛教、道教工作的指示、工作报告、总结、会议记录、各代表大会文件及各种简报，整顿基督教协进会、安息日会及取缔天主教“圣母军”的计划、报告、批复，基督教会房地财产接管、天主堂危房修理的材料，合并减少寺庙、寺庙免税及对名山古寺、文物古迹的保护办法等，成立基督教三自运动委员会、成立上海市佛教协会的意见、报告、批示等，上海市道教协会的各种报告、情况反映，解放前后基督教人士的思想情况反映，编纂《中国佛教百科全书》的有关文件，举行上海市基督教三自爱国运动45周年纪念会的批示、请示、讲话，召开中国基督教代表会议上海代表产生及领导人选的批复、请示、通知，召开上海市基督教代表会议的批复、请示、名单、专辑，召开上海市佛教、道教代表会议及领导人选的批复、请示、决议，推选佛教、道教全国代表会议代表、理事名单的报告、分配表，恢复开放佛教、道教活动场所的批复、请示、通知，要求归还佛教、道教房产的批复、请示、函等。

上海市人事局

全宗号　B23

上海市人事局成立于1951年9月，1955年2月改为上海市人委人事处，1964年8月再改为上海市人事局。其主要任务是：管理政府系统（包括企业、事业）的人事工作，研究制定有关人事工作的规章制度，负责政府各局（处、院）干部的任免、调配及军队转业干部的安置、从社会上吸收录用干部。历任主要负责人有：王尧山、王一平、赵明新、楼岱、王晓东、李庆发。内部机构设办公室、一处、二处、三处、四处。

馆藏上海市人事局全宗档案15 515卷，档案排架长度292米，档案起止时间为1949—2008年，按年代—问题大流水排列，编有案卷目录。

档案主要内容：

1. 综合类

有国家有关部门和上海市领导在全国、市人事工作会议上的讲话，各年度局（处）务会议记录，工作总结报告、机构组织条例、设置、人员配备，更改名称的通知及“文革”停止办公的通告，干部培训计划、意见、总结和干部思想、作风等问题的报告，政治运动中的计划、总结，归侨、统战人士安排的有关文件，录用工作人员的规定，选拔飞行员工作计划、总结、体检及政审方面的规定，深化职称制度改革的有关文件，对本市外商投资企业聘用专业技术人员和管理人员实行优惠措施的请示，关于实施公务员制度总体规划任务书，有关文书处理、档案工作、信访工作总结、人事工作经验参考资料，该局党总支、党支部成员名单，干部名单，机关党务工作总结，市人事局、市编制委员会机构沿革情况，关于建立市人才开发调节中心的文件等。

2. 干部任免、调配分配类

有属中央管理的局级以上干部任免、定职定级的请示、批复，市政府对各委、局、处负责人任免的批复、通知，各局人员名册，各区县长名单，干部任免调动的办法规定，处理旧职人员的办法、计划、总结及名册，安排军队转业干部、照顾夫妻两地、家庭困难的干部调动及聘请文史馆员的来往文书，关于高等中等技校毕业生分配工作的指示、总结，分配去向、待遇标准的规定，选拔报考研究生的工作简报、分配方案等。

3. 奖惩类

有奖励公交公司设计煤气车有功人员和工务局道路工场创拌制柏油砂新纪录的来往文书，行政监察工作情况报告、会议记录，机关工作人员惩戒问题的解答与规定及对各类案件处理的来往文书，关于获得英雄模范称号的干部、工人享受待遇问题的通知等。

4. 工资福利类

有关于国家机关工作人员、军队转业干部、律师、专业技术人员、运动员、教师等的工资标准、福利的规定，报告与批复，关于托保工作及儿童安全保护工作的通知，关于休假、请假制度、退休、退职病假期间待遇的有关规定，关于知青、乡村医生等工龄计算问题的通知等。

5. 统计类

有干部职工情况统计表，干部提拔、外文翻译人员调查统计表，外省市引进人才统计表等。

上海市编制委员会

全宗号　B24

上海市编制委员会成立于1950年3月，其职责是管理各级国家行政机关行政编制及专业公司、科研等事业单位的建立和编制配备。在1950年至1966年期间该委几度撤销，又几度设立，1966年结束工作。历任主要负责人有：黎玉、许涤新、潘汉年、曹荻秋、宋季文。1953年以前其办事机构设在市人事局，1954年后设在市委组织部，1957—1959年单独建立办公室，1960年并入市委整风办公室作为一个组，1962年后又单独建立办公室。

馆藏上海市编制委员会全宗档案179卷，档案排架长度4米，档案起止年代为1949—1990年，按年代排列，编有案卷目录。

档案主要内容：

有中央对机构编制的有关规定，贺龙同志关于编制工作的讲话，华东编委关于华东区一级机关编制实施方案，使用房屋、汽车及警卫人员的规定，该委会议记录，市级各局、处、院和各区、县机构及企事业单位编制的意见、方案、报告、组织规程及该委的批复，精简人员处理的方案、调整分区区域初步意见和有关单位建立编制小组的请示、报告及批复，历年机构设置、人员编制沿革概况表及编制统计表，市、区县、街道、企事业单位等各级各类机构编制调整的情况调查报告及综合性资料汇编，整编工作的情况简报、《编制管理信息》等。

上海市人口问题研究委员会

全宗号　B25

上海市人口问题研究委员会于1955年7月21日成立，1956年1月撤销，负责贯彻人口问题的方针政策，检查执行情况，调查统计全市人口情况。内部机构设办公室及户口管理、劳动力调配、农民回乡、移民垦荒、整理摊贩和服务性行业、遣送劳改犯等组。主任宋日昌。

馆藏上海市人口问题研究委员会全宗档案35卷，档案排架长度1.6

米，档案起止年代为1954—1956年，按问题分类，编有案卷目录。

档案主要内容：

有该委召开各区办公室主任、区长会议、干部大会的会议记录，该委办公室工作简报，上海市紧缩人口的规划、指示，上海市人口情况分析报告及有关资料，全市出生率情况及推广节育工作方案、办法，全市失业、半失业、无业人员分区调查统计表及说明，普陀、静安、徐汇、卢湾等区有关动员农民回乡生产计划、总结，上海回乡生产人数统计表，浙江、安徽、江西各地荒地情况调查、移民垦荒计划及各省安置垦荒群众的报告、总结，市人委、市农业局有关垦荒工作经费预算的报告、批复等。

上海市人民政府人民监察委员会（上海市监察局）

全宗号　B26

1951年6月20日上海市人民政府人民监察委员会（又称上海市人民监察委员会）成立，1955年4月改称上海市监察局，1959年6月撤销。其主要任务是：监察上海市人民政府委员会及其所属各机关、公务人员是否履行其职责，并检举其行为中有违反政策法令或损害国家及人民的利益者，接受和负责查处公民、人民团体对市属各机关及公务人员的控诉案件、干部纪律处分的审议，查处政法、文教、卫生、工业系统、市政建设、建筑公用事业、交通、财政、税务、银行、粮食、商业贸易等各部门重大事件。历任主要负责人有：盛丕华、李干辉。内部机构最初有秘书室和财政经济、政法文教等两处，以后扩充为办公室、公民控诉处理处，工业监察处、市政建筑交通监察处、财政粮食监察处、商业监察处等一室五处。

馆藏上海市人民政府人民监察委员会（上海市监察局）全宗档案1 062卷，档案排架长度10.4米，档案起止年代为1951—1959年，按年代—问题大流水排列，编有案卷目录。

档案主要内容：

1. 综合类

有上海市人民监察委员会、上海市监察局工作计划、总结，局党组会议记录及向上级党组织的报告、批复，传达贯彻全国监察工作会议精神的报告，上海第一、二、三次监察工作会议的简报、代表发言记录、会议总结，该局工作制度，调整内部分工、启用印章、迁移办公地点的通知及历年来人民来信的处理、编目等。

2. 组织人事类

有关于该组织的条例、机构设置、人员编制的报告、批复和整编工作报告，该局正、副局长、处长任免呈报表和市政府任命的通知及监察通讯员登记表，关于调整干部工资、津贴等级问题与人事局的来往文书等。

3. 监督检查类

有中央监委、华东监委关于监督检查工作的指示、通知，中央监察部关于加强监督检查保密工作、救灾工作、发行和回收新旧人民币的通知和该局的专题报告，关于检查企业产品质量、加强商品保管供应工作以及对浪费情况监督检查的指示、计划和总结，全市基建项目检查计划、报告，该局派驻各局监察室的检查报告，该局处理公民检举控告工作的通报、总结，该局转各单位办理的公民控诉案件等。

4. 惩戒类

有中央监委转发政务院关于国家机关工作人员的行政处分批准程序的通知，中央监察部、该局关于惩戒工作的解答、通知、通报、规定，该局惩戒工作综合报告，该局审议全市各单位干部行政处分及撤销处分的函件、报告及处理不服、处理无理取闹案件的报告等。

5. 检举类

有处理公民检举控告案件的报告及工作总结，公民检举工作座谈会文件，政法、财贸、文教卫生、交通运输工业系统各单位办理公民控诉案件的情况等。

中共上海市委财政经济委员会
上海市财政经济委员会

全宗号　B28

1950 年 12 月中共上海市委财政经济委员会成立，1952 年改名为市委财经工作委员会。1950 年 7 月 21 日上海市人民政府财政经济委员会（又称上海市财政经济委员会）成立，1955 年 3 月 18 日撤销。市委财委由陈毅任书记，市政府财委历任主任为潘汉年、方毅。市委财委与市政府财委统称上海市财政经济委员会（市财委），负责管理上海财经工作。市财委曾设秘书处、计划处、企业管理处等内部机构，以及土产展览交流大会筹备委员会等临时机构。

馆藏中共上海市委财政经济委员会、上海市财政经济委员会全宗档案245卷，档案排架长度为4.8米，档案起止年代为1950—1955年，按问题分类排列，编有案卷目录。

档案主要内容：

1. 综合类

有全体委员会议、常委扩大会议、办公会议记录，工作纲要及财经工作综合报告、总结，国民经济计划编制办法、工作报告及该委编制历年国民经济计划草案，第一个五年计划初步方案，潘汉年关于粮食定点供应、批发商改造、棉布计划供应问题的报告，上海工商联工作总结，工商统战会议记录，《上海财经资料》《上海财经大事记》，上海市工农业总产值及劳动就业结算报告等。

2. 组织人事类

有市委、市政府关于该委及所属单位组织机构设置、干部任免的决定、通知及该委组织条例，区财委的工作任务、组织条例，关于工厂企业领导关系问题同有关单位的来往文书，公私合营企业公股董监事任命文件，该委党总支委员名单及总支工作总结，上海市国营、私营企业、银行工资福利、评级调薪、企业奖金问题的报告、办法、规定，对劳保条例执行情况的讨论，处理上海市工资分配问题的通知、报告等。

3. 工商管理类

有上海1950—1952年主要工业基本情况，工业生产成本计划与执行总结，上海工业生产情况报告，加工订货、包销包购情况报告，上海工业生产中困难情况报告，工厂迁移、合并、更改名称的报告及同有关单位的来往文书，处理地下工厂、私营厂非法生产及私营统计事务所问题的来往文书，医药、火柴、运输、纺织、理发、水产等行业情况报告，上海市各行商业概况，对上海市场情况的调查研究和意见，上海市土产商概况，粮食、食油、橡胶业、木材等市场管理、供应的文件，合作社发展问题的会议记录、来往文书，管理各地在沪采购物资的规定等。

4. 财政金融类

有财政金融概况、财政预决算分析及财政拨款紧缩节约情况的报告，税收工作计划、报告及处理偷漏税、抗税的报告，公私合营企业财务管理、私营企业利润分配、合资企业管理等问题的文件，财政金融处关于货币流通、反假钞、清理解放前存放款、期票等金融工作的材料，清理资产、核定资金和公股公产的情况报告等。

5. 对私改造类

有该委转业辅导委员会、工商经济调查委员会会议记录，成立上海市私营工业调查办公室、上海市个体手工业调查办公室的通知及调查方案，对私营商业、典当业社会主义改造的文件，私营企业管理工作及停业、破产清理、职工转业问题的处理情况、来往文书，五反运动中退财补税、退款转作公股的文件等。

6. 基本建设类

有上海1952—1954年基本建设工作计划、总结、办法等，颁发《非财经系统基建工作程序试行办法》的报告及市政府的批复等。

7. 敌产处理类

有政务院、市政府、该委关于没收反革命罪犯财产的规定、办法，报告，该委关于清查敌产物资的规定、办法，上海市工商局报送的企业中战犯、汉奸、官僚资本家的股份和财产调查表等。

8. 临时机构类

有成立建账运动推动委员会、仓库调整委员会、呆滞物资清仓小组、节约原材料办公室的通知、组织规程、工作报告，该委、市计划供应工作委员会关于粮食、棉布、食油计划供应的报告，市推销国家经济建设公债委员会委员及各组织名单、工作计划、报告、会议记录，上海市土产展览交流大会资料等。

上海市经济计划委员会

全宗号　B29

1954年12月，上海市计划委员会成立。其基本任务是，编制上海市长期和年度的国民经济和文教发展计划，搞好计划的综合平衡，检查和督促计划的实施，协助解决中央在沪企业在计划执行中的重大问题，指导市政府所属各部门、各企业的计划与统计工作。1958年6月，上海市计划委员会改名为上海市经济计划委员会。其内部机构历经更改，至1966年设置为：综合处、工业处、农业处、商业处、基建处、设计施工处、财政处、劳资及教卫处、生产技术处、办公室、党委办公室、赶超办公室、支内办公室、调研室等。潘汉年、方毅、郭建、宋季文、曹荻秋先后任主任。

馆藏上海市计划委员会全宗档案共1 912卷，档案排架长度41.6米，档案起止年代为1949—1977年。该全宗按档案涉及问题排列，编有案卷目录。

档案主要内容：

1. 综合类

有历年工作计划、总结，委务会议记录，组织机构设置、人员编制、干部任免请示、批复，干部统计表，资本主义工商业的社会主义改造计划、报告，增产节约运动打算，五反运动小结，机关党委成员名单、工作计划与总结，与中央各部委往来电报，人民来信处理情况及干部甄别处理情况等。

2. 国民经济计划类

有市人委、市财委、该委下达的各年度国民经济计划和执行情况报告，该委下达的工农业生产各项指标、上海工业赶超国际先进水平重点项目规划及有关技术资料，上海市工业企业调整方案、报告及市委的批复，基本建设技术改造计划及各局上报的基建任务书，经济协作工作报告，各年度供销平衡指标，支援农业生产的指示、报告，军工任务计划、总结，支内计划及内迁规章制度，高校毕业生分配计划等。

3. 调查研究类

有该委经济调查工作总结，上海主要工业企业概况，上海工业企业大中小结合情况调查报告，上海市工业总产值及工业品成本、商品产值调查资料，上海市交通运输、街道工业调查资料，上海工业劳动力调查，《工农业和劳动工资参考资料》《上海财经资料》《上海基本经济情况调查资料》等。

4. 计划工作管理类

有国务院、国家计委、该委关于计划体制问题的文件和计划工作条例及管理办法，国民经济计划编制办法与表格，国务院关于商业工作的指示与通知，中央各部委关于物资设备分配供应的规定、指示、办法，国务院、劳动部、国家计委、该委关于劳动工资的规定、办法，该委关于经济协作的规定、办法及基本建设规章制度等。

上海市物价委员会

全宗号　B30

上海市物价委员会于1962年5月在市人委财办物价组及市计委物价处的基础上组建，对外为独立单位，对内与上海市经济计划委员会合署办公。其主要任务是，审批市管产品的收购、出厂、销售价格及各种收费标准，检查各部门物价执行情况，仲裁各部门物价纠纷。市物价委员会内设物价一处、物价二处，主任马一行。“文革”开始后，该机构即停止办公。

馆藏上海市物价委员会全宗档案117卷，档案排架长度4米，档案起止年代为1957—1966年，编有案卷目录。

档案主要内容：

有全国物价委员会关于加强充实物价工作机构的决定，上海市物价委员会机构成立的通知，全国物价委员会第一至第四次会议文件，全国物价委员会召开的农产品价格、轻工手工业品价格、化工产品价格、出口商品作价等会议的文件，国家计委、全国物价委员会审订、调整各类产品价格的文件及物价管理办法，该委市场物价情况分析、总结，物价调整情况报告及各种产品调研资料，该委汇总的各类物价统计资料，工农业产品目录，价格纠纷案件仲裁资料，编印的物价年报、工农产品比价资料等。

上海市统计局

全宗号　B31

上海市统计局的前身是上海市财政经济委员会统计处，1953年4月1日改名上海市人民政府统计局，1955年4月2日更名为上海市统计局。其主要任务是，组织和领导全市的统计工作，统一管理全市的统计报表和全市对外公开的基本统计数字，组织和协助有关部门进行基层统计建设工作。1969年该局被撤销。1978年7月5日重建上海市统计局。历任局长有：戚铭、李希之、李懋欢。下设办公室、综合处、平衡处、工业处、投资处、农业处、杂志社、城乡调查队等机构。

馆藏上海市统计局全宗档案2 555卷，档案排架长度52米，档案起止年代为1949—1990年，按年度—问题分类排列，编有案卷目录3册。

档案主要内容：

1. 综合类

有市委、市人委、该局关于调查统计工作的条例、办法，统计工作总结、报告，开展综合平衡统计工作的报告，历年上海国民经济统计简报、情况汇编，历年调查统计综合资料，上海市统计局局长办公会议、局务会议记录、专题会议记录、纪要，上海市统计局各项工作、制度、条例、规定、办法、请示、报告，1979年国民经济公报有关部门问题的请示及执行结果的报告，制发的1982年城市经济、社会基本情况年报制度，编制的《1985年上海市国民经济和社会发展统计公报》，1986年审批、制发的备案统计报表登记册，修订现行统计报表制度、贯彻工业企业统一名称代码等。

2. 组织人事类

有内部机构设置、编制、干部配备、人事管理的方案、通知、报告，党、团员名册，组织关系介绍信，1979年全市统计干部基本情况普查资料，干部享受待遇的规定和新增统计人员编制的报告、批复，上海市统计局职工花名册，1988年事业单位职改工作的总结和评聘、增资情况的报告，关于上海市、区统计机构、人员编制的报告、通知、批复等。

3. 工农业报表类

有国营、公私合营、私营工业企业年度综合报表，上海市主要工业统计资料、调查表，上海市工业总产值和主要产品产量、质量统计及技术经济指标对比资料，各业各项指标综合年报，工业普查材料，工业统计工作的重要请示、报告、通知、批复，关于工业统计制度方法及新产品不变价格制订和审批的规定，1981年农业统计报表、调查方案和1982年定期统计报表、总产值计算表，关于农业调查方法制度和年报工作的规定、要求、通知，农业统计的要求、意见，农业统计报表制度及农民家庭收支、农村经济基本情况调查方案等。

4. 基本建设表类

有基本建设、项目、投资年度综合表，上海基建主要工程资料汇编及大型项目施工基本情况报告，新兴工业区建设调查，历年上海基建职工人数及工资资料，《1979年上海市国民经济统计》（基本建设），施工企业普查登记和领发营业执照的通知，制定的1981年固定资产统计报表制度等。

5. 物资、交通运输报表类

有国家统计局颁发的物资供应统计年报的通知、说明书、办法，交通运输年报，海运、公路运输年报，上海地区货物发送到达量年报，邮电统计年报等。

6. 财贸文教报表类

有财贸商业、财政金融等统计报表，上海物价年报，主要商品供、购、销、批、零价格表、综合表，1979 年商业统计年报和 1980 年商业定期报表制度及编制说明，关于全国大型零售企业和商业批发市场调查及商业指标解释，关于布置商业网点、职工家庭生活状况、价格调整、旅游事业等统计报表的通知、规定，制定的《上海市区集市贸易价格指数统计报表制度》等，上海教育统计年报表，业余教育汇总表，科技调查表，卫生事业基本情况统计表等。

7. 人口统计报表类

有历年人口统计资料、城镇人口统计资料，人口年龄统计表、民族人口统计表、历年选民统计表、各区县人口普查统计表，进行全国 1% 人口抽样调查工作的通知、方案、总结、报告，1987 年上海市 1% 人口抽样调查的实施方案、通知、函，编制的《上海市第三次人口普查分析资料选编》，关于认真搞好人口变动情况抽样调查工作的通知、规定、总结等。

8. 劳动工资报表类

有各部门历年职工人数及劳动工资统计资料，上海工资改革情况报告，上海市劳动工资、生活福利有关问题参考资料，劳动保险费用收支统计表等。

9. 私商普查类

有国务院、全国私营商业及饮食业普查办公室关于私营商业及饮食业普查工作的指示、问题解答等，上海市私营商业及饮食业普查工作方案、宣传提纲、办法、总结，1955 年 8 月上海市私营商业及饮食业普查资料汇编等。

10. 核算类

有关于国民经济核算体系调查工作、统计报表制度和统计年报的通知、方案、总结，制发的上海市国民生产总值、国民收入统计报表、编制方法，国内经济协作统计制度、方案、总结，开展宏观经济预测协作攻关和修订统计报表制度的通知，关于开展资金流量核算工作的通知、报告等。

11. 城乡调查类

有制发的城乡住房调查、物价统计报表制度、分析报告、指标解释，制发的《城市职工家庭调查方案》《上海市物价业务统计报表主要指标解释》，制发的1984年农村住房调查基本情况统计报表等。

上海市对外经济联络局

全宗号　B32

上海市对外经济联络局成立于1965年8月，其主要任务是，落实筹建承包工程、劳务合作项目，督促完成援外生产任务，会同做好出国人员的选审，负责管理外国实习生的培训。鲁纪华、江春泽先后任局长。设有办公室、筹建处、技术研究处、设备处、实习生处、运输处等内部机构。“文革”期间该局停止工作。1978年9月恢复建制，设有办公室、筹建处、设备材料处、涉外处、储运处等内部机构。1983年11月该局撤销。

馆藏上海市对外经济联络局全宗档案353卷，档案排架长度6.4米，档案起止年代为1959—1983年，编有案卷目录。

档案主要内容：

1. 综合类

有该局关于机构设置、职责范围、人员编制、干部任免的请示、批复、报告，历年工作计划、总结、援外工作报告，该局局务会议记录，1978—1983年外经工作情况汇报，上海援外战线先进工作者名册、登记表、事迹材料，有关职工生活福利的规定、指示，有关秘书、保密、财务及接待工作的制度、报告、总结等。

2. 筹建类

有关于援外项目的文函及筹建项目的总结，上级下达筹建任务的通知及抽调人员的审批意见，援外设计、后勤工作会议材料等。

3. 设备材料类

有上级下达设备生产和急需安排的重点项目设备的通知，援外工作的安排、检查，设备订货、组织供应的指示、总结及函件，援外新产品试制、试验、试车等问题的文函及援外设备质量问题的报告，援外材料执行情况年报等。

4. 储运类

有上级下达援外运输计划及包装发运的通知、规定，援外成套设备运输协议书及铁路、港口运输规定，上海地区援外运输专业会议文件资料，仓储任务的通知、仓库工作总结及管理办法等。

上海市人民政府文化教育委员会

全宗号　B34

上海市人民政府文化教育委员会成立于1951年9月。其主要任务是指导全市文化、教育、卫生、新闻工作。1955年2月，上海市人民委员会文化教育办公室成立后，市政府文化教育委员会随之撤销。该委设有新闻处、宗教事务处、对外文化联络事务处、干部文化教育处、计划财务处等内部机构。主任夏衍。

馆藏上海市人民政府文化教育委员会全宗档案479卷，档案排架长度6.4米，档案起止年代为1951—1955年，编有案卷目录。

档案主要内容：

1. 综合类

有陈毅在上海文教界报告大会上的讲话，该委的组织条例、工作计划、总结报告，该委例会、行政会议、专业会议记录纪要，该委组织机构设置、人员编制、干部任免的请示批复，干部名册、登记表及定期统计表，干部培养、提拔、鉴定的有关规定，人事工作制度及情况报告，工资标准、增加津贴、评级评薪的规定，增产节约运动的情况报告等。

2. 文化艺术类

有中央关于对剧团、歌舞团、电影、艺术学校及工人、农民文艺工作加强整顿、训练、发展的指示，剧场、影院接管、管理办法和组织章程，文物接收、管理、捐献办法，影院、剧场、文化馆基建设计、经费问题的函件及工程总结，市文化局修建龙华塔的设计任务书，苏联、匈牙利举办电影周的工作计划、报告等。

3. 教育类

有该委教育工作计划和计划执行情况报告，市教育局关于师资训练、教师思想改造的情况报告，鼓励工厂办学的指示及报告，该委、教育局关于各新建学校设计计划任务书、基建经费的函件，助学金实施方法及华侨学生、困难学生的补助办法等。

4. 卫生类

有卫生工作计划、总结，医院、门诊部、保健院（所）成立、定名、合并、更名、结束业务和调整人员的报告及来往函件，私立医院情况调查报告，关于传染病防治计划、情况报告，关于重点试行工厂卫生监督执行计划及职业病防治工作计划等。

5. 新闻类

有各报公私合营的情况报告，报纸创刊、书刊出版、印刷发行、稿费报酬等的规定、条例，各报人事调动的报告和新闻工作人员登记表，新闻机构结束业务报告及房屋、物资、债务处理情况报告，成立新闻学校的报告，人民广播电台工作计划、总结等。

6. 财务类

有财务会计工作的制度、规定、总结，该委财务会议记录及基本建设计划、事业费预算计划及编送执行情况成果报表，文化局、卫生局、教育局各种财务报表等。

上海市人民政府工业生产委员会

全宗号　B41

上海市人民政府工业生产委员会成立于1954年3月，其主要职责是加强对全市国营、公私合营、私营工业生产的领导和管理。主任谷牧。1954年11月撤销。

馆藏上海市人民政府工业生产委员会全宗档案75卷，档案排架长度2.4米，档案起止年代为1953—1963年，编有案卷目录。

档案主要内容：

1. 综合类

有该委1954年工作总结，1954年财务预决算报告，上缴利润、预付定金、公债缴款等有关财务问题的报告，处理查补欠税所得税等方面的报告；1954年成立新机构启用印信的备案报告、印模，干部名册、人员登记册，成立或调整组织机构、名称的报告，处理国营、公私合营企业转移领导关系和调配干部的报告；市政府工商局各项工业专业会议记录；上海市防汛防旱总支指挥部、市工业生产防汛指挥部的指示、报告、总结；上海电业局1954年工作计划与综合报告，合理节约用电、调整负荷、发挥用电潜力工作的计划总结，推行三种新的电价的办法；市政府劳动局工作计划总结，违反劳动保护法令的报告及外籍船员伤残事故处理办法等。

2. 生产管理类

有市政府计划处行业及工业生产情况报告，华东上海扩展公私合营工业生产计划，试制新产品和改进规格质量的报告、合理化建议，颁发生产发明、技术改进的奖励暂行条例的通知，联系协助解决生产设备技术等问题的报告，处理物资销售价格、原材料、建筑材料供应等业务的报告，市电业局生产奖励办法等。

3. 对私改造类

有关于公私合营政策性问题的请示报告，工作情况综合报告，接管工厂企业改为地方国营及进行公私合营问题与市政府工业局等单位的来往文件，确定对重工业、轻纺工业系统公私合营企业投资经费的通知，市重工业、轻工业、纺织工业等管理局对合营厂人事安排的请示报告，私营工厂企业合并合营问题及迁往外地机构等问题的报告，公私合营协议书，处理公私合营工厂企业进行清产核资定股、部分公私合营、私营厂生产困难、歇业解雇、转业等问题的报告，公私合营及私营厂的利润分配的报告，处理公私合营、私营厂产品质量低劣的报告等。

上海市机电设备成套供应局

全宗号　B42

1955 年初，一机部电站设备供应公司成立。1956 年 1 月，与私营新通贸易工程公司合并，组成公私合营电站设备成套安装供应公司。1956 年 6 月，恢复一机部电站设备成套供应公司。1959 年 2 月，发展为上海机电设备成套公司。1961 年 10 月，与上海市物资局机电设备供应站（即上海市机电设备供应公司）合并成立上海市机电设备成套供应局。其主要职责是负责管理上海市供应全国各地国家成套项目的机电设备和上海市基本建设所需机电设备的申请分配工作。历任主要负责人有：王文奎、周保生、陶植。局内部设产品处、项目一处、项目二处、计划财务处、办公室、技术室等。1969 年 3 月停止办公。

馆藏上海市机电设备成套供应局全宗档案 427 卷，档案排架长度 8 米，档案起止年代为 1955—1969 年，按年度分类排列，编有案卷目录。

档案主要内容：

有局务会议记录，年度工作计划、总结，局党委、党总支工作计划、总结、会议记录，整风、五反、社教等运动材料，机构编制、人事工作等材料，财务工作材料；成套设备的供应方法、标准、计划，设备成套的供应情况、调查报告与工作总结，设备成套项目的订货、交货年度总结表，首套 6 000 千瓦淮南火力发电站、6 000 千瓦列车电站等重大项目成套工作总结，援越、援柬、援朝设备文件及国外销售订单，各种设备成套供应范围合订本、上海机电行业产品目录，电机行业短线产品调查报告，设备成套管理工作总结等。

上海市生产技术局

全宗号　B43

上海市生产技术局成立于1960 年 5 月，其主要任务是研究上海工业生产技术发展的方向和解决长期性重大技术关键问题。该局设有办公室、技术处、质量处、新产品处。1968 年 3 月机构撤销。1981 年 11 月恢复建制。内部机构设办公室、总工程师室、技术改造处、质量处、新产品处。1984 年 3 月撤销该局建制。顾训方等先后担任局长。

馆藏上海市生产技术局全宗档案 347 卷，档案排架长度 6. 4 米，档案起止年代为 1958—1984 年，编有案卷目录。

档案主要内容：

1. 综合类

有该局局务会议、行政办公会议记录，工作计划总结，年度财务决算表，1964 年上海工业技术革新、技术革命交流会议的报告，新产品质量试制的规划，检查评比和总结材料，举办双革、大庆油田展览会的材料，上海市工业产品质量、品种对比赶超展览会材料，局长、经理全面质量管理学习班材料，上海市技术引进、生产技术情况简报，人民来信的处理意见，人代会提案采纳建议，局党组“文革”案件复查、平反材料，临时党支部工作计划、总结、会议记录、统计表等。

2. 组织人事类

有组建上海市生产技术局的报告、通知及同意撤销该机构的批复，组织机构及人员编制的请示、批复，职工名册、干部任免调动的批复、通知，干部定期统计表，劳动工资统计表，职工工资调整工作的报告、批复，科技干部技术职称的批复，离退休审批表等。

3. 生产技术类

有国家经委、计委对“六五”计划的设想和上海“七五”技术改造规划，上海工业系统新产品试制、产品质量升级的规划、总结、通知，技术改造计划执行情况的总结和项目审批的规定，开展产品质量检查评比的意见、规划、通知，下达工业产品质量项目、可行性研究的报告、审批意见书，赴日本考察的请示、报告、批复及西欧引进项目进展情况的说明等。

上海市农业局

全宗号　B45

上海市人民政府农业生产管理局成立于1954年4月，1955年4月易名为上海市农业局。其职责是领导全市农业生产、扩大蔬菜种植、发展畜牧业。内部机构设计划处、农政处、机械水利处、农业处、畜牧处、办公室等。1959年5月撤销。1962年7月恢复，历任局长有：董锥、徐德建、万景亮。

馆藏上海市农业局全宗档案7 647卷，档案排架长度123.2米，档案起止年代为1955—2004年。该全宗按年度—组织机构分类排列，编有案卷目录。

档案主要内容：

1. 综合类

有该局组织机构与职责的报告，编制问题的批复，1956年农业展览会文件，历年党委会议、党委扩大会议、革委会会议记录，局简报，《情况交流》《农业情况》等材料，该局领导在各专业会议上的讲话，该局历年党委（党组）会议记录、局党政联席会议、民主生活会议、县委书记会议、农牧局长会议及上级领导来局现场办公会议记录，局会议纪要，局领导在政工会议、农业工作会议上及各种专业会议上的讲话稿，该局年度工作回顾和工作打算等。

2. 科教类

有市革委会、该局、松江县革委会关于联办上海市农业学校的批复，该局上报1978—1985年农业科学技术发展规划，市计委、科委、该局下达科技重点攻关项目计划及上报科研经费，该局关于落实农业科学技术推广项目计划的通知，科技推广授奖大会会议材料，科技成果获奖项目文件材料，农牧渔业部、该局关于做好基层农业科技推广工作的通知等。

3. 生产计划类

有农业部、该局关于农业生产工作的意见、提纲及生产技术措施，农业生产计划、总结和历史资料汇编，上海农村人民公社年终收益分配统计表、工作意见、情况、总结，1977年上海市农村人民公社农副业生产八项经济指标实绩比较等材料，国务院、市委办公厅、该局关于棉花生产政策的规定及上海建立棉花商品生产基地的汇报、意见，市计委、农业办公室、该局关于蔬菜生产计划的通知，上海市蔬菜生产技术交流会议材料，市农委同意该局关于开展无公害生产科研工作，该局关于报送林业生产计划，林业资源权属及果树园艺场年报表，郊区植树造林、防护林体系建设情况，林业资源清查报告，该局向国外引进种子、苗木、花卉检疫的通知等。

4. 农田水利、农机类

有农田水利及防汛、防旱工作的指示、通知、总结，市郊部分水面调查报告和水面平面图，沪西电力灌溉工程设计书、计划、任务书、经费概算表和检验报告，所属拖拉机站的有关文件，郊区水利建设总结等。

5. 畜牧兽医类

有发展畜牧家禽生产及防治牲畜疾病的计划、措施、报告，上海郊区畜牧业生产情况汇报，该局、粮食局、二商局关于鸡、鹅、猪、羊的饲养、收购上市、出口计划的通知，扑灭、控制猪疾病的请示报告及猪病处理情况汇报，农业部、市政府、该局关于安排好猪禽蛋生产的通知，市计委等关于调整猪、禽、蛋分县生产、调市计划和下达分县合同定购数的通知等，市防治五号病指挥部关于防治牲畜五号病的意见，郊县畜禽疫防治情况报表，上海市1983—1988年奶类业生产发展规划表，该局成立上海市奶类发展项目办公室材料等。

上海市人民政府郊区工作办事处

全宗号　B46

1952年8月，上海市人民政府郊区工作办事处成立，其主要任务是，帮助指导郊区农村贯彻执行市政府有关农村工作的方针政策，指导监督上海郊区的农业生产、政法、文教、卫生等工作。董铨任主任，内部机构设督导室、农事室、财委办公室、秘书室。1957年2月，郊区工作办事处撤销。

馆藏上海市人民政府郊区工作办事处全宗档案233卷，档案排架长度4米，档案起止年代为1952—1957年，编有案卷目录。

档案主要内容：

1. 综合类

有农业部、华东农村部、市政府、该处关于农业生产工作的指示、通知、计划、总结及奖励办法，农业生产和郊区农村各种情况调查资料、统计表，农业合作社基本情况报告表，农田水利工作计划、总结，农作物产量和耕地面积调查表，粮食、棉花收购、管理的计划、总结，防虫害、防寒流、防治兽疫的办法、总结，接收、移交所属农场的工作计划、清册，该处历年来关于郊区私营工业、手工业统计资料汇总、农业生产远景规划纲要等。

2. 组织人事类

有该处组织机构变动、编制情况、人员名册、干部任免和工资福利的有关规定，培养、提拔、奖惩干部的工作计划及退职处理办法，郊区各乡镇行政机构改选组织领导工作的通知，开展反官僚主义斗争的计划、总结和会议记录，农业生产劳模大会报告及劳模名单等。

3. 金融财经类

有市政府、该处关于农村金融工作的指示、办法、情况报告，市政府关于税收工作的指示、办法、通知，该处关于会计工作的通知、报告，该处及所属基层单位年度预决算表，农业支出基本数字统计表，农业水利事业经费收支预决算表，1953—1957年人民经济拨款计划等。

上海市档案局
上海市档案馆

全宗号　B48

1959年12月31日，中共上海市委办公厅档案处、市人委办公厅档案管理处和上海市国家档案馆筹备处合并，成立上海市档案管理局，1979年9月改名上海市档案局。上海市档案管理局成立的同日，成立上海市档案馆。

上海市档案局负责对全市党政机关、企事业单位的档案工作进行业务监督和指导。内部机构设有办公室、业务指导处、政策法规处、科技教育处、档案学会等。

上海市档案馆是上海市委、市人委直属的文化事业机构，集中保管全市的历史和现行档案，为社会开发利用档案信息资源服务。内部机构设整理编目部、保管部、史料编研部、接收征集部、利用服务部、安全保护部、信息技术部等。

上海市档案局和上海市档案馆是两块牌子一套班子。历任主要负责人有：李干辉、李家齐、张世珠、罗文、姜文焜、韩伟之、许有方、张乾、刘南山、吴辰、朱纪华、周蔚中。

馆藏上海市档案局、上海市档案馆全宗档案共 2 274 卷，档案排架长度 27.2 米，档案起止年代为 1949—1990 年，编有案卷目录。

档案主要内容：

1. 综合类

有国家档案局上海管理处、华东区临时档案保管处、市档案局馆工作计划、总结，局、馆、处会议记录，上海市档案馆工作细则、简介及各项规章制度，上海市档案局工作动态、情况汇报，局、馆党支部工作计划、总结、会议记录，接待阿尔巴尼亚档案工作代表团的计划、报告以及向外宾介绍提纲等。

2. 组织人事类

有华东区临时档案保管处机构编制和工作人员名册，国家档案局、市人委有关机构下发的通知，成立市档案局、馆的指示以及机构编制、干部配备等材料，建立健全全市、区、县级机关档案机构的报告与批复，局、馆干部调出入通知单、介绍信存根，局、馆有关干部培养、提拔初步打算及呈报表，局、馆干部统计表等。

3. 业务类

有国家档案局、市委办公厅、市人委办公厅有关档案工作的指示、通知，全国第二、三次档案工作会议文件及上海贯彻会议精神的材料，全市档案工作会议材料，华东区档案工作协作会议材料，上海档案工作基本情况，上海市、县档案馆基本情况调查表等。

4. 档案管理类

有接收和未接收原大区一级档案情况表，接收旧政府档案情况报表，档案交接问题的函件，档案整理立卷问题的调查报告，五反、社教运动文件材料收集、立卷归档的意见，1965 年清理鉴定试点工作及建立后库的文件材料，销毁档案资料的请示与批复，查找利用档案资料的信件材料，加强城市基建档案的请示、情况简报，该馆汇编的市政府机构、市长名单、行政区划材料等。

5. 财务类

有历年财务预决算、历年各种财务账册、福利使用情况报告及发放补助费审批材料等。

上海市人民委员会机关事务管理局

全宗号 B50

上海市人民委员会机关事务管理局成立于1956 年 6 月 9 日，1968 年 10 月撤销。1973 年 5 月上海市革命委员会机关事务管理局成立。其职责是负责市直属机关的行政事务管理工作以及市直属机关的经营生产。内设办公室、财务室、总务处等，历任负责人有熊中节、王献廷、胡天锡、谭绍发、李锦春等。

馆藏上海市人民委员会机关事务管理局全宗档案 4 845 卷，档案排架长度 71.2 米，档案起止年代为 1956—2005 年。全宗内 1967 年前档案按机构—问题分类排列，1967 年后档案按年度—问题分类排列，编有案卷目录 7 册。

档案主要内容：

1. 综合类

有局务会议、办公会议、经理会议、专业会议决议事项记录、纪要及通知，该局和处室的年度工作规划、总结、大事记，党委会议和常委、总支、支部书记等会议决议记录，机关事务管理局情况简介以及机关事务工作十年成就材料，该局编印的基本情况资料汇编、工作简报、情况简报，市委、市政府和上级领导有关机关后勤工作的方针政策、讲话指示，该局贯彻执行的意见、报告，该局调查报告、简报、情况汇报及领导在各种会议上的讲话材料等。

2. 组织人事类

有机构成立、撤并、编制方案、启用印信的报告、通知，党团组织的成立、改选情况请示及批复，人事工作专业会议记录以及若干制度规定，评选先进生产者和集体办法的会议记录及文件，先进集体、工作者的事迹材料，该局机关和基层单位革委会、局党委会、核心小组、基层单位党组织成立的通知、报告、批复、成员审批表，该局机关内部机构建立、设置等问题的请示、批复和人员编制报告，局系统县团级单位统计表，党组织、党员统计年报表，干部统计年报等关于组织人事干部方面的各种统计表，劳动工资、奖励制度、企业承包管理、技术等级标准及对专业人员授予技术职称的意见、报告、批复、名册等。

3. 接待服务类

有该局关于交际接待工作的指示、通报、规章制度等文件，1958 年全国交际接待工作会议的通知，市革委会机管组关于接待国家元首、代表团、台湾知名人物等的请示报告、情况汇报，接待国外与国内各地参观团体的材料，该局关于党的八届七中全会在上海召开时期接待服务工作的情况简报、工作总结，市人委专家工作处关于对外国专家的接待工作计划、年度总结，市委、市政府领导对该局接待服务工作的讲话、批示，接待工作的制度、接待内宾的暂行办法等。

4. 财务财产管理类

有该局关于行政财务、企业财务的指示、通知，该局与市财政局关于对经费、财产管理的联合通知，关于局属单位和市级单位重大购置、修理调整收费标准、调拨车辆以及其他经费开支的报告、批复及规定，历年财会文件、财务会议记录、专题报告，市革会、市政府机关经费预算和经费支出情况报告，年度决算、利润指标及局属单位收支情况等。

5. 政治运动类

有市革委会机管组关于基层的批陈批林、批林批孔整风情况汇报及会议记录，该局关于揭批“四人帮”罪行的工作打算、材料汇编，进行党的基本路线教育、学习中共中央文件的计划、小结、简报，清查工作报告、会议记录，对“文革”中冤假错案进行复查平反落实政策的意见报告、会议材料、记录等。

6. 基建类

有茂名公寓、文化俱乐部、锦江饭店的动迁、修建和绿色工程“58”号修建工程的文书材料，康平路工程的资料和建造市委大礼堂的工程图等，市革委会办公室行政组关于中山故居等房屋设备修整和申购、调拨物资报告、批示及清单，该局关于延安西路 33 号改建静安宾馆、国际俱乐部的请示、批复及经费筹建等情况汇报，该局和南京军区关于房屋地基交换使用的协议书及交接会议纪要，宋庆龄原住宅进行修理的意见，有关饭店改、扩建工程的报告、批复、函件、会议记录，建造上海宾馆的请示报告、任务书等。

上海市人民委员会参事室

全宗号　B51

上海市人民委员会参事室成立于1953年4月，前身为上海市人民政府调查研究室。其主要任务是：学习研究有关理论、政策、业务，审议整理政府部门所定的规章、议案，搜集反映社会舆情，完成政府工作部门临时派遣和交办的工作事宜，做好调查研究参谋工作，扩大政府与人民群众的联系。周林、储一石先后任主任，内部机构设秘书组、资料组、政法研究组、市政研究组、财经研究组、文教研究组。1966年10月，上海市人委参事室停止工作。

馆藏上海市人民委员会参事室全宗档案88卷，档案排架长度2.4米，档案起止年代为1953—1966年，编有案卷目录。

档案主要内容：

有市人委有关参事工作文件材料，参事室室务会议、调研会议记录，历年工作规划、总结、情况汇报，党支部工作计划、简报，有关机构位置、组织规程、干部任免的通知，参事人员、工作人员名册，开展“文革”运动的打算以及戴季陶、孙科的文件移交清单等材料。

上海市选举委员会

全宗号　B52

上海市选举委员会是根据人民代表大会代表换届选举工作的需要而设立的临时性机构,其主要职责是组织开展全市人民代表选举工作。从1954年起，每一届市人代会召开之前均临时成立选举委员会。1954年上海市第一届人民代表大会召开，1953年成立了上海市选举委员会，主席潘汉年。1956年、1958年、1962年、1964年，上海市召开了第二、第三、第四、第五届人民代表大会，许建国、曹荻秋先后任选举委员会主席。

馆藏上海市选举委员会全宗档案255卷，档案排架长度4米，档案起止年代为 1953—1966 年，编有案卷目录。

档案主要内容：

有中共中央及中共上海市委对普选工作的指示、通知、规定，上海市人民委员会有关各区、县、部队选举委员会组成人员的批复，市人委办公厅选举工作会议记录，市选委会办公会议、扩大会议记录，区、县选委会主席会议记录，市、区选委会有关选举工作的计划、情况报告、工作简报，市、区选区 1953 年人口与选民数量登记表及选区划分情况表，市选委会有关选民资格审查工作实例介绍、调查报告，市、区人代会代表履历表，市、区选举结果统计、代表情况分析表，各区选委会工作人员名单、委员名单，市选举委员会有关普选资料统一保管办法等。

上海市水上区人民委员会
上海市船民协会筹备委员会

全宗号　B59

上海市水上区人民政府于1954 年 4 月成立，1955 年改称水上区人民委员会，1956 年 7 月撤销。主管市内黄浦江、苏州河及各支流港汊的民船。范征夫任区长兼区委书记。内部机构有办公室、民政科、劳动科、文教科、财政科、人事科、粮食科，并设立虹口港等 13 个办事处。

上海市船民协会筹备委员会于 1954 年 1 月成立，其主要职责是，团结船工，保护船工利益，组织航运生产，为国家经济建设服务。主任钟学礼，内部机构设秘书、组织、生产、宣传、生活补助等 5 科。1955 年 5 月，船协筹委会与水上区人民委员会合署办公。1955 年下半年，船协筹委会成立肥料船、划船、长途船等三个委员会。1956 年撤销。

馆藏上海市水上区人民委员会、上海市船民协会筹委会联合全宗档案 443 卷，档案排架长度 9.6 米，档案起止年代为 1953—1956 年，编有案卷目录。

档案主要内容：

有水上区委、区政府、船民协会计划、总结、会议记录，区人代会文件，选举工作材料，水上地区情况综合报告，水上群众解放前后政治、经济、生活情况调查报告，水上区大事记等材料，1954 年水上区国庆节水上游行材料，水上区政府、船协等关于人事工作、劳动工作、福利工作材料，住家船船户基本情况调查表，各种船只情况调查报告，港内航行管理及安全材料，生产航行协议书，水上区民船分类归口及社会主义改造材料，水上地区基层组织整顿材料，财政、公债、会计工作材料，1954年水上区招待外宾材料，解放后水上区船民文化变化情况、扫盲工作材料，民政工作、婚姻工作、游民收容、农民遣返材料，水上区食油、棉布、食糖、粮食计划供应材料，人口疏散统计资料，动员志愿垦荒登记表，社会福利、冬令救济等材料，1955年防汛防台材料，水上防空救护材料，传染病和职业病防治、血防、除四害等材料，饮食管理、环境卫生等材料，疫苗注射、水上防疫站工作材料等。

上海市合作社联合社
上海市供销合作总社

全宗号　B65

1950年1月，上海市供销合作总社成立。黄大明、罗俊先后担任主任，下设秘书、人事、社务、业务、会计、计划、蔬菜管理等七科。1951年1月，上海市供销合作总社与各系统总社合并成立上海市合作社联合社，由市财政经济委员会领导。上海市合作社联合社负责开展农村的采购和供应工作，开展城乡物资交流，搞活社会主义零售商业，保护职工和农民的利益。理事会主任先后由梅洛、王良担任，内部机构设秘书处、计划处、组导处、财务处、业务部。1956年1月，在市第一商业局领导下，市联合社机构改组为上海市茶食糖果公司，1956年6月，上海市合作社联合社撤销。

馆藏上海市合作社联合社、上海市供销合作总社全宗档案有1 697卷，档案排架长度15.2米，档案起止年代为1949—1956年，编有案卷目录。

档案主要内容：

1. 综合类

有上海市合作总社、上海市合作联社成立、撤销的报告、批复、通知，各年度工作计划、总结，社务会议、监事会议记录，社员代表大会的报告、决议、代表名单，各区社社员代表大会、理监事会的报告，关于物资供应、基建、投资等问题的通知、报告和中共上海市委的指示，关于基层接收工作、财产问题的报告和中共上海市委的批复等。

2. 组织人事类

有市政府关于本社干部任命调配的通知、批复，干部统计表、组织系统表，有关干部培训和处分的报告、批复等。

3. 财会类

有各系统合作社资产清理、转移、合并的请示、批复及移交清册，华东合作社管理局、华东总社关于资金、福利基金结算、提用办法等问题的指示、批复等。

4. 业务类

有全国总社实行配售问题的决定、指示，全国总社、华东总社有关业务问题的指示及本社的报告，本社主要供销物品进销数量、售价表及销货价格、市场价格比较表，业务月季报表等。

5. 计划类

有年度商品流转计划、年度生产总值、工业总产值，主要工业产品产量及生产社加工厂综合计划表格，本社统计工作情况和数字，本社概况统计表及手工艺生产社组织发展概况统计表，1949 年至 1951 年合作社统计资料等。

上海市后方基地管理局

全宗号　B67

上海市后方基地管理局的前身是成立于1965 年 10 月的上海后方建设领导小组，曾先后更名或改组为上海市后方领导小组（即二二九工程指挥部）、八一二指挥部、上海后方基地党委。1979 年 3 月，上海市后方基地管理局成立。其主要职责为管理上海后方基地的建设。1988 年撤销。历任负责人有：罗白桦、黎崇勋、孙更舵、陈汉运、李彬山、韩克辛、侯建君、王祥举、苏博、王昌清、王志洪。

馆藏上海市后方基地管理局全宗档案共 3 586 卷，档案排架长度 38. 4 米，档案起止年代为 1966—1991 年，编有案卷目录。

档案主要内容：

1. 综合类

有毛泽东及其他中央领导关于“三线”建设的批示，中共上海市委、南京军区、安徽省工办等有关“小三线”建设指示，安徽省、上海市联合领导小组会议材料，该局年度工作总结、简报、大事记，上海市后方企业整顿总结，上海后方建设会议纪要，后方民兵工作、人武工作、保卫工作材料，“三线”工人抗洪事迹等。

2. 组织人事类

有该局及所属单位机构设置、调整、撤销、领导体制改变及人事工作材料，机构沿革材料，科技人员、老干部工作、统战落实政策材料，劳动工资工作材料，各种先进材料等。

3. 党团工会类

有党委会议记录、党代会材料，党组织工作、宣传、纪检工作材料，该局工会代表大会材料，团代会材料，工会、团委工作材料等。

4. 业务类

有上海后方基地十年发展规划，主要军工产品、军工生产计划，常规兵器工业基本情况统计表，物资、基建、原材料年报，“小三线”兵器生产试制计划，兵器鉴定定型材料，工业学大庆材料，重大科技成果材料等。

上海市工业普查办公室

全宗号　B72

上海市工业普查办公室成立于1984 年 3 月 20 日。其主要职责是组织实施上海地区 1986 年第一季度进行的第二次全国工业普查工作。历任主任朱宗葆、黄菊、袁明道、胡廷照、王善贸。内部机构先后设综合组、生产组、财务成本组、物资能源组、劳动工资组、技术设备组、基层工作组、行政秘书组、数据处理组、资料组。1991 年 12 月 31 日机构结束。

馆藏上海市工业普查办公室全宗档案共 3 616 卷，档案排架长度 87. 2 米，档案起止年代为 1984—1991 年，按问题排列，编有案卷目录。

档案主要内容：

1. 综合类

有上海市工业普查的工作计划、安排和总结，国家和市政府领导人和工业普查机构负责人关于工业普查工作的讲话、指示，市工业普查工作的文件汇编、工作简报、大事记材料，上海市 1985 年工业普查的企业名录，上海郊区工业企业大全，全国和各省、市、自治区工业普查办公室编印的工业普查资料，有关工业普查经费开支问题暂行规定的通知，该办的财务凭证和账册，该办有关外事接待和出国考察报告材料，工业普查评比表彰活动的组织和评比结果的文件材料，工业普查活动的照片集等。

2. 组织机构人事类

有该办负责人的更替、关于各级工业普查机构的组建、内部机构的设置及变动等材料，市级和区县、局工业普查机构人员的通讯录，有关培训工业普查干部的文件材料等。

3. 业务类

有该办在准备工作阶段组织试点、清查、核实工业企业、编制工业企业代码、开展培训以及加强整顿工业企业经济核算的基础等项工作的文件、材料，工业普查方案的总体设计、各种表式的样张、各种标准、目录、填表说明及培训教材、问题解答等材料，市工业普查组织质量控制活动的文件和材料，各类工业普查报表，各类企业主要产品质量和设备技术水平等办法、主要工业新产品、主要工业设备技术、生产规模、经济效益、技术经济指标等工业普查汇编材料，各区、县、局企业基本情况卡片等。

上海市化学工业局
（上海市第二重工业局）

全宗号　B76

上海市化学工业局前身为上海市第二重工业局，成立于 1955 年 4 月，1957 年 4 月改为上海市化学工业局，1995 年 12 月撤销。其主要任务是管理全市的化学工业生产工作。历任局长有：周璧、余昕、梅洛、余琳、俞谦、谭竹洲、符卫国、俞德雄。先后设立电讯电器处、五金器材处、建筑材料处、化工原料处、金属冶炼处、计划处、合营处、劳动工资处、教育处、生产技术处、基建处、供销处、审干办公室、监察室、科研办公室、设备处、局纪委、政治部办公室、经打办、企整办、外贸办、集体办、规划办、住宅办、总工办、总会计师室。体制改革办公室、审计处、工业普查办公室、污染源调查办公室、职称改革办公室等处室。

馆藏上海市化学工业局（上海市第二重工业局）全宗档案共 13 362 卷，档案排架长度 188 米，档案起止年代为 1955—1995 年，按年代—组织机构排列，编有案卷目录。

档案主要内容：

1. 综合类

有化工行业发展规划方案和向市委汇报工作的提纲，化工系统第一、二个五年计划及计划执行情况总结，化工、橡胶、医药、塑料、农业药械等十年基本建设成就，局工作计划、总结、各类简报，局长办公会议、局务会议记录，关于工业管理体制问题的指示、通知、方案和报告，全国、上海市人民代表、政协委员视察工作总结、报告，苏联化工专家视察的建议、报告，化工系统出席全国先进集体、先进生产者大会名单和贯彻群英会精神情况，技术革新、增产节约运动报告，历年经费预决算、各阶段规划，基建征地规划、基建项目批复、报告，企业管理升级的报告及批复，厂长招标情况汇总表，消防、安全卫生通报，事故报告，评选教育工作先进个人、集体的通知、决定、登记表，无泄漏工厂的复审通知、化工设备事故的处理批复，解决住房困难及住宅基地安排的有关文件，关于启用新印章的函等。

2. 组织人事类

有该局关于机构改革的报告与市委、市政府批复，编制报告及市编委通知，市委、市委组织部关于局级领导任免的批复，该局组织、人事工作统计表，该局及所属企事业对领导班子、机构改革、党组织改选、领导关系归属、领导干部出国政审、增资、工改工作、党团员违纪处分、离休干部更改参加革命时间、享受待遇、成立各类职称评委会的报告、批复等。

3. 党务类

有中共上海市委、市委组织部关于成立局党组的批复，市委工业部关于局党组、党委人员组成的批复，市委工业部关于局党组、党委人员组成的批复、通知，局总支人员调整的请示、批复，党员名册、统计表，局党委会、民主生活会、党委扩大会议记录，党代会会议材料，局党组贯彻市委关于健全党委制的有关规定，改善党群关系、加强政治思想工作的意见，检查贯彻总路线中存在的问题及各单位讨论情况，开展整风、反右、三反、五反、社教等运动的通知、计划、总结、会议记录、学习动态、简报，思想政治工作调研材料，各阶段党史大事记、组织史材料，评比优秀党员材料，该局机关创文明处室评选标准等。

4. 生产计划类

有该局生产计划建议和执行情况报告，生产工作专题报告，化学工业产销情况报告，局党组关于扩大化工原料生产、建立基地、解决供应不足的请示、报告，中央企业下放及产品移交生产问题与有关单位的来往文书，局属大型工厂基本情况调查表，所属企业归口划进划出清册，企业裁并调整的方案、通知，化工部、市计委、化工局关于医药、橡胶工业系统成立托拉斯的通知及报告，支援内地、搬迁“三线”建设及技术援助的情况，会议纪要及内迁人员清册，局制定的《新产品试制试行办法》《合理化建议暂行办法》《企业技术管理通则》《安全技术管理通则》，开展技术革命运动的总结和先进经验资料汇编，标准化工作情况报告，新产品试制生产计划、专题报告，新产品目录，化学工业技术研究项目执行情况报告，关于安全生产向市委的请示及生产事故处理报告，年度技术措施项目计划、对企业技措项目的批复，节能工作的通知、节能项目的批复，下达三废治理项目的批复，颁发化工生产许可证的通知，申报各类科技进步奖及获奖名单，召开科技大会材料，科技开发机构年报表，上海化学工业2000年发展战略计划，引进项目可行性研究及批复，所属企业迁厂征地批复，组建各类大型企业集团的批复，对企业联营工作的批复，对企业建立三产的批复，机构裁并改组的报告、批复等。

5. 工会类

有上海化学工会各类工人代表会议材料，工会领导班子的批复，评选劳模工作的报告、批复，对技协工作的批复等。

6. 财务审计类

有每月经济活动情况分析，财务、税收大检查意见、汇报，审计工作情况汇报，有关资金工作向上级的报告及批复，有关成本费用备作的通知、规定，基建财务的决算及上级批复，该局对企事业单位产品订、调价工作的审批通知，化工产品价格资料，该局年度工业企业、事业单位财务决算年报，基建财务年报表，审计工作统计表等。

上海对外贸易管理局

全宗号　B83

1949 年 6 月，华东区国外贸易管理局成立，其职责为：决定华东区对外贸易政策、计划并督导实施，管理全区对外贸易业务及进出口物资调节。局长徐雪寒。1950 年 12 月，改组为上海对外贸易管理局。李寿慈、陈明先后任局长。内部机构先后设输入管理处、输出管理处、输出推广处、纱布管理处、石油管理处、秘书室、人事室、办公室、会计室、调研处等。1953 年 1 月，并入上海海关。

馆藏上海对外贸易管理局全宗档案 2 388 卷，档案排架长度 27.2 米，档案起止年代为 1949—1952 年，按大流水排列，编有案卷目录。

档案主要内容：

1. 综合类

有中央贸易部关于外贸管理的指示，全国对外贸易管理会议文件，中央贸易部和华东贸易部有关对外贸易的政策，该局工作计划、总结、综合业务报告、新闻发布稿，该局局务会议、处务会议记录，该局及各处室组织规程、组织机构及变动情况，干部任免、人员调动、人员编制的文件，该局与华东有关机构间关系的请示及华东贸易部的批复，评模工作总结、先进事迹及思想建设学习计划，工会规章及开展合理化建议、劳动竞赛及卫生运动总结，该局党支部委员、党员名单及支部工作计划、检查报告等。

2. 贸易类

有该局关于对外贸易管理的办法、实施细则，货物进出口、特种物品进出口的税则及稽征税款等办法，开展易货贸易、组织交易的指示、报告及进口物品转口输入等办法，进口许可证，申请进出口营业证的来往文件，出口货品包装材料、外销价、运价的规定办法及有关的来往文件，该局关于外汇管理的指示、报告、结汇办法、手续及使用期限，关于海关工作范围的意见，报关办法的批复，外轮进出管理、申报的文件，上海口岸进出口贸易统计资料，上海国际贸易业联营情况总结，审核进口货物的文件和处理各种禁止进出口货物，进出口联销易货案的文件，纱布外销管理办法、棉纺织品供销情况调查资料及进出口统计资料，进口书籍、纸张、西药等及出口绢丝、猪鬃、羊皮、豆类、茶叶等的报告、来往文书，中日、中朝、中捷、中意、中苏等贸易方面的有关文件等。

3. 石油管理类

有石油管理办法、意见，油料分配原则，华东各行业申请配油的报告及处理情况，各石油公司存油登记、管理办法，加油站管理规则、供销和节约办法，华东区石油类货品进口量统计、石油产品运输办法，油料价格的请示及来往文书，处理美孚公司、亚细亚公司油料进口、出售等问题的文件等。

4. 接管类

有接管国民政府输出入管理委员会的工作报告、会议记录，接管处理原则、接管工作各项清册，旧人员处理情况；接管全国经济委员会输出推广委员会执委会、国定税则委员会、中央信税局等有关文件；清查官僚资本及敌伪战犯财产及惩处办法；外商企业登记工作的指示、批复、来往文书等。

上海市集体事业办公室

全宗号　B87

上海市集体事业办公室成立于1979 年 4 月，1990 年 8 月 14 日撤销。其主要负责领导城乡集体所有制企事业的体制、布局、方针、政策和供产销渠道，并统筹规划安排全市回城知青的安置工作。周炳坤、袁张度先后任主任。内部机构设秘书处、组织（人事）处、市区处、郊区处。

馆藏上海市集体事业办公室全宗档案共 1 184 卷，档案排架长度 20 米，档案起止年代为 1979—1990 年，按机构—年度分类排列，编有案卷目录。

档案主要内容：

1. 综合类

有关于集体经济政策发展规划等问题向市委、市政府的请示报告，市委、市政府、市计委、市财办的通知、批复，集体经济发展规划和集体经济体制改革的意见，搞活集体经济、合作社经济的意见和若干政策规定及实施办法，知青安排、集体企业情况调查报告，福利待遇的有关规定，办公会议、局长会议、党组会议和党组扩大会议的记录及各类简报，黄菊在集体工业生产经验交流会上的讲话，出席全国先进集体先进生产者大会名单和贯彻群英会精神情况，全国、上海市人民代表、政协委员视察工作总结、报告和来信来访处理，年度计划和年度工作总结，下属企事业单位的报告和该办的批复及对有关单位的信函、借贷、契约、合同、担保书、统计报表和统计资料汇编、住房调拨通知单、住房情况登记表、优秀企业家名册等，财务工作打算、会计年度预决算汇总表等。

2. 组织人事类

有中共上海市委、市委组织部关于成立该办党组和党组成员的批复、通知，贯彻市委健全党委制、改善领导决定的有关规定，改善党群关系和加强政治工作的意见，中共市财贸工委关于成立集体办机关党组织的批复，任免、调动干部的批复和人员离退休的通知，调整组织结构、编制、管理体制的意见和实行岗位责任制及组建新单位的报告、批复，该办所属各处室的职责、范围和人员安置的意见，工资工作的政策、计划、报告和工资核定，整党工作、党组民主生活会、纠风和干部考察等的报告、记录，集体企业概况一览表，职工升级汇总表和各登记表、统计年报，职称评审的政策、计划、办法和职称评审个人档案材料等。

3. 市区类

有解决原材料、扩大经营范围、进出口经营权、新产品审定和中外合资引进技术设备、技改项目建议书等的批复，调整街道工业各种收费标准的批复，集体企事业收益分配、加强财务管理、集体企业整顿若干规定等通知，搞活集体经济的意见，调整地区工业产品结构、企业上等级、评创优标准，年度企业管理评先进厂长（经理）办法，订货会和人员培训等报告、通知，商业租赁经营若干政策规定和年度生产工作计划及年度生产工作总结，联营项目情况、资产调查表，借贷业务担保书，集体经济简报，经验交流典型材料等，“一厂一品”称号名单，产品汇编和申报表汇编，市计委、市建委关于安排基建项目的批复和有关规定，市集体办关于基建工作的办法、报告及项目一览表，自建住宅、配套商业网点、托儿所设施用房、地财住宅计划等基建工作的通知等。

4. 地区工业管理经营类

有地区工业年度工作计划和工作总结，区局企业基建扩初设计、下属企业基建项目任务书批复和基建工作总结，新产品计划、新产品试制、引进流水线等的批复，企业更名、单位挂靠、建立计量机构、申请贷款等的批复，工业标准新编号、发放许可证目录、新增车辆、收取管理费、订货会等的批复、通知，市人大代表视察和提案答复，缓征交通能源基金、减免税收等报告，企业签订的协议书、担保书等。

5. 市合作联社类

有市协调小组关于全市十二个区商业项目的报告和追加建房经费的批复，发展合作社的若干政策规定，集体个体单位实行统一发票管理及局办新集体经济独立、职工疗休养、合作社上交管理费、交纳税收、更改购物手续等通知，市协调办座谈会记录和经验交流会上的讲话等。

上海市档案馆指南

下

上海市档案馆 编著

上海人民出版社
上海书店出版社

上海市税务局

全宗号　B97

1950 年 3 月，上海市直接税局、货物税局和市财政局的地方税工作部门合并，建立上海市人民政府税务局。1959 年 1 月，市财政局和市税务局合并为市财政局。1962 年 8 月，重新设立上海市税务局。该局主要任务是负责上海市辖区范围内的中央税收及地方税收的行政及稽征工作。其内部机构迭经变化，至 1957 年设有办公室、政治处、工业稽管处、稽管二处、计划室、监察室、国企室、地方税处、市级机关政治协理员办公室、税制改革办公室。历任局长有：顾准、马一行、朱如言。

馆藏上海市税务局全宗档案共 3 218 卷，均为永久卷，档案排架长度 46. 4 米，档案起止年代为 1949—1973 年，按问题—年代、机构—年代排列，编有案卷目录。

档案主要内容：

1. 党务类

有上级党委、党组关于成立税务局分党组、党组的通知、决定，税务局处、科级干部和正副分局长的任免批复，调干通知，税务局党总支（支部）改选报告，党纪处分通知与决定，市委关于成立税务局税制改革小组、上海市财政贸易干部学校的批复，批转税务局改革工商税制、税收管理体制的通知，局党组会议、局务会议和党总支会议记录，局党总支工作计划、总结，党员情况统计表，成立人民法庭报告，审干工作计划、报告、工作小结，政治工作情况与总结等。

2. 组织人事类

有市委、税务局有关机构设置通知，市、区（县）两级财政税务部门合并报告与批复，关于工商业民主评议委员会组织规则向市政府的报告，上海专卖事业公司、税工疗养院转移领导关系的来往文书，科长、股长、组长任免、调配材料及调令，工作人员统计表，税务局及各区分局增产节约分会和支会名单，工作人员奖惩办法，职工违纪处分材料，先进工作者登记表，劳教人员报批表、收容通知书、判决书等。

3. 秘书类

有年度税收情况总结、报告，年度工作总结及向市委、市财委的工作报告，加强税收工作方案，税收管理体制及规章制度，《解放八年来上海税收工作》编写纲要和上海市税收工作概况汇编材料等。

4. 税政稽查类

有各种税收稽征规定和办法，对歇业、合并改组企业课税问题的批复，票证管理公告、通知，税法解答广播稿，工商业户纳税普查方案及总结，催交旧欠税款办法，偷漏税、欠税处理报告与批复，接管没收反革命罪犯财产中欠税问题的报告、批复，违章物品没收处理办法，查私情况报告及税务复议委员会工作总结，海关代征税收方法的通知、公告，外商征税问题的通知及来往文书等。

5. 外商管理类

有外商企业名册、外商调查报告，外国人房地产税征收册，洋商行分析总结、税收请示报告、征收情况统计表，洋商“五反”检查总结和偷漏税材料等。

6. 计划会计统计类

有年度税收计划、税收决算表和税收分析报告，房地产税、印花税、车船使用牌照税等税源、税额年报表，《上海市税务统计》（第一至第十一辑），税务行政机关会计决算表等。

7. 监督检查类

有中央对上海市税务工作的检查报告，检查监察工作总结及向上级的报告，税务检查监察制度，反贪工作计划、总结，查处违纪案件通报、检讨报告等。

上海市第二商业局

全宗号　B98

上海市第二商业局成立于1955年4月，负责对全市副食品、饮食、服务行业和摊贩的组织管理。1956年12月撤销，成立上海市服务局，负责对全市副食品包含服务业的领导管理。1958年8月，与市粮食局、市供销合作局、市工商行政管理局合并组成上海市第二商业局，在第二商业局下设工商行政管理处（对外称局，后该处划归上海市第一商业局）。1994年5月，第二商业局撤销。历任局长或负责人有：杨延修、裴先白、侯希仁、李景贤、周今生、郭梦家、翟贵肇、沈思明、徐立夫。设办公室、行政处、业务处、基层工作处、计划处、物价处、财务处、储运处、基建处、生产科技处、人事处、教育处等内部机构。

馆藏上海市第二商业局全宗档案共17 634卷，档案排架长度215.2米，档案起止年代为1929—1994年，编有案卷目录。

档案主要内容：

1. 综合类

有市人委关于该局成立的批复，党组会、局务会及革命委员会会议记录，调整机构、启用印信、更改地址的通知，局各处室历年工作计划总结，革委会成立大会纪要，该局编制的《情况汇报》《情况交流》等，信访工作的规定、通知、总结，生产用房征地、生活用房分配及联建房基地管理等事项的通知、函，该局所属单位并、迁的请示、批复，食品公司等企业全面整顿验收合格的批复，工业普查材料，市、区商业管理体制分权明责交接清册，中共上海市委、上海市人民政府关于第二商业局机构改革方案的批复等。

2. 组织人事类

有干部任免批复，党组织和党员、干部统计年报表，干部名册，党员转正、取消预备党员、恢复党员权利的批复，局所属单位建立党组织的批复，建立公司技工学校的批复，职工晋升技术职称的审批材料，职工离退休审批表，职工家属顶替的通知，职工随厂内迁或支援内地、边疆、国外建设的方案、通知，职工人数、工业企业劳动生产率、分类情况、工资与劳保福利费用年报表等。

3. 工会团务类

有该局工人代表大会的材料，全国五一劳动奖章获得者、市劳动模范、三八红旗手、实事项目记功登记表，工会组织定期综合统计年报表，退休职工年度工作情况报告，退管会年度经济实体、经营情况汇总表、登记表，组成团委会的材料，任免团干部统计表，团委会议记录等。

4. 商业管理类

有全市各区各类摊贩统计，全市废品、燃料、石粉、砖灰水泥、麻袋业、旧花布商业情况普查表，饮食业改造的报告，菜场工作的调查报告，固定饮食摊贩改造方案及合作小组章程的报告，水产自由市场开放前的调查材料，熟水业合作组织调整工作情况及改造意见，市人委关于调整市区商业体制的批复，个体摊贩登记发证归口管理的意见，调整商业网点、蔬菜生产收购、调运供应及农副产品收购奖售的批复、通知、办法等。

5. 计划供销类

有商品流转的计划、统计表，猪牛肉、禽蛋等副食品凭证供应的方案报告、统计资料，酒类生产管理和产销关系的规定，食糖实行定量供应的通知，日用品购货券发放的规定和管理办法等。

6. 价格财务类

有该局下发的关于油饼、粢饭等十二种主要食品规格价格的规定，零售价格管理分工和联系制度，副食品价格掌握的办法、规定，蔬菜收购价变化情况和价格综合材料，资金管理工作的通知、报告，财务年度计划、预算及执行情况报告，年度经费支出明细表、会计报表，费用开支、账务处理、压缩集团购买力的规定、通知、批复等。

7. 对私改造类

有对摊贩的整顿改造和私营改合营材料，私改工作的报告、方案、总结，饮食服务业小商贩改造工作及清产核资的规定，誊写、打字、贳器社、佣工介绍所等业的归口意见、调整改造的报告，未归口行业改造的安排等。

上海市供销合作局

全宗号　B100

1956 年 12 月 26 日，上海市农产品采购局和中华全国供销合作总社上海办事处合并，成立上海市供销合作局。其职责是组织城乡物资交流，并负责归口私营商贩的社会主义改造工作。内部机构设办公室、政治办公室、业务处、计财处、人事处。局长由陆慕云兼任。1958 年 10 月 22 日，市供销合作局与市工商行政管理局、市服务局、市粮食局合并为上海市第二商业局。

馆藏上海市供销合作局全宗档案共 224 卷，档案排架长度 4 米，档案起止时间为 1955—1958 年，按大流水排列，编有案卷目录。

档案主要内容：

1. 综合类

有该局历年工作计划、总结，局务会议记录，商业机构体制调整变动方案，财务计划、会计年报、财产支援清册，基本建设投资计划、总结、综合报表，仓库扩建、改建报告与批复等。

2. 组织人事类

有该局组织机构成立、撤并、人员编制等问题的报告与批复，干部任免、调动、提拔报告与批复，工资改革报告与批复及统计报表，开除反革命分子、坏分子和遣送劳动教养报告与批复等。

3. 对私改造类

有该局关于私营商业归口行业社会主义改造的规划、报告，归口行业劳资人员安排的指示、报告与批复，新合营企业职工工资改革、劳保福利等问题的方案、通知等。

4. 业务生产类

有该局历年商品流转计划、零售计划、采购计划、物价年报、商品统计年报，主要商品生产、收购、市场安排、供应方案，解决市场紧张、脱销商品和清理积压商品的情况报告等。

5. 党务类

有该局党委改选、专业公司建立党委划归领导关系的报告与批复，局党组会议、党组扩大会议记录。

上海市郊区供销合作社

全宗号　B101

上海市郊区供销合作社成立于1954年12月，1960年2月撤销。其主要任务是：开展城乡物资交流，为农业生产服务，支援国家工业化并巩固工农联盟；通过有计划的供销业务和合作制度，引导小农经济和个体工业逐步纳入国家计划的轨道，并促进其社会主义改造。主任周志凯。内部机构有：秘书科、人保科、计划科、财会科、供应科、手工业科、推销科、组导科、储运科。

馆藏上海市郊区供销合作社全宗档案共281卷，档案排架长度4米，档案起止时间为1954—1960年，按组织机构排列，编有案卷目录。

档案主要内容：

1. 综合类

有市郊社1955—1960年党组织，理事会、社务会议、区社主任会议记录，1955年召开第一届第一次社员代表大会文件，各郊区社1958年召开第二届第一次社员代表大会文件，市郊社1953—1956年、1958—1959年工作总结及清理中内层、整风引导计划、整改计划、总结，1955 年下半年节约计划，关于反贪污、浪费腐化堕落的报告，1954 年郊区手工业改造工作总结，1956 年商改工作总结，郊区私营商业社会主义改造方案，1957 年商改工作计划和镇商业调查报告，所属合作社零售商店工作暂行规则，供销计划合同检查综合报告、工作总结，对宝山、上海、嘉定、浦东四县和川沙、青浦、崇明、松江、金山、南汇、奉贤七县基本情况的调查报告，关于粮食计划供应和购销业务交接方案、报告，关于调整机构、业务交接的报告、批复，市郊社和市联社、手工业生产联社、生产资料站、市粮油公司、商业二局财产移交、档案移交清册，1955—1959 年基建计划，1957 年基建计划完成情况报表和蔬菜脱水加工厂设计任务书等。

2. 组织、人保类

有该社组织形式，建社方案，启用印信、颁发区社印章和转移领导关系的通知，1954—1959 年全国干部定期统计报表，1955 年职工花名册和 1960 年撤销时人员去向名单，九个区社股长级以上干部名册，1956 年上报干部任免的报告、批复及全国总社、市郊工委、该社有关科级以上干部的任命，市郊社批复各郊区社关于提拔、任命和调动股长以上干部的报告，1955 年人事工作及人事工作会议总结，福利工作、教育工作总结，惩戒工作小结，1956 年工资改革方案、总结，供改薪人员工资结算及待遇问题的意见，批复各郊区社关于供给制干部申请改为薪给制的报告，关于新公私合营、商业工资制度和工资标准，1955 年全国职工调查综合报告等。

3. 工会、共青团类

有工会工作基本情况和报告，撤销基联会的报告、批复，市郊社系统出席上海市 1956 年商业劳动模范和先进单位模范事迹，出席 1957 年全国合作总社先进工作者代表事迹及该社叶德明等同志的先进事迹，工会关于劳保医药费检查整顿工作总结等。

4. 财会类

有年度会计报表、财务计划、财务工作的总结、规划和资料，各项经费开支标准，各郊区社 1957 年盈余分配办法的批复，账册、资金、财产清查、盘点等方面的规定办法，该社与粮食局、综合贸易、综合服务公司业务交接中转账拨款、资材处理的请示批复，该社移交给市蔬菜公司、生产联社的财产移交清册，接收吴淞区渔民供销社财产移交清册等。

5. 计划、统计类

有该社年度商品流转计划及执行情况报告，棉花加工生产计划和工业生产计划，该社报送上海市蔬菜地货商业三个五年紧缩计划草案，该社工业郊区社收购主要农副产品数量统计表，生产资料供应、公私合营方面的年报表以及组织与商业网年报表，农业生产及农民对生产、生活资料需求的调查材料和总结，汇总1949—1957年供销合作社购销存历史资料整理表等。

6. 采购及物价类

有业务工作总结、意见，农畜产品采购工作情况报告、总结，棉花生产、收购等方面的工作方案、调查报告、总结材料，蔬菜供销工作的总结，蔬菜地货业、南北蔬菜市场改组改造的方针、措施和该社联合工作组关于上海市蔬菜商业工作的调研报告，种籽供应工作的报告，1958、1959年市农业局、商业局、供销合作局联合召开县农业、商业局长会议和1959年该社召开商业局长会议讨论农业生产资料供应工作的会议文件，各县农副产品、副食品采购经理会议文件，全国总社、该社有关物价管理工作的各项指标，该社生产资料、农副产品的供应收购牌价等。

7. 生产资料供应及农具生产类

有全国总社生产资料站党支部会议记录，生产资料站干部工作计划、报告总结、干部统计表，生产资料站干部工调、升级的名单、总结、报告，农药、农械、化肥等生产资料、生产供应的计划、总结、调查报告等。

上海市供销合作社

全宗号　B102

上海市供销合作社成立于1962年7月28日，1971年7月23日撤销，1978年5月1日重建。其职责是完成农副产品收购任务，做好农业生产资料和生活资料的供应工作。1988年后成为组织、推动全市供销合作事业发展的群众性经济团体和城乡供销社的领导机构。内部机构设行政办公室、采购供应处、郊区工作处、组织指导处、物价处、计划统计财务会计处、基层工作处、外经处、业务处、教育处、劳动工资处等。朱讯、陆慕云、曹安祥、叶振声先后任主任。

馆藏上海市供销合作社全宗档案1 277卷，档案排架长度14.4米，档案起止年代为1962—1991年，按年度—组织机构分类排列，编有案卷目录。

档案主要内容：

1. 综合类

有该社行政办公会议记录，工作制度、计划、情况汇报、简报、总结和增产节约方案，全国总社在上海召开省市主任会议文件和该社召开郊县社主任、各基层社主任会议纪要、决议，所属单位隶属关系、更改名称、调整机构、扩大经营范围及迁址的决定、批复，市社级先进集体、先进个人名单、登记表，历年财务计划，会计年报表，逐步推行责任制试行意见，各区县商业管理体制分权明责交接清册等。

2. 组织人事类

有中共上海市委、市人委、总社、财贸政治部关于机构设置、人员编制、调动、提拔的报告、批复，历年劳动工资年报表及人员构成情况统计表，改进工资制度调查报告、调整工资计划、报告、批复，劳动保护、工资福利等规定、办法。

3. 生产业务类

有全国总社、市人委、计委关于供销社主管商品分级管理统一调度的办法、规定，该社农副产品收购、调拨、奖罚规定、通知、总结，历年商品流转计划、统计年报，加强剧毒农药保管、运输、供应安全的报告、通报，“兴隆”“白象”等6种注册商标换发商标注册登记证号的报告、批复，废旧物资工作问题办法、规定、通知、意见，商品价格调整的通知、报告、批复，公布部优产品名单、科技成果奖、进步奖的通知等。

4. 基建储运类

有该社历年基建计划、投资计划和基建会计年报，征用土地的报告与批复，仓库情况和运输设备拥有量调查表，所属康健、繁华、物资贸易大楼项目建设、调整投资等的报告、批复等。

5. 党团类

有该社党委党务会议记录，党委扩大会议记录，党委工作回顾、工作总结，党员、党组织统计年报表，团代会文件材料汇编，团组织及专职干部情况统计年报表，团市委表彰市新长征突击手的决定等。

上海市仪表电讯工业局

全宗号　B103

上海市仪表电讯工业局成立于1959年12月31日，负责统一管理上海市仪表电讯工业生产。1995 年 5 月撤销。历任负责人有：肖卡、苏展、谭浩、汪敏、秦汉章、鲍复、严浩、郁品方、叶龙蜚、林树楠、席炳午、张林俭。设有办公室、机关党委、生产计划处、技术处、财务处、基本建设处、劳动工资处、材料供应处、干部教育处等内部机构。

馆藏上海市仪表电讯工业局全宗档案 7 846 卷，档案排架长度 156. 8 米，档案起止年代为 1960—1995 年，按年代—组织机构分类，编有案卷目录。

档案主要内容：

1. 综合类

有该局年度工作计划、总结，党委、局务会议记录，电子工业发展规划、纲要，企业整顿、承包经营、企业升级等材料，股份制企业、转换机制、改革模式的报告、批复、通知，工业企业普查材料，《中国地区电子工业概览》（上海卷），《上海电子工业发展简史》，局办公室编各种简报，外事工作、培训越南实习生工作材料，档案工作材料，学校教育工作材料保卫保密工作材料，上海电子工业学校与德国汉斯赛德尔基金会合作协议的请示、批复等。

2. 党务工作类

有成立仪表局党委及其人员任免的材料，局党委、机关党委工作计划、总结、会议记录，党代会材料，行政性公司体制改革的请示、批复，纪检、监察、党风廉政建设材料，对有关人员组织处理，表彰先进的通知、批复等。

3. 工、团组织类

有该局工会组织成立、干部任免材料，工代会、职代会材料，市、局先进工作者、先进集体、劳动模范、三八红旗手、全国五一劳动奖章登记表，工会组织定期综合表，团委工作计划、总结、会议记录，团代会材料，团组织建设、干部任免、先进表彰材料，普及法律常识、理想纪律教育材料，上海市文明单位登记表等。

4. 组织人事类

有市委、该局关于机构设置、干部任免、人员编制的材料，党员转正、保留党籍、取消预备党员的材料，干部级别、离休、待遇、技术职称工作材料，统战、侨务工作材料，劳动工资工作材料，劳动定额、培训考核、企业停工、待工、劳动合同制管理规定，劳动人事制度配套改革的请示、批复等。

5. 政治运动类

有该局揭批“四人帮”运动材料，“文革”复查工作材料，清理“三种人”材料，仪表局“文革”大事记，打击经济犯罪工作材料，落实政策工作材料等。

6. 生产技术类

有该局生产规划、计划、报告，科研、军工产品、专用设备、援外出口、定点生产的计划、报告、通知，国防尖端产品发展的意见，企业经济改组、专业化、产品扩点、关停并转、产品调整的报告、通知，企业改变隶属关系、更改恢复厂名的报告、通知，技改计划任务书、建议书、可行性报告的请示、批复，企业普查材料，大中型工业企业基本情况、工业总产值等统计材料，合资企业项目建议书的报告、批复，企业改变土地使用性质的申请、批复，新产品试制、科研、工艺、技术革新、技术标准、引进技术消化吸收等材料，电真空、半导体器件发展材料，质量管理、产品创优等材料，三废治理材料等。

7. 财务、基建、规划类

有世界银行贷款技术改造项目的请示、批复，企业搬迁、批租、兼并、更名、企业代码标识、公布市中型企业名单等材料，资产存量、结构调整规划、土地置换、企业破产、资产评估、产权转让、债务清算等材料，基本建设工作材料，贷款、经费、成本、利润、价格、税收、审计等材料，预算、决算材料等。

上海市财政局

全宗号　B104

上海市财政局于1949年9月1日成立，1958年9月与市税务局合署办公，1959年1月28日两局合并为上海市财政局。1962年8月税务局恢复建制，对内仍是一套机构。1971年3月，上海市财政局、上海市税务局与中国人民银行上海市分行合并为上海市财政局，对外保留中国人民银行上海市分行名称。上海市财政局主要负责上海市预决算、财政拨款和经费管理，在财政税务合署办公期间，同时负责全市的税收工作。该局内设机构有秘书处、预算管理处、企业财务处、会计处、定员定额管理处、税务处等。

馆藏上海市财政局全宗档案共 14 708 卷、31 676 件，排架长度为 250.4 米，档案起止时间为 1949—2008 年，按年度—保管期限分类，编制有案卷目录。

档案主要内容：

1. 党务工作类

有该局党委、党组的会议记录、工作计划、总结，整党整风检查和整改意见，粉碎“四人帮”后清查工作的简报、打算、总结、验收报告，错划右派的改正报告的批复和备案材料，复查平反案件情况和“落实人员”情况的统计表、登记表，党员违纪处分的批复、材料和“经打”工作小结，党组织和党员统计年报等。

2. 秘书综合类

有局务会议记录，局年度工作计划、总结，财税工作会议材料，局领导重要讲话，局级重要活动情况汇编及外事活动接待报告、计划、总结等材料，局工作年鉴、大事记，《上海财政研究》《上海财税》等。

3. 人事宣教类

有该局及所属机构设置、编制调整的请示、批复，干部任免、调动、奖惩材料，财税干部、职工人数与工资福利的统计表，专业干部业务技术职称考核评定情况表和评审材料，干部教育培训情况统计表，上报财政税务局组织史资料的报告及名录登记表，全国财政系统劳动模范先进集体、先进个人登记表等。

4. 预算财务类

有上海市财政预决算报告、财政收入支出执行情况报告，市和区县体制改革的报告批复，财务管理、会计处理及企业贷款问题的规定、通知，“预算包干”实施办法的通知，农业税征、农业税减免及减税价格的请示、批复，核定农垦、水产、劳改企业的年度财务结算报表、报告、通知，处理历史遗留的美籍个人、团体、企业单位银行保管品移交清单，对外经济财务问题的材料等。

5. 税收稽征类

有中央、市税收政策的规定、通知，下达、调整税收计划的编制通知，税收征管的规定办法和调整税率的请示、批复，涉外税收的材料，各种税收统计年报表等。

上海市教育局

全宗号 B105

1949 年 8 月，在上海市军事管制委员会文化教育管理委员会市政教育处基础上成立了上海市教育局。职责是领导和管理上海市普通教育、特殊教育、工农业余教育工作，解放初期还兼管文化馆、图书馆、博物馆、体育场馆等文化体育事业单位。历任局长为戴白韬、陈琳瑚、孙兰。1968 年 12 月，上海市教育局和上海市高等教育局合并为上海市教育局，职责是领导和管理上海市高等教育、中等教育、普通教育、特殊教育、业余教育工作。1979 年 1 月恢复建立市高教局后，高等教育归市高教局管理。1977 年至 1995 年 2 月期间历任局长有：杭苇、王永贤、姚庄行、袁采。

馆藏上海市教育局全宗档案 14 513 卷，档案排架长度 198. 4 米，档案起止年代为 1949—1995 年，按年度—组织机构分类排列，编有案卷目录。

档案主要内容：

1. 综合类

有办公会议、局务会议记录，局革委会、党委会、党的核心小组、军工政三结合领导小组会议记录，高校招生领导小组会议记录、毕业生工作委员会会议记录，教育工作会议、重要专业会议记录，有关教育工作的指示、决议、条例、规定、通知，中共中央教育工作会议照片，专题典型调查报告，市人民代表、政协委员视察教育工作的报告、提案处理，该局大事记，外事活动计划等。

2. 组织人事类

有该局处以上干部、基层单位主要负责人的任免、处分决定，机构人员编制、干部名册、干部统计年报，师资培训、师资调整、出国、支内人员的材料，干部培养提拔规划、干部配备情况报告、干部级别审批、退休人员审核等材料，评选市优秀教师、先进工作者的办法、名单，专业技术职务评审工作，高级专家离退休待遇、党员和党的建设情况统计表等。

3. 教育管理类

有接管工作计划、总结及私立学校、外侨学校的登记、开办办法等材料，普通高中办学模式改革、建立普通话测试中心的决定，试行全日制中小学工作条例草案，中等教育结构改革及高中学制调整、中小学布局的报告，全国工农速成中学和职工业余教育会议情况和计划、城市半工半读和农村半农半读教育会议的情况，教学改革试点工作计划、经验总结，高校科研规划、成果汇报，教育事业发展规划，各类教育年度汇总统计表，专题调查、普查统计表以及该局组织编印的教材、教学参考资料等。

4. 基建财务类

有地方教育基本建设投资完成情况、编报投资计划、预备项目计划的材料，学校基建计划、总结，经费管理规定，资产调拨、学校迁址、征地、防空工程项目的审核批复等材料，清产核资、物资管理、工资福利等材料。

上海市储备物资管理局

全宗号　B108

上海市储备物资管理局原为国家物资储备局上海市分局，成立于 1954 年 10 月，掌管国家在上海地区的物资储备和进口物资的接收与转运，1955 年 11 月改称上海市储备物资管理局。局长朱士俊。内部机构设秘书科、财务科、人事保卫科、物资管理科、监察室。1957 年 5 月，与上海市物资供应局合并成立上海市物资局。

馆藏上海市储备物资管理局全宗档案 149 卷，档案排架长度 2.4 米，档案起止时间为 1954—1957 年，按大流水排列，编有案卷目录。

档案主要内容：

1. 综合类

有该局工作计划、总结、局务会议记录，华东区局移交工作总结，国家物资储备局召开的有关会议决议及该局贯彻执行情况，事业费决算、调整预算上报材料及批复，物资会计工作指示、通知，仓库工作总结及扩、修建材料，该局党组、党支部会议记录，肃反运动镇反工作及对资改造计划、总结、报告和定案材料等。

2. 组织人事类

有中共上海市委、国家物资储备局华东分局、该局有关领导关系、党组人选的报告与批复，该局组织机构设置、调整、人员编制、干部培养、提拔、任命的材料，干部统计表、简明登记表，工作人员调动、录用、评级、年终鉴定等材料，工资改革总结等。

3. 储备物资管理类

有国家物资储备局、该局关于储备物资细查工作指示、计划、专题报告、简报，物资管理费、港口进口物资费用结算的请示与批复，物资接运办法及进口物资商检索赔及滞外物处理文书材料，储备物资鉴定保养推广先进经验总结，清仓物资处理、移交指示、通知，接收、转运进口铅锭、马口铁工作总结，检查煤炭代管情况专题报告，代管粮食、原棉协议及执行情况，物资订货合同执行情况小结等。

上海市物资局

全宗号　B109

上海市物资局于1957年5月在原上海市物资供应局和上海市储备物资管理局基础上合并成立，负责上海市所管物资的申请、平衡、分配进口和国家储备物资的接收、中转、保管工作。历任局长有：牟耀东、余念一、熊中节、王少卿、王任斋、王宏兴、孙良浩、陈东波、傅忠耀、许冠庠、李厚圭。下设党委办公室、调度室、计划处、协作办公室、节约办公室、外经贸处业务处、科技处等。

馆藏上海市物资局全宗档案5 909卷，档案排架长度103.2米，档案起止年代为1957—1994年，按年度—问题分类排列，编有案卷目录。

档案主要内容：

1. 综合类

有工作计划、总结、简报，局长办公会议、局务会议记录，技术革新、增产节约运动报告，历年行政经费预决算、财务收支计划，局革委会、局党委会议记录，工作计划、总结，建立、调整局组室及公司党、政领导班子的报告、批复，物资体制改革材料，机电、金属等公司划出、划进文件等。

2. 党务组织人事类

有宋季文在该局党委常委和党委扩大会议上的两次讲话纪要，局党组、党委、党委常委会议记录，第一届党代会文件，市计委、物资供应局建局方案及物资供应局与储备局合并方案，该局机构体制调整、编制的报告及市委、市人委的批复，市委组织部、工业部关于该局局处级干部任免及局党组成员的批复，成立各级党组织及干部配备的文件，劳动工资年报，专业技术人员情况统计年报，本局关于工资、福利待遇的规定、通知，职工增资的请示、批复等，成立局革委会批复，局党委、局革委会成员任免、调整、离审、重新任命文件，局系统全国和上海市先进集体、个人登记表、事迹材料等。

3. 物资供应类

有物资隔离工作报告，物资调拨分配计划、统计、意见，上海市物资隔离试行办法，市计委、该局关于物资计划申请、分配范围的规定、通知，国家经委、国家关于统配部管物资统一销售与地方平衡的规定及超产提成比例的通知，公私合营工矿、手工业所需原材料改用调拨的决定，国家计委、市计委下达重工业产品等统配物资分配计划、通知书，该局统配物资、部管物资申请计划、记录表，节约原材料、降低生产成本的计划、总结，物资价格安排的通知等。

4. 储备物资、进口物资管理类

有国家物资储备局关于储备物资动用、调拨的规定及该局地方储备计划、工作总结、地方储备物资动态、物资库存普查工作报告，该局处理呆滞物资的意见、报告、统计表，市计委向地方工业部供应局申请国外进口物资报告，外贸部、该局关于进口物资工作的规定、指示、报告，地方物资进口计划、订货明细表，地方外汇进口计划及上海市需要情况，中央外汇提成汇总表，地方外汇核定通知书等。

5. 物资计划、管理类

有本局编报的年度主要物资申请计划，进口物资计划，物资管理、供应、分配的办法、通知，全市计划、安排、供应物资专题报告，物资安排紧缺的紧急报告，与外省市进行物资协作、投资、开展补偿贸易的批复、报告等。

6. 财务、物价、审计类

有财务会计报表、财务收支计划，决算的报告、批复，关于调整物资进销价格的报告、请示、批复、通知，资金、费用的申请、管理规定，对下属各单位进行审计的调查材料审计报告、审计结论等。

上海市冶金工业局

全宗号　B112

上海市冶金工业局成立于1958年6月，其前身为上海钢铁公司。其职能是规划、管理上海市冶金工业生产与发展。许言、周璧、陈大同、陆铁夫、宋星路、李其世等先后任冶金局局长。内部机构设有企管处、科研技质处、机动基建处、劳安处、财务处、审计室、教卫处、总工程师室、发展规划处、生产协调处等。1995 年 8 月，上海市冶金工业局转制为上海冶金控股（集团）公司。

馆藏上海市冶金工业局全宗档案 12 992 卷，档案排架长度 252 米，档案起止年代为 1955—1996 年，按年度—问题分类，编有案卷目录 22 册。

档案主要内容：

1. 综合类

有上海冶金工业十年（1949—1958）、八年（1957—1965）发展与建设情况总结；第一至第三个五年计划，“六五”“七五”“八五”计划规划及其执行情况；党政会议记录；局机构改革的请示及上级批复；工业体制改革、经济体制改革、机构调整、隶属关系变更的请示、通知；重大技术革新、科研成果汇总；关于中外合资企业可行性研究报告、谈判记录、合同等。

2. 党务和组织人事类

有冶金局党委、（党组）建立沿革、任职文件、会议记录，对下属单位党委、党总支、纪监委成立、人员调整的批复，贯彻上级党委、纪委有关会议和指示精神的通知、决议，参加全国、市党代会代表名单，干部任免、奖惩、调动的请示、批复，冶金行业工资、劳保、福利、津贴等的规定，党员、干部统计年报名册，1949—1995 年冶金局内部机构设置系列表，全国、部、市、局级劳动模范、先进集体、五一奖章获得者、新长征突击手名单等。

3. 生产技术类

有上海工业生产状况、年度钢、钢材、有色金属生产计划及主要经济技术指标，年度产品产量、质量、技术经济指标完成情况统计报表，年度科研项目、军工生产任务计划、报告，年度技改技措项目的计划、方案以及指示、批复，市、局下达的科研项目、新产品试制综合利用材料，引进大型工程项目的请示、报告、可行性研究报告、计划任务书，冶金工业企业年报表，市级以上优质产品有关材料，国家计委、经委、建委关于上海宝钢建设协作会议纪要，上海市冶金局关于建立现代企业管理制度等文件。

4. 基本建设类

有年度基本建设计划、通知、批复，新建、扩建、改造、技措重点基建项目设计方案、请示、批复、通知，建设银行上海钢铁工业基本建设投资效果的情况调查，基建项目更新改造、大修报批材料，基本建设年报、基建投资完成情况表等。

5. 财务供应类

有冶金局年度财务决算、汇总表，市、局下达的年度财务成本、利润、流动资金、更新改造基金计划分配方案，企业财务成本资金管理情况调查、冶金产品出厂价格意见、调整规划，局物资供销运输工作计划、总结、统计年报，原料基地报批、扩建、归口管理的请示、批复等。

上海汽车工业总公司

全宗号　B116

上海汽车工业总公司前身为上海汽车拖拉机工业联营公司,成立于1984年7月，1990年3月更名为上海汽车工业总公司。主要任务是，对汽车、轴函、柴油机等工业进行高精尖新产品试制，用新工艺、新技术研究推广经验。历任经理有：王公道、曹冠五、魏如、霍建华、刘东、仇克。内部机构设办公室、干部科、计划科、劳资科、财务科、基建科、援外科等12个科室。

馆藏上海汽车工业总公司全宗档案4 791卷，档案排架长度38.4米，档案起止年代为1958—1992年，按年代—组织机构大流水排列，编有案卷目录。

档案主要内容：

1. 综合类

有公司历年工作计划、总结、会议记录，1959年苏联专家轴承工业科技访华团对轴承、汽车、柴油机等工业方面提出的建议、意见及报告记录，上海农机公司《跃进报》《农机动态》《拖汽简报》《情况汇报》，公司所属各厂开展四清运动的材料等。

2. 组织人事类

有公司所属厂并厂、更改厂名、调整组织机构和对干部任免、调动、职工处分的请示、批复，公司党委常委会议记录和农机公司对新厂建立党委、总支、支部委员的批复，公司工作人员名单、“五好”职工登记表和干部定期统计表等。

3. 生产计划类

有公司开展技术革新、技术革命、技术发展工作纲要、动员报告，1964—1970年超国际、国内先进水平及市、局、公司下达凤凰牌轿车试制计划、技术措施、质量、协作等文件，公司与有关厂试制三轮卡车的规划、鉴定报告及1.5吨载重汽车设计任务书，D0301型汽车发动机鉴定书，工农7型手扶拖拉机配套农具水田耕地装置鉴定报告及批复，七一农机厂关于丰收35P拖拉机试制规划、配件修理问题的会议纪要，农机部、八机部等对上海农机公司1962—1965年产品技术鉴定书，公司所属企业生产情况一览表，原材料供应汇总表及各厂工业统计年报，公司年度生产计划，产品质量升级规划，三轮汽车改型及用户访问，“五四”技术赶超和战时疏散规划等。

4. 劳动工资类

有公司关于私股定息、公股转私股、私股转公股的来往文书及所属厂私股清单，公司所属厂工伤事故处理、人员调配、解决劳动力、工资调整、测算、补发及资产阶级工商者退休人员名单、处理意见，公司历年劳动工资年报等。

5. 财务基建类

有公司历年财务决算报告、工作总结，1957—1963年固定资产情况，基建规划设计任务书的审核、批复，建造办公楼、教育楼的报告及基建决算核定书等。

6. 援外工作类

有援外工作规划，援助越南五个小机械厂建厂方案，越南实习生培训费用、申请设备报告及发货清单等。

上海市建筑工程管理局

全宗号　B119

上海市建筑工程管理局于1953年1月成立，其前身为华东建筑工程部第三工程处，主要承担上海地区的建筑施工任务。1958年3月与华东工程管理总局合并为上海市建筑工程管理局。1994年1月11日改制为上海建工（集团）总公司。历任负责人有罗白桦、杨兆熊、冯国柱、陈去非、周鸣翔、朱万国、曹汝清、王国良、石礼文等。至1993年设有办公室、经营开发处、施工生产处、设备材料处、技术处、教育处、监察审计处等内部机构。

馆藏上海市建筑工程管理局全宗档案共 7 834 卷，档案排架长度 150.4 米，档案起止年代为 1953—1993 年，按年度—组织机构排列，编有案卷目录 7 册。

档案主要内容：

1. 党工团类

有历年党委常委会和党委会议记录、工作计划与总结、大事记，历届党代会文件，纪检、监察工作计划、总结，党员违纪处理文件，党风党纪检查、案件审查，工会、团委、民兵工作计划、总结，工会、团员统计年报表，职代会、民主管理材料，全国、市劳模、三八红旗手和局先进集体、个人登记表，工会开办第三产业的批复、工会财务管理文件等。

2. 组织人事类

有中共上海市委、市政府关于该局建立、撤销、调整组织机构和编制的报告及批复，党组织、干部、党员各类情况统计年报，组织人事工作计划、总结，干部离退休、职称评定的批复，局机构改革方案，历年劳动工资统计表，工资晋升、工资改革报告与批复，劳动保护、福利、退休职工子女顶替、工伤死亡照顾家属安排工作文件等。

3. 行政工作类

有历年局务会议记录，工作计划与总结、大事记，建局原始记录，接管私营企业的报告与批复，私营建筑行业归口管理的情况调查和改造方案，合营企业经济改组和组织形式问题，企业领导目标责任制考核办法，支援内地建设材料，工业学大庆、命名大庆式局集体企业工作，扩大企业自主权报告，企业整顿验收标准、决定等。

4. 业务工作类

有历年建筑安装施工计划，施工任务完成情况统计表，国防工程项目计划和统计年报，基建投资计划和统计年报，基建技术改造设计任务书，建职工住宅、征用土地的请示、批复，全优工程评比、清理停缓建项目的通知，施工企业资质审查、办理和吊销施工许可证的决定、通知，施工质量、安全工作监督检查及工作总结，事故调查报告、统计表，建立联营企业、中外合资企业项目建议书和可行性研究报告、合同、章程，整顿建筑市场办法，历年科研项目计划，施工技术、产品管理、标准规范，科技工作总结、规划、统计，科技展览会文件，环保、计量工作材料，科技进步奖名册、审报书，历年机械设备统计年报，设备管理、技术装备工作计划，引进设备、物资管理及材料供应、价格等方面的材料，建立宝钢建工分指挥部、承接宝钢建设任务文件等。

5. 保卫工作类

有保卫工作计划、总结，火灾事故报告，非正常死亡事故的调查报告，保卫工作先进材料、名单，治安综合治理文件等。

6. 财务、审计类

有财务管理规定、利润留成、企业基金、财务结算、转产处理、预算定额规定、调整价格、销毁会计档案，财务预、决算报表，审计决定、公私合营企业财产基建、股金文件等。

7. 政治运动类

有社教工作分团党委会、队长会议记录，四清运动计划、总结、大事记，工、军宣队会议记录、人员名册，“批修整风”“批林批孔”交流会材料，揭批“四人帮”、核查“三种人”材料等。

上海市人民防空办公室

全宗号　B120

上海市人民防空办公室成立于1969年10月，系上海市人防委的具体办事机构，主要负责原由市公安局防空处主管的全市人防工作，战时组织人民群众进行防空袭斗争。1990年3月与新成立的上海市抗灾救灾办公室合署办公，承担全市人防、抗震、抗灾救灾职责和任务。历任负责人有：钟皿浪、郭化若、潘汉年、许建国、屈成仁、李干成、李彬山、周纯麟。内部机构设警备治安处、教育训练处、通信联络处、消防处、救护处、修建工程处。

馆藏上海市人民防空办公室全宗档案1 288卷，档案排架长度25.6米，档案起止年代为1949—1990年，按年度—机构分类排列，编有案卷目录5册。

档案主要内容：

1. 党工团类

有党组、直属机关党委会议记录、纪要、工作计划与总结，民主生活会记录、纪要，党委机构职务设置、变动，党风教育、党纪、廉政教育，监察、审计、查处违反党纪政纪材料，表彰先进党支部、党员材料，成立人防系统工会筹建组通知，任命人员、团委成立、组成名单、工作计划总结、统计报表等。

2. 综合类

有历年人防工作规划、计划、疏散方案、总结，中央、市政府关于加强人防工作的重要指示，省、市人防组织暂行条例，防委会对机关、工厂、学校工作委员会组织条例，上海市人防委关于防空、防震、战备工作意见，上海人防领导小组会议纪要、汇报材料，历年来人防工作资料汇集，反映人防工作的人民来信，启用印章、处理市人大提案、提议、来信来访文件，保密工作、接待工作、人防工事对外开放文件，评选、表彰民防先进材料等。

3. 组织人事、宣教类

有国务院、中央军委、南京军区、上海市委组建人防领导体制问题的通知，人防委、办组织整顿、机构、编制、人事变动的意见、批复，市委对市人防委领导的任命和区、县、局任免人防领导小组成员名单，出国考察、落实知识分子政策，职工宣传教育工作规划、总结，业务培训等。

4. 人防业务类

有城市人民防空通信、警报、警报音响传播规定和暂行办法，建立、更改警报系统及警报信号发放权限、警报控制系统安装问题的文件，人防工事施工管理方面规章制度及基本建设中贯彻防空措施任务的请示报告，试行五级人防通用详图及人防工事建档工作的通知，全国人防工程兵司令部、南京军区人防领导小组关于人防工程会议文件，抗震救灾应急方案、实施计划，城市人民防空袭击预案、防台、防汛演练，化学事故应急救援等。

5. 安全、教育类

有人防工程中加强安全、防止事故的通报及做好安全工作的意见，组建防空专业、医疗队伍举办防空基本知识讲座的请示与计划，人防工程培训情况及加强战备教育的通知等。

6. 财务、物资类

有人防工程经费管理，制定下属人防工程造价材料消耗定额，编制人防工程预决算报表，对下属人防办申请费用的批复，财务处理、审计、工程结算、物资清查等。

7. 政治运动类

有批林批孔会议记录和党支部扩大会情况反映、经验交流稿，揭批

“四人帮”罪行的情况反映、大字报选编，上海警备区党委召开上海民兵、人防战线揭批“四人帮”阴谋破坏民兵、人防建设罪行大会文件等。

上海市第三商业局

全宗号 B122

1955年2月1日上海市人民政府商品米购供应局成立，1955年4月5日更名为上海市第三商业局，1956年12月改称为上海市第二商业局。其主要职责是根据国家计划要求，向工业部门采购各种商品，调拨分配供给全国各地的二级批发商业部门。局长陆慕云，内部机构设办公室、秘书处、业务处、财务处、物价处、计划处、储运处、干部处、政治部、组织部、宣传部、纪委、团委、工会等。1958年8月，与上海市第一商业局合并为上海市第一商业局。

馆藏上海市第三商业局档案1 719卷，档案排架长度25.6米，档案起止年代为1955—1958年，按大流水排列，编有案卷目录。

档案主要内容：

1. 综合类

有该局历年工作计划、总结，启用印信的指示、报告，宣传、教育、档案工作的检查、评比、总结，信访处理汇报，财务工作指示、通知、规定、办法及下达的各项财务指标，会计决算汇总表，年度商品流转计划，局属企业流通费用统计表，购销总值及主要商品购销数量分地区统计年报，零售批发、物价指数方案规定，商情物价统计报告制度实施细则及执行情况报告等。

2. 党务类

有市委组织部关于成立局党委的批复，局党委关于加强党的领导与政治工作意见，党委会党委扩大会议记录，党员名册、统计表，局党工、团召开代表大会的通知、名单、议程、报告、决议、纪要、选举结果，开展三反、五反、整风反右斗争、社教运动的通知、计划、总结、情况简报等。

3. 组织人事类

有组织工作计划、总结，调整组织机构、更改名称、任免干部的报告、意见、批复、通知，工资政策工作的计划、报告及工资核定名册，劳动保护、人员培训、工资福利的指示、通知、专题报告，局所属单位科级干部名单、统计表，干部处理材料，评选先进工作者、劳动模范统计表，开除、遣送劳教人员的报告、批复等。

4. 对私改造类

有对所属私营企业进行社会主义改造的规划方案、意见、报告、总结，所属私营企业工作计划、报告，清产核资、定股定息工作的规定、办法，公私合营工作情况反映等。

5. 供销业务类

有业务工作简况、汇报资料，商品国合分工问题的规定，外汇进口计划，工业品出口报告，加工、订货工作总结，全国物资交流会报告、总结，旺季市场供应情况工作的意见、报告，副食品供应凭证情况的总结、报告，工商计划衔接，生产安排、购销关系问题的规定、办法，供销平衡调研报告，商标牌号借用、专用、监制问题的通知，研究产品、花色品种质量规格工作的意见、报告、检查、总结等。

6. 基建储运类

有基建指标、计划、总结报表、年报、综合表及基建项目一览表，基建计划工作的指示、通知，征用土地及建设用地报告、批复，基建投资年度总结，仓库情况报告及市建委复函，商品运费及所需仓库面积情况统计等。

上海市第一商业局

全宗号　B123

上海市人民政府商业局成立于1953年1月，1955年4月5日改名为上海市第一商业局，负责上海市场日用工业品采购供应与市场安排。历任局长（负责人）有：郭建、胡铁生、陆慕云、朱庆隆、杨文蔚、黄勋、孙光迪、华国庆、张俊杰。内部机构设行政办公室、协作处、储运处、科技生产处、基建处、基层工作处、审计财务处、商业科学技术研究所经济研究室、宣传处、教育处。1995年6月，该局撤销。

馆藏上海市第一商业局全宗档案21 527卷，档案排架长度356.8米，档案起止年代为1953—1995年。该全宗档案按大流水排列，编有案卷目录。

档案的主要内容：

1. 综合类

有历年工作计划总结，局领导在大会上的讲话、报告，行政会议、革委会、党委扩大会议记录，经理会议记录，工作简报，组织编制、条例、处室职掌范围，“文革”大事记专题材料，宣传、教育、干部培训、增产节约运动等工作总结，信访处理汇报，国营商业计划报告和执行情况检查总结，商业部下达各公司商品流转费用计划，国民经济基本情况分析报告，经济工作回顾，稳定市场物价的意见、政策、措施等材料，年度会计决算分析，会议报告，财务工作的指示、通知、规定、办法及下达的各项财务指标，工缴货价工作报告，上海市场主要商品价格表、统计表、物价年报，购买力调查报告等。

2. 党务类

有该局党委关于加强政治工作、成立政治机构的方案、规定、条例、报告和市委批复，局党委年度工作要点，关于健全党委制、改善领导问题的决定，局党委会、党委扩大会、纪委和局机关党委会议记录，局党政班子民主生活会情况报告，整党建党情况报表，评选先进工作者、劳动模范统计表，关于表彰优秀党务工作者、优秀思想政治工作者、优秀党员的决定；局纪委工作情况汇报，纪检监察信息，局属各单位党风和廉政建设情况汇报，纪委成立案件审查小组的报告、通知、决定等。

3. 组织人事类

有组织工作计划、总结、工作报告，提拔干部的计划、总结，组织简则、工作条例、章程、人员编制表和干部名册，机构设置、合并、撤销、更改名称的报告，调整充实局革委会班子的请示和批复，调动、任免干部的报告、批复、通知，干部职工中、高级职称任职资格的通知，中高级职务评审申报表，市财办、该局表彰优秀教师和教育工作者名单，部分干部、职工处分材料等。

4. 业务类

有该局关于日用工业品市场情况的通知、汇报及采购供应工作的安排、总结，商品购、销、存情况分析，管理各采购单位在沪采购物资的暂行规定，全市部分日用品实行凭票证供应的通知，棉布统购统销及有关用布规定，针棉织品供应措施，节日供应工作总结，压缩和严格控制社会集团购买管理办法，经营分工和行业归口管理等问题的报告、批复，推行和完善直属国营大中型企业承包经营责任制意见，组建中外合作、沪港合作的上海东方商厦有限公司、上海时运商务中心有限公司、华侨城娱乐总汇、上海福尔伟—中百大厦有限公司的请示、批复以及可行性研究报告、合同章程、项目建议书等，申报清产核资领导工作班子、清产核资企业名单和清查、重估总结的报告、批复，商品流转额、零售额、零售量、批零企业进销存统计年报，关于优质服务、评选优良购物环境、抓好服务质量的通知、意见，关于友谊、华侨、华联、市百一店等单位恢复外贸经营权和进出口商品目录的请示报告等。

5. 仓储基建类

有该局集中管理仓库的通知、办法、计划、总结，商业系统仓库货场情况一览表，基本建设年度总结、报表，6706、6708 油库工程、仓库、商店的增建施工设计和计划的批复，该局所属单位申请对调、调拨、暂借商场、店面、厂房、库房等房屋问题的报告及来往文书，征用土地文书，固定资产投资项目的报告、批复、通知，重要建设项目设计任务书，做好防汛防台工作通知等。

6. 对私改造类

有该局党委对私营企业进行社会主义改造的全面规划及有关改造方案、意见、办法、报告，私营企业工作计划、总结，基本情况报告，清产核资、定股定息工作方案、办法、规定，合营企业调查表和私营企业在合营前后变化情况材料，老城隍庙、新城隍庙、新世界等典型户调查报告，永安、先施、大新公司改造意见及有关改造处理问题来往文书，成立对私改造机构、人员名单、办事细则及职掌的报告，私改归口办法及分类意见，对批发商改造程序的规定、通知，召开消费合作社社员代表大会、社员退股等问题的报告及市委批复，对私改造简要情况介绍，对私营企业管理工作加强协作暂行办法等。

上海市体育运动委员会

全宗号 B126

上海市体育运动委员会成立于1954 年 2 月，是市政府主管全市体育工作的职能部门。历任主任有：金仲华、沈体兰、刘季平、宋季文、杜前、胡永年。内部机构设办公室、运动竞技处、群众体育处、教育处、人事室、场地器材科、国际联络科、计划财务科等。

馆藏上海市体育运动委员会全宗档案 1 557 卷，档案排架长度为 23.2 米，档案起止年代为 1954—1990 年，按年度—组织机构小流水排列，编有案卷目录。

档案主要内容：

1. 综合类

有市体委年度工作计划、总结，主任办公室会议记录，历年上海市体工会议文件材料，1955 年华东区第一届人民体育大会文件材料，1958 年华东区第一次体育工作协作会议文件材料及陈毅对体育工作者，运动员的讲话，1959 年荣高棠、李达、曹荻秋、石西民、宋季文、杨西光、赵行志、杜前等关于体育工作的讲话和报告，杜前在两次全国体育工作会议上的发言材料，市人大代表、政协委员视察体育工作简报及议案处理情况，上海市体育事业年度统计表、基本情况汇总表及统计资料，体育场馆管理工作调查表、登记表，市体委团总支成立及工作计划、总结等材料，《体育工作简报》，市体委革委会年度工作计划、总结、会议记录，上海市体育战线革命造反司令部精简机构的决定和有关组织整顿文件材料，上体司会议记录，《体育战报》等。

2. 党委类

有党委、党总支年度会议记录，市体委党员情况登记表、统计表，党员名册，市体委召开的体育跃进大会文件材料及关于学习中共八届八中全会总路线计划和情况简报，肃反工作计划、报告，有关对私改造工作文件材料等。

3. 组织人事类

有市政府办公厅关于成立市体委的通知及市体委的规程、编制，市委教卫部关于中华全国体育总会上海市分会正、副主席等名单的批复，体委委员，党组成员名单的批复，中华全国体育总会上海市分会章程，市委关于调整市体委领导体制及建立市体委党委的批复，人事工作年度计划、总结，市体委系统工作人员、运动员名册，体革委委员、工作人员名册，干部统计表、工资评定、定级材料、工资名册，审干工作计划、文件汇编，关于干部任免、奖励及调查考查的文件材料等。

4. 国内体育竞赛类

有市体委竞赛活动工作计划、总结，历年训练工作会议记录、简报，历年在上海市或在外地举行有上海体育代表团参加的各类体育锦标赛、联赛、运动会形成的文件材料，历届全运会上海代表团的会议记录、运动员名册、秩序册、成绩记录册，上海市历次市运会秩序册、成绩册、剪报，全国田径、体操、举重等项目测验材料，上海市篮球、足球、排球、体操、游泳、田径、举重、射击等竞赛活动形成的文件材料，1958 年上海第一届农民运动会资料，上海市各项运动最高成绩记录及统计资料，国家体委历年公布的国家裁判、运动健将、一级运动员、上海市运动员破纪录获批准及上海试行等级制度文件材料，市体委有关国防体育工作计划、总结、典型报告，有关射击、摩托、无线电、航海等竞赛活动资料，重点区学校国防体育工作总结及典型报告等。

5. 国际体育竞赛类

有市体委国际体育活动工作年度计划、总结，市体委历年接待外国体育代表团来沪访问、比赛文件、资料、剪报，1955 年国际友谊射击竞赛大会秩序册、成绩册，上海体育代表团外访文件材料等。

6. 群众体育工作类

有国家体委及华东体委关于群体工作的指示通知，市体委关于群体工作的计划、总结、简报，上海市工人体育运动大会及工人体育竞赛文件材料，关于农村体育工作的计划、总结、简报，上海市中学生运动会秩序册、成绩册、简报，国家体委召开准备劳动与卫国体育制度（劳卫制）科学讨论会材料，市体委、市教育局及有关学校关于推行与贯彻劳卫制的计划、报告、总结，纪念庆祝毛主席七月十六日横渡长江一周年活动及纪念毛泽东题词“发展体育运动，增强人民体质”发表十五周年活动材料等。

7. 基建财务类

有市体委历年经费预算计划与执行情况、统计报表，基建计划、报告、往来文书，市体委财务、基建情况总结，财务预决算，财务经费等开支标准及有关规定，市体委关于江湾体育场建设与维修的经费预算及报告，万体馆、跳水池与虹口体育场建造与改扩建工程的文件资料等。

上海市劳动局

全宗号　B127

上海市人民政府劳动局成立于1949 年 9 月，其前身为成立于 1949

年6月的上海市军事管制委员会财经接管委员会劳工处。1955年4月，上海市人民政府劳动局改称上海市劳动局。其职责是：监督全市公私营企业贯彻执行劳动政策、法令，调处与仲裁公、私营企业劳资争议、公私关系，监督实施国家统一工资标准，监督各企业的劳动保险、劳动保护实施事宜，调查登记职工的就业失业状况，制订有关劳动法令等。历任局长有：马纯古、王克、于永实、沈智、王世宽、祝均一。1995年设有办公室、政策法规处、综合计划与工资处、劳动关系处、就业处、职业技能开发处、外资企业管理办公室、社会事务管理处、劳动争议仲裁处、劳动保护与保险福利处、劳动监察处、安全生产监察处等内部机构。

馆藏上海市劳动局全宗档案6 366卷，档案排架长度83.2米，档案起止年代为1949—1998年，按时间—问题排列，编有案卷目录8册。

档案主要内容：

1. 综合类

有上级机关颁发的劳动工资法规、政策，该局制订的贯彻办法、通告、通知，历年工作计划、总结，工作简报、动态、大事记，局务会议、局长办公会议记录，各局、区、县劳动工资工作等各专题会议记录，全市劳动力支援外地建设、社会劳动力、职工子女顶替、职工回乡支农等工作的意见、规定，该局编印的劳动统计表、汇编，全市职工生活、工资制度、劳动生产力等调查报告、资料，成立局革命委员会、建立核心小组等问题的请示报告等。

2. 党务与组织人事类

有成立党组、党委及人员组成问题的请示、报告和市委、市委工业部的批复、通知，党组、党委会、局总支大会、局党代会等会议记录、决议、工作报告，机构设置、人员编制、干部任命、干部调动等问题的请示、报告、通知，工作人员名册、工资名册，各年度党员统计报表、团员统计报表，历年干部职工人数统计报表，离退休干部审批表，干部职工评级调薪和工资改革报告，拟定组织条例草案、机关整编工作、组织机构、人员情况编制、组织情况的报告及市政府批复等。

3. 劳动计划、调配类

有上级机关关于劳动力调配、企事业单位招收人员、严格控制增加职工、招收退休职工子女问题及动员工人援助也门、柬埔寨、蒙古生产建设的指示、规定、计划、报告、通知，抽调技工支援国家重点建设、企业定员、定额等问题的工作方案、汇报、通知，征地及征地劳动力安置问题的报告、批复，复员、转业军人安置的办法、指示、通知、函，编制上海市劳动工资计划、职工人数、劳动生产率情况等资料，技校、卫校毕业生、代培训学徒分配问题的请示，动员社会青年参加新疆军垦、上山下乡的工作意见、通知，劳动计划执行情况和上海市职工队伍变化情况汇报，汇编“文革”以来上海市工农业、基本建设、交通运输和职工人数基本情况的统计资料等。

4. 工资福利类

有上级机关关于私营企业工资政策、新公私合营工资改革、职工升级转正定级、奖励、劳动保险制度等指示、规定、办法，军队复员干部安排工作后的工资待遇、大专院校毕业生转正定级、在职职工入学期间和半工半读、技校学员工龄问题的通知、意见，职工劳保待遇、公费医疗、劳保医疗人员自费药品范围规定，实行干部、职工退职退休的暂行办法、具体意见，高温、高空、有毒、有害、特繁劳动等工种提前退休问题的通知，上海市现行工资标准汇编及我国工资问题的资料等。

5. 锅炉监察、劳动保护类

有关于建立、健全锅炉、压力容器监督检查机构，加强锅炉和压力容器安全管理、事故报告办法；公布劳动保险、工厂卫生、女职工劳动保护条例和工厂安全卫生、建筑安装工程安技、工人职员伤亡事故报告规程；职业病普查、防治、鉴定报告；加强劳动保护工作的通知；重大伤亡事故的通报；历年劳动保护工作计划、总结；上海市伤亡事故报告统计表；发放保健食品、劳防用品的标准、办法；防暑降温工作的通知、总结；安全生产简报等。

6. 技工培训类

有上海市技工学校基本情况表、技工学校年报表、培训计划表，技工学校工作会议记录，全市学徒培训工作计划、总结，上海市企事业单位学徒学习期限和生活补贴实施办法，优秀学徒、新职工提前转正和评定工资的暂行规定及代训艺徒动员去外地的试行意见，技工学校建立、撤销、合并、更名、升学及综合管理的报告、批复、通知，职业技能鉴定及技师评聘制度，各行业工人技术等级标准的通知等。

7. 失业救济类

有上海市失业工人救济工作、转业训练、生产自救工作报告，失业救济工作总结报告，上海市失业、无业人员清理方案，全市失业工人去江西、江苏、浙江、安徽等省开垦荒地情况的调查，动员全市壮工参加西北地区国家建设工作报告、宣传提纲、工作小结等。

上海市劳动争议仲裁委员会

全宗号 B128

上海市劳资争议仲裁委员会成立于1950年2月，同年6月改名为上海市劳动争议仲裁委员会。其主要任务是办理一切公营、私营企业及合作社经营的劳动争议业务。该会由市劳动局、市公安局、市总工会及其他有关社会团体指派代表组建，日常工作由市劳动局办理，主席徐固良。1956年2月撤销。

馆藏上海市劳资争议仲裁委员会全宗档案1 378卷，档案排架长度为25.6米，档案起止年代为1950—1956年，按年代—问题大流水排列，编有案卷目录。

档案主要内容：

1. 综合类

有上海市劳动局、市仲裁会历年来有关劳资争议工作的总结、报告，劳动部关于私营企业设立劳资协商会议的指示，劳动部关于撤销市劳动争议仲裁委员会组织的通知及市劳动局的有关指示，市劳动局制定的劳资协商会通则，市劳动局关于二六轰炸后上海市劳资关系的简况及历年来与外商企业劳资纠纷情况简报，该会业务工作等方面的会议记录等。

2. 业务类

有市军管会关于私营企业劳资争议调处程序的暂行办法，私营企业、外商企业关于解雇职工问题的争议申请及调解报告，关于公私合营企业开除职工手续问题的通知及有关奖金、工资调整、劳资关系问题上的报告、意见，关于私营企业困难厂、店等行业的处理意见等。

3. 劳资关系类

有三反、五反运动中劳资争议情况与处理意见的报告，“五反”期间处理停工、停薪、停伙等劳资争议处理解雇案件的意见及市委的批示，关于对资本主义企业进行社会主义改造中劳动工作情况的报告，上海市仲裁委关于“五反”以后劳资关系情况和存在问题的报告，关于“五反”以后处理私营企业工资问题的几点意见及资本家反攻、报复解雇工人等劳动争议处理的情况报告等。

上海市失业工人救济委员会

全宗号　B129

上海市失业工人救济委员会于1950年7月2日成立，1952年12月31日撤销。主要负责全市失业工人救济工作，动员和组织广大失业工人以工代赈，进行生产自救、转业训练、动员回乡生产及发放救济金等任务。主要负责人为刘长胜、陈毅。下设失业工人救济处为办事机构，内设办公室及登记、工赈、救济、教育、财务等5个科室。

馆藏上海市失业工人救济委员会全宗档案252卷，档案排架长度4米，档案起止时间为1950—1952年，按年代大流水排列，编有案卷目录。

档案主要内容：

1. 综合类

有中央政务院、劳动部、市政府关于救济失业工人问题的指示、通令、通知，上海市失业工人救济工作的请示、报告、工作计划、方案及工作总结，市失业救济委员会会议记录、救济处处务会议记录，上海市第一届人民救济代表会议方案，市、区人代会有关救济工作的提案，市失业救济委员会召开的上海市失业工人代表会议材料，市失业救济委员会所属单位印鉴留底，该会编制的《救济工作》旬刊等。

2. 组织人事类

有市失业救济委员会编制的失业工人登记表和就业统计表，市失业救济委员会和各产业工会失救会干部简历表，市失业救济委员会工作人员工资名册，失业工人电焊、化工、驾驶、机械制造等训练班学习计划、总结，干部名册，各产业工会失业救济会干部处分报告及对失业工人政治审查的报告等。

3. 政治运动类

有市失业工人救济委员会开展增产节约、反贪污、反浪费、反官僚主义运动的计划，三反、五反运动阶段的工作总结等。

上海市处理失业知识分子委员会

全宗号　B130

1951 年 10 月 19 日，上海市处理失业知识分子委员会成立，负责指导全市各种失业知识分子的登记和就业工作。1953 年 12 月撤销。主任委员戴白韬。下设办公处为办事机构，下设秘书、登记组。

馆藏上海市处理失业知识分子委员会全宗档案 15 卷，档案排架长度 1.6 米，档案起止年代为 1951—1953 年，编有案卷目录。

档案主要内容：

有政务院、华东军政委、市政府关于对失业知识分子工作加强领导的命令、指示、决定，市政府有关成立该委的通知、指示及撤销市区两级机构的通知，该委组织规程、登记办法，各区政府关于组织成立处理失业知识分子委员会的报告、工作人员名单，该委筹备会议记录、工作报告、总结等。

上海市人民政府纺织工业管理局

全宗号　B133

上海市人民政府纺织工业管理局成立于1954 年 4 月，1958 年 2 月与华东纺织管理局合并，改组为上海市纺织工业局。主要负责加强对上海私营纺织企业改造工作的领导和新合营企业的管理工作。历任局长有：张承宗、陈克奇。内设办公室、计划处、财务处、技术处、劳动处、人事处、监察处、合营办公室。

馆藏上海市人民政府纺织工业管理局全宗档案 847 卷，档案排架长度 19.2 米，档案起止年代为 1949—1958 年，按机构排列，编有案卷目录。

档案主要内容：

1. 综合类

有局务会议、党务扩大会议、专业会议记录，工作计划、总结、生产概况，上海地方纺织工业基本情况报告，关于成立专业公司的通知，处理人民来信的总结，该局企业经济改组和迁并的报告及有关文件，1956 年前私营纺织厂概况，该局对各厂成立工管会的意见及对各厂报告的批复，对私改造规划、合营计划、合营申请、协议和批复，统战工作报告、总结等文件，监察工作计划、总结和一些案件处理材料等，企业归口管理意见，投资十万元以上的股东名单，献厂献股报告，侨汇投资情况，对私改造总结交流材料等。

2. 劳动人事类

有干部任免材料，合营厂派员通知，整编计划总结，人员编制材料，干部名册，中心厂干部配备情况，工厂主要人员简况表，私方人员的安排材料，工资改革计划、总结，工资改革测算方案、新工资规定，人事处理材料，劳动定额管理材料，工时改革总结，供给制改工资制干部工资的报告和批复，干部培训规划，犯错误干部处分和撤销处分的报告、批复，劳动保护和伤亡事故年报等。

3. 财务类

有财务管理和基建财务管理办法，财务决算基建决算，盈余分配方案，工厂扩建投资计划，吸收商业投资报告，歇业清理、清产核资工作总结，清产核资估价报告和评议意见书，“五反”退款和清产核资估价规定，罚款退款处理文件，清产定股计划，账务处理办法，资产核资定股审批表，股份股息红利的处理，旧债务和敌产逆产的处理材料等。

4. 生产技术类

私营纺织印染厂生产概况、综合统计年报、生产计划、物资供应计划、销售分析、新产品试制情况、技术改造计划、推行先进操作法、产品质量标准、产品目录和商标、合理化建议条例、基建技措计划批复、基建设计任务书、外迁调拨设备、援外材料等。

上海市纺织工业局

全宗号　B134

上海市纺织工业局成立于1958年2月，负责管理上海纺织工业的生产、建设、经营、改革等方面工作。历任局长有：张承宗、鲁纪华、刘青舟、张惠发、梅寿椿、姜光裕。内设党委办公室、干部处、老干部处、组织处、宣传处、统战处、保卫处、纪委、机关党委、工会、团委、行政办公室、体改办、计划处、财务处、技术处、基建能源环保处、科研技改处、规划办、劳动处、教卫处、供销处、援外办、住宅办、集体办、安全技术处、审计室、装备处等。1995 年 5 月 24 日，该机构撤销。

馆藏上海市纺织工业局全宗档案 21 382 卷，档案排架长度 280 米，档案起止时间为 1958—1995 年，按机构排列，编有案卷目录。

档案主要内容：

1. 综合类

有局务会议记录，局工作计划、总结，上海纺织、印染、毛麻、丝绸、针织等工业十年史，纺织原材料供应、内外销、原料和检验以及科技等十年史，企业管理经验介绍，人大代表、政协委员视察上海纺织行业，荣毅仁捐献机器、纺织局办公地等材料，技术档案工作的规划、开展、总结，该局向中央、市政府市委的汇报，大事记（1989—1995 年），纺织简报、经济专讯等综合信息，建设星火纺织工业区的论证材料，全国纺织厅局长会议交流材料，该局中、长期规划纲要，纺织精品展、品牌评选材料，《上海纺织工业志》编撰文件，该局对各公司体制改革的批复，三产机构成立批复整顿、集体企业和合作社管理、职工建房、住房管理等材料，关于并、停、转企业的批复，横向联营、固定资产调拨、报废等材料，工会工作、工会干部任免、工代会材料，评选劳动模范、三八红旗手和市级先进集体、个人材料，行业开展竞赛、评比工作材料，共青团工作计划、总结，团干部任免和团代会材料，评选新长征突击手材料等。

2. 劳动人事类

有劳动工资年报，干部年报，劳动、工资、福利制度，工时改革，推行计件工资制的报告，推行四班三运转的报告，劳动力规划和调配情况，伤亡事故通报等，干部工作计划、总结，干部名册，干部任免、干部调配、人事处理等材料，扫盲工作、干部职工培训，开办第一、第二技校，第一业余纺校并入上海业余纺院的通知等材料，出国人员政审、职工退休、科技干部管理、职称工作、人事档案管理等材料，教育卫生工作总结，人才预测、学校、医院的行政管理等材料。

3. 财务类

有财务制度改革意见，财务年报，成本利润计划，财务决算，价格、经费、流动资金的管理，固定资产调拨单，股权、股票问题的处理，各项经费开支的规定，审计工作总结，专项审计等材料。

4. 生产技术类

有各时期的生产发展规划，生产计划完成情况，计划年报，生产计划销售完成情况分析，全局经济数据的统计，工业普查资料，该局原料、设备的定额、调拨、分配各类统计年报，产品开发，新产品试制、申报、评比，新技术的采用，产品质量的标准，军需特品生产计划、试制、总结，先进操作法的推广，不折布倡议和一等品率计算方法，商标管理、注册、使用、取消、作废等材料，供销工作总结，科研计划、总结，新技术、新工艺的鉴定评比，技改工作管理，科研项目的鉴定等材料，化纤工业发展规划，关于调整化纤生产定点、化纤产品的价格和成本资料等，安全生产、消防工作、交通安全等材料，纺机、纺器行业的标准、新产品、技改等管理材料。

5. 基建工作类

有基建工作年报，基建工作总结，征用土地的批复，土地原料情况材料，基建项目批报，化纤厂、建筑公司水泥厂的筹建材料，机械科的变化情况，计划用电情况，从烟道中提炼稀有金属锗的计划、总结，综合利用工业蒸汽发电方案的报告，外省市工作基地的工作计划和情况报告等，危房、基建项目管理、三废迁建项目管理、人防工程管理等材料。

6. 援外工作类

有援外工作计划、总结，援外项目的规划管理、总结材料，聘请苏联专家、接待外国代表团、安排外国实习生的材料，成立中国纺织工业对外工程公司上海办事处的批复，纺织设备支援兄弟省市的情况介绍，1958—1966年工厂外迁计划、协议及遗留问题的处理，劳务输出人员管理、名册，中外合资企业的批复及管理材料，境外企业的批复及管理材料，出国审批材料等。

7. 党务及纪检工作类

有华纺、市纺两局合并成立新党组的批复，政工工作计划、总结，党委会议记录，党代会材料，机关整编精减方案，组织机构的调整材料，发展党费的计划，纪委工作计划、总结、统计报表，《纪检简报》，党纪处分及复查工作，编制批复，优秀党员评选、表彰材料，组织年报，党员年报，宣传、统战、老干部、保卫等方面工作的材料，直属院校、医院的党务工作管理、审批材料，安排私方人员报告，私方厂长调查表，各阶段运动形成的临时机构如复查工作、清查工作，打击经济案件等材料。

上海市粮食局

全宗号　B135

1954年4月，上海市粮食公司和上海市零售公司合并，成立上海市粮食局。1958 年改名为上海市粮油公司，1960 年恢复为上海市粮食局。1998 年 7 月实行体制改革，政企分开，市粮食局职责产生变化。在这之前其工作是，统一领导和掌握全市粮食的购、销、调、存和加工业务，代管全市的粮油计划供应和市场管理，行使全市粮油市场宏观调控及储备粮管理等。历任局长有王仁斋、浦青、裴先白、孙更舵、应飞、王树威、陈士家等。内部机构几经变化，至 1997 年设有办公室、政策法规处、企业指导审计处、计划处、粮油储备管理处、供应处、粮油经营管理处等。

馆藏上海市粮食局全宗档案共 5 714 卷，档案排架长度 61.6 米，起止年代为 1954—1997 年，按组织机构分类，编有案卷目录。

档案主要内容：

1. 综合类

有粮食行业发展规划，粮食工作近、远期规划纲要和向市委汇报提纲，局历年工作计划、总结、简报、动态，局长办公会议、局务会议记录，各项规章制度、组织规程、细则，开展技术革新、增产节约、节粮运动方案、总结和市人民代表、政协委员视察粮食供应工作的议案和工作报告，私营粮食零售商实行代销历史资料，粮食工作会议材料，该局所属基层产权变迁等事宜的报告、请示、批复，该局编撰《上海粮食大事记》等。

2. 组织人事类

有市委组织部、财贸部关于局、处干部任免和局党委（组）成员的批复、通知，机构整理精简方案、意见和人员安置及人事工作的办法、通知，市委市政府、市财贸工委、局党委关于该局机关调整恢复机构设置、人员编制、局系统建立、改名、合并、调整、建制、换届选举人员组成及分工的批复、请示、调动，粮食系统全国和上海市先进集体、先进个人名单和登记表，局机关、直属单位职工人数、工资年报表等。

3. 对私改造类

关于对私改造给市委的报告及全市私营米店、代销店、零售商批发商改造改组规划、安排意见，对私改造工作总结、简报及所属各厂、零售店基本情况报告，清产核资、股金、股息发放工作的办法、规定等。

4. 计划统计类

有全市粮食收支计划和执行情况检查，历年粮油收购、销售、调拨库存统计报表，粮油收支情况和安排意见汇报，粮食产销情况，全市工业、行业用粮用油调拨供应安排意见，粮食进出口交接结算，粮油调拨作价办法，粮油购销存计划和第一、二、三个五年计划粮食收支安排，上海市粮油盐酱购销牌价，上海市议价、平价粮食销售分项年报表等。

5. 粮油业务类

有国家物价总局、供销总社、粮食部、该局关于议购议销管理办法，上报粮油平议价购、销、调、存、分项、分地区、品种统计年报表，加强粮食市场、零售商店、代销店管理暂行办法和加强粮食、食油及粮油复制品管理意见，实行粮食计划供应、定点定量供应和粮食统购统销工作的实施细则，全市定量人口、定粮水平、辅助月报，历年各种计划供应票证样张，军粮、伙食团、居民口粮、特殊工种人员粮油供应标准、补助办法，粮食工业技术经济指标及工业企业综合年报，商标注册变更、撤销等。

6. 郊区工作类

有郊县粮食油料统购统销政策、意见，颁发人民公社公共食堂管理办法、收支保管制度，农村人民公社农牧场粮油管理规定，农村粮食收管用及护粮工作总结，国营农场粮食管理情况，农作物面积粮食产量分配方案统计表、任务表等。

7. 仓储保管类

有粮食部、粮食局关于粮食仓库、地脚粮防治管理办法，粮油调运管理计划、粮油运输交接责任制、粮油保管损耗处理办法及保管粮食技术革新经验交流材料等。

8. 财务基建类

有粮食商业企业和粮食工作企业会计决算汇总表，财务、会计决算年报、年度财务情况分析，基本建设会计报表、财务决算，商业部、市建行关于中央地方基建财务决算，交换土地、收回码头、库场协议批复、通知等。

上海市内河航运管理局

全宗号　B153

上海市内河航运管理局于1955年4月5日正式成立，由上海市人民委员会领导。1956年7月更名为上海市交通运输局。主要职责是负责上海市内河航运的调查研究及对资本主义工商业中的轮船企业的整顿和摸底工作。历任负责人有王季芬、蒉延芳等。内部机构设办公室、人事科、财务科、计划科、航运科、港务科及四个管理处。

馆藏上海市内河航运管理局全宗档案317卷，档案排架长度4.8米，档案起止年代为1954—1956年，按年代大流水排列，编为案卷目录。

档案主要内容：

1. 综合类

有市内河局年度工作要点、工作总结、局务会议记录，交通部、内河局关于设立、调整机构、配备干部、启用印章的报告、批复，市人委关于任免、调动干部的批复、通知，干部工作规划、总结、干部定期统计年报，职工名册、建党纲要，肃反工作总结等。

2. 对私改造类

有市内河局对私营轮船业、民船进行社会主义改造的计划、方案、总结，市内河局与江浙两省航运局对私营轮船业进行公私合营问题的来往文书，市内河局接受私营船商申请公私合营及厂、场合并合营的申请报告、批复，公私合营工作的会议记录，清产核资工作的报告等。

3. 航运管理类

有上海市政府、建委、内河局等单位关于民船贷款、修建管理、外海里程等规定，交通部、市委关于对民船管理办法及归口管理的批示、通知，市内河局关于运价标准及航道里程表、内河港务管理规划、船舶停泊费等办法的通知报告，调整内河航运货物运价、更正航线里程的通知，机帆船拖带木驳试航成功的总结，市内河局对原华东内河船舶运量、内河运输计划，运输工作的概况分析，货运吞吐量、进出口贸易等统计报表，对内河私营轮船业、各港基本情况、苏州河航道情况的调查、普查资料，拟定内河航运成本核算办法，市内河航道、港埠建设、码头维修工程的规划、方案及苏联专家关于改善内河航道的意见，国民经济计划纲要第二个五年计划建设数、单位决算的报告，基本建设财务决算、工业定期综合报表，特种资金会计报表等。

上海市交通运输局

全宗号　B154

上海市交通运输局成立于1956年5月，其前身为上海市内河航运管理局。1960年5月更名为上海市第一交通运输局，1962年6月与上海市第二交通运输局合并为上海市交通运输局，1996 年 4 月撤销。其职责是加强上海市内河、公路运输以及市区道路货运的统一管理。下设办公室、计财处、运务处、物资供应处、科技处、机务处、安全处、党委办公室等机构。历任负责人有蒉延芳、王季芬、王本贤、曹国平、李广、邓冈、邓博文等。

馆藏上海市交通运输局全宗档案 8 711 卷，档案排架长度 112.8 米，档案起止年代为 1955—1996 年，按年度—问题分类排列，编有案卷目录。

档案主要内容：

1. 综合类

有历年工作计划、总结，局务会议、局长办公会议记录，交通运输科技、科研发展规划，援外军工生产计划，基本建设投资规划，市内陆上运输、公路运输、地方沿海运输规划统计，交通运输工作综合统计，对汽车运输业以及内河拖驳、民船、人力货运车等私营运输业进行社会主义改造方案、清产核资报表，私营运输业情况统计，重要项目工程计划、请示、追加拨款，基本建设项目的扩初设计、投资、场地迁移、工程竣工决算报告、批复等。

2. 组织人事类

有市交运局及所属单位建立、撤销、组织体制调整、人员编制、业务范围设定的通知、报告、批复、决定，交通部、市交运局关于郊县运输业务划归、统一郊县汽车经营管理、领导关系、建立郊县运输合作社等问题的通知、报告、批复，劳动工资统计年报表、干部统计年报表等。

3. 交通运输管理类

有水陆运输、行业管理运价、费率核定、收费标准的通知、函，货运汽车运货范围规定，人力货车装载标准、民间运输管理及向民间运输合作社提取管理费的规定，民间运输业技术改造规划，上海地区港河管理范围，内河航道、航政、船舶进出港等管理暂行办法，郊县内河船舶统一经营办法，苏州河机动船拖带船舶暂行办法，船检、岸线使用、停泊收费的规定，重大交通行车、生产伤亡事故调查通报，历年交通工业、水陆运输生产统计年报表，地方交通运输统计资料汇编等。

4. 党群工作类

有历年党委会议，常委扩大会议、工会、团委会会议记录，党委、工会、团委历年年度工作计划、总结，局党委及所属党组织系统表、党员名册、党组织党员情况统计，出席市人大、市党代会、市工代会代表候选人名单，历年市劳模集体（个人）、市新长征突击手先进事迹、表彰决定等。

上海市第二轻工业局
（上海市手工业管理局）

全宗号　B158

上海市第二轻工业局前身为上海市手工业管理局，成立于1955年2月，与原上海市手工业生产联社合署办公。1957年7月撤销上海市手工业管理局，成立上海市工艺美术局（与上海市手工业合作联社合署办公），1958年10月撤销上海市工艺美术局，工作并入上海市轻工业局。1961年12月重新成立上海市手工业管理局，1986年4月改为上海市第二轻工业局，1995年12月撤销。主要负责全市手工（二轻）工业的管理、指导、协调、服务和发展工作。历任局长有：王良、胡铁生、王定一、崔善江、范大政。先后设有行政处、人事处、组导处、财务处、计划处、生产处、劳动工资处、办公室、科研处、基本建设处、郊区工作处、供销经理部、物资供应经理部、科技处、进出口处、教卫处、集体工业处、供销处、外经处、技术引进技术改造办公室、企管处、合作指导处、质量管理处、住宅办、"经打办"等内部机构。

馆藏上海市第二轻工业局（上海市手工业管理局）全宗档案7 717卷，档案排架长度119.2米，档案起止年代为1953—1995年，按年度排列，编有案卷目录。

档案主要内容：

1. 综合类

有局务会议记录，理监事会议记录，局工作总结、计划，上海市手工业全面发展规划方案和向市委汇报工作情况，手工业系统第一、二个五年计划，重点行业调查报告，上海市手工业实现合作化情况和手工业社会主义改造情况，接待外宾工作计划、简报、总结，社员代表大会工作报告、议案和社员代表大会代表名册，领导参阅、简报、信息、企业动态、提案处理和信访处理情况，实施岗位责任制、变更企业类型、企业承包经营责任制、企业撤销、合并机构批复，申请外汇、援外、接待工作、企业与外商合资项目、出国技术培训、考察、贸易推销等报告与批复，外汇留成、引进技术和外贸专项贷款通知，申请购买车辆批复，会计决算汇总表，上级关于财务工作的指示、规定、通知及该局下达各项财务指标，住房分配情况等。

2. 组织人事类

有组织工作总结和计划，各类年终统计报表，基层建立党委、支部批复，市委关于任免干部的批复、通知，该局和处室干部任免和各公司、直属单位干部任免的通知，干部调配申请、增资方案、评定职称、外省市调沪、出国审批，成立、恢复上海市手工业管理局的报告和市委的批复，调整机构编制、人员安置的有关材料，人事工作的计划、总结，局各处室工作职责、范围，基层厂领导名单，实行厂长负责制、选拔专业人员考核办法、各处室岗位责任制、表彰先进党组织、优秀企业家、先进集体和个人名单等。

3. 生产业务类

有手工业局生产计划的建议和执行情况的报告，建立生产合作社和供销社的报告、章程、制度和批复，关于经济计划及批准各加工厂生产计划的通知，个体手工业重点行业调查报告，手工业调查资料，手工业行业分类归口目录表，工艺美术行业情况报告，恢复小商品生产情况，生产技术工作计划、总结，生产技术发展纲要，经理办公会议记录，年终统计报表，“八五”发展规划，工业总产值产品产量，下达科研、新产品项目、军工、订货、外发加工、引进项目和更新改造项目、质量工作等计划，公司、企业更改名称、企业合并、停产、解散、迁址、组建集团及改变隶属关系、变更经营范围、郊县与外省市联营企业等报告与批复，外汇项目、基建项目、更新改选措施项目、房屋翻建、设备检查、贷款、征地、迁建、三废等批复，清产核资工作打算、报告、总结、通报与物资处理意见等。

4. 党务类

有中共上海市委、市委组织部关于该局成立党组的批复、党委成员组成的批复、通知，该局党员名册和统计表，局党组（委）会议记录、纪委监委会议记录，贯彻七届六中全会决议思想检查以及向市委的报告，市委工作队召开会议记录、工作总结与计划、统计报表，局领导在系统大会上的讲话材料，党委学习情况反映、专题情况报告、局处室和直属单位建立支部委员会的批复，党纪处分、出国保留党籍批复，优秀党员记功表扬名单，统战工作总结等。

5. 对私改造类

有对所属合作社（组）进行社会主义改造的规划及有关改造方案，手工业社会主义改造工作简报，阶级成分调查报告，接管没收反革命分子财产情况报告，对所属手工业企业调整所有制方案、情况报告以及调整后有关人员享受福利待遇的材料，贯彻市委管理个体手工业办法的报告及个体户名册等。

6. 宣传保卫类

有工作总结与计划，年终统计报表，“八五”计划；政工研究、宣传信息、法制教育、内部治安及动态情况，更换校名、建校、扩建、职务培训、学生处分报告及批复，招生、教育、防火、安全保卫等方面的通知，评选文明单位调查材料等。

7. 工会工作类

有工会工作总结和计划，职代会材料、简报，技协、三产建立基层工作、退管会和变更隶属关系的报告、批复，工会干部任免的批复，劳模、三八红旗手、局先进集体和个人名单等。

上海市轻工业局

全宗号　B163

上海市轻工业局的前身是上海市人民政府工业局，成立于 1952 年 8 月，1954 年 2 月改为上海市人民政府地方工业局，1955 年分为上海市第一轻工业局和上海市第二轻工业局，1957 年 4 月两局合并为上海市轻工业局，1995 年 12 月撤销建制。其主要职责是管理文体用品、火柴塑料、皮革制鞋、日用五金、医疗器械、食品印刷、橡胶等行业。历任主要负责人有梅洛、周克、石英、刘思仁、吴承璘、郑国培等。内部机构有办公室、生产计划处、劳动工资处、财务处、科研技术处、质量管理处等。

馆藏上海市轻工业局全宗档案共 13 352 卷，档案排架长度 192. 8 米。档案起止年代为 1952—1995 年。该全宗主要按年度—机构排列，编有案卷目录 32 册。

档案主要内容：

1. 综合类

有该局成立、改变名称的报告、批复和通知，印章印模，历年经济工作计划、总结、专题交流汇报材料，局务会议记录，轻工业全面发展规划，局第一、第二个五年计划及执行情况总结，《十年来的上海轻工业》，局属工厂目录，局各处室机构设置情况、职责分工和各项工作制度，局系统市、局级先进集体、先进生产者、劳动模范事迹和名单，保卫、教育卫生工作总结及有关材料，开发浦东情况，企业管理和体制改革工作总结等。

2. 党群管理类

有成立局党组、党委的批复，局党组、党委、总支人员组成和调整的批复、通知，历年局党组会议记录，局党代会记录、决议，局监察、反官僚主义等工作的专题报告、总结，局系统“文革”案件的复查结论及批复，核查“三种人”工作总结、审查材料和批复，整党工作总结、对照检查和处分材料，局统战、宣传工作总结和有关材料，局和系统的组织史，局成立工会、团委的批复，工会、共青团工作计划、总结、制度、年报，历次工代会、团代会材料等。

3. 组织人事类

有市委组织部、局和基层单位关于干部任免调动的请示、批复、通知，局整编方案，组织干部人事、劳动工资计划、总结、年报，局、公司领导干部名册，工资改革方案、报告、批复、总结，干部、职工违纪处分报告、批复，“小三线”职工回沪安置材料，职工离退休审批表，局系统各类专业技术职务评审材料等。

4. 生产管理类

有该局各个五年计划纲要和控制数字建议，年度生产计划及完成情况报告，国民经济统计资料，市、局关于所属企业兼并、改制的请示、批复，局系统各单位工业普查材料，国家尖端、重点科研、新产品计划和执行情况报告，轻工产品基本情况和年度产品目录，科研、新产品项目鉴定、获奖材料等，局物资供销工作报表、总结，局援外工作、接待国外代表团、实习生的材料，市、局对所属中外合资合作企业的合同、章程、可行性报告的批复等。

5. 基本建设类

有该局基本建设计划、总结，市、局关于重点建设项目的批复、通知，轻工业主要设备综合表，基本建设决算报告及用款执行情况，技改、引进、三废治理迁建等项目的请示、批复，有关房改、住宅建设工作总结等。

6. 财务审计类

有局系统企业财务收支计划，企业会计决算、报告、报表和汇总材料，资产负债统计表，价格调整记录、价格管理总结，接管、合营企业资产估价表和财产移交清册，清产核资工作总结，财务、审计工作年度总结等。

7. 对私改造类

有接管军管企业改为地方国营的移交清册、报表、总结，私营企业调查报告，局属各行业及工厂概况、历史沿革，私营工业社会主义改造规划、方案，局属私营厂合营计划、申请、协议、章程，对私方人员、统战对象的人事安排，中心厂、独立厂调整方案，行业规划和改造改组方案，改造动态简报，公私共事情况、思想动态，统战、民主党派工作总结等。

上海市出版局

全宗号　B167

上海市出版局前身是上海市人民政府新闻出版处，成立于 1949 年 8 月，负责管理上海市出版、印刷、发行业务。1952 年 6 月，该处出版管理室并入华东军政委员会新闻出版局，上海的出版、印刷和发行业务由该局兼管，新闻出版处保留名义。1955 年 6 月，改为上海市出版局。1972 年 12 月，上海市出版局及其所属各出版社合并组成上海人民出版社。1978 年 1 月恢复上海市出版局。历任主要负责人有：郑森禹、姚溱、陈虞孙、汤季宏、罗竹风、马飞海、贺汝仪、杨永直、宋原放、王国忠、袁是德。内设办公室、人事处、计划财务处、出版处、印刷处、发行处等机构。

馆藏上海市出版局全宗档案 3 096 卷，档案排架长度 36 米，档案起止年代为 1955—1987 年，编有案卷目录。

档案主要内容：

1. 综合类

有工作计划、总结、出版规划，各年度局务会、党组会记录，信访工作的总结、报告，启用新印章的通知，上海新闻出版系统简报，外事工作年度计划、总结，接待日本、苏联等国代表团及出版专家的计划、简报，年度经费预决算报表，该机构所属企业工业生产统计年报表，重大基本建设计划申请及局批复等。

2. 出版、印刷、发行类

有上海市出版工作发展的计划、报告、统计表，上海市报刊出版工作的基本概况，出版社专业分工、图书加印统一编号、稿酬标准的规定，查禁、停售、不再版等事务的批复，各机关团体创办期刊、复刊的申请、登记表、批复，书刊进出口、图书停售、报废处理的申请、批复，上海市印刷工业的发展规划、重要印刷设备的购置、调拨的批复，新闻出版年度用纸分配计划，毛泽东著作、像、年月历印刷发行工作情况总结及印刷质量检查报告，上海市发行业的基本情况调查，新华书店仓库建设的计划、批复，新华书店工作总结，上海市发行网点的建立、撤销书亭设置的计划、报告、批复，工商企业登记的工作规定、总结等。

3. 组织、人事、保卫类

有出版社、印刷厂、书店的机构设置及人员编制的统计资料，干部任免、奖惩批复，新闻出版系统党员、干部名册，工资改革工作的总结、测算表，职工重大伤亡事故材料等。

4. 对私改造类

有商务印书馆、中华书局等大型出版企业公私合营的材料，上海中小型出版业、发行业社会主义改造的计划、总结及清产核资、人员安置等材料，改组成立公私合营科学技术、教育图书、卫生、音乐、古典文学等出版社的材料，社会主义改造学习情况报告，公私合营财产清理估价、股权登记、发放股息等规定，清产核资的情况报告、统计表等。

上海市民政局

全宗号　B168

上海市民政局成立于1949年8月，1968年1月成立上海市民政局革命委员会，1978年8月恢复上海市民政局。至1990年1月设有办公室、政策法规处、综合计划处、基层政权建设处、救灾救济处、优抚处、福利事业管理处、人事处、社团管理处、婚姻管理处、双退办公室、老年人保护办公室与妇女儿童保护办公室（为两块牌子一套班子）以及党委办公室、纪委监察室。历任负责人有：曹漫之、吕镇中、林立、洪天寿、王辉、王嵩、张义林、张琪、张竹天、曹匡人、孙金富。

馆藏上海市民政局全宗档案7 411卷，档案排架长度119.2米，档案起止年代为1949—2001年，按问题—年度大流水排列，编有案卷目录4册。

档案主要内容：

1. 综合类

有国家和上海有关民政工作的法律、法规、规章和政策，上海有关民政工作的法规、规章草案，根据有关法律、法规、规章制定的规范性文件，上海民政事业发展战略，民政事业中长期发展战略，年度工作计划，局年度工作计划、总结、简报，局长办公会议、局务会议记录，上海市历次民政工作会议的报告及市领导讲话记录，各年度民政各项业务工作的统计表，移交敌伪档案目录清单等。

2. 组织人事类

有局机关和附属单位有关机构体制设置、调整编制，各区民政科、办事处机构编制的报告，市政府、人事局有关民政局领导干部的任免通知，民政局有关干部任免、提拔、管理的报告，干部统计表，机关和附属单位工作人员名册，工作人员行政处分，局整编工作计划、批复等。

3. 优抚、复员安置类

有关优待抚恤政策，优待抚恤工作，拥军优属工作，拥军优属基金的管理工作，复员退伍军人的接收安置工作，军地两用人才的培养与使用，军队离退休干部、易地安置退休干部的接收安置，全市军队离退休干部休养所的管理，纪念革命烈士活动、追认烈士等文件。

4. 民政类

有关上海社会福利事业发展规划，社会福利事业单位的管理工作，开展社会福利有奖募捐，烈士陵园对外开放、牺牲抚恤工作，收容遣送工作，接待安置特释、释放人员，调整行政区划，婚姻登记统计，社会团体登记，寺庙概况，殡葬管理与改革，侨务工作资料等文件。

5. 救灾救济类

有关救灾救济工作，筹措、拨发救灾款物，开展农村救灾合作保险，农村扶贫，管理城乡社会救济工作等文件。

6. 社会工作类

有关城乡基层政权建设工作和村民委员会、居民委员会群众自治组织建设工作，指导城市社区服务，推动社会化服务体系的建立和发展等文件。

上海市人民政府公用局

全宗号　B169

1949 年 9 月 1 日，在上海市军事管理委员会财政经济接管委员会公用事业处的基础上，成立上海市人民政府公用局。其职能是领导和管理上海市公用事业，包括电力、电话、自来水、煤气、公共交通、轮渡、出租汽车等行业。1953 年底，该局与市政建设委员会合署，保留公用局名称，1955 年撤销。历任负责人有：叶进明、李广。

馆藏上海市人民政府公用局全宗档案 844 卷，档案排架长度为 28 米，档案起止年代为 1949—1955 年，按问题排列，编有案卷目录。

档案主要内容：

1. 综合类

有该局党组会议记录，工作计划报告及市政府党组的批复，市军事接管委员会、该局关于接管、交接公交公司、岳州路解放军铁工厂、利泰橡胶厂等单位和接收义生、义合等公司车辆的报告、批复、指令、通知及移交接交清册，轮渡公司工会成立大会的经费、工会干部产生的批复，市政府、该局关于市轮渡、祥生汽车、上川交通公司的公股、私股问题的批复、通知、股东名册，市财委、工商局、该局关于祥生汽车公司改组及公私合营的批复、通知等。

2. 劳动人事类

有市政府、该局关于机构设置、管辖归属、科级以上干部任免、干部和职工商调、招工、工资待遇、员工处分和奖励的批复，市财委、该局关于生产奖励办法、行车肇事暂行处理办法等的批复，公交三烈士家属抚恤办法的批复，市政府、该局关于市轮渡 5 号接送客货驳船失事和公交死亡事故的批复、指示等。

3. 交通业务类

有市政府、该局关于公共路线（包括郊区和长途路线）和市轮渡辟线、改线、延线、停线、复线、停业的批复，公共汽车、电车（包括郊区和长途）和市轮渡票价、出租汽车车价调整、军警免费乘车船及代价证办法、儿童免费乘车船高度线等的批复，乘车规则、乘车须知及乘客越站、无票、废票乘车处理办法，月季票发售等办法的批复、通知、公告，市军管会公用处关于颁发长途客货车通告证执照办法及上海汽车凭证购油暂行办法的通知、公告，华东军政委员会关于交通运输及车辆管理的通令、通知，中央交通部、上海市公安局关于城市陆上交通管理暂行规则的函等。

4. 基建工程类

有市政府、市建委、市财委等关于东大名路第一保养场、四平路停车场、提篮桥无轨电车停车场、斜土路无轨电车厂和枫林桥停车场、公交修造厂车身工场、黄兴路轧煤厂等新建、扩建、改建项目的征地、技术设计、施工报告、计算书、合同、用款计划、追加预算先前的批复，市政府、市财委关于建设高桥海滨浴场、环城圆路路线及建造无轨电车和英、法商电车金陵东路、浙江路接轨等工程的技术设计、用款计划等的批复等。

上海市对外贸易局

全宗号　B170

1955 年 1 月 1 日，在华东行政委员会对外贸易局的基础上，成立上海市对外贸易局。其主要职责是负责上海地区的对外贸易管理工作及开展进出口贸易工作。1979 年 12 月 21 日，以上海市对外贸易局为基础建立上海市对外贸易总公司，与上海市对外贸易局为两块牌子一套工作机构。1984 年 12 月，上海市对外贸易局撤销，上海市对外贸易总公司转为经济实体。1987 年 11 月，上海市对外贸易总公司撤销。历任主要负责人有：齐维礼、李魁生、是鹤、白光标、孙更舵、贾振之。内部机构历经变化，至 1984 年底设有经理办公室、人事（教育）处、保卫处、企业整顿办公室、海外企业部、进口部、对外业务部、出口业务部、咨询服务公司、工程部、易货贸易部、党委办公室、组织处、宣传教育处、纪委、工会、团委等处室。

馆藏上海市对外贸易局全宗档案 6 944 卷，档案排架长度 110. 4 米，档案起止年代为 1956—1987 年，编有案卷目录。

档案主要内容：

1. 综合类

有关于对外贸易的指示、通知，转发外贸部关于对外贸易的管理办法、指示，新中国成立以来上海外贸情况与变化，外贸企业改进经营管理方案和系统定额管理方案，商检工作暂行方案，对资贸易价格掌握试行办法及评价小组组织原则、分工规定，外贸部、商业部、外贸局关于出口商品的收购、作价、奖励、分工、交货的办法、意见，国务院、外贸部等单位有关进口货运监管工作和征免税的通知，外贸部关于改进进口订货和办理对外索赔工作的几项规定，局党委贯彻市委关于加强工业品出口质量的批示、规定的意见，公私合营、对私改造工作的计划、方案、工作总结，对私营进出口商管理和领导分工关系的决定、方案，清产定股和定息、发息政策情况及遗留问题的汇报，接待外国贸易代表团的计划、方案、简报，外事工作总结，基本统计年报、商品流转计划统计年报，基建工作计划项目批件等。

2. 组织人事类

有外贸局组织机构设置人员编制的情况报告，局党委关于所属单位组织机构设置、合并、撤销、调整、更改名称等报告方案、意见及外贸局批复，局党委、局机关及所属单位组织机构调整与人员编制方案，干部名册、统计表，干部、职工违纪处罚的请示、批复、决定、工调名册，先进集体、先进个人事迹材料等。

3. 财会类

有财会工作的规定、办法，外贸部、外贸局关于税务问题的通知、规定，外贸局及下属业务公司财务预决算报告、统计表，工资改革工作计划、总结，劳动工资统计表等。

4. 党团工作类

有党委工作计划总结，党委会议记录，党代会计划、报告，党组织、党员团员统计表，纪委监察工作统计报表，局党委及所属支部关于建立党委（支部）纪委、审干、肃反小组成员任免的请示及市委组织部、局党委的批复，局党委关于深入开展三反整风运动的传达动员报告，局党委整风、反贪污斗争的计划、总结等。

5. 外贸工作类

有外贸部、外贸局关于外贸工作的政策、指示、规定，进出口政策性问题、经营方案的请示、批复，外贸公司年度利润计划完成情况统计表、进出口贸易统计年报表，公私合营及私营企业外贸进出口统计表，经营利润盈亏统计表，外贸局、上海海关等关于私商转业歇业问题的来往文书，进出口贸易的调查情况，外贸公司对东欧国家开展易货贸易情况汇报，所属公司公私联营工作总结，所属公司国内销售统计年报，局党委关于对外贸易工作的几个问题和意见及讨论市财贸工作会议指示的汇报，扩大外轮供应、增加外汇收入的报告，局及所属单位关于出口商品商标注册及接受国外定牌、无牌的情况小结，对资进口工作总结，所属公司对资出口统计年报，转发商业部、外贸部关于内外商品作价、调拨作价的规定，出口商品品质包装展览会总结，外事工作情况汇报，加强对外贸易企业的经营管理报告，出口商品商标和价格普查的情况汇报等。

上海市外贸局全宗汇集

全宗号 B171

上海市外贸局全宗汇集汇总了上海市外贸局下属的中国国际贸易研究会上海分会、外贸局业余大学、外贸局政本路农场、外贸局长兴岛农场、国际贸易工会、外贸局综合管理处、军管会贸易专员办事处、外贸局职校等 8 个全宗的档案。中国国际贸易研究会上海分会成立于 1951 年 9 月 26 日。外贸局业余大学成立于 1958 年 9 月，1971 年 2 月学校撤销。外贸局政本路农场成立于 1963 年 2 月 8 日，1965 年 9 月结束。外贸局长兴岛农场成立于 1958 年 10 月，1964 年 1 月 15 日移交给上海市长兴岛农场经营。上海对外贸易职业学校成立于 1964 年 4 月，1971 年 9 月撤销。

馆藏上海市外贸局全宗汇集档案 212 卷，档案排架长度 3.2 米，档案起止年代为 1950—1971 年，按机构分类排列，编有案卷目录。

档案主要内容：

1. 中国国际贸易研究会上海分会

有上海分会会议记录、章程，上海分会筹备会工作计划、报告、委员名单等。

2. 外贸局业余大学

有外贸局业余大学历年总结，干部登记表，学校各类规章制度，财产移交清册等。

3. 政本路农场、长兴岛农场

有农场年度工作计划、总结，关于土地划拨与有关单位的往来文书，农场科技、科研工作的计划、方案、规程、经验交流材料，农场农业生产各项统计资料，农场平面图、地下管道图、房屋建筑设计施工图等。

4. 国际贸易工会

有工会历史沿革、工作计划、报告，有关公私联营的方案、总结等。

5. 综合管理处

有年度计划、总结，会议记录、大事记，对私营出口商进行社会主义改造的动态反映、调查表，本处合营联合董事会章程、董事名单，常务董事会议记录，所属合营私方人员情况调查表，所属公司各合营户人员情况调查表，合营户清产核资工作计划、报告、总结，私股股息领息办法、往来函件，股息发付表等。

6. 军管会贸易专员办事处

有贸易处军管美商企业各种汇总资料，对所辖美商企业管制情况的工作报告及处理意见、总结，所辖美商公司企业历史、职工名册，美商企业歇业清理材料等。

7. 外贸局职校

有学校工作计划、总结，有关编制、报告、分配、学制问题的报告、批复，学校课程设置、教学计划、学生管理办法，学校职工、工资统计表等。

上海市文化局

全宗号 B172

上海市文化局成立于1950 年 2 月，其前身为上海市军管会文艺部，机构名称几经变化，2000 年 6 月撤销。上海市文化局是全市文化事业的主管部门，负责全市图书馆、博物馆、剧团、剧场、书场、电影院、电影制片厂、电影发行、租书摊等的领导、管理工作。下设办公室、人事教育处、政策法规处、经营管理处、审计室、戏剧处、音舞处、图书美术处、群众文化处、文化市场处、外事处、计划财务处等内部机构。历任负责人有夏衍、于伶、徐平羽、孟波、李太成、于会泳、孙滨、马博敏等。

馆藏上海市文化局全宗档案 9 734 卷，档案排架长度 95. 2 米，档案起止年代为 1949—1995 年，按年度—组织机构分类排列，编有案卷目录。

档案主要内容：

1. 综合类

有年度工作计划、总结、文化简报，局长办公会议和局务会议记录，中央、文化部领导和市委、市政府领导就上海文化工作的重要讲话记录，上海市文化事业发展和改革工作报告、上海市娱乐市场发展情况的报告、文化事业发展纲要和规划、大事记，举办大型活动、庆典、纪念活动的请示、批复、演出安排、小结，处理反动、淫秽、荒诞图书工作的方案、请示、批复、报告和书目，对上海市剧场、影院、文化馆、戏曲剧团等的概况调查报告、调查表，地方戏曲改革情况汇报，上海市戏曲界和协会工作情况简介及负责人名册，文物保护修缮、鉴定、收购等问题的通知、报告、批复，文物古迹管理分工问题的指示、报告及上海市一般的革命史迹、宗教遗迹一览表，文物展览及文化遗址的发掘等材料，上海各公立图书馆的历史沿革、藏书概况，上海市委宣传部、市文化局关于复原革命旧址的请示、批复，全国、市劳动模范先进工作者（集体）的材料，接待外宾的工作方案、总结等。

2. 党团工会类

有党委、组织、宣传、统战、纪委工作的计划、报告、总结、批复、通知，党委会会议记录，党代会材料和党的组织建制情况，党员统计报表，统战工作材料，发展党员、党员干部培训计划，共青团工作的计划、总结、会议记录、团代表大会材料及表彰全国、市优秀青年、团员（集体）文件等。

3. 组织人事类

有局及所属单位机构建立、调整、改制合并、更名、撤销、定编、干部任免、干部调配、工资、福利待遇等问题的请示、批复、规定、通知、情况表，干部考核、专业技术职务聘任情况表、评审材料等。

4. 市场管理类

有关于演出和文化市场工作的计划、总结，制订、发布上海市文化市场各项管理办法和规定，上海市文艺演出管理办法，上海市营业性演出管理条例，上海市文化艺术社会团体管理暂行办法，上海市营业性游戏机娱乐业管理办法，上海市演出市场管理条例实施细则，上海市营业性舞厅、音乐茶座、音乐餐厅管理规定，上海市民间职业剧团管理规定，上海市参与演出个人所得税征收暂行办法等请示、通知及实施情况汇报等。

5. 文艺演出类

有参加华东局、文化部举办各类大型文艺会演的通知、情况汇报、获奖名单、剧目讨论记录、简报，华东局举办的华东话剧会演、华东京剧会演、文化部举办的京剧现代戏会演和市举办的曲艺会演等计划、总结、批复，与上海剧协联合举办的盖叫天、周信芳等舞台生涯纪念活动的计划、总结，组织上海电视剧、戏剧、音乐舞蹈赴京展映、展演的工作总结，组织艺术表演团体出访演出的计划、情况汇报和宣传资料，接待外国艺术团体来沪演出的文件等。

6. 教育科技类

有文化科技管理工作情况汇报和申请科研经费的报告、批复，举办上海文化科技评奖的通知和上海获全国、市科技进步奖名单，颁发《上海市文化局科技成果鉴定办法》的通知，举办各种研讨活动的请示、批复、论文，各中等艺术学校招生计划、请示、批复等。

上海市机电工业管理局

全宗号　B173

上海市机电工业管理局前身为上海市人民政府重工业管理局，成立于1954年3月，主要职能是负责全市机电工业的生产和管理。1957年4月，上海市第一重工业局改名为上海市机电工业局。1958年8月，上海市机电工业局撤销，分别成立上海市机械工业局和上海市电机工业局。1961年7月，两局又合并为上海市第一机电工业局。1985年10月，改名为上海市机电工业管理局。1995年5月，转制为上海机电控股（集团）公司。历任局长或负责人有杨士法、赵琅、庞夫力、蒋涛、张遵敬、李嘉康、余永良等。

馆藏上海市机电工业管理局全宗档案8 556卷，档案排架长度为209.6米，档案起止年代为1954—1995年，按年度—组织机构大流水排列，编有案卷目录。

档案主要内容：

1. 综合类

有年度工作计划、总结、局务会议记录，机电局机关及下属公司、企事业单位组织机构设置、调整、变更的请示批复，上海民族造船工业、上海机械工业社会主义改造、开展增产节约运动的意见、计划、总结，机电局对私改造工作计划、总结，机电局贯彻调整、改革、整顿、提高八字方针的规划、方案，关于1986年行政性公司解体、组建集团公司、股份公司和关于生产经营的重大决策的报告、批复，撤销上海市机电工业管理局、组建上海机电（控股）集团公司的报告、批复，机电工业企业整顿、提高企业管理水平、加强科技工作进行技术改造的文件材料，“八五”战略发展规划、“九五”规划，机电局经济体制改革工作的情况汇报，财务管理计划、总结、预决算报告等。

2. 党务类

有局党委（组）组建及沿革情况，基层党组织建设情况，局党组、党委、党委会议记录、工作计划总结，局机关及下属单位开展整党工作和核查工作形成的文件材料，党组织、党员统计年报表等。

3. 组织人事类

有处室设置、撤销、调整、下属单位和各公司组建调整、领导班子配备的请示、批复，对工程技术人员的录用、职称评定、晋升的申报材料、批复，干部参加革命工作时间核定、工资福利材料，机电局劳动工资工作、工资改革、调整的计划、方案、总结，干部统计表、工程技术人员名册，关于干部、职工受表彰奖励的文件等。

4. 生产技术类

有工业生产计划及产品产量完成情况报告，出口、援外、军工任务执行情况报告，生产技术发展规划，新技术、新产品试制情况和工作总结，引进国外先进技术项目的请示、报告，关于中外合资、合作和企业联营等方面工作的资料，重大科技改造项目、技术引进项目、基本建设项目及贷款的申报、审核材料，重大项目基建设计任务书，技术工人支援重点建设、支援外地建设汇总表，生产统计年报、主要经济指标统计等文件。

上海市电机工业局

全宗号 B174

上海市电机工业局成立于1958年8月，其主要职责是负责管理电机行业的汽轮机、发电机、锅炉、电动机、变动器、仪器仪表等产品的生产。1960年1月，上海市电机工业局又分为上海市电机工业局和上海市仪表电讯工业局。1961年7月，上海市电机工业局与上海市机械工业局合并为上海市第一机电工业局。历任局长有：肖卡、冯国柱、赵琅。内部机构设办公室、人事劳工处、计划处、技术处、财务处、基建处、供应处、锻冶处。

馆藏上海市电机工业局全宗档案282卷，档案排架长度5.6米，档案起止年代为1958—1961年，按时间分类排列，编有案卷目录。

档案主要内容：

1. 综合类

有该局工作计划、总结、简报、局长办公室会议记录，技术革新运动总结与报告记录，苏联、民主德国专家来沪考察的工作计划、情况汇报，向市委报告电机工业成就的材料，增产节约运动工作计划与总结，行政经费预决算，财务经济管理计划、总结、决算报告、成本分析报告，局基建规划、任务书、工程技术项目批复等。

2. 党务工作类

有该局关于党组人员调整给市委的报告，局党委对人员处分决定的调研报告及批复，党组会议记录，党政干部任免、调任报告与批复，党组扩大会议纪要，三反整风运动的打算、检查和总结，反贪污斗争规划、动员报告提纲及处分材料等。

3. 人事劳动类

有该局干部统计报表，干部任免、调任报告与批复，工程技术人员名册，劳动工资计划报告，工资调整方案、报告与批复，干部职工待遇报告与批复，下放干部情况统计表，干部处理问题情况统计，上海市全国先进集体、先进生产者登记表等。

4. 计划管理类

有该局工业生产计划和主要产品产量完成情况报告，出口、援外任务执行情况报告，经济改组、外迁厂情况报告，生产统计年报，产品质量年报，技术发展规划，主要经济指标统计，新技术、新产品开发设计来往文书等。

上海市电影局

全宗号　B177

上海市电影局成立于1958 年 10 月，负责各类电影制片厂、电影机械器具单位、发行放映公司的生产管理与计划分配工作。1995 年 8 月 15 日，撤销上海市电影局、上海市广播电视局，新建上海市广播电影电视局。历任负责人有：袁文殊、张骏祥、戴星明、孟波、吴贻弓、张元民。内部机构设办公室、劳动人事处、生产技术处、计划财务基建处、外事处、党委办公室等部门。

馆藏上海市电影局全宗档案 4 506 卷，档案排架长度 52. 8 米，档案起止年代为 1949—1995 年，按年度—问题分类排列，编有案卷目录。

档案主要内容：

1. 综合类

有周恩来、陈毅、周扬、陈荒煤、杨永直、陈其五等的讲话稿及演员谈话记录，成立上海电影制片厂的报告，局年度工作计划、总结报告、会议记录、电影简报，《上影年鉴》初稿、定稿，上海电影系统改革方案设想报告，上海电影总公司章程、机构设置的报告、批复，组建上海电影集团公司、永乐电影公司、动画公司等单位的报告、批复，组建中外合作企业上海东南影音公司、成立巨星之友联谊会的申请报告、批复，举办上海国际电影节、上海国际动画电影节的计划、请示、批复，编印《上海电影三十年 1950—1980》影片目录，“五个一”工程创作规划等。

2. 组织人事类

有组织人事工作计划、总结，中国电影制片厂和职工情况调查表，职工进厂、离厂人员花名册，局和基层领导干部任免命令决定，支援外省人员名册，职工晋升评级的批复，专业职务职称评定、聘用、指标调整、岗位设置报告、批复、审批表，培养电影导演、制片专业人才的报告以及委托戏剧学院、交通大学培养人才的协议书，《上影画报》与《电影故事》、《大众电影》与《上海电影》合并的方案、请示、批复，筹办上海电影学校的计划方案、会议纪要，评选全国、市劳动模范、三八红旗手、先进集体、先进工作者的通知及名单，发行放映单位评选先进集体、先进个人总结表彰的请示、通知、名单等。

3. 党务类

有党委、组织、统战等工作的计划、总结、简报，党员代表大会决议、党委扩大会议记录，落实电影系统干部、知识分子政策情况及复查、平反的报告、批复，上海电影局工作者协会第二次代表大会会议文件，上海电影系统党组织、厂长、职代会工作条例试行的通知、修改意见等。

4. 电影生产技术类

有电影创作生产、编辑、电影技术、放映等工作的规划、报告、建议、简报，剧本、创作样片审查工作的试行条例、意见，电影艺术理论的研究资料，电影摄制、创作生产的检查、报告、总结、谈话记录，电影剧本等各类稿酬问题的请示、汇报、批复、通知、暂行办法，优秀影片奖、电影节奖励条例的通知，电影工作者联谊会筹备成立的通知、报告、会议章程、登记表，电影百花奖评选工作的情况报告、函，建立优秀影片创作基金、电影建设的条例，上海电影科技成果管理规定及上海电影科技获奖项目和优秀科技人员光荣册等。

5. 外事类

有局外事工作的计划、规定、总结、简报，与香港长城公司合拍影片、与东南亚南方影业公司进行业务往来的信函，第五批文艺代表团赴越南工作的报告、谈话记录，接待苏联、朝鲜、秘鲁、英国外宾的简报，接待外国政府电影代表团、电影工作者考察、访问、参加电影节活动、拍片、交流等的计划、批复、小结等。

上海市标准计量管理局

全宗号　B178

上海市标准计量管理局是统一管理上海计量标准、质量监督、质量管理工作的职能部门，前身为上海市度量衡检定所、上海市度量衡管理处、上海市计量标准管理局、上海市计量测试管理局等机构。1977 年 9 月，改为上海市标准计量管理局。1989 年 3 月，该局撤销，成立上海市技术监督局。历任局长或负责人有：黎崇勋、徐刻、汤道林、贾文焕。设组织处、宣传处、人事处、计划处、标准化处、计量管理处，军工计量处、行政处、财务科、办公室等内部机构。

馆藏上海市标准计量管理局全宗档案 4 896 卷，档案排架长度 43. 2 米，档案起止年代为 1949—1988 年，编有案卷目录。

档案主要内容：

1. 综合类

有接管度量衡检定所的移交清册，该局的工作计划、总结、会议记录、简报，财务预决算报表，基本建设投资任务书及有关批复，科技成果、技改项目及计量标准化管理办法和规定，接待苏联、瑞士、日本、越南、阿尔巴尼亚计量代表团的材料等。

2. 机构人事类

有机构体制调整的报告、批复，更改机构名称、启用印章的通知，职工人数、工资、福利费收交等统计表，专业技术人员统计表，干部任免、奖惩的批复等。

3. 党群类

有建立各级党、团、工会组织的批复，党、团、工会工作计划、总结，党员党组织统计表等。

4. 计量标准化管理类

有上海市计量管理、工农业产品技术标准管理规定，计量标准组织、计量网络、量值传递等工作的报告，计量器具使用统计表，上海各局、企业标准代号，加强计量器具监督管理制止非法活动的通知、违章案件的处理决定，计量工作简报，标准化工作的计划、总结、法规等。

5. 质量监督、质量管理类

有对生产流通领域重点产品实施监督抽查的计划、公报，有关生产许可证、工业准产证的报批材料，重点科技项目的计划、总结，上海市优质产品评选报批材料等。

上海市农垦局

全宗号　B180

上海市农垦局成立于1963年4月，其前身为1960年9月成立的上海市围垦总指挥部，1971年3月上海市农垦局撤销。其主要职责是管理市郊国营农场的农业、畜牧业生产，为上海市区提供农副食品。历任总指挥（局长）有：宋日昌、张辑五。内部机构设：办公室、生产处、农机基建处、经营管理处、财务处、人事处、基建办公室。

馆藏上海市农垦局全宗档案330卷，档案排架长度4.8米，档案起止年代为1960—1968年，按问题—年度大流水排列，编有案卷目录。

档案主要内容：

1. 综合类

有市围垦总指挥部会议记录、工作计划、工作总结，围垦崇明荒滩的报告，崇明围垦工作汇报，崇明垦区生产、工作情况报告，牡丹江农垦局支援上海垦荒工作总结，垦区与当地农村土地分界纠纷处理意见，市委、市人委关于农牧场经营方针的决定，局会议记录、工作计划、工作总结、工作职责规定，与崇明县人委关于扩大围垦的会议纪要，社、队并场的请示，局工作组赴皖勘察荒地情况报告，接办黄山茶林场、练江牧场的协议书和市委批复，市委关于举办上海市半农半读大学的批复，局党委开展增产节约、五反运动情况报告，面上社教运动计划、总结，接待马里、越南代表团的简报，局机关造反队建立抓革命促生产领导小组和农垦局革命委员会的请示等。

2. 组织人事类

有市委、市编委、市委农村工作部和市委监委对农垦局、农牧场机构设置、人员编制、干部任免和党纪处分的批复，局党委和基层党委对干部任免的批复，党、团组织和党、团员统计表，党、团员纪律处分统计报表、批复，干部定期统计报表，党政干部名册，国营农牧场评选先进集体、先进个人的名册和事迹材料，政工干部训练班教学计划、总结、领导讲话等，对有关单位私方人员退职退休的批复等。

3. 劳动工资类

有历年劳动工资计划、指标，招工的通知，职工奖金、工资制度改革的批复、计划、办法、总结，职工人数、劳动工资统计报表、调资方案、提升工资核定表，农牧场各类人员工资福利待遇的暂行规定，农垦局对大中专毕业生转正定级、军队转业干部调资的批复，农垦局、有关农牧场对职工伤亡、行政处分的批复、请示，对农牧场职工触电、溺水等非正常死亡事故的处理意见、批复，安置工作请示等。

4. 生产类

有市围垦总指挥部、农垦局农业、工业、畜牧业生产计划、发展规划、总结、统计年报，农机工作的计划、总结、化学除草、飞机治虫情况汇报，造林规划，援外种禽、防洪项目在沪业务交接工作报告，市委、市人委关于农场养猪、建立奶牛饲料基地、发展肉用鸡仔生产的批复，农垦部在上海召开养猪生产现场会议记录、情况汇报，农垦局对养猪生产的暂行规定等。

5. 计划财务类

有市围垦总指挥部围垦经费预决算、综合统计报表，崇明垦区十二个牧场综合规划，农场 1961 年以前资金遗留问题处理意见，财务管理规定，会计决算，行政经费决算，农垦企业经济核算、财务决算及市财政局审核意见，历年行政事业费决算，支农资金、安置经费使用情况报告，长兴岛农场、高教局畜牧场等八场财产交接清册，安徽省地方国营黄山茶林场、上海市黄山茶林场账外固定资产交接清册，农场物资管理、知青口粮供应、基建投资拨款办法，市革委会关于农牧场粮食管理、插种青玉米计划的批复等。

6. 基建工程类

有市人委、市围垦总指挥部关于崇明围垦工程设计任务书的批复，农场基建计划、设计任务书的批复，市围垦总指挥部关于崇明围垦工程完成情况报告，基建统计年报，会计决算报告，农垦局基建会计报告、统计年报、基建用物资统计报表，市财政局基建财务核定意见书，市计委基建计划、水利、水闸工程规划，市革会经济计划组下达基建计划的通知等。

上海市工商行政管理局

全宗号 B182

1949 年 9 月 13 日，在华东军事管制委员会财政经济接管委员会工商处的基础上，成立上海市人民政府工商局。1953 年 3 月 6 日，改名为上海市工商行政管理局。1958 年 8 月，与市服务局、市粮食局、市供销合作局合并建立上海市第二商业局，内设工商行政管理处，对外仍保留市工商行政管理局的名称。1959 年 4 月，工商行政管理处划归市第一商业局领导。1962 年 6 月，恢复为上海市工商行政管理局。职责是监督私营工商业遵守与执行国家政策、法令，并研究对私营工商业改造的有关政策；同时指导工商业工作，并对市场、商标、合同、企业登记等实行管理。历任局长有许涤新、蔡北华、杨延修、丛烈光、朱刚、满建华、朱崇彬、张子源、陈明栋等。至 1990 年 12 月底，上海市工商行政管理局内部机构设有机关党委、人事处、监察处、办公室、政策法规研究室、企业登记管理处、外资企业登记管理处、个体私营经济管理处、经济检查处、市场管理处、经济合同管理处、商标广告管理处、检查大队、工会、团委、干部学校、个体劳动者协会、消费者协会、广告协会、工商协会等。

馆藏上海市工商行政管理局全宗档案 45 352 卷，档案排架长度 1 142.4 米，档案起止年代为 1949—1979 年，按年度—问题分类排列，编有案卷目录。

档案主要内容：

1. 综合类

有局机关历年工作计划、总结、会议纪要、简报、情况交流材料，颁布法规的情况报告，上海市工商界认购公债问题的报告，市工商局、第一商业局、第二商业局、粮食局等 9 个单位关于区商业局撤销后若干具体工作的规定，组织区县工商行政管理部门学习毛泽东思想的经验交流，工商行政管理战线大批判宣传材料及各区县“双学”先进事迹，各年度预决算等。

2. 组织人事类

有组织机构、人员编制情况的草案、请示、批复，干部任免呈报表，市人事局、工商局关于工作人员行政处分职权划分的通知，市工商局内部机构建制、工资福利、经费预算管理、干部教育材料等。

3. 市场管理类

有工商总局对计量器具、酒类等特种行业登记管理的规定，织布、纱布、梁织、针织、毛纺、卷烟、五金等专业会议记录，棉纱、食油、粮食、军工器材等商品的市场管理办法，物价问题的意见反馈，加强市场管理、取缔投机倒把的暂行办法、报告，车站、码头、道口加强监督检查的办法和措施，城乡土产物资交流会概况、总结，恢复使用和加强商标管理、优质产品标志及著名商标证书实施办法、通知，城乡集市贸易建设和整顿材料，打击走私、投机倒把活动，整顿市场秩序情况材料，合同仲裁与管理材料，清理整顿党政机关办企业、中心工作材料等。

4. 行政管理类

有管理典当业的暂行办法、草案，废除营业牌照税及拟行工商管理业务统一办法的新闻稿，工商开歇业的管理办法及统计资料，评审委员会对私营企业房屋及房地产等财产重新估计的办法，个体工商户、企业登记、外资企业登记、管理材料，外商企业劳资问题、外商开歇业管理的报告、公告，市公用局、工商局关于广告事宜划归工商局办理的公告及上海市广告管理办法，商标广告注册、管理材料，取缔工业品非法市场的意见、报告，加强合作商店改造的情况汇报等。

5. 对私改造类

有私营工商业困难情况报告，华东财委关于清理上海私营纺织厂积欠的规定，调整公私关系与上海工商业情况报告，市财委关于私商开设炸药厂的管理办法，私营工业上缴利润问题的报告和核算标准原则，对私营工业的加工订货综合报告，对私营工业、公私合营、社会主义改造的报告方案，市工商局编写的《资本主义在我国民族工业中的发展》初稿及对资改造情况汇报等。

6. 调研统计类

有商业联营组织情况调查和总结资料，公私合营、私营工业基本资料汇编，上海各项工业概况报告，1928—1947 年上海工厂数统计表，私营企业工商登记材料，上海解放前后金融业概况，上海市工商界各业座谈会记录，工商行政管理简报，《工商法令》《工商新闻》《工商情况》《工商统计》《工商行政战报》等期刊，市工商局经济研究所编《上海工商人物志》及城乡个体户、城乡集市贸易情况统计等。

上海市公用事业管理局

全宗号 B226

上海市人民政府公用局于1949年7月成立。1953年4月，成立上海市交通运输管理局。1953年底，市公用局并入市政建设委员会。1956年5月，上海市交通运输管理局改名为上海市公用事业管理局。其主要任务是掌管全市公用事业，包括自来水、煤气、公共交通、出租汽车等行业。内部机构设有办公室、综合计划处、物资处、基建处、教育处、客运处、科研技术处等。叶进明、李广、顾风、郭良、夏克强、蔡君时先后任局长。2000年5月12日上海市公用事业管理局撤销，自来水公司划归水务局，煤气公司划归市政局，公共交通、出租汽车隶属于新成立的上海市城市交通管理局。

馆藏上海市公用事业管理局全宗档案4 296卷，档案排架长度75.2米，档案起止年代为1953—2000年，按照年度—问题分类，编有案卷目录5册。

档案主要内容：

1. 综合类

有上海市公用事业管理局工作条例，局务会议记录，年度工作计划、总结，全市公用事业基本情况及存在问题的报告、批复，印章启用的通知，党委会会议记录，领导小组、政工例会、各单位负责人、处室负责人会议记录，召开上海市公用事业工人代表大会的通知、开幕词和大会会议记录，公共汽车、市轮渡票价和出租汽车车价调整的批复，局抓革命促生产第一线指挥部、公用局革命委员会、党核心小组、党委会议记录，局精神文明建设规划，局系统建设文明单位标准、文明单位管理暂行条例，局下达各项计划、规划及执行情况、统计年报等。

2. 组织人事类

有党委系统组织机构建立、调整、撤销、隶属关系，干部任免的请示、批复、通知，党组织和党员情况统计年报等。

3. 劳资财务类

有财务处年度工作计划、总结，经费预决算报表、财务会计报表、基本建设财务决算报表，年度劳动计划及执行情况报告，劳动工资统计年报，职工调查综合报表，公用局、劳动局关于重大伤亡事故和处理情况的报告，系统内单位整编方案的报告、批复，精简人员工作的规划、方案、总结等。

4. 生产管理类

有关公用事业科学技术发展研究规划方案，1960 年技术革命运动规划、决议、总结，使用煤气代替汽油行车的报告、总结，建筑工程部 SW－71053 微型汽车定型投产方案及城市无轨电车牵引整流站自动化研究项目、给水自动化项目的计划任务书、方案、小结、鉴定报告、批复，1964 年新产品试制项目技术总结报告，浙江省与上海相互延伸客运班车路线的报告、批复、通知，线路延辟、定期客运班车、省际公路客运的协议书、请示、批复，质检站关于施工企业资质标准、管理办法、质量事故等级划分、处理程序的请示、批复等。

上海市人民政府知识青年上山下乡办公室

全宗号　B228

上海市人民政府知识青年上山下乡办公室原名上海市革命委员会下乡上山办公室,成立于 1968 年 7 月，1974 年 1 月改名上海市革命委员会知识青年上山下乡办公室。它是上海市革命委员会下乡上山领导小组的常设办事机构，主要职责是负责贯彻实施、动员、安置、巩固上山下乡的青年的具体工作。历任主要负责人有张芳信、王一平、贾晋等。办公室下设五个组：办事组、政宣组、组织组、生产后勤组、计财组。1979 年 12 月改名上海市人民政府知识青年上山下乡办公室，1981 年 1 月机构撤销。

馆藏上海市人民政府知识青年上山下乡办公室全宗档案 584 卷，档案排架长度 4. 8 米，档案起止年代为 1968—1983 年，按问题排列，编有案卷目录。

档案主要内容：

1. 综合类

有调整国务院知青办小组成员的通知，国务院知青办工作安排、干部任命的通知，市委、市政府关于知青办领导任职、机构调整等问题的批复，市知青办关于建立上海市知青下乡上山领导小组、机构归并和人员安排等问题的报告、通知，本办任务职责和工作人员名单，历年办公会议记录、领导小组会议记录，干部学习计划，本办关于机关工作人员工资升级干部调动问题的报告，历年的工资表、工资年报表等，国务院知青办关于二十五年来知青工作的回顾与总结，国务院知青办和市知青办知青工作文件选编、上山下乡知青先进人物材料汇编、全国知青上山下乡统计资料，本办关于刻制印章、编辑知青上山下乡工作学习文选的报告，知青工作打算和工作情况汇报、工作小结，知青上山下乡基本情况年报表及信访反映等。

2. 中学毕业分配类

有市知青办关于历届中学毕业生分配问题的报告、分配方案、情况反映、统计表，动员知青上山下乡的报告、通知、情况反映，欢送知青上山下乡誓师大会材料，动员城市居民下乡落户、安排残缺青年、犯错误青年上山下乡的报告、意见，处理中专、技校半工半读毕业生分配问题的通知、函等。

3. 统筹安置类

有中共中央、国务院关于知青上山下乡若干问题的试行规定，转发全国知青工作会议纪要，市委关于贯彻中央文件统筹解决知青问题的若干措施，市知青办关于统筹解决知青问题的意见、报告，上海市知青若干问题的试行规定，传达全国上山下乡工作会议的报告、情况反映等。

4. 善后工作类

有中央关于召开知青工作会议的通知，国务院知青办关于积极解决知青闹事问题的简报，市知青办关于加强下乡知青巩固工作、困难补助工作和物资支援等问题的报告，动员机关干部“四个面向”和学习慰问团工作的报告，疏散人口、闲散居民安置的报告，知青办业余函授教育工作和向知青赠书的报告，关于信访工作的简报等。

5. 经费管理类

有国务院知青办关于下乡知青安置费拨款、知青经费使用问题的通知，市知青办和财政局关于下乡经费决算、预算的批复、报告，市知青办关于知青下乡经费预算的报告、通知、经费决算预算表等。

上海市工资改革委员会办公室

全宗号　B229

上海市工资改革委员会办公室成立于1978 年 9 月，是上海市工资改革委员会的日常办事机构。其主要职责是对现行工资制度、劳动保险和福利制度进行改革，制订出一套切实可行的我国社会主义的工资改革方案。历任负责人有于家实、李德鸿等。内部机构设有综合组、企业组、事业组、工资水平组、劳保福利组、理论组。1981 年 3 月，该机构撤销。

馆藏上海市工资改革委员会办公室全宗档案 44 卷，档案排架长度 2.4 米，档案起止年代为 1978—1981 年，按时间顺序排列，编有案卷目录。

档案主要内容：

有上级机关关于建立市工资改革委员会的决定，改革工资制度和调查研究机关、企事业单位劳动保险、福利制度的意见、通知、调查提纲，职工升级、中高级知识分子工资问题、军队转业干部调整工资、学徒、普通工转正定级的具体规定、意见、通知，进行劳动工资普查、城镇居民生活消费值调查的通知和全国物价工资会议纪要，编印的《工资改革简报》，市工资改革委员会办公室关于改革工资制度的初步设想，职工升级工作总结，机关事业单位福利、现行工资存在若干问题的调查材料，全民所有制、集体所有制职工工资调查汇总表、职工人数、职工工资标准统计资料汇编，全民所有制单位特重体力劳动、高温作业等人数的统计资料，编印的《上海市劳动工资基本情况统计资料》《升级工资情况》《工资改革调查情况》等。

上海市卫生局

全宗号　B242

1949 年 6 月上海市卫生局成立，其前身为上海市军管会财经接管委员会卫生处。其主要职责是领导全市的医疗卫生事业。历任负责人有崔义田、王聿先、洪明贵、何秋澄、王道民、王洪珍等。内部机构几经变化，至 1990 年设有党委办公室、宣传部、组织部、老干部处、统战处、纪委、医务工会、团委、妇委、办公室、政研室、审计室、总务处、财务处、基建处、外事处、防疫处、医政处、医教处、科研处、中医处、妇幼处、干部保健处、公费医疗办公室、工业卫生处等。

馆藏上海市卫生局全宗档案 25 273 卷，档案排架长度 108 米，档案起止年代为 1949—1990 年，按问题分类，编有案卷目录 4 册。

档案主要内容：

1. 综合类

有军管会卫生处接管原国民党上海市卫生局及其所属单位和有关医疗卫生单位的工作报告，该局工作规划、计划、总结，局长办公会议、局务会议、革委会会议记录，接办私立医院的资产清查表，援外项目情况汇报、援外工作总结，上海市卫生统计资料汇编，科研任务执行情况汇编，上报卫生部、市科委的科研成果，《卫生简报》，大事记，该局编收的《中国人名词典》卫生界人物调查表等。

2. 组织人事类

有局机关与下属医疗卫生单位机构体制的调整、编制报告及市委、市人委的批复，医疗机构建立、更名及领导关系变动的请示、批复，组织医务人员支援外地、农村的情况汇报、统计资料，该局及所属单位成立革委会的请示、批复，该局及下属单位革委会委员名单，该局系统全国和上海市先进集体、个人登记表及事迹材料等。

3. 党务类

有党组、党委、党委常委会议记录，成立各级党组织及干部配备的请示、批复、通知，局机关与局属党组成立、改选及市站级别报告、批复等。

4. 医疗业务类

有关于卫生防疫工作的通知、会议文件，爱国卫生运动的通知、报告，消灭霍乱、天花、鼠疫等传染病的报告、批复，发布疟疾管理办法及消灭疟疾攻核验收方案，建立城乡三级医疗卫生网、实行划区医疗及三级医疗机构分级分工、按级挂钩指导和转诊、会诊等制度与实施意见，医疗救护工作情况，制定劳保、公费医疗制度，召开全市中医工作会议文件，举办中医研究班的通知，中医针刺麻醉研究工作情况汇报，妇幼卫生工作意见，计划生育工作情况汇报、通知，防空救护医疗工作报告，中西医结合工作规划、总结，加强“赤脚医生”队伍建设的报告、通知，加强精神病患者和麻风病报告制度的通知，修改各制药厂产品的报告、批复，审核中药制药厂出口产品的报告、批复等。

5. 支内工作类

有支援全国各地医疗队名单，新建援外仓库和援外医院、成套项目计划的通知、函，医疗卫生机构、干部内迁的报告，欢送支内职工大会通知、发言稿，支援边疆、农村、大小“三线”建设情况报告，赴唐山抗震救灾医疗队名单、工作汇报及有关简讯等。

上海市高等教育局

全宗号　B243

上海市高等教育局原为1949 年 5 月成立的上海市军事管制委员会文教委员会下设的高等教育处，处长为钱俊瑞、韦悫。1953 年 4 月，改为华东行政委员会高等教育管理局。1954 年 10 月，改为高等教育部上海高等教育管理局。其职责是领导全市高等教育、中等教育工作。1968 年 12 月，上海市高等教育局和上海市教育局合并为上海市教育革命委员会。1979 年 1 月，恢复为上海市高等教育局。历任局长有：陈其五、姚力、陈传纲、舒文、张德龙。内部机构设有办公室、外事处、人事处、教学处、职教处、科研设备处、计建处、体卫处、自学考试办公室、审计室等。1995 年机构撤销。

馆藏上海市高等教育局全宗档案 4 863 卷，档案排架长度 88 米，档案起止年代为 1949—1994 年，按年度—机构分类排列，编有案卷目录。

档案主要内容：

1. 综合类

有局务、党务工作计划、总结，大事记、简报、情况反映，教育工作会议文件及其他各专项会议记录，高教局议案处理情况报告，周恩来和陈毅分别在交通大学迁址和院校长座谈会上的讲话记录，全国（市）人大、政协代表视察情况和活动记录，人大会议代表提出的议案及处理情况汇报，主编的各高等学校概况及《上海高教研究丛刊》《教育思想研究》《高教信息与探索》等刊物，各项科技鉴定和成果审议证书等。

2. 组织人事类

有市委关于建立高等教育局党组和党委会的批复，市政府共建复旦等学院及上海大学四校合并建立上海大学的报告、通知，局机关及所属各院校的组织机构、人员编制、干部任免、干部调配的报告和批复，干部培养报告和留学生选拔工作、干部晋级审批报告，党组织、干部、团体、事业单位、纪检工作统计报表，专业职务评审工作的通知，工资标准和工资评定文件，知识分子调查和失业、归国待业知识分子工作、教师进修和外援师资情况的报告、请示、批复，高校职称评审、职务聘任、高级职务任职资格的请示、批复、通知，离休、退职、离职审批表，先进个人、先进集体情况的材料，招生和分配工作总结和情况材料，商调人员留存表等。

3. 外事类

有上海高校与国外建立校际交流工作的总结，派遣高等院校教师、专家等出国留学、进修、考察、访问人员的批复、申报表，各高校专家、学者赴港、澳地区及其他国家进行国际学术交流申请的批复、请示、函，接待安排外国学者、专家、代表团来沪访问、讲学的计划、通知、批复等。

4. 高等教育管理类

有教育行政文件，高教部视察情况记录，高校改制、院系调整、专业设置的情况报告、通知，各高校统计报表及高等教育统计文件，高等教育事业的规划、设想、情况汇报，高校科研规划、科研经费计划、通知，高校招生工作计划、报考、录取工作等通知、报告、批复、简报，高校录取新生名册，高校优秀毕业生登记表，高校申请授予学位专业、导师简况表，研究生招生计划、考试、录取工作的计划、安排、通知及情况调查报告，高等教育自学考试委员会机构、编制、考试办法的请示、批复，高等教育自学考试考务工作细则、意见、报考办法，成人高校招生计划、通知、报告、批复和工作总结，“七二一”大学文件，高校体育竞赛、组织锻炼活动的通知、函，有关夜大、电大的各项工作情况等。

5. 中等教育管理类

有 1965 年中等教育划归上海市教育局管理前的中等教育计划、教育工作的综合文件，中等专业学校负责人座谈等会议记录，中等专业学校（包括业余）概况、专业设置、调整的审批文件，中专学校机构设置、领导体制情况汇报，中等专业学校、技工学校等招生计划、录取、考务工作等通知、报告、简报等。

6. 基建财务类

有基建投资计划、施工报告、物资统计表，高校基建情况及基建规划图，高校校舍调查表，教学事业和基建投资财务预算，各年度固定资产投资统计年报，各高校年度劳动工资报表、财务决算报表、基层报表，基建财务账册及拨款单，各高等院校历年经费支出汇总表等。

上海市人民政府教育卫生办公室

全宗号　B244

上海市人民政府教育卫生办公室的前身为1967 年 3 月成立的上海市革委

会教育卫生组。1979 年 12 月，改名为上海市人民政府教育卫生办公室。其职能是统管全市宣传、文化、教育、卫生、体育、新闻出版工作。历任主要负责人有：陈琳瑚、王秀珍、杨恺、毛经权、王生洪。1995 年 2 月，该机构撤销。

馆藏上海市教育卫生办公室全宗档案 7 081 卷，档案排架长度 121.6 米，档案起止年代为 1967—1994 年，按时间顺序排列，编有案卷目录。

档案主要内容：

1. 综合类

有教卫、政宣、文教组核心领导小组会议记录，办公会议、座谈会记录，教卫系统工资调整及普教工资会议记录，干部会议简报，文教系统大事记、教卫办大事记，历年教卫简报，情况汇编，信访处理报告、统计，校长负责制批复通知，交大等高校创办公司的批复，科教进出口公司创办分公司及中国高科集团公司创办实业公司的批复等。

2. 组织人事类

有组织工作计划、规划、总结、会议记录，各局、委、高校领导班子配备、充实、调整及部、处、系干部任免报告、批复、通知，所属单位建立党委、核心领导小组的报告、批示，卫生局、文化局、人民出版社、高校有影响爱国人士情况调查，教卫办、局、高校抗战前老党员名册，干部退休退职的报告批复，离退休干部享受处级待遇的批复、通知，成立高级科技干部职称评定委员会和高校学位评定委员会的报告、批复，派遣人员留学、进修、讲学、援外、出访和聘用外国专家的报告、批复等。

3. 教育类

有教育事业发展规划、布局调整、教育改革、专业设置、学科调整以及领导体制的报告、批示，高校招生和毕业分配情况，“文革”结束后恢复整顿高校体制、学制的报告、批复，职工业余教育、成人教育、高校发展规划、报告、计划纲要，高校教授、副教授及有贡献知名科学家登记表，建立上海市学位委员会，教卫工作会议简报，大专院校出国留学工作和聘请外籍教师、邀请国外学者讲学的请示报告，人才预测和教育规划等。

4. 文化类

有所属报社、电台、电视台业务工作报告，新闻体制和出版机构体制调整的请示、批复，文管会、博物馆、图书馆的工作报告，文艺座谈会记录，“样板戏”普及工作，一大会址、鲁迅纪念馆的工作情况等。

5. 卫生体育类

有卫生体育事业的发展规划，召开全国及上海体育工作会议的请示、通知，卫生系统先进集体、个人代表大会报告、批示、光荣册，医疗、体育机构调整和支内、支边材料，爱国卫生、预防工作、计划生育、“三废”处理材料，合作医疗、“赤脚医生”、医务人员的培训材料，高干保健、医疗事故材料，球赛和开展群众性体育活动的材料，建立儿童住院保险、鉴定委员会及优抚对象优待办法的批复、通知等。

6. 宣传类

有文物保护单位调整、文物出口鉴定工作报告，修复开放毛泽东、周恩来、鲁迅故居、纪念馆的请示、批复，关于发行出版《毛泽东选集》第五卷的报告、批复、通知，毛泽东《在延安文艺座谈会上讲话》，解放军建军 50 周年活动情况报告等。

上海市人民政府经济委员会

全宗号　B246

上海市人民政府经济委员会的前身是1968 年 4 月建立的上海市革委会工业交通组，1980 年 1 月更名为上海市人民政府经济委员会，2003 年 8 月 1 日与上海市商务委员会合并，组成新的经济委员会。其主要职责是，协助组织全市工业交通生产的日常工作，负责计划安排、生产协调、物资调配、基本建设、劳动工资等方面的行政业务处理工作，分管全市的宏观经济工作。主要负责人为周壁。内部机构设有办公室、研究室、综合规划室、经济运行处、市场流通处、电力处、工业区管理处、装备工业处、重化工业处、都市产业处、军工处、外经处等。

馆藏上海市人民政府经济委员会全宗档案 17 314 卷，档案排架长度 333. 6 米，档案起止年代为 1967—2008 年，按年度—问题分类排列，编有案卷目录 11 册。

档案主要内容：

1. 综合类

有历年工作计划，委办领导在各类大会上的讲话、报告，委办领导召开的行政会议记录，召开工作会议的请示、批复，各类大型会议有关文件，工业组工作计划，市经委大事记，领导讲话、课题调研等专题文件，上海工交系统出席九大代表、上海人大代表以及赴北京国庆观礼代表的产生文件，加强上海后方建设会议纪要和整顿后方机构请示报告及后方建设项目的报告、批复及通知，民族资产阶级、侨务政策、外事工作、宗教问题的请示报告，做好防汛、防台、防火、防爆等安全生产及卫生、劳防、保险等工作的通知等。

2. 组织人事类

有上海工业系统组织、机构、体制、领导关系问题的报告、批复及通知，全市工业系统建立、整顿、恢复、重建党的组织意见、报告，市经委组织工作计划、总结、工作报告，干部工作条例章程、人员编制表，组织机构设置、合并、撤销、更改名称的报告等。

3. 工交生产类

有重点技术措施和军工项目，各局、公司、直属厂生产任务安排的请示、批复与通知，工业系统的计划任务书、生产计划项目、工程任务安排、进展情况等材料，工业改组专业化协作会议文件，市交通战备会议、交通运输情况汇报，“小三线”“大三线”建设和生产工作的计划、报告、批复及会议文件，工交系统技术革新经验交流会文件，恢复建立研究所、开展质量月活动的材料，企业管理体制改革工作文件等。

4. 基建类

有国家计委、建委、一机部、财政部等关于基建工程项目计划的文件，基建项目的设计审查、投资计划、所需设备及土地征用、调换的报告、批复及通知，新建电信大楼、万体馆、地下铁路试验工程、金山黄浦江大桥落成通车等情况汇报等。

5. 宣传教育类

有恢复专业专科学校、改变纺织、化工等大专学校领导体制的文件，“七二一”大学情况调查汇报，工业系统干部教育、宣传理论学习、召开英模报告会材料，举办讲授班、企业进修班、恢复建立专科中技校的请示报告，工人培训情况汇报，组建工业新高地建设文件等。

6. 外经工作类

有援助越南、朝鲜、尼日利亚、罗马尼亚等国物资、成套设备、工程项目、科技合作项目计划、任务要求、人员培训以及外事接待等文件及会议记录，《外经工作情况》，经委领导、直属单位领导出国访问、考察、学习、培训服务文件等。

7. 政治运动类

有“清队”、专案工作的规划、报告，工交系统揭批“四人帮”罪行文件，干部审查落实等问题的规定通知，专案工作的《情况简报》等。

上海市科学技术委员会

全宗号 B247

上海市科学技术委员会成立于1958年10月，其职责是，研究、贯彻中央及上海关于科学技术的方针、政策，编制和实施全市科技发展规划及年度计划，协调组织管理全市的科技工作。内部机构设办公室、组织处、科技干部处、政策研究室、计划处、业务一处、业务二处、业务三处、科技成果处、工作条件处等。陈丕显、刘述周、舒文、戴立清、杨士法先后任主要负责人。

馆藏上海市科学技术委员会全宗档案共4 794卷，档案排架长度81.6米，档案起止年代为1967—1990年，按年度—问题分类排列，编有案卷目录4册。

档案主要内容：

1. 综合类

有党组会议记录，上海市科学大会文件，毛泽东、周恩来1949年以来对上海科技工作的指示、讲话、活动照片，上海市科委历年主任会议记录、大事记，上报国家科委、市政府关于若干问题的情况报告，上海科技工作年报，周恩来、李先念等对科技工作会议的指示，下属各研究所总结、计划，发行《科技情况》期刊情况等。

2. 组织类

有党组推荐领导干部情况及名单，干部评定职称的计划、名单，先进科技工作者、先进科技集体登记表，国际海事会议、展览会违纪事件调查情况有关文件，成立全国科学工会上海筹备工作领导小组文件，科技系统工资调整文件，党员干部统计表，党代会、人代会、政协代表、国家观礼代表名单，表扬先进及违纪处理材料，安全、保卫、保密规定，党员介绍信等。

3. 外事类

有外事接待、对外交流合作的计划、指示、简报，援助阿尔巴尼亚、朝鲜、越南等项目材料，中科院加强对外技术座谈的通知，参加法国技术展、日本仪器仪表展的计划、展品合同，与日本、美国、加拿大等国进行科技合作的请示、批复，科技出国项目的请示及市政府的批复等。

4. 业务类

有历年科学技术发展计划及执行情况、工作总结，人工合成核酸课题的请示及情况汇报，上海市科研、设计获奖成果登记情况，历年重点科研项目编制说明、科技成果选编、鉴定及推广应用报告，报送科学家名单、推荐重大科研成果情况，激光材料、原子能材料，903 工程、122 工程文件，728 工程报告及设计，建设实验性重水反应堆同位素生产车间的请示、批复，1977 年全国肝癌防治研究协作会议文件等。

5. 经费管理类

有历年科研经费、物资分配计划，科学技术三项费用下拨通知、批复，三项科研经费计划申请及分配材料，增拨、补助重点科研项目专项经费的通知，重点科研经费使用情况表等。

上海市商业委员会

全宗号　B248

中共上海市商业工作委员会和上海市商业委员会的前身分别为中共上海市财政贸易工作委员会和上海市人民政府财政贸易办公室,它们分别是上海市委和市人民政府对全市财贸党政工作进行领导、管理的工作机关。“文革”期间，上海市革命委员会成立财贸组。1971 年 3 月，市财政局、市税务局、人民银行市分行合并为市财政局。1996 年将金融机构划出后，更名为上海市商业委员会。历任主要负责人有李研吾、续中一、高志荣、黄金海、裴先白等。

馆藏上海市商业委员会全宗档案 7 803 卷，档案排架长度 119. 2 米，档案起止年代为 1967—2003 年，按年度—组织机构分类排列，编有案卷目录。

档案主要内容：

1. 综合类

有市财贸组历年的工作计划、总结，组领导在大会上的讲话、报告，市财贸内贸、外贸、金融等市场供应计划报告和执行情况检查总结，年度会计决算分析，会议报告及下达的各项财务指标，上海市场主要商品、农副产品价格表、统计表、物价年表等。

2. 党务类

有市委、市委组织部关于成立市财贸组党组的批复，市财贸组党组成立政治机构的方案，党组年度工作要点，党组关于健全党委制、改善领导问题的决定，党组扩大会议记录，市委、市财贸组党组关于表彰优秀党务工作者、优秀思想政治工作者、优秀党员的决定等。

3. 组织人事类

有市财贸组关于组织工作计划、总结、工作报告，市财贸组有关组织编制、条例，处室职掌范围，市财办党组组织简则、工作条例、章程、人员编制表和干部名册，有关组织机构设置、合并、撤销、更改名称报告，落实和执行政策方面的情况、报告，集团案件的审查、结论，有关评选先进工作者、劳动模范统计表等。

4. 业务类

有市财贸组关于工业品收购、调运、供应市场情况的汇报，贯彻国务院通知和市革会规定与批示，关于粮、棉、油购销调运供应市场情况的通知、汇报，贯彻国务院、市革会关于粮食、棉花等的请示、通知，有关农副产品生产、收购供应市场的情况，加强酒类专卖管理工作的报告，零售网点的设置，变更企业经营范围和分工，向市委、市政府有关政策问题的请示、报告及批复等。

5. 财政金融类

有市财贸组报请审批全市财政决算、财政收支计划的报告，追加财政支出预算的请示报告与批复，有关地方外汇安排和申请地方外汇进口各种物资的请示与市委批复，处理冻结存款的报告，有关工商税、农业税、房地产税等纳税情况，贷款、储蓄问题的报告等。

上海市建筑材料工业管理局

全宗号　B249

上海市建筑材料工业管理局成立于1977 年 10 月。其主要职能是，制定全市建材行业发展规划和行业发展政策、法规，协调行业之间和行业内部的各种关系，监督本行业执行有关的方针、政策、法规，指导行业的工作。内部机构设有党委办公室、行政办公室、保卫处、人事处、生产计划处、基建动力处、科技处、教育处、供销处、财务处、劳动工资处、总工程师室、监察室、审计室等。1993 年 11 月 4 日，撤销建制，组建上海建筑材料（集团）总公司。历任局长有：郝光、吕亮屏、王基春、陈祖仁。

馆藏上海市建筑材料工业管理局全宗档案 2 153 卷，档案排架长度 40 米，档案起止时间为 1977—1993 年，按大流水排列，编有案卷目录。

档案主要内容：

1. 综合类

有历年工作会议报告，局务会议记录，人大代表议题的处理情况，散装水泥管理等规定、办法，档案升级材料，信访工作总结，立法计划，合同管理及执法情况自查，专利权纠纷处理决定书，外事工作总结，技术引进项目、合资项目的立项、合同、章程、资金等报告与批复，技术引进项目签约成交计划，利用外资贷款、担保、股权转让、股东更名、企业申请自主经营出口贸易等材料，“七五”计划、“八五”计划和十年规划，成立建材出口企业集团及对外经贸工作，墙体材料改革规划、方案，建材节能综合工程实施方案，工业结构调整方案等。

2. 生产管理类

有历年建材工业生产调整计划，双增双节运动情况，节能工作总结，生产用矿山资源开发的规定，质量、计量管理，重大科研成果的开发、申报，“三废”治理、环境保护规划、污染源调查工作总结、申请生产许可证等材料，历年建材收支、库存及工业产品产、销、存情况，原燃材料分配安排报告与批复等。

3. 劳动工资类

有历年劳动工资统计报表，劳动安全管理、安全先进及事故处理等材料，工资调整、养老保险、劳动保护、劳动合同制、人员编制、技师评聘、奖励考核、升级等材料，企业人防费用批复，处置内部闹事工作预案，集体工业企业试行股份合作制经营的请示与批复等。

4. 基建财务类

有所属企业资金贷款、利率、调整承包基数、利润指示、调整费用开支和产品价格、减免税、物价问题、项目费用、专项资金、项目开工审计办法及对新开工项目的审计意见等材料，历年建材工业基本建设、更新改造项目统计综合年报，局属单位土地征用事宜，固定资产项目、技改项目、防汛墙项目、工房建设、设备报废等报告与批复，住宅建设报表，局属单位住宅基地建设、建房用地、解困房源、住宅额度、私房过户报告与批复等。

5. 组织人事与党务工作类

有建局报告与批复，单位划归、成立、调整机构及启用印章等材料，下放权限及转变职能简政放权决定，更改厂名、组建局属机构的报告与批复，历年党委工作总结、党委会议记录，党委大事记，党务工作检查、党员登记、民主评议、人民来信处理等材料，厂长（经理）离任经济审计报告、嘉奖决定，历年纪检、监察工作安排、总结及统计报表，纪检、监察工作会议记录，党员处分批准权限规定，廉政建设规定，干部任免报告与批复，历年党员和党组织、干部定期统计报表，干部任免、各类技术职称评审、机关工资改革、评选先进党支部、优秀党员、政工干部及局组织史等材料，该局各单位“文革”大事记等。

6. 工团组织类

有工会组织定期综合统计表，历届局工会代表大会材料，劳模、三八红旗手及各类先进名册，历届团代会材料，历年团组织、团员情况统计表，局团委工作计划、总结等。

7. 宣传教育类

有宣传工作总结、大事记，评选文明单位、优秀政工干部意见、名册、总结，开展“双基”教育、职业道德建设、精神文明建设、职工思想政治工作研究会等材料，职工教育统计报表，教育工作评估，职工教育归口管理、职工培训管理，优秀教育工作者和“三好学生”名册，中专学历证书名单，成立、撤销教育机构报告与批复，教育设备，经费使用情况等。

中共上海市农村工作委员会
上海市农业委员会

全宗号　B250

中共上海市农村工作委员会于1983 年 8 月成立，系中共上海市郊区工作委员会的前身，是中共上海市委的派出机构，根据市委授权，主管郊区系统党的工作。历任主要负责人有董家邦、倪鸿福、张燕、孟建柱、范德官、冯国勤等。2003 年 8 月，该机构撤销。内部机构为党委办公室、宣传处、组织处、干部处、政研室、党史研究室、企管办、维稳处等。

上海市农业委员会于 1980 年 1 月成立，其前身是上海市革委会农村组、三秋指挥部等。其主要任务是：贯彻中央、市委农村工作的方针政策，指导农、林、牧、副、渔、工业生产、兴修农田水利、农机具制造和基建等工作，加强对郊区农业生产领导，研究和制订郊区农业生产工作计划。历任主要负责人有汪家驹、王学周、罗来昌、吴竟、张宜爱、张辑五、王明龙、周丽琴、孙加诺、郭世荣、杨兴培、陈宗烈、逄树春、张燕等。内部机构有秘书组、政宣组、生产计划组、物资农机组等。

馆藏中共上海市农村工作委员会、上海市农业委员会全宗档案 43 208 卷（件），档案排架长度 260 米，档案起止年代为 1967—2018 年，按年度—问题分类排列，编有案卷目录。

档案主要内容：

1. 综合类

有中共中央、国务院、市委、市政府有关农村工作的方针政策、指示，农口贯彻执行的意见、报告，各级农村、农业方面会议材料和贯彻情况报告、简报等，工作计划、总结、发展规划、调查报告，农口总部、工宣团负责人、机关核心组、农办、农办党组等办公会议记录及市驻郊县联络组会议记录，传达贯彻全国“农业学大寨”干部会议文件、简报、情况报告等，“菜篮子工程”会议文件、情况汇报、专题调查材料及农业部领导的考察文件，联合国亚太经社会在我国组织农民集体销售活动考察讨论会文件，建立、改革上海副食品生产基地若干问题的决定、实施意见、建议及编印的小册子，上海郊区经营管理、郊区城镇情况、专业户体制改革、郊区农民负担问题等调查报告、改进建议等，《郊区动态》《郊区情况》等简报。

2. 农林牧副渔类

有农林牧副渔业计划、总结、调查报告及会议文件，农业生产资料、种子、种植、管理、防治病虫害、战胜自然灾害、科研等报告、调查材料、领导批示等，粮食、蔬菜、副食品生产、供应、分配、保管等及农村年终分配的政策、意见、报告、上级批示，种植业、养殖业产销、流通、管理及存在问题的调查报告、协调会议纪要，保护野生动物的通知等。

3. 计划基建类

有粮油棉购销计划报告、批复及农业生产基本情况统计，农业资金筹集使用报告、物资分配及水利防风工作、农田水利、地下渠道、电力排灌工程等建设计划、规划，市围垦办围垦工作政策意见、计划、报告等，征租地借地的政策报告、统计及建造农民新村、造公房的计划、批复，农村经济和社会发展计划、规划及对嘉定综合发展规划的批复，农业自然资源、土地资源、土地利用现状等调查的批复、通知、调查材料，行政区划调整、城市人口控制和疏导的报告、意见、通知，工业小区规划布点和城乡综合规划试点的批复、通知，开展上海市海岸带和海涂资源综合调查的请示、批复、调查报告等。

4. 工商外贸类

有乡镇、农场企业、社队工商的方针、政策、报告、领导批示、讲话，反映社队工业存在困难、问题和解决社队工业科技人员的请示、报告，加强乡镇村工业、企业活力的若干意见，开展工业、企业普查登记的通知、批复，建立农副产品出口领导小组和企业领导小组的通知、报告，设置外贸机构、国外办企业的报告、批复，进口物资、引进设备、利用外资进行农业技术合作等的报告、意见等。

5. 宣传教育类

有政宣工作计划、报告、调查材料及领导对政宣工作的批示，市积极分子代表大会、贫代会、学毛选积极分子代表大会等会议文件及对农村干部群众进行思想教育的意见、报告，创办农场业余大学和郊区开展文化教育等方面的报告、批复，上海农村三十年来典型变化的调查材料及编印的《星光闪烁》，召开农业科技、科技兴农、科学致富经验学术交流等科技会议的通知、报告、纪要、会议文件等，城乡一体化转变更新观念研讨会材料，农运会的报告、请示、批复，农口评选优秀明星企业家、救灾先进集体和个人材料，开展各种庆祝纪念活动的新闻报道等。

6. 组织人事类

有评选表彰“农业学大寨”先进个人、集体、劳模名册、事迹等文件，“文革”期间农口郊县成立造反组织、成立革委会、农口造反总部要求加入上海市人民公社的报告，郊县、局、院革委会，县委、局、院党委成立的报告、批复，农口系统机构成立、撤并、改名、启用印章的通知及任免、调整充实郊县、局、院领导班子成员的请示、批复，在领导班子中开展“三讲”教育、“回头看”活动的意见，统战工作设想、总结及各类报表等。

7. 纪检类

有贯彻中纪委、市委关于党风、纪检工作会议精神、规定、决定的通知、报告、会议材料，纪委工作计划、总结，纪委书记、各室主任会议记录，召开廉政、廉洁自律、反腐斗争案例剖析报告会、研讨会、现场会、演讲会文件等。

上海市人民政府退伍军人和军队离休退休干部安置领导小组办公室

全宗号　B251

上海市人民政府退伍军人和军队离休退休干部安置领导小组办公室的前身是上海市革命委员会接收安置复员退伍军人办公室，1979年12月改名上海市人民政府复员退伍军人安置办公室，1981年10月更名，负责全市复员、退伍军人和军队离休退休干部安置工作。

馆藏该全宗档案共129卷，档案排架长度3.2米，档案起止年代为1968—1980年，编有案卷目录。

档案主要内容：

上海市革委会接收安置复退军人办公室关于处理复退残疾军人安置、口粮供应、组织“红色造反社”问题、郊县安置计划有关政策性问题及欢迎复退军人讲话参考材料等意见、批复、通知情况报告，关于复退军人接收安置工作的请示报告、小结、汇报、规定、分配计划总结报告，各区县、复办及有关安置单位关于接收安置复退军人情况汇报、请示报告、会议简报、工作小结、意见及先进事迹介绍等。

上海市人民政府计划委员会
上海市革命委员会综合计划统计组

全宗号　B252

上海市人民政府计划委员会成立于1954年12月，1958年6月改为上海市人民政府经济计划委员会，1967年3月改为市革委会经济计划组，1968年4月并入市革委会工业交通组。1969年10月成立上海市革命委员会综合计划统计组。其基本任务是，编制上海长期和年度的国民经济与文教发展计划，搞好计划的综合平衡，检查与督促计划的实施，协助解决中央在沪企业在计划执行中的重大问题，指导市政府所属各部门、各企业的计划与统计工作，并对物价、基建等项式作开展调查研究。主要负责人韦明，内部机构设有综合计划组、工业交通生产计划组、农业计划组、基本建设组、财贸物价组、统计组、秘书组。1977 年 11 月市革会综合计划统计组撤销，恢复成立上海市人民政府计划委员会。

馆藏上海市人民政府计划委员会、上海市革命委员会综合计划统计组全宗档案 346 卷，排架长度约 6.4 米，档案起止年代为 1969—1977 年，按年度—问题分类排列，编有案卷目录。

档案主要内容：

1. 综合类

有该组传达贯彻全国计划会议、全国基本建设会议、全国清查仓库和节约燃料、电力经验交流会的会议文件和上海市计划会议文件，国家计委关于电影工业产品试行归口分配办法，该组关于机构设置、干部配备、中央各部、各省、市、区在沪设立办事机构及编制人员、组织关系、建立上海农机局、上海农业机械化领导小组、副食品领导小组、环保领导小组、石化总厂地区办、华东物管处等问题的请示、报告和市委、市革委会的批复，经济工作、外贸出口、造船工业和县社工作的情况汇报及调查报告，对职工在郊区居住问题、改进工厂职工福利费补贴问题、征用农田和对地少人多地区征地中的政策问题以及对个体户情况调查请示报告和市革委会的批复，学习、工作及保密工作的情况和揭批“四人帮”的材料及运动简报，《计划统计简报》《年度计划参阅资料》《调查研究简报》《综合计划统一资料》《上海简况参考资料》《情况简报》《情况反映》《“四五”规划研究情况》和调查资料等。

2. 计划类

有市革委会下达的各年度上海市国民经济计划和工业生产计划及主要指标，该组对国民经济计划执行情况的报告，该组草拟的上海“五五”规划汇报提纲，“五五”基建计划初步设想，1976 年至 1985 年国民经济计划（草稿）及工业、交通、教育、水产等系统十年发展纲要，基建计划、基建项目的审批程序，市、区、县（包括农场系统）基本建设计划，部队、公安、民政、劳改、文化、教育、卫生、体育、城建、园林、机电、冶金、化工、轻工、纺织、铁路、科技、邮电、海运等系统及单位基建项目的安排、意见、请示、报告和市革委会的批复，上海市农业机械化发展规划，外贸收购计划和出口工业产品专项贷款计划的请示和批复，筹建上海石化总厂、万人体育馆、上海铁路新客站、电讯大楼、海洋气象站、天文馆和开发建设崇明岛、“七二八”核电站工程和原子反应堆等重点项目的规划、设计、征地、动迁、投资等问题的请示、报告及市革委会的批复，控制社会集团购买力和财政收入安排意见，出口产品专项贷款问题，使用地方外汇进口原材料、仪器、仪表、药品等的请示和市革委会的批复，军工产品、军事装备、国防科研试制协作计划项目，驻沪部队、民航、公安、民兵建造战备监房、武器弹药库等战备设施的请示和市革委会的批复，“五废”治理、城市绿化、城市规划的意见、请示及市革委会的批复，“小三线”建设计划的建议报告，第三个五年计划执行情况报告，第四个五年计划的初步设想，增加援越产品和提前交货的通知，对学校毕业生的分配和知识青年的安排，对全市各系统各单位征地、用地、拆迁的意见、请示及市革委会的批复，资金使用管理问题，改进住房分配办法，住宅建设资金安排意见和市革委会的批复等。

3. 物价类

有转发国家计委有关物价政策、规定和物价工作座谈会的报告及检查物价政策执行情况等文件，调整制定商品价格和某些商品收购价格，调整、核定、降低工业产品出厂价、农副产品销售价以及市场商品销售价的意见、请示、报告及市革委会的批复，物价政策调查报告和物价工作情况以及加强物价工作的报告，《上海市物价资料》等。

4. 统计类

有贯彻国家计委统计工作要点和布置各类统计报表、召开各类统计工作会议的通知，统计工作问题解答，统计工作方面的意见和情况反映，《上海市国民经济基本统计》《上海市国民经济基本统计资料提要》《上海市统计资料及增刊》和各类统计资料，国民经济基本统计制度，上海市工业总产值、主要工业产品产量统计年报，上海市工业企业概况一览表，人民公社农副产品八项经济指标实绩比较，初步建成大庆式的工业企业概况一览表等。

上海市人民政府外事办公室
（上海市革委会外事组）

全宗号　B253

上海市人民政府外事办公室成立于1967 年 3 月，原名上海市革命委员会外事组，1980 年起改现名，是上海执行我国外交政策和处理外事工作的综合归口管理部门。其主要职责是：贯彻执行中央的对外方针政策和涉外法规及市委、市政府关于外事工作的指示和决定；指导、管理、督促和协调上海的外事工作；处理上海政治性、政策性涉外事项；负责重要的外宾接待工作；管理全市与外国友好城市之间的交往活动；归口管理全市出国工作、领导出访事宜，审核出国组团工作；办理出国人员的护照和申办签证工作；负责与外国领事机构交往和管理外国驻沪新闻机构和记者。下设政治处、秘书处、宣传联络处、友好城市工作处、领事处、综合业务处、接待处、党宾处、行政处、出国管理处、护照签证处、政研室、翻译室等机构。历任负责人有冯国柱、厉富训、赵行志、李储文、石奇、赵云俊等。

馆藏上海市人民政府外事办公室全宗档案 5 364 卷，档案排架长度 84.8 米，档案起止年代为 1967—1990 年，按年度—问题分类排列，编有案卷目录。

档案主要内容：

1. 综合类

有市革委会外事组工作计划和总结，外事组会议记录和决定事项，外事工作会议材料，外事简报，外事组贯彻中央及市委、市政府有关文件精神的文件等。

2. 组织人事类

有外事组及所属单位机构设置、变动、人员编制和工资福利的材料，外事组干部配备、培养、提拔、处理及出国访问、“四个面向”的材料，外事组干部定期统计表，外办系统职称改革的请示、批复、通知、函，外办系统升级增资情况的审批表、请示、批复等。

3. 外事管理类

有中央部、委、局关于外事管理工作、领馆工作的规定、指示、报告、通知，外事活动及对外事务具体工作的请示、批复、报告；中央部门关于港口工作，出国管理，护照签证，外国专家、留学生、实习生工作的规定和批示；外事组有关口岸工作、外侨子女入学、婚姻、遗产继承等涉外事项的规定及处理意见；外事组关于在沪外国机构和外国人房产处理、外国在沪领馆用房等向外交部的请示、报告及外交部的批复、通知；外交部关于各国在沪设立领馆的通知、情况汇报、来往函电；外交部、司法局、市外办关于领事认证业务的规定；涉外问题的处理材料等。

4. 涉外交往类

有外事组接待外宾的计划、请示、批复、简报，外事组审批面上各单位接待外宾的材料，上海做好外国实习生工作的情况，上海因公出访情况，外事接待统计，处理国外来信等。

5. 新闻文化类

有外交部、中宣部、文化部关于涉外宣传报道、驻沪新闻机构及记者管理的规定、通知，外国新闻界团组和记者来访的接待计划、报告、通知，上海市领导接待外国记者采访的请示、批复及领导对外谈话摘编，举办外国驻沪记者座谈会、招待会、新闻发布会的通知、简报等。

6. 出国及签证管理类

有外交部、上海市外办关于护照签证管理工作的通知、意见、函，颁发护照年报表、遗失护照的情况报告、函，因公出国管理工作的规定等。

上海铁路新客站工程指挥部

全宗号　B254

上海铁路新客站工程指挥部成立于1981年7月31日，是上海铁路新客站及外环线工程建设领导小组的办事机构，行政上隶属于市政府交通办公室，技术业务上由市建委归口管理。历任主要负责人有：杨堤、张文韬、葛启铨。内部机构设办事组、工程组、规划组、动迁组、综合组、物资组等部门。1997年6月底，机构撤销。

馆藏上海铁路新客站工程指挥部全宗档案439卷，档案排架长度7.2米，档案起止年代为1981—1997年，按时间大流水排列，编有案卷目录。

档案主要内容：

1. 综合类

有该部工作计划、总结、简报，指挥办公会议记录、领导成员会议记录、领导小组扩大会议记录，江泽民在新客站工程建设的动员大会讲话，倪天增在新客站工程建设的动员大会上的讲话，向市政府汇报的材料，该部的工作性质、职责任务安排、财务结算、负责包干以及工程管理体制的改革、请求按建设进度安排新客站工程年度投资的报告，领导成员的调整报告，工程评价报告，市政府外办关于组织赴日考察小组的审批文件等。

2. 工程建设类

有设计任务、开工报告、施工管理等审批报告，新客站人行广场、绿化、停车场、人行天桥、地道规划的设想、地铁实施的意见，大统路非机动车立交桥桥洞部分变更设计的通知，新客站设计方案、施工单位的工作计划，关于恒丰北路立交桥、南广场工程等验收会议纪要，上海机务段油库工程的投资计划等。

3. 工程规划类

有新客站工程前期工程计划安排、投资计划安排、筹建经费安排、工程总概算、完成年度投资等情况的说明，下达年度施工形象进度计划的通知，新客站工程市投资部分情况的函，下达年度总网络计划的通知等。

4. 动迁类

有新客站工程中居民动迁房源指标以及统建动迁房年度计划的报告，借用市内各局动迁用房的使用、落实两路一桥动迁房源、追加主体工程所缺房源的报告等。

5. 物资类

有所需电力电缆型号、规格数量的函，新客站工程中电梯、锅炉、冷冻机等设备安装施工协调会议纪要，材料、物资的核销工作的报告，冷冻机调试以及溴化锂制冷机调试资料等。

上海市水产局

全宗号　B255

上海市水产局成立于1956年12月。其基本任务是：发展海洋渔捞与郊区的淡水养殖；贯彻中央渔业政策，制定生产计划；领导所属企业改善经营管理；组织货源，保证市场供应和出口任务等。内部机构设有办公室、郊区处、渔政处、生产市场处、科技处、基本建设处、外经处等。历任负责人有：石英、肖林、王德祥、潘其昌、束绍生。1992年10月，转制组建上海水产（集团）总公司。

馆藏上海市水产局全宗档案共4 539卷，档案排架长度78.4米。档案起止年代为1949—2004年，按年度—问题分类排列，编有案卷目录。

档案主要内容：

1. 综合类

有水产部、农业部、市政府及市水产局下发的法规性指导性文件，年度和年度以上工作计划、总结，重要的专题总结、报告，党政会议记录，水产部、农业部、市领导视察、检查市水产局文件，水产局在全国或上海地区重大自然灾害和重大事件中形成的材料，省、市以上领导人或市水产局领导人有关议案、提案、信访处理的文件，财产、物资、档案等交接凭证及印章启用、销毁的通知、印模卡等。

2. 组织人事类

有水产局组织沿革，机构设置、撤并，职能变化、领导关系变化情况，人员编制文件，干部党员违纪处分文件，职工录用转正定级、调资、离退休、人员培训文件，干部党员统计年报等。

3. 生产业务类

有农牧渔业部、市计委、市水产局水产生产计划和水产局执行情况、生产销售统计年报，水产局系统技术改造、新技术、新设备、成果鉴定推广应用文件、科研项目计划，名特优产品、商标、物资能源环保报告，市政府对郊区渔业生产的政策，郊区水产养殖、鱼塘改造的情况报告、请示等。

4. 基本建设类

有农牧渔业部、市政府对基本建设、技改项目和住宅建设计划的批复，基本建设规划、设计任务书，基本建设会计决算报告，渔轮更新建造、调拨固定资产投资的请示、批复，征用土地的请示及有关单位的批复等。

5. 外经工作类

有外宾接待工作计划、总结情况报告；进出口贸易材料流通问题，引进国外渔业生产、水产品加工等技术，派遣出国留学及外国留学生来沪实习的文件；与西班牙等国合作建立渔业公司的请示、批复等。

上海市环境卫生管理局

全宗号　B256

上海市环境卫生管理局成立于1963年5月，主要任务是负责市区粪便（包括市区畜粪）、生活垃圾、工业废渣的清除管理工作。历任主要负责人有：靳怀刚、白局章。内部机构设有办公室、人事保卫处、劳动工资处、计划财务处、技术处等部门。

馆藏上海市环境卫生管理局全宗档案1 866卷。档案排架长度21.6米，档案起止年代为1963—1999年，按年代—组织机构分类，大流水排列，编有案卷目录。

档案主要内容：

1. 办公室

有行政会议记录、专题会议记录，行政工作计划、总结，单位的成立、撤销、编制、处室职责分工，业务管理办法、情况汇报，印章启用、成立临时组织的通知，《上海环境卫生建设》（1949—1985）等。

2. 劳动工资处

有使用劳动力的计划、合同等材料，职工调资、晋级的通知、办法、决定，劳保、福利的规定、通知，职工退休子女顶替的审核表，关于各类劳动工资统计报表等。

3. 计划财务处

有物资、设备购置的请示、批复，基速、技术改造方面用款计划，基建项目设计任务书、拆迁用地的请示、批复、函，收费、经费问题的报表、请示、通知，基建、物资统计报表及各类会计报表等。

4. 人事保卫处

有转业人员调动、干部安置、工龄计算、家属生活福利等决定、通知，大中专毕业生分配管理，人员编制，处室职责范围的规定，退休、退职的报告、审核表，保卫工作的计划、总结等。

5. 技术处

有改善黄浦江、苏州河水质的专题报告，“三废”工作的请示、专题调研报告、工作打算等。

6. 党委办公室

有党委会议记录、工作计划、总结，先进人员登记表，军转人员、大中专生定级的通知、批复等。

7. 组织部

有成立党委、监委、支部和人员任免的批复、通知，组织部会议记录，党组织和党员统计表，党建规划、党课教育的计划、通知等。

8. 团委

有团委改选、团干部任免、团组织关系介绍信存根，对违纪团员的处分意见等。

9. 监委

有监委工作计划、会议记录，对党员违纪情况的处分决定、专题情况汇报等。

上海市市政工程管理局

全宗号　B257

上海市市政工程管理局原名为上海市人民政府工务局,成立于1949年9月。其主要职责是统一管理全市的市政工程，包括道路、桥梁、沟渠、驳岸、污水处理的建设、管理、养护与维修以及城市计划、测绘、园林绿化和海塘工程等。内部机构至1978年设有办公室、总工程师室、计划财务处、工程处、业务处、劳动工资处、科学技术处等。赵祖康、徐以枋等先后担任局长。

馆藏上海市市政工程管理局全宗档案17 446卷，档案排架长度324米，档案起止年代为1949—2008年，按年度—机构分类排列，编有案卷目录。

档案主要内容：

1. 综合类

有上海城市建设发展规划方案，城建系统五年计划执行情况总结，反映公路、城市道路、桥梁、城市排水、园林环境卫生等建设成就的文件，历年工作计划、总结，局长办公会议、局党委扩大会议、局务会议记录，城市建设各项专业会议记录，工会代表大会文件，参加第24届国际地质会议论文的报告，上海市人民代表、政协委员视察城市建设、提案处理情况等登记表，工程质量、安全生产和交通事故的报告、通知、通报，城建局简报及城市规划简报等。

2. 组织人事类

有交通部、市人委、市政工程局、城建局关于机构体制调整合并方案，局、处机构设置、干部任免与调配的请示与批复，干部管理、培养、深造的报告、批复、通知，局、处（公司）工作职能的划分，颁发启用新印章的批复、通知，城建系统全国和上海市先进集体、先进生产（工作）者名单等。

3. 党务类

有市委、市委组织部关于成立局党组的批复和领导班子成员的决定，局党委、党组（扩大）会议记录，市委领导有关城建工作的讲话记录，贯彻市委历次重要会议精神决定，局党委政治思想工作调配材料，局党员统计表和发展新党员统计表等。

4. 城市建设类

有上海市人委关于城市建设规划及方案，基本建设项目的批复、通知，各区、县等单位新建、修建、扩建、选址、拆迁、征用及调换土地的来往文书，重要建设项目设计任务书、设计方案及审批报告，南京长江大桥工程试制三用梯、大连西路辟筑说明，建设都市道路、桥梁、排水、防汛、公路、越江隧道、改建工程等一系列决定、请示、批复、通知，雨水排水规划草案，上海地铁规划和筹建黄浦江第二条越江隧道请示报告，有关黄浦江大桥工程可行性研究报告的文件，地下铁道试验工程的报告，地面沉降措施情况报告及节约用水的计划报告，技术改造、科技发展规划的报告、批复，历年建设、计划及总结，都市住宅建设有关配套设施的报告、批复、通知，防洪工程、泵站排污、三废工作的意见、计划、总结、报告和通知等。

5. 物资材料管理类

有国家建材部门、市建材部门对城市建设三材的有关规定、通知，各单位工程调查、施工方案、计划打算物资分配等记录、情况汇报，机械设备、材料物资申请调拨管理的规定、报告、计划、通知，建筑材料的使用计划和工作总结等。

上海市房地产管理局

全宗号　B258

1949 年 8 月，上海市军事管制委员会财政经济接管委员会房地产管理处改为上海市人民政府房地产管理处，同时成立市人民政府地政局。1950 年 3 月，房地产管理处又改为公共房屋管理处。1952 年 10 月，公共房屋管理处和地政局合并，成立上海市房地产管理局。其职责是以管好公房为主，逐步开展私房管理工作，并配合国家建设和市政建设的需要，进一步做好土地测量和土地使用等工作。1970 年 10 月，成立上海市房地产管理局革命委员会。1978 年初，恢复建立上海市房地产管理局。历任局长、负责人有：陈乃昌、汪维恒、叶进明、杨兆熊、张振华。设立办公室、人事室、财务室和第一、第二、第三业务处等内部机构。

馆藏上海市房地产管理局全宗档案 32 775 卷，档案排架长度约 387.2 米，档案起止年代为 1949—2000 年，编有案卷目录。

档案主要内容：

1. 综合类

有成立上海市房地产管理局的决定，工作计划、总结、局务会记录、大事记，人大代表提案的报告、意见，人大代表、政协委员视察该局工作的情况报告、总结，人民来信的处理意见等。

2. 业务类

有市政府所属机关房屋使用面积标准及管理暂行办法，征用土地的实施办法、工作总结，租赁房屋、承购私房、房屋修理、公房产业划分等的规定、通知，寺庙、社团等房地产问题的处理意见，没收战犯、汉奸、反革命等财产的指示、办法等。

3. 人事劳动类

有机构调整、精简人员、干部任免的请示、批复，干部统计表，工资改革的计划、总结，工资调整、升级、定级问题的报告，安全工作报告等。

4. 党群工作类

有该局成立党总支、建立党的核心小组的报告、批复，党组、党委会会议记录、工作计划、总结，党员名册、统计表，有关人员党纪处分的决定，建立团组织的批复，团员名册，对有关人员团纪处分的决定等。

上海市城乡建设规划环境保护委员会

全宗号 B272

上海市城乡建设规划委员会成立于1984年12月，1986年5月改名为上海市城乡建设规划环境保护委员会。其主要职能为负责全市城乡建设规划的编制、审定、法规条例的起草和监督实施。委员会下设专业规划委员会及办公室。汪道涵、江泽民先后兼任主任。1988年，该机构撤销。

馆藏上海市城乡建设规划环境保护委员会全宗档案共279卷，均属长期保管卷，档案排架长度4.8米，档案起止年代为1984—1988年，按年度—专题排列，编有案卷目录。

档案主要内容：

1. 综合类

有市政府、规划委关于该委职责、机构设置、办公用房、车辆购置的报告、批复，该委申请刻章、启用公章的函、报告、通知，该委评选1986年、1987年度环保先进工作者的报告、批复，落实市人大代表视察市政、居住区、绿地、文物、公用事业建设意见的报告、通知，1987年年度工作总结等。

2. 业务类

有规划委关于上海城市总体规划方案的报告，关于建设征地、道路、地区改造，住宅、馆、楼、饭店、教育系统有关院校扩建用地计划、方案、批复，该委国家建设用地条例及执行情况的报告，国有土地使用权申请登记、发证的通知，该委郊县镇、佘山、淀山湖风景区整体规划方案的批复，该委关于上海市中心城高架汽车专用道初步规划方案、吴淞路闸桥轴线和间孔的意见、批复，该委关于“三废”处理、环保实事项目的报告、请示，规划委关于征收城市排污费、排水费的报告、意见等。

上海市第二交通运输局

全宗号　B273

上海市第二交通运输局成立于1960年6月，隶属于市人民委员会。其主要职能是管理上海郊县的水陆交通运输和除黄浦江干道及苏州河外的全部航道管理工作。内设办公室、运务处、短途运输处、航务处、计划科、基建科、技术科等，下辖上海市内河运输公司、上海市轮渡公司、河道疏浚工程队等单位。局长王本闲。1962年6月该局和上海市第一交通运输局合并成立上海市交通运输局。

馆藏上海市第二交通运输局全宗档案共491卷，档案排架长度6.4米，档案起止年代为1960—1962年，按时间—专题排列，编有案卷目录。

档案主要内容：

1. 综合类

有局历年工作计划、总结，行政会议记录，关于改进郊县短途运输、合作社、一条龙运输大协作等计划、工作总结、报告，局历年运输计划、统计资料汇编、会计决算年报表等。

2. 组织人事类

有市委交通工作部、市人委关于成立上海市第二交通运输局、组织机构整编的通知、报告、批复，局颁发的机关处室职责范围及各项规章制度，关于机关整编、定员方案，本局与港务局关于郊县公路运输等问题的往来文件等。

3. 党、团组织类

有市委关于成立局党委及党委成员的批复、通知，局党委工作条例、工作制度、领导分工，党组织和党员统计年报，团市委关于成立团委及团委成员的批复、通知，局团委工作规划、总结、团组织统计表等。

4. 运输业务类

有局关于内河运输、货物运价计算规划、短途运输条例、运输业务规章制度、港口装卸管理方法，农副船、渡口管理办法、河道疏浚、船舶登记管理等运输业务管理办法等。

上海市人民政府交通办公室

全宗号　B277

上海市人民政府交通办公室成立于1981年10月16日，是对全市交通运输、邮电通信进行统一规划、建设和管理的主管部门。内设秘书处、运输处、规划基建处、口岸处、整治工作处、企业管理处等。下辖上海市交通运输局、上海铁路局、上海邮电局等12个局。主任韩克辛。2000年4月18日，该机构被撤销。

馆藏上海市人民政府交通办公室全宗档案共2 011卷，档案排架长度36米，档案起止年代为1981—2000年，按年度—专题分类排列，编有案卷目录。

档案主要内容：

1. 综合类

有行政机构的设置、改制、撤并、更名、规划、职能范围的变动以及机构印章启用、注销方面的文件，市政府交通办行政办公会议、各局（公司）局长会议记录，历年年度工作计划、总结，主要经济指标完成情况，“六五”至“九五”规划，2000年上海综合交通运输发展规划，浦东开发中的重大交通运输项目，长江深水航道疏浚等项目的编制、规划等。

2. 运输生产管理类

有公司（企业）筹建、开业、歇业，经营项目的立项，经营范围的变更，运营路线和航道开辟等方面的文件；筹建股份公司、申请发行股票和上市的可行性报告、请示、批复；加强交通运输管理所制定的办法、规定、条例、实施细则以及行业服务规范；企业清理整顿、企业管理升级评审等方面的请示、批复和评审表；上海港务局、虹桥机场等中央、部属企业下放地方管理的文件等。

3. 党群工作类

有党委、纪委、工会年度工作计划、总结，党组织机构、干部情况和纪检监察工作统计年报表，市级以上劳动模范、五一劳动奖状获得者、先进企业、文明单位、先进标兵、三八红旗手表彰决定，《情况简报》《情况反映》《交通政工》信息简编等。

4. 组织人事类

有党组织、纪委、工会机构建立、撤并、划归、代管以及机构印章启用、注销方面的请示、批复、函、通知，工资制度改革、实行供销挂钩，增加工资、职务津贴、福利待遇的请示、批复、方案以及劳动工资统计年报表等。

上海市政管理委员会办公室

全宗号 B278

上海市政管理委员会办公室于1990 年 6 月成立，系上海市政管理委员会的常设工作机构。前身为 1977 年 8 月成立的市三整顿（马路、交通、市容）办公室及其于 1986 年 6 月改组建立的市交通市容管理办公室。该办下设综合秘书处、交通管理处、市容管理处等。先后由陈正兴、吴念祖等任主任。

馆藏上海市政管理委员会办公室全宗档案 312 卷，档案排架长度 6.4 米，档案起止年代为 1977—2000 年，按年度—机构分类，编有案卷目录。

档案主要内容：

1. 综合秘书处

有上海市政管理委员会办公室工作报告、规划、计划、总结，各区、县市政委（办）工作总结、计划，该办机构、人员及职务调动、任免；起草、修改及制定的各类法规、规章等，办公规章制度，办理人大意见、政协提案及人民来信（访）的报告，系统内各类先进集体、个人登记表等。

2. 市容管理处

有迎接全国城市卫生检查工作文件，开展市容专项整治工作的文件，会同有关部门开展综合执法和拆除违法违章建筑工作的文件等。

3. 灯光广告管理处

有上海市政管理委员会办公室关于做好节假日灯光布置、实施灯光集控及评选优秀灯光夜景等工作的材料，组织户外广告设施清理检查及防汛防台工作的材料，设置户外广告、宣传品的审批表、通知书等。

4. 交通管理处

有上海市政管理委员会办公室组织清理占路、马路集市入室、创建交通规范化管理道路、公路整治、开展道路景观环境整治、夏季西瓜销售设摊管理等工作的材料等。

中华人民共和国第五届残疾人运动会组委会

全宗号　B279

2000 年 5 月 6 日至 16 日，中华人民共和国第五届残疾人运动会在上海举行。组委会成立于 1995 年 2 月 22 日，主席邓朴方。

馆藏第五届残运会组委会全宗档案共 361 卷，均为永久卷，档案排架长度 5.6 米，档案起止年代是 1995—2000 年，按组织机构分类，编有案卷目录。

档案主要内容：

有举办该届残运会的请示、报告、批复、通知等文件，残运会组委会会议纪要；各单项竞赛委员会的比赛方案、简报、请示、通知等；各参赛代表团运动员、工作人员名册；竞赛总规程；体育道德风尚奖评选办法及评选结果；宣传提纲、宣传报道意见；会徽、吉祥物、会歌、宣传画征集，社会环境宣传；开幕式、闭幕式方案及议程，残运会圣火采集，火炬起跑、传递方案；助残联合活动；广告管理办法、实施细则；社会捐赠办法，彩票发行，公益广告宣传；招募志愿者计划、工作节点及宣传报道，志愿者培训和服务动员，志愿者评选活动；盲人柔道比赛成绩册，举重比赛成绩证明单，盲人门球比赛成绩公告等。

上海市广播电视局

全宗号 B285

上海市广播电视局的前身是1973年5月成立的上海市广播事业局，1984年1月1日改名上海市广播电视局，是主管全市广播、电视的宣传教育、事业规划、建设和技术业务的职能部门。1995年8月，与上海市电影局合并成立上海广播电影电视局，原机构撤销。局长叶志康。下设办公室、总编室、外事处、区县广播电视管理处、影视音像管理处、艺术室、经营管理处、宣传教育处等部门。

馆藏上海市广播电视局全宗档案共5 426卷，档案排架长度44.8米，档案起止年代为1973—1995年，按年度—机构—专题进行分类，编有案卷目录。

档案主要内容：

1. 综合类

有局年度工作计划、总结，国家领导人、广电部、市领导视察电台、电视台的材料，参加国家或地方各级各类广播、电视、电影会议的材料等。

2. 广播、电影、电视类

有关于电视台彩色台筹建、试播、广播电台、电视台扩大频率的请示、批复，关于举办大型活动及重要活动的请示、批复，举办“民族魂、时代风”优秀国产影片系列活动的请示批复，关于严格广播电视节目管理和播出管理规定的通知，引进、发行国外与港、台电视剧的请示、批复、送审报告，与国外、港、台合拍电视剧的请示、批复，上海有线电视网络建设的请示、批复及有线电视管理标准收费规定等。

3. 音像制品类

有关于音像工作的思路、小结，制定上海市音像制品管理条例，整顿上海市音像市场、查处非法音像制品报告，关于上海音像管理体制的请示、批复等。

4. 外事类

有局外事工作计划、总结，本局领导与有关人员出国考察、交流、采访、培训、洽谈业务、节目交换、参加会议、拍摄专题片的请示、批复、小结，接待外国政府广播、电视代表团考察、参观、交流等。

5. 组织人事类

有局机关机构的设置、调整，单位新建、定编、定级、局和基层领导的任免，建立东方广播电台、东方电视台、上海有线电视台、上海卫视中心、上海电影电视（集团）公司、东方明珠股份有限公司、上海大剧院等的请示、批复，关于专业技术职务的评定实施意见与申请评审表，评选全国、全市劳动模范、三八红旗手，新长征突击手、先进集体、先进工作者、优秀党员的通知、名单等。

上海市医药管理局
上海市医药管理局（重组）

全宗号　B286、B294

上海市医药管理局成立于1979 年 7 月，1996 年 10 月与上海化工控股（集团）公司联合重组，是上海中西药品、医疗器械的科研、设计、制造的行政主管部门。内部机构曾设办公室、综合处、医疗器械处、医药处等。历任局长有：史毓民、杨颖顺。2000 年 4 月撤销。

馆藏上海市医药管理局全宗档案 2 091 卷，档案排架长度 42. 4 米，档案起止年代为 1979—1996 年，按年度—组织机构分类排列。编有案卷目录。

档案主要内容：

1. 综合类

有年度工作计划、总结，局务会议记录、市人代会提案及处理意见，政企分开医药行政管理初见成效的计划、报告；国家医药管理局、上海市医药管理局等关于清产核资和财产损失处理，中西药品、医疗器械、化学试剂、包装材料调价，药品收购、销售价格的计划、报告、批复、通知等。

2. 业务类

有国家医药管理局、国家药品监督管理局、上海市医药管理局等关于引进技术设备、技措项目、产品质量标准、产品归口、产品质量包装工作，新技术、新产品的推广、投产、试制，医疗器械产品注册和标准，生产经营企业管理、药品分类管理，广告收费、非处方药审核、更换全国统一绿十字标志，进口药代理商备案，出口中药凭证照，药品流通禁办集贸市场，科技成果奖评比，上海市医药管理局、上海市物价局关于转（印）发药价政策、管理、核定办法，试行标价签办法、实施意见，关于广告公司设立医药商品新信息发布栏等事项的批复、通知等。

3. 党务和组织人事类

有党委工作计划、总结、党委会议记录、党史大事记，局及所属基层整党建党工作的报告、意见、总结、批复，局、公司、基层单位关于工会、团委改选的报告、批复、决议，局及所属基层单位机构设置、升级、合并、撤销、转产、改制更名、人员编制等问题的报告、批复，局、公司关于体制改革问题的方案，干部及国家公务员、职工人数、工资总额统计表、劳动工资年报表、干部统计年报表，执业（中）药师注册登记预审名单和注册登记的通知、申请表等。

上海市区县工业管理局

全宗号　B287

上海市区县工业管理局建立于1977年12月31日，1990年3月曾更名为上海市郊县工业管理局，1997年1月又改用原名。其职能为加速实现上海市郊区机械化和乡镇工业化，以及管理区属、街道工业等。设有办公室、综合计划处、科学技术处、农机修造处、社队工业处、对外贸易处、企业管理处等18个管理机构。周叔康、钱璞、周文玄、王忠明先后任局长。2000年4月，该机构撤销。

馆藏上海市区县工业管理局全宗档案共1 534卷，档案排架长度26.4米，档案起止年代为1978—2001年，按组织机构—年度分类，编有案卷目录。

档案主要内容：

1. 党务行政类

有党组会议记录、工作计划、总结，党组织统计年报、党员名册，老干部情况表，局机构设置、更名通知，干部任免通知、决定，纪检会议记录、年报，局办公会议记录，乡镇工业工作会议记录，年度工作计划、总结等。

2. 业务类

有企业基建、技术改革、技术措施、引进项目、联营等问题的批复、报告，劳动工资年报，职工升级、定级、技术职称评定、增资、招工、退职、开除等问题的批复、报告，建立农机局职工学校、技工学校的批复、报告，财务决算年报，农机工业情况简报等。

3. 工会、团委类

有工会会议记录，工会工作意见、打算，市级、局级先进集体、先进个人、劳动模范登记表，团组织改选的批复、通知，团委工作计划、总结等。

2001 年 APEC 会议上海筹备会

全宗号　B288

2001 年 APEC 会议上海筹备工作办公室成立于 2000 年 2 月 3 日。2001 年 1 月，APEC 会议上海筹备工作领导小组和筹备工作组成立。下设协调办公室、会务组、礼宾活动组、新闻组、安全保卫组、会议服务组、教育培训组等 29 个小组。2001 年 10 月 APEC 会议结束后机构撤销。

上海市经济委员会 APEC 会议筹备工作办公室于 2001 年 1 月 15 日成立，负责配合国家经贸委和上海市政府、APEC 会议上海筹备工作办公室等部门工作。主任孙环葆。下设会务组、会外活动组、新闻组、外联礼宾组、安全保卫组、后勤保障组等。2001 年 10 月 APEC 会议结束后机构撤销。

2002 年 4 月 17 日又成立了 APEC 第五次电信部长会议上海筹备工作领导小组和上海筹备工作办公室。下设办公室、会议服务组、礼宾接待组、人力资源组、通信保障组等 12 个小组。该机构至 2002 年 APEC 第五次电信部长会议结束后撤销。

馆藏 2001 年 APEC 会议上海筹备会全宗包括以上几个机构档案共 2 520 卷，档案排架长度 22.4 米，档案起止年代为 1998—2002 年，按年度—问题分类排列，编有案卷目录。

档案主要内容：

1. 综合类

有中共中央办公厅、国务院办公厅关于成立 2001 年亚太经合组织

（APEC）领导人非正式会议筹备领导小组及筹委会的通知，APEC中国筹委会关于领导小组、筹委会、秘书处成员的名单，上海市人民政府关于成立APEC会议上海筹备工作领导小组和筹备工作组的通知，APEC中国筹委会一至二次会议的议程、纪要、汇报、出席者名单，亚太经合组织第九次领导人非正式会议的总结、日程安排、操作细则，江泽民举行记者招待会的方案和注意事项，第13届双部长会议的联合声明公报、方案、日程表，工商领导人峰会（CEO）筹备情况的汇报、会议纪要，江泽民在APEC工商领导人峰会上所致的欢迎词，APEC会议主题研讨会的内容概要、总结等。

2. 会议服务类

有APEC领导人非正式会议等会场的选择、设计方案、会议纪要、情况汇报，APEC会议新闻中心的建筑、布置和使用方案，APEC会议通信工程与通信保障工程的会议纪要，使用APEC会议标志的规定、实施细则和管理办法，向APEC经济体高层领导人赠送礼品的批示、请示、汇报、设计方案图，APEC会议领导人服装设计制作情况的请示等。

3. 礼宾活动类

有江泽民与美国总统布什会晤的电话记录单，APEC各经济体领导人等代表团来沪出席会议的接待计划、名单、日程表、情况汇报，中央领导同志在沪出席有关活动的情况报告、电话记录单，APEC会议文艺演出的节目策划、设计方案、会议纪要，APEC第五次电信部长会议各经济代表团团长、总领馆的名单、概况、一览表等。

4. 新闻宣传类

有APEC会议宣传报道的总体方针和安排的请示和批复，新闻媒体的宣传计划、管理方案、收费标准，APEC会议广告管理的实施细则和管理办法等。

5. 安全保卫类

有APEC会议安保和安全检查工作的总体方案，中共中央办公厅、国务院办公厅关于全力做好APEC会议期间上海社会稳定工作的通知和外交部关于做好社会稳定工作的报告，APEC中国筹委会、公安部关于APEC安保工作会议的纪要等。

6. 市容环保类

有中共上海市委宣传部关于开展迎APEC会议环境宣传工作实施意见的请示和批示，上海市绿化局关于迎APEC会议绿化建设、环境整治的计划、质量标准、园林绿化的实施意见和工作总结等。

7. 财务后勤类

有 APEC 会议的财产、预算、货币资金、会务费用的管理制度，APEC 会议上海地区预算的批示、请示、预算表，APEC 会议筹备工作集资的设想、实施办法、会议纪要及申报赞助方案的批复、请示等。

上海市建设委员会

全宗号　B289

上海市建设委员会于1986年建立，前身为上海市革命委员会工交办基建组和上海市基本建设委员会。设有党委办公室、综合计划处、城建处、设计科研处、市政处、村镇处、企管处、住宅处、规划处等机构。鲁纪华、杨堤、孙贵璋先后任书记。

馆藏上海市建设委员会全宗档案共 5 023 卷，档案排架长度 97.6 米，档案起止年代为 1977—2002 年，按年度—机构—专题进行分类，编有案卷目录。

档案主要内容：

1. 综合类

有上海市革命委员会工交办基建组、上海市基本建设委员会和上海市建设委员会的党组、党委和行政工作方面历年工作计划、总结，重大或重要情况专报、简报，党政联席会议记录，办公会议记录以及有关重要会议纪要。中央、市领导视察建委系统工作重要指示，城乡规划、建设和管理立法、法律体系规划，环保产业十年规划和“八五”计划，改进规划与专业管理分工协作意见和“九五”住宅规划布局，历年重大工程建设计划以及编制 2010 年长远规划报告等。

2. 组织人事类

有上海市革命委员会、上海市基本建设委员会、上海市建设委员会机构的设置、调整，单位新建、定编、定级，各机构基层领导任免，中、高级工程技术评审的通知、请示、批复等。

3. 城建管理类

有国务院、国家建委、市委、市政府和上级领导有关上海市城市建设的总体规划、市政建设规范、标准文件、重要讲话，市建委对城市建设项目管理工作的请示、报告、批复，历年市重大、（重点）工程项目、规划、意见，颁发城市各种管理性、技术性规定，动迁、拆迁房屋管理办法、规定及实施细则，建筑管理办法实施细则，出售商品房管理办法，城市建设工程质量监督暂行条例等。

上海市社会保险管理局

全宗号　B290

上海市社会保险管理局成立于1993年2月，1998年5月撤销，系上海市社会保险委员会下设的办事机构。其主要职能是负责编制社会保险的发展、改革规划，并组织实施、检查、监督执行情况。下设办公室、政策法规处、业务一处、业务二处、业务三处、综合计划处、资金管理处等机构。局长姜耀中。

馆藏上海市社会保险管理局全宗档案216卷，档案排架长度4米，档案起止年代为1993—1998年，按年度—组织机构大流水排列，编有案卷目录。

档案主要内容：

1. 综合类

有历年的工作计划、总结，办公会议记录，大事记、简报、简讯、动态、参阅材料，议案、提案的处理情况，接待工作文件等。

2. 政策法规、监督类

有社会保险立法草案、社会保险法规、规章草案；局内重要文件、报告；有关养老保险争议处理工作，扩大社会保险覆盖面的推进工作，对缴纳社会保险费和领取养老保险金的处罚和处理工作的文件等。

3. 业务、计划类

有国有、集体、外商投资、机关、事业单位、私营企业、个体工商户、合作社等养老保险工作及退休、退职人员社会保险文件，编制社会保险事业规划和计划文件，社会保险信息收集、数据统计、分析管理报告、图表等，社会保险基金收支情况及制定对策措施文件，有社会保险基金的财务、会计和内部审计工作报告等，基金的营运规划，基金年度预算和决算报告、图表，社会保险系统内部社会保险费缴纳、征集、支付的监督、检查、审计工作文件等。

上海市内河航运局

全宗号　B292

上海市内河航运局建立于1978年5月，是全市内河航运和航务的行政管理机构。前身是上海市内河航运公司、内河航运管理处。邓冈、赵金莱等先后任局长。下设办公室、计划基建科、财务科、运务科、技术科、通讯导航科等。1986年10月1日，上海市内河航运局撤销。

馆藏上海市内河航运局档案1 136卷，档案排架长度17.6米，档案起止年代为1978—1986年，按机构职能分类，编有案卷目录。

档案主要内容：

1. 综合类

有关于成立上海市内河航运局机构设置、人员编制、岗位责任制、体制改革实施意见的报告、通知，上海市内河航运局主要经济、财务指标月报表、财务年度会计决算表，统计资料汇编，变更工商登记的报告、请示、批复等。

2. 运输生产管理类

有上海市交通运输局、上海市内河航运局制定颁发的内河货物运输市场管理试行办法及实施细则等规章制度，客货运价管理文件，重大科研、新产品试制项目计划、执行报告等，关于船舶调拨、划归的报告、批复，关于航道普查工作的通知、报告，各类船舶设计图纸，工伤事故统计表，年度工作总结等。

2002年亚洲开发银行年会上海筹备办公室

全宗号　B293

2002年1月1日，上海市人民政府为做好第35届亚洲开发银行年会的筹备工作，设立筹备办公室。同年5月8日至12日，第35届亚行年会理事会议和各相关会议先后召开。此后，上海筹备办公室完成使命。

馆藏2002年亚洲开发银行年会上海筹备办公室全宗档案335卷，档案排架长度6.4米，档案起止年代为1999—2002年。

档案主要内容：

（一）文书档案

1. 综合类

上海市人民政府、外事办公室、财政局关于成立上海筹备工作办公室领导小组、筹备工作组及设立筹备办公室的通知、请示、活动安排，2002年亚行年会中国代表团的组团方案、人员名单，财政部关于召开第35届亚行年会筹委会的请示、议程、领导讲话、日程安排、函等，上海筹备办公室关于召开历次筹备工作会议的通知、议程、会议纪要、领导讲话及关于召开第35届亚行年会的情况介绍、筹备工作的汇报，第35届亚行理事会年会新闻办公室与上海筹备办公室编制的《简报》等。

2. 新闻宣传类

有财政部、上海筹备办公室关于亚行年会新闻宣传的工作方案、计划、会议纪要、工作汇报，关于记者管理、现场采访和户外广告宣传的方案、中外媒体记者报名的汇总表等。

3. 会议服务类

有财政部、上海筹备办公室的接待计划、方案、工作细则，会场布置、名单、请柬、节目单、函及关于亚行年会的信息发布与网站建设的方案等。

4. 财务后勤类

有关经费申请报告、预算方案、财务管理办法，住宿安排、用车计划、情况等。

（二）声像档案

1. 音带、像带类

有第35届亚行年会开幕式、第35届亚行理事会议等的音带、像带。

2. 照片类

有第35届亚行年会开幕式、“东盟10+3”会议等的照片。

上海市水利局

全宗号　B298

上海市水利局的前身是上海市农田基本建设指挥部，于1980年3月成立。

其职责是统一管理和保护全市水资源、滩涂资源、河道湖泊及各类水利工程，负责全市水利工作的管理。2000 年 4 月撤销。王德明、范仲奕、朱家玺、徐其华等先后任局长。下设办公室、防汛办公室、水利法规处、水利规划处、计划财务处、水利工程管理处、水文水资源处、滩涂资源处等机构。

馆藏上海市水利局全宗档案共 2 283 卷，档案排架长度 31. 2 米，档案起止年代为 1977—2001 年。该全宗已系统整理，按年度—机构分类排列，编有案卷目录 2 册。

档案主要内容：

1. 综合类

有水利投资计划报告和市纪委的批复，水利建设工程可行性研究报告、初步设计任务书的请示及批复，水利工程（事业）计划任务和经费指标、工程材料的通知及工程竣工决算批复，滩涂围垦促淤工程有关请示、批复，河道综合整治工程、西部地区防洪工程等请示、报告、批复，报送《上海郊区水利发展规划》《上海市水资源保护和水利建设“十五”计划到 2015 年规划思路》《上海城市防洪排水规划报告》等中长期水利规划报告的请示，苏州河环境综合整治调水工程、苏州河六条支流建闸工程可行性研究报告、投资计划请示等。

2. 行政、党务类

有市水利局工作计划、总结，局长办公会议记录，专题工作会议记录，局领导在各类会议上的讲话，市政府领导关于水利工作的重要批示、讲话材料等，制定的规章制度，市水利局党务工作计划、总结，局党组会议记录，局党政民主生活会议记录，党建工作、精神文明建设等请示和批复，局机关党委换届改选的请示和局党组的批复等。

3. 组织人事类

有局系统干部任免的请示、批复，市水利局三定方案的报告、请示及市政府的批文和局级干部任命的通知，局属事业单位机构的建立及市编委的批复，专业技术干部职称的评聘工作文件等。

上海市进出口办公室

全宗号　B299

上海市进出口办公室成立于1979 年 11 月。内设四个处，即一处、二处、三处和秘书处。主要职能既是中共上海市委进出口领导小组的办事机构，又是上海市人民政府主管进出口的工作部门，同时还管理本市利用外资工作。

馆藏该全宗档案共245卷，排架长度为4米，档案起止年代为1978—1984年，编有案卷目录。

档案主要内容：

1. 党务类

有市委、市委组织部等关于干部任免、任职批复、成立党组的请示及批复，党组学习会议、党组民主生活会、党组扩大会议等的会议记录和情况报告，市委关于成立上海市对外经济贸易委员会与本办的来往函件、报告、批复，召开系统党办主任、党委书记工作安排的会议记录，党员、党组织统计年报表等。

2. 综合类

有处长以上干部、办公室主任办公会议、处长座谈会等的会议记录，向上级汇报工作情况的谈话记录，筹建国际资料中心和出口工业区的汇报、请示、规划方案，来信来访处理情况，本办成立上海市投资信托公司的请示报告、说明、批复及董事会名单等文件，中外合作投资经营的请示、报告、批复等。

3. 业务类

有本市对外经贸机构改革方案，各工厂转产情况报告，进出口业务方面的请示、报告及批复，与外商洽谈合同、接待情况的汇报、意见，境外工厂董事会记录和公司章程，进出口办公室更名的相关文件，进出口工作情况汇报、进出口工作座谈会会议记录及内部编辑的进出口工作参考资料等。

4. 人事劳动类

有干部统计年报，职工调资工作的安排、方案、请示报告、电话记录、会议记录及统计表，干部考察工作情况、人事调动和分配的请示、报告与批复及调动介绍信，干部职工评定、升级工作会议记录及干部升级审批表、升级工资情况统计表，外企常驻代表机构干部的任免请示及批复，系统干部参加革命工作时间及离休待退的请示、批复等。

上海市现代企业制度试点工作领导小组办公室

全宗号　B302

上海市现代企业制度试点工作领导小组办公室(简称现代办)，于1994

年12月建立，组长由市长兼任。主要职责是，组织领导全市建立现代企业制度试点工作，研究和决定试点的重大决策审核并批准试点方案和试点办法，协调试点工作中的重大问题，向市委、市政府以及国务院有关部门汇报本市建立现代企业制度试点工作情况。

馆藏上海市现代企业制度试点工作领导小组办公室全宗档案共372卷，档案排架长度3.2米，档案起止年代为1994—2002年，编有案卷目录。

档案主要内容为：

1. 综合类

有国家经贸委关于深化企业改革的意见、批示，上海市政府关于建立上海市现代企业制度试点工作领导小组办公室的通知，市政府办公厅关于现代企业制度工作规划的批示，现代办关于现代企业制度试点工作调研、总结、工作简报及编写的《上海建立现代企业制度的探索和实践》等。

2. 试点类

有市政府、现代办关于现代企业制度试点企业名单的请示、批复、通知，中共上海市委、市政府领导在现代企业制度建设、改革工作会议上的发言、讲话，现代办、有关委办局关于企业制度试点方案的通知、批复，有关委办局、区县推荐、上报企业制度试点单位名单，有关企业建立企业制度试点的申请，有关企业制度试点单位上报的试点方案，现代办关于试点企业改革情况专报，市政府与现代办关于扶持大型企业的请示、批示与通知，关于扶持大型企业考核结果的通知，关于落实小型企业改革的意见、批示，关于房地产过户、减免收费的通知等。

3. 兼并类

有市政府办公厅关于呆坏账准备金使用的批复，关于企业兼并的批复，关于企业债务问题处理批示，关于破产企业职工安置费、退休人员医疗费指标的意见、通知，有关困难企业要求上级领导协调解决税收、资金的请示、报告等。

4. 外地在沪企业管理类

有市政府办公厅关于外地在沪企业资格认证办法等政策的批示，市政府办公厅、现代办关于执行涉外企业政策的调研报告、批示，关于征求涉外企业落实政策的意见、函件，市计划委员会、工商局、协作办关于执行涉外企业政策的报告、通知，市认证办关于涉外企业认证终审名单、会签单等。

上海市监察局

全宗号 B303

上海市监察局成立于1987年9月，其主要任务是负责对国家行政机关及其工作人员执行国家法律、法规、政策和决定、命令的情况以及违法违纪行为进行监察。设有办公室、监察一处、监察二处、监察三处、监察四处、信访处、审理处、《监察与廉政》编辑部、政策研究室等机构。1991年，建立市加强廉政建设纠正行业不正之风办公室，挂靠市监察局。1993年3月，中共上海市纪委和市监察局合署办公，市监察局改为上海市监察委员会，原机构名称撤销。历任负责人有：吴德让、韩坤林。

馆藏上海市监察局全宗档案共404卷，档案排架长度8.8米，档案起止年代为1987—1992年，按年度—专题分类，编有案卷目录1册。

档案主要内容：

1. 综合类

有市委、市政府及有关部门关于成立市监察局、吴德让任职等文件，历年党组会、局长办公会、局务会和监察工作会议等会议记录，大事记，历年监察工作要点、总结，局机关内部规定、人民来信调查和领导班子民主生活会报告等，朱镕基关于监察工作的讲话（1988年），尉建行视察上海的讲话（1990年），全市案件惩戒情况统计表，汇总全市监察系统群众来访、立案情况、结案情况统计表等。

2. 政策法规类

有转发监察部关于《监察机关调查处理纪政案件办法》《监察机关参加特别重大事故调查处理的规定》的文件，党政机关及工作人员在公务活动所受礼品上缴处理的意见、规定，案件立案审批权限、国家工作人员贪污贿赂行政处分暂行规定、实施细则，关于中央部属单位宴请送礼的报告及订货会、装修个人住房的规定，有关整顿与纠正行业不正之风的部署和意见等。

3. 廉政建设类

有市委、市政府、市纪委等联合颁发的贯彻《中共中央关于党和国家机关必须保持廉洁的通知》的意见及建议，《上海市企事业单位领导干部保持廉政的规定》及其配套办法，《党政机关工作人员保持廉洁规定》的修改意见，局向市人大汇报上海廉政建设的情况报告等。

4. 监察类

有调查有关单位和个人违反外事纪律、侵占集体利益、倒卖物资、违反财政法规、多占住房、挪用资金、犯有渎职罪、变相买卖外汇、私设小金库、挥霍公款、请客送礼等案件的调查处理报告，呈报局级干部违纪、处级干部立案、处分的请示、报告等。

上海市人民政府参事室

全宗号　B305

上海市人民政府参事室成立于1951年3月，“文革”期间停止工作，1978年10月恢复。其职责是协助市政府研究政策法令，了解工作情况，反映各界人士和群众的意见、要求。历任负责人有：周林、储一石、史说。

馆藏上海市人民政府参事室全宗档案116卷，档案排架长度1.6米，档案起止年代为1978—1990年，按年度—问题排列，编有案卷目录1册。

档案主要内容：

有国务院参事室、上海市委、市政府、市委统战部颁发的命令、决议、指示、条例，中共上海市委关于恢复参事室的批复，政府参事考察、调研、报告、建议，审查修改法规的意见、复函，参事室任免干部、机构变动、人员编制的命令、意见、报告、聘任书，年度工作计划、总结、工作报告，《参事工作信息》、剪报，历史沿革、大事记，参事室主任会议、办公会议、专业会议会议记录、决议、纪要，接待国务院领导、外省参事室参观团来沪调查、考察的报告等。

上海市防治非典型肺炎指挥部

全宗号　B306

2003年春，非典型肺炎疫情暴发。同年4月13日，全国防治非典型肺炎工作会议召开。在此期间中共上海市委、市政府成立了上海市防治非典型肺炎指挥部，部署本市非典型肺炎防治工作，加强疾病检测，严格控制密切接触者，加强医疗救治工作，落实口岸交通卫生检疫工作，加强科学研究力度，加强群防工作，并加强医疗器械、药品的供应和对外地疫情严重地区的支持。

馆藏上海市防治非典型肺炎指挥部全宗档案共487卷，档案排架长度5.6米，档案起止时间为2003年3—10月，编有案卷目录。

档案主要内容：

1. 综合类

有中共上海市委、市政府关于贯彻中央做好防治非典工作的实施意见，成立上海市防治非典型肺炎指挥部的通知，关于进一步加强防治非典工作的有关措施如关于对发生非典病例地区返沪人员实行医学观察、来沪人员实行健康检测的办法，上海市委、市政府关于防治非典工作的电话记录及批示，该部各项专题工作会议纪要，该部与卫生局关于开展防治“非典”工作的建议、通知及情况报告，卫生局防病办关于传染性非典型肺炎的每日动态，韩正在全国防治“非典”工作会议上的讲话及上海市人民政府的经验交流材料，该部关于上海防治“非典”工作情况报告、大事记等。

2. 交通口岸、市场、外事、学校、农村组类

有该部交通口岸组关于进一步落实虹桥机场防非工作专题会议纪要，嘉定区防非指挥部交通道口、铁路局等机构关于航空、列车交通在“非典”期间旅客防治工作的报告，《交通口岸组综合信息》，该部市场组关于做好口罩、药皂、体温计生产、销售和供应配套措施，落实支援北京、澳门抗击“非典”物品情况的请示和报告，市场组工作报告，上海市教委关于转发交通大学等采取措施预防“非典”的方法的通知，关于上海学校加强食堂等场所、暑期防治“非典”工作的有关措施，进一步加强郊区农村“非典”防治工作的意见等。

3. 科研类

有全国防非指挥部关于作好“非典”防治科技工作的通知，上海科委、市防非指挥部科研组成立防非科技领导小组联合攻关的请示、报告，关于组织开展防非科研攻关的建议与情况报告，关于建立实验室的报告及实验室进行上海地区检查的通知，上海市农委关于开展动物冠状病毒科技攻关的情况专报等。

4. 宣传类

有该部关于启动防治“非典”辅助信息系统的通知及《对策研究信息》专刊、专报、《防治非典工作动态》，该部新闻组工作总结，上海市政府、世界卫生组织专家考察组新闻发布会议录，上海市委外宣办、上海市政府新闻办关于开展防治“非典”对外宣传工作的通知，关于防治“非

典”工作专送件，上海文广集团防范“非典”工作简报及情况报告，《人民日报》关于防治“非典”工作特刊、专刊等。

上海市人民政府协作办公室

全宗号 B307

1982年5月3日，上海市人民政府协作办公室成立。2003年8月1日，与市政府接待办和市级机关工委沪办工作部合并组建市政府合作交流办公室，原机构结束。其职能为加强全市跨省市合作的组织指导、协调服务。历任负责人有：韦明、胡树衡、孙明良、姜光裕。内部机构设秘书处、研究室、经贸处、对口支援处、联络处。

馆藏上海市人民政府协作办公室全宗档案共1 148卷，档案排架长度12米，档案起止年代为1982—2003年，按年度—机构分类排列，编有案卷目录2册。

档案主要内容：

1. 综合类

有年度和季度工作总结及工作计划，党组会议、办主任办公会议、联合协作投资（集团）公司管委会（后改为董事会）会议记录和纪要，为市政府领导起草的发言稿，为市政府代表团出访外省市服务工作文件，对市人大代表意见、市政协委员提案的答复，市政府督办上报的文件，组织起草修改的法规、政策、实施意见材料，筹备召开重大洽谈会、经济协调会材料等。

2. 经贸合作类

有上海与外省市合作会谈纪要及协议；市经贸代表团出访考察工作，协调组织和参加有关投资洽谈会，参加主办东西部合作投资洽谈会，筹划举办长江沿岸城市投资项目推介会，组织长江三角洲城市经济协调会会议，做好中西部地区合作项目跟踪服务及其考评工作文件等。

3. 对口支援类

有筹划组织上海市对口支援工作会议文件，全国东西扶贫合作工作会议上海市文件，实施沪滇“十五”合作规划纲要及帮扶云南工作文件，国务院召开三峡移民暨对口支援会上海市文件，云南、三峡、西藏、新疆帮扶项目文件，制订下发每年援滇、支援三峡工作任务书等。

4. 内联协作类

有驻外办事处年度工作计划、总结、工作规章、制度，驻外办国内合作服务平台建设年工作交流文件，驻外办事处信息会议、业务会议记录、工作会议记录，驻外办事处工作请示、报告，各地在沪设立办事机构的批准、登记备案材料，驻沪办事机构基本情况、沿革等。

5. 组织人事类

有集团公司、办机关、驻外办人员职务任免、驻外办机构改革人事任免文件，党内统计年报表、党员计划发展对象情况统计表，办评选文明处室、先进党支部、党务工作者和优秀党员的有关文件等。

另有工会、纪检和会计类档案。

2003 年《福布斯》全球行政总裁会议上海筹备工作办公室

全宗号 B312

由上海市人民政府和福布斯集团合作主办的《福布斯》全球行政总裁会议于 2003 年 9 月 16 日至 18 日在上海举行，上海市政府专门成立了会议筹备工作领导小组，市委副书记、市长韩正担任组长。领导小组下设《福布斯》全球行政总裁筹备工作办公室，杨国强为主任，张伊兴为副主任。该筹备工作办公室内设秘书处、会务联络组、后勤保障组、安全保卫组、重大会外活动组、贵宾接待组、经济工作组、新闻宣传组等。筹备工作办公室主要工作包括：推动上海 30 名政府和企业界人士与会，在会场区举办上海经贸图片展，主办上海投资环境介绍会，组织代表参观上海工业园区，组织代表配偶参观游览和制作有关上海的宣传资料。

馆藏 2003 年《福布斯》全球行政总裁会议上海筹备工作办公室全宗档案共计 114 卷，档案排架长度 4 米，档案起止时间为 2002 年 8 月至 2003 年 10 月，编有案卷目录。

档案主要内容：

1. 综合类

有关于筹备召开 2003 年《福布斯》全球行政总裁会议以及筹备成立上海工作班子、办公室的请示与批复，市政府与福布斯公司签订有关 2003 年《福布斯》全球行政总裁会议协议书，向市政府汇报筹备工作的材料，韩正邀请境外代表出席《福布斯》全球行政总裁会议邀请信（代拟稿），国务院副总理曾培炎以及市领导韩正、姜斯宪等在《福布斯》全球行政总裁会议的讲话代拟稿，市领导审查《福布斯》会议经贸展示会、文艺演出等材料，会议筹备工作情况汇报与简报，论坛筹备工作计划，会议大事记（2002.1—2003.10）等。

2. 会务联络类

有 2003 年《福布斯》全球行政总裁会议议程、活动安排、宴会等事宜的会议纪要，会议工作手册，会议日程表，最终与会者名单，会议演讲嘉宾简历，福布斯集团、总裁及与会主要企业总裁情况简介等。

3. 新闻宣传类

有新浪网、《解放日报》等新闻媒体对《福布斯》全球行政总裁会议的报道汇编，《福布斯》杂志（Forbes）（2003 年 7 月、8 月版），各方对会议评价的“情况专辑”，刊登在《福布斯》杂志上的“上海介绍”稿等。

4. 贵宾接待类

有关于福布斯集团史提夫·福布斯一行访沪有关安排与会代表配偶活动的材料，《福布斯》全球行政总裁会议派遣高层人员访华有关情况汇报等。

5. 安全保卫类

有安全保卫工作的总体方案及《福布斯》全球行政总裁会议安全保卫工作简报等。

上海市人民政府侨务办公室

全宗号　B313

上海市人民政府侨务办公室成立于1978 年 8 月，前身为上海市革命委员会侨务办公室，系市政府主管全市侨务工作的机构，主要负责制定法规、落实政策等。李储文、楼岱、凌荣先后担任主要负责人。

馆藏上海市人民政府侨务办公室全宗档案共 393 卷，档案排架长度 7.2 米，档案起止年代是 1978—1990 年，按时间—问题分类排列，编有案卷目录 2 册。

档案主要内容

1. 综合类

有市委、市政府关于侨务工作的指示、决定等，李先念副主席在接见全国侨务会议预备会代表时讲话材料，市领导在全市侨务工作会议上的讲话稿，市侨办指导区县开展侨务工作、调研上海侨务工作等文件，以及上海侨务工作发展规划、年度计划和会议纪要、大事记、简报等。

2. 政策法规类

有市侨办贯彻执行侨务工作方针、政策、侨务法律和法规，市侨办制定《市保护归侨侨眷权益法》议案的前期调研材料，有关侨务政策汇编(1983—1984 年)，各委办落实检查侨务政策文件等。

3. 侨务工作类

有市侨办接受华侨、港澳同胞和外籍华人捐赠物资和外汇文件，有关审批华侨来沪定居、处置华侨归侨出入境、确认归侨身份、落实华侨侨眷私房政策等文件，有关引进华侨华人资金、技术和人才、争取侨汇文件，市侨办拟请市领导会见访华华侨侨眷、组织人员出访等文件，成立上海市海外交流协会文件等。

另有组织人事类档案。

上海市农场管理局

全宗号　B314

上海市农场管理局是市政府管理本市农垦企业的职能部门，于 1976 年 6 月建立，它的前身是上海市农垦局。为了克服自然灾害造成的副食品供应困难，1960 年中共上海市委和市人委成立上海市围垦总指挥部，在崇明、长兴岛等沿江滩地进行围垦，建立了 14 个国营畜牧场。1963 年，成立上海市农垦局，国营畜牧场改建为国营农场，由市农垦局统一领导、统一管理。1971 年 3 月，上海市农垦局撤销。1976 年 6 月，中共上海市委决定成立上海市农场管理局，实行农垦系统统一领导、集中管理的体制，各农场、公司、厂划归改由市农场管理局领导。

馆藏上海市农场管理局全宗档案共 746 卷，档案排架长度 16 米，档案起止年代为 1976—1990 年，编有案卷目录。

档案主要内容：

1. 党群工作类

有农场管理局党委、纪委会议录，机构设置、人员任免文件，党团组织、工会会员、干部统计年报，党委关于揭发批判“四人帮”运动的情况报告，关于打击经济领域犯罪分活动的意见、情况报告，局科学协作组织统计年报等。

2. 行政管理类

有农场管理局行政会议录、工作计划、工作总结、市农场局大事记、围垦史，市委、农场局、市公安局关于海丰农场下明分场划归市公安局的批复、请示，农场局、粮食局关于农场粮油政策的规定，市农业办公室、市财贸办公室、农场局关于接办农场商业的批复、请示，市农场局关于农场小城镇规划的批复，关于建设征地、市郊农场与当地公社界址、黄山茶林场与安徽省太平县山林纠纷的协议文书，关于抽调知识青年职工支援宝钢等其他战线建设和安置支援新疆上海知识青年户口的有关文件，历年劳动工资统计年报，历年粮食预算与决算表，历年教育、卫生、科技工作统计年报等。

3. 生产经营管理类

有农场管理局的发展规划、下达的投资计划，历年农业、农机、畜牧业、工业生产计划、出口计划和财务计划；关于加强农场计划管理、财务管理、土地管理的意见、通知，历年市农垦企业财务决算和市财政局的批复；农场管理局与基层单位关于企业接产、转产、停产，企业建立、撤销、合并、更名、变更经营范围，企业联营，开设门市部、经营部，专项贷款等方面的文书；关于农业联产承包责任制的意见和报告；历年农作物播种面积和产量、农场畜牧水产生产、农机、机械作业情况等年报表及统计资料汇编等。

4. 基本建设类

有农场管理局历年基本建设统计年报、施工统计年报、基本建设财务决算，市计委、市农场管理局关于下达调整农场建设项目、基本建设计划的文件及计划任务书，关于海丰农场围垦工程问题的处理意见、基本建设工作总结等。

上海市旅游事业管理委员会

全宗号 B316

上海市旅游事业管理委员会成立于1997年，是市政府直属的主管全市旅游业的机构，主任姚明宝。其职责为领导和管理全市的旅游发展事业。

内部机构设政策法规处、国际旅游促进处、国内旅游促进处、旅游市场管理处、综合业务处信息化处等。

馆藏上海市旅游事业管理委员会全宗档案共 2 532 卷，档案排架长度 24 米，档案起止年代为 1978—2008 年，按问题分类排列，编有案卷目录 1 册。

档案主要内容：

1. 综合类

有旅游行业精神文明建设的报告、通知、光荣榜，宣传思想工作要点和教育培训工作基本思路，评选文明单位、优秀组织者、职业道德双十佳的报告、函及登记表等。

2. 党务、组织人事类

有党委会议记录、工作要点、工作总结，评选和表彰先进党支部、优秀共产党员和优秀党务工作者的请示、报告、总结，党建工作的报告，局、处级干部职务任免的请示、报告、批复，旅游工作党委机构、编制、人事制度改革的请示、报告、通知等。

上海市司法局

全宗号　B317

上海市司法局成立于1955 年 6 月 1 日。1958 年 4 月，上海市司法局和上海市高级人民法院合署办公。1980 年 1 月，上海市司法局恢复重建。上海市司法局是主管司法行政工作的职能部门，负责对刑法执行、劳动教养、律师、公证、乡镇法律服务、法制宣传、司法鉴定等工作的管理、指导和监督。成立初期下设一处、二处、三处、四处和办公室。历任主要负责人有：李继成、鞠华、李庸夫、薛明仁。

馆藏上海市司法局全宗档案共 961 卷，档案排架长度 12 米，档案起止年代为 1980—1990 年，按部门（机构）分类，编有案卷目录 1 册。

档案主要内容：

1. 综合类

有党组会议、局长办公会议、专题会议、党组民主生活会议、各区县司法科长会议记录，律师协会年度工作总结及筹建工作情况报告，市司法局将主营部分任务移交给市高院的通知，市劳动局移交市司法局的交接书，《上海司法》复刊、出版《上海法制报》《上海律师》的请示、批复，总结公证处工作情况、汇报国内公证工作的请示、批复，成立合作制律师事务所、李国机律师事务所的批复、报告等。

2. 组织人事类

有筹建上海市司法局及三个直属单位的请示、批复，市局、各区、县法院编制方案的报告，恢复建立律师协会的报告和批复，上海市公证处、国内公证文书、公证机构统计表，各区县调解工作先进集体、先进工作者登记表，调解先进会典型事迹登记表，市劳改局大学生和大专院校毕业生名册等。

3. 司法业务类

有召开全市司法许可证工作会议的报告、通知，人民调解工作情况报告、统计表，关于案件审理程序、上诉、公开审判等问题的请示、报告和批复，案件汇总、减刑和假释案件年度统计表，公证工作、办证情况统计表及情况汇报，《上海律师守则》《兼职律师暂行规定》《律师收费办法》的通知、批复，律师资格审批呈报表，劳教人员、在押犯花名册等。

另有财会类档案。

上海市儿童和少年工作协调委员会

全宗号　B320

1981 年 5 月 21 日，上海市儿童和少年工作协调委员会成立。该协调委员会由市妇联、团市委、市教育局等 16 个单位组成。基本职能是联系、沟通、协调儿童少年工作。关建、邢至康、谢丽娟先后任主任。1995 年 8 月，上海市妇女儿童工作委员会（上海市政府协调议事机构）成立，该协调委员会撤销。

馆藏上海市儿童和少年工作协调委员会全宗档案共 119 卷，档案排架长度 2.4 米，档案起止年代为 1981—1995 年，按机构职能分类，编有案卷目录 2 册。

档案主要内容：

有上海市儿童和少年工作协调委员会主任会议、顾问团会议、全体委员会议的记录，工作计划、总结、简报，少年儿童工作、家庭教育、《儿童规划》监测评估工作，评选全国、市优秀儿童工作者、上海市儿童少年工作“六一”、“白玉兰奖”、育苗奖，协助政府制定《九十年代上海儿童优生、保护、发展规划》，上海市儿童和少年工作协调委员会与上海市园林管理局在长风公园建造上海地下少先队群雕的材料，筹建少儿浏河活动营地的请示、批复及开营典礼祝词，成立儿童少年活动基金会，接受集体和热心人士的捐赠材料等。

上海市环境保护局

全宗号　B323

上海市环境保护局于1979年3月成立，其前身是上海市人民政府环境保护办公室。其主要职责是，检查督促全市各部门、各单位执行国家环境保护的方针、政策和法律、法令，拟定地方环境保护标准和规范，会同有关部门制定全市环境保护长远规划和年度计划，并督促实施。历任负责人有：靳怀刚、陈江涛、陆福宽。内部机构设办公室、大气管理处、水质管理处、新污染防治处、科技处等。

馆藏上海市环境保护局全宗档案307卷，档案排架长度5.6米，档案起止年代为1979—1990年，按年度—机构分类排列，编有案卷目录1册。

档案主要内容：

1. 行政类

有成立市环境保护局、经费和启用印章的通知、报告、函，上海市环保工作和黄浦江水质污染情况汇报，环保技术干部技术职称暂行办法和人员进出报告、通知、批复，地方环境保护标准、规范、实施细则等。

2. 开发管理、业务类

有宝钢厂环保、放射性物质库存的报告、函，环保重大科研成果的上报及下达重点科研项目的通知、函，组织环境科学研究的文件，争取世界银行环保贷款的报告、批示、函，有制定大气保护条例及炉窑治理项目、消烟除尘治理项目文件，苏州河污染综合防治规划研究、防治经费、污染情况报表等水环境保护方面的文件，控制新污染的规定和对上钢二厂、淮海制药厂等单位执行有关规定的函及污染罚款的通知，抓紧做好蔬菜污染治理、桃浦地区环境污染综合防治的通知、报告，以及农业生态大自然环境保护方面的文件等。

3. 基本建设和经费财务类

有技术改造项目的计划、执行情况，“三废”实验站任务书的计划、报告、批复及扩初设计的批复，环保自身建设项目投资计划、执行情况等，分配环保补助资金和改进区县环保监测站预算管理办法的通知，“七五”计划、治理资金计划、基层单位基建追加费用、环境统计等的通知、批复，环保补助资金预算、使用、收费情况及排污费标准的通知、批复等。

第七届全国大学生运动会组委会

全宗号　B332

2004 年 8 月 26 日至 9 月 6 日，由教育部、国家体育总局、共青团中央主办，上海市人民政府承办的第七届全国大学生运动会在上海举办。该届运动会的宗旨为“团结、奋进、文明、育人”，是历届大运会中参赛人数最多、规模最大的一届。

第七届全国大学生运动会先后成立筹备工作领导小组、筹委会，后在筹委会的基础上，2004 年 8 月成立了第七届全国大学生运动会组织委员会。组委会主任是上海市市长韩正。组委会内设办公室、竞赛部、新闻宣传部、大型活动部、集资部、安全保卫部、人事审计部、行政部、志愿者总队、信息技术中心等。工作人员以上海市教育、体育行政主管部门，团市委和有关职能部门及相关高校人员为主组成。

馆藏第七届全国大学生运动会组委会全宗档案共 143 卷，档案排架长度 5.6 米，档案起止时间为 2003 年 5 月至 2005 年 2 月，编有案卷目录。

档案主要内容：

1. 综合类

有教育部、市政府和市教委等关于举办第七届全国大学生运动会、成立筹委会、组成运动会主席团和组委会等有关文件，筹备工作总体方案，有关备战动员、会务接待、社会集资、公益广告发布、志愿者管理、实施人工消雨、落实信息技术服务系统、网站开通等文件材料，大运会筹备工作汇编和科学论文精选，有关会徽、吉祥物、纪念证书、邮票等。

2. 竞赛类

有教育部等关于大运会资格审查、报名、竞赛抽签等文件，竞赛部及其各项目竞赛委员会会议记录、工作总结，各项目竞赛组织工作方案，有关裁判工作仲裁、比赛监督、技术代表和裁判员等文件，有关场地考察、使用体育比赛器材、比赛用球、赛场改建、场馆设施、添置设备、物资采购招标等文件，各比赛项目竞赛秩序册、秩序册汇编内容以及总秩序册等。

3. 新闻宣传类

有大运会开幕式和闭幕式重要赛事现场直播、录播、邀请市领导发表电视讲话以及收集各地备战资料的文件材料，关于举行新闻发布会、撰写新闻发布会主持词、编写新闻统发稿、出版会刊等文件，大运会简报、《上海大学生体育代表团动态》《上海高校体育风貌》以及宣传和报道大运会的剪报材料等。

4. 大型活动类

有关大运会工作方案、整体部署的情况汇报，市政府、市教委、大运会组委会邀请社会知名人士以及港、澳、台、外国留学生参加开幕式的文件材料，有关组织开、闭幕式以及大运会工作总结表彰会的文件材料，有关开幕式文艺表演策划方案、专家会议以及场地舞美前期工程情况汇报、会议纪要，开幕式和闭幕式的议程、主持词、串联稿和颁奖仪式材料等。

5. 安全保障类

有大运会安全保卫总体方案、安全工作预案，各赛区安全保卫工作方案，大运会应急预案，食物中毒、卫生防疫、医疗卫生保障工作预案，突发事件应急预案，意外灾害应急预案，大运会后勤保障、消防安全保卫、开幕式燃放焰火、现场指挥、出入证件管理、停车证明发放等材料，以及彩排和开幕式行车路线图等。

中国上海国际艺术节组委会
中国上海国际艺术节中心

全宗号　B334

中国上海国际艺术节中心是常设机构与运作机构,在历届中国上海国际艺术节组委会领导下，具体负责艺术节策划、组织、统筹、协调、认定和指挥等事务。陈圣来任总裁。第六、七、八、九届中国上海国际艺术节组委会，先后由孙家正、韩正任组委会主任，殷一璀任组委会执行副主任，下设办公室、演出节目部、展览交易部、新闻宣传部、外事联络部、群文活动部、资源开发部、旅游接待部、安全保卫部、市场营销部等10个部门，后增设行政事务部。艺术节中心设办公室、宣传公关部、演出展览部、资源开发部、项目部、网络部、财务部等 7 个部门，后又增加外事联络部、群文活动部。历届组委会在艺术节闭幕后即自行解散，该届艺术节的总结工作和下一届艺术节筹备工作由中国上海国际艺术节中心负责。

馆藏中国上海国际艺术节组委会和中国上海国际艺术节中心全宗档案共 10 340 卷，档案排架长度 92 米，档案起止年代为 1999—2018 年，编有案卷目录。

档案主要内容：

有关于艺术节举办的请示、批复、策划、计划和总结，艺术节组委会名单和组织机构等材料，艺术节工作会议、组委会全体会议、领导讲话稿和开、闭幕式的材料，领导的贺信，有关艺术节筹备工作的请示、报告、函，艺术节接待、嘉宾迎送、安排食宿、参观旅游、招募志愿者等文件材料，举办“法国文化在上海”、“亚洲音乐节”、第四届宝山民间艺术节活动、艺术节“天天演”、艺术节展览、博览、论坛以及演出交易会等文件材料，艺术节参演剧（节）目一览表及各国、港台地区表演团体演出的节目单，艺术节主体剧（节）目以及开、闭幕式演出的照片，艺术节演出纪念奖牌、吉祥物系列产品、证件、海报、画册、节目册、套票等。

上海市人口和计划生育委员会

全宗号　B335

上海市人口和计划生育委员会的前身是1960 年成立的计划生育工作委员会，石西民任主任。1973 年成立计划生育领导小组，1975 年建有下属机构上海市计划生育科学技术研究所。1982 年成立上海市计划生育委员会，杨恺任主任。1986 年市计划生育委员会与市卫生局合署办公，成为独立的政府职能部门，谢丽娟、左焕琛先后任主任。2000 年上海市计划生育委员会更名为上海市人口和计划生育委员会，规定主要职责为全市人口综合管理和生育调节。从 1984 年至 1992 年，中国计划生育协会上海分会、上海市优生研究会、上海市性教育协会相继挂靠上海市人口和计划生育委员会。

馆藏上海市人口与计划生育委员会全宗档案共 557 卷，档案排架长度 4 米，档案起止年代为 1968—2013 年，编有案卷目录。

档案主要内容：

1. 综合类

有该会及附属机构设置、领导班子调整和干部任免文件，职称评定、工资审批表、劳动工资统计年报，责任承包指标，工作要点，各项政策法规文件如1984年该会印发《生育第二个子女条件的解释说明及几个具体问题规定》、独生子女奖励政策的通知，该会历年工作总结报告如关于药具管理、手术后遗症等工作的报告，国家计划生育委员会、市计划生育工作会议上的领导讲话、交流发言稿、情况汇报，该会主任办公会议录，各项调查研究材料、简报、信息、情况反映，该会评选先进材料，计划生育荣誉证书的颁发登记表，计划生育年鉴等。

2. 宣传教育类

有该会宣传工作总结、统计表，关于开展世界50亿人口活动日、亚洲50亿人口活动日、中国11亿人口活动日材料，纪念中共中央《公开信》发表7周年、10周年宣传、表彰活动的通知和领导批示、讲话、汇报材料、先进名单，关于举行人口形势报告会、宣传工作研讨会、基础教育汇报会的汇报，关于严桥公社开展计划生育、提倡晚婚工作经验的报告，关于人口、计划生育基础知识讲义、宣传员小册、政策法规教材，关于申请出版《人口信息》、《上海家庭报》扩版和更改版名的文件，该会与上海市人口学会编辑的《人口科学》等。

3. 科学技术类

有上海市计划生育委员会、市科委召开的科技工作会议材料，第一届中国地中海贫血产前诊断国际会议材料，关于组织“女子超声波抗早孕”、“宫内节育器与宫外孕关系研究”、避孕药技术鉴定的计划、请示、批复，各种科学研究进展情况汇报与批复，科技成果材料，下发节育手术并发症诊断标准和降低人流率的意见的文件，国家计划生育委员会、市计划生育委员会专业研讨会材料等。

4. 计划统计类

有“八五”人口规划和十年规划专家论证会、统计汇审等会议的纪要、领导讲话、汇报及人口计划，上海市计划生育节育情况统计、分析报告和历年人口统计表、流动人口抽样调查表等。

5. 财务类

有该会关于计划生育事业费、专项经费的请示、批复、通知，关于清理整顿超生子女费的文件，财税检查情况汇报，国家计划生育委员会、市计划生育委员会财务管理工作会材料等。

上海合作组织峰会上海筹备工作办公室

全宗号　B349

上海合作组织峰会上海筹备工作办公室成立于2000年，负责2001年上海合作组织峰会筹备工作，下设政治组、礼宾组、新闻组、会务组、安全组等内部机构。

馆藏上海合作组织峰会上海筹备会工作办公室全宗档案共630卷，排架长度为9.6米，起止时间为2000—2008年，编制有案卷目录。

档案主要内容：

1. 综合类

有外交部欧亚司、上海市人民政府外事办公室关于确定“上海五国”元首上海会晤筹委会领导及成立会务工作名单的函，上海市人民政府外事办关于“上海五国”元首会晤及记者采访细化方案，“上海五国”证件样本及记者证制作方案，江泽民主席接受俄、哈、吉、塔四国新闻代表团采访选择的请示、批示，关于“上海五国”元首会晤筹备工作及市容整治、宣传、安保工作和市委会议决定事项的通知、情况汇报，上海市人民政府办公厅关于“上海五国”元首会晤筹备工作动员大会的通知、市领导讲话稿，外交部副部长张德广在“上海五国”峰会吹风会议上的讲话稿，“上海五国”元首会晤委员会第一次会议材料，唐家璇外长出席“上海五国”第二次外长会晤总结报告，“上海五国”元首第六次会晤《记者手册》，国家主席江泽民在上海合作组织成立大会后对新闻界发表的讲话、开幕词，《上海合作组织成员国元首会议工作手册》，上海合作组织成立宣言、新闻公报，哈萨克斯坦共和国、中国、吉尔吉斯斯坦共和国、俄罗斯联邦、塔吉克斯坦共和国、乌兹别克斯坦共和国元首联合声明，上海市市长徐匡迪会见哈萨克斯坦总统努尔苏丹・纳扎尔巴耶夫的会议记录，上海市人民政府外事办关于哈、吉、俄、塔、乌总统及代表团访沪简况，“上海五国”峰会《外事专报》《简报》等。

2. 礼宾接待类

有上海市人民政府外事办关于上海合作组织元首会议接待人员名单，接待俄罗斯、乌兹别克斯坦、吉尔吉斯斯坦、哈萨克斯坦、塔吉克斯坦总统及代表团一行的计划、方案、日程、名单，上海市市长徐匡迪宴请哈萨克斯坦总统活动的中方领导和哈方来宾名单、请柬，上海市副市长周慕尧会见并宴请塔吉克斯坦外长纳扎罗夫的接待计划、情况汇报及宴请名单等。

3. 会务活动类

有上海市人民政府外事办关于《上海合作组织成立宣言》《打击恐怖主义、分裂主义和极端主义上海公约》及《上海合作组织成员国协调员理事会活动暂行条例》签字仪式程序、站位图，上海市人民政府外事办关于庆祝“上海五国”元首会议上海大剧院专场文艺演出《金舞银饰》节目单、座位图、细化方案，“上海五国”元首会晤西郊宾馆、浦东香格里拉文艺伴演时间节点、演出人员名单，庆祝上海合作组织成立江泽民主席宴请及观看文艺演出的请柬、菜单、曲目单及上海合作组织成员国元首夫人观看茶艺表演和品茶会时间节点等。

4. 音像档案

有江泽民主席会见俄、哈、塔、吉、乌五国元首及上海合作组织成立签字仪式的照片与光盘。

中国国际工业博览会

全宗号　B356

中国国际工业博览会是国家发展和改革委员会、商务部、科学技术部、中国国际贸易促进委员会和上海市人民政府等共同主办，中国机械工业联合会协办，上海世博（集团）有限公司承办的大型工业博览会。经国务院批准，从2006年起原上海国际工业博览会正式更名为中国国际工业博览会。中国国际工业博览会是中国国家级、国际性的交易、展示工业领域最新技术和产品的平台和窗口。2006中国国际工业博览会于11月1日至11月5日在上海新国际博览中心举办。该会共有境内外参展商1 968家，许多科技创新项目，达到国内和国际先进水平。

馆藏中国国际工业博览会全宗档案共732卷，档案排架长度12.8米，档案起止年代为2005—2013年，编有案卷目录。

档案主要内容：

（一）文书档案

1. 综合类

有上海国际工业博览会更名为中国国际工业博览会、组织模式、发展思路的有关文书，工博会参加广交会、高交会的考察报告，2006 年中国国际工业博览会筹备工作会议、组委会秘书长会议、工作动员会议记录与纪要、议程、领导讲话稿等，该会开、闭幕式和大型招待会会议议程、主持词、领导讲话稿，世博集团等关于第八届工博会展区设置、布展的建议、方案与规划图，工博会工作总结、评估情况报告，关于拟请各部委领导、海外嘉宾、海内外著名企业领导出席开幕式的邀请函，2006 年中国国际工业博览会简介、大事记等。

2. 招展招商类

有上海市人民政府向全国邀请参展的邀请函，展览总体方案、招商招展工作方案、组展会议方案，组展会议纪要、招展招商工作汇报、招展展商工作总结，向海外企业参展邀请函，大企业名单，企业同意参展回复函，赴海外推介活动总结，招商工作专题会议等。

3. 新闻宣传类

有 2006 中国国际工业博览会宣传工作方案，工博会期间各新闻媒体新闻报道汇编材料，广告计划等。

4. 论坛评奖类

有 2006 中国国际工业博览会论坛工作方案，组织分工机构设置，论坛议题，论坛邀请贵宾名单、论坛议程安排、论坛指南、论坛工作总结，论坛演讲汇编；评奖工作方案、评审评奖管理办法、奖项设置情况，评奖申报材料，参评展品入展资格评审、评审专家名单、评审结果新闻发布，评奖公告，获奖产品汇编等。

（二）实物档案

有 2006 中国国际工业博览会展会邀请函，请柬，来宾证，参展申请表（中、英、日文），电子门票，参展工作证，布、撤展工作证，参展商工作证，《会刊》《大会指南》，会展前预览、参展手册、论坛指南，中国高校展区画册、展报等。

（三）音像档案

有 2006 中国国际工业博览会筹备、开幕式、开幕招待会、领导巡馆与参观、论坛、颁奖、展会期间参展商参展、观众观展等活动形成的视频光盘和照片光盘。

上海世博会事务协调局

全宗号　B368

上海世博会事务协调局于2003 年 9 月 19 日成立。其职责是承担上海世博会执委会在决策、协调中的日常工作，负责上海世博会筹备工作的日常组织、管理、协调等。

馆藏上海世博会事务协调局全宗档案共 236 979 卷（件），排架长度为 964.6 米，起止年代为 2003—2011 年，编有案卷目录。

档案主要内容：

1. 综合类

有关于成立上海世博会事务协调局、上海世博集团和土地控股公司的请示及市委、市政府的批复，关于世博会厂址规划、人才招聘、外事活动的局长办公会议议程、汇报、会议纪要，关于举办“2010 年上海世博会论坛”的请示及市领导批示，该局历年会议纪要，关于机构设置、投融资方案、编写注册报告的专题会议纪要及汇报材料等。

2. 运营管理类

有《上海世博会重大活动工作管理制度》《中国 2010 年上海世博会运营项目管理办法》《上海世博会事务协调局经济合同管理办法》，上海世博会活动运营手册、上海世博会文化演艺活动规划方案、上海世博会文化演艺活动场地信息手册，关于参与北京“草莓音乐节”举办世博音乐推广活动的请示、关于举行“全球青年创新之旅”活动项目的请示、关于开展上海世博会倒计时 100 天活动的请示、关于举办“博览广场户外青年音乐系列活动”项目的请示，上海世博会参展者文化演艺活动场地预定确认书、上海世博会馆日活动通知单，中国馆部运行工作总结、中国 2010 年上海世博会运营总结报告，上海世博局总建筑师办公室关于上海世博会场馆规划、设计方案征集评选结果的请示及局领导批示，关于世博会展馆验收交接、场馆技防问题的情况汇报，世博园区涉及越江隧道和大桥保护区的自建馆拆除工作会议纪要等。

3. 参展类

有上海世博会关于各国参展情况报告，中国驻外使馆关于各国确认参加 2010 年上海世博会的电报，铁道部、国家电网公司等确认参加上海世博会的报告，上海世博局关于省、市、自治区国内参展第一次联络员工作会议议程、领导讲话，各参展方招展参展上海世博会材料，《中国 2010 年上海世博会参展合同》《参展援助协议》，上海世博会参展方世博会主体经营范围变更材料等。

4. 接待服务类

有各参展单位参展世博会主体登记材料，155 家签约酒店联系电话、接待酒店检查综合评估意见表，上海世博会参展者住宿申请表、确认书，世博会国内国际贵宾接待工作规范等

5. 安保保障类

有上海世博局关于印发《上海世博会事务协调局世博园区安全警卫工作制度》的通知，上海世博会安全保卫工作体制、进展情况报告及领导批示，上海世博会人员证件发放明细单，上海世博局信息安全责任制登记表等。

6. 票务管理类

有国务院领导在《关于报请审批〈中国 2010 年上海世博会票务总体方案〉的请示》上的批示，上海世博会门票销售周报等。

7. 交通运输类

有关于印发《中国 2010 年上海世博会园区道路通行管理规定》的通知，上海世博局运营部关于签订物流仓储、标识系统总体框架专项设计委托合同的请示及局领导批示，关于世博会媒体人员携带器材报关、通关流程，关于签订上海世博局三号物流仓库等物业服务委托合同的请示等。

8. 志愿者类

有上海世博会园区志愿者招募方案、培训计划，关于世博会志愿者标志、口号和歌曲揭晓实施方案编制的说明，上海世博会志愿者运营方案，上海世博会运营期园区志愿者管理办法，世博会园区志愿者激励办法实施细则，关于举办“中国 2010 年上海世博会园区志愿者闭幕大联欢”的通知，志愿者岗位培训总结汇报，志愿者工作阶段总结等。

9. 新闻宣传类

有中央外宣办印发《关于做好 2010 年上海世博会筹办工作 2007 年对外宣传报道的意见》的通知，上海世博局关于中国 2010 年上海世博会宣传册、中国 2010 年上海世博会新闻中心规划方案，上海世博局关于开展上海世博会形象宣传、推介的情况汇报、请示及市领导批示等。

10. 开发研究类

有上海世博会市场开发总体计划，上海世博局关于编制上海世博会市

场开发总体计划及举办2005年度世博会品牌推广系列主题活动招商说明会的请示及局领导批示，上海世博局关于世博会市场开发总体计划项目编制、参观者意向调查项目的请示及局领导批示等。

11. 资金管理类

有上海世博局关于建立财务制度的请示及立项专题会议记录，上海世博会总收入、总支出情况汇报，上海世博局关于预算、费用、财务、合同管理办法的通知，关于上海世博会财务决算相关事项的请示，上海世博局各年度决算报表等。

12. 人力资源类

有上海世博局关于人才招聘工作的报告及市领导的批示，上海世博会运营期培训总体安排与计划工作，关于健全和落实重大事件及时向有关上级部门报告制度的通知，上海世博会运营期园区服务岗位人员管理办法等。

13. 法律事务类

有上海世博局关于上海世博会会徽、商标注册申请书、上海世博局商标注册证、合同审核情况的报告，关于世博会版权问题工作会议的情况报告等。

14. 后勤保障类

有上海世博会园区物业管理工作现场服务岗位管理办法，上海世博会园区环境保洁工作现场岗位管理办法，关于后勤保障相关工作会议纪要等。

15. 党群工作类

有中共上海世博局委员会关于党群组织设置和岗位管理的通知，上海世博局机关党员花名册，上海世博局关于党政领导班子民主生活会方案的请示及市委组织部的批复，关于开展“双争”文明创建活动的实施意见，上海世博局关于党风廉政建设实施计划、责任制实施办法的通知等。

16. 监察审计类

有上海世博局关于印发《上海世博会事务协调局内部审计工作办法》的通知，对局财政收支等情况开展专项审计的方案，上海世博局领导离任经济责任审计报告，上海世博局关于中国2010年上海世博会项目跟踪审计报告及反馈意见的函等。

17. 展区管理类

有上海世博会各展区的介绍、设施设备运营方案及管理制度汇编，环境管理方案、计划，各展区运行管理体系，上海世博局关于推荐上海世博会城市最佳实践区国际遴选委员会的请示及关于有关国家和国际组织馆日日期的复函等。

18. 省区市活动类

有上海世博会省区市活动周开幕式组织工作总体方案、实施意见，各省区市代表团参加2010年上海世博会有关活动的函，上海世博会省区市活动周工作总结等。

19. 音像档案

有开闭幕式、国家馆日、开园仪式、领导视察检查、省市区活动周、开馆仪式、特别日活动、网上世博、高峰论坛、旗林广场倒计时、展馆布展及竣工仪式等28个专题的照片及录像带、录音带等。

20. 会计档案

有会计账簿、会计凭证、退税免税单等。

21. 实物档案

有会旗、奖状、锦旗、图片等。

上海市知识产权局
（上海市专利管理局）

全宗号　B424

上海市知识产权局的前身是1984年10月成立的上海市专利管理局，负责管理上海市的专利工作，内设组织计划处、实施处、法政处、专利代办处、办公室。

馆藏上海市知识产权局（上海市专利管理局）全宗档案共88卷，档案排架长度0.8米，起止年代为1984—1990年，编有案卷目录。

档案主要内容：

1. 综合类

有年度财务预算、决算及报表，关于党支部分建及支部委员会选举分工情况，工会选举情况报告，办公用房、职工住房的请示报告等。

2. 组织人事类

有上海市专利管理局建制、机构设置、增编的请示、批复，年度劳动工资报表、干部年报表，专业技术职务的评定材料等。

3. 业务工作类

有上海市专利管理局年度工作安排、总结和规划，上海市专利工作会议，年度上海专利期刊，关于专利纠纷的调查处理，设立专利基金的请示报告，专利代理相关工作，对群众来信来访的情况报告等。

上海市城市交通管理局

全宗号 B430

上海市城市交通管理局成立于2000年5月，职责是承担公共交通客运、出租汽车客运、轨道交通、公路运输、长途客运和内河客运等行业的行政管理职能，内设办公室、综合规划处、财务处、政策研究室、法规处、安全监督处、综合治理办公室、客运处、货运处（静态交通管理处）、科技处（信息化办公室）、组织（人事）处、局机关党委、宣传处、纪委（监察室、审计室）、市城市交通工会（局工会）、局团委。

馆藏上海市城市交通管理局全宗档案共5 001卷，档案排架长度为14.4米，起止年代为2000—2008年，编有案卷目录。

档案主要内容：

1. 办公室

有市交通局党委会议、局长办公会议、党委中心组学习、民主生活会等会议记录和会议纪要，局召开的工作会议、承办重大活动的文件材料，局系统出国或出境访问考察、参加国际会议等外事活动形成的文件材料，局大事记、年鉴资料等。

2. 综合规划处

有本市城市交通中长期规划、计划，城市轨道交通专业规划，交通统计工作形成的文件材料，年度投资计划文件，局编制的国家财力补助（补贴）或世行等贷款项目年度计划，年度车辆计划、车辆牌照管理工作形成的文件材料等。

3. 财务处

有局机关交通系统管理工作中形成的文件材料，国有资产管理等文件材料，城市交通建设资金落实配套、使用监管和基本建设及技术改造措施项目年度计划完成情况，公交专项资金项目的请示、批复，城市交通系统专控商品的指标分配和审批，城市交通各类经费的调拨及收费项目的文件材料，本市交通行业票制、价格、税费、票证等制定的文件，交通行业劳动工作的法规、规章和管理工作的文件资料等。

4. 政策研究室

有城市交通行业研究课题计划，专题研究和调研材料，专家委员会专题咨询文件材料，城市交通决策参考汇编，城市交通行业重大体制改革方案、调研的文件资料等。

5. 法规处

有局起草的法规、规章，制定规范性文件工作形成的文件资料，依法行政工作形成的文件材料，听证、行政复议、行政诉讼、行政赔偿文件材料，对区县交通行政部门指导、协调、考评等工作的文件材料，行业社会团体和中介组织管理工作等的文件材料，城市交通行业重大体制改革的调研和方案拟定的文件材料等。

6. 安全监督处、综合治理办公室

有本市交通安全监督工作应急预案，客运、道路货运、危险品运输安全管理规定，城市交通行业安全统计数据文件，处理本市交通事故的文件材料，高温季节及节日期间安全工作及公交治安联防队、应急联动信息处置、防汛防台等专题工作的文件材料，火灾、道路运输、危险品运输等专项检查整治工作的文件材料，行业交通战备、国防教育、反恐等工作文件，全市无人看守铁路道口监护工作的指导管理文件等。

7. 客运处

有本市客运管理工作的文件材料，客运线路经营资质的评定、考核工作产生的文件材料，社会客运企业管理工作产生的文件材料，客运专线交通管理工作的文件材料，客运行业服务质量的监管、服务质量事故处理的文件，城市交通行业相关法规、技术规范（标准）、政策制定重大问题研究等文件材料，本市客运行业新产品、新技术推广应用工作的文件材料等。

8. 货运处（静态交通管理处）

有本市货运、机动车停车、驾驶员培训、机动维修等行业的政策及本市的贯彻落实和日常管理工作的文件材料，本市货运、机动车停车、驾驶员培训、机动车维修等行业行政许可文件材料，局静态交通领导小组产生的文件材料等。

9. 科技处（信息化办公室）

有城市交通行业科技和信息化发展规划、年度计划，局系统科技和信息化项目计划、实施、经费、成果管理及科技成果推广应用的文件材料，城市交通行业技术标准、技术规范工作文件材料，局系统推进行业信息化和职能化文件材料，城市交通行业车辆技术工作的文件材料，落实城市交通行业环境保护目标、任务、监督和管理的文件，城市交通行业节能技术、计量、质量、工业产品生产许可证管理的文件资料，局年度科研项目计划等。

10. 组织（人事）处、局机关党委

有机构设置、机构撤并、名称更改、组织简则、人员编制、印信启用等文件材料，人事工作制度、规定、办法，人事管理工作形成的文件材料，有关单位、机构及个人的奖惩材料，职工调动工作的行政、工资、党团组织关系的介绍信及存根，职工名册，各类统计年表、汇总表，出国政审文件材料，统战、老干部工作形成的文件材料，机关党委会议记录、换届选举工作材料、党员发展和党籍管理工作形成的文件材料，党建工作制度、规定，党员教育培训表彰等工作形成的文件材料等。

11. 宣传处

有局系统干部队伍理论学习、思想、政治教育工作形成的文件材料，局系统宣传工作、精神文明建设工作形成的文件材料，局系统新闻宣传工作形成的文件材料，局系统法律知识普及和法制宣传教育工作的计划等文件材料等。

12. 纪委（监察室、审计室）

有局纪检、监察工作方面的制度、规定，局纪检、监察工作计划、总结，局纪检、监察工作中形成的综合性报告、调查材料，局党风廉政建设、行风建设工作中形成的文件材料，党员、干部违纪案件核查处理工作形成的文件材料，人民来信来访的文件资料，局审计工作文件材料等。

13. 市城市交通工会（局工会）、局团委

有城市交通行业工会工作中形成的文件材料，局工会经费管理工作的文件材料，局工会、局机关工会代表大会文件材料，工会委员会会议记录、统计年报，创建“职工之家”、献血、帮困、补助等工作形成的文件材料，局机关工会会员名册，团委工作文件材料，共青团团员名册等。

14. 照片档案

有上海市城市交通管理局揭牌仪式、市领导视察交通设施现场和到局调研、局领导会见“的士明星”等公务活动形成的照片。

上海海事法院

全宗号　B445

上海海事法院的前身是上海水上运输法院，1981 年上海水上运输法院

筹备组成立，1984 年上海水上运输法院机构撤销，同年 6 月 1 日正式成立上海海事法院，谷正平任院长。内部机构设有：办公室、海事庭、海商庭、研究室。其主要职责是负责受理江苏省浏河口至上海市洋山沿海地区海事、海商一审案件。

馆藏上海海事法院全宗档案 261 卷，档案排架长度 3.2 米，档案起止年代为 1982—1999 年，按保管期限—年度—部门流水排列，编有案卷目录 1 册。

档案主要内容：

党组会议记录，审判委员会会议记录，党组工作计划、总结，干部任免的批复、通知，党员和党组织、国家机关、事业、企业单位统计报表，出国考察自费公派材料，调资方案，行政会议记录，工作计划、总结，年鉴、大事记，审判工作计划、总结，重大案件的报告及批复，案件统计报表等。

上海市人民政府法制办公室

全宗号　B446

上海市人民政府法制办公室是市政府负责全市政府法制工作的直属机构,前身为 1980 年设立的市政府办公厅法制处。1987 年 6 月，上海市人民政府法制办公室成立，成为市政府领导在政府法制工作方面的参谋、助手和法律顾问。主要职责是：负责编制市政府系统推进依法行政、法治政府建设的规划、方案，对本市推进依法行政、法治政府建设过程中的新问题、新情况进行研究并提供指导；编制市政府年度立法计划，负责政府立法的起草、审核、协调工作；承办市政府规章的立法解释工作，协调处理规章应用解释中的分歧、矛盾等。历任主任为：卢莹辉、谢天放、徐强、刘华、吴偕林、茆荣华。至 2015 年 8 月，内设机构有 9 个：秘书行政处、综合业务处、法制监督处、法律事务协调处、行政复议处、行政应诉处、经济法规处、城建法规处、社会法规处。2017 年 9 月，设立中共上海市人民政府法制办公室党组，茆荣华兼任党组书记。2018 年 11 月，上海市人民政府法制办公室机构撤销。

馆藏上海市人民政府法制办公室全宗档案 19 742 卷（件），档案排架长度 109.6 米，档案起止年代为 1987—2018 年，按保管期限—年度—机构分类排列，编有案卷目录。

档案主要内容：

（一）文书档案

1. 秘书行政类

有法制办党组会议、主任办公会议记录，机构设置和人员编制管理的材料，下属事业单位机构设立和变更材料，人事任免材料及干部分析统计报表，表彰考核工作材料，预算及经费使用报告，党建工作材料，出国计划及审批材料等。

2. 综合业务类

有市委、市政府领导批示及上报市委、市政府领导的请示，市委、市人大、市政协、市政府办公厅来函要求处理的法律事务材料，各委、办、局来函要求办理的法律事务材料，国务院法规规章草案征求意见工作材料，市人大、市政协要求办理的代表意见和提案工作材料，市政府信息公开工作材料，法制办年度工作总结，审核会议记录，市政府法律顾问工作相关材料，与艾伯特基金会、耶鲁法学院中国法律中心合作举办的法律研讨会材料等。

3. 法制监督类

有行政执法主体资格公布材料，执法证审核办理及清理工作材料，行政处罚案卷评查工作材料，行政行为数据统计工作材料，行政执法全过程记录制度工作材料，行政处罚裁量基准制度建设工作材料，政府规章立法后评估工作材料，市场监管体制改革法制保障工作材料，执法人员考试工作材料，行政罚没款代收代缴业务机构代码通知书等。

4. 行政复议类

有上海市人民政府行政复议委员会全体会议材料，行政复议年度统计分析报告，行政复议指导手册，行政复议案例指导，行政复议委员会资料等。

5. 行政应诉类

有行政应诉工作情况通报材料、行政应诉年度统计分析报告等。

6. 法律事务协调类

有规范性文件情况通报材料，规范性文件清理工作材料，规范性文件评比工作材料，准予备案的文件目录公告，行政规范性文件审查衔接工作会议材料，行政规范性文件全市培训工作会议材料，规范性文件专家咨询会材料等。

（二）专业档案

1. 法制办办理的上海市人民政府行政复议案件材料。

2. 法制办代理上海市人民政府参加的行政诉讼案件材料。

3. 法制办对上海市人民政府各部门和区县政府规范性文件的备案审查案卷。

4. 地方立法和法律事务办理工作材料，涉及《中国（上海）自由贸易试验区条例》《上海市环境保护条例》《上海市公共场所控制吸烟条例》等立法项目。

（三）声像影像档案

有各种会议、活动的照片，如全市行政复议应诉培训、《上海市气象灾害防御办法（草案）》立法听证会、上海市行政规范性文件培训、《行政诉讼法》两周年座谈会、《上海市住宅物业消防安全管理办法》新闻发布会、“大数据在德国和中国对于政府治理和社会的挑战”研讨会、主题党日活动等。

（四）实物档案

有各种奖状、证书、铜牌，如“希望工程”捐赠证书、上海市政府办公厅机关小品排练和演出活动优秀组织奖（证书）、上海市第一届市民运动会民生奖银杯、“先进党支部”称号（奖牌）、环保“三年行动计划”优秀项目（奖牌）等。

上海市旅游局

全宗号　B448

上海市旅游局是主管上海旅游产业发展和旅游行业管理工作的市政府直属机构，其前身为上海市旅行游览事业管理局，于1978年5月筹建，同年11月正式对外办公。自筹建起至2018年11月期间，历经多次更名：1984年更名为上海市旅游局；1987年更名为上海市旅游事业管理局；1997年更名为上海市旅游事业管理委员会；2008年更名为上海市旅游局。内部机构设有：办公室、政策法规处（研究室）、组织人事处（老干部处）、财务处、产业发展处、旅游市场推广处、国际旅游促进处、行业监督管理处（安全与应急管理办公室）、教育培训处、公共服务处等10个机构。局属事业单位共4个：上海佘山国家旅游度假区、上海市旅游公共服务中心、上海市旅游质量监督所、旅游时报社。2018年11月，上海市文化广播影视局和上海市旅游局合并重组，组建上海市文化和旅游局，加挂上海市广播电视局、上海市文物局两块牌子。2009—2018年历任党组书记、局长有：道书明（2009年1月—2013年5月）、杨劲松（2013年6月—2017年4月）、徐未晚（2017年5月—2018年11月）。

馆藏上海市旅游局全宗档案6 094卷，档案排架长度60.8米，档案起止年代为2008—2018年，按保管期限—年度—问题流水排列，编有案卷目录6册。

档案主要内容：

1. 综合类

有该局党组会议记录和办公会议纪要、会议记录，年度工作计划、总结，大事记，常务会议议题督办通知、贯彻落实情况，出席各类会议情况报告表，各部门申请预算调整、政府采购项目的函、请示、批复，非贸易用汇核销表等。

2. 组织人事类

有干部任免、工作调动的命令、批复、通知，出国任务的批件、请示、函，信访材料，住房补贴相关材料，下属单位内部机构设置的请示、批复等。

3. 业务类

有《上海市旅游业改革发展“十三五”规划》中期评估相关材料，上海旅游节总体方案、巡游手册，上海市旅游发展大会的请示、承办协议、会议材料，《旅游情况交流》《上海旅游舆情报告》《上海旅游舆情报告分析》《上海旅游微博监测月报》《上海旅游微博监测季报》等各类专题报告、调研报告，各类专题活动的方案、请示、情况汇报、工作手册，各类活动项目的服务合同、响应文件、单一来源采购文件等。

4. 音像和实物类

有上海市领导出席上海旅游节、中国国际旅游交易会等活动的照片，中国西部旅游产业博览会、中国国内旅游交易会等活动的照片，上海城市旅游宣传片，上海植物园、欢乐谷等景区创建4A、3A级景区的资料，旅游宣传服务招投标资料，《上海旅游年鉴》，上海市旅游局获得的各类奖章、证书等。

中国国际进口博览会城市服务保障领导小组办公室

全宗号　B450

中国国际进口博览会城市服务保障领导小组办公室成立于2018年3月。该办公室是由上海市政府各委、办、局，各区人民政府，各有关单位组成的临时机构。其主要职责是，负责服务保障领导小组日常工作，协调服务保障领导小组重要活动安排；落实资金保障，编制、审核服务保障工作各项预算、决算，制定有关资金管理办法；督办督查进口博览会组委会和服务保障领导小组决策部署贯彻落实情况；负责信息报送，动态反映城市服务保障工作推进情况等。城市服务保障领导小组办公室设在上海市商务委员会，相关负责人由顾洪辉、顾军等担任，下设15个服务保障工作组及各区保障组，负责落实城市服务保障领导小组下达的各项任务要求。

馆藏中国国际进口博览会城市服务保障领导小组办公室全宗档案31 816件，档案排架长度230.4米，档案起止年代为2018—2022年，按档案载体—年度分类。

档案主要内容：

1. 文书档案类：有关于进博会城市服务保障工作的领导讲话、批示，方案、总结、简报，关于各地交易团组织、接待、招商、签约等的领导批示、请示、报告，关于志愿者招募、培训、管理、表彰等的方案、通知、报告、新闻稿，关于安全保卫、应急管理、信访维稳等文件，关于交通、住宿、餐饮食品供应保障等工作文件，关于食品安全、公共卫生、医疗保障、疫情防控等文件，关于内宾接待、外事活动、商务外事、民族宗教事务、通关便利化等文件，关于新闻宣传、媒体接待注册、窗口服务、党群服务等文件，关于市政设施建设管理、市场监管、市容环境、生态环保等文件，关于气象、能源、通信保障等文件，关于虹桥商务区综合服务保障工作文件等。

2. 音像类：主要为进博会会议、演练、活动照片、视频等。

3. 实物类：主要为奖牌、奖章、礼品、非遗产品等。

4. 网页信息类：主要为进博会筹备期间的准备工作及展会期间的宣传工作等网页。

上海市对口支援新疆工作前方指挥部

全宗号　B470

根据党中央、国务院统一部署，自1997年起，上海市从各区、各部门及相关系统中选派大批政治素质好、业务能力强的干部到新疆地区开展对口援疆工作，并在“民生为本、产业为重、规划为先、人才支撑”的援疆工作方针指引下，为助力边疆地区的民族稳定和经济社会发展作出重大贡献。同时，在每批援疆干部队伍中成立上海市对口支援新疆工作前方指挥部（第一批至第六批为援疆干部联络组），主要职责是，学习贯彻党的新疆工作路线、方针、政策，落实市委、市政府对口援疆工作部署，加强项目资金监管，促进民族交往、交流、交融，加强援外干部队伍建设等。

2002年、2005年、2008年，第四、五、六批上海市援疆干部联络组分别成立，组长分别为金士华、吴成、黄建钢，对口援建地区为阿克苏。2010年，根据中央统一部署，上海市对口支援新疆地区调整为喀什地区的巴楚、莎车、泽普、叶城等四县。2010年8月、2014年2月、2017年2月、2020年1月，第七、八、九、十批上海市对口支援新疆工作前方指挥部分别成立，总指挥分别为陈靖、张仁良、杨峥、史家明、侯继军。2015年8月、2017年2月，第一、二批上海市对口支援克拉玛依市前方指挥部成立，总指挥（领队）为姜冬冬。2020年1月，第三批上海市对口支援克拉玛依市前方指挥部成立，总指挥袁罡。

馆藏上海市对口支援新疆工作前方指挥部全宗档案15 514卷（件），档案排架长度19.2米，档案起止年代为2002—2019年，按保管期限—年度分类排列，编有案卷目录。

档案主要内容：

（一）文书档案

1. 综合类

有指挥部年度、专项工作计划和工作总结及会议记录，上海市委、市政府各级领导前往考察、慰问和交流的计划、安排、发言稿等，指挥长会议纪要，援疆干部工作简报，援疆干部工作心得和编录的援疆工作实践与探索，对口支援资金统筹管理的意见、汇总表，开展对口支援的调研、规划、编制和资金的管理、意见等。

2. 组织人事类

有先进组织、先进个人的决定、通报、表彰，援疆干部的考察、情况汇报和考核鉴定意见、人才培训等。

3. 党建工作类

有指挥部党建工作安排和专题学习、活动记录，指挥部党代表和党支部的选举活动及请示、批复，开展主题教育的实施方案、计划和总结等。

4. 行政工作类

有建立的各项工作守则、组织建设制度、会议制度、谈心制度、重大事项汇报制度和请销假、经费管理制度及援助项目管理制度、考核奖惩制度，指挥部的行政、后勤保障工作计划、汇报、请示、批复，援疆干部请求协助、解决事项的请示、函等。

5. 工程项目类

有各项援建项目的实施方案、安排方案、立项、工程结算、审核报告，援建工程的评审、审核、结算、竣工报告，各条线援建规划、框架协议和工作简报，农业、水利、教育、卫生专项援建规划、意向、建议和实施方案，援建项目进度推进情况报告、统计表等。

（二）照片档案

主要反映各项援建项目开展、推进和两地干部群众交流、考察等活动场景。

（三）录像档案

主要拍摄的是喀什、援疆工作成果和开展上海文化周、新春座谈会等有关画面。

（四）实物档案

主要是援疆干部获得的奖励证书、奖牌和荣誉奖章、光荣册等。

（五）资料档案

主要涉及援疆风采、综合规划和援疆印象、信息报道等。

上海市新型冠状病毒肺炎疫情防控工作领导小组办公室

全宗号　B472

上海市新型冠状病毒肺炎疫情防控工作领导小组办公室成立于2020年1月，对外称上海市新型冠状病毒肺炎疫情防控工作指挥部，设在上海市疾病预防控制中心。该办公室下设综合协调组、监督指导组、医疗救治组、疾控组、物资保障与市场供应组、口岸与交通组、地区组、环境整治组、新闻宣传组、学校组、专家组等11个工作组。

馆藏上海市新型冠状病毒肺炎疫情防控工作领导小组办公室全宗档案12 987件，档案排架长度20米，档案起止时间为2020年1月—2021年12月，按档案门类—年度—保管期限—部门流水排列，编有案卷目录1册。

档案主要内容：

1. 综合协调组

有该办组织机构、职能职责材料，疫情防控工作信息专报、简报、会议纪要，各工作组报领导小组办理的文件，与市委办公厅、市政府办公厅等相关单位协调联动的材料等。

2. 监督指导组

有对疫情防控、复工复产等工作开展监督、指导中形成的督查情况、存在问题、整改报告、督办单，开展实地调研、走访、指导形成的调研报告、问题分析材料，国务院联防联控机制相关指导组来沪开展监督指导的材料等。

3. 医疗救治组

有疫情期间医疗救治救护工作、医疗救治救护机构管理的材料，医疗服务的方案、办法、通知，援鄂医疗队管理材料，保障患者医疗救治费用的方案、措施等。

4. 疾控组

有疫情预防和控制方案、措施、总结，预防性消毒处理技术方案、措施，病例调查、排查的方案、记录、统计汇总，分析研判疫情、提出防控策略或建议的材料，广播、电视、网络等媒体开展疾病预防控制宣传教育的方案、实施材料等。

5. 物资保障与市场供应组

有防疫防护用品、药物、救治设备等各类应急医疗物资需求、库存、使用情况的报告、统计，居民基本生活物资生产、调度、供应的材料，禽畜养殖屠宰、买卖场所排查和管理的材料等。

6. 口岸与交通组

有铁路、公路、航空、内河航道、港口等上海各交通出入关口网格化、网络化管理措施的材料，各交通出入关口运行调度、管控的通知、要求，相关部门和单位协调机制的材料，防范境外疫情输入工作的材料等。

7. 地区组

有建立街镇、村居、工业园区及纳入社区管理的学校、商务楼宇等基层群防群控、疫情处置、信息共享工作机制、方案、措施，涉疫社区、重点地区返沪人员排查排摸工作形成的疫情防控人员信息、排查记录等材料，社区隔离防控工作的材料，疫情期间提供关爱服务的材料等。

8. 环境整治组

有开展城乡环境卫生防疫整治的材料，病媒生物防治的材料，农贸市场等各类经营场所环境管理的材料，城乡环境整治执法检查的材料等。

9. 新闻宣传组

有中央和上海疫情防控工作的决策、部署、疫情防控法律法规、防治知识、先进事迹的宣传报道或宣讲材料，疫情防控工作专题、专栏的宣传、采访、报道，抗疫公益影视、广告，舆情管理和引导管控的材料等。

10. 学校组

有大、中、小学校园防控工作的总体意见、方案，返校、开学期间统一开展“停课不停学”远程教学活动的准备、实施、总结材料，学校关于落实防疫要求、情况反馈、信息上报等材料。

上海市地方志办公室

全宗号　G73

上海市地方志办公室为上海市地方志编纂委员会的工作机构，于 1986 年 8 月设立，职责是代表市政府主管全市地方志编纂工作，负责人有吴云溥等。

馆藏上海市地方志办公室全宗档案共 58 卷，档案排架长度 0.8 米，档案起止年代为1985—1990年，按年代—机构分类，编有案卷目录1册。

档案主要内容：

1. 编委会

有中央领导对地方史志工作的指示及在上海视察工作的记录，建立市地方志编委会及其工作机构的报告及市委的批复，该会及办公机构归属问题的请示报告及市委办公厅的复函，编委会主任委员办公会议纪要和座谈会记录，编委会成立大会、委员、顾问会议的有关材料，编委会组成人员名单和人事任免文件，编委会关于《崇明县志》的审核意见等。

2. 地方志办公室

有市志办关于行政职务设置及人事任免文件，办公会议纪要，制订《上海市志》总体设计和印发专业志目的通知，“七五”期间上海修志工作规划，上海志编纂工作的若干规定，上海修志工作和编纂工作情况汇报等。

3.《上海滩》编辑部

有市委宣传部同意创办《上海滩》的批复和报刊登记证，市方志办及编制委员会关于《上海滩》编制问题的来往文件，杂志社关于沙孟海题写刊名的有关文件，杂志社主编扩大会议纪要及工作人员情况表等。

4. 当代上海研究所

有市编制委员会关于核定《当代中国》上海卷编辑人员编制的通知及市委宣传部关于上海卷编辑部行政职务设置批复等。

5.《上海文化年鉴》编辑部

有市委办公厅建立《上海文化年鉴》编辑部的通知和《上海文化年鉴》经费来源证明，市委宣传部关于《上海文化年鉴》编辑部编制及级别的文件等。

上海市公证处

全宗号　F3

1980年2月25日，上海市司法局下设公证处，负责办理国内和涉外的公证业务。历任主任有：沈延泽、钱关麟、桂晓民、黄群等。

馆藏上海市公证处全宗档案共325 872卷，档案排架长度1 466.4米，档案起止年代为1980—2009年，编有案卷目录173册。

档案主要内容：

1. 民事类

有婚姻状况、同居、出生、死亡、收养、夫妻关系、亲属关系、更改姓名、经历、学历、学位、学业成绩、遗嘱、赠与、继承权、声明书、委托书、股票及分家析产等公证文件。

2. 经济类

有股权转让、买卖、合同、房屋租赁、买卖、抵押贷款、土地使用权出让、索赔、存单保管等公证文件。

3. 涉外类

有婚姻状况、出生日期、亲属关系、经历、学历、学业成绩、国籍、印章属实、译文相符、买卖外销房及委托书等公证文件。

上海市人民法院公证处全宗汇集

全宗号　F8

解放后,市人民法院内设公证处。1954 年，老闸、黄浦、新成、长宁、江宁、榆林等 6 个区法院设立公证室。1955 年，市法院公证处改为市第一公证处，6 个区法院的公证室合并，成立市第二、第三公证处。1956 年，3 个公证处合并，成立市公证处。1959 年，市公证处撤销，国内公证停办，涉外公证由市高级法院兼办。

馆藏上海市人民法院公证处全宗汇集共 94 251 卷，档案排架长度 224. 8 米，档案起止年代为 1949—1979 年，编有案卷目录 44 册。

档案主要内容：

1. 民事类

有结婚、离婚、同居、更改姓名、收养子女、继承权等公证文件。

2. 经济类

有租赁、合同、买卖、抵押贷款、质押借放款、股权转让、退股转让、股份拆出转让、银行保管箱开箱及破箱、房产管理、推受盘、加工、订货、包销、委托、退伙及合伙等契约公证文件。

3. 银行备案类

有偿还契约、质押借款契约及契约等备案公证文件。

四、中国人民政治协商会议上海市委员会、各民主党派及社会团体档案

中国人民政治协商会议上海市委员会

全宗号　L1

中国人民政治协商会议(简称政协)上海市委员会成立于1955年5月,其前身为1949年12月成立的上海市各界人民代表会议协商委员会。上海市政协每届任期五年,每年召开一次全会,并设立常务委员会,主持全体会议及闭会期间的会务。市政协还下设学习、提案、文史资料、经济、市政建设、科技、文化、教育、医卫体、法制与民主建设、宗教、民族等专门委员会,在常委会领导下履行政治协商、民主监督职能,分类进行工作,组织委员开展经常性活动。历任主席有陈毅、柯庆施、陈丕显、彭冲、李国豪、谢希德等。市政协办公厅是在秘书长领导下处理日常工作的办事机构,设有秘书处、人事处、行政处、综合处等职能处室。

馆藏中国人民政治协商会议上海市委员会全宗档案共5 243卷,档案排架长度约64.8米,档案起止年代为1949—2019年,按机构—专题排列,编有案卷目录8册。

档案主要内容:

1. 组织人事

有第一至第七届市政协主席、副主席、秘书长、常务委员统计材料、简历表,市委统战部、市政协党组关于市政协党组成员及启用印章的通知、请示、报告,市委办公厅、市编委、市政协关于秘书处改为办公厅和恢复文化俱乐部的请示、批复,上海市历届各界人民代表会议代表履历表,历年机关干部统计年报表,各专门委员会组织条例、委员名单等。

2. 各届委员会

有上海市历届各界人民代表会议文件、专刊、提案处理意见,第一届至第七届市协商委员会全体会议记录、常委会会议记录,主席、秘书长会议记录,常委会议计划、通知、名单、日程、报告、决议、发言稿、提案工作报告及处理意见等,市政协主席、秘书长工作会议记录,市政协协商

市人民代表大会代表、政协委员、市长、副市长会议记录，市政协组织各民主党派和工商联经验交流座谈会名单及发言稿，陈毅对民主人士作共同纲领的动员报告和辅导报告的记录等。

3. 各专门委员会及各组

有第一至第七届市政协的学习委员会组织各界人士学习的名单、打算和工作总结，《学习参考资料》，文史资料工作委员会历年工作打算及总结，《文史资料选辑》定稿、样本，对台宣传工作委员会全体委员历年会议记录、工作总结，祖国统一联谊委员会委员会议记录，组织港澳委员来沪视察的请示记录及市委的批复、情况反映，国际问题研究委员会工作计划、总结，信访接待委员会历年工作要点、报告、总结，历年委员及人大代表来信及处理情况报告，历年年度视察活动记录，调查研究工作委员会全体委员历年会议记录、工作总结，经济工作研究委员会历年工作打算、总结，市政建设委员会历年工作打算、总结，法制研究委员会、法制与民主建设委员会主任会议、全体会议记录、总结等，科学技术研究委员会历年主任会议、全体委员会议记录，文化研究委员会年度会议记录、主任会议记录，教育卫生研究委员会会议记录，提案委员会工作打算及工作总结，浦东开发专门委员会关于成立的函、名单及计划、总结、专题调查报告等，咨询工作委员会主任会议记录、全体委员记录等。

4. 秘书处

有历年大事记、工作计划、要点、总结报告，党组会议记录；机关党委会议记录，处以上干部会议记录，部分代表性人士小传，1979 年组织部分委员参与物价大检查文件，1980 年度视察文物图书管理和落实政策情况、落实私房政策情况的通知、记录及有关单位情况汇报、记录，1979—1981 年《政协会讯》定稿、样本（1978—1981 年），1980 年度的《情况反映》，举行欢迎驾机光荣归来的黄植诚茶话会文件，接待李宗仁来沪参观的会议记录与安排等，市政协为黄赤波、黎照寰、蔡承新、孟宪承、熊十力、葛敬恩、吴兆洪、沈志远、王造时等治丧的请示、批示、悼词等。

5. 行政处

有接待约旦全国协商会议代表团、罗马尼亚社会主义民主和团结阵线代表团、意大利全国游击队员协会代表团、塞拉利昂总统事务国务部长图雷、朝鲜祖国统一民主主义阵线代表团及英国、法国议会和科学代表团等的计划、名单、日程、祝酒词等。

6. 办公厅

有上海市政协1981—1984年工作要点、总结，上海市政协组织在沪全国委员视察经济调整和改革问题的打算、名单、情况汇报及有关单位的反馈意见，组织市、区政协委员检查物价的打算、名单、情况汇报，举行纪念辛亥革命70周年的决定、计划、筹委名单，举行陈望道先生诞辰100周年纪念活动文件，组织在沪全国政协委员视察经济调整、改革情况的报告、办公厅编辑的《简报》等。

中国民主促进会上海市委员会

全宗号　C40

中国民主促进会(简称民进）于1945年12月30日在上海成立。民进上海市分会成立于1949年6月19日，1956年11月1日改名为中国民主促进会上海市委员会。1966—1976年活动中断，1977年8月恢复活动。改革开放以来，民进根据自身的条件、特点和优势，按照社会政治、经济形势的发展，社会生活的变化，广大人民的需求，广泛开展社会办学、智力支边、咨询服务、对台工作等，努力为社会主义现代化建设和促进祖国统一服务。历届主任理事、主任委员有谢仁冰、赵朴初、吴若安、赵宪初等。内部机构设有办公室、组织部、宣传部、咨询部、联络部、政策理论研究室。

馆藏中国民主促进会上海市委员会全宗档案共747卷，档案排架长度11.2米，档案起止年代为1946—1966年、1978—1990年，按问题分类排列，编有案卷目录4册。

档案主要内容：

1. 综合类

有中国民主促进会行动纲领和《对时局的宣言》《建议书》；创始人马叙伦等为呼吁和平、停止内战进京请愿的报道，上蒋介石书及致民盟、青年党、中国共产党等组织书；民主促进会史的初稿及修改意见；民进上海市第一、二、三次会员代表大会文件，第三、六次会员大会文件；民进上海市分会理事会、常务理事会会议记录；民进上海市委委员、常委会、主委秘书长会议记录、汇报；民进上海市委的年度工作计划、总结及统计年报；民进基层工作打算、意见；会计汇总表等。

2. 组织人事类

有民进上海市分会、上海市委各工作部门设置、机构调整的请示、方案、批复，成立民进市委机关工会的报告、批复，调干材料和干部任免通知，干部名册、人员编制、会员名册，发展巩固组织计划纲要，试点支部工作计划、总结，各区组织建设、改选调动情况、名单，处分决定，成员与基层组织统计年报、组织部的年度工作打算、小结，民进市委机关工作人员住房分配、工资、津贴、离退休的报告、批复等。

3. 宣教类

有民进宣传部年度工作打算、小结，宣传工作总结，表彰先进大会的光荣榜、名单，加强对台工作的打算、建议、总结及宣传稿，民进上海市委编制的《民进沪讯》（后改为《上海民进》）、《工作简报》定稿、印册等。

4. 政治运动类

有土改工作情况报告，抗美援朝工作与有关单位的来往文书，整风领导小组计划、总结、会议记录等。

5. 咨询服务类

有咨询和智力支边工作的打算、总结汇报，咨询、办学和智力支边工作的报告、批复、领导讲话稿等。

中国民主同盟上海市委员会

全宗号 C44

1949 年 6 月 13 日，中国民主同盟（简称民盟）上海市支部临时工作委员会成立。1951 年 10 月 21 日，正式成立民盟上海市支部委员会。1956 年 5 月 1 日，改名民盟上海市委员会。民盟“文革”期间停止活动，1977 年恢复活动。在改革开放的新形势下，上海各级民盟组织充分发挥盟员在教育、经济、科技等领域的综合优势，参政议政，服务社会，为社会主义物质文明和精神文明建设，为实现“一国两制”、促进祖国统一作出了新的贡献。历届主任委员有王绍鏊、章伯钧、彭文应、闵刚侯、沈志远、陈望道。内部机构设有组织部、宣传部、社会服务部、办公室、研究室。

馆藏中国民主同盟上海市委员会全宗档案 813 卷，档案排架长度 14.4

米，档案起止年代为 1949—1966 年、1978—1990 年，按年度—问题分类排列，编有案卷目录 1 册。

档案主要内容：

1. 综合类

有民盟上海市委员会机关规章制度；市民盟组织沿革，民盟华东执行部工作报告；民盟上海市第一、二、三届、第七至第九届盟员大会，四、五、六届盟员代表大会文件；民盟上海市支部临时工作委员会、市支部委员会会议记录；民盟市委委员、常委会会议记录；正副主委秘书长办公会议、机关工作会议记录；工作计划、总结、汇报；与中共上海市委关于开发长江三角洲地区的座谈会纪要、记录、情况汇报；各民主党派、工商联关于四化建设成果展览会的材料，创办专科学校的报告材料；《上海盟务简报》（1983—1990 年）等。

2. 组织人事类

有民盟上海市支部委员会、民盟上海市委员会各工作部门设置、机构调整情况，调干材料和干部任免通知，干部证明文件，干部名册、人员编制、盟员名册，盟员入盟审核及注销名单的请示与批复，盟纪处分决定，发展巩固组织计划纲要，各级组织情况统计表，恢复和开展组织活动的小结、报告，盟员落实政策情况汇报，民主同盟高教、市属、文艺系统出席市民盟九大的代表登记表，市直属、文艺、新闻出版先进集体、先进个人、盟务工作积极分子的事迹介绍，联系社会知名知识分子工作情况的小结等。

3. 宣教类

有中共上海市委领导历年重要报告记录，民盟领导重要传达记录，宣教会议文件，教育工作会议记录，学习情况综合，1984 年 6 月参加全国组织宣传工作会议有关材料，城市中教调研座谈会记录，《上海盟讯》出版的先进工作座谈会专集、庆祝中华人民共和国成立 30 周年大型座谈会专集、民盟上海市第七次代表大会专集等。

4. 政治运动类

有精兵简政情况报告，基层组织社教学习运动小结，领导参加各项政治活动发言稿，整风领导小组计划、总结、会议记录，常委扩大会议回顾检查动员报告、发言稿和小结、情况汇报等材料，1977—1978 年学习座谈全国人大、政协会议精神等会议记录等。

中国国民党革命委员会上海市委员会

全宗号　C46

中国国民党革命委员会(简称民革）上海市委员会成立于1955年3月。“文革”期间曾一度停止工作，1977年恢复活动。改革开放以来，民革上海市各级组织积极履行政治协商、民主监督和参政议政职能，发挥人才优势，推动党员进行智力支边，努力促进海峡两岸交流，利用自身优势为国家经济建设引进海外资金、人才和技术设备。主任委员先后由丁超五、赵祖康、徐以枋、厉无畏担任。内设机构有办公室、组织部、宣传部、研究室、联络部、社会发展部。

馆藏中国国民党革命委员会上海市委员会全宗档案588卷，档案排架长度10.4米，档案起止年代为1949—1966年、1978—1989年，按年度—机构排列，编有案卷目录1册。

档案主要内容：

1. 综合类

有民革规章制度；历年工作计划、报告；民革市委会、常委会、主委办公会议记录；民革市委机关改进工作纲要、整改方案；民革市委会沿革、大事记、解放后工作情况；祖国统一工作委员会报告会、参观活动有关文件；对台宣传的打算、计划、意见，对台工作计划总结，港、澳、台有关资料；历年社会联系工作计划、总结；家属工作委员会工作计划、总结报告；民革文史委员会工作计划及总结报告；“四化”服务处1986年工作小结与1987年献计献策、三引进、智力支边、业余办学、咨询机构情况表等。

2. 组织人事类

有发展组织工作方针、决定、指示、计划等文件，历届民革市委会选举办法，基层组织工作方案、意见要点、条例，历届当选委员名单，民革市委会及各处、委员会和干部调配文件，民革市委全体成员名册等。

3. 政治运动类

有民革纪念辛亥革命50周年活动文件，抗美援朝的总结、报告、名册，整风总结及整改方案，促进自我改造的材料，揭批林彪“四人帮”罪行大会上的发言，落实知识分子、起义投诚人员政策的调查研究计划、提纲和报告等。

中国民主建国会上海市委员会

全宗号　C47

1949 年 5 月 29 日，中国民主建国会（简称民建）上海临时工作委员会成立。1953 年，改建为民建上海市分会。1956 年 5 月，改名中国民主建国会上海市委员会。1958 年 5 月 22 日，上海市民建与上海市工商联合址办公。“文革”期间一度停止工作，1979 年恢复活动。改革开放以后，民建认真履行政治协商、民主监督和参政议政职能，发挥会员在工业生产和商业经营的专长，积极投身到以经济建设为中心的工作中去，创办有上海市爱国建设公司和上海工商学院。历任主任委员有盛丕华、胡厥文、刘靖基、陈铭珊等。内部机构设有组织处、宣传处、经济研究处、咨询培训处、联络处、办公室。

馆藏中国民主建国会上海市委员会全宗档案 789 卷，档案排架长度 13.6 米，档案起止年代为 1949—1966 年、1979—1991 年，按年度—问题分类排列，编有案卷目录 4 册。

档案主要内容：

1. 综合类

有盛丕华关于开展五反运动的讲话稿、黄炎培传达民建总会精神的讲话稿，市民建委员及委员扩大会议记录、专门委员会会议记录，工作计划、工作总结，大事记，有关经济体制改革的情况反映，市民建会议简则、公文审批办法、会费使用办法等。

2. 组织人事类

有市民建组织概况，组织委员会会议记录，领导机构组成人员和变迁概况，推动会务、发展组织的计划纲要，调整、加强基层组织建设的意见和报告，上海市工商联爱国建设公司成立及最近发展情况等，各区局建支工作打算，筹备工作总结和基层组织成立时负责人报批的文书，会员登记表、名册，会员代表大会代表登记表，市民建召开基层支部委员会议记录，市民建工作人员调查表等。

3. 宣教类

有宣教委员会会议记录，宣教工作计划、总结，市民建对国内外重大事件发表的声明、发言稿等，对社教运动和我国政府支持越南、多米尼加反帝斗争的思想反映，会员签订爱国公约和抗美援朝捐献大会的文书，上海工商专业进修学校、上海工商职工中等专业学校《校讯》等。

4. 工商辅导类

有工商界人士接受社会主义思想改造发展过程的报告，合营企业前后的思想反映，讨论《公私合营企业条例》的情况报告，配合政府进行批发商改造的报告，全市公私合营情况简报，五金等十个行业业务情况的简报等，中国民主建国会上海市委、市工商联赴宁夏经济咨询服务队工作总结及《经济咨询服务消息》等。

台湾民主自治同盟上海市委员会

全宗号　C49

台湾民主自治同盟(简称台盟）上海市委员会的前身为台盟华东总支部，成立于1949年7月31日，1955年4月改为台盟上海市支部。“文革”期间停止办公，1978年恢复活动。1983年11月改名为台盟上海市分部。1987年11月30日改名为台盟上海市委员会。历任主任委员有：李伟光、谢雪红、许文思、林田烈、郑励志。内部机构设有办公室、组宣处等。

馆藏台湾民主自治同盟上海市委员会全宗档案281卷，档案排架长度3.2米，档案起止年代为1949—1966年、1978—1990年，按问题—时间分类排列，编有案卷目录1册。

档案主要内容：

1. 综合类

有该委章程，概况、情况介绍、启用印章文件，台盟主委、市委、专门委员会会议记录，历史沿革、大事记，《台盟沪讯》《上海台盟》等刊物，上级领导讲话记录，1955—1962年的会议记录，委员在各届政协会议上的提案与发言等。

2. 组织类

有组织规程、盟员登记，入盟、退盟、开除的上报文件、各类统计，人员编制材料，台胞归侨名单，盟员情况材料，市区人民代表名单，盟员参加政协、人代会、工商联、妇代会等团体的名单等。

3. 宣教类

有庆祝上海解放两周年材料，纪念日本投降10周年的纪念活动材料，总部主任委员谢雪红报告，抗美援朝、镇反运动领导讲话稿，党史学习材料，浦江之声电台稿件，台盟市委通益培训中心办学申请及教学工作有关文件等。

4. 对台联络类

有纪念郑成功收复台湾300周年活动文件，历年来纪念台湾人民二二八起义的座谈会记录，对台广播宣传稿，台情小组活动、政策研究会的记录，两岸交流活动及举办专题报告会记录，协助在沪台胞、台商解决各种工作、生活问题的记录等。

中国农工民主党上海市委员会

全宗号　C51

1949年5月，中国农工民主党（简称农工党）上海市党部成立；6月，改组为农工党上海市整理党务工作委员会；8月1日，成立农工党上海市临时工作委员会。1950年1月7日，改为农工党上海市工作委员会。1954年10月6日，正式成立农工党上海市委员会。“文革”期间停止工作。1980年起陆续恢复部分机构。改革开放以来，农工党积极进行政治协商、参政议政和民主监督活动，对医疗卫生、教育、经济建设等领域的改革和发展提供了许多建设性意见和建议，对推动改革开放和现代化建设、促进祖国统一事业发挥了有益的作用。历任主任委员有：曾伟、李士豪、周谷城、陈灏珠。内部机构设有组织部、宣传部、办公室、咨询服务办公室、联络部。

馆藏中国农工民主党上海市委员会全宗档案617卷，档案排架长度约20.8米，档案起止年代1949—1966年、1977—1990年，按年度—问题分类排列，编有案卷目录4册。

档案主要内容：

1. 综合类

有修订党章的规定、党务工作报告，年度工作计划、总结、会议记录及统计报表，农工党史，农工党上海市委编制的《农工沪讯》等。

2. 组织人事类

有地下时期农工党市委成员登记表，整顿组织和整改材料，组织发展计划总结、统计资料，党费标准，成立农工党基层组织和换届选举工作报告、批复，出席全国人民代表大会的名单，第一、二、三届代表大会的报告、简报、代表名单，邓演达事迹介绍、传记、遗稿、遗墨及建墓的资料，曾伟等七烈士殉难调查报告和有关追悼和安葬的资料等。

3. 宣教类

有宣传工作计划，开展新中国、社会主义教育、党务基础知识等项讲座的总结、规定，建立地下宣传刊物、学习共同纲领的通知，干部训练班会议记录，召开部分教育界成员座谈会的情况汇报等。

4. 政治运动类

有揭批“四人帮”反革命罪行大会的计划、会议记录等。

5. 咨询服务联络类

有咨询和智力支边工作的打算、总结、汇报，咨询、办学和智力支边工作的报告、批复、领导讲话，咨询服务工作的调研报告、通知，社会联络工作的设想、小结，召开对台工作会议等。

九三学社上海市委员会

全宗号　C53

1952 年 9 月，九三学社上海分社理事会改组成立九三学社上海分社委员会。“文革”期间停止活动。1977 年恢复活动。1984 年 4 月，改称九三学社上海市委员会。改革开放以来，九三学社上海市委发挥社员人才荟萃的综合优势，在积极参政议政、献计献策的同时，开展了科技咨询、智力支边、医学专家门诊、医学讲座、社会办学和对外联络等服务工作，为上海经济建设、城市发展作出贡献。历任主任理事、主任委员有：褚辅成、卢于道、杨槱。内部机构设有办公室、组织处、宣传处、联络处、研究室、科技咨询服务部。

馆藏九三学社上海市委员会全宗档案 799 卷，档案排架长度 8 米，档案起止年代为 1950—1966 年、1977—2000 年，按问题—年度分类，编有案卷目录 4 册。

档案主要内容：

1. 综合类

有该社社章、社史、大事记及该社的性质、方针、任务文件，年度工作计划、总结、综合汇报及情况汇编，历年经费支出、年度决算及机关规章制度等，上海分社参加政协上海市委员会、上海市人民代表大会历届代表名单及有关文件，上海分社发表对外声明材料及消息报道原稿，分社历次选举全国社员代表大会代表及会后传达贯彻情况材料，九三学社上海市委会、常委会、主委办公会议的纪要等。

2. 组织类

有组织机构沿革、干部任免、人员调配的请示、批复、通知，成立九三学社基层组织和换届选举工作批复、报告，干部名单及基层组织情况综合总结材料，分社组织及社员名册，各类报表统计，社员入社申请及审批文件、组织关系转移、退社备案材料，评选先进的办法、名单及领导讲话，机关人员工资情况等。

3. 宣传类

有宣传工作会议记录、计划总结、年度工作要点及小结，《九三上海社讯》《工作简报》《红专》《上海九三》《九三沪讯》及《社务简讯》等刊物，对台宣传、中美建交等座谈会纪要等材料，社讯出版计划及通讯员名单等。

4. 政治运动类

有抗美援朝专卷，反右整风领导机构名单及工作计划、总结，“文革”中成员受冲击、平反、落实政策文件等。

5. 学习类

有历年学习计划，学委会及各种座谈会记录，各个时期组织学习中共中央文件精神及社中央有关会议精神的情况等。

6. 科教类

有开展高校体制改革、宝钢工程建设及上海新市区建设可行性研究等课题计划书、建议书、调研报告和有关批示，办学、科技服务工作的报告、批复，科技咨询服务部章程、办事细则等。

中国致公党上海市委员会

全宗号　C58

中国致公党上海市委员会成立于1984年3月，前身为1980年12月4日成立的致公党上海市支部委员会。致公党上海市委成立以来，组织党员积极参政议政，就上海的改革开放、经济建设、侨务政策以及浦东的开发开放等方面提出了不少建设性的意见和建议。同时，充分利用与海外有广泛联系的优势，积极开展海外联谊工作，促成引进资金、技术、设备和人才，促成贸易和捐赠并开展社会办学、科技咨询、扶贫支边等工作。历任主任委员有：董寅初、吴肇光。内部机构设有办公室、组织处、宣传处、联络处等。

馆藏中国致公党上海市委员会全宗档案共87卷，档案排架长度1.6米，档案起止年代为1980—1990年，按年度—组织机构分类，编有案卷目录2册。

档案主要内容：

1. 综合类

有致公党上海市委全体委员会议、市委常委会议、主委办公会议、市委常务工作会议记录、纪要，致公党历年大事记，各项规章制度、目标管理等报告、方案等。

2. 组织工作类

有基层组织的建立和换届改选、支委分工的请示、报告、批复、通知，发展致公党新成员名单、报告、通知，致公党成员担任各级政府部门职务、人大代表、政协委员、特约参政人员名单，中央代表大会代表名单及简介等。

3. 宣传工作类

有开展统战理论学习研究活动的通知，参政议政、提案议案、社会调研通知、报告、答复、简报、发言稿，重大活动新闻稿，《上海致公》《致公简讯》《中国致公》等刊物等。

4. 联络工作类

有致公党上海市委关于联络工作的小结、各种报表，海外联谊通讯地址，接待国内外致公党领导的情况报告等。

上海市工商业联合会

全宗号　C48

上海市工商业联合会(简称工商联）筹备会成立于1949年8月26日。1951年2月18日正式成立上海市工商业联合会。上海市工商业联合会是具有统战性、经济性、民间性的人民团体。“文革”开始后，市工商联停止活动。1976 年粉碎“四人帮”后，恢复会务。1993 年该会同时称上海市商会。历任主任委员有盛丕华、刘靖基、荣毅仁、经叔平、任文燕等。

馆藏上海市工商业联合会全宗档案 3 557 卷，档案排架长度 112 米，档案起止年代为 1949—1966 年，按问题—年度分类排列，编有案卷目录 3 册。

档案主要内容：

1. 综合类

有市轮船运输业、民船行、汽车运输业、人力三轮车行、榻虎车行等公会历史沿革、调查报告，市工商联筹备会、正副主任、秘书长会议记录，第一至第五届会员代表大会文件，常委会、执委会及各专门委员会会议记录，市领导同志在工商界会议上的讲话稿，市工商界各项提案、工作计划等。

2. 组织人事类

有市工商联关于设立筹备会接管旧工业会、旧商会报备批复等文件，各专门委员会组织规程，各同业公会组织章程，各区工商联组织简则，工商界全国、市、区、县人民代表、政协委员名单，上海工商界人士落实政策文件等。

3. 宣教类

有市工商联开展四反运动制订的章则、召开会议等文件，向工商界上层分子推销认购胜利折实公债的文件，公私合营的宣传资料，发表于各报有关工商界活动的新闻稿，工商界对毛泽东主席和党中央领导同志讲话的情况反映、思想动态，工商业联合会和中国民主建国会上海市委员会召开两会成员先进生产（工作）者经验交流大会和情况汇报，召开为“四化”服务专题交流会的情况汇报，为举办上海工商专业进修学校向市教育局呈报学校章程、招生简章的文件等。

4. 工商业辅导类

有为各业市场与联系问题和整理各商品交易所市场向市工商局的请示报告及其批复，对上海财经问题的建议，各行业业务概况及业务总结，上海私营工商业的综合报告，华东土产物资交流大会的报告和各交易市场情况报告，工商业清产核资工作总结，行业调查分析报告，有关私营工商业社会主义改造的报喜信、申请书、保证书、公私合营工作情况反映以及公私合营协议书等，发展劳务出口、改善港口作业以及扩大对外贸易等问题的建议等。

上海市社会主义学院

全宗号　G19

社会主义学院是中共领导的具有统一战线性质的高等政治学院,是民主党派和无党派人士的联合党校，是统一战线系统的干部学院。学员对象以民主党派、工商联、无党派代表人士为主。上海市社会主义学院创建于1958年10月，1959年2月22日正式开学，1966年停办，1984年3月复校。学院党政机构分别由中共上海市委和上海市政协领导兼任。历任院长有：魏文伯、杨堤、毛经权、赵定玉、王生洪。学院内设办公室、教务处等职能部门。

馆藏上海市社会主义学院全宗档案223卷，档案排架长度4.8米，档案起止年代为1958—1990年，按年度—问题分类，编有案卷目录。

档案主要内容：

1. 综合类

有学院筹建情况及征用土地、院址调整文件，历年工作计划和总结、大事记、工作通讯，院务委员会、院长会议记录，支部组织名单、工作计划及学习情况，干部任免、调动、处分材料及干部名册，党支部、工会组成情况，学院历年年度决算表，全国政协委员视察学院座谈会记录，组织各界民主人士和统战系统机关干部参加工农业生产劳动和社会主义教育的方案等。

2. 教学类

有各期学习班教学计划、开学、结业及学员名单等材料，教学工作总结，有关领导在各期学习班上的讲话材料，学员学习情况、思想动态汇报，各期学习班班主任会议记录，学习辅导报告，第一、二期期刊汇刊等。

上海市总工会

全宗号　C1

1949年5月31日，成立上海总工会筹备委员会。翌年2月，全市第一次工人代表大会决定恢复历史上的光荣名称，正式成立上海总工会。1955年1月，改称上海市工会联合会。1959年8月，改称上海市总工会。1967年1月，市总工会被以王洪文为首的“上海工人革命造反派总司令部”所篡夺。1978年9月，恢复上海市总工会的名称。上海市总工会是全市各工会组织的领导机关，是中华全国总工会直接领导下的地方组织。历任主席（主任）有：刘长胜、钟民、张祺、王洪文、王林鹤、袁张度、江荣、滕一龙。内部机构历经调整，至1988年设有办公室、组织部、民主管理部（后改基层工作部）、经济工作部、宣教部、劳动保护部等。

馆藏上海总工会全宗档案共10 196卷，档案排架长度158.4米，档案起止年代为1949—1966年、1978—1990年，按年度—机构分类，编有案卷目录。

档案主要内容：

1. 党务类

有中央、市委领导和上海市总工会（以下简称上总）党组负责人有关工会工作的讲话，中央有关工会工作的文件，上总党组历次会议记录，各区办事处、产业工会传达贯彻党组扩大会议精神情况报告，整党工作计划、总结、通知和会议记录，上总机关党委关于接受新党员与预备党员转正的批复，党、团员违纪案处理材料等。

2. 综合类

有毛泽东签署《工会法》的命令，周恩来接见上海老工人、劳模、先进工作者代表的讲话、照片，中华全国总工会（以下简称全总）制发的章程、规定、办法、指示、通知和工会的主要任务、职责范围，上总成立会刊、章程、决议及一、二、三次工会代表大会会议材料，上总召开各种纪念会的通知、报告、贺信，主席办公会议、部长办公会议、各种电话会议、座谈会议记录，上海职工运动史料，全总、上总关于文书、档案及统计工作的制度条例和处理群众来信的报告、统计材料，上总及各产业工会接待各国、各地区工会代表团的材料，组织上海工人出国访问、学习、旅行的名单、报告及日程，安全保卫、保密、纠察工作的制度及情况通报等。

3. 组织人事类

有全总、上总关于组织工作的各种条例、决定及组织系统、组织分工的文件，各部门职责范围、分工条例，各产业工会、各区办事处章程，实施各级工会组织登记的请示、批复，有关各级工会组织编制的指示、计划、通知，组织领导关系划转、人员调动任免的请示与批复，上总关于会员资格的指示性文件，上总常委、委员、候补委员、监察委员名单，产业工会委员名单，人员工资待遇的规定，对工会人员犯错误的处理情况及统计表，革命战争年代上海蒙难工人名单与调查材料等。

4. 对私改造类

有关于劳资关系问题的报告及处理劳资关系的办法，私营企业劳资协商工作和贯彻私营、公私合营企业改造政策的报告，各行业签订劳资集体合同的报告，劳资争议情况统计表，对私营企业进行宣传、教育和计划、总结，关于统战工作的检查报告，新合营企业建立民主管理委员会的计划、简则、意见、报告，私营企业盈余分配和利润情况调查报告，税务工作意见、办法等。

5. 生产类

有开展劳动竞赛、增产节约运动的指示、报告，基层工厂生产情况及组织生产高潮的情况报告，群众创造发明、技术革新、提合理化建议的奖励办法、报告、总结及各产业工会推广先进经验的效果，全总关于巩固劳动纪律的决议及上总的调查情况和总结，工厂管理民主化的组织通则及情况报告，评选劳动模范的计划、标准、总结，劳动模范和先进集体登记表、事迹材料，劳模代表大会文件，上海出席全国各种先进代表大会的代表名册、主要事迹介绍、代表发言稿等。

6. 宣传教育类

有政治时事宣传教育提纲、报告，全总、上总关于巩固、开展职工业余教育的决议、指示，上海工人业余教育情况汇报及统计资料，工人政治、文化学习及文艺活动、读书运动情况报告，上海工人群众体育活动情况报告，宣传形式和基层宣传情况报告，职工业余学校普查工作计划、总结及教师调动、解聘、待遇等问题的规定及来往文书，工会文工团、工人图书馆、市区俱乐部工作报告，修建上海工人文化宫的计划、报告，文化教育经费开支规定，上海市被评为全国文化活动先进单位的事迹材料等。

7. 劳保福利类

有全总、劳动部关于劳动保险业务移交工会管理的联合通知，全总、上总关于劳动保险业务的通知、指示和办法，劳动保护工作总结，用电安全、降温工作、预防职业病的指示、办法及报告，工会劳动保护积极分子会议文件，事故统计资料，职工劳动保险、福利、养老补助办法、条例，职工生活福利、住房问题的调查材料，劳动保险费用统计汇总表及使用情况意见报告，修建上海工人疗养院及产业工会筹建工人疗养所的有关文件，女工生产、生活情况汇报，女工保护工作调查报告和规章制度等。

8. 工资财务类

有全总关于工资改革工作的指示、宣传提纲和上总关于工资改革的总结及改革后工人实际收入调查资料，各行业工资调查报告、统计表，年奖工作通知、意见和总结，生产奖励问题的调查报告和各厂制度，全总关于加强工会财务工作的条例、制度、财务纪律及上总贯彻情况的报告，全总、上总关于各种经费管理、征收、使用的规定、办法、通知，上总关于进行清钱、清物、清账的财务工作报告，培训财务干部的计划、总结，上总各年度预决算等。

上海市政工会

全宗号　C7

上海市政工会成立于1949年11月6日，主要负责市政公用事业各单位的工会工作和组织业务工作。工会主席分别为：沈涵、嵇志和、蒋阿龙。内部机构设组织部、文教部、生产部、劳保部、青工部、女工部、纠察部、总务处及若干工作委员会。工会下属单位有美商电力、法商水电交通、英商电车、美商电话、英商自来水、英商煤气、美商中国电气、闸北水电、公共交通、吴淞煤气等33个基层单位，职工人数10 100多人。1954年，该工会与中国搬运工会上海市委员会合署办公。1961年11月，与中国建筑工会上海市委员会合署办公。1965年9月，机构撤销。

馆藏上海市政工会全宗档案共122卷，档案排架长度4米，档案起止年代为1949—1962年。

档案主要内容：

1. 综合类

有该会成立大会、第二届代表大会和上海市政工人第二次代表大会的特刊、代表名册、候选人简历等文件及照片，党组、常委、部长会议的部分会议记录，该会及其基层分会的工作计划、报告、总结、组织条例及各部门分工范围，关于生产改革工作的材料，上海市政工人报，关于“二六”轰炸的情况资料，各基层企业历史概况等。

2. 组织人事类

有关于调整党组成员的请示报告，会员职工人数统计表，1950—1957年工会组织综合统计报告表，该会及所属分会主要干部简历表、调查表，干部调入介绍信，1950年干部提级情况及调动登记表，1954年、1957年的干部情况年终统计，基层干部的名册、简历表，关于解放前市政行业蒙难烈士的调查表，上海市政工人解放前后情况，有关企业外籍职工退职、退休、解雇等问题处理文件，失业支前驾驶员名单及照片，有关评选劳动模范的文件等。

3. 政治运动类

有1950年常委整风学习小结，抗美援朝工作总结，捐献武器的数字统计，关于开展生产节约、先进生产者运动的报告，关于爱国运动的公约等。

4. 劳资福利类

有关于英电失业工人复职的请示，各基层工厂解放前后年奖情况资料及有关年奖发放的文件，上海电力公司等六大公用企业解放前原有“福利”资料，1950—1956年六大公用企业要求实施劳保及有关退职金问题的文件，基层工会有关劳资争议的协议书，1954—1955年有关工资改革的计划等。

中国纺织工会上海市委员会

全宗号　C16

1950年10月12日，在纱厂、染织、毛纺、丝织、针织五个产业工会的基础上合并成立了中国纺织工会上海市委员会，其主要职责是负责管理五个工会及两个国营纺织机械厂的工会工作和组织业务工作。1958年10月，中国纺织工会上海市委员会对外保留名称，对内与上海市轻工业工会、中国第一机械工会上海市委员会合并成为上海市工会联合会产业工业部。委员会下设组织部、文教部、生产部、劳保部、青工部、女工部、纠察部、总务处等职能部门，汤桂芬任委员会主席。

馆藏中国纺织工会上海市委员会全宗档案共299卷，档案排架长度约5.6米，档案起止年代为1949—1960年，编有案卷目录1册。

档案主要内容：

1. 综合类

有中共中国纺织工会上海市委员会党组小组会议记录，分党组向上海总工会党组、纺织党委及市委的请示和市委、上总党组、纺织党组的批复，历届代表大会、常委会会议记录及附件，该会工作计划、任务报告及中国纺织工会全国委员会的批示，该会所属1949—1952年《纺织工人工运情况》，有关推销1956年公债的通知、办法、计划、总结、情况汇报，基层工会纠察队员名单，对基层工会增产节约捐献的统计综合表、上海总工会、该会、基层工会关于动员青工参干的总结大会记录等。

2. 生产类

有该会有关棉纺突击增产的通知、意见、情况报告、总结，郝建秀工作法推广组名单、奖励办法，对各厂推广执行情况的检查报告、总结，关于上海纺织工业开展技术革命运动的总结及典型例子，该会评选劳动模范方案、指示、总结和培养先进人物的意见和调查报告，关于推广1951年织布工作法和筒子工作法学习班总结，召开市纺织工人活动分子大会上的报告、发言、活动分子合影等。

3. 组织人事类

有该会五个产业合并前后机关干部名单，历年机关干部配备、提拔、调动情况表及与市工会联合会的来往文书，基层主要干部变动的请示报告及该会的批复，关于工资改革的通报、通知及对工资问题的调查报告，该会与同业公会签订的集体合同及对丝织业工资等情况的调查报告，为发放年终奖金与同业公会签订的协议书、发放办法、总结以及基层工会向该会的请示和该会的意见，有关废除棉纺厂职员双薪制度、召开职员代表会议的请示报告等。

4. 劳动保障类

有解放后劳资关系的情况报告及劳资合同初步总结，中国纺织工会全国委员会、上海总工会关于劳动保护工作的综合性指示、通知、通报、总结及条例，关于几个厂废除“拿摩温”制度的调查报告，关于职工生活困难、居住、托儿所、食堂问题的调查及总结等。

上海市郊区农民协会

全宗号　C19

1950年3月，上海市郊区农民协会成立。其职责是领导市郊各级农民协会进行各项生产、建设等工作。1956年，机构撤销。主任张耀祥。下设组织、宣传、武装、生产福利、妇女、青年、渔民等部和秘书处。

馆藏上海市郊区农民协会全宗档案共17卷，均为长期卷。档案排架长度0.8米，档案起止年代为1949—1956年，编有案卷目录。

档案主要内容：

有执委、常委及其他会议记录；该会的指示、通报、决议；上海市第一届农代会日程、讲稿、决议与记录，代表候选人名单；市郊各区重点乡工作计划和调查报告；该会和农委关于农业生产、农村工作的总结和报告；该会关于群众思想的反映及匪特、地主、富农等破坏活动情况报告；抗美援朝工作总结及发表的声明；农会干部登记表和行政村、基层农会统计表等。

上海市贫农、下中农协会

全宗号　C20

1965年2月，上海市贫农、下中农协会成立。该协会是一个以贫农、下中农为主的农民群众组织，职责为协助和监督农村人民公社的各级组织、干部发挥生产中的骨干作用，对贫下中农和其他农民群众进行阶级教育和社会主义教育。主任魏文伯。下设办公室，具体负责处理日常工作。1966年12月，机构撤销。

馆藏上海市贫农、下中农协会全宗档案共51卷，档案排架长度3.2米，档案起止年代为1965—1966年，编有案卷目录。

档案主要内容：

有该协会常委会会议记录；陈丕显、曹荻秋在第一、二届代表大会上的讲话，一、二届代表大会的主席团名单、代表名册、先进集体名单、大会工作报告；1966—1970年农业发展计划纲要；信访材料等。

中国共产主义青年团上海市委员会

全宗号　C21

中国共产主义青年团上海市委员会（简称团市委）的前身为1949年6

月5日成立的中国新民主主义青年团上海市工作委员会（简称团市工委），团市工委与团华东工委合署办公，书记李昌。1950年3月，团市工委与团华东工委分开办公，先后由张本、周克、李琦涛任书记。1953年6月，中国新民主主义青年团上海市委员会成立，上海市工作委员会结束。1957年5月，中国新民主主义青年团改名中国共产主义青年团，中国新民主主义青年团上海市委员会相应改称中国共产主义青年团上海市委员会，先后由李琦涛、张浩波任书记。“文革”期间，团市委工作受到严重干扰。1978年后，团市委工作机构几经调整，至1990年，团市委职能部门设置包括办公室、研究室、组织部、宣传部、统战部、青工部、郊区部、市区部、学校部、少年部等。

馆藏中国共产主义青年团上海市委员会全宗档案共7 899卷，档案排架长度为107.2米，档案起止年代为1949—1992年，按大流水排列，编有案卷目录。

档案主要内容：

1. 综合类

有团华东工作委员会各年度工作计划与工作要点，中共上海市委领导同志关于青年团工作的讲话，共青团上海市历届代表大会工作报告和会议记录，团市委书记会议记录、团市委常务会议记录和纪要，共青团上海青年工作会议、上海市青年联合会会议、上海市学生联合会会议、少先队上海市工作会议等重要会议的文件材料，外事接待工作计划、情况报告，团中央有关团员出境等问题的规定，团市委大事记，《上海团的工作》《上海青年动态》《团内参考》《团的情况》《参阅稿》等。

2. 组织工作类

有团中央、团华东工委和团市委组织工作计划，建团和建立少年儿童队的决议、计划、总结和报告，团的发展工作计划、情况报告，加强基层团支部工作的决定、指示、意见、报告，华东青委及上海市青委名册，1949年举办第一期青年班学员名单，上海青年参加第一、二期军事干部学校名单，知识青年随军南下服务团名单，团市委组织部有关组织机构与各部门职责范围，团市委各年度编制表整编总结，市、区、县、局、大学团委、直属机关专职团干部名单，干部任免通知，开除团籍的材料以及退团等纪律处分的决定，青年积极分子、青年突击队、突击手名单和事迹材料等。

3. 宣传工作类

有各年度宣传工作计划、报告、总结和简报，在全市青少年中进行共产主义道德教育来往文书，团市委团刊编辑委员会编刊的《上海团讯》，《少年报》有关上海市少年科技活动开展情况和经验总结的材料，上海市开展红领巾奖读书活动的工作总结，组织团员参加整党、建党的学习材料，五四、六一等节庆工作计划、情况报告，五反运动、对私改造中加强对出身资产阶级家庭青年的思想教育工作材料等。

4. 学校工作类

有学校建团工作总结、情况报告，学生工作基本方针、决议、通知，少年工作计划及向团中央汇报的报告，团市委学校部关于领导学生工作方向的计划、通报和总结，举办各种学生工作研究班及学生参加军干校的计划、报告、总结等。

上海市学生联合会

全宗号　C22

解放初期，由于青年团组织在各校还没有普遍建立，上海市学生联合会（简称市学联）在学生运动中曾发挥较大的作用。市学联的领导机构是执行委员会，其成员由影响较大的学校的学生会推选代表担任。执委会下设秘书处、组织部、宣传部、文娱部、服务部、福利部、体育部等部门。张渝民、郑兰荪、陈国彬、张寿、顾翔等先后担任市学联主席。

馆藏上海市学生联合会全宗档案共 75 卷，档案排架长度约 2.4 米，档案起止年代为 1949—1966 年，按照时间顺序排列，编有案卷目录 1 册。

档案主要内容：

1. 综合类

有学联党组会议、执委会会议记录；历届上海市学生代表大会文件，包括大会决议、宣传提纲、学联章程、选举办法、会议记录、工作报告、出席人员名单、学生代表登记表、代表发言稿等；关于改变学联组织问题的文件；学生会登记表；学联干部登记表、干部情况报告；各区学联组织情况和工作报告；人民助学金暂行办法，困难学生的补助及情况调查；学生福利救济工作情况总结和各种办法规定；上海市出席全国学生代表大会的代表登记表、情况介绍等。

2. 政治运动类

有关于取缔银元投机的宣传材料，市学联编制的《上海学生抗美援朝保家卫国运动画集》（原稿），市学生运动资料展览会的计划、总结及通知，华东和上海欢迎国际学联的计划口号，有关纪念一二·九反美扶日、欢迎志愿军代表、越南学生代表团、高校学生慰问前线解放军代表团等活动的文件等。

上海市民主青年联合会

全宗号 C23

上海市民主青年联合会成立于1953年5月，1958年4月改名为上海市青年联合会（简称市青联），是中国共产党领导的各青年团体的联合组织。周克、李琦涛、潘文峥先后任联合会主席。团体会员包括：共青团上海市委员会、上海市学生联合会、上海中华基督教青年会、上海中华基督教女青年会。该会以青年代表大会为最高权力机关，执委会闭幕期间，旧执委会选出的常务委员会领导会务，日常会务由秘书长处理。市青联办事机构和共青团上海市委统战部是“两块牌子，一套班子”，下设秘书处、工商处、宗教处、民族处、社青处、国际联络处等部门，各区设立青年联合会办事处。

馆藏上海市民主青年联合会全宗档案共333卷，档案排架长度约3.2米，档案起止年代为1950—1966年，按照年度—问题顺序排列，编有案卷目录2册。

档案主要内容：

1. 综合类

有市青联历年工作计划、报告及总结，历届青年代表大会文件，市青联常委及执委会会议记录，各团体会员的工作计划及报告，市青联服务部重点调查总结材料，各区青年联合会办事处工作计划及总结，市青联有关各种政治性活动向各级发布的消息、声明的留底，各年度大事记，市青联接待各地青年参观团的文件，上海佛教青年概况及佛教青年会创办历史概况等。

2. 组织人事类

有市青联关于建立区办事处的通知，有关任免副主席、正副秘书长及各区办事处正副主席、各区工商青年工作委员会副主任的文件，各区工商联委员中工商青年名单，全国工商界青年积极分子大会登记表，市青联组织印模等。

3. 思想教育类

有各界青年对各种政治活动及事件的情况反映，胡耀邦在上海召开的工商界子女座谈会上的讲话及反映材料，佛教青年工作情况介绍，工商企业工作情况及工商青年专题情况反映，青年工作计划、总结、情况反映，各教会青年“鸣放”言论材料，上海青年参加边疆建设中先进人物材料等。

4. 文化补习类

有市青联协助上海市佛教青年会举办干部学习会的工作报告，1950 年补习学校学生会登记表，1951 年开展失业失学知识青年救济教育的工作方案，社会青年专业学习班规定计划及情况总结，1952 年各补习学校学习和学生会行政情况，各业余补习学校基本情况，市青联关于补习学校活动总结、情况汇报，各区服务部关于社会青年政治技术学习班计划、总结等。

5. 外事活动类

有纪念世界青年日国际学生周晚会情况反映，市青联 1957 年接待印度基督教青年代表团计划，统战部关于沈以藩参加中国青年代表团赴英国的通知、信件等，市青联与美国、新西兰等国家的来往信件等。

上海市妇女联合会

全宗号　C31

上海市民主妇女联合会筹备委员会成立于1949 年 6 月 26 日，1950 年 8 月上海市民主妇女联合会正式成立，1957 年 11 月改名为上海市妇女联合会（简称市妇联）。上海市妇女联合会是在中国共产党领导下的全市各界妇女社会群众团体，其基本职能是代表和维护妇女利益，促进男女平等。历任市妇联主席（主任）有章蕴、赵先、郭建、关建、汪湘君、谭茀芸、邢至康等。下设办公室、宣传部、联络部、儿童部、农村工作部、福利部等机构。

馆藏上海市妇女联合会全宗文书档案 3 140 卷，照片档案 1 册（56 张），录音带 1 盒，档案排架长度 44 米，档案起止年代为 1949—1966 年、1972—1991 年，按年度—组织机构分类排列，编有案卷目录 6 册。

档案主要内容：

1. 综合类

有宋庆龄、陈毅及各界妇女代表在欢迎亚洲妇代会代表会议上的欢迎词，邓颖超、蔡畅、康克清等对上海市妇女工作的指示及视察活动情况，1953年庆祝六一儿童节宋庆龄给幼教工作者的信，1957年周恩来出席上海市各界妇女座谈会的讲话记录及与会代表的反映文件，历次妇女代表大会文件，市妇联工作计划、总结、会议记录，市妇联负责同志的讲话，纪念三八、六一等活动文件，全国、市三八红旗手（集体）、五好家庭、六好积极分子登记表、事迹文件，上海妇女工作大事记等。

2. 组织人事类

有市妇联及直属单位机构设置、干部任免、干部调动、军队转业、复员干部的分配、工资待遇、干部职称评定等方面的申请、报告、决定，基层女干部培养、教育的意见、报告，体制改革的初步设想等。

3. 党务类

有中央对妇女工作的指示及市委批转妇女工作纲要，中共上海市委、市妇联党组关于健全党委制度、改善领导的决定，妇委、妇联党组关于组织、统战工作和基层妇女工作的决定，妇委的工作报告及会议记录等。

4. 宣教类

有对宣传业务范围的请示及全国妇联的意见，上海妇女文化学习情况报告，“三反”“五反”、社会主义改造中对资方家属进行教育的情况报告、总结，对妇女群众进行共产主义道德教育的计划、总结、意见、体会，婚姻法宣传贯彻工作和上海市婚姻情况报告，上海妇女抗日救亡运动资料汇编等对外宣传文件等。

5. 福利类

有全国妇联对福利工作的指示，妇幼卫生保健工作报告，幼儿工作报告及各种类型托儿组织介绍，开展工厂、农村托儿所工作情况报告，市妇联开展计划生育工作的打算、情况汇报、经验总结和各区贯彻情况报告、保护妇女合法权益问题的调查、汇报，上海市家庭妇女联合会、上海幼儿保健教育委员会章程、工作总结及会议记录等。

6. 政治运动类

有中共上海市委揭批“四人帮”运动办公室、上海市妇联运动小组有关文件、情况汇报和打算，揭批“四人帮”及其余党破坏妇女运动和妇女工作罪行的大会材料，参加打击拐卖妇女儿童犯罪、查禁取缔卖淫嫖娼活动工作会议的发言稿、调查表、案例等。

中国人民保卫世界和平委员会上海市分会

全宗号　C36

中国人民保卫世界和平委员会上海市分会成立于1950年春，未单独设立机构，日常工作由中苏友协上海分会兼管。1950年11月，中国人民保卫世界和平委员会上海市分会与中国人民反对美国侵略委员会上海市分会合并，统一组织开展保卫和平和抗美援朝的活动。合并后的名称为中国人民保卫世界和平反对美国侵略委员会上海市分会，也称上海市抗美援朝分会。主席刘长胜。1954年2月，中国人民保卫世界和平反对美国侵略委员会上海市分会与上海市中苏友协合并，仍恢复中国人民保卫世界和平委员会上海市分会名称。主席金仲华，内设秘书处主持日常工作。1961年8月，该会随上海市中苏友协一起并入中国人民对外文化协会上海市分会，实行三个机构一套工作班子。1967年后，中国人民保卫世界和平委员会上海市分会停止对外活动。

馆藏中国人民保卫世界和平委员会上海市分会全宗档案共294卷，均为长期卷。档案排架长度4米，档案起止年代为1950—1967年，按问题—时间排列，编有案卷目录。

档案主要内容：

1. 综合类

有该会概况介绍，该会理事会成立经过、发起人名单、工作情况报告，抗美援朝运动总结、报告，上海市优抚工作重点检查的报告，总会及该会关于和平签名运动工作的指示、通知、报告、总结，上海市各界人民庆祝世界和平运动10周年大会，该会筹建和平画廊的报告和计划，《上海各界人民爱国公约》计划、通知及执行情况，反对使用原子武器签名运动的计划、通知、指示决议及名单，上海人民捐献武器统计表，年度决算表等。

2. 声援抗美斗争类

有朝鲜人民解放斗争图片展览会、抗美援朝前线实物及图片展览会工作总结，抗美援朝捐献运动的通知、捐献情况、总结，拥护召开亚洲及太平洋区域会议的通知、大会发言稿，纪念志愿军出国一、二、三周年大会文件材料，支持越南、古巴、刚果反对美帝侵略大会材料，上海各界人民反对日美军事同盟大会、庆祝我军击落 U－2 飞机反对美帝战争挑衅大会、庆祝越南南方民族解放阵线成立 5 周年大会材料等。

3. 外事接待类

有接待各国出席亚洲人民团结大会代表团、各国和平代表团、各国政府首脑、党派领导人及和平人士、各国友好代表团、各学习团体材料等。

中国人民对外文化友好协会上海市分会

全宗号　C37

1956 年 9 月 13 日，中国人民对外文化协会上海市分会成立。1961 年 8 月，与上海市中苏友协（包括中国人民保卫世界和平委员会上海市分会）合并，实行三个机构一套工作班子。1966 年 1 月 5 日，更名为中国人民对外文化友好协会（简称对外友协）上海市分会。对外友协上海市分会是上海人民与各国人民开展友好往来、促进文化交流的群众团体，负责上海对外友好工作和对外文化交流。历任会长有：张春桥、孟波。内部机构设办公室、宣传一科、宣传二科、联络科、翻译科、摄影科、总务科、友谊馆。“文革”开始后中断正常工作。1978 年 8 月，恢复对外友协上海市分会建制。1984 年 12 月，改称上海市人民对外友好协会。

馆藏中国人民对外文化友好协会上海市分会全宗档案共 1 345 卷，档案排架长度 16. 8 米，档案起止年代为 1953—1966 年，按时间先后排列，编有案卷目录。

档案主要内容：

1. 综合类

有工作纲要、工作计划、方针政策、任务、总结报告及接待工作总结等，会议记录，干部统计表、各种制度规定，1963 年调整工资情况和年度决算表，庆祝中朝友好互助条约签订一周年的联欢晚会，上海各界人民庆祝朝鲜、阿尔巴尼亚、越南等国国庆大会材料等。

2. 宣传类

有各国反帝斗争、解放斗争等图片展览会材料，体育活动、儿童玩具、儿童画展等展览会材料，宣传画与讽刺画、版画和雕塑等展览会材料，现代造型艺术、现代染织艺术、民间艺术、文化成就、摄影、书刊、书法、艺术家作品等展示、展览会材料等。

3. 外事接待类

有接待各国友协、工会、歌舞、电影、政府邮电、医药、记者等代表团材料，接待各国钢琴家、指挥家、美术家、艺术家、作家、作曲家等材料，接待有关博物馆专家、造型艺术家、教授、友协会长、评论家等的参观、学习、访问、交流工作材料等。

上海市中苏友好协会

全宗号　C38

中苏友好协会上海分会成立于1949年12月21日，历任会长陈毅、柯庆施、石西民、宋日昌。1952年12月，中苏友好协会上海分会改名为上海市中苏友好协会。1954年，该会与中国人民保卫世界和平反对美国侵略委员会上海市分会合并。1961年8月，与中国人民对外文化协会上海市分会等单位合并，合并后内部机构有办公室、宣传一科、宣传二科、联络科、翻译科、摄影科、总务科、友谊馆。1966年12月，该会停止工作。

馆藏上海市中苏友好协会全宗档案共212卷，档案排架长度4.8米，档案起止年代为1949—1966年。该全宗档案按年代排列，编有案卷目录。

档案主要内容：

1. 综合类

有该会筹备成立及历届理事会改选的有关文件，组织机构、编制情况及人事调动有关文件，该会及各工作部门年度、季度工作计划、总结报告及情况介绍，该会组织发展及转变组织形式的有关文件，中苏友协全国工作会议的提案及会议通过的决定，1953年工资调整情况材料，1957年及1959年部主任联席会议记录，中苏友协华东总分会成立文件等。

2. 对苏交往类

有1952—1965年接待苏联代表团来沪访问的有关文件，上海与列宁格勒市建立联系、互遣访问团、互致节日祝贺及进行基层联系的有关文件，捐献中苏友好号飞机的有关文件，苏联友人的来信，与苏中友协往来的文件，苏中友协负责人1959年与苏联大使馆、领事馆人员谈话内容，上海市协助苏侨回国委员会文件等。

3. 宣传类

有宣传工作有关文件，《中苏友谊在上海》编写提纲和初稿，《苏中友好》周刊和《苏联资料》汇编，十月革命、《中苏友好同盟互助条约》签订及列宁诞辰等纪念日的纪念活动，苏联人民幸福生活大型图片展览，《友好报》的有关材料，解放台湾展览会的有关文件，苏联和平利用原子能科学技术展览会工作简报等。

上海市科学技术协会

全宗号　C42

1958 年 11 月 20 日，在上海市科学技术普及协会和中华全国自然科学专门学会联合会上海分会的基础上，合并成立上海市科学技术协会(简称市科协)。“文革”中被迫停止活动，1977 年 9 月恢复活动。历任协会主席有：刘季平、舒文、苏步青、李国豪、谢希德、翁史烈。内部机构设有办公室、工科学术部、农理科学术部、宣传普及部、业余教育部。

馆藏上海市科学技术协会全宗档案共 1 066 卷，档案排架长度 17. 6 米，档案起止年代为 1949—1990 年，按组织机构—时间分类，编有案卷目录。

档案主要内容：

1. 科普、科联阶段

有上海科普协会、中国科联上海分会筹备期间形成的文件材料，筹委会名单、筹委会会议记录，市委、市政府关于成立上海科普协会、中国科联上海分会的批复，市科普协会、中国科联上海分会章程，常委会会议记录，市委组织部关于成立科普科联党组的批复和干部任免、增编、提级的批复，成立科普出版社的请示、批复，筹备自然博物馆的材料，上海科普协会、中国科联上海分会参加全国科协成立大会的请示、批复及参加全国科学技术新成就展览会的请示报告、展品内容简介及展品目录，历年工作计划总结等。

2. 科协阶段

(1) 综合类

有市科协筹备工作经过及成立大会材料，出席全国科协成立大会的材料，市科协第一届委员会选举办法及委员名单，参加杭州会议的典型材料，《上海科协通讯》《上海科协》以及历年工作计划总结等。

（2）组织人事类

有市委组织部、市科协关于干部任免、工资调整的批复，组织建议工作的请示报告，筹建自然博物馆和科技编译馆的请示报告，市科协干部各种数学统计表等。

（3）宣教类

有开展业余教育工作的意见、情况介绍及业余教育工作所面临的问题情况汇报，所属各业余院校院务委员会名单及各区科技学校负责人会议纪要，所属学会举办的十所业余大学情况简介，八所业余院校毕业生名单、成绩登记、毕业合影，评选高校系统先进集体、先进个人的情况介绍，科普工作的措施、计划，开展和加强群众性科技活动的材料，科普画廊照片等。

（4）基层类

有区、县科协编制、机构设置、业务事业经费的补助请示，区县科委科协工作会议，郊区农村科学实验交流材料，区科协对工厂科协工作的调查报告等。

（5）外事接待类

有接待外国代表团来华考察的材料等。

（6）基建财务类

有基建项目的请示批复，基建任务书、工程合同、预算及建筑结构施工图，科学会堂老楼及业余教育实施楼、业余教育办公楼全套图纸，历年财务预决算等。

上海市社会科学界联合会

全宗号　C43

上海市社会科学界联合会（简称市社联）原名上海市哲学社会科学学会联合会，成立于1958年3月，1988年11月更名为上海市社会科学学会联合会，1998年12月改名为上海市社会科学界联合会。该会是上海社会科学各学会参加组成的多学科的学术性群众团体。陈望道、夏征农、罗竹风先后任主席，内部机构设办公室、学会处、学术情报处、组织科。

馆藏上海市社会科学界联合会全宗档案共1 517卷，档案排架长度29.6米，档案起止年代为1956—2003年。该全宗档案按机构排列，编有案卷目录。

档案主要内容：

1. 综合类

有社联筹委会时期大事记，筹委会名单及筹委会会议记录，上海社联成立大会记录，社联简章及各年度工作计划、纲要、总结、党组会议记录，1978 年社联恢复活动、重建机构及筹备会议的请示、批复、记录，社联更名、启用印章的请示、批复，市委宣传部召开的社联工作会议记录，市委组织部到社联检查工作形成的材料，讨论生产力问题等学术专题讨论会议记录，召开讨论厚古今、两类矛盾学说等问题的座谈会会议记录，向市委宣传部呈交的专题工作汇报，市委宣传部、组织部关于批准社联正副主席、党组成员、各学会正副会长的批文，该会干部、会员情况统计表，干部介绍信存根，《社联简报》《文摘》《学术月刊》原稿等。

2. 社联下属各学会

有各学会成立大会会议记录、理事名单，哲学、经济、历史、语文等 8 个基础学会恢复活动的请示、批复，各学会工作纲要、简章，各年度分党组会、理事会、会长、秘书长会议记录，年度工作计划、总结，各年度年会工作计划、总结、会议记录，年会简报、学术论文集，各学会学术活动计划，学术专题讨论会会议记录，各学会邀请外国著名学者作专题学术报告会议记录，各学会纪念毛泽东《关于正确处理人民内部矛盾问题》发表一周年座谈会、“十年理论研究反思”专题研讨会、“孙中山与中国现代化”研讨会等学术研讨会的会议记录、会议综述；会员入会登记表等。

中国福利会

全宗号　C45、U143

中国福利会(简称中福会）原名为保卫中国同盟（简称保盟），是宋庆龄于 1938 年 6 月在香港创办的，当时主要从事为抗日战争筹募款项，开展医疗、儿童保育等工作。1941 年，迁址重庆。1945 年定址上海，改名为中国福利基金会。1950 年 8 月 15 日，改名为中国福利会，主要任务是在妇幼保健卫生、儿童文化教育方面开展实验性、示范性的工作和进行国际宣传。历任主席有宋庆龄、廖承志、黄华等。中国福利会的领导机构是它的执行委员会，下设秘书处、妇幼保健处、人事处、儿童文化工作处等机构，1986 年增设上海宋庆龄基金会，另设儿童艺术剧院、少年宫、国际和平妇幼保健院等，出版刊物《儿童时代》。

馆藏中国福利会全宗档案共 1 575 卷，其中 C45 全宗为中文档案，有 1 385 卷；U143 全宗为英文档案，有 204 卷。档案排架长度 9.6 米，档案起止年代分别为 1949—1990 年、1938—1958 年，按年度—问题分类排列，编有案卷目录 5 册。

档案主要内容：

1. 综合类

有中国福利基金会章程、工作条例，与国家领导人的来往函件，中福会简史，宋庆龄、董必武、廖承志为《中国福利会二十年》撰写的文章，宋庆龄对中国福利会工作计划、报告的意见及对科学研究工作提出的要求和看法，历年工作计划、总结、会议记录，所属机构妇幼保健站、儿童剧团、托儿所、少儿图书馆情况简介，关于将儿童剧团、延安电影院分别改称儿童剧院的通知及市计委下发的改建剧院设计任务书，美国援华联合会理事会会议记录、备忘录、报告等。

2. 组织人事类

有中福会组织机构设置与人员编制的报告，人事调动及任免的批复、报告、通知，职工评薪晋级方案、报告、批复、总结，职工处分报告、批复，干部统计和劳动工资年报，工作人员名册，国际和平妇幼保健院组织系统表及各部门任命人选的请示、批复，关于少年宫、儿童时代社、保健院组织机构调整报市委宣传部的请示，少年儿童文化馆工作计划大纲及建馆工作计划草案等。

3. 慈善福利业务类

有白求恩国际和平医院的统计资料，老区救灾工作、开办托儿所的报告，国际和平医院在晋、冀、鲁、豫等地的情况报告，科研工作报告，公谊服务会、中加民主联合会、新西兰对外救济等团体有关捐赠事宜的信件，运往解放区救济物资的传单与收据，战灾儿童义养会中国分会 1949 年年报、儿童名册，宋庆龄声明及向爱国华侨界发出的呼吁信、公开信等。

4. 外事工作类

有外事工作计划、总结，接待美国尼克松总统夫人、伊朗巴列维王后等外宾的工作计划、报告，外籍顾问专家谭宁邦与依期登、勃泰兴的来往函件、休假、结婚登记、祝寿等方面的材料等。

5. 宋庆龄基金会

有每届樟树奖评选工作向市委、市政府等的请示及其批复，颁奖大会的计划、领导讲话及决议，获奖名单、事迹介绍等。

上海市作家协会

全宗号　C52

1949年5月，成立上海文学工作者临时工作委员会。1949年9月，正式成立中华全国文学工作者协会上海分会，它是上海作家自愿结合的专业性、学术性群众团体。1953年11月，易名华东作家协会。1954年12月，改名中国作家协会上海分会。1991年10月，改名上海市作家协会。上海作协现有《收获》《上海文学》《萌芽》《海上文坛》等四个杂志社，并设办公室、创作联络室、外事联络室、理论室、组织人事室等办公机构。历任主要负责人有：冯雪峰、柯蓝、夏衍、周而复、巴金、孙峻青、吴强、郭绍虞。

馆藏上海市作家协会全宗档案500卷，档案排架长度18.4米，档案起止年代为1949—1990年，按组织机构分类排列。编有案卷目录。

档案主要内容：

1. 综合类

有工作条例、制度、计划、总结，历年大事记，传达讨论中央文艺工作会议、传达青年文学创作大会精神，集体办公例会，毛泽东、周恩来、刘少奇、邓小平重要讲话，全国第二、三次文代会华东和上海代表团名单、大会发言，1950年上海市首届文代会材料，1962年上海市第二次文代会、大会主席团名单、执行主席名单、开幕词，1956、1959、1960、1962年各次会员大会名单、工作报告、讨论记录、批判材料，文学研究所工作计划、情况报告、人员名单，1959年到1965年历年文学情况汇报、专题文学讨论情况汇报，新中国成立以来文艺思想斗争材料，共青团联合支部材料，工会材料，民盟小组会议记录等。

2. 党务类

有党组会议记录、人员名单、党组整改方案，筹建成立文学研究所，《萌芽》复刊、《上海文学》改刊等决定，作协支部规划、总结、记录、整改小结，参加社教人员名单等。

3. 组织人事类

有作协人员政治情况，人员登记表、统计表，干部名册、工资级别表，干部任免、调动，专家名单、整编方案等。

4. 政治运动类

有文艺界整风学习计划、名单、总结，批判胡风资产阶级文艺思想计划、报告、记录、汇报等。

5. 外事工作类

有接待外宾计划、简报、人员名单，巴金对日本《赤旗报》记者的讲话、给《读卖新闻》的文章、出席亚非作家紧急会议的感受，接待亚非作家紧急会议代表名单、简报，郭沫若、巴金、曹荻秋、梁国斌在亚非作家紧急会议有关活动中的讲话等。

上海国际少年儿童文化艺术节组委会

全宗号　C54

1994 年 7 月，根据市政府关于《九十年代上海儿童优生、保护、发展规划》的精神，经文化部和市委宣传部的批复，由中国福利会等 10 家单位主办、宋庆龄基金会等 55 家单位协办的首届上海国际少年儿童文化艺术节开幕。此后，形成每隔三年举办一次的惯例，每次历时 5—7 天。截至 2008 年，已经举办 5 届。

上海国际少年儿童文化艺术节组委会统一负责艺术节举办期间的各项事务，1994 年首届、1997 年第二届上海国际少年儿童文化艺术节组委会由黄华、陈至立任名誉主任，龚学平任主任。第一届组委会下设办公室、新闻宣传部、联络部、接待部、集资部、演出部、体育竞赛委员会、大型活动部、综合活动部、保卫部等 10 个工作部门。第二届组委会下设办公室、演出活动部、联络接待部、新闻宣传部、广告集资部等 5 个工作部门。2000 年第三届上海国际少年儿童文化艺术节组委会由黄华、龚学平任名誉主任，周慕尧任主任，内设机构减少至办公室、宣传集资部、演出活动部、联络接待部等 4 个工作部门。历届组委会在艺术节闭幕、有关任务完成后即自行解散。

馆藏上海国际少年儿童文化艺术节组委会全宗档案 901 卷，档案排架总长度 22. 4 米，档案起止年代为 1992—2014 年，按时间分类排列，编有案卷目录。

档案主要内容：

有关于艺术节举办的请示、批复和通知，中央领导、市领导和社会名人给艺术节和题词、贺信和贺电，市领导的讲话稿，有关艺术节筹备工作的各类材料，组委会向市委、市政府的工作汇报材料，艺术节各项活动日程安排材料，艺术节简报，节标、节旗、节歌和吉祥物揭晓公告，组委会关于参加艺术节的中外文艺、科技、足球队名单、统计材料和情况介绍，各国（地区）代表团简介、成员名单、登记表、贺信、节目单和往来函，邀请各国艺术团体、安排食宿材料，开幕式、闭幕式等活动材料等。

上海市归国华侨联合会

全宗号　C57

上海市归国华侨联合会(简称市侨联）是由归侨、侨眷组成的人民团体，是党和政府联系归侨、侨眷和海外侨胞的桥梁。市侨联于1950年筹建，1956年9月正式成立。1967年1月至1978年10月曾一度停止活动。1979年恢复活动至今。历任主要负责人有：郭棣活、黄钦书、董寅初、黄维垣、何添发、庄国清、杨玉环。市侨联设有办公室、联络部、文化交流部、经济工作部等内部职能机构。

馆藏上海市归国华侨联合会全宗档案135卷，均为永久卷。档案排架长度2.4米，档案起止年代为1979—2013年，按年代—组织机构分类，编有案卷目录1册。

档案主要内容：

1. 会议记录类

有上海市归国华侨联合会召开1979年第四届侨代会、1984年第五届侨代会、1990年第六届侨代会文件及各届、各次委员、常委（扩大）会议文件等。

2. 工作总结类

有1982年工作总结和1983年工作要点，1985年各项工作总结，1986年各项工作总结，1987年各项工作总结，1988年工作打算、工作总结等。

3. 其他

有上海市归国华侨联合会性质、沿革史、机构编制等报告和组织人事文件等。

上海市文学艺术界联合会

全宗号 C62

上海市文学艺术界联合会(简称市文联)创建于1950年7月，是中国共产党领导下的上海文学艺术界专业协会的联合组织，是上海文学艺术界综合性、社会性的民间群众团体。团体单位有上海市作家协会、上海市戏剧家协会、上海市音乐家协会、上海市美术家协会、上海市摄影家协会、上海市电影家协会等。该联合会内设党办和行政办公室、组织人事处、联络处、理论研究室、权益处、事业处等职能部门。夏衍、巴金、夏征农、朱践耳、吴贻弓先后任市文联主席。该联合会在“文革”期间停止活动，1978年2月恢复活动。

馆藏上海市文学艺术界联合会全宗档案共76卷，档案排架长度约0.8米，档案起止年代为1950—1990年，按照年度流水排列，编有案卷目录1册。

档案主要内容：

1. 综合类

有上海市第一至第五次文学艺术界代表大会文件，如文代会主席团名单、代表名单、会议议程、工作报告、章程、决议、理事选举结果、领导人讲话、题词、新闻报道等；1978年市文联各协会恢复活动，召开各协会主席、副主席会议的会议记录及代表发言稿；舞协上海分会成立大会、协会章程、会务报告及情况简报；市文联1982年工作要点与工作情况汇报，以及文联各协会开创新局面的设想；市委领导到市文联检查工作时的讲话和座谈会记录；市委宣传部、文联党组关于建立市文联机关党委的计划、报告、批复和党委成员守则；市文联党组会议纪要；市文联党组启用新印章文件；市文联工作要点与工作回顾及落实上海文化发展战略的初步打算等。

2. 组织人事类

有上海市文联党组及协会分党组名单，市文联关于调整、充实文联机关和各协会人员编制工作设想方案、文联及各协会人员花名册，市委宣传部、市编制委员会、市文联关于上海音协、民协、曲协、舞协、影协、杂协等分会及《上海戏剧》《采风》《上海歌声》《萌芽》等刊物编辑部人员编制问题的来往文件，市委宣传部、市文联关于上海市作家协会体制及编制问题的请示、批复，市委宣传部、市文联、市作协关于市作协与文联分开的决定及有关问题的协议，市委宣传部、市文联关于成立中国电视艺术家协会上海分会及筹备组人选、人员编制的来往文件等。

3. 其他类

有上海市文联 1984—1990 年年度大事记，市文联党组编制的《上海市文学艺术界联合会组织史》等。

上海市红十字会

全宗号　C63

上海市红十字会最初名为中国红十字会沪城分会,成立于 1911 年 8 月，原址在上海老城厢小南门（现光启路）179 号。1920 年改称中国红十字会上海市分会。1937 年“八一三”事变后会务停顿。1946 年 3 月恢复。1962 年 9 月，中国红十字会上海市分会更名为上海市红十字会。“文革”期间组织解体，1978 年初组织恢复至今。上海市红十字会是从事人道主义工作的社会救助团体，下设医疗卫生、社会捐助社会福利、红十字青少年、志愿者工作者、志愿者捐献遗体等 5 个工作委员会，后增设对外联络部、社会福利部、查人转信接待处等办事机构。夏应堂、张杏荪、臧廉逊、夏理彬、徐采骋、刘鸿生、金仲华、杨恺、白备伍、谢丽娟等先后担任会长。

馆藏上海市红十字会全宗档案共 954 卷，档案排架长度约 7.2 米，档案起止年代为 1938—1990 年，按照时间顺序排列，编有案卷目录 1 册。

档案主要内容：

1. 综合类

有上海市人民委员会关于红十字会上海市分会隶属关系的通知，有关上海市红十字会关于人员编制、机构设置的意见、批复，1962 年关于更名并启用“上海市红十字会”新印模的通知，1978 年国务院、上海市革命委员会恢复上海市红十字会工作、领导人员编制的报告和通知，关于中国红十字会上海市分会常务理事会、常务理事扩大会、全体理事会、执委会会议记录，该会年度工作计划、总结，有关该会暨所属业务单位全体工作人员统计表、员工名册、薪给一览表，关于接受社会捐助的暂行办法，上海市红十字会概况，上海市红十字会编辑的《红十字工作简报》，有关献血、骨髓移植、遗体捐献的规定及办法等。

2. 外事类

有关于接受世界卫生组织捐赠物品原则和分配处理意见，1951 年组织救济朝鲜难民医疗队等工作的办法及注意事项，参加国际红十字青少年活动等外事活动的文件，接待各国国外红十字组织参观、访问的计划、总结，“阿波丸”沉船死难者遗骨、遗物移交文件，中国人殉难者名簿共同作成实行委员会编制的《中国人关于强制连行事件的报告书》《中国人殉难者名簿》《中国人强制连行事件真相》《强制连行殉难状况》《中国人殉难者遗骨送还状况》，对台政策文件，查找亲人下落的信件等。

3. 组训类

有上海市人民委员会、市卫生局、红十字会上海市分会关于整顿建立本市里弄红十字卫生站的报告、意见及组织办法，该会关于学校、工厂、居委开展红十字工作的办法，关于评选红十字战线先进集体、个人、中国红十字会荣誉会员的审批表、奖状、证书等。

上海市残疾人联合会

全宗号　C65

上海市残疾人联合会(简称市残联) 成立于 1988 年 4 月，前身是上海市盲聋协会。市残联内设办公室、宣教部、文体部、基金部、康复部、群工部。主要职能是代表残疾人共同利益，维护残疾人合法权益；团结帮助残疾人，为残疾人服务；履行法律赋予的职责，承担政府委托的任务，管理和发展残疾人事业。

馆藏上海市残疾人联合会全宗档案共 75 卷，档案排架长度 0.8 米，档案起止年代为 1988—1990 年，编有案卷目录。

档案主要内容：

1. 办公室

有市残联代表大会会议材料，市残联工作会议材料，理事长办公会议记录，市残联工作计划总结，政策研究材料，办理“两会”提案材料，大事记、年鉴等编研材料，档案工作材料，国际、国内交流材料，财政预算决算、残疾人保障金材料，合同协议，审计材料，固定资产材料，安全保卫材料等。

2. 人事处

有市残联党组会议记录、民主生活会材料，机关党委、纪委、工会、团委材料，组织机构设置材料，人事任免、干部管理、职工招聘、调资定级、社会保险、辞职、辞退、死亡、抚恤等文件材料，职工年度考核材料等。

3. 群众工作处（信访办公室）

有残疾人组织联络、维权工作规划材料，指导基层残联组织建设材料，基础残疾人工作者培训材料，残疾人鉴定、核发残疾人证明材料，协调服务残疾人各专门协会材料，自强模范、优秀残疾人工作者、助残先进个人与集体、残疾人之家评选表彰材料，残疾人配偶入沪户籍申报工作材料，志愿者助残材料，残疾人事业地方法规起草材料，信访工作材料，无障碍环境建设材料，法律援助材料，扶贫帮困材料等。

4. 康复处

有残疾人康复工作规划材料，残疾人康复工作会议材料，康复达标示范区评比材料，科技惠民材料，居家养护材料，康复工作援疆援藏材料，残疾预防材料，康复课题研究材料，残疾人康复人才培训材料，残疾人康复协会材料，盲、聋哑、肢体、智力、精神五类残疾活动日、康复机构管理材料等。

5. 教育就业处

有残疾人教育、就业、社会保障规划材料，残疾人教育、就业、社会保障课题研究材料，教育就业社会保障工作会议材料，促进开展残疾人学前教育、义务教育、职业教育、中高等教育和成人教育工作材料，残疾人分散就业、集中就业工作材料，残疾人职业技能培训材料，残疾人就业保障金管理材料，残疾人社会救助工作材料，残疾人社会保险工作材料，残疾人社会福利工作材料，残疾人农村综合帮扶材料等。

6. 宣传文体处

有残疾人宣传文化体育规划材料，宣文工作会议材料，开展残疾人文化、艺术活动材料，残疾人文化体育示范市（区）创建材料，残疾人事业新闻促进会材料，残疾人日宣传工作材料，无障碍电影日活动材料，残疾人文艺演出工作材料，残疾人读书系列活动材料等。

7. 上海市人民政府残疾人工作委员会

有综合协调有关全市残疾人事业方针、政策、法规、计划的制定与实施工作材料，协调解决全市残疾人工作中的重大问题相关材料，指导各区县人民政府残疾人工作委员会工作材料，组织协调中国残联和国际残疾人组织在上海的重大活动材料，接受国务院残疾人工作委员会的指导并贯彻落实相关工作部署材料等。

五、企 业 档 案

上海中国纺织建设公司

全宗号　B132

1949 年 5 月 29 日，中国纺织建设股份有限公司（旧中纺）被上海市军管会财政经济接管委员会轻工业处接管。1950 年 1 月 1 日，更名上海中国纺织建设公司（新中纺）。新中纺的工作重点是接管清点、整编机构、精简人员、改变生产方向、实行民主管理。主要负责人顾毓琇。内部机构设秘书处、工务处、业务处、机料处、财务处、统计室等。1950 年 7 月 1 日，上海中国纺织建设公司撤销，业务归并华东纺织管理局。

馆藏上海中国纺织建设公司全宗的档案 323 卷，档案排架长度 4.8 米，档案起止年代为 1949—1956 年，按机构排列，编有案卷目录。

档案主要内容：

1. 综合类

有新中纺公司生产计划、工作总结，废除抄身制、建立工厂民主管理委员会、推行生产合同制的材料，所属各厂概况调查表，会议记录，召开第一届华东纺织会议的资料，工会成立大会特刊、工作总结、会员名册等，贪污案、舞弊案、冒名交易案的调查材料，租借土地房屋的来往函件，新中纺公司及各厂关于紧急时期特别费用列支问题的报告，有关外汇使用、冻结与纺织部等的来往函件等。

2. 组织人事类

有新中纺组织机构的调整和设置，撤销外地办事处和棉花收购处、成立联合棉花检验过磅处的材料，新旧厂名的对照材料；中纺公司人事规则，人事课工作总结，成立人事处理委员会及有关新旧人员招用规定，举办工作人员训练班材料，旧职人员精简名册、外聘人员名册，中纺公司职员名册、所属机构工作人员名册，奖惩和抚恤办法等材料，日籍技术人员的聘用、辞退及本人申请返国的函件；各厂人事动态，厂长的任免，发放离职证书，人员调配、升级函件，组织人事统计表，职员工资调整办法及公司实施意见等。

3. 接管工作类

有上海市军管会接收中国纺织建设公司的命令，成立清点委员会，资财清理工作总结，接管日产清查小组工作报告，上海和外地结束单位的财产移交清册，土地的产权和使用纠纷的处理，滞留香港和台湾的财物处理，国民党驻军遗弃零星物资的接收等。

上海冶金控股（集团）公司

全宗号　B275

上海冶金控股(集团）公司成立于1995年8月10日，负责对全市的冶金工业进行资产经营管理。内设办公室、规划发展部、资产经营管理部、海外事业部、综合管理一部、综合管理二部等部门。下辖上海第一钢铁有限公司等44个单位。董事长李其世，总裁尹灏。1998年11月17日，因与宝钢、梅山钢铁公司合并而撤销。

馆藏上海冶金控股（集团）公司全宗档案1 963卷，档案排架长度52.8米，档案起止年代为1995—1999年，按年度—问题分类排列，编有案卷目录8册。

档案主要内容：

1. 党群工作类

有党委更改名称，公司内部党群机构设置，党组织换届改选，党群年度工作要点及工作总结，调查报告及其廉政自律工作意见，党组织、党员统计年报表，干部定期年报表等。

2. 行政工作类

有机构改革的报告、通知及工商登记及启用印章的通知，董事会会议记录，行政机构设置报告，财务指标管理、经济效益分析、评估报告，现代企业制度试点方案的请示、批复，医疗保险、生活补助等通知，全国工业企业普查表等。

3. 经营管理类

有出口贸易计划、请示，成员单位资产评估确认、房屋置换政策的请示与报告，国有资产经营年度报告及产权交易管理办法，企业基本情况年报表，企业改制批复，成员单位清产、核资、产权界定文件，第三次工业普查机构名单、印章、实施方案，现代企业试点方案等。

4. 生产技术类

有项目请示、批复，科研经费及鉴定工作报告，新产品试制鉴定计划，评选优秀产品、优秀科技工作者，关于合理化建议和技术进步的通知等。

公私合营银行联合总管理处

全宗号　Q376

公私合营银行联合总管理处全宗由该机构与上海市私营金融业第一、二、三联营集团档案汇集而成。1950 年 7 月，上海私营银行中孚、中信、中国企业等 8 家银行及存诚、金源等 4 家钱庄合组第一联营集团，敦叙、女子商业储蓄等 5 家银行与元成等 6 家钱庄和中国信托公司合组第二联营集团，和泰银行及永隆等 11 家钱庄合组第三联营集团。新中国成立后，原官商合办新华、四明、中国实业、中国通商等四家银行与建业银行改组为公私合营银行，1951 年成立了公私合营银行联合总管理处，同年扩大为 11 家大型银行参加的联合总管理处。

馆藏公私合营银行联合总管理处全宗档案共 86 卷，档案排架长度 3. 2 米，档案起止年代为 1950—1952 年，编有案卷目录 1 册。

档案主要内容：

1. 总类

有上海市私营金融业第二联营总管理处组织协议纲要，上海市私营金融业第一联营集团筹备会日记簿，上海市私营金融业第二联合营业集团公约，上海市典当商业第九联营集团合约、拆款合约，质押借款契约，公私合营银行联总处锡处业务动态日报表，金融业第二联营总管理处全体业务分析日报，公私合营银行联总处业务分析日报等。

2. 财会

有公私合营银行联总处各类账册，外汇部、银行部、锡处、沪区全体日记账，上海市私营金融业第一、第二、第三联营集团分类账、存放汇报表等。

上海一百（集团）有限公司

全宗号　G82

上海一百(集团）有限公司系1995年7月经中共上海市委、市政府批准，由上海市第一商业局转制而组建的大型商业企业，以国内外贸易、实业投资、房地产开发经营为主体，集商业流通、科技、信息、服务于一体。

集团1995年成立初始，由陈显钊任董事长、党委副书记，王清华为党委书记、副董事长，韩士章为总经理。该公司本部设有4室6部，即党委办公室、总经理办公室、人事部、财务部、业务部、国资部；党群系统有：纪检监察室、审计室、工会、团委。2003年4月，经中共上海市委、市人民政府批准，组建上海百联集团，一百集团并入百联集团。

馆藏上海一百（集团）有限公司档案共计814卷（件），其中文书档案796卷、实物19件。档案排架长度7.2米，档案起止年代为1995—2003年，编有案卷目录。

档案主要内容：

1. 行政业务类

有该集团章程、制度汇编，董事会决议，集团公司简报、工作总结、计划、意见，集团年度保值增值考核情况，关于资产、财务、土地管理的规定，关于集团发展、改革、规划等重大问题的报告、汇报，关于百户现代化企业制度试点总结工作的汇报、通知，关于经营管理的通知、规定，关于企业改制、组建以及歇业批复、报告、请示，集团开发、改建项目的建议书及可行性报告，成立一百连锁有限公司的批复、报告及章程，关于现代企业制度试点情况的审计意见及落实情况、工作总结，上海一百集团国资运营监控暂行办法等。

2. 财务审计类

有集团财务管理会计制度、集团内审制度、财务总监制度，年度财务分析报告、资产报表，关于各单位改制、资产评估审计、基建投资、改造、改建、房地产项目的批复、请示、报告，关于土地、房产、资产置换、资产重组、股权转让的批复、请示、协议书、纪要，关于资金管理的规定、通知，债务、债权有关问题的实施意见，领导经济责任离任审计报告，国有土地使用权出让合同书、国有资产授权经营协议书，集团国资经营和考核试用办法，关于开拓国内市场重点项目贷款贴息的请示、批复，对集团、一店股份等资产负债、损益的审计意见及整改报告等。

3. 组织人事类

有集团关于市各级领导干部及企业单位、退休干部和其他经济人才资源情况、管理及专业技术人员统计表，年度工资统计报表，党内统计年报、团内统计年报，关于下属公司党组织换届选举的批复、请示，核定下属公司工资总额和实行工效挂钩等办法，关于集团本部和下属公司干部任免的通知、批复、请示，关于领导干部经济责任离任审计规定，对领导干部考核意见以及对工资问题的意见、请示、报告，集团用工分配管理及干部聘用工作条例，集团总经理室述职报告等。

4. 党务工作类

有党委会议记录、党政联席会议记录、党政班子民主生活会记录，关于党风廉政责任制的规定、党建工作三年规划，关于集团年度评选先进党组织和优秀共产党员的通知、决定，关于创建文明单位的实施细则以及命名文明单位的决定，关于纪检、统战、宣传等工作总结、计划、打算等。

华联（集团）有限公司

全宗号　G83

华联(集团）有限公司前身为上海华联（集团）有限公司，系 1995 年在原市第一商业局撤销建制的基础上组建的大型商业企业集团之一，1998 年更名为华联（集团）有限公司。该公司是以商品经营为主业、以国内外市场为拓展目标的商贸流通集团，2002 年位列中国企业 500 强中的第 54 位，蝉联国内商业企业排名第一位。2003 年 12 月，正式重组归并到百联集团。

该公司本部设两室四部四中心：两室即党委办公室、总经理办公室，四部即人事部、财务部、发展部、资产经营部，四中心即审计中心、信息中心、教育培训中心、人力资源管理中心。党群系统有纪检监察室、工会、团委等。公司董事长、党委书记为张新生，总经理为吕勇明。

馆藏华联（集团）有限公司档案共计465卷（件），其中文书档案815卷、照片30张、音视频资料1件、实物6件、资料2册。档案排架长度17.6米，档案起止年代为1995—2004年，编有案卷目录。

档案主要内容：

1. 行政业务类

有集团董事会决议、会议纪要、行政办公会议记录，关于集团发展、改革、规划等问题的汇报、报告、请示、批复，关于收购华联超市、真如华联社区购物中心等项目的可行性报告，集团经济年度工作总结和计划，关于参与国家大型企业集团和现代企业制度试点方案、请示、报告，关于深化国家大型企业集团试点工作方案的报告、批复，关于组建连锁店、增资、举办交易会、设立品牌等业务的请示、批复，集团公司及下属公司大事记，集团与罗森、绿宝石有限公司、新路达集团等及下属公司签订的协议、合同、章程等。

2. 财务资产类

有关于基建投资、改造等项目的批复、请示、报告，关于土地、资产联动重组实施方案、协调意见，资产置换、资产联动重组、债务、收购股票、股权转让的协议书、请示及批复，关于企业改制、兼并、组建和歇业的批复、报告、请示等，关于各企业资产转让的评估、审计报告，关于资金管理的规定、通知，关于横向收入资金管理办法、超市贴息、贷款贴息实施办法等。

3. 组织人事类

有关于下属公司党组织换届选举的批复、请示，集团本部和下属干部任免的通知、批复、请示，对领导干部、职工考核、述职报告以及对工资问题的意见、请示和报告，国内贸易部与集团开展青年人才调研等的意见，引进外省人来沪工作的报告，集团教育培训工作实施意见，关于报酬管理办法及产权代表年基薪标准、年薪考核奖励、所属成员企业经营管理业绩评价、奖惩办法等。

4. 党务工作类

有党委会议记录，党政联席会议记录、党政班子民主生活会记录、报告，关于廉洁自律规定执行情况开展专项检查、党风廉政工作责任实施细则的报告，关于下属公司“三个代表”学习教育活动动员大会上的讲话、实施方案、请示，干部自我总结征询意见汇总、整改以及总结报告，集团年度评选党组织和优秀共产党员的通知、决定，关于命名表彰市劳动模范、三八红旗手和集体、集团先进个人、先进集体的决定，党委工作年度总结、计划等。

上海友谊（集团）有限公司

全宗号　G85

上海友谊(集团）有限公司成立于 1995 年 7 月，1997 年 10 月与上海内外联综合商社联合组建为新的上海友谊（集团）有限公司。2003 年 4 月，经上海市人民政府批准，上海友谊（集团）有限公司、上海一百（集团）有限公司、上海华联（集团）有限公司和上海物资（集团）有限公司合并，成立上海百联（集团）有限公司。

馆藏上海友谊（集团）有限公司档案共 1 212 卷，排架长度 17.6 米，档案起止年代为 1995—2003 年，编有案卷目录。

档案主要内容：

1. 综合类

有董事会关于审议年度经济工作报告、财务预决算报告、人事安排、合资经营项目、企业转制、改制、经营发展规划和投资计划、融资计划、资产重组等决议、会议记录、纪要，年度工作计划、总结，各类请示、批复，各类规章制度，经营承包和安全承包责任书，企业识别系统（CIS）手册，友谊动态，各类获奖证书等。

2. 政务类

有党委、纪委、工会的工作计划、总结、会议记录，党代会、职代会、工代会、团代会议程、报告，民主党派年度工作打算、小结，党员统计报表、各类通知等。

3. 人事类

有各级干部的任免材料，专业技术人员的职称评审会议材料及综合报告劳动工资计划，各类规定、管理办法，分配管理、教育培训、劳动合同、人力资源、内部流动制度等。

4. 投资业务类

有国有资产重组的请示、批复，国有房产授权书，关于引进战略投资者进行资本结构改革的请示、批复，关于存量盘活调整注册资本、投资比例、股权结构的通知、决定、请示、批复，股权多元化、产权变动、房产置换等合同、协议，各基层企业撤销、组建、改制、兼并、破产、歇业的请示、批复，历年商品流转总值汇表，房屋租赁合同，动、拆迁安置、补偿协议，有关规章制度、办法、细则等。

5. 财务类

有历年会计报表，有关财务制度如财务总监联签制度、国资经营管理办法、财务会计管理办法、审批权限规定，利润分配、资金结算、国资考核、考查、评价指标体系规定，资金管理、会计核算、财会国资报表管理制度，市资产评审中心关于友谊集团拥有资产的评估报告、确认通知书、报告书、明细表等。

6. 审计类

有市审计局对友谊集团历年会计报表的审计报告，关于不实资产的鉴证报告，资产负债损益及领导人经济责任的审计报告、通知，国有资产保值增值考核指标、汇总表和分析报告，实行企业离任经济责任审计的办法，审计监察、内审人员、审计中心、审计项目等制度，以及有关友谊集团内设审计中心的专业审计内容，包括各类审计报告等。

上海市土产进出口公司

全宗号　G88

上海市土产进出口公司的前身为中国土产公司华东区公司，成立于1950年6月1日。后机构名称几经变化，从1988年3月开始用现名。主要职能是经营土产、食品、木材、饲料、香精香料、化工原料、化工医药、建筑材料等多种土特产品及轻纺产品的进出口业务。

馆藏上海市土产进出口公司全宗档案共1 834卷，排架长度29.6米，档案起止年代为1950—1998年，编有案卷目录。

档案主要内容：

1. 综合类

有政务院财政经济委员会发给上海市土产进出口公司的经营执照，公司行政会议记录，中国土产公司华东区公司和上海市土产进口公司财产交接清册，中国总公司赴上海工作组对上海市土产进出口公司检查的总结，年度财务计划及检查总结，年终决算报告及财务盘点总结，工会工作计划总结，各项工作制度，对私商改造工作总结等。

2. 业务类

有上海市土产出口公司1950年统计年报、统计出口年报，关于烟麻出口问题的会议记录，关于参加调查华东黄麻生产收购检验工作的总结报告，年度计划任务排队与贯彻方向的报告，年度商品流转计划，年度对外贸易统计年报，年度购进销售调拨加工库存加工统计年报，出口统计年报，关于公私联购联销具体手续办法及税务的规定等。

3. 组织人事类

有上海市土产出口公司核定工资人员名册，关于公司内部组织机构设置人员配备、职工证章等问题指示报告，贯彻干部分类分级排队及人员定额工作计划总结，干部教育培养提拔计划的报告与批复，干部任免提升和上级职工进用请调转正工资计划报告与批复，提升上海市土产进出口公司干部职务的通知等。

大隆机器厂

全宗号　G110

大隆机器厂的前身是创建于1902年的大隆铁厂，主要承接来华外轮的维修。1926年，确定了企业“铁棉联营”的发展机制。在抗战前夕，已发展成为能够制造成套的棉纺机器。1938年，又创建美商泰利机器制造有限公司。新中国成立后，大隆和泰利两厂实行统一的管理制度。1954年，两厂公私合营，厂名定为大隆一厂、大隆二厂。1955年，两厂正式合并。二十世纪五十年代为配合国家重点工业建设的需要，该厂以制造金属切削机床和矿用机械为主，后又逐步发展成为制造化工设备的骨干企业。1960年后，为配合国防建设需要，开始接受了数十年的军工生产任务。“文革”期间，曾更名为上海石油化工机械厂。1972年，为适应国家石油化工工业的发展，该厂筹建了铸锻分厂。

1978年以后，该厂分别与江苏、浙江、上海郊县等企业横向联营，先后成立大隆吴江、大隆鄞县、大隆吴县等分厂。其间，先后有维高—大隆、沃马—大隆超高压设备有限公司和上海康普艾压缩机有限公司等合资企业成立。

由于种种历史原因，大隆机器厂逐渐陷入困境，无力清偿到期债务，2004年被列为国家计划内破产。2006年6月，大隆机器厂宣告破产。

馆藏大隆机器厂全宗档案分解放前（全宗号为 Q456）和解放后（全宗号为 G110），解放后档案 1 562 卷，档案排架长度 14.4 米，档案起止年代为 1902—2007 年，编有案卷目录。

档案主要内容：

1. 综合类

有该厂编制的年度及年度以上的计划、总结、规划、专题报告，编写的工运简史、厂史汇编及严裕棠家族资料汇集，企业党政领导班子的会议记录、党代会、职代会（工代会）、团代会及劳资协商、重要工作会议、办公会议记录、纪要，商标注册申请书、注册登记证汇总表、“大隆”牌商标注册证及启用通知，股东会议决议、章程、调整资本方案，1902—1954 年大隆机器厂创设前后机器业概况、十年规划（1976—1985 年）等。

2. 组织人事类

有上海市机电一局、上海市机电工业管理局、上海电气（集团）总公司、上海电气资产管理有限公司、上海石通公司下发的有关上海大隆机器厂机构设置、撤并、职能变化、厂级及中层干部任免的批复、请示，党员、干部名册、调动组织关系介绍信及职工、党团员、干部违纪处分材料，职工录用、辞退、专业技术职称评聘材料，干部、党团员、劳动工资统计年报，历次运动的计划、总结、人员处理及复查、落实政策平反材料，伤残工伤鉴定书、特殊工种、退休审批表等。

3. 生产技术类

有该厂关于生产改革情况的综合报告、多品种生产的发展报告、技术革新和技术改造的基本情况及主要项目汇编，1973—1980 年重大科技项目表，上海市机电一局、上海市机电工业管理局、上海电气（集团）总公司、石通公司及大隆机器厂下达的各类计划、执行情况、综合统计年报、会计决算报表、商标证书，该厂与外商合资的项目建议书、可行性报告、技术投资协议书及筹建联营厂、分厂的报告、批复、营业执照等。

4. 企业破产类

有该厂在破产过程中形成的整套文件材料，包括破产请示与上级批复，职代会决议，破产基准日的审计报告、资产评估报告书，重要会议纪要、公告、终结裁定书、工商注销通知书、清算工作报告，企业职工分流安置名册、安置补偿费用协议书，破产财产委托拍卖合同及债权人申报债权汇总表等。

5. 资料类

有严裕棠、严庆祥撰写的《仁德纺织厂概况》《苏纶（纺织厂）》，该厂自编报刊和书籍——《大隆工人》《大隆机器厂工人运动斗争史》《上海大隆机器厂工人运动史》《工会大事记》《苏州苏纶纺织厂建厂九十周年纪念册》等。

上海市隧道建设办公室

全宗号　G132

上海市隧道建设办公室成立于1988年4月。主要职能是承建延安东路越江隧道工程建设。内设六个科室：工程技术科、计划经营科、设备材料科、财务科、征地管理科、党政办公室。

馆藏上海市隧道建设办公室全宗档案共46卷，排架长度1.6米，档案起止年代为1988—1992年，编有案卷目录。

档案主要内容：

1. 综合人事管理类

上海市建委关于建委系统承担市政府实事项目的通知，上海市编委、市政局关于同意建立上海市隧道建设办公室的报告、通知，隧道建设办公室内部机构设置、人员编制的请示、报告、批复，申请刻制印章的报告，成立工会、干部任免的请示、批复，聘用专业技术人员职务通知，对有关人员行政处分的决定等。

2. 隧道建设管理类

上海市计委、市建委、市政局关于调整延安东路隧道工程总投资、赶工措施费、收尾项目包干实施的请示、函、批复，上海市规划局、市土地局批准隧道建设办公室与烟草工业机械制造厂调换土地的函，隧道管理所综合楼、浦东2号风井、中央控制室确定用地范围的函、通知，拓宽延安东路、新建陆家嘴、烂泥渡路立交桥用地的函、通知，辟通新开河道路瓶颈建设用地规划许可证的通知，隧道配套工程福建路、山东路、烂泥渡路人行立交桥方案协调会议纪要，陆家嘴、毛麻四库动迁、拆除的函，动迁用房协议书，通车典礼、标志图案设计的请示、通知，杨浦（宁国路）大桥越江工程项目建议书、可行性研究报告，隧道工程竣工档案密级划分的请示、批复等。

3. 业务类

延安东路隧道工程合同，施工、设备安装协议书，申购进口设备的报告、批复，设备安装、调试、验收规范的报告、通知，延安东路隧道工程设计、技术交底、工程施工、设备安装、配套工程、质量事故处理、竣工验收会议纪要等。

上海宝山钢铁总厂工程指挥部城建分指挥部

全宗号 G133

上海宝山钢铁总厂工程指挥部城建分指挥部（简称宝钢工程城建分指挥部）成立于 1978 年 2 月，内设四个组：政工组、工程组、后勤组、现场供应组。主要职能是保证完成上海市委下达的承担宝钢建设的任务。

馆藏上海宝山钢铁总厂工程指挥部城建分指挥部全宗档案共 79 卷，排架长度 2.4 米，档案起止年代为 1978—1986 年，编有案卷目录。

档案主要内容：

1. 综合人事管理类

有上海市城市建设局关于成立宝钢工程城建分指挥部、组织机构设置、颁发启用印章的通知，建立宝钢工程城建分指挥部领导小组及组成人员的通知，人员聘用的报告，宝钢工程城建分指挥部工作总结等。

2. 基建工程管理类

有上海市基本建设委员会、上海宝山钢铁总厂工程指挥部、上海市城市建设局关于宝钢总厂厂内外道路、排水、泵站工程，宝钢总厂外中线、东线及宝山生活区道路、污水管工程，新建宝钢清管站、市政维修队、水泥成品厂，宝钢外围工程宝刘东路、太和路道路及提高筑路沥青砂、水泥管生产能力的初步设计、计划任务书、扩初调整的请示、报告、批复；上海市基本建设委员会、上海市城建局、宝钢工程城建分指挥部关于宝钢工程规划、方案、道路拓宽施工计划的报告、通知、批复，宝钢工程征地政策性问题的报告、批复，宝钢外围、生活区市政施工用地、租地的请示、报告、批复，宝钢工程拆迁工作计划、报告，调拨动迁房源、动迁居民及吸收劳动力的报告、批复；上海市建设委员会、上海市城建局关于承建宝钢工程费用的意见、批复，项目拨款、基建费用概算、材料差价损耗的报告、通知，宝钢市政工程设计、技术图纸交底、工程内容调整、钢模板核定、质量事故处理、竣工验收的会议纪要，宝钢市政工程竣工验收办法的通知、规定，宝钢工程城建分指挥部简报，处理人民来信的复函等。

3. 业务类

有关于宝钢工程设计的函、意见，施工总图安排、施工方案的报告、通知，施工材料的供应、购置设备的报告，施工道路下水道、桥梁工程实施意见，工程质量检验标准、规定，雨水管质量事故报告，关于部分桥梁沉降处理意见、桥梁底标高的函，厂区交通道路管理、穿越主干道架线高度的规定、通知等。

上海世博（集团）有限公司

全宗号　G134

上海世博(集团）有限公司成立于 2003 年 10 月。其前身上海东浩国际服务贸易（集团）有限公司于 1997 年 11 月成立。2004 年 2 月，上海东浩国际服务贸易（集团）有限公司整体划归上海世博（集团）有限公司。2011 年 6 月，上海世博（集团）有限公司更名为上海东浩国际服务贸易（集团）有限公司。2013 年 12 月，上海东浩国际服务贸易（集团）有限公司和上海兰生（集团）有限公司实行联合重组，更名为上海东浩兰生国际服务贸易（集团）有限公司。内设办公室、人力资源部、计划财务部、投资发展部、工程建设部。主要职能是世博会场馆建设、招商、招展、会期经营及场馆后续利用等。

馆藏上海世博会（集团）有限公司全宗档案共 726 卷、5 876 件，档案排架长度 26.4 米，档案起止年代为 1997—2014 年，编有案卷目录。

该全宗有文书档案、实物档案，档案主要内容：

（一）文书档案

1. 综合类

有上海国有资产监督管理委员会、上海市外经贸委员会、上海东浩国际服务贸易（集团）有限公司、上海世博（集团）有限公司编制的年度以及年度以上的规划、计划、总结、方案、专题报告、请示、批复等；上海东浩国际服务贸易（集团）有限公司、上海世博（集团）有限公司党政领导班子会议记录，包括党委会记录，党政联席会议记录，董事会、监事会、党政专题会议、务虚会议、总裁会议、行政例会、党员代表、工会代表、团员代表大会等重要工作会议、办公会议等材料；印章启用、集团信息、学习与宣传、集团专报、工博会、汽车展等简报、"爱心牵手世博行"活动动态；集团编辑的《制度汇编》《东浩志》《奋进的"骆驼"系列——东浩人风采》《东浩集团企业文化解读》《建设集萃》《东浩集团十五年大事记》等。

2. 组织人事类

有中共上海市委员会、上海市人民政府、上海市对外经济贸易委员会、上海市国有资产监督管理委员会、上海东浩国际服务贸易（集团）有限公司、上海世博（集团）有限公司有关机构设置、撤并、职能变更以及党委、行政、董事会、监事会领导班子、中层干部任免的批复、请示、决定，党员、职工违纪处分决定，解聘、离退休、专业技术职称评聘、工资核定审批表，下属企业机构设置、人员培训、干部、党员、劳动工资、出国（境）人员等年报表，企业领导班子民主生活会情况报告，领导班子"三讲""保持共产党员先进性教育""党的群众路线教育实践活动"等学习教育活动实施意见、方案、动员报告、总结、整改方案、表彰先进材料等。

3. 服务经营类

有上海东浩国际服务贸易（集团）有限公司、上海世博（集团）有限公司年度实际出口国别总值表、实际出口商品总值表、年度考核指标完成和核定情况通报、年度企业绩效评价、国有资产保值增值完成情况、计划的报告表、统计年报表、财务预决算年报、审计报告、财务评价报告、经营者离任、履职审计报告、审计通知以及商标证书，展览展示的招商招展方案、工博会总结，集团出席国家档案局全国重大建设项目档案管理项目示范表彰大会、出席上海市档案局举办的世博会档案工作会议交流发言稿等。

4. 改革改制类

有上海国有资产监督管理委员会、上海东浩国际服务贸易（集团）有限公司、上海世博（集团）有限公司关于企业兼并、股权转让、土地、房产转让、销售、资产评估、资产损失财务核销、企业兼并、歇业、破产、企业重组等批复、请示、决定等。

5. 世博会前期综合类

有上海市政府办公厅、上海世博会事务协调局、上海世博会特许产品经营办公室、上海世博（集团）有限公司、上海世博会运营有限公司、上海市对外服务有限公司、上海东浩工艺品股份有限公司关于世博会特许商品供应商、人力资源外包、志愿者等应征文件、生产许可文件、协议，世博集团2005世博债券发行公告、协议、批复、验资报告、债券发行章程、可行性研究报告、债券上市通告、会议纪要、跟踪评估报告等。

6. 世博会场馆建设类

有上海市发展和改革委员会、上海世博会事务协调局、上海世博（集团）有限公司承建两大永久性场馆的全套项目档案的电子文档，中国馆前期建筑设计方案向全球征集公告、开标、评标、会议纪要、公证书、项目建议书、批复、请示等。

7. 世博会展馆展示类

有上海世博会事务协调局、上海世博运营有限公司、上海现代国际展览有限公司、上海外经贸商务展览有限公司等关于“走进世博会”巡展（海外3个、国内27个）项目、最佳城市实践区、展示中心推广周、朝鲜馆、非洲联合馆、意大利馆以及河南馆、贵州馆、西藏馆、主题馆、最佳城市实践区案例馆、援助项目（哥伦比亚馆等7个馆）等展览设计与工程类参展商批准书、援助项目服务供应商协议、设计、施工、撤展合同、验收报告、卫生消防审查意见书、设计方案及效果图等。

8. 世博科研配套类

有上海市科委、上海世博（集团）有限公司等关于世博会公共活动中心智能化生态建筑技术集成研究、上海世博会世博中心、主题馆、中国馆光伏发电应用技术研究项目、LED照明技术在世博场馆建设中的应用研究科研项目任务书、科研合同、验收报告、科研项目审计报告、技术论文汇编等。

（二）实物档案

有国家和上海市领导赴上海东浩国际服务贸易（集团）有限公司、上海世博（集团）有限公司视察、调研时的题词，集团承建的世博中心、主题馆项目荣获国家建设部鲁班奖、詹天佑奖的铜像，世博科研项目荣获上海市科技技术进步奖的奖章，世博中心项目荣获的国家建设部三星级绿色建筑标识证书等。

上海世博会运营有限公司

全宗号　G136

上海世博会运营有限公司前身是上海世界展览会议有限公司,成立于2000年9月11日。内设办公室、财务部、展览部、会议活动部、设计制作部等机构。主要职能是以申办世博会为契机，举办高水平的国内外展览项目，发展上海都市型展会产业，迎接中国加入WTO带来的服务贸易挑战。

馆藏上海世博会运营有限公司全宗档案共1 012卷，排架长度19.2米，档案起止年代为2000—2013年，编有案卷目录。

该全宗有文书档案、实物档案，档案主要内容：

（一）文书档案

1. 综合管理类

有筹建上海世界展览会议有限公司的请示、意见，公司章程、验资报告，公司关于执行董事、总经理人选、购入股权合资组建上海世展多媒体有限公司等理事会会议纪要，增加上海世博（集团）有限公司为新股东、公司名称变更的股东会决议，公司各项企业管理的规章制度汇编，公司2001年到2004年工作计划、总结、工作汇报，公司投资理财委托书、财务报告、审计报告、税务登记表、人均工资总额及减免税批复，会展设备移交清单，公司员工录用、辞职的申请、报告，国家外经贸部授予上海世界展览会议有限公司举办境内对外经济技术展览会主办单位资格批复，上海市对外经济贸易委员会关于上海世界展览会议有限公司举办变压器、电子仪器等展示展览会的批准证，公司加入国际会议协会（ICCA）的批复，上海世博会支持企业答谢会，上海世博会会歌听征集优秀作品揭晓晚会等。

2. 组织人事类

有公司党政部门机构设置、干部职务任免批复、通知，印章、会务管理、经济合同等公司规章制度，2005—2007年度大事记，公司党委会议纪要、党政联席会议纪要、总裁办公会议纪要、工作例会纪要，公司工作计划、总结，公司办理人大、政协代表提案报告，公司与员工的劳动合同，公司员工录用、辞职的申请、报告，公司表彰先进员工的决定，工资集体协商协议、自主决定工资标准的批复等。

3. 业务类

有《办博信息》《办博工作专报》《办博运营信息》《工作周报》等简报，2005—2007 年财务审计报告，《中国 2010 年上海世博会运营计划》编制委托书、初稿，上海世博会推荐服务供应商情况报告、应征文件、遴选方案、名录、协议书，承办及协助举办国际货运代理协会联合年会（FIATA）、杭州萧山休闲博览会项目委托设计、施工、运营协议、合同，上海世博会 2006 年度国内参观者意向调查工作方案、门票概念设计、门票营销方案、门票收入证券化预研究报告等。

（二）实物档案

有“中共上海世博会运营有限公司委员会”印，上海世博会运营有限公司会议专用章，合同专用章，“上海世博会运营有限公司办公室”印，荣获 2006 年世博系统职工体育比赛第三名奖状，荣获 2006 年世博系统职工体育比赛团体第三名水晶奖杯，世博集团第一届职工文艺汇演荣获最佳活力奖奖品玉瓶一只等。

上海市清洁管理所

全宗号　G140

上海市清洁管理所成立于1956 年 11 月，内设四个职能股：人事股、业务股、财务股、总务股。主要职能是负责垃圾粪便的收集、清除、运输，包括公共厕所的设置、管理和马路的清扫工作。

馆藏上海市清洁管理所全宗档案共 135 卷，排架长度 1.6 米，档案起止年代为 1949—1978 年，编有案卷目录。

档案主要内容：

1. 综合管理类

有清洁总队、清洁所、清洁管理所年度工作计划和总结，清洁总队办公会议记录，1949 年会计部门移交接管清册，留用人员名册，清洁总队关于推行地段负责制的计划（草案）、总结及业务经验介绍，年度财务预算决算表，清洁所关于简化粪销的计划、报告、总结，清洁所 1949—1956 年大事记，上海市垃圾概况及垃圾管理规则，清洁工人集体报酬实施方案等。

2. 组织人事类

有领导干部任职的批复、请示，历年干部统计年报表、干部调动介绍信、供给关系转移单、人员编制表等。

3. 业务类

上海市清洁管理所关于垃圾粪便处理概况、粪便垃圾清除现状、垃圾清除定额的制定和管理规程的报告、清扫工作总结等。

上海市肥料公司

全宗号 G141

上海市肥料公司成立于1956 年 1 月 18 日，主要职能是负责市区环境卫生与分配市区垃圾粪肥等。公司内设六个职能科室：办公室、人事科、保卫科、业务科、计财科、基建科。

馆藏上海市肥料公司全宗档案共 251 卷，排架长度 2.4 米，档案起止年代为 1956—1977 年，编有案卷目录。

档案主要内容：

1. 综合管理类

上海市肥料公司年度工作计划和总结，党政办公会议记录，关于肥料船进行社会主义改造的报告、计划、方案、总结、财务收支计划、决算报告、基本建设计划，关于颗粒肥料厂建厂、生产、销售的规划、方案的报告，关于城市杂肥组织管理办法的意见，上海市粪便及其他杂肥管理暂行规则，上海市肥料船高级运输合作社试行章程草案及说明，关于成立三林塘船舶修理厂、修建工程队、水上清洁管理所的材料等。

2. 组织人事类

有领导干部任职的批复、请示，历年干部统计年报表、干部调动介绍信、供给关系转移单、人员编制表，关于机关组织机构调整、科室干部配备、新建科室印模的方案、意见、批复，干部提拔的报告、审定表等。

3. 业务类

上海市肥料公司、市郊供销社关于颗粒肥料厂建厂、生产、销售的规划、计划方案、情况、报告，关于对淮北台南钾镁肥建厂生产的意见、协议书、请示等。

上海对外经济贸易实业有限公司

全宗号　G150

上海对外经济贸易实业公司成立于1988年1月，前身是上海对外贸易总公司的一个部门，主要职能是对内疏通货源渠道，对外拓建市场。内设党委工作部、宣传教育部、经理办公室、人事保卫部、财务投资部、合营企业管理部、外贸服务部、进出口业务部、串换业务部、业务经营部、商场业务部、储运业务部、汽车服务公司、圆明园酒家等部门。

馆藏上海对外经济贸易实业公司全宗档案共156卷，排架长度1.6米，档案起止年代为1988—1997年，编有案卷目录。

档案主要内容：

1. 综合类

有上海对外经济贸易实业有限公司党委会记录，党政联席会议记录，企业发展规划，年度工作计划、总结，党代会、职代会工作报告、决议等。

2. 组织人事类

有中共上海市对外经济贸易工作委员会、上海世博集团贸易事业总部、上海对外经济贸易实业有限公司有关机构设置、撤并、职能变更以及党委、行政领导班子、中层干部任免的批复、请求、决定，党员干部名册，党员、职工违纪处分决定，职工录用、辞退、解聘、离退休、技术职称评聘、转正定级、工资调整审批表，人员培训、学生报到证、分配通知单，干部、党员、劳动工资年报表等。

3. 经营管理类

有中共上海市对外经济贸易工作委员会、上海东浩国际服务贸易（集团）有限公司企业改制、更名材料，工商、税务注销材料，国有资产年报表、会计决算报表及审计报告，工资单，合资、自营企业董事会决议等。

上海市对外服务有限公司

全宗号 G151

上海市对外服务有限公司前身是上海市外国企业常驻代表机构服务部,成立于1982年3月。内设1室2部，即记录办公室、人事教育部、综合业务部。主要职能是专门从事外资服务和项目管理服务、人力资源服务和管理、委托招聘、委托推荐、人才派遣等主营业务。

馆藏上海市对外服务有限公司全宗档案共138卷，排架长度1.6米，档案起止年代为1981—2000年，编有案卷目录。

该全宗有文书档案、照片档案，档案主要内容：

（一）文书档案

1. 综合类

外服公司党委会会议记录、党委民主生活会记录，企业发展规划，年度工作总结、计划，换届工作材料，职代会工作报告、决议，党政联席会纪要等。

2. 组织人事类

有上海市人民政府、上海市对外经济贸易委员会东浩兰生集团、外服公司有关机构设置、撤并、职能变更以及党委、行政领导班子、中层干部任免的批复、请示、决定，党员干部名册，党员、职工违纪处分决定，职工录用、辞退、解聘、离退休、技术职称评聘、转正定级、工资调整审批表，人员培训、学生报到证、分配通知单，干部、党员、劳动工资年报表等。

3. 经营管理类

有东浩兰生集团、外服公司、企业改制、更名材料，工商、税务注销材料，国有资产年报表、会议决算报表及审计报告、工资单，以及合资、自营企业董事会决议、公司章程等。

（二）照片档案

有上海市对外服务公司开业典礼及领导讲话等照片。

大众保险股份有限公司

全宗号　G153

大众保险股份有限公司成立于1995年1月。内设9部2室，即办公室、计划财务部、人力资源部、市场发展部、投资部、机构管理部、稽核室、非水险部、水险部、再保部、核保核赔部。

馆藏大众保险股份有限公司全宗档案共2 172卷，排架长度22.4米，档案起止年代为1994—2013年，编有案卷目录。

档案主要内容：

1. 综合类

有中国人民银行同意成立大众保险公司报告、批复，大众保险公司筹建会议记录、纪要，股东大会决议、决定，股东名单认股书，筹备会议材料，公司开业材料，上海市静安区委同意大众保险公司成立党组织请示、批复，公司党组织机构设置，上级党组织关于党的工作、工会工作、共青团工作的批示、批复；其他党组织工作文件材料，上级关于大众保险公司工作的通知、批复，公司董事会记录、纪要，总经理会议记录、纪要，历届董事会、股东会议材料，年度工作报告、总结、工作汇报，股权转让、变更材料，企业规章制度，职场变更迁址材料，下属公司上报的请示、批复、报告等。

2. 人力资源类

有上级领导关于大众保险公司领导层任免、调动的批复、请示、通知，公司本部关于招聘、任用、调动内部员工、员工薪酬、福利的计划、请示、报告、批复，员工培训、考核、机构设置、员工评先、奖惩材料等。

3. 保险业务类

有上级关于大众保险公司设置保险种类的请示、批复、通知，险种宣传材料，保险评估报告，保险业务材料，保险结算材料，保险纠纷和理赔材料，保监会的规定、办法、操作规程，投资调研计划，资金运用比例请示、报告，风险自我评价报告，上级关于大众保险公司经营业务的请示、批复、通知，非保险业务准备金报告，再保险业务、各类保险附加条款等。

4. 财务审计类

有公司本部经营业务的年度规划、计划、工作设想、报告、建议，财务年度预算、决算报告，利润分配、收益安排材料，投资运营材料，员工福利分配材料，财务审计、财务分析、验资报告，离任审计报告，国有资产登记、房产买卖合同，经营指标预测、偿付能力报告，外汇运营资金验资报告，股利分配方案，资产管理规定等。

上海锅炉厂有限公司

全宗号 G155

上海锅炉厂有限公司前身是始建于1921年的慎昌洋行，1953年9月1日改名为上海锅炉厂，1997年12月更名为上海锅炉厂有限公司。内设工具设备、汽车配件、热处理、机械、电机、冷作、翻砂等七个工场（车间），检验室、技术科、供应科、财务业务科、生产科、总务科、劳动科、会计科、基本建设、计划科等十个科室。主要职能是经营自产机电产品、成套设备及相关技术的出口业务。

馆藏上海锅炉厂有限公司全宗档案共1 058卷，排架长度12米，档案起止年代为1950—1990年，编有案卷目录。

档案主要内容：

1. 综合类

有华东工业部机械局、华东区财政工业委员会工业部、第一机械工业部第四机器管理局、上海市委工业部、上海市第一机电工业局等下发并执行的常规性、指导性文件；上海锅炉厂编制的年度以及年度以上的规划、计划、总结、专题报告、请示等；上海锅炉厂有限公司党政领导班子会议记录，包括党委会记录、厂务会议记录、党代会、职工代表大会、团代会及重要工作会议、办公会议等材料；印章启用及销毁的通知；大事记，工厂出版的各类刊物等。

2. 组织人事类

有华东工业部机械局、华东区财政工业委员会工业部、第一机械工业部第四机器管理局、上海市委工业部、上海市第一机电工业局有关机构设置、撤并、职能变更以及党委、行政领导班子、中层干部任免的批复、请示、决定，党员干部名册，职工录用、辞退、解聘、离退休、技术职称评聘、转正定级、工资调整审批表，人员培训、毕业生情况表，干部、党员、劳动工资年报表，扩散联营厂的成立等材料，以及结婚登记存根等民生档案。

3. 生产技术类

有华东工业部机械局、华东区财政工业委员会工业部、第一机械工业部第四机器管理局、上海市委工业部、上海市第一机电业局下达的生产计划、执行情况、生产销售统计年报表、综合统计年报表、财务决算年报以及对上海锅炉厂开发设计、引进改造、推广运用、调查研究报告、产品鉴定证书等。

4. 基建设备类

有上海锅炉厂有限公司有关土地征用、租赁协议、基本建设项目统计年报表、财务决算年报以及对上海锅灶厂开发设计、引进改造、推广运用、调查研究报告、产品鉴定证书等。

上海电气集团上海电机厂有限公司

全宗号　G166

上海电气集团上海电机厂有限公司成立于2004年6月30日。主要任务是，强化基础研发和产品开发，紧密结合用户需求，在火电、核电、风电、防爆、轧钢、船舶、水利等领域设计制造大量新产品，保证上海电气集团上海电机厂有限公司技术领先的地位，为广大业界用户提供先进的技术、产品和服务，不断向市场推出环保、节能、绿色产品。

馆藏上海电气集团上海电机厂有限公司全宗档案共898卷，排架长度8.8米，档案起止年代为1949—1990年，编有案卷目录。

档案主要内容：

1. 综合类

有上海电气集团上海电机厂有限公司党政领导班子会议记录，包括党委会会议记录、厂务会会议记录、革委会会议记录、党代会、职代会、团代会、重要工作会议等材料；印章启用的通知，大事记，制度汇编，企业标准制，厂歌的创作等。

2. 组织人事类

有上海电气集团上海电机厂有限公司中层干部任免批复、请示、决定；党员干部名册，干部配备情况表，职工录用工资转移单，工资调整审批表，工资改革情况，毕业生情况表，干部、党员、工资年报表，现有体制及人员情况报告等。

3. 生产技术类

有上海电气集团上海电机厂有限公司制定各类生产、技术管理制度与办法，历年主要指标汇编，产品的专利证书、鉴定书与鉴定总结报告，双水内冷发电机设计、制造、试验、运行、检修情况报告，工业企业统计年报，新产品完成项目及经济指标情况，重大技术革新项目汇总表等。

4. 基建设备类

有中央第一机械工业设计总局第二设计分局关于上海电机厂部分车间与工艺设计方案，征地补偿协议，基建调查表，危房改扩建报告及批复，基本建设计划和决算报告等。

上海汽轮机厂有限公司

全宗号　G167

上海汽轮机厂有限公司的前身是通用机器有限公司，成立于 1946 年 3 月 28 日。上海汽轮机厂有限公司是上海电气（集团）总公司的直属企业，是国内最早成立的电站汽轮机制造基地。为适应改革转型的需要，成立六个部、两个服务公司。六个部是经营部、制造部、技术部、人才开发部、基建动力部、质量保证部。两个服务公司是生活医疗服务公司、生产技术劳动服务公司。

馆藏上海汽轮机厂有限公司全宗档案共 1 217 卷，排架长度 9.6 米，档案起止年代为 1946—1990 年，编有案卷目录。

该全宗有文书档案、科技档案、音像档案（包括照片档案），档案主要内容：

（一）文书档案

1. 综合类

有中华人民共和国政务院第一机械工业部、国家机械工业部、电力部、上海国有资产监督管理委员会、上海电气（集团）总公司、上海市机电工会等等编制的年度以及年度以上的规划、计划、总结、方案、专题报告、请示、批复等；上海汽轮机厂党政领导班子会议记录，包括党委会记录，党政联席会议记录，董事会、监事会、党政专题会议记录；印章启用、信息、简报等。

2. 组织人事类

有中共上海市委、上海市人民政府、上海市国有资产监督管理委员会、上海电气（集团）总公司、上海市闵行区委、华东军政委财政经济接管委员会工业部等有关上海通用机器厂、上海汽轮机厂机构设置、撤并文件，人员培训材料，干部、党员、劳动工资等年报表，总结、整改方案，表彰先进材料等。

3. 计划财务类

有华东军政委财政经济接管委员会工业部、中央人民政府第一机械工业部第四机器工业管理局等关于上海通用机器厂、上海汽轮机厂有关计划的报告表、统计年报表、财务预决算年报、审计报告、财务评价报告、履职审计报告、审计通知等。

（二）科技档案

有上海汽轮机厂制造的中国第一台12兆瓦中压双抽汽凝汽式汽轮机纵截面、俯视、端视图，中国第一台6兆瓦中压汽凝汽式汽轮机总剖面、俯视、端视图，中国第一台50 000千瓦中间再热冷凝汽式汽轮机高压缸端视图、纵切面图、俯视图，50 000千瓦双抽气冷凝汽轮机产品样本等。

（三）音像档案

有党和国家领导人赴上海汽轮机厂视察、调研、参观场景及厂址厂貌、党政工作会议、党群工作、企业文化建设等场景的照片。

上海针织九厂
上海三枪（集团）有限公司

全宗号　G168

上海针织九厂的前身为莹荫针织厂,成立于1928年。上海三枪（集团）有限公司的前身是上海针织九厂，成立于1994年。主要职能：生产三枪牌高档内衣系列产品，形成以棉、麻、丝、毛、混纺、化纤等主要原料的织造、染整、服装加工一条龙配套生产系。内设总经理办公室、人力资源部、财务部、生产技术部、计划营销部、安全监察部等。

馆藏上海针织九厂、上海三枪（集团）有限公司全宗档案共553卷，排架长度4.8米，档案起止年代为1930—1990年，编有案卷目录。

档案主要内容：

1. 敌伪档案

有莹荫针织厂股份有限公司大事记，上海针织九厂资本家股东合同议据、社会关系通讯录，莹荫针织厂议据合同及信件等。

2. 党群工作类

有党委、党总支会议记录、工作总结，发文稿，干部任免表、通知、基本情况表，党组织、党员统计年报表，任职批复、报告，光荣册等。

3. 组织人事类

有组织工作年报表，国家机关、企事业单位干部、党员定期统计报表、年报表、基本情况表、名单，年度组织工作小结等。

4. 经营管理类

有莹荫针织厂统营、震丰二厂合并，商标使用证明书，合营前旧商标问题，企业登记申请书、图章、烧毁留底，工商企业登记证、并厂前各厂通讯录，1967年前商标注册等材料；迁厂工作规划，为莹荫吸收外商投资项目贷款计划，项目洽谈情况汇报、可行性研究报告，项目投资洽谈会纪要等。

上海市第六人民医院

全宗号　G175

上海市第六人民医院（上海交通大学附属第六人民医院）是一所三级甲等综合性医院，属于上海市机关事业编制，正局级卫生事业机构。其前身是上海工部局西人隔离医院，建于1904年12月。1947年1月，改名为上海市立第六医院。1949年5月，更名为上海市立第六人民医院。1956年5月，正式更名为上海市第六人民医院，并确立为市级中心医院。2002年7月，冠第二名称为上海交通大学附属第六人民医院。内部机构设有：党委办公室、精神文明办、宣传科、团委、妇委、工会、退管会、院长办公室、人事处、医务处、科教处、总务处、财务处、门急诊部、护理部、预防保健科、质量监控科、统计信息科、设备科、保卫科、爱委会、纪监审合署办、市六临床医学院、护校。历任院长有：魏怡春、刘同坡、项经芳、朱瑞镛、陈高义、金宁恬、王智金。

馆藏上海市第六人民医院全宗档案622卷，档案排架长度8.8米，档案起止年代为1949—1991年，按保管期限—年度流水排列，编有案卷目录。

档案主要内容：

1. 党委办公室

有院党委会议记录，院党委、纪委、工会、团委、宣传科、退管会等部门的计划、报告、请示、批复材料，工会组织工作材料，院工会史回忆录、四十年工会史简况及历届工会组织名录，各科室先进支部、先进单位、先进个人的评选及先进事迹等。

2. 院长办公室

有院办公会议记录，医院工作计划、总结、大事记、年鉴，医院迁建设计材料，国际、国内医学界交流材料，院属行政部门形成的简报、通知、报表材料，财务、人员管理等各类规章制度，职工住房分配、经济补贴等文件，安全保卫材料，刑事、医疗案件处理材料，民兵组织编程管理训练使用材料等。

3. 人事处

有组织机构设置、历届党政领导班子名单，人事工作计划、总结、人事任免、干部管理、职工年度考核等材料，工资改革计划、工资测算汇总、医务人员享受津贴材料等。

4. 科教处

有国际四肢显微外科培训、医学超声培训、糖尿病研究材料，与国际组织、外国医疗单位教学科研材料，国际、国内各类获奖材料，护校各类科目招生、教学计划、实习、毕业分配文件等。

5. 医务处

有医务会议记录，防治疫情、防病治病材料，断肢再生综合汇总材料，检验、各类药品试验结果观察记录、小结，医务人员资历证书、证件，急诊门诊部行政管理部材料等。

上海市计量技术研究所

全宗号 G176

上海市计量技术研究所前身是上海市度量衡检定所,成立于 1962 年 8 月。1980 年改名为上海市计量技术研究所。主要职能是为相关法律法规提供技术支撑以及开展计量测试方法、仪器装备的研究。内设党政、行政、业务、人事、财务处等部门。1996 年 3 月 28 日，上海市计量技术研究所被撤销。

馆藏上海市计量技术研究所全宗档案共 1 144 卷，排架长度 14.4 米，档案起止年代为 1978—1996 年，编有案卷目录。

该全宗有文书档案、科技档案、实物档案，档案主要内容:

（一）文书档案

1. 党政类

有研究所党政领导成员材料，计量局任命党委人员及支部书记的通知等。

2. 综合类

有研究所成立、机构设置，工作计划、总结，标准化计量工作计划要点材料，有关科研项目的报告材料，科研设备工作纪要以及各类会议材料等。

3. 人事类

有研究所人事任免，培养干部工作条例，下属单位人员职责，各类规章制度，科研人员享受补助津贴材料，员工年度考核文件材料等。

（二）科技档案

有激光比长仪技术鉴定交流、设计任务书、情况总结材料、试验报告、技术说明书，各类图纸、图表、技术材料，鉴定会议、研制任务书，技术工作总结、实验原始记录，标准电离室图纸、技术总原理图、光学系统图，技术鉴定证书，各类测试数据、图纸鉴定证书，科研技术课题总结技术方案，部件目录表，课题研究报告等。

（三）实物档案

有国家科学技术进步奖奖状评审委员会、国家技术监督局、机械工业部、电子工业部、国家计量总局、上海市人民政府科学技术进步奖评审委、上海市人民政府等各级单位评审并授予的各类别、各等级的奖状、奖励证书、奖励证明等。

上海市测试技术研究所

全宗号　G177

上海市测试技术研究所前身是上海市度量衡检定所,成立于 1964 年 3 月 25 日。1964 年 8 月，改名为上海市测试技术研究所。1996 年撤所。它的主要职能是为相关法律法规提供技术支撑以及开展计量测试方法、仪器装备的研究。研究所内设党政、行政、业务、人事、财务处等部门。

馆藏上海市测试技术研究所全宗档案共 1 838 卷，排架长度 11.2 米，档案起止年代为 1974—1996 年，编有案卷目录。

该全宗有文书档案、科技档案、实物档案，档案主要内容：

（一）文书档案

1. 党政类

有研究所党政领导成员名单，测试局任命党委人员及支部书记的通知等。

2. 综合类

有研究所成立、机构设置、行政级别定级、发展规划材料，工作计划、年终总结，各类会议记录，联合国开发计划署援助项目材料、新闻媒体报道以及各类请示、简报、报告、批复等。

3. 人事类

有研究所人事任免、干部管理、任职提薪，下属单位人员职责，各类规章制度，科研人员享受补助津贴材料，员工年度考核文件材料等。

（二）科技档案

有各类别鉴定会测试报告、测试数据、研制报告等材料，项目工作人员名单、样机照片、研究成果报告表等材料，鉴定申请书、鉴定会通知、科学技术成果鉴定证书、鉴定会会议纪要等材料，图纸、项目合同、计划执行情况表等材料，分析报告原件、分析原始记录、项目建议书等。

（三）实物档案

有国家法制局、国家技术监督局、国家专利局、国家科学技术委员会、国家计量局计量科学技术进步奖评委会、国家计量总局以及上海市人民政府科技评委会、上海市人民政府等各级单位评审并授予的各类别、各等级的奖状、奖励证书、奖励证明等。

上海机床厂有限公司

全宗号　G178

上海机床厂有限公司前身是中国农业机械特种股份有限公司,成立于1943年。1953年8月，更名为上海机床厂。主要职能是承担国内高精高效、重型磨床、成套磨床加工设备的生产制造。公司内设厂长、总工程师、副总工程师、销售副厂长、总会计师、生产制造副厂长、人事副厂长、基建生活副厂长等负责人。

馆藏上海机床厂有限公司全宗档案共1 783卷，排架长度13. 6米，档案起止年代为1949—1990年，编有案卷目录。

档案主要内容：

1. 综合类

有历年工作计划、总结、方案、专题报告，党政领导班子会议记录、厂务会议记录，工厂历史，以及党和国家领导人视察参观上海机床厂的各类媒体报道信息等。

2. 组织人事类

有机构设置、裁并、职能变更、领导干部任免、职工违纪、党员处分、专业技术职称评聘、人员培训材料，以及历年全国、上海市劳动模范、新长征突击手、三八红旗手名单等。

3. 计划财务类

有上海机床厂有关生产、商品出产计划的报告表、统计年报表、财务预决算年报、审计报告、财务评价报告、履职审计报告等。

4. 政治运动类

有中共上海市工业委员会、中共上海市机床公司委员会关于上海机床厂整风、整党、社会主义教育运动、核查“三种人”、纠错等运动的批复、报告、计划等。

5. 科学技术类

有上海机床厂、磨床研究所关于历年获奖作品的总装图、产品样本、荣誉证书、申报表等。

上海重型机器厂有限公司

全宗号　G142

上海重型机器厂有限公司前身是始建于1934年的大鑫钢铁厂，1962年启用上海重型机器厂厂名，2004年6月改制为上海重型机器厂有限公司，隶属上海电气（集团）总公司。上海重型机器厂有限公司是国家机械工业大型骨干企业，中国东南地区最大的重型机械制造企业和铸锻中心。产品涵盖核电、火电、冶金、机械、造船和化工等行业所需的高质量大型铸锻件和电站制粉、冶炼、轧钢、锻压、水利、矿山采掘设备等。公司属于先进制造技术领域的高科技企业，是被认定的国家高新技术企业，公司技术中心被认定为国家级企业技术中心。

馆藏上海重型机器厂有限公司全宗档案共706卷，排架长度9.6米，档案起止年代为1949—1980年，编有案卷目录。

该全宗有文书档案、科技档案，档案主要内容：

（一）文书档案

1. 综合类

有华东工业部机械局、华东区财政工业委员会工业部、第一机械工业部第三局、上海市委工业部、上海市第一机电工业局下发并执行的常规性、指导性文件，上海重型机器厂编制的年度及以上规划、计划、总结、专题报告、请示，党政领导班子会议记录等材料，印章启用及销毁的通知，名人题词字匾等。

2. 组织人事类

有华东工业部机械局、华东区财政工业委员会工业部、第一机电工业局有关机构设置、撤并、职能变更以及党委、行政领导班子、中层干部任免的批复、请示、决定，党员干部名册，党员、职工违纪处分决定，职工录用辞退、解聘、离退休、技术职称评聘、转正定级、工资调整审批表，人员培训、学生报到证、分配通知单，干部、党员、劳动工资年报表等。

3. 生产技术类

有华东工业部机械局、华东区财政工业委员会工业部、第一机械工业部第三局、上海市委工业部、上海市第一机电工业局下达的生产计划、执行情况、生产销售统计年报表、综合统计年报表、财务决算年报，上海重型机器厂开发设计、引进改造、推广运用、调查研究报告、产品鉴定证书、商标证书等。

4. 基建设备类

有上海重型机器厂有限公司有关设备更新鉴定书，重大技术改造项目、土地征用、租赁协议、基本建设项目及贷款申报批件等。

（二）科技档案

有 12 000 吨自由锻造水压机总装图等。

上海市小企业（生产力促进）服务中心

全宗号　G143

上海市小企业(生产力促进）服务中心于 1999 年 11 月 28 日正式成立。2010 年 11 月，上海市小企业（生产力促进）服务中心和上海市小企业（贸易发展）服务中心合并组建上海市中小企业发展服务中心。上海市小企业（生产力促进）服务中心主要职责是根据市委、市政府支持和鼓励发展非公经济、积极服务小企业的总体思路，以及市经信委促进生产发展的政策措施及工作要求，以第二产业特别是加工制造的小企业作为服务重点，通过贯彻落实政策措施和整合社会服务资源，努力构筑服务中心平台，提供政策咨询、创业辅导、管理诊断、科技服务、品牌建设、市场开拓、经贸合作、对外交流、人力资源开发与服务、品牌建设、市场开拓、经贸合作、对外交流、人力资源开发与服务、法律援助、企业信息化推进，以及反映中小企业呼声与要求，编撰出版发行《上海中小企业》杂志等。

馆藏上海市小企业（生产力促进）服务中心全宗档案共 599 卷，排架长度5.6米，档案起止年代为1999—2010年，编有案卷目录。

该全宗有文书档案、音像档案和实物档案，档案主要内容：

（一）文书档案

有关于成立上海市小企业（生产力促进）服务中心及相关机构、部门的请示、批复、通知、函，关于服务中心领导干部的聘任、任免的通知、决定，市领导讲话或摘要、情况汇报，服务中心年度工作、各项学习活动的计划、报告、总结及各种会议记录、表彰决定，年度事业单位法人报告书、机关事业单位工作人员、管理人员、专业技术人员相关各项统计表、审批表，举办《新世纪的挑战与机遇》——市小企业创业者成功之路电视系列讲座（第二辑）的构思、方案、草案，编印的《小企业创业者成功之路》第二辑、《WTO与小企业》电视系列讲座汇编、《扶持和发展小企业有关政策专辑》《回顾与展望可持续发展论坛》《生产力中心简报》及《上海中小企业》等。

（二）声像档案

1. 照片档案

有全国政协副主席经叔平为市小企业服务机构成立题词，副市长周禹鹏视察小企业总会照片，全国政协副主席张榕明莅临小企业总会考察调研照片，交通大学中国企业家高级特训班、首届“职业经理人”培训班开学典礼照片，都市产业（工业）园区现场交流会照片及沙龙成员考察、学习照片，市人才招聘会、企业管理知识、劳动合同法培训等工作会议照片，中小企业信息服务中心用友飞天服务站授牌及百家名牌中小企业信息化示范工程启动仪式照片等。

2. 录像档案

有小企业创业者成功之路电视系列讲座（第一期）等。

3. 电子光盘档案

有上海市小企业（生产力促进）服务中心简介（PPT），2006上海中小企业品牌名录及2006上海首届中小企业国际创投融资峰会主题发言（PPT）等。

（三）实物档案

有东盟—中国合作论坛赠品，第四届APEC中小企业技术交流暨展览会组织奖和最佳展示设计奖，第五届APEC中小企业技术交流及展览会最佳组织奖及授予上海市小企业（生产力促进）服务中心促进就业先进集体荣誉证书等。

上海市小企业（贸易发展）服务中心

全宗号　G144

上海市小企业(贸易发展）服务中心（以下简称贸发中心)，于1999年11月28日正式成立。它以商业和贸易型的第三产业小企业为主要服务对象，提供综合性的全方位服务。主要职责是构架起政府与小企业之间的桥梁和纽带，为小企业提供政策咨询、创业指导、企业培训、法律援助、信息传递、金融支持、科技服务、市场开拓、经贸洽谈，参加国内外展览展销等服务，促进小企业发展壮大。2010年11月，上海市小企业（生产力促进）服务中心和上海市小企业（贸易发展）服务中心合并组建上海市中小企业发展服务中心。贸发中心下设四部一室，即市场信息部、综合服务部、金融服务部、培训咨询部、办公室。经过一年多运作，决定调整为七部一室，即综合办公室、国际经贸部、国内经贸部、培训咨询部、法律服务部、金融服务部、科技发展部。

馆藏上海市小企业（贸易发展）服务中心全宗档案共621卷，排架长度14.4米，档案起止年代为1999—2010年，编有案卷目录。

该全宗有文书档案、音像档案、实物档案，档案主要内容：

（一）文书档案

1. 综合办公室

有建立上海市小企业（贸易发展）服务中心及相关机构、部门的请示、批复、报告，全国政协副主席经叔平在机构成立时的题词，上海市领导讲话、交流发言记录，服务中心机构调整、领导、干部任免的请示、报告、批复，服务中心财务预决算报告、资产清查报表、明细表等财务报表，工作人员工资、奖金、劳动情况、考勤等统计表，服务中心各项学习、会议活动记录、小结、方案、报告，各种规章制度汇编，编印的《贸发中心简报》《小企业贸发通讯》等。

2. 国际经贸部（商贸信息部）

有年度部门工作计划、总结，编印的《上海小企业指南》中英文版、

《精英企业合作指南》中英文版，组织本市中小企业赴海外学习交流、商务考察、洽谈参展等活动计划、报告、请示、批件，与日本海外贸易开发协会的往来报告、批复、调查报告书，举办中欧经济合作论坛、中国产品进入美国市场推介会、中小企业国际市场拓展论坛及各种研讨会的通知、议程、名单、小结等。

3. 国内经贸部

有年度部门工作计划、总结，设立“上海中小企业国内合作交流服务中心”、上海中小企业公共人事服务中心等机构、部门的请示、决定、批复，联合或独立举办上海市中小企业的推介会、博览会、交流会、合作会、洽谈会、恳谈会等活动的请示、通知、函、批复、报告、合作意向书、协议、小结、总结等，编印《中小企业知识产权一本通》及发布会的请示、材料等。

4. 金融服务部（科技发展部）

有年度工作计划、总结，开设上海国际中小企业“四新”产品展示中心的报告，举办“SBA与小企业”“美国为小企业的非政府组织”系列研讨会、海外华侨华人科技成果创业项目推介洽谈会、与美国驻沪总领馆联合举办“小企业的政策支持与市场开拓”专题研讨会的请示、批复、总结，举办中国（上海）国际连锁加盟创业展、中俄中小企业经贸与文化论坛的请示、计划、批复，举办上海市小企业贷款担保经验交流会、信用担保与小企业发展研讨会、市中小企业融资推进会、中小企业金融服务创新推介会等金融服务系列活动的方案、函、议程、请示、批复、小结，开展上海中小企业品牌建设、信用建设工程等的方案、请求、批示、计划，编印的《新沪商精英榜》《上海市小企业创业者实用手册》《上海中小企业融资指引》等。

5. 培训咨询部（法律服务部）

有部门年度工作计划、总结，与上海电视大学联合举办“上海小企业创业者成功之路”电视系列讲座、举办“助你走上创业之路”系列讲座的通知、请示、函、提纲、教材、总结，与上海交通大学联合举办“企业领导人员工商管理（小MBA）培训班”课程安排、学员名单，举办“温州民营企业如何能成为世纪大赢家”演讲会的函、领导讲话稿、总结，“中国企业竞争力再造与国际化生存”论坛邀请函、嘉宾演讲记录，举办激发“中小企业项目管理潜力”“六顶思考帽”“沙漠掘金”三项最新管理讲座总结、邀请函、名单，“保护长江万里行”报告会邀请函、报道，落实对口支援工作为三峡夷陵区中小企业管理部门提供干部培训及安全生产培训班协议、计划、小结等。

（二）声像档案

1. 照片档案

有全国政协领导及上海市领导出席会议并讲话的照片及视察工作的照片，召开市小企业企业家座谈会照片，小企业创业成功之路电视片系列讲座、中国国际网上博览会开幕式等活动的新闻发布会照片，海峡两岸中小企业精英论坛、促进中小企业发展政策解读暨服务机构交流会及接待港台、俄罗斯中小企业代表团来访等活动的照片。

2. 录音

有上海市领导及工商联领导的讲话录音，上海市小企业名牌战略推进论坛暨市中小企业品牌孵化基地揭牌仪式及“助企业腾飞——2006 市中小企业服务工作联动会”等活动的录音。

3. 录像

有市小企业融资担保、财务会计管理现场咨询会及赴西班牙（蒙德拉贡合作制公司）商务考察，孙国成部长主讲“小企业创业者成功之路”电视系列讲座，世界中小企业合作发展洽谈会、IT 产业发展研讨会，新西兰经济副部长约翰·赖特先生访问中心、美国拉·罗杰斯副州长来访、蒋以任副市长到中心调研、经叔平视察小企业总会，“新浪·华东视窗”杯中国国际企业网上博览会、接待澳大利亚贸发委主席、中国（上海）国际中小企业经贸合作会及澳大利亚贸易之窗揭牌仪式，市中小企业推进市场发展系列服务、中国企业赴日投资招商暨人材交流合作签约仪式，周禹鹏、周太彤副市长视察中心，沪豫经贸合作项目推介会、刘为钢部长赴云南考察筹建尼史完希望小学等活动的录像。

（三）实物档案

有上海市市长徐匡迪为市小企业服务机构题词，顾浩君先生为首届国际中小企业经贸合作会题词，香港华人会计师公会、香港十商会、印度尼西亚国力研究所、洛阳市人民政府、广西壮族自治区工商联访问贸发中心的赠品，参加香港中小企业联合会召开会董会就职典礼的赠品，先进党支部奖牌，市对口支援工作表扬集体奖牌、荣誉证书等。

上海市自来水公司

全宗号　G146

中国人民解放军上海市军事管制委员会主任陈毅签发命令，自1952年11月20日起征用英国在上海的上海自来水公司的全部财产（包括一切动产及不动产），从而宣告上海市自来水公司正式成立。上海市自来水公司在创立初期，下属供水企业包括杨树浦水厂、南市水厂、闸北水厂、浦东水厂及管线排管、营业抄表等业务单位。1999年11月，中共上海市委、市政府宣布上海市自来水公司重组为四家市属区域性供水企业：上海市自来水市南有限公司、上海市自来水市北有限公司、上海浦东威立雅自来水有限公司、上海市自来水闵行有限公司。

馆藏上海市自来水公司全宗档案共1 812卷，排架长度23.2米，档案起止年代为1952—1977年，编有案卷目录。

档案主要内容：

有上海市军管会关于接管英商上海自来水公司的命令、征用接管工作的方案、报告、总结，上海市自来水公司机构增设、改组、撤销等报告、通知，公司及所属单位组织、人事、生产、行政等各项管理活动方面的标准、方案、办法、报告、总结、规章制度等文件材料，年度基本建设计划、各项工作计划、总结、执行情况报告和简报，年度工作总结、检查报告、基建总结报告，五年计划及执行情况总结，公司及所属水厂填报的工业企业基本年报、工业统计年报、行政区域用水分类汇总年报表，党员、干部统计年报，职工人数与工资统计年报，公司关于账务拨款费用支出定额的规定、办法、通知，征用前英商债务地产所得税资方文件、人员养老金等问题的请示报告、通知，关于职工丧葬费及抚恤、退职金等问题的请示、报告、批复、通知、规定，职工工资等级名册、工资年报，年度会计报告、决算报告、财务收支计划、生产成本计划、清产核资报告、意见、总结，公司年度基本建设决算报告，基建工程竣工决算、代办环流工程基建会计报告，公司排管工程的技术设计及公用局审核意见，公司基建工程技术设计、总结、报告、批复和公用局审核意见、通知，公司改善水厂生产设备的措施计划，关于净水原材料检验、设备运行维护、水质检验等规程，夏季供水、降温调度措施的方案、报告，公司及所属水厂业务、行政、专业等各种会议记录，公司在全国自来水经验交流会上的经验介绍资料、总结，干部任免、人事调整与奖惩处理的报告、批复、名单、通知，干部名册与干部提拔登记表，学徒培训，公司三反、五反、整风、反右、甄别等工作计划、报告、总结、批复，编印的《英商自来水公司简史》《给水点滴经验汇编》等。

上海嘉金高速公路发展有限公司

全宗号　G147

上海嘉金高速公路发展有限公司于2002年9月18日成立。该公司从事上海市高速公路网A5公路（嘉金高速公路）项目的投资、建设、运行、养护、维修和管理，在公路规划范围内从事车辆清洗、维修、加油站、广告等服务项目的经营管理，从事与项目有关的实业投资、资产管理。2004年11月时，该公司设置的内部职能部室为：工程管理部、计划财务部、系统集成部、一期运营管理部、人力资源部、办公室。2006年3月，增设养护管理部（质量安全部）。2008年7月，上海沪申高速公路建设发展有限公司正式接管嘉金高速公路的运营养护管理工作。2010年9月，嘉金高速公路发展有限公司解散，成立嘉金公司清算组。2014年1月，嘉金高速公路发展有限公司清算工作全部完成。

馆藏嘉金高速公路发展有限公司全宗档案共1 469卷，排架长度26.4米，档案起止年代为2002—2014年，编有案卷目录。

该全宗分为文书档案、会计档案，档案主要内容：

（一）文书档案

1. 办公室

有上海嘉金高速公路发展有限公司的成立批复及开户许可证、企业法人营业执照、税务登记证、组织机构代码证，工程建设用地规划许可证的通知，嘉金高速公路嘉定段工程可靠性研究调整意见的报告，公路工程可行性研究报告、项目建议书的批复、请示，公司办公会、协调会、各部部长会会议记录、纪要，嘉金高速公路指挥部会议记录、纪要，市正达律师事务所就经济合同履行终止的函、终止对账单、清算事宜往来文件及办案小结等。

2. 人力资源部

有公司关于注册资本变更报送的公司股东会决议、章程、财务报表，变更申请报告，企业法人变更登记申请表，年度考核表，人事任免、聘用的通知、批复，公司举报制度、费用管理制度、岗位管理制度、综合管理制度的通知等。

3. 工程管理部

有嘉金高速公路用水、用电、设计、养护等各项工程合同和协议书，施工管理专项会议纪要，工程交工验收报告，可行性研究报告，项目建议书，工程竣工验收报告等。

4. 计划财务部

有安永大华会计师事务所的验资报告，立信会计师事务所的各种审计报告，职员工资明细表，公路工程保函登记表、签收单，各项工程审价报告、预算书等。

5. 系统集成部

有各项工程通讯、网络系统、计算机项目、签订房屋和植物租赁、汽车维修等采购项目的合同，收费站和立交供电、泵站和配电箱等工程的审批表等。

6. 运营管理部

有收费站人员定站定岗的通知，嘉金高速公路运营管理规定，垃圾清运和处理、绿化工程、收费、防范报警及车辆故障合同等。

7. 养护管理部（质量安全部）

有交通建设安全专项整治工作的方案、通知、通报，运营、养护、安全生产工作的计划、审批申请、请示、批复，安全责任的签约、通知等。

（二）会计档案

有会计报表、会计账簿、凭证等。

上海久事公司

全宗号　G148

1986 年 8 月 5 日，国务院以国函［1986］94 号文《国务院关于上海市扩大利用外资规模的批复》，同意上海第一批扩大利用外资方案。1987

年 2 月 24 日，上海市人民政府以沪府［1987］15 号文同意成立“上海九四公司”。1987 年 4 月 6 日，上海市人民政府办公厅以沪府办［1987］54 号文同意，“上海九四公司”更名为“上海久事公司”。公司的性质为事业单位，企业经营。公司的主要任务：一是对“94 专项”进行项目管理；二是会同银行对资金进行筹措，调度和统筹还款；三是开展综合开发经营，增强还款能力。

公司实行董事会领导下的总经理负责制，下设投资部、经营部、资金部、办公室，属市综合经济领导小组领导，归口市计划委员会管理。1990 年 2 月 1 日起，上海久事公司、上海实事公司合并为上海久事公司，机构设置为：党委办公室、办公室、投资一部、投资二部、资金一部、资金二部。1992 年机构调整为：办公室、计划财务部、投资管理部、实业部、贸易部、房地产部。1995 年，增设人事处、审计监察室、综合研究室。

馆藏上海久事公司全宗档案共 815 卷，排架长度 12.8 米，档案起止年代为 1987—1995 年，编有案卷目录。

该全宗有文书档案、“94 专项”档案、音像档案、实物档案，档案主要内容：

（一）文书档案

1. 党支部

有党支部工作总结、计划，中国共产党党内统计年报表，预备党员的批复、考察表、中心组学习安排，评先工作的决定、通知、通报，召开党支会议的记录等。

2. 工会

有成立上海久事公司工会筹备组的批复，公司工会基本情况表，工会工作总结、计划，职工代表大会材料等。

3. 团支部

有成立久事公司团支部的批复、报告，评选先进工作材料，统计报表等。

4. 办公室

有公司工作总结、计划、大事记，公司工作年报，总经理办公会纪要、记录，公司办公会纪要、记录，干部任免的函、请示、批复、通知，职工工资表，干部调动介绍信、干部登记表及批报表，领导讲话稿等。

5. 人事部

有干部任免的请示、批复、通知、审批表，职工工资表，干部调动介绍信、干部登记表及批报表，干部定期统计报表、其他人员情况统计表，劳动情况、职工保险福利统计年报和在职员工、离休人员养老保险汇总表等。

6. 计划财务部（原资金部）

有“94 专项”贷款，资产负债、财务状况、投资性贷款计划、财务测算表，审计报告书、财务状况说明等。

7. 投资管理部（原投资部）

有召开上海市利用外资“94 专项”发证会议，“94 专项”用款计划，“94 专项”项目经济效益表，投资项目的审批工作等。

8. 实业部

有投资参股企业基本情况表，实业投资企业经营情况汇总表，实业投资企业效益情况表，投资参股企业投资返利情况表，企业贷款情况明细表，投资企业效益情况分析报告等。

9. 审计监察室

有公司代管专项基金的审计意见书、审计报告等。

（二）“94 专项”档案

公司成立之初的主要任务就是对“94 专项”进行项目管理，因此形成了“94 专项”档案，档案的主要内容包含项目建议书，可行性研究报告，初步设计、投资资金的批复，竣工验收会的纪要，经济效益审核意见书等。

（三）声像档案

有国务院副总理朱镕基，上海市市长黄菊，副市长徐匡迪等领导视察公司、出席、接待各项活动的照片、录像、录音讲话稿，上海久事公司、申能电力开发公司成立大会，《上海久事公司成立五周年》，《久事的辉煌》（一至十三）中、英文版，“94 专项”成果汇报会暨浦东公司成立揭牌，公司与高桥石化公司、德国巴斯夫公司投资丙烯酸项目合资意向书签约仪式等。

（四）实物档案

有上海市政府咨询小组成员周壁、上海市人大常委会副主任王崇基和李家镐、国家计划委员会原副主任陈光健、上海市政府顾问汪道涵为久事公司成立五周年的题词等。

六、文化机构档案

解放日报社

全宗号　A73

《解放日报》原为中共中央机关报，1941 年 5 月 16 日在延安创刊，1947 年停刊。1949 年 5 月 28 日复刊，并作为中共上海市委的机关报。1949—1954 年、1963—1966 年曾两度兼中共中央华东局机关报。新中国成立初期，报社实行社长制，设社务委员会和编辑委员会。1955 年 2 月，报社改社长制为总编辑负责制，撤销社务委员会，保留编辑委员会。1964 年 5 月，撤销编委会，建立党委会。“文革”结束后，实行党委领导下的总编辑负责制，重新成立编委会。历任社长有：范长江、恽逸群、张春桥、赵亢三、王景。历任总编辑有：范长江、恽逸群、张春桥、杨永直、杨西光、魏克明、王维、马达、陈念云、丁锡满、秦绍德。

馆藏解放日报社全宗档案 1 110 卷，均为永久卷。档案排架长度 11.2 米，档案起止年代为 1949—1990 年，按年度—组织机构大流水排列，编有案卷目录。

档案主要内容：

1. 综合类

有华东局关于《解放日报》兼华东局机关报的通知，中共上海市委关于改变《劳动报》的方针和领导问题的意见，《解放日报》关于创刊的总结与今后工作方针关于贯彻群众路线、改进报纸、加强对上海报道的决定，《解放日报》工作要点、工作计划大纲；华东局、市委负责同志讲话记录，本报社委会、编委会、社革委会、党委会、全社职工大会记录及报社中心组学习会议记录；编委会有关报纸出版问题的决定，“大跃进”以来宣传报道、政治思想工作概况、党员干部学习、讨论中央工作会议精神及学大庆、学军的情况简报；出席市文教群英会、报社先进集体、先进工作者名册，登记执照及内部刊物登记证等。

2. 政治运动类

有历次政治运动有关编组名单，学习步骤、情况简报、大字报摘录，有关革命造反联合司令部的整风资料和造反队组织名称、人员名单，关于清理阶级队伍、斗批改、批林批孔运动、反击右倾翻案风、狠抓意识形态领域阶级斗争等简报，正副总编辑整改方案、总结等。

3. 编辑业务类

有编辑部关于开展全党办报、报道抓形势抓大局、加强对上海的报道及版面风格、编辑工作等出版问题的计划、总结，编辑部关于报纸上泄密、浮夸、事实性错误及版面上发生重大错误的检查报告，党和国家领导人的手迹、亲笔修改的稿件，市委负责同志审阅修改的原稿及批注的意见，编辑部关于历年政治运动、典型学习报道、历年重大节日、纪念日重点报道的计划、总结等，编委会关于加强通讯工作、设立兼职通讯干事、有关编辑、记者业务学习及规章制度等。

4. 组织人事类

有组织机构主要干部配备方案及部分机构撤销、划出，关于组织人事方面的请示及批复，各部、组工作职责、范围、整编方案，华东局、市委有关党报委员会组成的通知，该报主要领导及编委的任免、调动通知，人事调动介绍信，关于撤销该报编委会建立党委会的通知，该报干部基本情况，高级知识分子、专业人员登记表，工资基本情况，工资演变、工改方案、各种福利、津贴制度、干部甄别结论、综合材料及有关职工受处分、案件判决、逮捕劳教的通知，该报党总支概况、党纪处分材料等。

5. 行政工作类

有关于经营管理工作的情况汇报，简报、各科室工作规划、总结、管理部工作条例和责任制度，该社有关基本建设、申请建造、交换、调配、扩建厂房及办公用房与房管部门来往文书，该报印刷厂竞赛评模、评奖得奖名单事例，机关副食品基地生产计划、总结，有关文物，收报机上交来往文书清单等。

6. 计划财务类

有会计规程、更改会计制度、经济计划执行情况和财务成本执行情况、经营管理盈亏情况报告、检查，旧申报财产估价、清产核资、公私资本比率，有关资金核定、报缴所得税账目、战备设备拨款等报告，市有关主管部门下达的基本建设、出版计划、利润、留成等指标材料等。

7. 发行广告类

有关于报纸发行的计划、试点、调查总结，该报关于纸张调价减少发行、调整发行费率、压缩报纸发行数量、报纸脱班等问题的请示及与邮局签订的邮发合一协议往来文书，该报关于广告刊例、广告折扣办法，报纸发行月报表及计划表，该报关于代印《人民日报》发生重大错误的检查报告，做好战时报纸发行工作的初步打算及市领导出版彩色报纸的批示等。

上海私营、联合广播电台

全宗号 B91

上海联合广播电台于1952年10月1日成立，1953年9月并入上海人民广播电台。董事长兼台长袁方。下设编辑组、工务组及秘书。

馆藏上海私营、联合广播电台全宗档案71卷，均为永久卷。档案排架长度1.6米，档案起止年代为1949—1956年，按问题分类，编有案卷目录。

档案主要内容：

有上海军管会对私营电台的通令及管理暂行办法，上海人民广播电台（以下简称上海电台）关于私营台的管制处理工作和取缔短波收音机的意见、报告，上海私营广播电台概况、工作报告、变迁情况，各种节目、节目播音时间和工作人员登记表，整顿私营电台的会议材料，上海电台接管福音电台的请示、批复，财务、资产清册，财经委员会接管美商华美电台的批复、资产清册、产权协议书，大中华、大陆、大美、亚洲、东方华美、麟记等私营台工作计划、报告、座谈会记录，迁台合并及播音等材料，上海电台与私营大同、新声台关于广播器械产权的合同，私营电台向上海电台申请参加公私合营的报告，上海联合广播电台成立、撤销的请示及市委宣传部、中央广播事业局的批复，联合台创立决议、章程、成立大会情况、工作报告及历年工作人员薪津清册，联合台节目时间编排、广告条例、听众建议会议记录，联合台收购私营台、私股的材料及各股东让股保证书，各私营台参加联合台的股东名册、投资额、人员工资待遇、评定等级等材料及各私营台实物投资凭证，董监联席会议、股东会议记录、决议及经费开支预算等。

上海人民广播电台

全宗号　B92

上海人民广播电台的前身是华东新华广播电台，1949 年 5 月 27 日起用上海市人民广播电台的台号对外播音。内部机构设政治新闻编辑部、文艺编辑部、技术部、节目部、办公室、服务部。周新武、苗力沉、杨时、田志强先后任台长兼总编辑。

馆藏上海人民广播电台全宗档案 2 185 卷，档案排架长度 24 米，档案起止年代为 1949—1972 年，按年度—组织机构分类排列，编有案卷目录。

档案主要内容：

1. 综合类

有该台入城工作计划、简报及暂时组织条例，上海电台、华东电台工作计划、总结，台务会议、编委会议记录，电台广播事业规划、概况及主要项目统计材料，华东电台、上海电台在第一次全国广播工作会上的经验介绍材料，发展广播事业第一、第二个五年计划，发展广播事业 15 年远景计划和初步意见，《每周广播节目报》出版、改版、发行及停刊的工作总结，该台党总支、党组工作计划、总结、会议记录等。

2. 组织人事类

有该台人事工作规划、小结、总结和干部“红专”规划、干部配备问题、调整组织机构、人员编制等问题的请示与批复，电台工作人员名册、登记表，干部培养计划、总结，评选先进工作者事迹材料等。

3. 宣传类

有历年国庆节、五一节广播宣传、编辑工作报告、实况转播稿、插播稿，抗美援朝、反轰炸、劝购公债等专题总结及十月革命、和平签名简报，反对美帝侵略、解放台湾、保卫世界和平宣传计划，解放军建军 30 周年及市中学生上山下乡广播会宣传计划，录制毛主席语录、舞剧《白毛女》样板戏宣传的意见指示等。

4. 广播类

有该台关于调整周围电台的请示与批复，取缔短波收音机的意见及收音机登记条例，全国九大城市电台关于加强文艺广播工作的协议书，华东财政部关于成立第二经济台的批复和商情节目分析报告，电台固定节目表、时间、比重统计及调整节目时间的请示、批复等。

5. 基建类

有华东文委关于该台基建项目的审核意见，基建预决算、财务用款的规定，建设市区、郊县广播网、无线电化规划、批复，规划“四五”计划期间利用国家电缆干线传送广播电视节目材料，天线场地维护办法、整理工程、设置超短波传输节目的报告，北京东路大楼建筑平面图等。

6. 接管类

有上海市军管会接管工作的指示、规定，接管国民党上海电台人员、物资情况，改组私营电台、接管国民党公营电台、成立公私合营电台的史料，接管国民党上海广播器材修造所的总结报告，华东局、市广播局关于处理私营电台的指示、通知等。

上海市农业科学院

全宗号　B113

上海市农业科学院成立于1960年4月18日，前身为上海市农业科学研究所。该院的主要科研任务是对粮食、棉花、油菜、蔬菜、果树、花卉、食用菌和畜禽的育种繁殖和高产技术的试验研究。设有作物育种栽培、土壤肥料、植物保护、园艺、食用菌、畜牧兽医、科技情报等7个研究所和生物技术研究中心、测试中心、饲料产品质量监督检验站、农业试验场以及其他相关科研机构。历任院长有：徐德建、张文韬、纪乐天、汪树俊。

馆藏上海市农业科学院全宗档案1 270卷，档案排架长度为24.8米，档案起止年代为1959—1996年，按年度—组织机构大流水排列，编有案卷目录6册。

档案主要内容：

1. 综合类

有历年工作计划、总结，年度科学研究重点课题计划表、发展纲要、规划；院务会议记录、院革委会会议记录；农林部、农业部等单位下达的研究计划、协作项目及该院科研成果推广情况；该院年度会计决算表、财务预算报告；基本建设项目批复和请示；院先进集体、先进个人名单、事迹材料等。

2. 党务、组织人事类

有中共上海市委、市农委关于成立上海市农业科学研究所党委及其成员的批复，党委、党委扩大会议记录，党委贯彻落实农业六十条、自然科学十四条及中央工作会议的情况汇报及意见，党员、党组织、干部、人员编制、组织机构调整年报及对基层各级领导班子干部的情况调查材料，1959—1976年党政领导班子组成及任职记载等。

3. 科研技术类

有上海市粮棉地区轮作制度调查研究，银耳栽培研究，棉花三促三控、三黑三黄栽培技术的研究，水稻花粉培养单倍体育种研究，作物辐射、激光育种研究，油菜勺叶青、沪油23号、铁梗青等新品种选育研究，猪喘气病病原支原体分离研究，猪六号病和鸭瘟疫苗研究，黄瓜薄膜覆盖早熟高产研究，番茄杂种优势利用研究的试验总结记录、计划、设计及调研报告等。

上海社会科学院

全宗号 B181

1958年9月，由原华东政法学院、上海财经学院、复旦大学法律系、中国科学院上海经济研究所等四单位合并，建立上海社会科学院（次年，中国科学院上海历史研究所也并入）。建院初期，上海社会科学院既是科研机构，又是教学机构。至1962年春，教学任务结束，院所属机构调整后，下辖哲学、经济、历史、政治法律、国际问题等五个研究所。1968年底，上海社会科学院建制被撤销。1978年10月，恢复建制。至1990年，下辖哲学、经济、部门经济、世界经济、历史、法学、信息、文学、宗教、青少年、社会学、人口与发展等十余个研究所及其他科研机构。历任院长有雷经天、杨永直（兼）、金仲华（兼）、李培南。内部机构历经变化，主要设有党委办公室、院办公室、图书馆等。

馆藏上海社会科学院全宗档案892卷，均为永久卷。档案排架长度16.8米，档案起止年代为1958—1968年、1978—1990年，按年代—组织机构排列，编有案卷目录。

档案主要内容：

1. 综合类

有上海社会科学院发展规划、社科院和各所历年来各项工作计划、总结，院务会议和所务会议记录、简报，院和各所概况介绍，报送市文教系统先进集体、先进工作者名单、事迹，财务工作决算报表等。

2. 组织人事类

有中共上海市委关于社科院院级、所级干部任免、调动的批复、通知，院内干部的任免材料，组织机构的调整、设置、编制的确定等意见、方案及向上级的请示、报告，行政、教学、研究人员名册，院干部工作统计年报等。

3. 党务类

有院党委和各所党总支会议记录、扩大会议记录，党代会会议记录、决议，党委和各所党总支工作计划、总结、简报，上海市委、市委组织部关于社科院党委人员组成的批复，院、所党组织建立和组成人员批复，党员和党组织统计表等。

4. 教学类

有学习贯彻中央教育方针的计划情况，教学工作历年计划、总结、报告，各系编印的教材、讲义、讲座材料等。

5. 科研学术类

有社科院和各所制定的科研规划、工作总结，院、所编印的刊物、资料、撰写的论文、调查材料，编印出版的各类学术书籍等。

上海市阶级教育展览会办公室

全宗号　C4

1965 年 1 月，上海市阶级教育展览会办公室成立，负责展览会的筹办工作。办公室主任沈以行，下设材料组、展出组、组织宣传组、秘书组。1966 年撤销。

馆藏上海市阶级教育展览会办公室全宗档案 37 卷，均为长期卷。档案排架长度 0. 8 米，档案起止年代为 1965—1966 年，编有案卷目录。

档案主要内容：

1. 综合类

有年度、季度工作计划、总结报告，全市开展城乡社会主义教育运动的情况讨论，市委主要领导对预展的指示，展览陈列内容的审查意见，编审小组会议记录及各种专题报告等。

2. 组织人事类

有各项内部制度条例，展览会办公室主要领导人员名册、工作人员名单及统计表，该办公室编制方案，干部调整及组织问题的报告等。

3. 宣传工作类

有上海市阶级教育展览会情况介绍，展览会简报、资料，展览会讲解词及展出的照片，“文化大革命”中观众大字报底稿及文献、实物登记册等。

共青团上海市委《青年报》编辑部

全宗号　C25

《青年报》创刊于1949年6月10日，是中国新民主主义青年团华东工作委员会和上海市团工委机关报。同年9月，并入解放日报社，在《解放日报》编辑部下设立《青年报》编辑部，由《解放日报》编委会、团华东工委双重领导。1954年10月后，《青年报》划归共青团上海市委领导，成为团市委机关报。编辑部下设编辑组、采访组、经理部、青工组、学校组、团的生活组、时事组、学习修养组、文艺组、通联组、秘书组、地方记者组、小品组、副刊部、行政科、经济组。冯兰瑞、孙铁青、钟沛璋、夏禹思、林剑修等先后任编辑部负责人。

馆藏共青团上海市委《青年报》编辑部全宗档案共300卷，排架长度约6.4米，档案起止年代为1949—1966年，编有案卷目录。

档案主要内容：

1. 综合类

有陈毅、胡耀邦、郭沫若、吴玉章等领导及英雄模范吴运铎为青年报社题词的相关文件，中共上海市委宣传部、团市委领导同志的讲话，《青年报》工作的基本经验、概况，编委组长扩大会议、支部委员会会议、支部大会、全体干部大会等会议的记录，编辑部工作计划、工作方针及加强华东区工作方案、工作总结及专题总结、各组工作规划，向苏联、罗马尼亚、蒙古等外国代表团介绍经验的记录，各年度财务决算表等。

2. 组织人事类

有关于《青年报》组织机构和人员编制情况，干部任免报告及批示，干部档案移交清单，关于批准党支部委员的通知，工作人员名单及调动情况，工作人员工资级别变动情况等文件。

3. 宣传类

有关于贯彻总路线、共产主义劳动态度、党的八届七中全会精神、艰苦奋斗、征兵等专题活动的宣传计划，报纸言论、思想教育、开展批评等专题的总结，报纸改刊、改版、发行等问题的报告，《青年报》报道计划、社论原稿，《青年报》1949—1960 年合订本，通讯员刊物，关于刊用新华社电讯稿改进宣传及扩版等报告，上海青年运动摄影资料（底片），举办中学生作文比赛计划和情况报告等。

上海市青年宫

全宗号 C26

1958 年 2 月 18 日，上海市青年宫成立。其任务是开展有益于青年身心健康的业余文化艺术活动，丰富青年的文化生活，加强对青年的共产主义思想教育。主任何长城。内部机构设基层组、文艺组、文化组、创作组、宣传组、秘书组。1958 年 4 月，团市委决定成立青年宫委员会，主任委员谭西三。1959 年青年宫与团市委军体部合署办公，由钱虹负责。

馆藏上海市青年宫全宗档案 214 卷，档案排架长度 5.6 米，档案起止年代为 1956—1969 年，编有案卷目录。

档案主要内容：

1. 秘书类

有团市委关于上海市青年宫成立的方案及机构编制方案，建立青年宫委员会的决定，工作计划、会议记录、大事记，干部任免的通知等。

2. 宣教类

有上海学生运动史料的编辑、展览计划、方案及展出稿，举办上海青年社会主义建设积极分子大会展览会、上海青年志在四方展览会、人民公社好展览会、延安时代革命生活展览会、抗美援朝展览会、忆苦思甜展览会、老工人话当年展览会、雷锋同志模范事迹展览会的展稿及计划、总结，青年修养、革命传统、国际形势教育、科技知识、卫生知识等各种讲座记录等。

3. 文艺活动类

有举办各类训练班、艺术团、合唱团的计划、通知、招生简章，举办各类文艺比赛、活动的通知，举办第五届“上海之春”的工作计划及上海市社会青年 1964 年文艺交流演出计划等。

文 汇 报 社

全宗号　G20

《文汇报》创刊于 1938 年 1 月 25 日。1939 年 5 月 18 日因宣传抗日被迫停刊，抗战胜利后复刊。1947 年 5 月 25 日因如实报道五二〇血案被勒令停刊，1949 年 6 月 21 日复刊。该报以知识分子为主要读者对象，宣传党的政策，1956 年 5 月 1 日起停刊，并按国家安排，报社迁往北京。不久又迁回上海，于同年 10 月复刊。历任社长有：徐铸成、金仲华、王景、艾玲、田志强、王素之。历任总编辑有：娄立斋、柯灵、徐铸成、陈虞孙。内部机构历经变化，主要有编委会、社委会等。

馆藏文汇报社全宗档案 2 327 卷，均为永久卷。档案排架长度 41.6 米，档案起止年代为 1938—1998 年，按年代—问题大流水排列，编有案卷目录。

档案主要内容：

1. 综合类

有创刊、停刊、复刊情况，工作计划和总结，上级机关及主管部门对该报业务的批示、总结、汇报，上级领导讲话，报社规章制度、大事记，广告、发行及用纸的情况及行政工作的情况，报社参与社会活动的情况，停刊、复刊时财务、产业处理的来往函件，报社财务预算、支出计划的明细表，外事接待计划、汇报等。

2. 党团工会类

有党、工、团工作计划、干部任免，建党工作总结，报社总支、支书和支部大会会议记录，党纪处分材料等。

3. 组织人事类

有组织机构和人员任命的决定，培养和提拔干部情况会议记录，干部参加劳动、疗养的情况，报社工作人员统计表，评定先进、奖励的材料，报社审干工作结论，干部处分材料，工资改革计划，劳动工资年报表等。

4. 编辑业务类

有编辑方针、宣传计划、宣传提纲、新闻改革情况和改版的情况，领导对宣传报道的指示，编委会的会议记录及专题讨论、学术讨论的报道情况及社会上的反映等。

新民晚报社

全宗号 G21

《新民晚报》的前身是1929年9月9日创刊于南京的《新民报》。1946年5月1日该报在上海创办《新民报·晚刊》，同年7月1日曾改名为《新民晚报》，1948年12月1日恢复《新民报·晚刊》名称。1958年4月1日上海《新民报·晚刊》改名为《新民晚报》。1966年8月22日停刊。1982年1月复刊。1996年首创中国第一张地方报纸海外版——《新民晚报·美国版》。1998年7月与文汇报社组成全国最大的报业集团——文汇新民联合报业集团。历任社长有陈铭德、邓季惺、赵超构等。历任总编辑有赵超构、高拜石、王健民、程大干、蒋文杰、束纫秋、丁法章等。

馆藏新民晚报社全宗档案1 528卷，档案排架长度26.4米，档案起止年代为1929—1999年，按问题分类，编有案卷目录3册。

档案主要内容：

1. 综合类

有报社历史沿革、组织史、重大事件材料，报社的工作计划、总结及各类规章制度，复刊筹建的计划，报社党政、党委、党组、编委、社务委员会会议记录，股东董事会议、全体职工大会、编辑采访等记录材料，股份公司、股东名册及股息发放记录，报史陈列室、周年纪念册的总体设计材料等。

2. 组织人事类

有领导机构设置和领导班子工作设想的报告，职工奖惩工作材料，报社机构变动、内设机构变更、干部任免和职工录用、离职、调职、辞职、开除、商调等材料，职工名册，加强职业道德建设、禁止有偿新闻文件等。

3. 行政管理类

有经营管理若干条例汇编，财务审计、报纸发行工作材料，组建公司、酒店的报告、批复，财务年度决算报表等。

4. 编辑类

有该报及附属系列报刊的编辑方针、报纸性质、任务特点及办报路线等材料及工作计划，电子版上网的材料，晚报扩版、改版的材料，编辑部各组的宣传报道及各类专题宣传报道的概况、计划、总结材料，编辑、记者的培养及参加各类新闻评选、新闻报道获奖情况材料等。

5. 外事类

有该社外事工作的计划、总结、报告，在美国设立记者站及邀请、接待国外报社来访的材料，记者、编辑等出国采访、考察、培训材料等。

上海市文史研究馆

全宗号　G25

上海市文史研究馆成立于1953年4月，1955年改称上海市文史馆，1989年1月恢复原名。历任馆长张元济、江庸、平海澜、金兆梓、王国忠、徐福生。内部机构设办公室、秘书组、总务组。

馆藏上海市文史研究馆全宗档案146卷，档案排架长度4.8米，档案起止年代为1952—1990年，按问题分类，编有案卷目录2册。

档案主要内容：

1. 综合类

有中央文史馆关于改进文史馆工作的通知、报告，市政府办公厅关于贯彻国务院（1988）57号文、落实政府专题会议和文史馆更名等文件，文史馆关于组织分工、会议制度等文件，该馆工作计划、总结、馆务会议记录等。

2. 人事类

有关于机构、编制和经费的文件，馆员聘任、生活待遇改善、工作人员增资等文件，该馆建馆35周年纪念馆员名录等。

3. 业务类

有文史研究馆等举办画展、书画联展、赴港办展等文件，有吴昌硕后裔弟子赴日办展，吴昌硕、陈石濑书画展、赴贵州办展文件等。

4. 编辑出版类

有出版的文史资料、文史综合刊物，《上海文史》《风云》等内部刊物，编辑出版《文史笔记丛书》计划等。

5. 联谊交流类

有举办迎春茶话会、祝寿、外出参观等文件，有接待法国电视小组来沪、北京文史馆和宁夏文史馆来沪参观、福建咨询工作调查组来沪以及有关人员赴港讲学文件等。

上海市艺术师范学校

全宗号　G89

上海市艺术师范学校前身为上海市行知艺术学校，由陶行知先生创办于 1939 年 7 月。1953 年夏，更名为上海市艺术师范学校。设音乐科、美术科两个科。主要职能是培养小学音乐及美术教师。

馆藏上海市艺术师范学校全宗档案共 83 卷，排架长度 1.6 米，档案起止年代为 1939—1955 年，编有案卷目录。

档案主要内容：

1. 综合类

有上海市行知艺术学校、上海市艺术师范学校概况、简史，更改校名、启用印鉴的通知，育才学校校务会、教导会、指导委员会、谈话会、生活指导委员会、干部联席会等会议记录，育才学校大事记、函稿，上海市艺术师范学校教导大事记，上海市人民政府教育局、上海市私立行知中学关于董事会立案呈报事项表、章程、开办表及批示，上海市私立育才学校、上海市私立行知中学关于学校工作报告、计划、概况，上海市行知艺术学校单位决算报表，上海市私立育才学校关于陶行知先生追悼会材料等。

2. 教务类

有上海市私立育才学校、上海市行知艺术学校学生人数经济情况调查表、学籍名册，1954—1955 年学生毕业证明书、存根、学生名册等。

3. 组织人事类

有上海市私立育才学校、上海市行知艺术学校教职员工名册、简历，行知艺术学校教职员工情况表、登记表，上海市人民政府教育局、上海市艺术师范学校关于报送 1953 年、1954 年、1955 年教职员工登记表的通知、名册等。

上海市半农半读师范学校

全宗号　G90

上海市半农半读师范学校前身是安亭师范学校，成立于 1965 年秋。旨在培养又红又专，体力劳动与脑力劳动相结合，既有文化又有技术，能文能武、全面发展的新型教师。

馆藏上海市半农半读师范学院全宗档案共25卷，排架长度0.8米，档案起止年代为1964—1968年，编有案卷目录。

档案主要内容：

1. 综合类

有上海市半农半读师范学院党委、革命委员会、筹备会会议记录、决议，上海市安亭师范学校关于筹建半农半读师范学院工作、机构设置、干部配备、启用印章的计划、总结、会议记录，上海市教育局、上海市财政局、上海市半农半读师范学院关于半农半读师范学院基本建设投资计划、购买设备、解决饮水问题的通知、报告，关于招生工作、助学金使用情况等。

2. 教务类

有上海市革命委员会教卫组、上海市教育局关于上海市半农半读师范学院毕业生分配、工资福利待遇问题文件，该校学生学籍卡，毕业生分配、体格检查、档案移交、党团组织关系转移的名单，学生退学文件等。

3. 组织人事类

有上海市半农半读师范学院人事任免决定，共产党员组织关系介绍信、登记卡，党员干部年报表、团组织情况统计表，教职员工工作调动、工资转正定级材料等。

上海市第一速成师范学校

全宗号　G91

上海第一速成师范学校成立于1956年，学制一年，其职能是培养小学师资力量。

馆藏上海市第一速成师范学校全宗档案共37卷，排架长度0.8米，档案起止年代为1954—1958年，编有案卷目录。

档案主要内容：

1. 财务类

有该校附设师资短期训练班1954年单位决算，该校1957年单位预算支出总表，1957年单位预算一般、专业设备购置费核算表，1957年单位预算人民助学金核算表，1957 年单位预算房屋修缮费、体育维持费核算表，1957 年第一季度分月经费计划表、房屋修缮费预算表，1957 年第一季度一般、专业设备购置费核算表等。

2. 业务类

有该校师资短训班 1954—1955 年语文教学法教学总结，师资短训班 1954—1955 年政治教研组教学总结，宪法教研组工作计划，1954 年语文、汉语教研组工作计划、总结，1954—1955 年教育学教研组工作计划、总结，1955 年师资短训班算术教学工作的报告、总结，1955 年师资短训班实习工作总结，1956 年师资训练班班级工作总结，1956—1957 年体育、音乐、卫生教研组工作计划、总结，美术教研组工作计划，1956—1957 年地理、历史、自然等教研组工作计划，手工劳动教研组工作计划，1957—1958 年地理、自然、算术教研组工作总结，算术教学法教学经验总结，如何重新编写算术教材——上海市第一速成师范学校专题研究，1957—1958 年文学教育学、语文教研组工作计划、总结，音乐教研组琴法教学总结，上海市教育局关于执行师范学校计划和使用教学大纲、教材等问题的补充说明，上海市教育局关于小学各科教学大纲与教学参考书合理分配办法，各区小学图画、体育、算术教学大纲（草案）及体育教学参考书分配数的通知，该校班主任工作汇报、工作总结等。

3. 会议记录

有该校 1955—1956 年校务会议记录，第一次、第二次全体教职员会议记录及第三次全体教职员会议签到名单，第一次教师全体会议记录，校务会议记录，扩大会会议记录，初级师训班校务会议记录，师资短期训练班校务会议记录，党、政、工、团、各民主党派、各教研组组长联席会议记录，语文组学员座谈会会议记录，班主任会议记录，事务教导联席会议记录，政治教师辅导员联席会议记录，教育学组关于改进教学教育问题的讨论纪要等。

4. 人事劳动类

有该校短期训练班第十三班董如芳撕毁教案总结，上海市人民政府教育局、上海市第一师范学校师资短训班 1954 年度结业证书、名册，该校附设师资短训班呈验 1954 年度结业证书名册及上海市教育局验印结果，上海市人民政府教育局、上海市初等学校师资训练班 1955 年度结业证书名册，该校 1956 年度学生结业证书名册，第一、二师范附设师资短训班学员成绩记载表，上海市初等学校师资训练班总成绩记录表，上海市初等学校师资训练班填报的学校先进事例填报表，该校应届毕业生学生成绩表等。

上海市初等学校教师业余进修学校

全宗号 G92

上海市初等学校教师业余进修学校由上海市教育局直接领导,遵照中央政务院整顿和改进小学教育的指示，成立于 1953 年 11 月。其职能是提供小学教师教学训练。1958 年 9 月该校结束。

馆藏上海市初等学校教师业余进修学校全宗档案共 41 卷，排架长度 0.8 米，档案起止年代为 1953—1958 年，编有案卷目录。

档案主要内容：

1. 规章制度类

有市教育局关于制订该校办公制度、班主任职责、会议规程的通知，市教育局关于预订教材、修改课时、汉字简化方案及高中代数等课目精简提纲的通知，市教育局关于该校开办计划草案及 1954 年招生工作的计划、意见、通知，市教育局关于外国地理课本上政治地图处理问题、化学实验药品供应及教学进展、教材问题等的通知，该校函授部暂行章程、考试规则及各项制度规定市教育局关于预订内部交流参考资料、编写职工识字补充教材、小学毕业班不再学习史地课目等的通知、意见，市教育局、该校关于学生奖励办法、教职员工服务条例及教研组长职责等。

2. 业务类

有该校 1954—1955 年学期工作总结，校史概况（1953 年 11 月—1958 年 9 月），1953 年第一学期工作总结，1953—1954 年教学工作计划，1954 年语文数字等课目教学计划大纲，1954—1955 年自然算术等教研组学期总结，1955 年语文数学等课目教学计划大纲，1955—1956 年学期及教研组工作计划，关于五级制记分法实施计划及今后改进意见的总结，教育学广播讲座教学大纲，1956—1957 年文学汉语等课目教学计划提纲等。

3. 人事劳动类

有该校第一届各科（区）学员结业成绩名册、总表，1954 年学员结业证书名册，1955—1956 年学员结业成绩、证书名册，师资训练班学员登记表，1956 年、1957 年干部定期统计报表，第二届各区学员结业成绩、证书名册，1956—1957 年学员结业成绩证书及肄业名册，1957 学年第二学期学员结业成绩证书名册，1953—1958 年读完三科毕业学员名册，1954—1955 年教职员工、学员情况统计表、通知，1958 年结业学员、流生人数、人员变动、校舍面积及职工退休、退职情况调查表、统计表等。

上海鲁迅纪念馆

全宗号　G152

上海鲁迅纪念馆成立于1951 年 1 月，主要职能是文物保管、陈列展出、宣传接待、编撰出版等。内设一室四组，即办公室、征集保管组、陈列研究组、群众工作组、行政组。

馆藏上海鲁迅纪念馆全宗档案共 159 卷，排架长度 1.6 米，档案起止年代为 1952—1990 年，编有案卷目录。

档案主要内容：

1. 综合类

有纪念馆年度工作计划、总结、简报、远景规划；纪念馆组织机构调整及制定的各项管理制度、职责范围，如征集、陈列、库房文物保管、开放参观、宣传接待、礼品、财务等等；纪念馆在接待外宾工作中的情况汇报、情况简报、参观人数统计表；纪念馆关于业务活动的请示、报告、批复、计划、方案、文字稿、会议记录、电话记录等，如故居开放、到工厂部队农村举办《鲁迅生平图片》等流动展览，举办纪念“左联”“鲁迅生平”等专题展览，修改陈列布置，筹备馆办刊物，编写《陈列大纲》《陈列资料选编》等，编撰出版《鲁迅辑校古籍手稿》《鲁迅诗稿》等、摄制《鲁迅生平》幻灯片等等；纪念馆在征集、查询、捐赠、收藏、复制鲁迅文物、资料、文献、照片等的工作中与兄弟单位、相关人士的来往信函；纪念馆的学习计划、座谈会记录、政治学习情况汇报、学习简报等。

2. 人事劳动类

有纪念馆关于直属领导关系调整、纪念馆与鲁迅公园中的鲁迅墓管理分工、干部任免、专业技术职务评审、工资调整等的通知、报告、批复、名册；纪念馆财务工作报告及年度决算表、劳动工资报表、干部统计年报表等。

3. 基础建设类

有恢复故居弄口面貌、纪念馆扩建房屋事宜、大修理等批复方案、报告，集资建造鲁迅铜像等。

上海市水产研究所

全宗号　G154

上海市水产研究所前身是上海地方增设的淡水养殖研究室和淡水养殖试验场,成立于1978年1月。行政上临时设立办公室、总务科、业务科、资源品种研究室、工厂化养殖鱼研究室、池塘养殖研究室、养殖试验场等七个科、室、场。主要职能是水产科研、示范、培训、推广及水产品质量安全检测等。

馆藏上海市水产研究所全宗档案共861卷，排架长度16米，档案起止年代为1978—1990年，编有案卷目录。

该全宗有文书档案、科技档案、照片档案、荣誉档案。档案主要内容：

（一）文书档案

1. 党务类

有本所需要贯彻执行的上级文件、党政领导会议记录、党政机构设置的报告、批复等。

2. 综合类

有本所需要贯彻执行的上级文件，上级关于上海市水产研究所成立的批复，各科室年度工作总结，印章启用和作废，外事接待工作的安排计划、接待小结等。

3. 财务管理类

有科研经费的申请，各类科研课题的各类报表，年度财务决算等。

4. 人事劳动类

有干部职务任免、调动工件的报告、批复，招聘、引进科研人才的报告，离、退休干部待遇的报告、批复，各类干部的统计年报表等。

（二）科技档案

有水产科技情报、淡水养殖技术及品种、特种品养殖技术、养殖新技术、饲料、鱼病防治、渔业机械、技术推广、技术培训、资源、援外、论文、科技管理等。

（三）照片档案

有低盐度对虾养殖技术的研究鉴定会、专家及领导现场指导、中国对虾标本、奉贤公平村试验点、养殖对虾起捕、拉网、加工、获奖奖状等照片，海岸带和海涂带生物资源调查等课题照片，外事接待工作照片等。

（四）荣誉证书

有 1978 年至 1990 年获得的各级成果奖 47 份。

上海图书馆

全宗号　G159

上海图书馆成立于1952 年 7 月，历任馆长为车载、顾廷龙、朱庆祚。内部机构设党委办公室、馆办公室、采编部、报刊部、保管部、阅览部、咨询服务部、特藏部、书目部、视听资料馆、业务辅导部、上海图书馆中专部。

馆藏上海图书馆全宗档案 451 卷，档案排架长度 4 米，档案起止年代为 1950—1991 年，按问题分类，编有案卷目录。

档案主要内容：

1. 综合类

有上海市公私图书馆 1950 年调查概况，创办上海图书馆筹备委员会组织大纲，组织机构人员编制系统图、人员配备表，开馆及宣传广告、新闻报道；馆务会议记录，年度工作计划、总结；中央文化部关于上海图书馆级别问题，关于上海图书馆、上海科技图书馆、历史文献图书馆和报刊图书馆统一方案座谈会记录，上海少年图书馆与上海图书馆合并的请示报告；关于新建上海图书馆选址问题及基建、扩建和购买物资的函、请示报告、合同；上海图书馆概况、大事记等。

2. 业务类

有上海图书馆关于业务方针和文化事业活动的情况汇报，上海图书馆服务规则，全国报刊资料索引编辑制度、书刊补充工作条例及图书采购标准，图书借阅、遗失、损毁各项规章制度，举办和配合举办各种图书展、展览会的计划、总结、报告，外宾接待工作计划及参观记录等。

3. 组织人事类

有干部任免、级别，职工工资调查，评选表彰先进及奖惩情况的报告、批复，上海图书馆年度职工人数、工资总额及干部统计年报表；党支部、党总支会议记录、工作计划、总结，党组织、党员统计报表及纳新工作的情况汇报；关于建立团总支的批复等。

上海市工商外国语学校

全宗号　G162

上海市工商外国语学校创建于1978年，建校时校名为上海市农业机械工业局机械制造学校。1999年经上海市人民政府批准，学校更名为上海市工商外国语学校。学校下设办公室、组织科、教务科、总务科、学生科、实习工厂。学校以“技能+外语”为办学特色，以“交流+合作”为服务平台，多年来为社会培养了数以万计的复合型、发展型技能人才。

馆藏上海市工商外国语学校全宗档案共133卷，排架长度1.6米，档案起止年代为1978—1990年，编有案卷目录。

档案主要内容：

1. 党务类

有上海市计划委员会、上海市革委会教育卫生办公室关于设立学校的请示及上海市人民政府批复，学校年度工作计划、总结、校务会议记录、工作计划总结、党员统计年报、录取新生和历届毕业生清册、毕业生登记表等。

2. 综合类

有团工作计划、总结，第一至第五届团代会会议议程、开闭幕词、工作报告等，团委贯彻上级主要会议精神，以及党和国家各个时期的方针、政策及有关各项活动、规章制度建立等。

3. 计划管理类

有实习工厂、港口综合合作服务队、应用技术服务部等设立、改名、撤销等事宜的报告、批复，确定事业单位机构级别的通知、机构设置的批复、教师职务评审组的通知等。

4. 人事劳动类

有学校干部统计表，干部任免、人事安排方案的报告与批复，人事、劳动工资工作计划、总结、报告，学校成立党总支、团总支、团委、工会、学生会的批复、报告、通知，工作改革计划、总结及调整方案报告与批复等。

上海市计划生育科学研究所

全宗号 G163

上海市计划生育科学研究所于1978年2月经中共上海市委批准建立。主要职能是对国家计划生育规划和有关决策提供咨询，为中国的其他研究机构提供技术培训和信息服务。研究所内设学术机构、研究技术机构、行政机构、政工机构。

馆藏上海市计划生育科学研究所全宗档案共550卷，排架长度5.6米，档案起止年代为1978—1990年，编有案卷目录。

该全宗有文书档案、科技档案、实物档案。档案主要内容：

（一）文书档案

1. 行政管理类

有该所年度工作要点，各类会议记录、纪要，研究所关于向上级市科委汇报的工作情况的报告，上海市计划生育科学研究所工作会议议程、领导讲话稿、工作情况汇报，机关财务管理办法认定研究所管理单位资质的请示、报告、通知、批复、函，根据要求上报有关研究所管理的情况汇报，关于国际、国内科技管理交流的通知、函、总结等情况，年度预算的使用情况，关于科技人员初、中、高级职务评审、年审工作的资料、方案、总结、通知，《上海高级专家名录》花名册及个人情况表等，讨论根本问题的会议记录，领导干部任职的批复，干部任免的决定，对干部任职工资待遇的决定，干部基本情况调查表，研究所编制和在职人员情况表，机关职级调整情况表，有关人才交流录取人员情况表、合同、工资及招聘工作情况小结，关于离休干部待遇问题的请示、批复等。

2. 政工管理类

有该所党员干部统计表、工作人员名册、党委会议记录，党委年度工作要点、总结和工作报告，研究所党委会印章的通知、印模卡的情况，党组织关于对内部机构设置的决定和对干部任免、决定，讨论干部问题的会议记录，领导干部任职的批复，干部任免的决定，对干部任职工资待遇的决定，研究所专业干部业务职称实施细则、干部基本情况调查表，各级科技人员编制问题的方案、报告，有关干部、工人工作调动介绍信、商调函、审批表、报告及高等院校毕业统一分配工作报到证，关于离休干部待遇问题的请示、批复等。

（二）科技档案

有5%葡萄糖液膨宫装置的宫腔镜诊疗技术工作总结、成果鉴定、获奖通知、论文、原始记录等，透明带免疫避孕的开题报告、计划鉴定、意见、工作总结等，正常育龄妇女月经周期血清中五种激素的变化计划、论文，应用B超检查胎儿生长情况及先天性畸形的研究设计、合同、鉴定、成果登记表、总结及原始记录等相关材料等。

（三）实物档案

有授予该所的部甲级科学技术成果荣誉证书，授予该所的部甲级科学技术成果荣誉证书，该所获得的上海市1982年科技统计年报工作第二名奖状，该所全面完成“六五”国家科技攻关项目输卵管注药绝育术安全性和有效性调查获纪念奖状，该所研制的上海花粉蜂皇浆及花粉破壁技术项目获得的1988年度上海市科学技术进步二等奖奖状等。

上海科学技术情报研究所

全宗号　G165

上海科学技术情报研究所成立于1958年10月，1995年10月与上海图书馆合并，并更名为上海图书馆（上海科学技术情报研究所）。历任所长为陶毅、钱志深。

馆藏上海科学技术情报研究所全宗档案446卷，档案排架长度7.2米，档案起止年代为1958—1991年，按问题分类，编有案卷目录。

档案主要内容：

1. 综合类

有上海市人民委员会关于成立“中国科学院上海科学技术情报研究所”并启用印章的会议记录、通知，上海科学技术情报研究所党委、行政年度工作计划、总结、会议记录，关于部门职责范围、干部培养、人事保卫、文书处理、档案管理、文印收发、保密工作、财务管理等各项工作的制度、办法、规定，上海图书馆（上海科学技术情报研究所）大事记等。

2. 党群工作类

有党委、党总支会议记录、工作总结，党组织、党员统计年报表，干部任免表、通知、基本情况表、任职批复、定级请示等。

3. 组织人事类

有组织工作年报表，关于机构设置、人员编制、年度职工人数、工资总额、福利费用等文件，干部统计报表、名单，年度组织工作小结等。

4. 科技管理类

有关于建立科技资料阅览中心和编译馆的草案、通知、情况汇报，关于上海计算机情报检查系统方案会及汉字信息处理系统研制工作的总结、报告，接待国外科技情报代表团、筹备国外科技图书展览会、举办“特种文献”展览会的计划、小结，关于组织科技情报调研课题、情报咨询服务、国际联机检查课题服务的情况汇报、效果汇编，建立复制车间、上海农机科技情报网、上海科技文献出版社及全国科技情报计算机检索系统上海地区中心的报告、批复、通知，《科技快报》《上海科学技术简报》《国内外科技消息》《情况反映》《科技文献与情报》《业务工作通讯》《上海科技情报服务效果实例》《上海市重大科研成果汇编》等材料。

上海市中专自学考试办公室

全宗号　G172

1984 年 8 月，上海市人民政府正式批准上海举办中等专业教育自学考试，上海市高等教育自学考试委员会下设中等专业教育自学考试办公室。1987 年 4 月 20 日，上海市中等专业教育自学考试办公室正式成立。上海市中专自学考试办公室主要职能是具体负责上海市中专自学考试的考试业务和日常管理工作。它的内设机构为行政秘书科、考务考籍科、计划命题科、助学指导科、考试研究室。

馆藏上海市中专自学考试办公室全宗档案共 188 卷，排架长度 4.8 米，档案起止年代为 1984—1994 年，编有案卷目录。

档案主要内容：

1. 综合类

有上海市市政府、市教育局、市高等教育自学考试委员会关于举办中等专业自学考试、增补自考委员等问题的报告、批示、通知、函，以及工作计划、工作回顾、工作打算等。

2. 考试试题类

有历年中专自学考试法律专业、建筑施工专业、普通师范专业、幼师专业、财经专业、医学专业等各学科考试试题等。

3. 学生名册类

有上海市中专自学考试办公室历年财经学校、机电工业学校、商业学校工业会计、行政事业财务、工业企管、工业统计、商业统计、商业企管专业毕业生名册等。

4. 统计报表类

有上海市中专自学考试办公室历年经费使用决算表、中等教育自学考试报考人员基本情况统计报表等。

上海体育职业学院

全宗号　G173

上海体育职业学院前身是上海体育训练班,成立于1952年9月21日。学院主要职能是培养各类体育运动人才。学院内设院领导院长办公室、党委办公室、训练处、人事处、财务处、总务处、体育医院、工会、科研图文信息中心、保卫处、教务处，同时下设7个运动中心：田径中心、排球中心、游泳中心、乒羽中心、自剑中心、篮球中心、拳跆中心。

馆藏上海体育职业学院全宗档案共832卷，排架长度4.8米，档案起止年代为1953—1990年，编有案卷目录。

档案主要内容：

1. 党务类

有上海市体委党委的批复、学院党政机构设置的报告、干部待遇的报告、党政会议记录等。

2. 综合类

有学院工作计划、总结，引进科研人才的报告，外事接待工作的安排计划、接待小结，科研经费申请等。

3. 统计表、名册类

有年度财务决算表、工作人员工资清册、学员名册、科研课题报表等。

4. 人事劳动类

有干部统计表，干部任免、人事安排方案的报告与批复，人事编制、计划、总结、报告、调动等。

5. 训练类

有比赛名次、各类比赛数据、运动员资料、运动科研资料、举办运动会资料等。

上海市纺织科学研究院

全宗号 G174

上海市纺织科学研究院前身是纺织工业部纺织研究院上海分院,成立于 1956 年。1959 年 2 月，纺织工业部将该分院下放地方管理。上海市纺织科学研究院主要职能是进行纺织业的科学研究。

馆藏上海市纺织科学研究院全宗档案共 834 卷，排架长度 9.6 米，档案起止年代为 1954—1990 年，编有案卷目录。

档案主要内容:

1. 党群工作类

有历年党委工作总结、会议记录，组织工作、党员登记材料，组织年报，纪检工作、工会总结和年报，共青团工作、政治运动等材料。

2. 综合类

有“文革”大事记，1956—1987 年党史大事记，纺织军工专业史，纺织机械发展史略，25 周年庆、30 周年庆等材料。

3. 行政管理类

有历年行政工作计划、总结、规划、汇报、会议记录、简报信息，干部年报和名单，劳动工资年报，机构设置、干部任免、职称工作、工资调整、行政处分、职工住房建设等材料。

4. 经营管理类

有清产核资、房屋普查、财务决算、基建计划、国有土地使用权申报等材料。

5. 技术管理类

有科研工作总结和年报表，科研计划执行和完成情况、科技成果鉴定、科研经费计划和下达、长沙马王堆汉墓出土纺织品研究等材料。

第五章　馆藏特色档案介绍

一、家 谱 档 案

家 谱 档 案

全宗号　F7

该全宗档案共409种，起止时间为明代嘉靖年至2015年，排架长度为174.4米。全宗内按照家谱姓氏进行实体分类，一个姓氏分配一个目录号，一种家谱编制一个案卷号。

档案主要内容：

1. 族谱类

有河南茶陵平乡敦本堂谭氏三修族谱（1910年，21种），湘潭马桥遡源堂谭氏族谱（1925年，10种），张氏族谱（藕塘）（1928年，16种），万载张氏六房族谱（1907年，11种）等。

2. 宗谱类

有安徽怀宁横山岩友善堂江氏宗谱（1948年，32种），安徽歙东竦源济阳江氏宗谱（1930年），安徽歙东竦源济阳江氏宗谱（1930年，4种），安徽蓉城徽埂曹氏宗谱（1种），安徽曹氏统宗谱（1912年，1种），江西龟山笃庆堂曹氏宗谱（1793年，1种），江西曹氏大成宗谱（1682年，2种），江西曹氏感公通宗谱（8种）等。

3. 户谱类

有湖南世德堂邹氏奇户谱（1929年，37种）等。

4. 家谱类

有安徽歙西汪氏家谱（1878年，1种）等。

二、地图档案

地图档案

全宗号　F4

馆藏地图档案共5 185卷，档案排架长度296.8米，起止年代为1846—2005年。全宗内按照地图所反映的不同的自然地理、社会经济等要素进行实体分类，每个类别分配一个目录号，原则上一幅地图编制一个案卷号。

档案主要内容：

1. 自然地理地图

主要为反映水系、地貌、土壤、植被、气候、矿产、地质构造、地磁强弱等情况的地图，有1886年版皇家现代地理地图册，1892年天文地球统属全图、东亚纤维资源地图（中、日文），1928年上海公共租界工部局绘制的上海市区地形图（英文），1873—1925中国雨水分布图（中、法文），1935年上海市土地局绘制的上海市区图圩现状图，1938年香港及新界地图（英文），1940年北支铁矿、硫黄矿、石炭资源图（中、日文），1950年太和县水利全图，1951年治淮委员会工程部绘制的淮河流域全图，1956年版利亚沙漠地图，1958年版全国土壤概图，1959年版中国煤田预测图，1963年版华东区矿产资源分布图说明书等。

2. 疆域、地域、行政区划地图

主要为反映国家、地区、省市等境界线、行政区划等情况的地图，有1855年上海市英租界地界图，1864年上海公共租界工部局绘制出版的美租界虹口区图，1883年版大日本地图，1890年版上海英租界地册图，1895年版西藏全图，1902年、1905年版支那疆域沿革图（中、日文），1903年版上海跑马厅以西马路图（英文），1904年版上海公共租界地图（左、中幅），1906年版最新万国形势指掌全图，1908年版松江、镇江、苏州府属全图，1909年版日本大阪、东京、函馆等地地图（中、日文），1910年版东亚婆罗尼地图（中、日文），1911年美国国防部参谋处地图股绘制的广东省地图，1913年版实测上海城厢租界图（第二版），1917年中华测绘公司绘制的上海闸北地区图（中、英文），1918 年中东石印局绘制的天津地图（中、英文），1919 年版上海市外滩地图（英文），1921 年版主权管辖和委托管理的太平洋岛屿交界图，1922 年、1923 年、1928 年、1932 年版上海地图，1924 年、1933 年版上海全图，1926 年版新制中华教科地图，1927 年版香港与广州地图，1928 年版牛津世界地图册，1934 年、1945 年、1946 年、1948 年、1951 年、1953 年、1956 年、1958 年版上海市全图，1934 年版台湾全岛图，1937 年版南京广德近傍图，1938 年版澳大利亚地图、中国国有京沪沪杭甬铁路区域图（中、英文），1939 年版新编九龙详细全图，1940 年版上海及近郊地图，1941 年版大西洋、印度洋（包括澳大利亚、新西兰、马来西亚）地图，1943 年版澳大利亚航空图，1946 年、1947 年、1950 年、1951 年、1956 年、1957 年版上海市各区图及地形图，1947 版上海市航测图，1947 年版沙港、复兴公园、引翔、高桥、吴淞口等镇分政图，1950 年、1951 年版上海明细分区地图，1951 年版上海江湾、龙华等区地形图，1952 年版新上海街道详图，1953 年版上海法华、北新泾等镇分幅接合图，1958 年版上海市干道系统规划及 1958 年建设初步规划总图，1959 年版嘉定初步规划图，1960 年版中国西南边疆图，1962 年版福建省地图集（普通地图），1976 年版中国地形图和中国其他省份地图及世界各国地图等。

3. 经济社会文化地图

主要为反映人口、居民点、学校、医院、工厂、商场、银行、文化设施、邮政、电信、电力、燃气、房捐、地价等情况的地图，有 1904 年版静安寺路与白克路之间放宽路图，1905 年版苏州河石桥图，1907 年版大清邮政舆图（中、英文），1909 年版虹口公园平面图（英文），1915 年版上海商场指掌图（中、英文），1917 年版中国新舆图，1920—1924 年、1933—1935 年、1937 年、1938 年、1941—1943 年版上海公共租界新建扩建马路图，1921 年版直隶、河南、新疆邮务区舆图（中、英文），1926 年版上海商埠全图（中、英文），1927 年版上海市商务全图（上、下图），1929 年版上海特别市道路系统图，1931 年版上海地产估价图，1936 年版中华天主教教区全图（中、英文），1940 年版第一期上海都市建设计划图，1943 年世界政治地图（中、日文），世界越洋快递与邮政服务线路图，大北电报公司线路及海底电线图（英文），1948 年版上海市黄浦江总图（深浅水位图）、中国电力分布图，1949 年版上海市各区机关学校等地址及人口数目图，1950 年版上海市房捐估价地价分级表、上海市租值计算基数分级表、上海市区地价重点分布图、《面向生产——上海公用事业》（电力、给水、煤气、公交、电话分布图），1951 年上海市人民政府地政局出版的公房里弄等别图，1953 年版上海市发展方向图（草案），1956 年版上海气象台发布灾害性天气警报区域图，1957 年版上海市深层地质剖面孔位图，1958 年版上海市中区总体规划图、上海市市区自来水管布线、电力供应及煤气供应线图，1960 年版 1862—1897 年中国新式工业分布示意图，1964 年版华东区矿产资源分布图说明书，1973 年版上海城市土地使用综合现状图，1982 年版上海市中心城市上海市纺织工业局规划、新建、迁建、联办布局图等。

4. 交通地图

主要为反映海、陆、空等交通网，道路、桥梁、隧道、机场、码头、港口等交通设施等情况的地图，有 1853 年版菲律宾港口水域测绘图，1866 年版上海黄浦码头图式（中、英文），1869 年版新加坡及附近水域测绘图，1886 年版东京湾（今北部湾）水域测绘图，1895 年版台湾海峡水域测绘图，1899 年版闽江入海口水域测绘图，1903 年版厦门水域测绘图，1909 年版新绘浦江全图（中、英文），1911 年版海南海峡水域测绘图，1915 年版中国铁路现势图，1925 年版香港及附近水域测绘图，1929 年版上海港口图（中、英文），1930 年版黄浦江总图（吴淞至龙华）（中、英文），1935 年版中华民国公路路线图（中、英文）、东北铁道概况一览图，1936 年版太平洋交通航线图（英文），1939 年版世界航空路线及商业航路图，1945 年版全国机场分布要图，1949 年版北平市街详图，1951 年版上海市交通全图（市中心、旧城厢远郊交通图），1952 年版新中国水陆空交通里程大地图，1956 年版上海市河道图，1958 年版全国铁路十五年（1958—1972 年）新线网发展规划图，1959 年、1960 年版上海市交通图，1963 年版上海交通简图等。

5. 军事地图

主要为反映战局、战役、防务、各国在华侵略等情况的地图，有 1903 年版芜湖上海间射击地区图，1909 年版杭宁芜沪射击地区图，1916 年版西军混成旅团攻击经过要图，1917 年、1931 年版上海公共租界万国商团动员驻防图和 1921 年版方阵图，1918 年江苏陆军测量局缩制的南翔镇地图，1928 年版国民政府军事委员会房屋区分图，1930 年版各国在华侵略图，1931 年版上海公共租界工部局警卫地图，1932 年版淞沪停战协定第三条第二附属书第一地域引翔、江湾、吴淞、第四地域闸北地图，1936 年美国国防部参谋处地图股绘制的香港与新领地图，1938 年版汉口战局全图，美国新闻处绘制的西欧登陆口岸详图，1944 年版中南太平洋形势图战事参考地图（一），1945 年版陆海军侦察地图（山东半岛）（中、英文），1948 年版江淮军区形势略图，1952 年版上海铁路局空情编号活用密图，1956 年、1958 年版太平天国革命运动图，1958 年版北伐战争图，1962 年版三大战役要图，1970 年版柬埔寨人民抗美救国战争形势图等。

6. 地籍图

主要指鱼鳞图册、地册号码图等，有 1855 年上海英租界地图（复制件），1883 年、1930 年、1931 年版地籍图，1912 年、1916 年版上海公共租界地籍图，1912 年、1916 年、1925 年、1926 年、1929 年、1931 年、1933 年、1936 年、1939 年、1941 年上海公共租界东、西、南、北、中区图，1914 年版上海沪西地籍图，1921 年、1925 年、1930—1934 年版上海地籍图，1924 年版上海两租界全图，1928 年版徐汇区地籍图，1931 年、1933 年版上海道路地籍图，1935 年版上海市区图圩现状图，1949 年版上海旧法租界土地估价分布图，1950 年版上海市区、郊区地价基数分布图、重点图、干线图及研究图，1954 年版上海市市区地块分号图，黄浦、闸北、引翔、沪南、塘桥、江湾、虹口、徐汇、静安、长宁、普陀等区鱼鳞图、地价基数鱼鳞图、调整地价基数重点图、分号分幅索引图、主辅重点地价基数图、地价分布图及干线分布图、分段基数图、研究使用情况重估地价典型试验图、买卖地价百分比分布图等。

三、声像档案

照片档案

全宗号　H1

该全宗档案共4 170 册，排架长度 200.8 米，档案起止年代为晚清至 2015 年。

照片档案主要内容：

1. 馆藏旧政权时期之人物类

以民国时期各界名人照片居多，有孙中山、黄兴、蒋介石夫妇、蒋廷黻、汪精卫、陈璧君、曾仲鸣、方君璧、颜惠庆、冯玉祥、何应钦、戴季陶、虞洽卿、梅兰芳、欧阳予倩、赵丹、茅盾、袁履登、黄金荣、闻兰亭等人照片。另有机关、学校、社团、金融等行业董监事、职员、学员、师生及军人的集体合影等照片。

2. 馆藏旧政权时期之景观及风俗民情类

有清末的城隍庙、20世纪初的黄浦江外滩、花园桥（现外白渡桥）、铁藜木铺设的南京路、天下第六泉——静安寺涌泉遗址、跑马厅、国际饭店、大世界、苏州河、陈英士纪念堂、会馆会所等照片。还有反映风俗民情的露天杂耍、路边小贩、街头行人、婚丧嫁娶等照片。

3. 馆藏旧政权时期之事件类

有五卅惨案、抗日战争、伪满洲国军官在日本、八一三淞沪抗战、日军战败签字仪式、旧金山会议、开罗会议、清末新军操练及十九路军照片集等照片。

4. 馆藏旧政权时期之工商企业和有关机构类

有冠生园食品公司、江南机器制造总局、上海申新第九纺织厂、求新造船厂、工部局交响乐队、万国商团、会审公廨、童子军、中华海员工会各分会会址、亚细亚火油公司及南京路上四大百货公司等照片。

5. 馆藏旧政权时期之明信片类

有清末北京、天津、上海、浙江、广东等地的自然景观及20世纪初美国、日本等国的自然景观等照片。

6. 馆藏中华人民共和国时期之领导人活动类

有上海市政府1949年10月1日举行国旗升旗典礼及1949—1963年国庆市容和群众游行的照片，1958年刘少奇、朱德在上海农村、学校、工厂视察和1963年周恩来参加上海先进工作者春节联欢会活动的照片，1960年陈云与市领导同上钢一厂工人庆祝五一节活动的照片，饶漱石、陈毅、潘汉年、陈丕显等在上海市第一届至第五届人民代表大会上的照片及市增产节约活动大会照片等。

7. 馆藏中华人民共和国时期之外事活动类

有1953—1957年陈毅、潘汉年、刘季平、柯庆施、陈丕显、曹荻秋等领导欢迎外国代表团来沪访问的照片，1958—1963年陈毅、柯庆施、陈丕显、许建国、潘汉年等领导接待外国代表团在沪访问的照片，1957—1958年刘少奇、荣毅仁、柯庆施、潘汉年、曹荻秋、金仲华等领导接待苏联最高苏维埃主席团主席伏罗希洛夫和其他外国代表团来沪访问的照片等。

8. 馆藏中华人民共和国时期之反映经济生产和城市面貌变化类

有新中国诞生后上海外滩、南京路等主要景观新旧变化对比和1952年上海二万户工人住宅开工大会等照片，上海市私营工商业、农业、手工业社会主义改造活动照片，柯庆施、金仲华等深入基层检查卫生工作以及上海开展除麻雀活动照片，上海市人民开展宣传总路线活动和全市各行业大炼钢铁的照片，上海金融、财贸业界欢庆上海解放、庆祝国庆、劳动节，欢迎南下工作团的照片等。

9. 馆藏中华人民共和国时期之重大事件、活动类

有上海人民反对美蒋二六轰炸及开展抗美援朝活动照片，上海金融界职工开展抗美援朝的照片，参加过五卅运动的部分老工人照片及悼念王孝和烈士的照片，1951—1958年上海少年儿童的有关活动照片，1963—1966年上海青年宫举办的雷锋生平事迹展等展览的版面小样等照片。

录音档案

全宗号　H2

该全宗档案共5 783盘，排架长度40.8米，档案起止年代为1954—2014年。

录音档案主要内容：

1. 党和国家领导、市领导的讲话

有毛泽东在上海党员干部大会上的讲话，陈毅在上海市第一届人民代表大会第一次会议上的报告，柯庆施传达八大的报告和中央会议的报告，柯庆施在中共上海市第二届第一次代表大会的报告和传达中央科学工作会议的报告，谭震林、陈丕显、潘汉年在市第二次党代会上的报告，曹荻秋传达中央工作会议报告，陈毅关于宪法草案的报告和在1954年市人代会上的报告，陈毅关于国际形势的报告和第二次亚非会议越南问题的报告，华国锋在毛泽东主席追悼大会上的悼词，黄菊在第二期第一批全市整党工作会议上的讲话等录音。

2. 揭批、审判“四人帮”余党

有上海市揭批“四人帮”大会录音，讯问和审判“四人帮”在上海的余党录音。

3. 重要会议、活动

有上海市第七至十二届人民代表大会及其常务委员会大会录音，上海市第十届人民政治协商会议第二—四次会议录音，第三届全国农民运动会及1998世界中学生运动会等录音，2001年APEC领导人非正式会议、APEC经济体领导人非正式会议、2002年亚洲开发银行年会、2003年《福布斯》全球行政总裁会议录音，2004年国际文化政策论坛第七届部长会议、全球扶贫大会录音，上海市总工会各届会议录音，第六、第七届中国上海国际艺术节会议等录音，上海市政协十届二—四次会议录音，上海市人大十二届二—三次会议录音，2004年国际文化政策论坛第七届部长会议、全球扶贫大会录音，第六、第七届中国上海国际艺术节会议录音等。

录像档案

全宗号 H3

该全宗档案共921盘，排架长度16米，档案起止年代为1981—2009年。

录像档案主要内容：

1. 党政活动

有上海建设系统在整党中前进、上海工业系统整党巡礼录像，上海八届人大七次会议录像，第七届全国人大代表候选人介绍录像，上海九届人大一至三次会议、全国人大部分代表视察上海经济工作和市人大举行会议录像，人大代表录像，2004年党员教育片《先进性教育在宝钢》，2005—2006年上海市保持共产党员先进性教育系列活动录像等。

2. 上海农村、城市风貌和部分企业概貌

有反映上海农村在改革中前进、上海农村工作会议、上海农民看上海等录像，庆祝中华人民共和国成立35周年和上海解放35周年上海市档案馆馆藏档案展览录像，1987年江泽民视察上海市档案局录像，《中共中央地下档案库》等录像资料，成都路高架桥沿街旧貌录像，上海房屋普查纪实录像，徐家汇路、成都路工程简介，光新路铁路立交桥录像，金山石化厂概况，“小三线”单位交接前资料，第二商业局所属基层单位资料录像，1993—1994年上海艺术节录像，第三届全国农民运动会录像，1998年世界中学生运动会录像，全国第五届残疾人运动会录像，2004年第六届中国上海国际艺术节录像等。

3. 审判“四人帮”余党

有审判“四人帮”余党徐景贤、王秀珍等人的录像。

4. 国际会议

有1996年第十三届国际档案理事会执委会录像，2003年《福布斯》全球行政总裁会议录像，2001年APEC会议及志愿者培训班等活动录像，2001年亚太经合组织中小企业部长会议录像，2002年第35、36届亚洲开发银行年会中国日研讨会录像，2004年在上海召开的ESCAP第60届年会、WHO西太区委员会第55届会议、亚太经社会第60届会议、国际文化政策论坛第七届部长年会总体方案演示合成片等录像。

5. 民族宗教事务

有上海市宗教、民族工作会议录像，上海郊县对口支援云南地州情况录像，第三至第五届全国少数民族传统体育运动会开幕式录像，上海市举办的民族知识竞赛、演讲赛录像等。

音像资料

全宗号　H4

该全宗档案共16 249盒，排架长度68.8米，档案起止年代为1950—2017年。

音像资料主要内容：

1. 中外故事影片

有《七七事变》《摇啊摇摇到外婆桥》《我的父亲母亲》《枯木逢春》《达吉和她的父亲》《甲午风云》《少奶奶的扇子》《劳工之爱情》《阿诗玛》《女跳水队员》《宋景诗》《霸王别姬》、抗日战争经典电影系列、抗美援朝战争电影大全等中国故事影片；《费城故事》《茶花女》《乱世佳人》（上、下）《王子复仇记》（上、下）《牛虻》《钢铁是怎样炼成的》《北非谍影》《简爱》《白痴》《魂断蓝桥》《安娜·卡列尼娜》《呼啸山庄》等外国故事影片。

2. 电视剧

《我这一辈子》《日出》《女儿经》《罗荣桓元帅》《任弼时》《中原突围》《让爱作主》《浮华背后》《绝对控制》《东北抗联》《激情燃烧的岁月》《背叛》《刑警本色》《黑金》《黑冰》《张学良传奇》《红岸——邓小

平在一九二九》《毛泽东在陕北》《陶铸》《林祥谦》《曹操》《水浒全传》《康熙帝国》《皇嫂田桂花》《成吉思汗》《天下粮仓》《乾隆王朝》《抉择》《军歌嘹亮》《似水年华》《铁齿铜牙纪晓岚》《四世同堂》《编辑部的故事》《北京人在纽约》《西游记》《红楼梦》《战火兄弟连》等。

3. 文献纪录片

有《长征》（上、下）《中国一九四九》《中国百年史》《上海百年》《中国阅兵大回顾》《毛泽东与中国》《目击中国50年》《二次大战海战实录》《世界大战100年》《第二次世界大战著名战役》《20世纪重大战争系列》《抗美援朝战争——百年重大事件与事变特辑》《中国抗日战争纪实》《中国远征军》《新四军》《中国共产党历史（1921—2006)》《永远的丰碑》和使命系列等，以及上海市第十二届人们代表大会第五次会议，第六、七届中国上海国际艺术节，《危境中的力量——吴学华汶川抗震救灾摄影作品》的数码照片光盘，2008北京奥运火炬上海传递活动及火炬手金晶的数码照片光盘等重大活动、重大事件文献纪录片。

有上海轨道交通四号线汇报资料，上海世博（集团）有限公司宣传，沪宁、沪杭高速公路建设纪实，《健康迈向新世纪——2000上海市社区体育健身设施实事工程建设巡礼》，上海市外高桥码头建设二、三、四、五期数码照片光盘，2008年《浦江世博家园》视频光盘等重大建设工程项目文献纪录片。

有《毛泽东在一九二五》《周恩来》（上、下）《邓小平》《中国出了个毛泽东》《毛泽东和斯诺》（第一集）《叶剑英》《朱德元帅》《毛泽东的故事》《邓小平与上海》《邓小平》《金牌背后奥运世界冠军——王涛成长的故事》《邓小平的故事（1904—2004)》及《鲁豫有约》系列、瞿秋白大型文献纪录片等人物文献纪录片。

有《上海》、中国地理杂志系列、国家地理百年纪念、中国人文杂志系列、江南（梦里水乡）系列、中国古遗址系列、中国古塔系列、《自然科学之谜》、《话说长江》系列、自驾车游中国系列、《维苏威火山的阴影》、黄石公园等重要景观文献纪录片。

还有《理想的投资场所——上海闵行经济技术开发区》《纸上春秋（上海出版百年)》《我们的留学生活（在日本的日子)》、中国民间收藏系列、中国酒文化系列、《演讲与口才》等。

4. 档案纪实片

主要为本局馆及有关单位自行拍摄、未公开发行的文献纪录片，有

《红旗飘飘——中国共产党历史上的今天》《追忆——档案里的故事》《毛泽东的110个故事》《党在我心中——上海市市级机关系统纪念建党八十五周年小品展演》、百姓档案系列、清宫秘档系列、留住城市的记忆系列等。

5. 教育片

有《胡长清案件警示录》《宠妻纵子谋家财的悲剧——原宁波市委书记许运鸿案剖析》《人民的审判——上海公审徐景贤、王秀珍等参与“四人帮”反党集团纪实》《廉政史鉴》等党建教育片。有《金字塔之谜》《发明的智慧》《犯罪实验》《帝国末日》《失落的玛雅文明》《超级摄影师》《世界古代文明之谜》、告诉我为什么系列、揭秘系列、自然科学之谜系列等科普教育片。有青春期教育系列专题片，高中作文能力训练、高中作文能力训练等课堂教育片。有《胆石症的治疗》《心血管疾病的防治》《中老年抗衰老自我保健》《中国药膳——滋补养颜系列》《针刺疗法》《推拿按摩疗法》《艾滋病的防治》和防治非典宣传片等保健教育片。

6. 音乐片

有《滚石一生收藏》《百歌耀中华》《老上海（已逝的时光—怀旧老歌）》《第五届百家电视台电视文艺获奖节目精品集（音乐电视MTV）》《“蓝天下的至爱”——沪港联袂爱心雅集慈善演唱会》《“难忘今宵”——春节联欢晚会（1994—2003）》《四国钢琴家在东方绿洲联袂举行抗非公益音乐会》《世界著名大提琴家马友友独奏音乐会》《世界名曲》等。

7. 戏曲片

有《芦荡火种》《阿必大》《杨飞飞》《赵春芳流派演唱会》《中国沪剧经典》《红灯记》等沪剧。有《孟丽君》《花为媒》《徐玉兰艺术集锦》《王文娟艺术集锦》《范瑞娟艺术集锦》《西厢记》《红楼梦》《五女拜寿》等越剧。有《尚小云舞台艺术》《沙家浜》《穆桂英挂帅》《秦香莲》《野猪林》等京剧。有《中国昆曲——痴诉、点香、佳期》等昆剧。有《百年淮剧》（《追忆——档案里的故事》之十六）等淮剧。还有《天仙配》《中国评弹——苏州弹词流派唱腔演唱会》《独角戏精选系列》《蒋云仙艺术生涯五十年》《四大名旦》《四大须生》等其他剧种。

8. 动画片

有《丁丁历险记》《大头儿子和小头爸爸》《名侦探柯南》《狮子王》《玩具总动员》《我为歌狂》《猫和老鼠》《美女与野兽》《数码宝贝》《樱桃小丸子》《铁臂阿童木》《变形金刚》《加菲猫》《史努比的故事》、唐老鸭系列、米老鼠系列、小熊维尼系列等。

9. 公证类

有上海市东方公证处2009—2017年遗嘱、遗赠、委托、赠与、继承等公证文件。

10. 其他

有上海体育运动技术学院殷增善捐赠的有关各类体育运动、2004年体育博览会、第一届东亚运动会、第一届亚太地区特殊奥林匹克运动会、体育建筑等照片刻录成的光盘。

感光介质（除照片底片外）

全宗号　H5

该全宗内按照电影胶片、缩微胶片进行实体分类，共6盒，排架长度1.6米，起止年代为1982—1992年。

感光介质（除照片底片外）主要内容：

有“雄狮”羊毛衫（广告）35毫米拷贝（1）、“雄狮”羊毛衫（广告）35毫米拷贝（2）、“雄狮”羊毛衫（广告）35毫米拷贝（3）、“雄狮”羊毛衫（广告）35毫米拷贝（4）、《他们是自己人》电影拷贝（共2盒）、关于吴国桢资料的缩微胶片等。

四、实物档案

实物档案

全宗号　F5

上海市档案馆保存的实物档案约2 542卷（件），档案排架长度56.8米，档案起止年代为1897—2013年。全宗内按照实物的载体与外形尺寸大小进行实体分类，每个类别分配一个目录号，原则上一件实物编制一个案卷号。

档案主要内容：

1. 证书、奖状、执照

有1933年天厨味精厂参加1933年美国芝加哥世博会的会展证书；新

中国成立后部分企业优质产品的奖状，如上棉五厂丰年牌38、46支针织纱评为市优质名牌《著名商标》称号，上海太平洋织造厂6021金银丝印花床单授予国家银质奖，上海大统被单厂HJ8104、80素色涤棉被单获1980年优良产品，上棉五厂被光荣评为1976年市工业学大庆先进企业，上海市冶金工业局为我国首次发射试验通信卫星作出重要贡献的嘉奖奖状，上棉二十九厂棉纺织纱高速锭子荣获上海市重大科学技术成果奖；上海市人民政府接待办公室2002年获“双文明”百件好事推荐活动优秀组织奖，上海市委宣传部颁发给市商业党委宣传处在《迈向新世纪的上海——上海五年两个文明建设成就展》筹展工作中荣获优秀组织奖等的各种奖状、旗帜和荣誉奖章，上海市民政局颁给市商业委员会《对慷慨捐赠支援长江流域受灾地区的善举》证书，国家统计局、中国银行企业信息发布中心关于上海一百（集团）有限公司荣列2001年中国最大500家大企业集团之列（201名）的咨询证明；上海苎麻纺织厂计量合格证，元丰毛纺织厂上海市出口商品生产厂登记证，2001年APEC会议荣誉证书（羊皮），第24届世界港口大会开幕式示意图，参加2001年APEC会议领导人非正式会议的各国经济体领导人签名长卷等。

2. 烟枪、烟牌

有鸦片烟枪、鸦片烟灯及民国时期南洋兄弟烟草公司各色香烟牌小样，如儿童教育画、三国群英会、武松等。

3. 邮票、明信片

有抗日战争时期的明信片、中华人民共和国第八届运动会新（改）建体育场馆纪念封、上海市第七次党代会纪念封、第七届中国上海国际艺术节赴港澳推介活动及F1中国大奖赛纪念明信片等。

4. 商标、广告

有1914年山东、河南绸业公会同业商标样本，大英烟草公司商标注册证等商标，禁烟拒毒宣传画，第六届中国上海国际艺术节宣传画，袁雪芬、范瑞娟、傅全香、徐玉兰舞台生活七十周年庆海报，2001年APEC会议宣传画，上海市安置三峡库区移民工作领导小组办公室赠送落户上海移民的年画《除夕》等。

5. 证券、钱币、彩票

有1903年江南筹办义赈彩票、晋察冀边区银行伍角纸币、中央银行拾圆纸币、日本劝业银行战时储蓄债券等。有民国时期企业股票，如淮南煤矿股份有限公司、东亚制麻株式会社、华中都市自动车株式会社等股票。

有 1982 年中华人民共和国国库券、2001 年上海市帮困粮油供应卡等。

6. 印章

有工部局钢印、同孚银行印章、人民解放军淞沪挺进队印章、1982 年横滨上海技能职者技术交流纪念印章、2001 年亚太经济合作组织杰出青年企业家论坛组织委员会图章等。

7. 徽章

有 1949 年上海市军事管制委员会徽章，米兰、哥德堡、卡拉奇等城市赠送给上海市政府的市徽、市标、纪念章及钥匙等，意大利威尼斯代表团赠送的米兰工商会会徽，1994 年上海国际少年儿童文化艺术节制作的宋庆龄纪念章，2004 年全球扶贫大会会徽，中国 2010 年上海世博会会徽，淮海战役纪念章等。

8. 奖章、奖牌、奖杯

有 1933 年上海高尔夫俱乐部制作的“中华杯”，第八届全国运动会奖牌，中华人民共和国第三届农民运动会田径比赛第 1 至第 8 名奖牌，中华人民共和国第五届残疾人运动会奖牌，上棉五厂“JGl8. 3 号耐特纱”荣获第三届上海市科学技术博览会金奖的奖杯，上棉五厂获 1957 年全国纺织工业厂际竞赛先进厂的奖牌等。

9. 匾牌、纪念牌

有抗美援朝时期“保家卫国”木匾；上海国际友好城市赠送给上海市政府的纪念品，如波兰格但斯克市城市风光纪念盘（铜质）、意大利米兰工商会赠送的纪念品、前南斯拉夫萨格勒布解放 40 周年纪念牌、日本横滨市城市钥匙等。

10. 纺织品

有民国时期的良民证，解放战争期间用过的毛毯与麻袋，1950 年征集的中国人民解放军臂章，横滨、大阪、米兰、威尼斯、哥德堡等友好城市访沪代表团团旗、标旗，为庆祝中国共产党成立 30 周年各团体、协会制作的纪念锦旗，第八届全国运动会、第三届全国农民运动会、1998 年世界中学生运动会会旗、代表团团旗及吉祥物旗，2001 年 APEC 会议环境宣传彩旗，各国政府首脑出席第九次 APEC 会议经济体领导人非正式会议服装样衣，抗非典 S2003 - A 型生物防护服等。

11. 雕塑、铜像、模型等

有 20 世纪三四十年代新雅粤菜馆月饼模具；新中国成立后各国政府赠送上海市的雕塑礼品，如意大利米兰（铜制）雕塑、意大利威尼斯铜狮等；上海航空公司投入运营的波音 737 客机模型等。

12. 瓷器、水晶制品

有上海第一羊毛衫厂凤凰牌羊毛衫获全国儿童生活用品新产品金鹿奖瓷器奖盘，1994 上海国际少年儿童文化艺术节漂流瓶（瓶内装有艺术节邀请信及艺术节组委会的说明），第六届中国上海国际艺术节周周演纪念奖（水晶制品），上海市经委、外经贸委 APEC 系列会议筹备工作表彰大会先进个人水晶纪念品等。

13. 木器、铁器

有旧金山市政府赠送的印有市徽图案的方形木漆盘，20 世纪三四十年代新雅粤菜馆餐具等。

14. 其他

有 1945 年抗战中缴获的日军战利品，解放战争期间用过的望远镜，国家女排队员签名后赠送上海第十七毛纺厂留念的排球，第四十八届世界乒乓球等。

五、电子档案

出生医学证明电子证照档案汇集

全宗号　F9

依据《关于依托全国一体化在线政务服务平台做好出生医学证明电子证照应用推广工作的通知》要求，上海市完成了自 2008 年 1 月 1 日有信息系统以来的出生医学证明签发数据全量归集，采集出生医学证明专用章印模并在电子认证服务平台生成电子印章，按照电子证照标准完成出生医学证明电子证照制证。同时，在上海市电子政务平台建立了出生医学证明电子证照库，在线推送至国家政务服务平台汇集。截至 2021 年 12 月 31 日，上海市出生医学证明信息网络直报系统向上海市大数据电子证照库推送出生医学证明约 260 万张，相关电子档案于 2022 年移交上海市档案馆。

馆藏出生医学证明电子证照档案汇集全宗档案 2 622 962 件、电子证照 2 578 253 张，档案起止年代为 2008—2021 年，编有电子档案目录，主要内容是上海市 110 家助产医疗机构形成的新生儿电子证照档案。

第六章　馆藏资料介绍

馆藏中文资料主要分三大部分：

第一部分是清末迄上海解放的一些公开出版物，和一些机关、团体、各种企业事业机构的内部印刷品，主要包括反映国民政府、上海市政府、租界当局公务活动中形成的政府公报、施政报告、法规等；有关民政、户政、地政、警政、宗教方面的法规、年鉴、报告书、调查资料等；反映政党、群众团体、社会运动、劳工管理、合作事业等方面的法规、年鉴、统计、专刊、概况和会员录；有关抗战、“剿匪”、反共、军事教育、军阀混战、兵役、防务、军训、军法、特工、勤务、军衔等方面的公报、文集、专刊、讲义等；有关文化机构、教育、卫生、体育等方面的年鉴、法规、校刊、纪念册等；有关工业、农业、公用事业、商业及贸易方面的法规、报告、公告、职员录等；有关社会著名人士、工商人物的生平传记、名人录和名人学者撰写的著作等。

第二部分是解放后的上海市级机关系统及企业事业机构编印的内部资料和一些公开出版物，主要包括上海市委及其各部委编印的关于上海解放后的经济、抗美援朝运动文件、内部刊物、简报；上海市人民政府及其各委办局编印的关于机构编制、市政建设、工农业、文化教育、上海解放周年纪念等方面的政府工作报告、简报、法规汇编、文件汇编、统计资料、纪念刊物等；中国共产主义青年团上海市委员会、上海市妇女联合会和上海市总工会等编印的关于工会工作、工人运动、劳动模范、青年、妇女等方面工作的内部资料。这些资料内容涉及近代中国的政治、军事、经济、文化、教育、市政、交通、公用事业和各界知名人物，具有较高的参考价值，在一定程度上可以弥补档案记载的缺漏。

第三部分是20世纪初至2022年，上海市档案局（馆）历年来所收集保存的各时期图书资料，包括马克思主义经典著作，中共党史资料，《四库全书》《二十四史》《民国丛书》《申报》《良友画报》《文汇报》《解放军报》等影印本，档案、史志、年鉴类工具书与刊物，上海市及各区、各系统编纂出版或内部发行的档案史料编研成果、地方史志、图册等书籍资料，文化出版机构与文博机构编辑出版的专题图书资料、人文社科研究成果等，以及各界捐献的图书资料，反映了近现代中国、中华人民共和国成立以来、改革开放以来特别是中国特色社会主义新时代档案资料征集与开发利用、中共党史研究和社会主义文化大发展大繁荣的系列成果。

馆藏外文资料共7 000余册，包括旧上海租界当局出版或留存的年报、公报、专著、报刊、小册子、参考书籍及部分宗教机构出版的资料，涉及英、法、日等语种。其中较为重要的是反映公共租界工部局和法租界公董局所属机构职能和市政建设的公报、年报和章程类资料，《北华捷报》《字林西报》《密勒氏评论报》等上海著名的英文报纸，以及《行名录》等。

《北华捷报》创刊于1850年8月，是上海出版最早的英文报纸。《字林西报》创刊于1864年7月，为英文日报。《字林西报》创刊后，《北华捷报》成为该报的每周增刊。《字林西报》常反映公共租界工部局的意见，在外侨中影响很大。它是在中国出版历时最久的英文报纸，1951年停刊。《行名录》是一种行业指南，最有名的《行名录》由字林西报馆于1865年起出版，每年一册。主要登载上海和全国各大城市商行、外国驻沪机构、文化教育机构、工矿企业等中外文名称及机构所在地址、主要管理者或负责人名单等信息，同时附有旧上海中英文路名，比较详细地记载了上海开埠后各类机构的基本情况，具有较高的参考和研究价值。

一、历 史 资 料

馆藏历史资料共4.2万余卷（册），分为14个全宗，资料种类主要有：政府公报；法律法规汇编；各类统计、年鉴、辞典、年报、报告；学校的校刊、年刊、名册、同学录；行业的手册、名录、指南；画报、名人录、人物志，传记、著作、方志以及纪念册等。这些资料内容涉及近现代中国（主要是上海）的政治、经济、军事、工商业、文化教育、民政、人物生平等方面。

大部分资料为官方机构编辑出版，也有少量为各民间团体编印的。这部分历史资料全宗编号为Y，编有案卷目录。

政 务 总 类

全宗号　Y2

该全宗共有中文资料2 185 卷（册），排架长度 28 米，起止年代为1907—2004 年。

主要内容：

1. 综合类

有《国民会议实录》《市参议会组织条例》《市组织法及各院辖市政府组织规程》《上海国大代表候选人一览》《市组织法及各院辖市政府组织规程》《公文处理暂行办法》《新中国手册》《铨叙年鉴》《中国沿海灯塔志》《建国十七年来的文艺黑线》等。

2. 政务类

有《国民政府公报》《参政院公报》《江苏省政府公报》《中央民众训练部公报》《上海市政府公报》《中华人民共和国国务院公报》《中华人民共和国全国人民代表大会常务委员会公报》等。

3. 法规法令类

有《民国法规集刊》《国民政府法规汇集》《国民政府中央行政法》《国民会议关系法规汇编》《中华民国宪法》《行政法规汇编》《上海市市政法规汇编》《上海特别市市政法规汇编》《法令周刊》《现行法规大全》《社会法规汇编》等。

4. 名录类

有《（国民党）中央党部职员录》《京汉铁路管理局职员录》《海关职员录》《上海市政府职员录》《各国领事馆人员名单》《司法行政部法官训练所第一届毕业同学录》《上海市公安局职员录》《上海市政府职员录》《外交部职员录》《驻外使领馆职员录》《中央各机关职员录》等。

内　　政

全宗号　Y3

该全宗共有中文资料443 卷（册），排架长度 11.2 米，起止年代为

1814—2001年。

主要内容：

1. 地图类

《实测上海城市租界分图》，上海全图、分区图、郊区图（外文）、交通图，《上海市地形图》《上海市街道详图》《袖珍上海里衖分区精图》，《嘉定县全图私分方图》，《宝山清丈局报告书》，宝山全境地图、圩形细号图，《江苏浙江交通明细地图》等。

2. 户政类

《上海人口志略》《上海市第四次人口普查手工汇总资料汇编》《上海人口》《人口行政》，上海市民证、护照、身份证、结婚证、奖状、徽章，日侵期间商民通行证，中华民国卢家湾分局特种户口调查表等。

3. 警政类

《上海调查资料》——行政院分配在沪各单位房室概况、上海市警察局，《南京调查资料》——资源委员会、法院、特刑庭及监狱、内政部警察总署、首都警察厅概况、中央警官学校概况、第一交通警察总局、宪兵司令部，上海市警察局法规、常识汇编、工作报告，《现行警察法令集解》《上海市警察局警察训练所讲义》《军事学科讲义》《孙文主义教程》《陆上交通管理规则》，警察、长警、学警、驻卫警察手册，《上海市警察周刊》《警察月刊》《红绿灯》《警务月刊》《上海警察画刊》《上海警察丛书》《台湾警察》《公安月刊》《警政报导》《政治警察》《特务警察》等刊物，《上海特别市第一区警团减免服役暂行办法》，上海特别市警察局警察实务、违警罚法、军事学，《上海特别市公安局业务纪要》等。

4. 各种宗教团体、民族事务类

《上海宗教史》《世界基督教青年大会专集（中国代表团报告汇编）》《中华基督教会天安堂百周年纪念特刊》《中华基督教青年会五十周年纪念册》《中华基督教女青年会五年简述》《中华基督教卫理公会百周年纪念册》《辅弥撒会廿五周年纪念册》，《浸会教章》《浸会在华布道百年略史》《上海第一浸会堂百年史略》等浸会资料，《中教道义会道义特刊》《圣母军手册》《中华圣公会上海圣保罗堂自立廿周年纪念刊》《江南圣母献堂会五十周年纪念》《上海董家渡圣母无原罪始胎会成立八十周年纪念》《上海圣彼得堂二十周年自立纪念刊》《罗省中华长老会十七周年纪念》《德本善堂第一届征求会员特刊》《苏皖献堂会分职表》《上海慕尔堂卫斯里团契年刊》《中华基督教会年鉴》《中华基督教青年会年鉴》，《礼德堂上海市金兰录》《世界佛教居士林成绩报告书》《菩提学会筹备工作报告书》《班禅大师东来十五年大事记》《入藏报告——奉派赴藏主持第十四辈达赖转世事宜报告书》《上海龙华古寺同戒录》《上海清真寺成立董事会志》《北京法相研究会同仁录》《诸巷会修道人表》《法藏寺法藏顾海护法会缘起附章程》，《呼伦贝尔志略》《绥远省参议会对于绥境蒙旗自治问题之意见》《库伦边情调查记》等。

5. 民政类

《地方自治法规汇刊》《现行兵役法令汇编》《上海国际救济会概况》《上海慈善团体联合救灾会救济战区难民委员会半年工作报告》《苏北难民救济协会上海市筹募委员会总报告》，世界红卍字会中华东南各会赈救工作报告书、征信录、监理大会议事录，《中国代表团出席国联远东禁贩妇孺会议经过报告书》《上海孤儿院报告册》《上海幼幼教养院概况》《上海残疾院报告册》《现行保甲制度》《自治连环保甲法》，善后救济总署及各分署的会议记录、周报、业务总报告，《第五届中国救济妇孺会报告》《国民政府救济水灾委员会报告书》《上海市救护委员会报告》，上海市政府为普捐急赈灾区的布告、告市民书，《社会福利法规》《上海法租界警察保甲义捐名册（福煦区）》《上海特别市冬振委员会冬振报告书》等。

6. 地政类

《上海地政概况》《上海地产大全》，上海新旧路名对照表，《上海市地名工作文件汇编（1979—1988）》《上海市路名大全》《上海市地理及社会概况》《全国土地调查报告纲要》《未登记土地调查》（日文），《上海之房地产业》《房地产季刊》《上海市房屋租赁问题参考资料合辑》《中国国民党地税政策》《中国土地利用统计资料》《上海土地局年刊》《旧上海的房地产经营》，上海房产业主公会、房地产商业同业公会章程、会员录等资料，上海市地政局土地所有权状、田契、典押单据及典契执照、官给管业证据及验契、卖地契、划调屋基地合同、买卖房地契及验契执照，上海特别市地政局买卖地契、绝卖土地契、绝卖田地契、卖房地契，《上海特别市房地图册》（第一集），《上海市中心区域招领土地说明书》等。

7. 援藏资料

《雪城高原一千天——上海援藏干部风采》《上海对口支援西藏日喀则工作资料选编》《上海第二轮对口支援工作资料汇编》《上海市对口支援工作经验交流材料汇编》《浦江情——上海市对口支援工作巡礼》《上海对口支援西藏日喀则工作资料选编》等。

政协、政党、群众团体

全宗号 Y4

该全宗共有资料1 131 卷（册），排架长度 12 米，起止年代为 1908—2001 年。

主要内容：

1.《中国国民党年鉴》（1934 年），国民党中央执委会党史史料编纂委员会编，其材料大部分自 1921 年至 1923 年。

2.《中央半月刊》（1933 年 9 月—1935 年 2 月），国民党中央秘书处主办。

3.《中国国民党宣言集》（1894—1943 年），收录《檀香山兴中会成立宣言》《中国国民党第五届中央委员会第十一次全体会议宣言》等，共计 68 篇。

4.《中国国民党历次会议宣言及重要决议案汇编》（1941 年），国民党中央训练委员会编印。

5.《中国民主社会党专辑》（1946 年 12 月），再生社编辑出版。

6.《上海特别市工资和工作时间（1929）》(1931 年 5 月），上海特别市政府社会局编辑，商务印书馆出版。

7.《劳工法规》（1944 年），社会部编印。

8.《中国劳动法令汇编》（1947 年），顾炳元编，上海法学编译社出版，会文堂新记书局发行。1932 年初版，此为第三版续编本。汇集国民政府颁行的有关劳动方面的法令：一、工会组织法令；二、工厂管理法令；三、劳资争议法令；四、惠工事业法令；五、劳动契约法令；六、职业介绍法令；七、矿工保护法令；八、劳动行政法令；九、国际劳动法令。

9.《中国劳动年鉴》（1928、1931、1932、1934 年），共 4 册。第一册由北平社会调查部编辑出版，第二册为调查部编辑出版，第三、四册为实业部编辑出版。第四册内容略有增加。以第四册为例，其内容有：一、劳动状况；二、劳动运动；三、劳动设施；四、中国参加国际劳工组织状况；五、劳动法规。

10.《1932 年度各地工会调查总报告》（1933 年），中央民众运动指导委员会编印，报告上海、天津等九地的调查情况。报告内容分两大部分：

一部分为工人运动的沿革、现状、劳工教育、劳工卫生等，并总叙一地工会运动之整个状况；一部分为详叙各产业工会、职业工会等情形。

11.《上海劳工统计》（1939 年），国际劳工局中国分局编印，反映 1937—1938 年间上海工人的生活指数、零售物价、罢工停业、劳资纠纷、工资水平和工作时间等情况。

12.《国际劳工组织与中国》（1948 年），国际劳工局中国分局编印，反映国际劳工组织的沿革、机构设置、工作情况及与中国的关系，各种国际劳工组织之章则。

13.《各重要城市工资指数》（1947 年 2 月—1948 年 9 月），社会部统计处编印，每月一期。

14.《上海市工人生活费指数（1926—1931）》（1932 年 9 月），上海市政府编辑，中华书局出版。

15.《上海市工人生活程度》（1934 年 10 月），上海市政府社会局编辑，商务印书馆出版。

16.《湖社月刊・合订本（第一册至第十册合册）》（1927 年 11 月—1930 年 6 月），金荫湖编，湖社书局出版。

17.《海关俱乐部会员录》（1943 年）。

18.《励志社工作概况》（1930 年），励志社编印。

19.《励志社社章》（1928 年），励志社编印。

20.《扶轮社之梗概》（1947 年），扶轮社编印。

21.《光裕社一百五十周年纪念册》（1927 年）。

22.《仁社通讯录》（1936—1949 年）。

23.《仁社社员须知》。

24.《精勤学社十周年纪念》（1932 年），上海精勤学社编印。

25.《中国妇女会慈善宴舞会》（1937 年），商务印书馆编印。

26.《国民读书互助会周年纪念刊》（1934 年），国民读书会出版。

27.《香港星五聚餐会百次纪念特刊》（1940 年）。

28.《中国天文学会章程、会员录》（1948 年），中国天文学会编印。

29.《中国天文学会会报》（1925、1926 年），中国天文学会编印，刊登天文学方面的论文和译文。

30.《浦东同乡会年报》（1934 年），浦东同乡会编印。

31.《宁波旅沪同乡会会员题名录》（1928 年）。

32.《上海律师公会报告书》（1928—1936 年），上海律师公会编印。

33.《立信会计师事务所十周年纪念刊》（1937 年）。

34.《中国经济建设协会第一年大事记》（1940 年）。

35.《中国经济建设协会第五届会员大会特刊》（1943 年）。

36.《中国南洋经济协会成立纪念特刊》（1947 年），南洋经济协会印行。

37.《商务印书馆发行所职工会职工年刊》（1930 年），商务印书馆工会编辑出版。

38.《中华国货维持会廿周年纪念刊》（1932 年），中华国货维持会编辑印行。

39.《全国（上海）各界救国联合会有关资料》（1936 年）。

40.《上海市各业同业公会理监事名录》（1947 年），上海市商会编印。

41.《洋货商业公会全录》（1914 年）。

42.《上海市保险业同业公会报告册》（1931 年）。

43.《上海钱业公会入会同业录》（1922—1942 年），部分年份缺。

44.《上海金融协进社创立纪念册》（1943 年）。

45.《银行学会概况》（1946 年）。

46.《中华全国交通协进会会务报告》（1923 年）。

47.《中国科学社概况》（1924 年），中国科学社编印。

48.《中国工程学会十九年度会务总报告》（1931 年）。

49.《上海文艺作家协会成立纪念册》（1947 年），本会研究组秘书室编印。

50.《上海跑马总会同人俱乐部十周年纪念刊》（1937 年）。

51.《上海市医师公会会员录》（1939、1941、1943、1947 年）。

此外还有《上海市五十一业工厂劳工统计》（1948 年）、《各省市农运概况》《新社会运动》，国民党宣言集、党员须知、历次国民党全国代表大会的材料汇编，其他同业公会及社会团体的会刊等。1949 年后资料有《上海市染织业同业公会专业小组名录》（1954 年）、《商务印书馆职工运动史料》（1988 年）、《上海社会团体概览》（1993 年）等。

司　法

全宗号　Y5

该全宗共有资料63 卷（册），排架长度 3.2 米，起止年代为 1919—

1999年。

主要内容：

1.《国民政府司法例规》（1930—1946年），共10册，司法部参事处编，辑录国民政府自成立之日起至1944年10月关于司法的各项重要法令章程、公牍解释文件等，另有部分广东中央政府所颁布的法令。

2.《司法法令汇编》（1946年），司法行政部编，上海法学编译社出版，共有6册，内容有民事、刑事、监狱、律师、人事、行政等法令。

3.《上海市警察局法规汇编》（1947年），上海市警察局编。

4.《上海地方法院工作报告》（1947年），上海地方法院编印。

5.《法律评论》（1946—1948年），上海市警察局秘书室出版，金瑞林编。

此外还有《江苏上海第二特区监狱三年来工作报告》（1937年）、《大理院判例要旨汇览续编（上卷）》（1924年）、《上海大日报一周纪念·法光特刊》（1935年）、《最高法院年刊·第三编》（1943年）、《浙江司法月刊》第二卷第四号（1948年）等。

军　　事

全宗号　Y6

该全宗共有中文资料516卷（册），排架长度9.6米，起止年代为1912—2001年。

主要内容：

1. 公报类

《海军公报52—76期》（1933—1935年）、《国防医学院第二号公报》（1947年）、《中国童子军总会公报》（1946、1948年）等。

2. 文集类

《处理日本投降文件汇编》（1945、1946年）、《中共叛乱动员文件汇辑》（1946年）、《国防部史政法规汇编》（1947年）等。

3. 专刊类

《海军部成立五周年纪念特刊》（1934年）、《铲共半月刊》（1930—1932年）、《黄埔季刊》（1939、1941年）等。

4. 画册类

《字林西报画册：中日战争四个月》（1945、1946年）、《第二次世界大战画史》(1946年)、《中国抗战画史》(1947年)、《印缅远征画史》(1947年)等。

5. 史料类

《海军战史》(1941年)、《文史资料选辑上海解放三十周年专辑》(1979年)、《历史资料汇集》(1989年)等。

6. 通讯类和讲义

《江南陆军测绘学堂同学录》(1913年)、《十九路军随营学生义勇军同学录》(1932年)、《和平要义讲义》(1942年)、《军事学科讲义》(1946年)等。

外　交

全宗号　Y7

该全宗共有中文资料212卷(册),排架长度3.2米,起止年代为1882—1997年。

主要内容:

1. 报刊

《外交报》1—32号(1904年)、《华联旬刊》(1932年)、《中法友好协会年报》第四期(1935年)等。

2. 汇编

《苏联阴谋汇编》(1928年)、《中外条约汇编》(1935年)、《上海共同租界工部局布告告示汇编(第二辑)》(日文,1943年)等。

3. 年鉴

《中国外交年鉴》(1934—1936年)等。

4. 会议报告

《费唐法官研究上海公共租界情形报告书》第一卷(1931年)、《波次坦会议报告》(1946年)、《雅尔达秘密协定及雅尔达会议报告》(1946年)等。

5. 其他

《中俄约章会要》(1882年)、《上海租界问题》(1904年)、《上海租界纳税华人会重要文件》(1904年)、《上海领事团占管公廨之经过》(1925年)、《中日条约全辑》(1932年)、《上海万国商团华队(中华队翻译队及常备队)出防人员服务成绩记录》(1938年)等。

文化、教育、卫生、体育、科研

全宗号　Y8

该全宗共有中文资料2 279 卷（册），排架长度 32 米，起止年代为 1856—2003 年。

主要内容：

1. 新闻出版方面

《宣传法规汇编》（1936 年）、《上海新闻事业之史的发展》（1935 年）、《中央广播事业指导委员会管理处职员录》（1946 年）、《世界书局章程概况》（1925—1929 年）、《大东书局十五周年纪念册》（1931 年）、《商务印书馆发行所职工年刊》（1930 年）等。

2. 文化机构方面

《上海的学艺团体》（1935 年）、《上海市立博物馆要览》（1948 年）、《上海各图书馆概览》（1934 年）、《上海图书馆成立纪念册》（1936 年）等。

3. 教育方面

《教育法令汇编》（1936、1937 年）、《中国教育年鉴》（1934、1948 年）、《上海市教育局所属机关一览表》（1933 年）、《上海及全国学校调查录》（1924 年）、《风藻》（1919—1943 年）、《墨梯》（1919—1948 年）等。

4. 体育卫生方面

《第六届全运会画刊汇订本》（1935 年）、《上海市四年来卫生工作概要》（1932—1935 年）、《全国医药团体代表大会特刊》（1929 年）、《中国医界指南》（1932 年）、《国医名录——上海市国医学会会员》（1932 年）、《上海市国医学会十周年纪念刊》（1934 年）、《中国红十字会》（1947 年）、《光华医药杂志》（1933—1937 年）、《前进中的上海卫生事业》（1999 年）等。

工业、商业、贸易

全宗号　Y9

该全宗共有中文资料696 卷（册），起止年代为 1916—2004 年，是官方机构和民间组织编印或出版的，主要为反映中国及上海地区工业、矿业、公用事业、商业及贸易方面管理、机构创建、人物、生产事业、供销情况的法规、章程、会议录、报告、公告、纪念刊、名录、工作述要、职员录、账册、行名录、年鉴、调查报告、工商人物、会员录、月刊等资料。工商业一些组织如上海总商会、上海工业会、华商纱厂联合会、资源委员会，有些科研机构如国立中央研究院等的资料也归于此。

1.《工商法规》(1935、1936年)，上海机联会编辑出版，主要介绍40余家工厂、公司等详况，如：大中华橡胶厂、冠生园食品公司、章华毛绒纺织厂、华生电器厂、天厨味精厂、中国铅笔厂、五洲大药房等。

2.《上海工商行名录》(1939、1940、1942年)，上海市工商调查所编辑出版。

3.《国货年鉴》(1934年)，国货事业出版社编辑出版，主要内容：国货产业一年来概况、国货界一般讲话、国货工厂巡礼、国货事业闻人写实等。

4.《上海国货工厂调查录》(1934年)，中国经济统计研究所、中华国货指导所合编并发行，辑录上海国货工厂1 400余家，调查项目：厂名、地址、工业种类、经理姓名、创立或改组年月、资本额、资本组织、员工、薪资、产品等。

5.《上海工商人物志》(1948年)，中国经济资料社出版，收录工商人物2 500余名。

6.《上海市总商会会员录》(1924、1926年)。

7.《五洲大药房三十周纪念刊》(1936年)。

8.《先施公司二十五周纪念册》(1924年)。

9.《纺织工业》(1947年)，商业月报社编辑，上海市商会出版，刊登纺织工业的专论及全国各省和世界各地纺织工业的概况。

10.《上海区面粉工业概况》(1949年)，上海现代经济通讯社编辑发行，介绍我国面粉工业的兴起及上海面粉工业的现状、生产规模和产供销等问题。除上述资料外，另有介绍上海榨油业、皮革业、橡胶业、燃料动力等小册子，股份有限公司的章程、决算报告、股东名册等相关资料。

11.《国立中央研究院职员录》(1947年)，收入国立中央研究院本部及所属的数学、天文、化学、物理、地质、动物、植物、气象、历史语言、社会、医学、工学、心理学等研究所的职员名单。

12.《社会调查所概况》(1933年)，社会调查所编印。社会调查所是由 1926 年美国纽约社会宗教研究院出资、中华教育文化基金会组织发起成立的一家专事社会调查与研究的机构。

13.《国立中央研究院法规》（1932 年），国立中央研究院编印，内容除本院法规外，另有本院训政时期工作表、本院概况、院务会议记录及物理、化学、工程、地质、天文、气象、历史语言、心理、社会科学等研究所的报告。

14.《国立中央研究院植物研究所年报》（1948、1949 年），国立中央研究所编印，内容所涉时间为 1944—1948 年，系业务性报告。

15.《福建省研究院汇报第一号》（1945 年），福建省研究院印行，汇集社会科学、农林、动植物学、工业之论文 19 篇。

16.《中国贸易年鉴》（1948 年），主编吴大明等，中国贸易年鉴社发行，主要章节：总述、国别贸易与埠别贸易、贸易实务指南、法规公告、统计资料、附录。

17.《海关法规汇编》（1937 年），海关总税务司公署统计科印行，1932 年初版，此为第三版。

18.《全国洋行及进出口贸易公司调查录》（1942 年），许晚成编。

19.《上海进出口贸易商行名录》（1946 年），上海市商会编印。

20.《最近三十四年来中国通商口岸对外贸易统计》（1935 年），实业部国际贸易局编，商务印书馆出版。

21.《中国各通商口岸对各国进出口贸易统计（1919 年、1927—1931 年）》（1936 年 8 月），中央研究院社会科学研究所编，商务印书馆出版。

22.《多城盛会——中华民国参加加拿大国际贸易展览会议刊》（1948 年），中华商会全国联合会编。

23.《上海市及附近各县合作事业概览》（1947 年），中央合作金库上海分库编印，主要章节：合作金融、合作业务、合作工厂、合作农场、合作社、合作教育、合作团体、合作新闻业、合作统计、附录等。

24.《一年来之中央合作金库》（1948 年），中央合作金库秘书处编印。

25.《中国合作事业考察报告》（1936 年），梁思达等编，天津南开大学经济研究所出版。

此外，还有《事变后之上海工业》（1939 年）、《上海之工商业》（1941 年）、《中国贸易年鉴》（1948 年）、《上海进出口商行要览》（1933 年）、《最近十年各埠海关报告》（1922—1931 年）、《现代实业家》（1935 年）、《上海市国货展览大会特刊》（1948 年）、《茂新福新申新总公司卅周年纪念册》（1929 年）、《资源委员会公报》（1945—1947 年）、《中国各通商口岸对各国进出口贸易统计》（1919 年、1927—1931 年）、《上海市行号路图录（商用地图）上册》（1947 年）、《中国纺织建设公司上海第一纺织厂概况》（1947 年）、《上海市商会第六届会员代表大会特刊》（1935 年）、《国际大饭店员工调查表》（1949 年）等。

经济、财政、金融

全宗号　Y10

该全宗共有中文资料1 513 卷（册），起止年代为 1767—2001 年，是官方和民间金融机构编印或出版的，反映中国和上海地区的财政、经济、金融机构概况及财经、金融年鉴、史志、法规汇编、金融调查、金融研究、金融统计、纪念刊、经济专论和同仁录等资料。

1.《财政年鉴》（1935、1945、1948 年），财政部编辑，前两册为商务印书馆出版发行，后五册为财政部出版发行，包括财政概况、财务行政、会计、税务、官业官产、国债、金融、地方财政、财政大事记、世界财政概况等章节。

2.《中国经济年鉴》（1934—1936 年），实业部编辑，商务印书馆出版发行，包括经济、地理、人口、财政、金融、农业、租佃制度、林垦、渔牧、矿业、工业、交通、商业、国际贸易、劳工、灾荒、华侨经济等章节。

3.《全国银行年鉴》（1934—1937 年），中国银行总管理处经济研究室编辑出版，主要内容有银行大事述略、全世界银行总览、各地银行调查、银行公会、银行法规、银行统计、银行人名录、银行日志、外商银行、钱庄与银号、信托公司、银公司、储蓄会、保险公司、典当等。

4.《增改最近上海金融史》（1929 年），编辑兼发行徐寄庼，1926 年初版，此为再版本。主要章节：金融机关之组织、金融机关之停闭停业及收歇合并、已成立之附属事业、筹办中之附属事业及一组有关金融方面的论文。

5.《中华币制史》（1926 年），张家骧著，民国大学发行。此为民国大学出版的丛书之一。1925 年初版，此为再版。主要章节：历代货币、现代货币、现代币制问题、币制行政、金融统计等。

6.《金融法规大全》（1947 年），中央银行经济研究处编，商务印书馆出版发行，所载法令分为十类：货币、银行及金融管制、储蓄、保险、汇兑、合作金融、收复区金融、绥靖区金融、公债、附录。所载法规的时间至 1947 年 8 月为止。

7.《全国金融市场调查录》（1942 年），许晚成编，龙文书店发行，内容为上海及全国各金融机构名录。

8.《中国重要银行最近十年营业概况研究》（1933 年），中国银行总管理处经济研究室编辑出版，中英文对照。主要内容：各行营业总览、各行简史及营业概况、各行营业概况分年比较、各行营业概况分类比较等。

9.《上海金融业概览》（1947 年），联合征信所编。本书分国家银行、省市及官商合办银行、商业银行、外商银行、钱庄、信托公司、上海票据交换所、上海证券交易所、保险公司及附录十类。

10.《上海之钱庄》（1925 年），李权时、赵渭人合著，上海东南书店印行，着重研究上海钱庄在金融界之地位、组织结构及营业方式。

11.《中国银行报告（1929—1933）》（1934 年），中国银行总管理处编印。

12.《经济统计》（1924—1933 年），上海银行周报社编印。

13.《上海物价年刊》（1934—1938 年），财政部国定税则委员会编印，中英文对照。

14.《浙江兴业银行四十周年纪念册》（1946 年）。

15.《老凤祥裕记银楼纪念册》（1948 年）。

16.《战时上海经济》（1945 年），王季深编辑，上海经济研究所发行。

17.《战后上海的金融》（1941 年），寒芷主编，香港金融出版社出版。

18.《外商银行概况》（1949 年），吴群敢著，现代经济通讯社发行。

另有 1767 年江西婺源县正堂奉宪饬行分钱粮便民清单、《四年之倭寇经济侵略》（1941 年）、《中国近代铸币汇考》（1949 年）、《台湾银行第一届董事会第四次会议记录及报告事项》（1947 年）、《五十年来之中国经济》（1947 年）、《遗产税》（1947 年）、《币制改革》（1948 年）、《上海财政》（1930—1931 年）、《上海经济史话》（1962 年）、《战后上海的金融》（1941 年）、《中央银行月报》（1946、1948 年）、《中国农民银行通函》22 册（1933、1948 年）、《保险年鉴》（1935 年），以及《中国银行行员录》（1914 年）等各大银行同人录等。

农林、水利、渔业、气象、测绘

全宗号 Y11

该全宗共有中文资料62卷（册），起止年代为1931—2000年，是由政府机构编印的有关反映中国农林水利、畜牧、渔业状况方面的情况、会议汇编、专业通讯等资料。

1.《中国农村经济资料》（1935年），冯和法编著，黎明书店出版发行。主要内容：农村经济概况、农民生活程度、农村人口、租佃制度、西北的旱灾、中部的水灾、土地分配及各省农业综合情况等。

2.《行总农渔（创刊号至第十二期合订本）》（1946年12月—1947年12月），行政院善后救济总署、农业业务委员会合编。

3.《乡村建设实验》（1934、1935年），乡村工作讨论会编，中华书局印行。本书汇集了各省在乡村工作讨论会上所作的工作报告。

4.《江苏省农政会议汇编》（1929年），江苏省农政会议秘书处编印，内容为农政大会上的演讲、文件、议案等材料。

5.《林产通讯》（1948年），台湾省政府农林处编辑发行的关于林业工作方面的专刊。

此外，还有《中美农业技术合作团》（1947年）、《上海市立第一宰牲场特刊（成立十五周年纪念刊）》（1948年）、《水利勘测》（1947年）、《全国粮食概况》（1947年）、《气象测验》（1947年）、《黄麻栽培法》（年份不详）、《薄荷种植法与蒸油》（1950年）、《中央训练团水产技术人员训练班浙江沿海养殖场勘察报告》（年份不详）、《农村自治实验记》（1934年）、《嵊山渔业调查报告》（年份不详）、《金山咀之渔业》（1937年）、《水文测验》（1948年）等。

交通、邮电、公用、城建

全宗号 Y12

该全宗共有中文资料330卷（册），起止年代为1906—2003年，是官方机构及民间学术团体编印的，关于交通、邮电、公用事业、市政建设方面规划、概况、组织及人事情况的资料，如年鉴、概况、报告、法规汇编、纪念册、画册、杂志和职员录等。

1. 交通方面

(1)《交通年鉴》(1935年)，交通部编辑出版，内容：总务、电政、邮政、航政、民用航空。

(2)《上海市生产交通事业概况》(1948年)，联合征信所编辑出版。

(3)《航业年鉴》(1935、1936年)，上海市轮船工业公会编辑出版，内容：论说栏、译述栏、专载栏、法规栏、调查栏、统计栏、航讯、会务等。

(4)《航空年鉴》(1932年)，陶叔渊编辑，飞报社发行，内容：航空行政、军用方面、商用方面、全国航空会议、各地航空机关、各地民航、国产飞机、学成回国之航空家、飞机失事汇志。

(5)《招商局总管理处汇报》(1929年)，招商局总管理处编印，内容：改组前之招商局、改组后之招商局。

(6)《江亚轮专集》(1949年)，郑大慈编辑，明州出版社出版，内容：罹难旅客记录表、失事经过及善后、失事原因、死者照片等。

(7)《上海市轮渡》(1937年)，上海市兴业信托社市轮渡管理处编印。

(8)《战后交通建设概论》(1947年)，初版，赵曾珏编著，商务印书馆发行，内容：交通建设纲领、战后五年交通建设计划、铁路建设、公路建设、航业建设、民用航空建设、电信建设、邮政建设等。

2. 邮电方面

(1)《交通部电政同人公益会规章汇编》(1935年)，电政同人公益会编印。

(2)《交通部上海电信局工作概况》(1946年)，上海电信局编印。

(3)《庆祝首届电信节特刊》(1947年)，国际电台同人福利会编印。

(4)《十年〈申时电讯社创立十周年纪念特刊〉》(1934年)，申时电讯社编辑发行。

(5)《邮政储金汇业局法规社编》(1947年)，储金汇业局编印。

(6)《交通部电信管理局职员录》(第一区至第八区)(1948年)，电信管理局编印。

3. 公用事业方面

(1)《上海市公用局法规汇编》(1946年)，上海市公用局编印，包括给水、电气、煤气、电话、车务、航务、广告、政府机构组织等方面内容。

(2)《十年来上海市公用事业之演进》(1937年),上海市公用局编印,用文字、图表、照片反映公用事业之演进。

(3)《上海之公用事业》(1949年),赵曾珏著,商务印书馆发行,内容:上海公用事业理论、计划、政策、实况等。

(4)《上海自来水公司概况画册(公共租界)》(1930年)。

(5)《上海特别市内华法水电交涉汇编》(1929年),上海特别市公用局编印。

(6)《商办闸北水电公司章程》(1936年),闸北水电公司编印。

4. 市政建设方面

(1)《上海市都市计划调查资料》(1946年),上海市工务局设计处编印

(2)《大上海都市计划概要报告》(1947年),上海市都市计划委员会编印。

(3)《大上海都市计划总图草案报告书》(1946年),上海市都市计划委员会编印。

(4)《上海市区铁路计划、港口计划、绿地系统计划初步研究报告》(1948年),上海市都市计划委员会编印。

(5)《上海市工务局之十年》(1937年),上海市工务局编印,用文字、图表、照片反映工务局之十年发展状况。

(6)《上海市工务局法规汇编》(1946、1947年),上海市工务局编印。

(7)《上海市工务局战后设施集影》(1947年)。

(8)《上海市工务局重要工程摄影选集(1946—1948年)》(1949年)。

(9)《上海港口大全》(1934年),上海濬浦局刊印,内容:地理及气象、港口之容积及相连之水陆各道、经济状况及商务情形、上海港口之管理、上海商埠之需要、濬浦局与浚浦工程、图表。

(10)《市政全书》(1928年),内容:第一编,论著(市史、教育、公益、财政、卫生、公安、公用工程);第二编,各国市政府制度;第三编,各省市政概况;第四编,各省市政计划与建议;第五编,各国市政概况;第六编,各省市制法规。

(11)《市政评论》(1946—1948年),市政评论社出版。

（12）《公用月刊》（1946—1948 年），上海市公用局编印。

（13）《黄河花园口合龙纪念册》（1947 年），黄河堵口复堤工程局编辑出版，分图文两部分。

此外，还有《全国重要港口》（1947 年）、《电信事业》（1947 年）、《民用航空》（1947 年）、《上海各种公用事业概况》（1949 年）、《招商局职员录》（1930 年、1934 年）、《交通部职员录》（1914—1942 年），《上海市都市计划委员会第一次会议关于基本原则各项问题决议》《上海总工程局公牍章程》（1909 年）等。

个人资料

全宗号 Y13

该全宗共有中文资料459 卷（册），排架长度 9.6 米，起止年代为 1878—2002 年。

主要内容：

1. 综合类

有《中华今代名人传》《环球中国名人传略》《上海时人志》《中国名人录》《民国之精华》《海上名人传》《当代中国名人录》等。

2. 专题类

有《中华民国五大总统大事记》《蔡元培杂记》《蒋介石言论选集》《汪精卫文存初集》等。

3. 图册类

有《民国名人图鉴》《蒋委员长生活留影集》《蒋夫人游美纪念册》《蒋大总统李副总统就任纪念画刊》等。

综合性资料

全宗号 Y15

该全宗共有中文资料560 卷（册），排架长度 20.8 米，起止年代为 1814—2004 年。

主要内容：

1. 志书、年鉴类

有《嘉庆松江府志》(1817 年)、《弘治上海志》(1504 年刊印，1940 年影印)、《光绪娄县续志》(1879 年)、《中国大观图画年鉴》(1930 年)、《中国年鉴》(1938 年 6 月)、《国民年鉴》(1929 年)、《申报年鉴》(1933—1936 年、1944 年) 等。

2. 文史著作类

主要是有关机构编印或出版的综合介绍中国特别是近代上海发展中的事件、人物、史实等资料。如《上海市通志馆期刊》(1933—1933 年)、《上海研究资料》(1936、1937 年)、《中国内幕》(1941—1946 年)、《大革命写真画》(1911 年 10 月—1912 年 4 月)、《上海市地理及社会概况》(1945 年)、《上海手册》(1949 年) 等。

3. 图册类

有美术、政治、军备、教育、农工商、交通、名胜、都市、建筑、家庭、妇女、儿童、体育、电影、戏剧、社会等方面的图集和摄影集，如《上海轮廓》(1937 年) 等。

图 书 资 料

全宗号　Y24

该全宗共有中文资料31 700 余册，起止年代为 1902—2022 年。

主要内容：

1. 中共党史类

有《中国共产党第七次全国代表大会文献》(1945 年)、《目前形势和我们的任务》(1949 年)、《“中国共产党的三十年”报告提纲(草稿)》(1951 年)、《论共产党员的修养》(1951 年)、《关于加强党的统一领导的若干文件》(1953 年)、《中国工人阶级和中国共产党》(1953 年)、《中国人民解放战争和新中国五年简史》(1956 年)、《中国共产党中央委员会关于若干历史问题的决议》(1960 年)、《中国共产党中央委员会关于建国以来党的若干历史问题的决议》(1981 年) 和《中共党史人物传》《中共党史资料》《党史资料丛刊》《革命史资料》《中国工运史料》《中华人民共和国大事记》等。

2. 档案编纂类

有《上海革命历史文件汇集》《中共上海区委会议记录汇编》《江苏

革命历史文件汇集》《上海市各界抗敌后援会》《社联盟报》《清代上海房地契档案汇编》《上海市档案馆馆藏中国近现代档案史料选编》《日本侵略上海史料汇编》《上海党建文献选编》《上海市党代会、人代会文件选编》等，以及《上海档案史料研究》论丛。

3. 丛书、工具书类

有《四库全书》《二十四史》《历代职官表》《民国丛书》《中国全史》《全国主要报刊资料索引》《文史资料选辑》《上海文史资料选辑》等，以及《申报》《良友画报》《广州民国日报》《文汇报》《解放军报》等报刊缩印本。

4. 地方志、年鉴类

有《上海市志（1978—2010)》140 部、147 册，上海市级专志 54 部、55 册，上海市区县志 24 部、31 册，共三个系列 218 部、233 册，全面记载了上海自然、政治、经济、文化和社会的历史与现状，系统反映了1978—2010 年上海改革开放的发展历程；《上海年鉴》《上海对外经济贸易年鉴》《上海档案事业年鉴》《上海铁路局年鉴》《长宁年鉴》《虹口年鉴》《杨浦年鉴》《金山年鉴》《崇明年鉴》等上海市和各区年鉴；《乍浦路街道志》《新海镇志》《堡镇志》《建设镇志》《陈家镇志》等街道乡镇志。

5. 综合类

有《马克思恩格斯全集》《列宁全集》《列宁文集》等马克思主义经典著作，《孙中山文集》《鲁迅文集》等名人著作集，以及政治学、历史学、档案学、文学、社会学、法学等人文社会科学著作及刊物。

二、历 史 报 刊

上海市档案馆保存的报刊资料，主要分布在 D2、D3 及 Y14 号全宗内，在一定程度上补充了档案的不足。兹按报纸、刊物的分类情况，分别介绍如下：

革命历史报纸

全宗号　D3、Y14

馆藏革命历史报纸（其中包括部分其他类别报纸）有 231 种，共计

1 756 卷，起止年代为 1918—1949 年，其中除少部分保存较完整外，大多不成套，较为零散。

1. 1918—1927 年

（1）《每周评论》（周刊），每周评论社编，1918 年 12 月 22 日创刊。该刊是五四时期著名进步刊物，由李大钊等主编，宗旨为“主张公理，反对强权”。1919 年 8 月被北洋军阀封禁，共出 37 期。馆藏《每周评论》（周刊）有 1918 年 12 月第 1—37 号。

（2）《湘江评论》（周刊），长沙落星田湖南学生联合会编，1919 年 7 月 14 日创刊，8 月 4 日停刊。该刊创办于长沙，共出 5 期，主编毛泽东。馆藏《湘江评论》（周刊）有 1919 年第 1—4 号。

（3）《星期评论》（周刊），星期评论社编，1919 年 6 月 7 日创刊。该报是孙中山和国民党指导下在上海创办的政治刊物，主编戴季陶、沈玄庐。1920 年 6 月停刊，共出 53 期。馆藏《星期评论》（周刊）有 1919—1920 年第 1—8、14、18、20—23、25、27、28、31—42、45、46、49 号。

（4）《新社会》（旬刊），北京社会实进会出版，1919 年 11 月 1 日创刊。该报创刊于北京，由瞿秋白、郑振铎主编，以尽力于改造社会事业为宗旨。1920 年 5 月停刊，共出 19 期。馆藏《新社会》（旬刊）有 1919 年第 1—5 号。

（5）《星期日》（旬刊），该刊系少年中国学会成都分会会刊，1919 年 7 月 13 日创刊，1920 年 7 月停刊，共出 52 期。馆藏《星期日》（旬刊）有 1919 年 10 月第 15 号及增刊，1920 年第 1—4、32—38、40 号。

（6）《觉悟》（上海民国日报副刊，日刊），上海民国日报社编，1919 年 6 月创刊于上海，1929 年停刊，共出 11 卷。馆藏《觉悟》有 1920—1924 年 27 册，1924—1925 年第 1—12 册及 1926 年 8 月 1 册。

（7）《钱江评论》（周刊），1920 年 1 月 1 日创刊，6 月 20 日停刊，共出 13 期。该报创刊于杭州，以宣传人道主义、主张社会改造为宗旨。馆藏《钱江评论》（周刊）有 1920 年第 1—13 号。

（8）《平民》（周刊），上海复旦大学学生会编，于 1920 年 5 月 1 日在上海创刊，1924 年 7 月 19 日停刊，共出 212 期。馆藏《平民》（周刊）有 1924 年第 5、15—18 期。

（9）《妇女评论》，民国日报社编，1921 年 8 月 3 日创刊，1923 年 5 月 15 日停刊。该刊系上海《民国日报》副刊，共出 104 期。馆藏《妇女评论》有 1921—1923 年第 1—102、104 期。

(10)《工人周刊》，工人周刊社编，于1921年7月在北京创刊，初为中共北京地区党组织宣传刊物，后先后成为中国劳动组合书记部机关刊物及全国铁路总工会会刊。馆藏《工人周刊》有1922年第28—30期。

(11)《妇女声》(半月刊)，上海中华女界联合会会刊，1921年12月10日至1922年3月5日。该刊以宣传被压迫阶级的解放，促醒女子加入劳动运动为宗旨。馆藏《妇女声》(半月刊)有1921—1922年第1—4、6期。

(12)《劳工周刊》，湖南劳工会驻沪办事处编。该刊系湖南劳工会会刊，1921年10月20日在长沙创刊，主编庞人铨，以增进劳工知识、促进劳工阶级觉悟为宗旨。第13期后被湖南地方政府查封，自第14期起在社会复刊。馆藏《劳工周刊》有1922年第20、21、23、25—28期。

(13)《先驱》，先驱报社编，1922年1月15日创刊。该报为中国共产主义青年团机关刊物，创刊于北京，第4期起迁上海。1923年8月15日停刊，共出25期。馆藏《先驱》有1922年1月第1—25号，1922年3月第4号、5月第8号。

(14)《上海工人》，上海总工会编，于1927年9月10日在上海创刊。馆藏《上海工人》有1927年第27、28期。

(15)《公理日报》，上海学术团体对外联合会编，1925年6月3日创刊。该刊系五卅运动中在上海创刊的报纸，以反帝爱国、支持上海工人罢工斗争为宗旨。1925年6月24日被迫停刊，共出22号。馆藏《公理日报》有1925年6月第1—18、20、21号。

(16)《妇女日报》，系觉悟社成员于1924年1月1日创办于天津。1924年9月30日被查禁停刊，共出260号。馆藏《妇女日报》有1924年第2—53、85—105、107—113号。

(17)《热血日报》，热血日报社编，1925年6月4日创刊，27日停刊。该报系中国共产党创办的最早一份日报，五卅运动中创刊于上海，主编瞿秋白。馆藏《热血日报》有1925年6月第6期。

(18)《血潮日刊》，上海学生联合会编。该刊系1925年6月4日，在五卅运动中创办的报纸。馆藏《血潮日刊》有1925年6月第5—13、15—35、37—40号。

2. 1928—1936年

(1)《救亡情报》，是由上海文化界救国会、上海妇女界救国会、上海职业界救国会、上海各大学教授救国会、上海国难教育社联合编辑发行，

1936年5月6日在上海创刊。1936年12月25日停刊，共出30期。馆藏《救亡情报》有1936年第7、8、10、14、15期。

（2）《红色中华报》，中华苏维埃人民共和国中央政府编，1931年12月11日创刊。该刊是创刊于江西瑞金的中华苏维埃人民共和国临时中央政府的机关刊物，1933年2月后改为中共中央、中央工农民主政府、中华全国总工会、共青团的联合机关报。1937年1月29日改名为《新中华报》。馆藏《新中华报》有1939年2月第1—230号。

（3）《冬季冲锋》，是中国共产主义青年团江苏省委机关报，原名《少年真理报》，1934年初改为本名，后又恢复原名。馆藏《冬季冲锋》有第6、8期及号外。

（4）《救国时报》，救国时报社编。该报是由共产党人吴玉章等于1935年12月在法国巴黎创刊的中文报纸，销行43个国家，1938年2月10日停刊，共出152期。馆藏《救国时报》有1936—1937年第9—10、108、109、123、124、128、130、131、141、142期。

（5）《真话报》，江苏省委编。该报是1932年5月9日创刊于上海的中共江苏省委机关报，主编潘梓年。1935年7月28日终刊。馆藏《真话报》有1932—1933年第52、81、83、85、100、102、103、107、108、110期，1935年第1、4期。

（6）《大中报》，大中报社编。中共江苏省委发行的报纸，1932年4月20日创刊于上海，主编应修仁。馆藏《大中报》有1932年第2、5、6期。

（7）《红旗日报》，中国共产党中央委员会和江苏省委编，1930年8月15日创刊。该报为第一次国内革命战争时期中国共产党中央委员会创办于上海的机关报，由《红旗》《上海报》合并而成，1931年2月14日改为中国共产党中央委员会和江苏省委机关报，1931年3月9日改名为《红旗周报》。馆藏《红旗日报》有1930年第1—182号，1930年10月第64号，1933年3月号外第1号。

（8）《上海报》，中共中央委员会编。该报1929年4月17日创刊于上海，原名《白话报》，李求实、谢觉哉主编。1930年8月14日终刊，并入《红旗日报》，共出385期。馆藏《上海报》有1929年5月版1册。

（9）《少年真理报》，上海少年真理报社编，1932年1月25日至1936年5月15日。该报是中国共产主义青年团江苏省委机关报。馆藏《少年真理报》有1932年第11、14期，1934年第72期，1936年第116、117期。

（10）《实话》（五日刊），中共中央委员会编，1930年10月创刊。该刊系中国共产党中央委员会机关刊物之一。1931 年 3 月停刊。馆藏《实话》（五日刊）有 1930 年 10 月第 1—13 期。

3. 1937—1945 年

（1）《救亡日报》，上海市文化界救亡协会编，1937 年 8 月 24 日创刊。该刊系上海市文化界救亡协会创办于上海的报纸，总编辑夏衍。1941 年 12 月 28 日起一度停刊，1945 年 10 月 10 日在上海复刊，后改名《建国日报》。馆藏《救亡日报》有 1937 年第 1—85 号，1938 年第 97—106、118—126 号，1945 年 10 月新 3—15 号。

（2）《解放日报索引》，解放日报社编。馆藏《解放日报索引》有 1941—1946 年第 1—6 册。

（3）《解放日报》，延安解放日报社编，1941 年 5 月 16 日创刊。该报系抗日战争时期和解放战争初期中国共产党中央委员会的机关报，创刊于延安，由《新中华报》《今日新闻》合并而成，于 1947 年 3 月 27 日终刊。馆藏《解放日报》有 1941—1947 年第 1—12 号。

（4）《新中华报》，新中华报社编。该报是抗日战争时期中国共产党中央委员会的机关报，前身为《红色中华报》，1937 年 1 月 29 日改为《新中华报》，在延安编辑出版。1941 年 5 月 15 日停刊后，5 月 16 日与《今日新闻》合并而成《解放日报》。馆藏《新中华报》有 1939 年 2 月第 1—230 号。

（5）《新华日报》，重庆新华日报社编。该报系中国共产党在国民党统治区公开出版发行的机关报，1938 年 1 月 11 日创刊于汉口，董事长为周恩来，1938 年 10 月 25 日迁至重庆出版，1947 年 2 月 28 日被国民党当局封闭停刊。馆藏《新华日报》有 1938—1939 年第 302、303、459、465、475—477、502 号，1941—1946 年第 1005、1973、2025、2059、2479、2494、2500、2554、2610、2733、2734、2743、2745、2852、3060、3066、3099、3100、3102、3114、3121—3123、3125、3126 号，1946 年 12 月第 316 号，1947 年 2 月第 3218、3223 号及号外等。

4. 1946—1949 年

（1）《时代日报》，苏商时代出版社编。原名《新生活报》，1945 年 9 月 1 日创刊于上海，9 月 1 日改为《时代日报》。发行人系苏联商人匝开莫，总编姜椿芳。1948 年 6 月被国民党政府勒令停刊。馆藏《时代日报》有 1946 年第 157—159、161、330 号。

（2）《学生报》，上海市学生联合会编。该报于 1947 年 6 月 1 日创刊于上海，前身为《学生新闻》，系上海市学生联合会机关报，由刘鉴农、钟沛璋主编，1949年4月停刊。馆藏《学生报》有1947年6月第1—8号，1947年7月第1—8号，1947年11—12月第1—4、7、8、10号，1948—1949年第1—21期及增刊、合刊、号外、壮丁灾特刊、黄花岗纪念刊、特辑、快讯等。

(3)《文汇报》，文汇报社编。该报1938年1月25日在上海创刊，1939年被迫停刊，1946年8月18日复刊，1948年5月24日被国民党政府查封。馆藏《文汇报》有1947年3月及5月第1083号。

(4)《同济人》(周刊)，同济大学同济人社编。1946年6月7日创刊，1948年6月7日停刊。馆藏《同济人》(周刊)有1948年第3、5、6、10期及纪念特刊。

(5)《人民日报》，中共晋冀鲁豫边区中央局机关编。该刊为中共晋冀鲁豫边区中央局机关报，1946年5月15日创刊于河北邯郸，至1948年6月15日与中共中央晋察冀分局机关报《晋察冀日报》合并为新《人民日报》，至成为中共中央华北局机关报为止，共出746期。馆藏《人民日报》有1946年5月第1期，1947年7月第2期。

(6)《学生新闻》，上海市学生团体联合会编。该刊为上海市学生团体联合会机关报，后改名《学生报》，1949年4月停刊。馆藏《学生新闻》有1946年2月版1册。

其他报纸

全宗号　D3、Y14

馆藏其他报纸主要分布在D3及Y14全宗，起止年代为1918—2004年。其主要内容有：

1. 1918—1927年

(1)《学灯》(周刊)，时事新报社编。该刊1918年3月4日创刊，为《时事新报》的学术性、文艺性副刊，1947年2月24日停刊。馆藏《学灯》(周刊)有1922—1924年共23册。

(2)《平民教育》，北京高等师范学校平民教育社编。该刊于1919年10月10日在北京创刊，1924年1月停刊，共出73期。馆藏《平民教育》有1919—1920年第2—7、10—23号。

（3）《晨报副镌》，为《晨报》第七版改编而成的文艺、学术副刊，初名《晨报附刊》，1921 年 10 月 12 日正式定为《晨报副镌》，由孙伏园主编，1928 年 6 月停刊。馆藏《晨报副镌》有 1923—1926 年共 16 册。

（4）《文学旬刊》，开明书店发行，上海《时事新报》副刊，1925 年 5 月 2 日改名《文学周报》。馆藏《文学旬刊》有 1921 年 5 月第 1—41 期，1922 年 7 月第 42—44、60—68 期。

（5）《民生》（周刊），1923 年 4 月在北京创刊，有论说、演坛、随笔、通信等栏目，1936 年 10 月第 38 期后终刊。馆藏《民生》（周刊）有 1925 年 4 月第 1 卷第 87 期，1925 年 11 月第 2 卷第 1 期。

2. 1928—1936 年

（1）《东亚日报》，东亚日报社编。该报是 1932 年 8 月 15 日创刊于上海的民营报纸。馆藏《东亚日报》有 1932 年第 32、79、81、82、84、86、118 号。

（2）《新大陆报》，新大陆报社编。民众抗日团体主办的小报，1931 年 10 月创刊于上海，后改名《新大陆日报》。馆藏《新大陆报》有 1932 年第 8、20、24、27、44、50 号。

3. 1937—1945 年

《广西日报》，广西地方军政当局辖制的报纸，1937 年 4 月 1 日在桂林创刊，前身为《桂林日报》，1949 年 5 月 30 日终刊。馆藏《广西日报》有 1945 年 8 月第 2371、2372、2387、2388 号。

4. 1946—1949 年

《时事新报》，时事新报社编。前身为创刊于上海的《时事报》，1911 年 5 月 8 日改为《时事新报》，抗战间曾迁重庆，1945 年 9 月 27 日复出上海版，1949 年 5 月 27 日停刊。馆藏《时事新报》有第 13590、13591 号。

此外，Y14 号全宗内还有各类报纸，大都不成套，起止年代为 1911—2004 年，共计 5 905 卷。

有上海书店出版社、江苏古籍出版社出版的《中央日报》（1928 年 2 月—1949 年 4 月），《申报——图画特刊》（1934 年 8 月—1937 年 7 月），《天韵报》（1941 年），周报出版社出版的《周报》（1945 年 9 月），上海市学联出版的《学生报》（1948 年 12 月），上海编辑部印刷的《大公报》（1949 年 9 月），延安解放日报社出版的《解放日报》（1941 年 5 月），人民出版社、新华书店出版的解放日报合刊本（1941 年 5 月—1947 年 3

月），《解放日报》及缩印合订本、索引（1949年5月—2004年1月），解放日报资料研究组编的《报刊文摘》第1—120期（1980年10月—1982年4月），文汇报社编辑部编辑的《文汇报》及缩印本、索引合订本（1938年1月—2003年12月），《华东店员报》（1953年），“文化大革命”时期的各类小报如《上炼造反报》《红灯报》等，20世纪80年代有关政治、经济、文化等方面的剪报等。

革命历史刊物

全宗号 D2

馆藏革命历史刊物（其中包括部分其他类别刊物）主要分布在D2全宗，共621种，计4 760卷，起止时间为1912—1950年。其中除少部分保存较完整外，大多不成套，较为零散。

1. 1912—1926年

（1）《新青年》，群益书社、上海新青年社编。1915年9月创刊，1926年7月停刊。该刊是五四时期的著名刊物，1915年9月15日创刊于上海，初名《青年杂志》，1916年9月15日改为《新青年》，陈独秀、李大钊、钱玄同、高一涵、沈默、胡适等先后主编。1923年6月后成为中共中央理论性机关刊物，1926年7月出完第5期后停刊。馆藏《青年杂志》（《新青年》第一卷合订本），《新青年》有1916年第2卷至1921年第9卷的1—6期，1923年第10卷1—4期，1925年第1—5期。

（2）《国民》（月刊），北京国民杂志社编。1921年5月停刊。该刊系北京学生救国会会刊，1919年1月1日在北京创刊，共出2卷。馆藏《国民》（月刊）有1921年5月第4期。

（3）《曙光》（月刊），北京曙光杂志社编。1919年11月创刊于北京，由宋介主编，1921年7月停刊，共出2卷15期。馆藏《曙光》（月刊）有1919—1920年第2—6期。

（4）《新妇女》（半月刊），上海务本女子中学教师编。1920年1月1日在上海创刊，1921年5月停刊，共出5卷。馆藏《新妇女》（半月刊）有1920年第1—6期。

（5）《新人》（月刊），高尔柏主编。该刊于1920年4月在上海创刊，1921年5月停刊，共出8期。馆藏《新人》（月刊）有1920年4月3日第

1 期。

（6）《劳动界》（周刊），新青年社编辑。该刊系于 1920 年 8 月 15 日创刊于上海、由上海共产主义小组指导的通俗性工人刊物，陈独秀等编辑，1921 年 1 月停刊，共出版 24 期。馆藏《劳动界》（周刊）有 1920 年合订本。

（7）《共产党》（月刊），中共上海发起组编。该刊系中共上海发起组在上海创办的政治理论刊物，主编李达，共出版 6 期后停刊。馆藏《共产党》（月刊）有 1920 年 11 月第 2 号。

（8）《共进》（半月刊），共进社编。1921 年 10 月 10 日创刊于北京，由旅京陕西籍学生组织共进社创办，1926 年 9 月 1 日被军阀查封，共出 105 期。馆藏《共进》（半月刊）有 1926 年第 99 期。

（9）《今日》（月刊），今日杂志社编。创刊于北京，由北京马克思主义研究会主办的刊物，停刊时间不详。馆藏《今日》（月刊）有 1922 年第 1 卷第 1、3 期，第 2 卷第 1—4 期，1923 年第 3 卷第 1、2 期。

（10）《新学生》，新学生社（广州）编。1923 年 7 月 1 日创刊于广州，1925 年 10 月停刊。馆藏《新学生》有 1923 年第 10 期，1925 年第 1—5 期。

（11）《前锋》（月刊），广州平民书社编。1923 年 7 月创刊，1924 年 2 月终刊。该刊系创办于广州（实际在上海出版）的中国共产党中央委员会机关报，瞿秋白主编，至第 3 期停刊。馆藏《前锋》有 1923 年第 1—3 期。

（12）《少年共产国际》（月刊），汉口中国青年社编，1924 年 7 月创刊。系创办于武汉的中国共产主义青年团杂志，又名《少年国际》。馆藏《少年共产国际》（月刊）有 1924 年第 1 期。

（13）《中国工人》（月刊），中华全国总工会等编。1924 年 10 月创刊于上海，系中共中央指导工人运动的刊物，罗章龙等主编。馆藏《中国工人》（月刊）有 1924 年第 1—5 期，1928 年第 1—8 期，1940 年第 1—13 期。

（14）《革命军》，广东黄埔陆军军官学校特别党部革命军社编辑出版。系在中国共产党领导下于 1925 年创刊于广州的政治刊物，设有时事评述、理论译述、专载等栏目，1927 年 3 月停刊，共出 15 期。馆藏《革命军》有 1925 年第 6—9 期，1926 年第 10 期。

（15）《湖北妇女》，湖北妇女协会编。系湖北妇女协会会刊，1925 年 6 月在武汉创刊，约出 13 期。馆藏《湖北妇女》有 1925 年第 9 期。

（16）《洪水》，创造社编，上海光华书局出版。系 1925 年 9 月在上海创刊的政治文艺综合刊物，设有小说、诗、杂记等栏目，1927 年 12 月停刊。馆藏《洪水》有 1925 年第 1、4、6、7 期，1926 年第 9，15、16、18、20 期，1927 年第 25 期。

(17)《生活》，生活周刊社编。1925 年 10 月创刊，1933 年 12 月停刊。系中华职业教育社社刊，初由黄炎培编辑，1926 年 10 月起由邹韬奋主编，1933 年 12 月 16 日被国民党政府查封。馆藏《生活》有 1925 年第 1 卷第 1—52 期、第 2 卷第 1—52 期，1927 年第 3 卷第 1—52 期，1928 年第 4 卷第 1—50 期，1929 年第 5 卷第 1—52 期，1930 年第 6 卷第 1—52 期，1931 年临时出版，1932 年第 1 卷第 1—50 期，1933 年第 1 卷第 1—50 期。

(18)《犁头（周报）》，广东省农民协会编。系广东省农民协会会刊，1926 年 1 月 5 日创刊于广州，初为旬刊，第 11 期起改为周刊，为广东"全省农民喉舌"。馆藏《犁头（周报）》有 1926 年第 3—5、16、19—21 期。

(19)《人民周刊》，张太雷主编。系 1926 年 2 月 4 日创刊于广州的中共广东区委机关刊物，设有论文、述评、报告等栏目，1927 年 4 月停刊，共出 50 期。馆藏《人民周刊》有 1925 年第 1 期，1926 年第 9、11、15、18 期。

(20)《创造月刊》，创造社编辑。系 1926 年 3 月 16 日创刊于上海的综合性文学刊物，为创造社社刊，1929 年 1 月停刊。馆藏《创造月刊》有 1926 年第 1 卷第 2—4 期，1928 年第 2 卷第 1、5 期。

(21)《农民运动》（周刊），中国国民党中央执行委员会农民部编。1926 年 8 月 1 日创刊。系国民党中央执行委员会农民部指导农民运动的通俗刊物。馆藏《农民运动》（周刊）有 1926 年第 1—6 期，13 期。

(22)《湖南全省第一次工农代表大会日刊》，工农大会特刊编辑部编。系 1926 年 12 月 1 日在长沙创刊，为 1926 年 12 月在长沙同时举行的湖南全省工人第一次代表大会与湖南全省农民第一次代表大会所出版的刊物，共出 24 期，1926 年 12 月 27 日停刊。馆藏《湖南全省第一次工农代表大会日刊》有 1926 年第 15、19、20 期。

2. 1927—1936 年

(1)《布尔塞维克》（周刊），瞿秋白等主编。1927 年 10 月 24 日创刊，1932 年 7 月停刊，系中国共产党的机关刊物。馆藏《布尔塞维克》（周刊）有 1927 年第 1 期第 1—14、15—28 期，1928 年第 2 卷第 1—11 期，1930 年第 3 卷第 1—6 期，1931 年第 4 卷 1—6 期，1932 年第 5 卷第 1 期。

（2）《无产青年》（不定期刊），1927 年 11 月创刊。系中国共产主义青年团机关刊物，是大革命失败后为总结、鼓动、宣传革命而创办的，1927 年 12 月停刊。馆藏《无产青年》有 1927 年第 1—5 期。

（3）《太阳月刊》，太阳社编，1928 年 1 月创刊。系在上海创刊的文艺刊物，由蒋光慈、阿英、杜国庠等主编，至 1928 年 7 月停刊。馆藏《太阳月刊》有 1928 年第 1、2、4 期。

（4）《文化批判》，创造社编。于 1928 年 1 月 15 日在上海创刊，属综合性理论月刊，主要作者有成仿吾、冯乃超、郭沫若等，至第 5 期因国民党查禁而改称《文化》。馆藏《文化批判》有第 1—5 期。

（5）《流沙》（半月刊），创造社编，1928 年 3 月创刊。系创造社后期的综合性刊物，1928 年 6 月停刊。馆藏《流沙》（半月刊）有 1928 年第 1、3 期。

（6）《思想月刊》，创造社编，1928 年 8 月创刊。系创刊于上海的创造社后期综合刊物，1928 年 12 月停刊。馆藏《思想月刊》有 1928 年第 1、3、4 期。

（7）《朝花旬刊》，朝花社编辑出版。前身系 1928 年 12 月创办于上海的文艺刊物《朝花周刊》，1929 年 6 月改为《朝花旬刊》，1929 年 9 月停刊。馆藏《朝花旬刊》有 1929 年第 1—11 期。

（8）《红旗》（三日刊），中共中央委员会编。系中共中央委员会机关报，1928 年 11 月 20 日创刊于上海，主编谢觉哉，1930 年 8 月 20 日与《上海报》合并，改名《红旗日报》。馆藏《红旗》（三日刊）有 1928 年第 3、5—14 期，1929 年第 15—23 期，第 24—126 期。

（9）《党的生活》，中共中央委员会编。1929 年 1 月 1 日创刊于上海，系中共中央委员会机关刊物，1930 年 6 月 15 日终刊，共出 11 期。馆藏《党的生活》有 1930 年第 6、7、10、11 期。

（10）《新流月报》，蒋光慈主编。系左联机关刊物《拓荒者》的前身，上海现代书局出版，1930 年 1 月改名《拓荒者》。馆藏《新流月报》有 1929 年第 1—4 期。

（11）《南国月刊》，上海现代书局出版。系 1929 年 5 月创刊于上海的文学刊物，由田汉主编，1930 年停刊。馆藏《南国月刊》有 1929 年第 4 期，1930 年第 5、6 期，1930 年汇刊第 1 卷上册，1930 年第 2 卷第 3 期。

（12）《新思潮》（月刊），新思潮社编。原名《新思潮月刊》（1929 年 11 月创刊），1930 年改为《新思潮》（月刊），1930 年 7 月被国民党查封。

馆藏《新思潮》（月刊）有 1930 年第 5 期。

（13）《奔流》（月刊），上海北新书局出版。系 1928 年 6 月创刊于上海的综合性文艺刊物，由鲁迅、郁达夫主编，1929 年 12 月停刊，共出 15 期。馆藏《奔流》（月刊）有 1929 年第 5 期。

（14）《拓荒者》（月刊），拓荒者月刊社编，1930 年 1 月创刊，5 月停刊。系创刊于上海的左联初期机关刊物，蒋光慈主编，上海现代书局出版，刊行至第 4、5 合期时被查禁。馆藏《拓荒者》（月刊）有 1930 年第 1—5 期。

（15）《萌芽》（月刊），萌芽社出版，1930 年 1 月创刊，5 月停刊。系左联最早的机关刊物之一，鲁迅主编，共出 5 期后被查禁，1930 年 6 月改名《新地》继续出版。馆藏《萌芽》（月刊）有 1930 年第 1—5 期。

（16）《全总通讯》（月刊），全总秘书处编。1930 年 2 月 15 日创刊于广州，系中华全国总工会机关刊物，共出 5 期。馆藏《全总通讯》（月刊）有 1930 年第 3—5 期。

（17）《世界文化》（月刊），世界文化月刊社编，1930 年 9 月 10 日创刊。系中国左翼文化界总同盟机关刊物之一，仅出一期即被国民党当局查禁。馆藏《世界文化》（月刊）有 1930 年创刊号。

（18）《红旗周报》，中共中央党报编辑委员会编印。前身系 1930 年 8 月 20 日在上海创刊的《红旗日报》，1931 年 3 月 9 日改为《红旗周报》，是中共中央委员会的机关报，初为周刊，1933 年 8 月 31 日第 59 期后改为半月刊，并迁江西中央苏区出版，1934 年 3 月 1 日终刊，共出 64 期及附刊 13 期。馆藏《红旗周报》有 1931 年第 1—30 期，1932 年第 31—60 期，1933 年第 61—64 期及附刊。

（19）《前哨》《文学导报》（半月刊），中国左翼作家联盟编。系中国左翼作家联盟的机关刊物，1931 年 4 月 25 日创刊于上海，第 2 期改名《文学导报》，于 1931 年 11 月 15 日终刊，共出 8 期。馆藏《前哨》《文学导报》（半月刊）有 1931 年 4 月 25 日 1 册。

（20）《青年实话》，中国共产主义青年团苏区中央局编。系 1931 年 7 月 1 日创刊于江西瑞金的中国共产主义青年团苏区中央局机关报，1934 年 9 月 30 日终刊，共出 130 期。馆藏《青年实话》有 1934 年第 22 期。

（21）《北斗》（月刊），中国左翼作家联盟编。系中国左翼作家联盟机关刊物，1931 年 9 月 20 日创刊于上海，丁玲主编，湖风书局发行，1932 年 7 月至第 2 卷第 4 期后停刊。馆藏《北斗》（月刊）有 1931 年第 1 卷第

1—4 期，1932 年第 2 卷第 1—4 期。

（22）《工运指南》（不定期刊），中华全国总工会编。系中华全国总工会会刊，1931 年 12 月 1 日创刊。馆藏《工运指南》有 1932 年第 6 期。

（23）《列宁生活》（不定期刊），江苏省委编。创刊于 1932 年 1 月 3 日，32 开油印。馆藏《列宁生活》有 1932 年第 1、2、7—10 期，1933 年第 13—15、20、23、24、26、27、31 期，1934 年第 34 期及 1933 年附刊。

（24）《列宁青年》，中国共产主义青年团中央委员会编。系中国共产主义青年团中央委员会机关刊物，原名《中国青年》，1923 年 10 月 20 日在上海创刊，1927 年 11 月改为《无产青年》，1932 年改为《列宁青年》。馆藏《列宁青年》有 1928 年第 4 期，1932 年第 2、3、11、12 期，1933 年第 7—11 期。

（25）《斗争》，中共中央委员会编。前身为《红旗周报附刊》，1932 年 1 月 21 日改名为《斗争》，为 32 开油印本，1935 年 7 月 5 日终刊，共出 79 期。馆藏《斗争》有 1932 年第 1—3 期，第 6—10 期，第 18—23 期，第 27—29 期，第 33 期，1933 年第 34、47、48、53、54、55、59 期，1934 年第 62—73 期及 1935 年第 2 期。

（26）《文学月报》，文学月报社编。1932 年 6 月创刊，1932 年 12 月停刊。系中国左翼作家联盟机关刊物，以刊载文学理论文章、文学作品、翻译作品为主，曾开展文艺大众化问题的讨论和对“第三种人”的批判，1932 年 12 月出至第 5、6 合期时，因国民党政府查禁而停刊。馆藏《文学月报》有 1932 年第 1—6 期。

（27）《文化月报》，中国左翼文化界总同盟编。系中国左翼文化界总同盟机关刊物，原名《世界文化》，因国民党政府查禁而于 1932 年 11 月改为《文化月报》，由陈乐夫编辑，仅出一期即被国民党政府查禁。馆藏《文化月报》有 1932 年第 1 期。

（28）《斗争》，中共苏区中央局编。系中共苏区中央局机关报，1933 年 2 月 4 日创刊，1934 年 9 月 30 日停刊，共出 73 期。馆藏《斗争》有 1933 年第 1—40 期、1934 年第 41—73 期。

（29）《社联盟报》，中国社会科学家联盟常委会编，系 1933 年创办于上海的中国社会科学家联盟内部油印机关刊物。馆藏《社联盟报》共 13 期，其中有 1934 年的第 21、22 期，1935 年的第 23—27、29 期。其余时间不详。

（30）《文艺月报》，文艺月报社编。系左联机关刊物，1933 年 6 月 1

日创刊于北平，立达书局出版发行，由陈北鸥、金谷主撰，1933 年 11 月出 1 卷 3 期后停刊。馆藏《文艺月报》有 1933 年创刊号及第 2、3 期。

(31)《文学》(月刊)，文学社（上海）编。系 1933 年 7 月 1 日创刊于上海的大型文学刊物，郑振铎、傅东华主编，1937 年 11 月停刊，共出 52 期。馆藏《文学》(月刊) 有 1933 年第 1 期。

(32)《铁锤》，中华全国总工会编。系 1934 年 1 月 15 日创办的中华全国总工会白区执行局机关刊物，为 32 开油印本。馆藏《铁锤》有 1934 年创刊号及 1935 年第 5 期。

(33)《新生》，杜重远主编。1934 年 2 月 10 日在上海创刊，1935 年 6 月 22 日被国民党政府查封，共出 2 卷 72 期。馆藏《新生》有 1934 年第 1 卷第 1—50 期、1935 年第 1 卷第 1—22 期。

(34)《群众的团》，共青团江苏省委编。1934 年 3 月 6 日创刊，系共青团江苏省委机关刊物。馆藏《群众的团》有 1934 年第 3、4、7—9 期，1935 年第 10—14 期。

(35)《大众生活》(周刊)，大众生活社编。1935 年 11 月 16 日创刊于上海，邹韬奋主编，系以时事评述为主的综合性刊物。1936 年 2 月出至第 16 期被国民党政府查封，后在香港复刊，1941 年 12 月 6 日出至第 30 期后终刊。馆藏《大众生活》(周刊) 有 1935 年第 1—7 期、1936 年第 8—15 期。

(36)《中苏文化》，中苏文化协会编。系 1936 年 4 月创刊于南京的中苏文化协会会刊，由王昆仑、侯外庐负责，1949 年 9 月出至第 20 卷第 9 期停刊。馆藏《中苏文化》有 1947 年第 1—8、12 期。

(37)《生活星期刊》(周刊)，邹韬奋等主编。1936 年 8 月 23 日《生活日报周刊》改名为《生活星期刊》，并从香港迁至上海，1936 年 12 月 13 日至第 2 卷第 28 期后被国民党政府查封。馆藏《生活星期刊》(周刊) 有 1936 年第 22—27 期。

3. 1937—1945 年

(1)《解放周刊》，解放周刊社编。系抗日战争时期中国共产党中央委员会的机关刊物，1937 年 4 月 24 日创刊于延安，主编张闻天。馆藏《解放周刊》有 1937 年第 1—40 期，1938 年第 41—59 期，1939 年第 60—100 期，1940 年第 101—134 期，1946 年第 1—5 期。

(2)《呐喊》(周刊)，茅盾主编。系 1937 年 8 月创刊于上海的文艺界救国宣传刊物，1937 年 9 月 5 日第 3 期起改名《烽火》，1937 年 10 月停刊。馆藏《呐喊》（周刊）有1937年第1、2期。

（3）《文化战线》（旬刊），上海编辑人协会出版。1937年9月1日创刊于上海，施复亮等主编，1937年11月停刊，共出8期。馆藏《文化战线》（旬刊）有1937年第1—8期。

（4）《群众》（周刊），群众杂志社编。系中国共产党在国民党统治区公开出版的综合性刊物，1937年12月11日创刊于汉口，许涤新、乔冠华等主编，1947年3月2日至第14卷第9期后被迫停刊。馆藏《群众》（周刊）有第1卷第1—25期，第2卷第1—25期，第3卷第1—25期，第4卷第1—18期，第5卷第1—18期，第6卷第1—12期，第7卷第1—24期，第8卷第1—22期，第9卷第1—24期，第10卷第1—24期，第11卷第1—12期，第12卷第1—12期，第13卷第1—12期，第14卷第1—9期。

（5）《鲁迅风》，中国文化服务社编辑。1939年1月创刊，9月停刊，创刊于上海，主编冯梦云，初为周刊，第13期起改为半月刊，共出19期。馆藏《鲁迅风》有1939年第1、10期。

（6）《八路军军政杂志》，国民革命军第八路军总政治部编。1939年1月创刊于延安，1942年3月停刊，系八路军总政治部机关刊物，萧向荣主编，共出4卷39期。馆藏《八路军军政杂志》有1939年第1卷、1940年第2卷、1941年第3卷、1942年第4卷。

（7）《共产党人》（月刊），中国共产党中央宣传部编。系创刊于延安的中共中央机关刊物，由张闻天主持，1941年8月停刊，共出20期。馆藏《共产党人》（月刊）有1939年第1—9期，1940年第10—19期，1941年第20期。

（8）《简报周刊》，商务同人会编。系1940年1月11日创刊于上海的工会报刊，1941年11月停刊。馆藏《简报周刊》有1941年第2、3、7、10期。

（9）《新闻类编》，苏联大使馆新闻处编。系苏联驻华大使馆新闻处1941年7月17日创刊于重庆的中文新闻刊物，抗战后迁至南京。馆藏《新闻类编》有1946年第1550、1552、1555、1556、1560期，1947年第1563—1629期，1948年第1630—1667期。

（10）《正报》，正报周刊社编。系中国共产党华南分局的机关刊物，1945年11月13日创刊于香港，1948年11月13日终刊，共出115期。馆藏《正报》有1947年第33、34、36—38、40、45—47期，第2卷第2—

5、13—16 期，1948 年第 2 卷第 17、28、39 期。

4. 1946—1950 年

(1)《文艺复兴》(月刊)，文艺复兴社编。1946 年 1 月创刊于上海，由郑振铎、李健吾主编，1947 年 8 月停刊，共出 4 卷 20 期。馆藏《文艺复兴》(月刊) 有 1946 年第 5 期。

(2)《民主生活》(周刊)，宋云彬编。1946 年 1 月创刊于重庆，系由中国人民救国会主办的政治刊物，1946 年 4 月停刊，共出 12 期。馆藏《民主生活》(周刊) 有 1946 年第 1、3 期。

(3)《劳工通讯》(周刊)，上海工人协会编。前身系中共上海工人运动委员会 1945 年 11 月 12 日在上海创办的《生活知识》，1946 年 9 月改为《劳工通讯》。馆藏《劳工通讯》有 1949 年第 23—26 期。

(4)《评论报》(周刊)，评论报社编。1946 年 11 月 9 日创刊于上海，1947 年 5 月停刊，共出 21 期。馆藏《评论报》有 1947 年第 15 期。

(5)《群众》(周刊)，香港群众周刊社编。系中国共产党在香港公开出版的综合性刊物，系原在国民党统治区公开出版的《群众》被迫停刊后，于 1947 年 1 月 30 日在香港的重新复刊，卷期另起，1949 年 9 月出至新 3 卷第 43 期终刊。馆藏《群众》有 1947 年第 10、11、13—16、19、23—27、30—48 期，1948 年第 49、50、54—61、65、76、77、82、89 期，第 2 卷第 1—3、5—19、24、25、27—31、33、34、37、40、47 期，1949 年第 3 卷第 6 期。

(6)《现代文摘》(周刊)，上海联合编译社编辑出版。1947 年 6 月创刊于上海，由《现代经济文摘》改版而成，蔡力行任主编兼发行人，1947 年 10 月停刊，共出 13 期。馆藏《现代文摘》有 1947 年第 1—3、11 期。

(7)《人民前线》(三日刊)，中国人民解放军第三野战军政治部编。系于 1948 年 9 月 18 日创刊的华东野战军前委机关报，1949 年 6 月停刊。馆藏《人民前线》有 1949 年第 1、2、4、5 期。

(8)《经济》(月刊)，大连经济研究会编。1948 年 10 月创刊于大连，1950 年 5 月停刊。馆藏《经济》有 1949 年第 6 期。

(9)《新华周报》，苏南新华周报社编。1949 年 1 月 24 日创刊于江苏无锡，苏南新华书店印行，1950 年 5 月停刊，共出 5 卷 12 期。馆藏《新华周报》有 1949 年第 1 卷 10—12 期，第 2 卷第 2、3 期。

(10)《边区政报》(月刊)，陕甘宁边区政府边区政报编辑委员会编。系陕甘宁边区政府机关刊物，1949 年 3 月 10 日创刊于陕甘宁边区，1949

年 11 月停刊，共出 6 期。馆藏《边区政报》有 1949 年第 1、2 期。

（11）《新民主妇女》（月刊），新民主妇女编辑委员会编，1949 年 6 月创刊，1949 年 8 月停刊。馆藏《新民主妇女》有 1949 年第 1、2 期。

（12）《苏北周刊》，苏北周刊社编，1949 年 6 月 19 日创刊。系创刊于扬州的文摘刊物，1950 年停刊，共出 2 卷 16 期。馆藏《苏北周刊》有 1949 年第 1—4 期。

其 他 刊 物

全宗号　D2、Y14

馆藏其他刊物主要分布在 D2、Y14 全宗，起止时间为 1907—2004 年。

1. 1912—1926 年

（1）《东方杂志》，东方杂志社编。系 1904 年 3 月 11 日在上海创刊的杂志，1948 年 12 月终刊，共出 44 卷。馆藏《东方杂志》有 1921 年第 18 卷第 18、19 期，1925 年第 22 卷第 1、2、4、11—13、16、18、20—23 期，1926 年第 23 卷第 1、2、10—12、16—19、21—23 期，1927 年第 24 卷第 9、11 期，1928 年第 25 卷第 3 期，1932 年第 30 卷第 1—6 期，1933 年第 30 卷第 9、11 期，1934 年第 31 卷第 5、7 期，1937 年第 34 卷第 12 期，1940 年第 37 卷第 3 期，1947 年第 43 卷第 5、8—14 期。

（2）《教育杂志》（月刊），上海商务印书馆编辑出版。该刊系 1909 年 2 月 15 日在上海创刊的教育学研究刊物，1948 年 12 月终刊，共出 33 卷 389 期。馆藏《教育杂志》有 1922 年第 3 期、1923 年第 6 期。

（3）《小说月报》（月刊），商务印书馆总发行。系 1910 年 8 月创刊于上海的大型文学期刊，1931 年 12 月停刊，共出 22 卷 259 期。馆藏《小说月报》有 1926 年第 4、10 期。

（4）《中华教育界》，中华书局发行。系由中华书局 1912 年创刊于上海，1950 年 12 月最后停刊。馆藏《中华教育界》有 1920 年第 10 卷第 2、3 期，1921 年第 10 卷第 9 期，1922 年第 11 卷第 5、10 期，第 12 卷第 1—5 期，1923 年第 12 卷第 6—11 期，第 13 卷第 1、2 期，1924 年第 13 卷第 9、10 期，1925 年第 14 卷第 8 期。

（5）《临时政府公报》，南京大总统府印铸局编撰，1912 年 1 月创刊于南京。馆藏《临时政府公报》有 1912 年第 42 期。

（6）《学生杂志》，商务印书馆编。1914 年 1 月创刊于上海，系中等学校学生辅助读物，1948 年停刊。馆藏《学生杂志》有 1923 年第 10 卷第 4、5 期，1924 年第 11 卷第 1—4、7 期，1925 年第 12 卷第 1、3、5 期。

（7）《清华周刊》，清华大学编。系清华大学学报，1914 年 2 月创刊于北京。馆藏《清华周刊》有 1923 年第 271、275、281、284、288 期，1947 年第 684 期。

（8）《礼拜六》（周刊），系“礼拜六派”的代表刊物，1914 年 6 月创刊于上海。馆藏《礼拜六》有 1936 年第 661 期，1937 年第 684、688 期，1945 年第 3 期，1947 年第 773 期。

（9）《民铎杂志》，上海学术研究会总会编。系 1916 年 6 月 15 日创刊于日本东京、由留日学生组织的言论刊物，1918 年 12 月第 5 期起迁至上海出版，1931 年 1 月停刊，共出 10 卷 52 期。馆藏《民铎杂志》有 1918 年第 1 卷第 5 期，1919 年第 1 卷第 6 期，1920 年第 2 卷第 1、3 期，1921 年第 2 卷第 4、5 期，1922 年第 3 卷第 4、5 期，1923 年第 4 卷第 3、4、5 期，1924 年第 5 卷第 4 期，1925 年第 6 卷第 5 期。

（10）《青年进步》（月刊），中华基督教青年会全国协会编。系 1917 年 3 月创刊于上海的中华基督教青年会机关刊物，1931 年停刊，共出 150 期。馆藏《青年进步》有 1922 年第 49 期、1923 年第 61 期、1930 年第 135 期。

（11）《太平洋》（月刊），太平洋杂志社编。系 1917 年 3 月创刊于上海的综合性杂志，由李剑农、杨端六先后主编，1925 年 6 月停刊，共出 4 卷。馆藏《太平洋》有 1923 年第 2、4 期，1924 年第 6、7、9 期，1925 年第 10 期。

（12）《学艺》，丙辰学社编。系 1917 年创刊于日本东京、由旅日学生团体丙辰学社主办的综合性学术刊物，至 1949 年已出完 19 期。馆藏《学艺》有 1920 年第 2 卷第 4、6、9 期，1921 年第 3 卷第 5 期，1922 年第 3 卷第 9 期，第 4 卷第 1 期。

（13）《新潮》（月刊），北京大学新潮社编。1919 年 1 月创刊于北京，由傅斯年、罗家伦、周作人先后任主编，1922 年 3 月停刊，共出 3 卷 26 期。馆藏《新潮》有 1919 年第 1 期、1920 年第 3 期。

（14）《新教育》（月刊），中华教育改进社编。1919 年 2 月创刊于上海，1925 年 10 月停刊，共出 11 卷 53 期。馆藏《新教育》有 1922 年第 4 卷第 1 期，第 5 卷 3、5 期，1923 年第 6 卷第 1、2、3 期。

（15）《新中国》（月刊），新中国杂志社（北京）编。1919 年 5 月创刊于北京，主笔邵飘萍、孙少少等，1920 年 8 月停刊，共出 2 卷。馆藏《新中国》有 1919 年第 1 卷 1、2、4、5、8 期，1920 年第 2 卷 1—4 期。

（16）《南洋周刊》，上海南洋公学分会编。1919 年 7 月 14 日在上海创刊，1927 年 12 月停刊，共出 12 卷。馆藏《南洋周刊》有 1919 年第 3、5、7、9、10 期，1921 年第 5、9 期，1922 年第 11—15、17、19—22 期，1923 年第 2 卷第 4、7—15 期，第 3 卷 1—12 期，1924 年第 3 卷 13—15 期，第 4 卷 1—13 期，第 5 卷 3—5 期，1925 年第 5 卷第 9 期，第 6 卷第 1、3—8、10 期。

（17）《湖南》（月刊），上海湖南月刊社编。1919 年 7 月创刊，1920 年 2 月停刊，共出 4 期。馆藏《湖南》（月刊）有 1919 年 7 月 20 日第 1 期。

（18）《少年中国》（月刊），少年中国学会编。1919 年 7 月创刊，1924 年 5 月停刊。系创办于北京的少年中国学会机关刊物，为五四时期的大型综合性杂志，共出 4 卷。馆藏《少年中国》（月刊）有 1919 年 7 月第 1 卷第 1—12 期，1920 年 7 月第 2 卷第 1—6 期，1921—1924 年第 2 卷第 7—12 期、第 3 卷第 1—12 期、第 4 卷第 1—12 期。

（19）《北京大学月刊》，北京大学月刊编辑处编。系北京大学 1919 年创刊的学术刊物，1922 年停刊。馆藏《北京大学月刊》有 1920 年 7 月第 6 期。

（20）《解放与改造》（半月刊），北京新学会编。创刊于北京，由梁启超、张东荪、俞颂华主编，1920 年 9 月改名《改造》。馆藏《解放与改造》（半月刊）有 1919 年第 1 卷第 1—8 期，1920 年第 2 卷第 1—16 期。

（21）《改造》（月刊），北京新学会编。原名《解放与改造》，1919 年 9 月创刊于北京，1920 年改名为《改造》，系资产阶级改良派代表研究系的政治理论刊物，主编梁启超、张东荪、俞颂华，1922 年 9 月停刊，共出 4 卷。馆藏《改造》（月刊）有 1920—1922 年第 3 卷第 1—6、8—12 期，第 4 卷第 1—4、6—10 期。

（22）《新生活》（周刊），北京新生活报社编。1919 年 8 月 17 日创刊于北京，由北京大学出版部主任李辛白编辑，设有讲演、随感录、小说、白话诗、科学常识、谚语等栏目，1921 年 6 月后停刊，共出 55 期。馆藏《新生活》（周刊）有 1919—1921 年第 13、15、17、19—33、36、37、44 期。

（23）《少年社会》，少年社会周刊社编。系 1919 年 12 月创刊于南京的五四时期的进步刊物，由南京高等师范学校少年社会杂志社主办。馆藏《少年社会》有 1919—1920 年第 1 卷第 1—10 期、第 2 卷第 1—6 期。

（24）《少年世界》（月刊），少年中国学会编。1920 年 1 月创刊，12 月停刊。系创刊于南京的少年中国学会分会会刊，共出 12 期。馆藏《少年世界》（月刊）有 1920 年第 1—12 期。

（25）《北京大学学生周刊》，北京大学编。1920 年 1 月 4 日在北京创刊，是北京大学“全体同学发表思想的地方”，1920 年 5 月停刊。馆藏《北京大学学生周刊》有 1920 年 5 月 16 日第 16 期。

（26）《天问》（周刊），天问周刊社编。1920 年 2 月创刊于上海，由湖南驱张代表团驻沪代表彭璜等人主办。馆藏《天问》（周刊）有 1920 年第 1—24 期。

（27）《新民意报》，马千里总编。1920 年创刊于天津，办有《星火》《明日》《觉邮》等副刊，1925 年 1 月停刊。馆藏《新民意报》有 1923 年第 2、3、6、10 期。

（28）《评论之评论》（季刊），北大评论之评论社编。1920 年 12 月于北京创刊，费觉天主编，1921 年 12 月停刊，共出 4 期。馆藏《评论之评论》（季刊）有 1920 年第 1、2 期。

（29）《社会学》（双月刊），中国社会学杂志社编。系中国社会学会会刊，1922 年 2 月创刊于上海，余天休主编，1932 年 12 月出第 5 卷第 5 期后停刊。馆藏《社会学》（双月刊）有 1922 年第 1 卷第 2—4 期、1924 年第 2 卷第 1 期。

（30）《晨光》（双月刊），北京中国大学主办。1922 年 5 月 30 日在北京创刊，设有论坛、诗、书报批评、通讯等栏目，1924 年 3 月至第 2 卷第 1 期停刊。馆藏《晨光》（双月刊）有 1922 年 11 月 30 日第 3 期。

（31）《孤军》（月刊），上海泰东书局发行。1922 年 9 月 15 日创刊于上海。馆藏《孤军》（月刊）有 1923—1925 年第 1 卷第 7—12 期，第 2 卷第 1、4、7—10、12 期，第 3 卷第 5 期。

（32）《革新》（双月刊），国立广东高师学生出版组编辑发行。系 1922 年 10 月 1 日在广州创刊的学术性刊物。馆藏《革新》（双月刊）有 1923 年第 4、6 期。

（33）《国学季刊》，北大国学季刊编委会编。系创刊于北京的北京大学学术季刊，设有论文、附录等栏目，由胡适、周作人、李大钊等编辑，

1952 年 12 月至第 7 卷第 3 期终刊。馆藏《国学季刊》有 1923 年 1 月 20 日第 1 期。

(34)《新民国》(月刊)，新民国杂志社编。系中国国民党地方组织主办刊物，1923 年 11 月 15 日创刊于北京，停刊日期不详。馆藏《新民国》(月刊) 有 1924 年第 1 卷第 3—6 期。

(35)《中国学生》，中华民国学生联合会总会编。系创刊于上海的中华民国学生联合会总会会刊，1924 年 5 月创刊，1926 年 11 月 6 日停刊，共出 41 期。馆藏《中国学生》有 1924 年第 1 期，1926 年第 16、18、20—24、29、32、34、35 期。

(36)《工余》(月刊)，工余社编。系旅法华工和旅法勤工俭学学生中的无政府主义者组织的工余社社刊，1925 年 10 月与《自由人》合并，共出 23 期。馆藏《工余》(月刊) 有 1924 年 9 月第 3 期。

(37)《赤心评论》(不定期刊)，成都外国语专门学校编辑发行。1924 年 6 月在成都创刊。馆藏《赤心评论》(不定期刊) 有 1925 年第 10、12 期。

(38)《大夏周报》，上海大夏大学学生会编辑发行。系 1924 年创刊于上海的大夏大学学术刊物，原名《大夏周刊》，1949 年 12 月出至第 26 卷第 2 期后停刊。馆藏《大夏周报》有 1930—1931 年第 1、3—11、20 期，1933 年第 25 期。

(39)《无锡评论》(半月刊)，无锡锡社编。1924 年在无锡创刊，1926 年停刊，共出 31 期。馆藏《无锡评论》(半月刊) 有 1925 年第 19、25、26 期。

(40)《国闻周报》，上海国闻周报社编。系国闻通讯社附属刊物，1924 年 8 月创刊于上海，由胡政之主办，1937 年 12 月停刊。馆藏《国闻周报》有 1932 年 6 月第 9 卷第 25 期，1937 年第 14 卷第 41 期及 1937 年第 3、7—9、12 期战时特刊。

(41)《现代评论》(周刊)，北大现代评论社编。1924 年 12 月 13 日在北京创刊，由胡适主办，1927 年迁上海，1928 年 10 月停刊，共出 209 期。馆藏《现代评论》(周刊) 有 1924—1926 年第 1 卷第 1—26 期，第 2 卷第 27—52 期，第 3 卷第 53—78 期，第 4 卷第 79—104 期，第 5 卷第 105—130 期，第 6 卷第 139 期及 1925 年 10 月特别增刊，1926 年 1 月 1 日增刊，1927 年 1 月纪念增刊。

(42)《甲寅》(周刊)，章士钊主编。1925 年 7 月创刊于北京，设有论文、诗词、公文、通讯等栏目，1927 年 2 月停刊，共出 45 期。馆藏《甲寅》（周刊）有 1925 年 8 月 1 日第 3 期。

（43）《香港学生》（不定期刊），香港学生联合会编辑出版。1925 年 10 月 10 日在广州创刊。馆藏《香港学生》（不定期刊）有 1926 年第 12、13 期。

（44）《黄埔潮》，国民革命军中央军事政治学校政治部编。系黄埔军校政治部约 1925 年 10 月创刊。馆藏《黄埔潮》有 1925—1926 年第 11—13、15、20—24、40、41、44—49、52 期。

（45）《革命导报》，孙文主义学会编辑，系孙文主义学会会刊。馆藏《革命导报》有 1926 年 1 月 9 日第 3 期。

（46）《莽原》，未名社编辑出版。系创刊于北京的综合性文艺刊物，1926 年 1 月 10 日创刊，1927 年 12 月停刊，共出 48 期。馆藏《莽原》有 1926—1927 年第 1—8、10—18、20—24 期，第 2 卷 4、8、18—21 期。

（47）《革命周报》，北京大学第一院编。该刊不分栏目，共出 19 期。馆藏《革命周报》有 1926 年 5 月 1 日第 5 期。

2. 1927—1936 年

（1）《新生命》（月刊），新生命月刊社编。1928 年 1 月创刊于上海，主笔周佛海、戴季陶、梅思平等人，1930 年 12 月停刊。馆藏《新生命》（月刊）有 1928 年 2 月 1 日第 2 期。

（2）《革命评论》（周刊），革命评论社编，1928 年 5 月创刊于上海。系政治理论刊物，后改名《民众先锋》。馆藏《革命评论》（周刊）有 1928 年第 1—18 期。

（3）《世界》，世界周刊社编，系 1928 年 12 月创刊于上海。馆藏《世界》有 1929 年第 1、2、7 期。

（4）《新文艺》（月刊），水沫书店出版，1929 年 9 月创刊，1941 年 1 月始最后终刊。馆藏《新文艺》（月刊）有 1929 年 9 月 15 日第 1 期。

（5）《中学生》（月刊），开明书店编辑出版，系 1930 年 1 月创刊于上海的综合性教育刊物。馆藏《中学生》（月刊）有 1945 年第 91—94 期。

（6）《社会批判》（月刊），国立北平大学编。系 1930 年 3 月 15 日创刊于北平的综合性社会科学学术刊物，1930 年 4 月停刊，共出 2 期。馆藏《社会批判》（月刊）有 1930 年 3 月第 1 期。

（7）《生存月刊》，中国生存学社编辑。前身系 1930 年 5 月创刊于上海的综合性学术刊物，1932 年 8 月第 4 卷第 1 期起改名《生存月刊》，

1936年5月第5卷第1期起又改名《生存旬刊》，1936年6月停刊，共出5卷。馆藏《生存月刊》有1932年第1、3、7、9期。

（8）《现代文学》（月刊），北新书局编辑出版。1930年7月创刊于上海，1930年12月与《北新》合并为《青年界》，共出6期。馆藏《现代文学》（月刊）有1930年第1、5期。

（9）《青年界》（月刊），北新书局印行编，系1930年12月创刊于上海。馆藏《青年界》（月刊）有1935年第1期。

（10）《学生抗日会旬刊》，江苏省无锡学生抗日救国会宣传部编，1931年10月创刊于江苏无锡。馆藏《学生抗日会旬刊》有1931年第2—4期。

（11）《再生》，系中国国家社会党党刊，1932年5月创刊于北平，至1949年4月停刊。馆藏《再生》有1948年10月11日第235期。

（12）《现代》（月刊），现代书局发行。1932年5月创刊于上海，1935年3月起改为综合性刊物，1935年7月停刊，共出6卷34期。馆藏《现代》（月刊）有1932年5月第1期，1934年7月第3期。

（13）《论语》，中国美术刊行社发行。系1932年9月在上海创刊的幽默文学刊物，主编林语堂，1945年停刊，共出177期。馆藏《论语》有1948—1949年第166—168、173期。

（14）《时事类编》（半月刊），南京中山文化教育馆编辑发行。1933年8月10日创刊于上海，1935年2月迁至南京出版，共出5卷101期。馆藏《时事类编》（半月刊）有1937年第1、2期。

（15）《文学季刊》，郑振铎、章靳以主编。1934年1月创刊于北平立达书局，后改由上海生活书店出版发行，1935年12月停刊。馆藏《文学季刊》有1934年7月1日第3期。

（16）《世界知识》，世界知识社编。系1934年2月创刊于上海的国际新闻和时评性杂志，原为半月刊，1946年10月起改为周刊。馆藏《世界知识》有1936年第3卷第9期，1937年第6卷第8、10期，1946年第13卷第10—12期，第14卷第1—4、6—18期，1947年第15卷第1—3、7—20、22期，第16卷第1、3、4、12、14—18、24期，1948—1948年第17卷第1、2、4—8、14—17、19—22期，1949年第19卷第1期，第20卷第1期。

（17）《国讯》（旬刊），国讯社编。前身系创刊于上海的《救国通讯》，1934年7月改名为《国讯》，1948年4月终刊，共出457期。馆藏

《国讯》（旬刊）有 1937 年 9 月第 174 期，1947 年 9 月第 431—457 期。

（18）《妇女生活》（月刊），妇女生活社编。系 1935 年创刊于上海的妇女问题综合性杂志，1940 年 12 月出第 9 卷 6 期后终刊。馆藏《妇女生活》（月刊）有 1937 年 10 月 20 日第 3 期。

（19）《读书与出版》（月刊），读书与出版社编。系 1935 年 5 月 18 日创刊于上海，以评论书刊为宗旨的专门杂志，16 开本，随刊附每月全国新书汇报，1948 年 9 月 1 日终刊，共出 58 期。馆藏《读书与出版》（月刊）有 1948 年 4 月 15 日第 4 期。

（20）《时论》，时论社编。1935 年 9 月创办于南京，1937 年 8 月停刊。馆藏《时论》有 1936 年第 2、3 期。

（21）《申报》（每周增刊），申报周刊社编。原名《申报月刊》，1935 年 12 月改名《申报》，1943 年 1 月又恢复原名继续出版。馆藏《申报》（每周增刊）有 1936—1937 年第 1 卷第 8、27、28 期，第 2 卷第 19、22、28、29 期。

（22）《永生》（周刊），金仲华主编。前身为《大众社会》，1936 年 3 月改名为《永生》，1936 年 6 月停刊。馆藏《永生》（周刊）有 1936 年第 1—17 期。

（23）《文学丛报》（月刊），文学丛报社编。1936 年 4 月创刊于上海，王元亨等主编，1936 年 8 月停刊。馆藏《文学丛报》（月刊）有 1936 年第 1、3、4 期。

（24）《作家》，作家社（上海）编，1936 年 4 月创刊。系创刊于上海的文学刊物，由孟十还主编，1936 年 11 月停刊。馆藏《作家》有 1936 年第 1 卷第 1—6 期，第 2 卷第 1、2 期。

3. 1937—1945 年

（1）《周报》（周刊），唐弢、柯灵编。1937 年 5 月创刊于上海，1946 年 8 月 24 日终刊，共出 54 期。馆藏《周报》（周刊）有 1945—1946 年第 1、3、5、7—12、14—25、27、28、30—33、35—41、43、44、46—50 期。

（2）《抗敌》，贵州全省各界抗敌后援会编辑出版。1937 年 5 月在贵阳创刊，1941 年 11 月停刊。馆藏《抗敌》有 1937 年 9 月 23 日第 3 期。

（3）《江苏学生》，江苏学生季刊编辑部编。系江苏省教育厅主办，以中学生为对象的刊物，1937 年 6 月出至第 8 卷第 3 期后停刊。馆藏《江苏学生》有 1937 年 6 月第 3 期。

（4）《战时妇女》（五日刊），1937 年 9 月 5 日创刊于上海、由妇女救亡团体主办的刊物，1938 年元旦出第 11 期后停刊。馆藏《战时妇女》（五日刊）有第 2—7 期。

（5）《战时教育》，生活教育社编辑出版。于 1937 年 9 月 25 日创刊于上海，1945 年 5 月出至第 9 卷第 2 期后停刊，馆藏《战时教育》有 1937 年第 1—3 期。

（6）《战线》（五日刊），战线社编。1937 年 9 月 13 创刊于上海，至 1937 年 11 月 7 日停刊，共出 11 期。馆藏《战线》（五日刊）有 1937 年第 4、5、7—11 期。

（7）《战时联合旬刊》，世界知识社、妇女生活社、中华公论社、国民周刊社联合主办发行。于 1937 年 9 月 1 日在上海创刊，1937 年 10 月 1 日停刊。馆藏《战时联合旬刊》有 1937 年第 1—4 期。

（8）《理论与现实》（双月刊），新中国出版社出版。1939 年 4 月创刊于重庆，沈志远主编，1947 年 3 月终刊。馆藏《理论与现实》（双月刊）有 1946 年第 1—3 期。

（9）《时论丛刊》（月刊），时论丛刊社编。1939 年 4 月创刊，9 月停刊。系创办于上海的文摘类刊物，共出 6 期。馆藏《时论丛刊》（月刊）有 1939 年第 1—3、5、6 期。

（10）《太平洋周报》，中国文化服务社出版。系 1942 年 1 月 1 日在上海创刊的时事文艺综合刊物，江洪主编。馆藏《太平洋周报》有 1942 年 10 月 22 日第 40 期。

（11）《大学》（月刊），大学月刊社编。系 1942 年 1 月在成都创刊的综合性学术刊物，1947 年 8 月迁上海出版，1947 年 10 月停刊。馆藏《大学》（月刊）有 1947 年第 1—5 期。

（12）《文艺创作》，文学创作社编。于 1942 年 9 月 15 日创刊于桂林，熊佛西主编，1944 年 7 月 15 日停刊，共出 15 期。馆藏《文艺创作》有第 1 卷第 5、6 期，第 2 卷第 4 期。

（13）《风雨谈》，太平出版社出版。系 1943 年 4 月创刊于上海的综合性文艺刊物，1945 年 8 月停刊，共出 21 期。馆藏《风雨谈》有 1945 年第 17、19 期。

（14）《读书》（月刊），1945 年 2 月 1 日创刊。创刊于南京，1945 年 8 月出至第 1 卷第 6 期停刊。馆藏《读书》（月刊）有 1945 年 2 月 1 日创刊号。

（15）《民主》（周刊），民主周刊社编。1945 年 10 月 13 日创刊于上海，郑振铎主编，1946 年 10 月 31 日停刊，共出 2 卷 54 期。馆藏《民主》（周刊）有 1945—1946 年第 11—54 期。

（16）《新文化》（半月刊），新文化半月刊社编。1945 年 10 月 20 日创刊于上海，由谢吉然编辑，1947 年 6 月停刊，共出 12 卷 36 期。馆藏《新文化》（半月刊）有 1945—1947 年第 1 卷第 2—5、12 期，第 2 卷第 7、10 期，第 3 卷第 1、2、6 期。

（17）《大公》（周刊），汪正和编辑，1945 年 4 月 10 日创刊。系创刊于南京的综合性新闻周刊。馆藏《大公》（周刊）有 1945 年第 1—13 期。

（18）《人人周刊》，人人出版社编。1945 年 9 月创刊于上海，1946 年 5 月终刊。共出 3 卷 31 期。馆藏《人人周刊》有 1946 年 1 月 31 日第 2 卷第 6、7 期。

（19）《妇女》（月刊），上海中华基督教女青年会编辑发行。系创办于上海的中华基督教女青年会会刊，1945 年 10 月创刊，1949 年 7 月终刊。馆藏《妇女》（月刊）有 1945 年庆祝胜利特刊，1947 年三八特大号，1946—1947 年第 3、5—11 期，第 2 卷 1—2 期。

（20）《书报》，中国书报社编译所编，1945 年 11 月 20 日创刊。创办于上海，仅出一期即终刊。馆藏《书报》有 1945 年 11 月 20 日第 1 期。

（21）《新闻杂志》，新闻杂志社编。1945 年 12 月 1 日创刊于重庆，社长林真，主编朱迈之，1949 年 4 月最后终刊。馆藏《新闻杂志》有 1948—1949 年第 1、4、6 期。

4. 1946—1950 年

（1）《观察》（周刊），储安平主编。1946 年 9 月 1 日创刊于北京，1950 年 5 月终刊。馆藏《观察》（周刊）有 1946—1948 年第 1 卷第 14 期，第 2 卷第 14、15、18、23、24 期，第 3 卷第 2、7、10、15、21—23 期，第 4 卷第 2、3、6、7、10、17、18、23、24 期，第 5 卷第 12、13、17 期。

（2）《时与文》（周刊），时与文周刊社编辑部编。系创办于上海、主张实行资产阶级民主、走中间道路的代表刊物之一，1947 年 3 月 14 日创刊，1948 年 9 月停刊，共出 3 卷 71 期。馆藏《时与文》（周刊）有 1947—1948 年第 1—3 期，第 2 卷第 13—24 期，第 3 卷第 1—11、13—23 期。

（3）《中学时代》，中学时代社编。系 1947 年 6 月创刊于上海的面向中学生的刊物，1949 年 3 月停刊，共出 31 期。馆藏《中学时代》有 1947 年 6 月 28 日第 1 号，1949 年第 28、29 期。

(4)《现代新闻》(周刊)，联合编译社编辑出版。1947 年 5 月在上海创刊，1947 年 6 月出第 7 期后停刊。馆藏《现代新闻》有 1947 年第 2—7 期。

(5)《政治新闻》，政治新闻周报（社）处编。1949 年 1 月创刊于上海，1949 年 3 月停刊，共出 2 卷。馆藏《政治新闻》有 1949 年 2 月 27 日第 1 卷第 5 期。

此外，馆藏资料还有世界社出版的《世界》(1907 年)、《真相画报》(1912 年)、《中国革命记》(1912 年)，西风月刊社出版的《西风》(1937 年)、《西风副刊》(1939 年)，上海西风社出版的《西风》(1945 年)，自修周刊社出版的《自修》(1938—1942 年)，科学趣味社出版的《科学趣味》(1939—1942 年)，联华广告公司出版部出版的《小说月报》创刊号(1940—1944 年)，大众出版社出版的《大众》(1942 年)，上海苏商时代杂志社出版的《时代》(1945 年 5 月)，女声社出版的《女声》(1945 年 11 月)，文萃社印行的《文萃》(1945 年 10 月—1947 年 2 月)，郑振铎主编、民主周刊出版社出版的《民主》(1945 年)，上海世界知识社出版的《世界知识》(1946 年)，家杂志社出版的《家》(1946 年)，自由天地出版社印行的《自由天地》(1947 年)，联合画报社印行的《中国抗战画史》(1947 年)，观察周刊社发行的《观察》(1948 年)，《工程建设》创刊号(1949 年)，《旅行杂志》编委会出版的《旅行杂志》(1952 年）等，以及《红旗》杂志（1962 年)，“文化大革命”时期的各类刊物如《东方红》合刊、《春雷》增刊、《文学研究》《篮球》等创刊号，还有《解放、文汇报画刊》(1999 年）等。

三、外 文 资 料

上海公共租界工部局和法租界公董局都编辑出版过大量资料。工部局未成立档案室前，资料和档案由总收发室保管，保存档案甚多，资料则散失严重。1931 年工部局总办处成立档案室后，开始重视对资料的收集和保管。据 1936 年 6 月统计，档案室保存的书刊、小册子、杂志和报刊及各类资料计 2 864 册。1943 年工部局结束时，档案室保存的资料达 5 784 册。公董局收藏的资料属行政秘书处第二办公室管理。该室注重对档案的收集和管理，所存资料则相对较少。

工部局和公董局的档案和资料由上海市档案馆接收后，对档案进行了重新整理和编目，其中包括反映工部局和公董局所属机构职能和市政建设的公报、年报和章程等重要资料。另外又整理出一套完整的资料，其中包括报刊和书籍，都编入了租界资料内。现已将原工部局和公董局全部资料以民国档案分类法编制目录，全宗号 W1、U38－0。

年报和公报

有14种，起止年代为1861—1943年。主要反映两租界的机构职能和市政建设。

1.《工部局年报》（1861—1943年）（英文版），工部局编辑出版，每年一册，1930年开始增出中文版，1941年增出日文版。内容包括工部局总董向租界华侨纳税人所作的商团、警务、工务、财务、卫生等情况及工作年度报告，记载上海公共租界内马路、码头、桥梁、房屋的修建、交通运输、公用事业等公共设施，以及下一年度的预算报告。

2.《工部局教育委员会年报》（1894—1905年）（英文版），分别由别发印字房和字林西报馆出版，内容包括上海公学向教育委员会报告学校教育和年度收支情况，教职员工的简历和任职情况，以及学生获取奖学金的记录。

3.《汉壁礼公学和儿童之家年报》（1904—1911年）（英文版），别发印刷所出版，主要反映汉壁礼公学教育情况，刊登获奖学生的名单和学校的收支报告。

4.《上海犹太学校年报和账目》（1904—1915年）（英文版），文汇报馆出版。

5.《仁济医馆年报》（1872—1885年）（英文版），一年一期，两期一册共18期，其中缺了第1—4期、6—12期和18期，内容为医院对医疗情况的年度报告和治疗主要病例的说明。

6.《同仁医馆年报》（1887—1939年）（英文版），字林西报馆出版。

7.《卫生处年报》（1900—1905年）（英文版），别发印字房出版，内容涉及工部局卫生处所制订有关公共场所和个人卫生的条例，统计了租界全年的总人口数以及死亡人数，并报告外籍和华籍人口中有关死亡病因，须采取预防措施，特别在饮食方面所须注意的事项。

8.《美商上海电力公司年报》（1933—1940年）（英文版）。该年报登载了公司主要负责人名单，有关公司资金的筹措、担保、储备以及资产增减变化的报告，每天电力增减情况表和各大工厂电力负荷量及图表。

9.《上海电话公司年报》（1931—1940 年）（英文版），主要刊登该公司各部门负责人名单，报告有关公司的财政，本年度电话发展情况和各年公司资产负债表和收支情况统计表。

10.《上海外商总会年报》（1869—1933 年）（英文版）。

11.《公董局年报》（1870—1941 年）（法文版），主要内容有当时法国驻沪领事署的命令、公董局年度预、决算和收支报告。董事会和各委员会会议记录，公董局各处及其附属机构的年度工作报告等。

12.《工部局公报》（1908—1943 年）（英文版），1930 年增出中文版。其主要内容有工部局法令、命令、布告、各部门工作报告、会议记录，人事变动等，专供西侨纳税人阅览。每周一期，一年成合订本。

13.《公董局公报》（1910—1942 年）（法文版，1931—1942 年部分有中文版公报）。每周一期，一年成合订本。主要内容有法国领事署命令，公董局董事会会议记录、摘要、各部门月度工作报告，各类工商机构开业和扩充申请等。主要供租界纳税人所用。

14.《上海出版局新闻公报》（1929 年），（英文版）。

章 程 汇 集

有20 多种，起止年代为 1845—1938 年。

1.《土地章程》（1854 年）（英文版），工部局出版。此系第二次修订的《上海土地章程》，也是工部局所出版资料中的最早一份，全称《上海英法美租地章程》，1854 年 7 月 8 日公布。该章程由英、法、美三国领事擅自修改，决定设立征收纳税、派设更夫巡捕的“经收处”（即三天后成立的工部局）。

2.《土地章程：现存法规的由来和目的》（1854 年）（英文版）。

3.《拟修订的土地章程》（1866 年）。

4.《洋泾浜北首公共租界土地章程》（1869 年）。该章程为第三次土地章程。工部局为巩固租界制度，扩大权益，1865 年制订，在 1866 年 3 月的租地大会上通过。章程将租地人扩大为纳税西人会，使之成为公共租界主要议决机构，并规定工部局有制定附则（又译附律）等权。同样，此章程未经中国政府正式承认。

5.《土地章程及附则》（1845—1930 年）（英文版）。此书由工部局档案管理人员郭泰纳夫汇编。1845 年订立的第一次土地章程原件 1927 年已运往英国国家档案馆，郭泰纳夫系从 1850 年的《北华捷报》上摘录下来的。其主要内容，规定了当时租界的范围、租地手续、修路筑桥、设立码头以及侨务等事项，并以道台名义和告示形式于 1845 年 11 月 29 日公布。该汇编包括第一次、第二次、第三次土地章程的内容和清政府与各国列强签订的条约中的主要内容。

6.《工部局治安章程》（1903—1918 年）（英文版），别发印字房出版，中英文两种版本，内容涉及地方治安，对在租界内开设餐饮业、娱乐场所、商店、货船运输、客栈、烟馆和茶馆等所制订的捐照章程，其中有收费规定和处罚条款。

7.《上海西人公局修正章程》（1902—1905 年）（英文版），文汇报馆出版。

8.《工部局议事规则》（1866—1868 年）（英文版），工部局编，内容涉及各委员会职责的备忘录和下达给工部局职员的指示和命令。

9.《万国商团预备队章程》（1899 年）（英文版），同兴印书馆出版。

10.《万国商团章程》（1910—1929 年）（英文版），字林西报馆出版，内容涉及万国商团各队人员的名单、商团人员必须遵守纪律的训令、司令官的主要职责以及各级官员任命和提升的条件等等。

11.《工部局捕房规章》（1881、1884 年）（英文版），字林西报馆出版。工部局为维护租界秩序，加强对捕房内部的管理，对不同级别的警务人员提出不同的要求，并制订了必须遵守的基本准则。

12.《警务处指南和章程》（1896、1938 年）（英文版），工部局编，内容基本与上相同，但更具体。

13.《华捕规章》（1901、1904 年）（英文版）。该规章是工部局警务处为华籍巡捕制订的规章制度。

14.《印捕规章》（1907 年）（英文版）。该规章是工部局警务处为印度籍巡捕制订的规章制度。

15.《管理英籍犯人章程》（1925 年）（英文版），别发印字房出版。

16.《法庭的法规、命令、通告和规则》（1904—1917 年）（英文版）。

17.《上海洋泾浜设官会审章程》（1869 年）（英文版）。该章程规定会审公廨为中国的司法机构，对会审公廨的人员任用、管辖范围、审判权限、会审制度均有明确规定。

18.《关于中式新建筑规则》（1900—1903 年）（英文版），分别由字林西报馆或别发印字房出版。

19.《关于西式新建筑规则》（1903—1936 年），分别由字林西报馆和中央书局出版。

20.《本埠书信馆章程》（1893 年）。此章程主要讲述上海书信馆设立的目的、设立分馆的地点、以收捐方式传递邮件的情况，以及认捐者须每年交纳一定数额才可享受邮寄信件的权利，未认捐者需邮寄信札则另外收费等规定。

21.《上海濬浦局章程》（1901—1905 年）（英文版），反映清政府在租界时期为疏浚黄浦江航道，1905 年授权江海关和税务司建立河道总局，于 1910 年撤销，1912 年 5 月北洋政府重新成立开浚黄浦河道总局，并于 1912 年 5 月确定濬浦局章程。该章程从组织、权限和经费都作了具体规定，明确由上海通商交涉使、上海税务司和上海理船厅共同负责，该局权柄系中央政府所委，以江海关征收浚浦税及出售黄浦江滩地收入作经费等。

专题报告和著作

共有12 种，起止年代为 1845—1943 年。主要是反映租界时期工部局所属机构管辖的司法、警务、万国商团、财务、卫生、工务、消防、市政建设的情况，其他城市租界的市政管理以及外国市政管理和科学、慈善和中日战争等专题报告，以及反映当时租界历史的著作。

1. 司法类

《大闹会审公廨案》（1906 年）（英文版），字林西报馆出版。1905 年 12 月 8 日，粤籍官眷黎黄氏带着 15 名婢女回原籍途经上海，被公共租界巡捕房以拐骗人口罪拘捕，在审理时，西捕辱骂殴打中国官员和堂役，激起上海市民公愤。此书即反映此案经过。

《在华治外法权》（1926 年）（英文版）。

《领事公堂的来往信件、程序和判决》（1897—1914 年）（英文版）。

《国际司法调查委员会会议记录》（1925 年）（英文版），文汇报馆出版，主要反映有关 1925 年五卅运动的司法调查。

2. 警务类

《警备委员会报告》（1883 年）（英文版），字林西报馆出版。

《警务调查委员会报告》（1907 年）（英文版），别发印字房出版。

《警务和商团公报》（1938 年）（英文版）。

3. 万国商团

《万国商团八十五周年纪念》（1853—1938 年）（英文版），为万国商团的历史回顾。

《万国商团的历史》（1853—1922 年）（英文版），字林西报馆出版。

《万国商团榴弹炮训练便览》（1871）（英文版），字林西报馆出版。

《万国商团动员便览》（1910—1921 年）（英文版），字林西报馆出版。

《庆祝万国商团成立节目单》（1854—1914 年）（英文版），字林西报馆出版。

4. 教育类

《普通教育委员会报告》（1911、1912 年）（英文版），分别由别发印字房或字林西报馆出版，内容涉及对西童和华童的教育问题。

《华童公学简章》（1905—1907 年）（英文版），字林西报馆出版，内容涉及该校教职员工的名单，讲述学校的校史和教育目的，有关低年级和高年级学习课目的规定，以及设立军训、体育训练和音乐等课目的规定。

《吴经熊博士就教育问题给工部局的报告》（约 1935 年）（英文版）。

《汉璧礼女童公学简章》（1916 年）（英文版），字林西报馆出版。

《汉璧礼男童公学简章》（1916、1922、1925 年）（英文版），字林西报馆出版。

《男童公学简章和教学大纲》（1914—1918 年）（英文版），别发印字房出版。

5. 卫生类

《卫生处处长报告》（1926—1928 年）（英文版），别发印刷所出版，内容涉及医院医疗服务，有捕房、监狱、华人隔离医院、维多利亚护士院等分别报告医疗服务情况。

《工部局开业医师、牙医及兽医注册名录》（1937—1942 年）（英文版），工部局编著。

《上海公济医院报告》（1875—1941 年）（英文版），字林西报馆出版。

《医院和护理委员会报告》（1930—1931 年）（英文版）。

《关于上海卖淫情况的报告》（1871 年），字林西报馆出版。

6. 工务类

《租界的排水管》（1870 年）（英文版）。

《与苏州河造桥公司的通讯及备忘录》（1872 年）（英文版），字林西报馆出版。

《关于洋泾浜宽度问题与法公董局的通讯》（1873、1909 年）（英文版），字林西报馆出版。

《工务委员会报告和道台信件》（1884 年）（英文版），字林西报馆出版。

《关于提议建造外白渡桥的计划和估价的报告》（1889 年）（英文版），字林西报馆出版。

《虹口边界定界报告》（1893 年）（英文版），字林西报馆出版。

《关于英美两国公园管理的详细报告》（1910 年）（英文版），字林西报馆出版。

《越界筑路》（约 1933 年）（英文版），字林西报馆出版。

7. 财政类

《工部局财政备忘录》（1897 年）（英文版），琼斯 · 莫理森编著。

《贷款的偿还》（1918 年）（英文版），别发印字房出版。

《工部局法律顾问对中国在租界内征厘金税的意见和有关此事与领事团的通信》（1875 年）（英文版）。

《华人纳税与公共租界的中国政府机构及官员》（1843—1930 年）（英文版）。

《税率、捐税和收费》（1933—1940 年）（英文版），字林西报馆出版。

8. 公用事业

《上海自来水公司 50 周年纪念册》（1883—1933 年）（英文版）。

《工部局与上海自来水公司之间的谈判记录》（1917—1922 年）（英文版），文汇报馆出版。

《工部局和自来水公司签订有关供水合同》（1880、1905 年）（英文版），别发印字房出版。

《美国专家希尔氏调查上海自来水公司致工部局之报告》（1931 年）（英文版）。

《吴淞路电车公司的计划和建议》（1873 年）（英文版），主要内容：有关吴淞路电车公司建造洋泾浜至杨树浦路电车轨道的计划和建设的报告及往来函件。

《拟议中的电车规划备忘录》（1895 年）（英文版），希尔氏·梅编著。

《关于拟议中的电车特许权》（1898—1899 年）（英文版）。

《电车和公共汽车特许权》（1902 年）（英文版），字林西报馆出版。

《特别电气委员会的报告》（1914—1915 年）（英文版），别发印字房和字林西报馆出版。

《上海西人公局与美国电力公司协定》（1929 年）（英文版）。

《拟议中的电话特许权》（1898 年）（英文版）。

《华洋德律风有限公司的备忘录和合伙条款》（1900 年）（英文版）。

《上海电话公司和扬子公司的增补契约》（1937 年）（英文版）。

《国民政府交通部上海电话局与上海电话公司订立长途电话接线合同》（1935 年）（英文版）。

《上海煤气公司合同副本》（1934 年）（英文版）。

《上海煤气公司纪念册》（1862—1934 年）（英文版）。

《上海港口》（1920—1936 年）（英文版），内容涉及上海港码头发展，货运装卸及河道疏浚情况。

《市政布告》（1878—1921 年）（英文版），其内容都是从《工部局公报》上剪辑而成的，从第 556 号至 2878 号。

《工部局市政便览》（1929—1937 年）（英文版），别发印字房出版，主要介绍公共租界警务、工务、卫生、消防、教育各部门的规章制度，工部局董事选举办法，火警和救护事项，人口统计、土地注册，医院、学校、公园、体育场等情况和收费情况，还有各项执照和捐税，同时也介绍了公共租界市政情况。

9. 市政建设和管理

《新加坡市政管理报告》（1897—1939 年）（英文版）。

《仰光市政报告》（1906—1927 年）（英文版），《仰光时报》出版社。

《天津英国工部局年报》（1929—1940 年）（英文版）。

《汉口第三特别行政区市政报告》（1932—1937 年）（英文版）。

《鼓浪屿工部局报告》（1930—1940 年）（英文版）。

《镇江英租界工部局：租界地细则和供水附则》（1920 年）（英文版）。

《天津英租界工部局扩展土地章程》（1898—1918 年）（英文版）。

《新加坡各市内局长起草的各种规则和章程》（1929 年）（英文版），新加坡出版。

《中国蓝皮书》（1843—1913 年）（英文版），伦敦哈列森出版。主要记载中外关系大事，以及有关铁路修筑、银行贷款、港口扩建和各大城市租界建立和扩展等。

《香港蓝皮书》（1897—1938 年）（英文版）。

《香港政府公报》（1865—1873 年）（英文版）。

《香港行政报告》（1920—1939 年）（英文版）。

10. 科学团体

《英国公会杂志》（1919—1941 年）（英文版），字林西报馆出版。

《中国协会伦敦、上海分会年报》（1906—1937 年）（英文版）。

《亚洲文会华北分会杂志》（1921—1940 年）（英文版），别发印字房出版。

《中华工程师协会会议录和报告》（1901—1939 年）（英文版），分别由别发印字房和字林西报馆出版。

《英国赴远东经济代表团关于化学药品、工程、布匹、杂货等报告》（1930 年）（英文版），英商公会编著。

《中国科学美术杂志》（1923—1938 年）（英文版）。

11. 抗日战争

《中国各地的抗日宣传》（1932 年）（英文版），日本国际联盟协会编著。

《在华抵制日货运动》《上海反对日本对经济的破坏运动》（1931—1932 年）（英文版），日本国际联盟协会编著。

《在华抗日教育》《在华学校教职员排外运动》《在华排外教育》（1931、1932 年）（英文版），分别由国际联盟协会和字林西报馆出版。

《华北事件怎样挑起的》《日本和山东的关系》（1931、1932 年）（英文版）。

《日本在满洲里的权力和利益简史》（1931—1932 年）（英文版），国际联盟协会出版。

《满洲国的概况》《满洲国的独立》（1932 年）（英文版），伪满洲国外交部编著。

《满洲的科学和文化发展》《满洲的发展》（1931 年）（英文版），国际联盟协会出版。

《满洲的紧急状态》（1931 年）（英文版）。

《关于 1932 年 5 月 5 日的上海停战和日军撤退和平协议》（1932 年）（英文版），中华民国外交部编著。

《日本政府对国际联盟调查委员会报告的意见》《中国答复日本关于国际联盟调查委员会报告的意见》（1932—1933 年）（英文版），国际联盟协会出版。

《为什么日本必须在上海开战?》（1937 年）（英文版），日本外务省出版。

《入侵上海实录》（1932 年 1 月 28 日）（英文版），上海市政府秘书处出版。

《直谈中日形势》（1933 年）（英文版）。

12. 上海史研究

《上海史》（1921 年）上、下两卷（英文版），兰宁和柯林合著。上卷讲述中西方国家在政治、宗教信仰、法律、语言等方面存在的差异，西方列强入侵中国后，强迫与清政府签订南京条约，遭到上海人民强烈抵抗的情况，以此各国列强借口保护侨民而组织义勇队（后称万国商团），事后又依据土地章程，相继成立工部局、公董局等的整个历史发展过程。下卷主要讲述公共租界工部局和法租界公董局下属机构的组织情况和主要职能，以及租界市政建设的发展变化。

《费唐法官研究上海公共租界情形报告书》（1931 年）共四卷，有中文版，也有简要本的中英文对照版。该书由工部局聘请南非法学家费唐来沪考察和研究公共租界问题后撰写，内容有公共租界历史和状况、上海的商务利益、关于政治和行政问题的陈述及其评论、关于公共租界的前途问题。

《上海会审公廨与工部局》（1925 年）（英文版），郭泰纳夫著。第一部分讲述上海向西方国家开放的经过，工部局和公董局成立和发展情况。第二部分讲述会审公廨产生的历史背景及其章程内容，以及刑事、民事诉讼程序，并附中华民国刑事诉讼和中国最高法院的判决条例等。

《公共租界工部局和华人》（1927 年）（英文版），郭泰纳夫著，内容包括：一、上海和中国政治状况，工部局产生和发展过程中与华人的关系，还涉及中国的童工问题、华人代表问题和会审公廨向中国当局引渡罪犯问题，以及会审公廨的民事、刑事案等。二、工部局的鸦片政策、会审公廨诉讼程序，1899 年工部局、公董局和中国海关协议，1925 年国际司法调查报告等。三、列强与满洲、蒙古与西藏和谈条款以及上海临时法院的设立和组织制度。

《上海公共租界之行政》（年份不详）。

《上海法租界史》（1929 年）（法文版），梅朋和傅立德合著。共分两大部分，第一部分主要讲述1848—1864年法国领事馆在法租界建立前后的活动情况。其中穿插了小刀会的活动。第二部分与第一部分内容有交叉，它主要讲述1860—1900年法租界建立经过及其发展，重点讲法租界市政建设和管理，同时穿插了1860年法国军远征的内容。

报纸和期刊

共有17种，近千册，起讫年代为1850—1943年。

1.《北华捷报》（1850—1941年）（英文版），字林西报馆出版。

2.《字林西报》（1864—1941年）（英文版），字林西报馆出版。

上述两种报刊都由英人奚安门等人创办。《北华捷报》是上海最早发行的外文周报，于1850年8月1日创刊，每周六出版。主要内容有领馆、工部局发布的通告、通令、评论、规章、会议记录等，也刊登广告、招商、航运和邮电等消息。1853年上海小刀会发布的文告也刊登在该报上。1864年7月创刊英文日报《字林西报》，后来《北华捷报》成为《字林西报》的每周增刊。1941年太平洋战争爆发，该两报停刊。1945年日军投降，《字林西报》复刊，直至1951年字林西报馆关闭而停刊。本馆保存的《北华捷报》，其中缺1853年8月至1860年12月和1865年至1868年的全年报纸，《字林西报》基本完整。这些报纸装帧精美，保存完好，用牛皮作背脊，烫金编号，与常见报纸不同的是它的版数不以每日计，而是以季或半年为限连续编号。

3.《上海快报》（1870年）（英文版），由《上海黄昏快报》改编而来，是上海最早出版的一种英文晚报。业主琼斯于1867年10月1日在上海创办《上海黄昏快报》，1870年6月18日更名为《上海快报》，由设在广东路6号的孺昌书馆承印，每天一期，共四版，主要内容为交通、邮电信息及该报驻华及日本各地记者采写的新闻。

4.《文汇报》（1890—1894年）（英文版），1879年4月17日创刊，由英人开乐凯、浦茉克、里文斯等主编。该报为晚报，每日四版，刊载商业广告和船期消息，亦刊登该报驻华和日本各地记者采写的当日时事新闻与评论。

5.《航行与商业日报》（1863—1864年）（英文版）。

6.《上海泰晤士报》（1942—1943年）（英文版）。

7.《金融商业报》（1931—1941 年）（英文版），于 1919 年创刊，每周出版，里克史比亚主编，主要报道金融商业信息。

8.《民众论坛》（1931—1941 年）（英文版），汤良礼联华书报社编印，中国联合出版社出版，半周刊，一个月或二个月为一合订本，内容涉及当时政界要人和他们的言论，对时事形势的观察和评论，同时刊登一些社会名人肖像和各地名胜古迹图片。

9.《密勒氏评论报》（1930—1938 年）（英文版），鲍威尔主编，每周一期，三个月为一合订本。该报为编者对中国政治、军事、经济等进行分析和评论，也刊登中国进出口贸易情况和介绍中国社会名人及其轶事等。

10.《集评周刊》（1931—1934 年）（英文版），龙德主笔，主要刊登有关上海和中国人生活中有趣味性的故事。

11.《东方时报》（1933—1941 年）（英文版），伍黑德编著。

12.《路透社译文》（1932—1935 年）（英文版）。

13.《中国经济月刊》（1930—1933 年）（英文版）。

14.《联通社新闻公报》（1933—1934 年）（英文版），联通社出版。

15.《中国评论周报》（1930—1937 年）（英文版），桂中枢、刘大钧合编，每周四出版，三个月为一合订本，内容涉及中国政治、经济、文化教育和卫生等各种问题的评论，同时开辟专栏，评述国际事务和讨论日常事务，以及公布公共文件，如中华民国宪法草案、中国新的税收文件等等。

16.《上海市通志馆期刊》（1932—1935 年）（英文版），上海通志馆编，本馆收藏有第二期至第八期。

17.《警务报译文》（1932—1935 年）（英文版）工部局编，主要翻译摘录《申报》《新闻报》《大美晚报》以及其他本地报刊中有关当时各种社会团体活动的信息。

工　具　书

本馆保存的工具书，一部分是由原工部局档案室保存下来的，另一部分是随档案接收进馆并入的，起讫年代为 1855—1949 年，有年鉴、名人录、行名录和辞典等。

1. 年鉴

《中华年鉴》（1912—1938 年）（英文版），天津报社和字林西报社分别出版。

《中国年鉴》（1935—1945 年）（英文版），桂中枢编著，中国年鉴出版社出版。

《满州国年鉴》（1931—1934 年）（英文版），东亚经济调查局出版。

《每日年鉴》（1930、1934 年）（英文版），大阪每日新闻社和东京日立新闻社出版。

其他有加拿大、印度、日本和英格兰等年鉴。

2. 名人录

《中国名人录》（1922—1927 年）（英文版）。

《中国商业实业及思想界头脑人物集》（1924 年）（中英文对照版），登载人物照片与介绍人物简历。

《万国名人录》（1897—1949 年）（英文版）。

《Who's Who》（1897—1916 年）（英文版）。

3. 行名录

《字林行名录》（1867—1941 年），于 1865 年开始出版，每年一本。它是一种行业指南，登载了上海和全国各大城市商行、外国驻沪机构、文化教育机构、宗教团体以及工矿企业的中外文名称、机构所在地地址、主要经营管理人员名单等信息，同时附有旧上海中英文路名对照。馆藏早期的《字林行名录》缺少很多，只有 1876 和 1879 年两本。1881 年以后比较齐全。

《上海行名录》（1941、1946、1948 年）（英文版），自由论坛报出版。

《中国行名录上海分部》（1948 年）（中英文对照版），自由论坛报出版，它主要提供国内外商行在沪经商机构情况的简明指南。

《在华美国人和美国商行号行名录》（1946 年）（英文版）。

《中国商业行名录》（1947、1949 年），联合出版社出版。

四、上海解放后资料

本馆收藏的解放后资料的起止时间为 1949 年 6 月至 1990 年，主要有上海市级机关系统及企业事业单位编印的内部资料约 1.65 万册，其中包括党委系统的资料、政府系统的资料、群众团体系统的资料、企事业内部的资料等。

党委系统资料

主要是中共上海市委及其各部委编印的文件、内部刊物、简报，比较重要的有动态、情况反映、调查材料、党史资料等，共 2 775 册，主要分布在 A 类全宗的 0 号目录内。

资料主要内容：

1.《中共上海市一九五四年度党的组织工作纲要》（1954 年 3 月 3 日），中共上海市委员会编印。

2.《上海市 1956 年到 1957 年知识分子工作纲要》（草案）（1956 年 4 月 9 日），中共上海市委员会编印。

3.《农村整风整社文件选编》（1960 年 11 月 28 日），中共上海市委办公厅编印。

4.《上海解放后的一般经济情况》（1949 年 6—10 月），华东局上海市委政研室编。

5.《政法动态》1—24 期（1980 年），中共上海市政法委员会秘书组编。

6.《里弄整顿情况》（1954 年 9 月至 1958 年 3 月），上海市里弄整风办公室编印，共 43 期。

7.《上海抗美援朝运动的情况》（1953 年 5 月），上海市委宣传部编印。

8.《党史资料》第二期（1954 年 3 月），中共中央宣传部党史资料室编印，是有关党在各时期、各地区领导革命斗争的原始资料，其中包括亲历者的回忆录和访问记，有关党史研究和资料收集的信息。

9.《文汇情况》（1971 年 1 月至 1976 年 8 月），《文汇报》党委办公室编印，共 42 期，为文汇报社在“文革”中编发的关于上海市工业、农业、政治运动等综合情况的一份内部参考资料。

10.《解放日报情况简报》（1971 年 2 月至 1976 年 8 月），系解放日报社在“文革”中编发的关于上海市工业、农业、政治运动等综合情况的一份内部参考资料，共 37 期。

11.《美籍中国物理学家杨振宁学术报告》（1971 年 8 月），美籍中国物理学家杨振宁应邀于 1971 年在上海锦江饭店作系列学术报告，共四次，记录由市革委会科技组业务组、上海市物理所、复旦大学负责整理。

12.《文教简报》，上海市革命委员会文教组编，主要汇集了1973年1月至1975年12月期间上海市文化、教育方面的情况反映，共8期。

13.《支部生活》（1954—1971年），中国共产党上海市委员会支部生活社编辑出版，共出版了549期。《支部生活》半月刊是以党的基础组织的干部、党员和积极分子为对象的初级的党内刊物，内容为宣传党的总路线，贯彻执行党的决议，传达和解释上海党组织的重要指示和决定，指导支部工作，交流介绍支部的工作经验等。

14.《农村支部生活》（1963—1966年），上海市委《支部生活》编辑部编。

15.《解放》（1958—1962年），《解放》半月刊是中国共产党上海市委员会主办的政治战线和思想战线上的一本理论刊物，所涉领域有工业、农业、财贸、交通、文化教育、科学文艺等，共出版了135期。

16.《尼克松总结访华简报》（1972年2月至1972年3月），外交部接待组编印，共38期。

17.《各民主党派上海市地方组织简况》（1957年7月），中共上海市委统战部办公室编印。

18.《上海市小型工商业资料汇编》（1957年11月至1958年1月），中共上海市委对私改造办公室编印，共2辑。

19.《反映》（1951年11月至1955年12月），上海简报社在20世纪50年代初编发的关于上海市工业、农业、政治运动等综合情况的一份内部参考资料，共194期。

20.《上海工业通讯》（1956年1月至1956年12月），上海市委国营工业部编印，共24期。

21.《上海市外迁工厂情况报告表》（1956年3月31日），上海市人民委员会轻工业办公室编印的内部资料。

22.《一九六〇年上海市科学研究机构情况》（1960年12月），上海市科学技术委员会编印。

23.《上海市地表矿产资源线索普查综合报告》（1959年2月），上海市基本建设委员会编印。

24.《上海市资本主义工业调查资料》（1954年10月），上海市委私营工商调查委员会编印，系为拟制社会主义改造方案和意见，对全市150个行业进行的调查，主要有棉纺、轧钢、橡胶、制药、机器、化工原料、面粉等行业。

25.《一九五四计划合营厂情况简表》（1953 年 12 月 25 日），中共上海市委员会私营工业部编印。

26.《上海市郊区农村基本情况》（1964 年 12 月），上海农村政治部办公室编印。

27.《农村情况反映》（1960 年 3 月至 1962 年 6 月），上海市委农村工作委员会办公室编印。

28.《1959 年上海市劳动工资基本情况统计资料》（1959 年），中共上海市委劳动工资委员会办公室编印。

29.《毛泽东同志初期革命活动年表（1893—1927 年）》（1964 年 7 月），中共上海市委党校中共党史教研室编印。

30.《华东人民革命大学校史》（1989 年 5 月），华东师范大学出版社编印。

31.《英商纶昌纱厂工作经验介绍》（1951 年 4 月），上海市委基层工作研究委员会编印。

此外，有上海市委编印的《会议文件》（1970 年）、《情况反映》（1971 年），中共市工业委员会编的《简报》（1953 年）、杨振宁学术报告（1971 年）等。

政府系统资料

主要是上海市人民政府及其各委办局编印的内部文件、公报、简报、法规汇编、文件汇编、会议材料汇编、统计资料、情况介绍和专刊、情况反映、照片集等，共 10 664 册，主要分布在 B 类全宗的 0 号目录内。

资料主要内容：

1.《上海市军管时期法令汇集》（1949 年 7 月），中共中央华东局政策研究室编。1949 年 5 月解放上海后，在上海市所辖区内，为保障全体人民的生命财产，维护社会安宁、确定革命秩序，实行军事管制、成立上海市军事管制委员会，统一军事、政治、经济、文化等管制事宜而颁布一系列法令政策。

2.《上海市重要法规选编》（1—6 辑），市人委办公厅编，收集了 1949 年 5 月上海解放以来到 1961 年底中国人民解放军上海市军事管制委员会、上海市人民政府、上海市人民委员会直接发布和批准所属单位发布的重要法规，以及一部分有关文件如决议、指示等共500件。

3.《土地改革参考资料》（1951年2月），上海市人民政府办公厅编印，系为实施《中华人民共和国土地改革法》，特根据华东具体情况，汇集了实施一系列土地改革的计划、上海市郊区土地改革实施办法、城市土改条例、对华侨土地财产的处理办法等形成的资料。

4.《国旗、国徽、领袖像与节日放假的规定、办法》（1962年5月），上海市人委办公厅秘书处档案室编印的内部资料。

5.《上海市各界人民代表会议主要文件汇编》（1960年7月），上海市人民委员会办公厅秘书处编，汇集了上海市各届人民代表会议第一届第一次至第三届第二次会议的主要文件，内容涉及会议议程、开幕词、工作报告、主席团名单、委员会名单、议事规则、决议、总结发言等。

6.《关于镇压反革命问题参考资料》（1951年2月），上海市第二届第二次各界人民代表会议秘书处编印。

7.《上海市人民政府工作报告》（草案）（1953年2月），上海市人民政府编印。

8.《上海解放周年纪念专刊》（1950年5月），上海解放日报社、上海市人民政府秘书处、上海市新闻出版处编辑出版，汇集了市政府成立一年来的工作报告及工人、农民、学生、妇女等各方面工作和上海市政大事记。

9.《市政公报》（1949年9月至1965年），市委办公厅负责编辑和发行，参事室协助编辑。上海市人民政府成立后，即按月编印《市政公报》分发给各单位。《市政公报》的任务是配合各时期的中心工作，及时反映工作动态和工作中的重大问题。自1956年11月起，办公厅不定期地编印《情况简报》供负责同志参考，后将《市政公报》和《情况简报》停止发行，另行出版《市政工作》，作为市人民委员会的内部刊物。《市政工作》不定期发行，原则上一星期左右刊发一次，共299期。

10.《上海简况》（1964年5月），上海市人民委员会办公厅编。

11.《上海市十年基础概况》（日期不详），上海市人民委员会办公厅编，汇集了上海在新中国成立初期工业、农业、交通运输、商业、财政、金融、科学、教育、卫生、文化、城市建设等方面的统计资料。

12.《上海市人民委员会大事索引》（1959年9月），上海市人民委员会办公厅档案资料室编辑出版，比较系统地反映了上海市军管会、市人民政府和市人民委员会新中国成立10年来的工作。

13.《班禅额尔德尼来上海参观时留影集》(1955年3月),上海市人民政府编印。

14.《上海市人民政府文件汇编》(1977—1979年),上海市人民政府办公厅编辑。为了更好地贯彻执行党和国家的方针政策法令,便于各单位、部门及领导干部参考、研究,将1977—1979年原上海市革命委员会颁发、转发、批转的一些重要文件以及有关附件,选编成册,印发给各单位和部门,内容涉及国民经济计划、工业、交通、农业、商业、粮食销售、财政、金融、控制社会集团购买力、进出口管理、工商行政管理、公用事业、城建、环保、工资福利、物价管理、科学技术、教育、外事、侨务等等,共4辑。

15.《上海市国立专科以上学校》(1949年12月8日),上海市人民政府高等教育处编印。

16.《十年来上海市行政区划设置沿革和现状》(1959年9月),上海市人民委员会办公厅秘书处编。

17.《上海市各区的基本概况和特点(修正稿)》(1961年7月),上海市人民委员会办公厅综合处编印。

18.《公安情况》(1971年1月至1973年12月),上海市公检法军管会办公室编印。

19.《法院工作简报》(1973年1月至1974年12月),上海市公检法军管会办公室编印。

20.《上海外侨重要人物志》(1951年1月),上海外事处编印,汇集了188个外侨的简单履历及所担任的职务。

21.《上海市外商企业》(1—3册)(1951年1月),上海市人民政府外事处编,汇集了上海市外事处对全市外商及中外合资工商企业的调查情况,内容包括国籍、家数、业别、资产、地产和职工人数等。

22.《上海外商企业名录》(1950年12月),上海市人民政府外事处编印。

23.《侨务政策文件资料汇编》(1956年8月),上海市人民委员会华侨事务处编。

24.《上海市机构编制历史沿革(1949—1985年)》,上海市编制委员会办公室编。共分五个部分:(1)国民经济恢复时期(1949—1952年);(2)第一个五年计划建设时期(1953—1957年);(3)第二个五年计划和调整时期（1958—1965 年）；（4）“文化大革命”时期（1966—1976 年）；（5）新的历史时期（1976—1985 年）。汇集了解放以来三十多年之间五次较大的机构精简、调整和改革情况。

25.《上海市各接管机关旧员工的处理办法》（1949 年 8 月），上海市人事处管理委员会编印。

26.《上海市统计资料》（1976 年 1 月至 1976 年 12 月），上海市计划经济委员会编印。

27.《上海财经资料》（1—4 卷）（1951 年 9 月至 1954 年 7 月），上海市财政经济委员会联络处编，搜集和汇编财经界人士的思想倾向、经营观念及理论动态等，共 182 期。

28.《上海市财政金融基本情况统计》（1949—1956 年），上海市人民政府财政经济委员会统计处编印。

29.《上海市国民经济基本统计》（1973 年 3 月至 1975 年），上海市经济计划委员会编印，共 17 期。

30.《上海市工业生产技术革新案编》（1—2 辑）（1958 年 5 月至 1958 年 6 月），上海市统计局编印。

31.《上海地区职工调查资料汇编》（1956 年 3 月），上海市经济计划委员会编印，共 17 期。

32.《上海地区职工调查资料汇编》（1956 年 3 月），上海市统计局编，汇集了上海市统计局对上海全部国营、地方国营、公私合营及合作社营企业、事业单位和行政机关的调查情况。

33.《1949—1955 年上海市历年基本建设资料汇编》（1956 年 10 月），上海市统计局编。

34.《1949—1950 年上海市国民经济主要指标》（1956 年 7 月），上海市计划委员会综合计划处编。主要内容：（1）综合部分；（2）工业；（3）农业；（4）商业；（5）基本建设及城市公用事业；（6）交通运输；（7）文教卫生；（8）财政税收。

35.《1956 年上海市国营、合作社及合营工业企业概况一览》（1957 年 6 月），上海市统计局编。共分四辑。第一辑：中央企业；第二辑：地方工业企业；第三辑：地方轻纺工业企业；第四辑：地方非工业系统所属工业企业部分。

36.《上海市国民收入统计 1952—1957 年》（1958 年 8 月），上海市统计局编印。

37.《1949—1958年上海市国民经济建设十年成就》（1959年9月），上海市统计局编印，反映新中国成立十年以来上海在生产上和建设上的变化与成就。

38.《1958年上海市工业企业概况一览》（1959年4月），上海市统计局编印，共8辑

39.《1958年上半年电气、煤气、自来水、公共交通汇编资料》（1958年7月），上海市统计局编印，主要反映1958年上半年所取得的成就。

40.《建国十五年来上海国民经济成就》（1964年9月），上海市统计局整理编印。这份资料反映了新中国成立十五年以来上海在经济、文化事业上的伟大成就，提供各单位领导内部参考使用。

41.《第一个五年计划期间上海市国民收入、积累和消费的资料》（1958年8月），上海市统计局编印。

42.《上海市郊区基本情况及农牧业生产历史资料汇编》（1961年5月），上海市统计局编印。

43.《第二个五年计划时期上海市国民经济主要指标》（1963年8月），上海市统计局编印，反映上海在第二个五年计划时期的国民经济发展情况。

44.《上海市国民经济统计》（1963年2月至1963年12月），上海市统计局编印，共8本。

45.《上海郊县城镇概况资料》（1963年8月），上海市统计局编印。

46.《统计资料》（1975年1月至1980年12月），上海市统计局编印，国家计划委员会统计局内部统发的文件，共608期。

47.《上海市公用事业概况》，上海市人民政府公用局编印，介绍20世纪50年代初上海自来水、电气、煤气、电话及交通等公用事业的一般情况。

48.《上海沿革述略》（1961年6月），上海市人民委员会、上海市文史馆联合编印的初稿，对过去的上海划了一个大致的轮廓，供有关方面参考，内容分6个部分，包括概况、自然地理疆域建制和人口演变、政治沿革、经济沿革、文教沿革、旧上海的烟赌娼等。

49.《历史资料选辑》（1960年），为了提供内部参考，并进一步推动搜集工作的开展，上海市人民委员会参事室和上海市文史馆联合编印了该资料，主要是撰写者根据亲历、亲见或亲闻而写的，共12辑。

50.《上海民兵简报》（1971年1月至1974年12月），上海市民兵指

挥部办事组编印，为有关上海民兵学习、工作等情况的报道，共77期。

此外，还有《上海市地面水资源对水产养殖业和影响及对策》（1993年），《上海市水产统计资料汇编》，《上海市科学技术成就选集》（1959年），上海市重要法规、办法，城市人民公社资料，上海、嘉定、宝山县概况等。

群众团体资料

主要是中国共产主义青年团上海市委员会、上海市妇女联合会和上海市总工会等编印的内部资料，共409册，主要分布在C类全宗的0号目录内。

资料主要内容：

1.《全国工会工作会议文件选辑》（1949年9月），上海市总工会筹备委员会编印，汇集了会员问题的决定（草案）、工会组织系统与工会关系问题的决定（草案）、工会会费的规定（草案）、地方总工会章程、城市搬运工人工会联合会章程（草案）、城市手工业工人工会联合会章程（草案）等。

2.《上海市工人代表大会汇刊》（1950年），上海市总工会编印，汇集了大会报告决议、经过、电文及其他。

3.《上海工会基层组织工作干部会议报告及参考资料》（1951年11月），上海市总工会组织部编印。

4.《上海总工会私营工厂工会工作会议文件》（1954年10月），上海市总工会编印。

5.《上海市劳动模范大会特刊》（1950年9月10日），上海市劳动模范大会筹备委员会编印，汇集了上海市第一届劳动模范大会经过的十六幅照片、开幕盛况、陈毅有关劳动模范评选经过的报告等。

6.《劳动保险研究资料》，上海市总工会编印，汇集了中华全国总工会举办的劳动保险训练班的讲课记录等。

7.《解放三年的上海职工》（1952年5月），上海市总工会调查研究室编印，主要介绍1951年的上海工人情况。

8.《上海各产业工会基层组织名录》（1951年4月），上海市总工会组织部与调查研究室联合编印，根据各产业工会组织部、调查研究室工商联等有关单位的统计资料，将职工人数在100人以上的基层组织名录汇编成册，共2本。

9.《上海市工会干部汇编》(1950年10月)，上海市总工会编印，汇集了上海市各工会负责人及地址简明表及各工会部、处、室负责人简历表等。

10.《工会工作》(1954年9月至1956年)，上海市工会联合会办公室编印，反映上海工会工作情况的内部刊物，共52期。

11.《工运情况》(1950年8月至1951年11月)，上海市总工会调查研究室编印，反映上海工矿企业单位的政治运动、职工教育、劳资关系等动态的情况汇编，共100期。

12.《上海工运资料》(1949年9月)，上海市总工会筹备委员会编印，收集的是在解放前所写的有关上海职工运动的材料。作者都是当时上海职工运动的实际领导人。

13.《上海工人历年斗争大事记》(1952年9月)，上海工人运动史料委员会编印的内部参考资料。这些资料大部分选自国民党统治时期出刊的各种年鉴、报纸、杂志、书籍等。大凡斗争影响较大、参加人数较多、持续时间较长的都收入其中。

14.《上海海关工人运动史》(1953年7月)，上海工人运动史料委员会编印。

15.《上海市工人运动历史资料》(1953年4月至1953年6月)，上海工人运动史料委员会编印，内容有：上海工人运动历史的文件、上海工运权威著作、上海工运各时期各单位的斗争资料、文稿和回忆录、工人运动烈士传记。

16.《上海工运资料》(1950年3月至1951年1月)，汇集上海工人运动的各种重要的具有指导作用的总结、报告、计划、通知、指示、论文等文件，共31期。

17.《上海市主要产业工资调查报告》(1950年1月)，上海市劳动局第三处与上海总工会工资部联合编印，系上海大专、高中学生及失业工人利用暑期集中进行了27个主要产业、71个典型厂工资调查，并通过工商联普查了各产业658个工厂工资概况而汇集的报告。

18.《上海工资概况》(1949年12月)，上海市总工会筹备会研究室编印，主要反映解放前历年来上海职工工资变迁概况。

19.《金融工会成立大会特刊》(1949年12月)，上海金融工会筹备会编印，汇集了筹备工作报告、工会章程、执行委员简历等。

20.《上海机关工作者工会市政府直属机关委员会成立大会特刊》，市政府直属机关机关委员会筹委会编印，汇集了大会文件、筹备工作报告和上海机关工作者工会章程等文件。

21.《上海市政工会清洁委员会成立大会特刊》（1950 年 8 月），上海市政工会清洁委员会编印，汇集了筹备工作总结、大会程序、委员会会章、办公细则等。

22.《中国新闻出版印刷工会上海市第二届会员代表大会汇刊》（1951 年），中国新闻出版印刷工会筹备委员会编印，汇集了大会照片、图表、重要文件、大会决议、大会经过及有关资料和代表发言等。

23.《资料选辑》（1950 年 9 月至 1951 年 4 月），上海五金工会调查研究室编印，汇集了五金工会劳模事迹特辑、爱国主义生产竞赛特辑及劳动保险特辑等，共 3 辑。

24.《劳动模范和先进生产者技术革新事迹专册》（1954 年 7 月），第二机械工会上海市工作委员会编印，汇集了上海市 1953 年工业生产劳动模范具体事迹等。

25.《中国棉纺统计史料》（1950 年 10 月），上海市棉纺织工业同业公会筹备会编印，主要介绍 1898 年起到 1950 年 6 月期间各大行政区、苏浙皖宁和上海市在设备开工及生产、原料和市场三个方面的情况以表明棉纺业历史的发展。

26.《土改手册》（1951 年 1 月），上海市郊农民协会编印，汇集了《中华人民共和国土地改革法》《人民法庭组织通则》《城市郊区土地改革条例》《惩治不法地主条例》等内容。

27.《青年团工作资料汇编》第 1—6 辑（1949 年 6 月至 1949 年 12 月），新民主主义青年团上海市工作委员会调查研究组编印，汇集了建立中国新民主主义青年团的决议、工作纲领、任务、工作大会宣言等。

28.《教会学校情况简报》（1950 年 7 月至 1950 年 12 月），青年团上海市工委办公室编印。

29.《上海团讯》（1950 年 9 月至 1952 年），青年团上海市工委团刊编委员会编印，系团内指导刊物，汇集团市工委和上级团委的各种指示、决定、通知等，反映团的工作动态、交流经验，加强团的工作，共 22 期。

30.《团的情况》（1973 年 2 月至 1974 年 12 月），共青团上海市委员会办公室编，共 181 期。

31.《新五月史话》（1947 年 6 月），上海市学生联合会编。

32.《一年来家庭妇女工作报告》（日期不详），上海市妇女联合会编印。

33.《郊区妇女工作报告》（日期不详），上海市妇女联合会编印。

34.《亚洲妇女代表会议参考材料》（日期不详），上海民主妇女联合会筹备委员会宣教委员会编印，汇集了代表会议的报告、决议及筹备情况等。

35.《妇女工作通讯》（1—5 期）（1951 年），上海民主妇联主席办公室主编，反映各区、各阶层妇女在各项中心工作中的动态，各种典型报道，工作经验的交流和推广，各种业务指导及市妇联的各项计划指示、通知及重要会议记录等。

36.《中苏友谊在上海》（初稿）（1960 年 1 月 8 日），上海市中苏友好协会编印，内容：(1) 领袖语录和会长撰文；(2) 亲密无间的友谊；(3) 真诚无私的援助；(4) 广泛的文化交流；(5) 我们永远和苏联人民团结在一起。

附　　录

附件一　上海市档案条例

（1995年6月16日上海市第十届人民代表大会常务委员会第十九次会议通过　根据1997年12月10日上海市第十届人民代表大会常务委员会第四十次会议《关于修改〈上海市档案条例〉的决定》第一次修正　根据2004年11月25日上海市第十二届人民代表大会常务委员会第十六次会议《关于修改〈上海市档案条例〉的决定》第二次修正　根据2010年9月17日上海市第十三届人民代表大会常务委员会第二十一次会议《关于修改本市部分地方性法规的决定》第三次修正　根据2017年11月23日上海市第十四届人民代表大会常务委员会第四十一次会议《关于修改本市部分地方性法规的决定》第四次修正　2021年10月28日上海市第十五届人民代表大会常务委员会第三十六次会议修订）

目　　录

第一章　总　　则

第一条　为了加强档案管理，规范档案收集、整理工作，有效保护和利用档案，提高档案信息化建设水平，推进城市治理体系和治理能力现代化，根据《中华人民共和国档案法》等法律、行政法规，结合本市实际，制定本条例。

第二条 在本市行政区域内从事档案收集、整理、保护、利用、信息化建设及其监督管理活动，适用本条例。

第三条 坚持中国共产党对档案工作的领导。本市各级人民政府应当加强档案工作，把档案事业纳入国民经济和社会发展规划，将档案事业发展经费列入财政预算，确保档案事业发展与国民经济和社会发展水平相适应。

第四条 档案工作应当遵循统一领导、分级管理的原则，维护档案完整与安全，留存城市记忆，便于社会利用，发挥存史、资政、育人的作用。

第五条 本市鼓励和支持档案科学研究和技术创新，促进科技成果和区块链、大数据、人工智能等信息技术在档案收集、整理、保护、利用、信息化建设等方面的转化和应用，推动档案科技进步。

第六条 市、区人民政府及有关部门应当采取措施，加强档案宣传教育，普及档案知识，传播档案文化，增强全社会档案意识。

广播、电视、报刊、网站等媒体应当开展档案公益宣传，营造关心、支持档案事业发展的社会氛围。

第七条 本市推动长江三角洲区域以及其他省际档案工作交流与合作。

鼓励和支持参与国际档案专业组织和友好交流活动，加强档案领域国际合作。

第八条 鼓励社会力量通过捐赠、资助、志愿服务等方式，参与和支持档案事业的发展。

对在档案收集、整理、保护、利用、信息化建设等方面做出突出贡献的单位和个人，按照国家和本市有关规定给予表彰、奖励。

第二章 档案机构及其职责

第九条 市档案主管部门主管全市档案工作，负责本市档案事业的统筹规划和组织协调。

市、区档案主管部门对本行政区域内机关、团体、企业事业单位和其他组织的档案工作实行监督和指导，依法履行下列职责：

（一）制定本行政区域内的档案事业发展规划和档案工作制度规范，

并组织实施；

（二）组织、指导本行政区域内档案理论与科学技术研究、档案宣传教育、档案工作人员培训；

（三）组织、指导本行政区域内的档案信息化建设；

（四）开展监督检查活动，查处档案违法行为；

（五）法律、法规规定的其他职责。

第十条 乡镇人民政府、街道办事处应当指定人员负责管理本机关的档案，对所属单位、基层群众性自治组织的档案工作实行监督和指导。

城乡社区档案工作在业务上接受档案主管部门和其他相关主管部门的监督和指导。

第十一条 机关、团体、企业事业单位和其他组织应当确定档案机构或者档案工作人员负责统一管理本单位的档案，指导本单位各种门类和载体形式档案的收集、整理、归档工作，并对所属单位的档案工作进行监督和指导。

第十二条 本市国家档案馆包括具有公共性质的综合档案馆以及专门档案馆。

综合档案馆负责收集、整理、保管、向社会开放和提供利用本行政区域内多种门类和载体形式的档案。

专门档案馆负责收集、整理、保管、向社会开放和提供利用特定领域或者特定载体形式的档案。

第十三条 部门档案馆负责收集、整理、保管和提供利用本部门及其所属单位形成的档案。

企业事业单位档案馆负责收集、整理、保管和提供利用本单位及其所属单位形成的档案。

第十四条 本市加强档案人才培养基地建设，实施档案人才培养计划，建立档案专家库，加强专家型和应用型人才培养，建设高素质的档案人才队伍。

第三章 档案的管理

第十五条 按照国家规定应当形成档案的机关、团体、企业事业单位和其他组织，应当加强档案业务培训，建立档案工作责任制，明确档案工作岗位、人员的职责，依法健全档案管理制度。

第十六条 机关、团体、企业事业单位和其他组织应当按照国家有关规定，确定本单位归档范围和档案保管期限。

机关、团体、企业事业单位和其他组织及其工作人员在职务活动中形成的纳入归档范围的各种门类和载体形式的材料，由文书或者业务部门收集、整理，定期移交本单位档案机构或者档案工作人员集中管理。

按照规定应当归档的材料，任何个人不得拒绝归档或者据为己有。

第十七条 档案馆应当按照国家有关规定，编制收集档案范围和工作方案。列入档案馆收集范围的档案，机关、团体、企业事业单位和其他组织应当按照规定期限和要求向有关档案馆移交，档案馆不得拒绝接收。

经同级档案主管部门同意，专业性较强或者需要保密的档案，可以延长向有关档案馆移交的期限；由于保管条件恶劣可能导致不安全或者严重损毁的档案，可以提前向有关档案馆移交。

机关、团体、企业事业单位和其他组织发生机构变动或者撤销、合并等情形时，应当按照规定向有关单位或者档案馆移交档案；列入综合档案馆收集范围的，应当全部向综合档案馆移交，不得分散保管。

第十八条 部门档案馆和企业事业单位档案馆保管的档案，属于国家档案馆收集范围的，应当按照规定时限向国家档案馆移交。

第十九条 鼓励和支持档案馆征集、收购重要、珍贵的档案，通过口述历史等方式采录档案资料。

鼓励单位和个人向档案馆捐献档案资料，对具有重要、珍贵价值的档案，档案馆应当接收。

第二十条 机关、团体、企业事业单位和其他组织应当加强建设项目档案、科学技术研究档案、设备仪器档案、产品档案等科技档案的收集、整理和归档，按照规定进行档案验收、鉴定，并向有关档案馆或者单位移交档案。

列入市、区重点建设项目或者重大科学技术研究项目的，有关主管部门或者单位应当自通过验收、鉴定之日起六个月内，将档案管理情况向同级档案主管部门报告。

科技档案管理制度由市有关主管部门会同市档案主管部门制定。

第二十一条 机关、团体、企业事业单位和其他组织应当加强涉及民生、政务、经济、文化、人事等专业档案的管理，重点加强与国际经济、金融、贸易、航运和科技创新中心建设相关的专业档案的收集、整理和归档。

专业档案管理制度由市有关主管部门会同市档案主管部门制定。

档案馆可以根据社会利用需要，提前接收有关专业档案。

第二十二条 市、区档案主管部门应当会同相关主管部门、档案馆建立健全本行政区域内重要会议、重要工作、重大活动和重大突发事件应对的档案收集、整理、保护、利用工作机制，对相关档案管理工作进行监督和指导。

重要会议、重要工作、重大活动、重大突发事件应对的档案收集范围，由市、区档案主管部门会同相关主管部门、档案馆确定。

组织或者承办重要会议、重要工作、重大活动的单位和负责重大突发事件应对的单位，应当按照要求做好档案的收集、整理工作，并自重要会议、重要工作、重大活动和重大突发事件应对工作结束之日起六个月内，向同级综合档案馆移交档案。

第二十三条 涉及国家秘密的档案的管理和利用，密级的变更和解密，应当依照有关保守国家秘密的法律、行政法规规定办理。机关、团体、企业事业单位和其他组织向档案馆移交档案时，应当对涉及国家秘密的档案进行审核，依法做好密级变更和解密工作。已经移交档案馆保管的档案，发生密级变更或者解密的，原定密机关、单位应当及时书面通知档案馆。

第二十四条 行政服务中心、社区事务受理服务中心等办理业务形成的材料，属于相关业务主管部门归档范围的，应当及时向其移送。相关业务主管部门应当及时接收，并按照规定做好归档工作。

第二十五条 档案馆以及机关、团体、企业事业单位和其他组织的档案机构应当按照国家有关规定，配置适宜档案保存的库房和必要的设施、设备，确保档案的安全。国家档案馆的建设应当符合国家有关标准规范，并对所保管的具有永久保存价值的档案实行分级保护和管理。

机关、团体、企业事业单位和其他组织可以设置联合档案保管场所，集中保管档案。

档案馆以及机关、团体、企业事业单位和其他组织应当建立健全档案安全工作机制，加强档案安全风险管理，提高应急处置能力。档案馆应当建立应急演练制度，并采用模拟推演、实战演练等多种方式，定期组织应急演练；遇到突发事件和紧急情况时，应当在保证人员安全的基础上，将档案列入优先抢救范围。

第二十六条 禁止买卖属于国家所有的档案。交换、转让国家所有的档案的复制件的，按照国家有关规定办理。国有企业事业单位资产转让时，有关档案的转让按照国家有关规定执行。

非国有企业、社会服务机构等单位和个人形成的档案，对国家和社会具有重要保存价值或者应当保密的，档案所有者应当妥善保管，可以向国家档案馆寄存或者转让。严禁出卖、赠送给外国人或者外国组织。

属于国家所有的档案和前款所列档案及其复制件，禁止擅自运送、邮寄、携带出境或者通过互联网传输出境。确需出境的，应当向市档案主管部门办理审批手续；依法应当经国家档案主管部门批准的，按照国家有关规定办理审批手续。

第二十七条　禁止擅自销毁档案。经鉴定可以销毁的，应当按照国家有关规定办理。

第二十八条　市档案主管部门应当指导和推动档案服务企业建立相关行业组织，加强行业自律和信用体系建设，制定行业标准和规范，推动行业公平竞争和有序发展。

第四章　档案的利用和公布

第二十九条　国家档案馆应当按照规定时限向社会开放档案。鼓励部门档案馆、企业事业单位档案馆向社会开放档案。

馆藏档案的开放审核，由档案馆会同档案形成单位或者移交单位共同负责。尚未移交进馆档案的开放审核，由档案形成单位或者保管单位负责，并在移交进馆时将档案到期开放建议、限制利用意见、密级变更和解除、政府信息公开属性以及向社会提供利用等情况，书面告知档案馆。

档案馆应当在开放档案的同时，通过网站或者其他方式公布开放档案的目录。市综合档案馆应当收集本市其他档案馆或者档案保管单位的开放档案目录，并依法向社会公布。

第三十条　档案馆应当创新档案利用服务形式，强化服务功能，多途径、多渠道、全方位推进档案利用服务线上线下融合。

本市建立统一的档案远程查询利用平台，与“一网通办”平台对接，提供线上档案查询利用服务。

鼓励档案形成单位或者保管单位为社会利用档案创造条件，提供服务。

第三十一条　单位和个人持有身份证、护照、介绍信等合法证明，可以利用已经开放的档案。

档案馆不按规定开放利用档案的，单位和个人可以向档案主管部门投诉；档案主管部门应当及时调查处理，并在接到投诉之日起六十日内将处理结果告知投诉人。

机关、团体、企业事业单位和其他组织以及公民利用档案馆未开放的档案，应当经保存该档案的档案馆同意，档案馆可以征求档案形成单位或者移交单位的意见；利用机关、团体、企业事业单位和其他组织保管的档案，应当征得档案保管单位的同意。

第三十二条 向档案馆移交、捐献、寄存档案的单位和个人，可以优先利用该档案，并可以对档案中不宜向社会开放的部分提出限制利用的意见，档案馆应当予以支持，提供便利。

档案馆将寄存档案向社会提供利用的，应当征得档案寄存者的同意。

第三十三条 向社会公布档案，可以通过报纸、刊物、图书、音像制品、电子出版物、电台、电视台、计算机信息网络、新媒体平台等渠道，采取刊印、陈列、展览、宣读、播放、网络传播等形式。

公布档案应当遵守有关法律、行政法规的规定，不得损害国家安全和利益，不得侵犯他人的合法权益。

任何单位和个人不得擅自公布不属于自己所有的档案。单位和个人发表著作等需要公布档案的，应当征得档案所有者或者其授权的档案保管单位同意，并注明所公布档案的出处。

第三十四条 向社会提供利用重要、珍贵的档案，应当以复制件或者其他形式代替原件；提供利用其他档案，有条件的应当以复制件或者其他形式代替原件。

第三十五条 政府信息公开主体应当将主动公开的政府信息及时送交同级综合档案馆。乡镇人民政府、街道办事处制作的依法应当主动公开的政府信息，应当及时送交区综合档案馆。

市、区综合档案馆应当配备相应的设施、设备，方便公众查阅主动公开的政府信息。

第三十六条 本市推动长江三角洲区域档案利用服务合作，建立服务联动机制，构建一体化发展标准体系和服务平台，推进区域档案利用服务便利化。

第五章 红色档案的保护利用

第三十七条 本市加强对红色档案的保护利用，弘扬红色文化，传承红色基因，培育和践行社会主义核心价值观。

本条例所称的红色档案，是指中国共产党领导下，在新民主主义革命时期、社会主义革命和建设时期、改革开放和社会主义现代化建设新时期、中国特色社会主义新时代所形成的具有历史价值、教育意义、纪念意义的档案。

第三十八条 市、区档案主管部门应当定期组织档案馆以及其他档案保管单位开展红色档案调查工作，组织有关专家开展红色档案认定，指导建立红色档案专题目录和数据库。

档案馆以及其他档案保管单位在发掘、整理、研究中发现新的红色档案，应当及时向档案主管部门和有关主管部门报告。

对符合红色资源认定标准的红色档案，按照本市有关规定列入红色资源名录予以保护。

鼓励和支持列入红色资源名录的红色档案申报档案文献遗产，促进档案文化的传承与发展。

第三十九条 档案馆以及其他档案保管单位应当按照国家和本市有关规定，对红色档案采取分级保护措施；对重要、珍贵的红色档案，应当优先开展抢救和修复。

发现红色档案可能严重损毁的，应当立即采取措施予以保护，并及时向档案主管部门和有关主管部门报告。档案主管部门和有关主管部门应当给予指导和支持。

第四十条 鼓励和支持利用红色档案开展党史学习教育、理想信念教育、爱国主义教育等主题教育活动。

鼓励档案馆以及其他档案保管单位加强红色档案开发利用，编辑出版红色档案史料，举办红色档案专题展览、公益讲座、媒体宣传等活动。

档案馆应当发挥爱国主义教育、中小学档案教育社会实践等基地作用，提高红色档案宣传和讲解服务水平，通过创作红色主题作品、举办学生课堂等形式，讲好红色档案故事。

第四十一条 市、区综合档案馆应当结合“七一”、国庆等重大纪念日，以及上海解放等重大历史事件的纪念活动，适时公布有关红色档案。

鼓励其他档案馆和档案保管单位向社会公布所保管的红色档案。

第四十二条 档案主管部门、档案馆应当与宣传、文化旅游、教育等部门以及党史研究、党校、高校、博物馆、图书馆、纪念馆等机构，通过组织开展红色档案课题研究、学术研讨等方式，加强红色档案交流合作，推动红色档案研究成果转化和应用。

本市推动建立长江三角洲区域红色档案保护利用联动机制，协同开展红色档案保护利用、理论研究、馆际交流、宣传教育等活动。

第六章 档案信息化建设

第四十三条 市、区人民政府应当将档案信息化建设纳入本行政区域信息化发展规划和城市数字化转型工作。

档案馆以及机关、团体、企业事业单位和其他组织应当加强档案信息化建设，建立本单位档案、文秘、信息技术、安全保密等部门工作协同机制，健全档案信息化管理制度，完善档案信息化基础设施和条件。

第四十四条 机关、团体、企业事业单位和其他组织应当推进与办公自动化系统、业务系统等相互衔接的电子档案管理系统建设，确保电子档案来源可靠、程序规范、要素合规，并符合长期有效的保存要求。

档案馆应当落实电子档案长期保存要求，确保馆藏电子档案长期有效保存。

第四十五条 机关、团体、企业事业单位和其他组织形成的电子档案，列入档案馆收集范围或者具有其他重要价值的，应当按照规定时限向有关档案馆移交；有特殊要求的电子档案，可以提前移交或者延长移交期限。

向档案馆移交电子档案应当通过符合安全管理要求的计算机信息网络进行在线移交，或者存储在符合长期保存要求的存储介质上进行离线移交。

档案馆应当对接收的电子档案进行检测，确保电子档案的真实性、完整性、可用性和安全性。

第四十六条 电子档案与传统载体档案具有同等效力。本市公共管理和服务机构应当对电子档案互信互认。

对纳入本市“一网通办”平台的事项，有关公共管理和服务机构应当对履行职责过程中形成的电子文件进行规范管理，按照电子档案管理要求及时以电子形式归档、备份、移交。除法律、行政法规另有规定外，不再以传统载体形式归档和移交。

本市推动机关、人民团体、国有企业事业单位按照电子档案管理要求，对职务活动中形成的电子文件单独以电子形式归档并移交。

第四十七条 鼓励和支持档案馆以及机关、团体、企业事业单位和其他组织推进传统载体档案数字化工作，逐步提高传统载体档案数字化比重。

向档案馆移交传统载体档案时，已经形成的档案数字化成果，应当同步移交。对符合要求的档案数字化成果，档案馆应当接收。

第四十八条 档案馆应当按照数字档案馆建设标准，运用现代信息技术对档案数字资源进行收集、整理、保存和提供利用，加强数字档案馆建设。

鼓励和支持机关、团体、企业事业单位和其他组织开展数字档案室建设。

建设数字档案馆、数字档案室应当按照国家和本市有关规定，建立完善档案数字资源的检测、备份、迁移、恢复等工作机制，强化安全保障能力，做好重要档案数字资源的异质、异地备份工作。

第四十九条 根据本市有关规定列入公共数据资源目录的档案数字资源，公共管理和服务机构应当加强收集和整理，拓宽应用场景，推动档案数字资源在民生服务、政务服务、社会治理等领域的应用。

档案馆应当加强档案数字资源的收集和管理，推动档案数字资源开放共享，并确保档案数字资源利用安全。

第七章 监督检查

第五十条 市、区档案主管部门依法对档案馆以及机关、团体、企业事业单位和其他组织的下列情况，进行监督检查：

（一）档案工作责任制和管理制度落实情况；

（二）档案库房、设施、设备配置使用情况；

（三）档案工作人员管理情况；

（四）档案收集、整理、保管、提供利用等情况；

（五）档案信息化建设和信息安全保障情况；

（六）对所属单位档案工作的监督和指导情况。

第五十一条 市、区档案主管部门应当对下列档案，进行重点监督管理：

（一）具有永久保存价值的档案；

（二）重要会议、重要工作、重大活动和重大突发事件应对的档案；

（三）发生机构变动或者撤销、合并等情形的机关、人民团体、国有企业事业单位的档案；

（四）其他需要重点监管的档案。

第五十二条 任何单位和个人对档案违法行为，有权向档案主管部门和有关机关举报。

接到举报的档案主管部门或者有关机关应当及时依法处理，并将处理结果告知举报人。

第五十三条 档案主管部门与其他相关主管部门应当建立执法协作机制，通过信息共享、联合执法、案件移送等方式，加强档案监督检查工作。

第八章 法律责任

第五十四条 违反本条例规定的行为，《中华人民共和国档案法》等法律、行政法规已有处理规定的，从其规定。

第五十五条 对单位和个人违反本条例相关规定，受到行政处罚等失信信息，按规定纳入本市公共信用信息服务平台予以共享，并依法实施相应惩戒。

第五十六条 档案主管部门和其他有关部门及其工作人员违反本条例规定，不履行法定职责或者滥用职权、玩忽职守、徇私舞弊的，对直接负责的主管人员和其他直接责任人员，依法给予处分；构成犯罪的，依法追究刑事责任。

第九章 附 则

第五十七条 本条例自 2021 年 12 月 1 日起施行。

附件二　上海市红色档案资源管理办法

第一章　总　　则

第一条　为深入贯彻落实习近平总书记“七一”重要讲话精神和关于做好新时代档案工作重要批示精神，更好地保管好、利用好红色档案资源，彰显上海作为中国共产党诞生地和初心始发地的历史地位，大力弘扬伟大建党精神，传承红色基因，赓续红色血脉，大力培育和践行社会主义核心价值观，贯彻落实“人民城市人民建，人民城市为人民”重要理念，根据《中华人民共和国档案法》《中华人民共和国档案法实施办法》《上海市档案条例》《上海市红色资源传承弘扬和保护利用条例》《上海市红色资源传承弘扬和保护利用实施方案》等法律法规有关规定，制定本管理办法。

第二条　红色档案是指中国共产党领导下，在新民主主义革命时期、社会主义革命和建设时期、改革开放和社会主义现代化建设新时期、中国特色社会主义新时代所形成的具有历史价值、教育意义、纪念意义的档案。红色档案资源是指红色档案及其相关的文献资料、各类出版物、实物等，以及在红色档案管理活动中形成的档案数字化成果、档案目录、数据信息、研究成果等的总和。

第三条　本市行政区域内红色档案资源的收集整理、传承弘扬、保护利用及其管理活动，适用本办法。

第四条　市、区档案主管部门对本行政区域内档案馆以及其他档案保管单位的红色档案资源保护利用工作实行监督和指导，加强红色档案资源保护利用工作的组织领导，并与市、区两级红色资源传承弘扬和保护利用联席会议以及其他成员单位沟通协调，共同做好红色档案资源保护利用工作。档案馆以及其他档案保管单位应当将红色档案资源保护利用工作纳入本单位档案工作总体规划和工作计划，确保经费、人员、库房等保障措施的落实。

第二章　收集和整理

第五条　红色档案资源的范围主要包括：

（一）中国共产党领导下的新民主主义革命时期形成的革命历史档案，重点涵盖该时期在上海所形成的以及保存在上海的与中国共产党历史密切相关的各种文字、图表、音像等不同形式的历史记录；有关党的统一战线工作、国际共产主义运动，及华人华侨、国际友人等支持、帮助中国共产党的重大事件、重要人物等的各种文字、图表、音像等不同形式的历史记录。

（二）社会主义革命和建设时期、改革开放和社会主义现代化建设新时期、中国特色社会主义新时代在下列社会活动中形成的具有重要保存价值的各种文字、图表、音像等不同形式的历史记录：1. 有关党和国家领导人在本市行政区域的重要活动，或有关本市的国家级重大规划、指示等。2. 有关本市组织、承办或在本市行政区域发生的，在国内外有重大影响的全国性、国际性会议、活动等。3. 有关本市行政区域重大经济、政治、文化、社会、生态文明建设，党的建设领域的实践活动、项目成果等，包括政治体制改革、经济体制改革的重要实践，重大突发事件的应对处置工作，在国内外有重要影响的宣传、教育活动，科技、文化、体育等领域的重要节庆或重大赛事活动。4. 市重点建设工程，包括重大工程建设项目、重点技术改造项目、工业骨干投资项目、市政府实事工程项目。5. 市重大科学技术研究项目。6. 本市重要成果，包括获得市科学技术进步、市哲学和社会科学研究、市决策咨询研究二等奖以上（含二等奖）奖励的成果，国内首创并对本行业发展产生重要影响的生产、经营和管理成果（含知名品牌），市级以上（含市级）的非物质文化遗产，由本市创作并获得国家级以上（含国家级）重要奖项的文化艺术作品及文学作品，市重大临床医疗成果等。

（三）重要人物、典型人物形成的具有重要保存价值的各种文字、图表、音像等不同形式的历史记录：1. 具有重大影响和突出贡献的重要人物在本市经济、政治、文化、社会、生态文明、军事、外事、科技等活动以及以重要人物为主题的纪念、庆典活动中形成的历史记录。2. 具有国内、国际重大影响和突出贡献的典型人物在本市经济、政治、文化、社会、生态文明建设、体育、科技、对外交流等活动中形成的历史记录，包括中共党员，共青团员，民主党派和无党派人士、各界群众、海外华人华侨、国际友人等爱国爱党、奉献上海的活动中形成的历史记录。

（四）与以上（一）（二）（三）项历史记录有关的文献资料、手稿、出版物、实物等以及在开展红色档案管理活动中形成的档案数字化成果、档案目录、数据信息、研究成果等。

第六条 市、区档案主管部门应当定期组织档案馆以及其他档案保管单位开展红色档案资源专项摸底清查，掌握本地区红色档案资源数量、门类、保管、保护、整理、利用等情况，根据馆库条件、档案破损程度等，建立档案保管保护信息台账，有重点、有计划地开展红色档案抢救修复工作，提高档案管理水平。

第七条 档案馆应当建立红色档案资源征集长效机制，结合重要工作、重大纪念活动定期开展重要、珍贵红色档案资源征集工作，通过捐献、复制、交换档案复制件、采访记录等多种方式，广泛征集红色档案资源。对党史中重大活动、重大决策、重要事件的当事人、见证人、知情人及其亲属子女，可以通过口述历史、撰写回忆录等方式采集档案资料。通过征集方式进馆的红色档案资源归国家所有，由征集进馆的档案馆负责整理、保管，按照有关法律、行政法规规定向社会提供利用和公布。

第八条 重点征集的红色档案资源包括：

（一）反映早期共产主义运动和中国共产党建党初期重要活动和重要事件的相关档案资料。

（二）反映1949年以前上海地区中国共产党及其领导的革命组织和革命活动家的档案资料。

（三）反映1949年以后党和国家领导人、上海市省部级（含）以上党政军领导的档案资料。

（四）其他反映中国共产党各个历史时期重要活动、重要事件和重要人物的档案资料。

第九条 鼓励单位和个人向档案馆捐献重要、珍贵的红色档案资源，经认定属于重要、珍贵价值的红色档案资源，档案馆应当接收。捐献人对所捐献的红色档案资源享有优先利用权，并可以对红色档案资源中不宜向社会开放的部分提出限制利用意见。捐献人与档案馆签署协议的，双方应当按照协议约定执行。档案馆可以向档案资料捐献人颁发捐献证书。

第十条 档案馆和其他档案保管单位在调查、整理、研究中新发现红色档案的，应当及时向同级档案主管部门和有关主管部门报告。

第十一条 红色档案保管单位应当将红色档案列入本单位文件材料归档范围，编制档案保管期限表。红色档案的保管期限一般为永久。

第十二条 红色档案原则上不单独设置门类，归入本单位档案分类方案统一管理，已经组卷归档的，一般不拆卷。确有必要或者档案数量较多的，可对增量形成的红色档案设置专门门类。

第十三条 红色档案整理遵循以下规则：

（一）档案馆以及其他档案保管单位应当按照《机关文件材料归档范围和文书档案保管期限规定》《各级各类档案馆收集档案范围的规定》《企业文件材料归档范围和保管期限规定》《机关档案管理规定》《重大活动和突发事件档案管理办法》等档案规章制度，科学设定档案分类方案，确保红色档案收集完整，整理规范。

（二）文书档案、照片档案、音像档案、实物一般以件为单位进行整理，科技档案一般以卷为单位进行整理。文书档案按照《归档文件整理规则》（DA/T22－2015）整理，音像档案按照《照片档案管理规范》（GB/T11821）、《数码照片归档与管理规范》（DA/T50）、《录音录像档案管理规范》（DA/T78－2019）整理，电子档案按照《电子文件归档与电子档案管理规范》（GB/T18894）以及《数字档案室建设指南》收集整理，科研档案按照《科学技术研究档案管理规定》、《科学技术研究课题档案管理规范》（DA/T2）整理，建设项目档案按照《建设项目档案管理规范》（DA/T28）、《国家电子政务工程建设项目档案管理暂行办法》整理。其他门类档案国家和本市有规定的，从其规定整理。

第十四条 红色档案应当编制专题档案目录。

专题档案目录分为电子目录、纸质目录两种形式。电子目录应当包含目录结构中要求的所有字段项。文书、照片、录音、录像档案以及实物的电子目录应当分别编制。

第十五条 市档案局组织建立本市红色档案资源专题目录和数据总库，研究编制全市统一的红色档案资源专题目录规范，定期组织开展红色档案资源专题目录归集工作。区档案局应当汇总本行政区域档案馆以及其他档案保管单位的红色档案资源专题目录，向全市专题目录和数据总库归集。

上海市档案馆负责本市红色档案资源专题目录和数据总库的日常管理，依托上海市档案信息目录共享平台，实现全市红色档案资源目录数据“一库可查，共建共享”。

档案馆以及其他档案保管单位已经形成电子档案或者数字化成果的，可以与档案目录一并归集。

第三章 认定和开放

第十六条 市、区档案局应当定期组织专家对管理权限内列入第五条以及第八条范围的红色档案开展认定工作。红色档案按照革命历史档案、新中国成立至今档案以及人物类档案三类开展认定，由有关专家根据档案的具体内容、形成年代、珍稀程度、档案来源等标准进行研判并提出档案的认定等级。红色档案认定等级分为国家级和地方级，地方级红色档案分为地方一级、地方二级、地方三级。国家级红色档案的具体分级标准按照国家有关规定执行。

第十七条　上海市档案局建立珍贵红色档案评审委员会，一般每五年组织开展珍贵红色档案评审认定工作并适时公布“上海市珍贵红色档案名录”。被认定为国家级以及地方一级的红色档案，可以由档案馆或者其他档案保管单位申报“上海市珍贵红色档案”。鼓励和支持列入“上海市珍贵红色档案名录”的红色档案申报“上海市红色资源名录”以及档案文献遗产项目。

第十八条　红色档案的利用，依照档案法律法规规定办理。档案馆以及其他红色档案保管单位应当在不损害国家利益、社会公共利益和他人合法权益的前提下，最大限度满足社会各方面的利用需求。各级国家档案馆是馆藏红色档案的开放主体，应当建立档案开放审核工作机制，明确档案开放的责任部门和工作要求，在红色档案向社会开放前，会同档案形成单位或者移交单位进行开放审核。

第十九条　涉及国家秘密的红色档案的管理和利用，应当依照保守国家秘密的法律法规办理，并及时做好密级变更和解密工作，编制涉密红色档案目录。已经移交档案馆的涉密红色档案发生密级变更或者解密的，原定密机关、单位应当及时书面通知档案馆，档案馆应当提供便利。

第二十条　鼓励档案馆以及其他档案保管单位向社会开放或者公布红色档案资源。鼓励各级国家档案馆搭建红色档案资源数字化共享利用平台，推动红色档案数字化成果展览展示。

第四章　保 管 保 护

第二十一条　档案馆以及其他档案保管单位应当制定档案安全工作制度，落实档案安全主体责任，定期开展红色档案资源安全风险评估，不断完善和细化档案收、管、存、用各个环节的风险管理，特别是档案实体安全风险管理、档案信息安全风险管理、档案保密与开放风险管理。

第二十二条　档案馆以及其他档案保管单位应当优先开展传统载体红色档案数字化工作，未开展或者未全部完成数字化工作的，应当制定数字化工作计划，逐步提高传统载体档案数字化比重。已经数字化处理或者有其他形式复制件的红色档案，档案馆以及其他档案保管单位应当对原件妥善保管，一般以数字化副本或者复制件代替原件提供利用。

第二十三条 档案馆以及其他档案保管单位应当根据认定等级、材料质地、规格大小、装帧方法等对红色档案进行保管并采取相应的分级分类保护措施。被认定为国家级以及地方一级的红色档案，档案馆以及其他档案保管单位应当“建档立卡”，详细记录档案的来源、保管保护、整理和开发利用情况，并列入档案优先抢救和修复范围。档案馆以及其他档案保管单位应当建设珍贵红色档案专用库房，配置适合的装具、消防报警设施、气体灭火装置、库房安防系统、恒温恒湿空调系统及智能管理系统，做到“八防”要求，适宜珍贵红色档案的保存。

第二十四条 档案馆以及其他档案保管单位应当优先抢救重要、珍贵或者濒危红色档案。

第二十五条 档案馆以及其他档案保管单位发现红色档案资源可能严重损毁的，应当采取有效措施予以保护，并及时向同级档案主管部门和相关主管部门报告，档案主管部门和相关主管部门应当给予支持和指导。

第五章 宣传利用

第二十六条 市、区综合档案馆应当结合“七一”、国庆等重大纪念日，上海解放等重大历史事件组织开展红色档案资源的红色主题活动和各类纪念活动。

第二十七条 档案主管部门、档案馆应当与宣传、文化旅游、教育等部门和党史研究、方志、党校、高校、博物馆、图书馆、纪念馆等机构加强红色档案交流合作，推动研究成果转化应用。

第二十八条 档案馆以及其他档案保管单位应当加强对红色档案资源的整理研究和开发利用，有计划地组织编辑出版红色档案史料，以举办专题展陈、公益讲座、创作红色主题作品等多种方式开展红色档案资源宣传，推进红色档案宣传进学校、进乡村、进机关、进企业、进社区、进家庭。

第二十九条 档案馆应当发挥爱国主义教育、党史教育、廉政教育、国防教育、中小学生教育社会实践等基地作用，利用和发掘馆藏红色档案资源，开发面向党员干部、基层党组织和广大青少年群体的各具特色的红色档案资源教育课程，服务党史学习教育、理想信念教育、爱国主义教育等主题教育活动。

第六章　长三角区域联动

第三十条　上海市档案局推动建立长江三角洲区域红色档案资源保护利用馆际交流联动机制，充分发挥档案馆以及其他红色资源主管部门、保管单位、研究机构的特点，整合人才力量，实现信息互通、资源共享和优势互补，协同开展红色档案资源保护、理论研究、馆际交流、宣传教育等活动，形成长江三角洲区域红色档案保护多途径、多层次、多方式的合作交流长效机制。

第三十一条　鼓励和支持长江三角洲区域档案部门共建红色档案保护利用联盟，协同发掘、整理、研究红色档案资源，联合编创红色档案故事，举办红色档案专题展览，开设红色主题课程，打造具有地区特色的红色档案资源传播项目，持续推动长江三角洲区域红色档案资源宣传教育一体化发展。

第三十二条　鼓励和支持长江三角洲区域档案部门以及社会力量联合开展红色档案资源保管保护课题研究，促进红色档案资源保护技术创新，推动解决红色档案抢救、修复工作中的关键技术和难点难题。鼓励和支持长江三角洲区域档案部门加强红色档案资源整理研究、保护修复人才培养，联合开展红色档案资源保护利用专题培训，加快讲解员和志愿者队伍建设，提高红色档案保护利用工作水平。

第七章　保障措施和法律责任

第三十三条　鼓励单位和个人利用红色档案资源研究开发文化创意产品，用于红色档案资源公益宣传，传播红色档案文化。

第三十四条　鼓励和支持公民、法人以及其他组织以捐献珍贵红色档案资源、资助红色档案资源研究、保护以及加入红色档案资源宣传志愿服务等方式参与红色档案资源传承弘扬和保护利用。对在红色档案资源保护利用、宣传教育等方面作出突出贡献的单位和个人，按照国家规定给予表彰、奖励。

第三十五条　市、区档案主管部门应当定期组织开展红色档案资源保护利用专项行政检查，加强对红色档案资源保护利用的监督。

第三十六条　对篡改、损毁、偷盗、破坏红色档案资源的，法律、法规已有处理规定的，从其规定。违反档案法律、法规的，由市、区档案主管部门依法处理，并依法追究有关责任人责任；构成犯罪的，依法追究刑事责任。

第八章　附　　则

第三十七条　本办法由上海市档案局负责解释。

本办法自 2023 年 3 月 1 日起施行，有效期至 2028 年 2 月 28 日。

附件：1. 上海市珍贵红色档案申报认定细则〈略〉

2. 上海市红色档案资源保护修复工作指南〈略〉

3. 上海市红色档案资源专题目录规范〈略〉

附件三　上海市国家综合档案馆档案利用和公布办法

第一条　为了大力开发档案信息资源，规范档案馆馆藏档案利用、公布行为，促进档案馆有效地为社会提供服务，根据《中华人民共和国档案法》《中华人民共和国档案法实施办法》《上海市档案条例》《各级国家档案馆开放档案办法》《档案管理违法违纪行为处分规定》以及国家有关档案利用的规定，结合本市实际，制定本办法。

第二条　本市市、区国家综合档案馆（以下简称“档案馆”）馆藏档案依法向社会提供开放利用和公布的行为适用本办法。

第三条　本办法所称的档案，是指由档案馆收藏、保管的各类档案。

本办法所称的档案利用，是指对档案的阅览、复制和摘录。

本办法所称的档案公布，是指通过法定形式首次向社会公开档案的全部、部分原文或者其所载的特定内容。

第四条　上海市档案局负责对档案馆档案利用、公布工作进行监督和指导。

第五条　档案的利用和公布应当遵循合法、便捷和维护档案安全的原则。

第六条　向档案馆移交、捐献、寄存档案的单位和个人对其移交、捐献、寄存的档案享有优先利用权。

第七条　档案一般应当自形成之日起满25年向社会开放。档案馆认为到期仍不宜开放的档案，经档案行政主管部门审核同意，可以延期向社会开放。经济、教育、科技、文化等类档案，可以少于25年向社会开放。

第八条　档案馆应当在开放档案的同时通过其网站或者其他方式公布开放档案的目录。

第九条　单位和个人持单位介绍信或者本人身份证、有效证件等合法证明，向档案馆提出申请，可以利用档案馆已开放的档案。

第十条　中华人民共和国公民和单位利用档案馆未开放的档案，公民应当凭本人所在街道（乡、镇）介绍信，单位凭单位介绍信，向档案馆提出申请。档案馆应当自受理申请之日起20个工作日内，就是否准予利用档案作出答复。

个人凭本人有效身份证件，可以申请利用记载本人有关的婚姻登记、独生子女证、知青等涉及民生的未开放档案。

公民受单位委托利用本单位向档案馆移交的未开放档案，可以凭本单位介绍信，办理相关申请手续。

第十一条 馆藏档案的开放审核由档案馆会同档案形成单位或者移交单位共同负责。利用档案馆未开放档案，档案馆应当征求该档案形成单位或者移交单位的意见。

第十二条 档案馆向利用者提供的档案，可以是档案原件，也可以是档案复制件；对珍贵档案、易破损档案以及已经过缩微化、数字化处理的档案，应当以提供复制件为主。

第十三条 档案馆馆藏档案一般不予外借，利用者应当在档案馆指定的阅览室内利用档案，也可以通过信函、电话、电子邮件、网络等途径查询、利用档案内容。

利用者对其移交、捐献的档案因特殊原因需要外借的，经档案馆同意后应当办理档案外借手续。外借人应当在约定时限内及时归还，或者经档案馆同意办理续借手续。

中华人民共和国成立前形成的档案和珍贵的档案原件不予外借。

第十四条 档案馆根据利用者需要，可以为其制作、提供档案复制件。可复制的内容、数量，由档案馆酌情决定。

档案馆对所提供的档案复制件应当加盖“档案馆馆藏档案复制件”的印章。档案复制件载有档案馆印章或者标记的，具有与档案原件同等效力。

第十五条 档案馆依法拥有馆藏档案的公布权，任何单位和个人未经档案馆同意不得擅自公布档案内容。

第十六条 档案馆可以下列形式公布档案：

（一）通过报纸、刊物、图书、声像、电子等出版物发表档案内容；

（二）通过电台、电视台播放档案内容；

（三）通过公众计算机信息网或者其他新媒体形式传播档案内容；

（四）在公开场合宣读、播放档案内容；

（五）出版发行档案史料、资料的全文或者摘录汇编；

（六）公开出售、散发或者张贴档案复制件；

（七）展览、公开陈列档案或者复制件。

第十七条　利用者需要公布档案的，应当向保存该档案的档案馆提出申请。档案馆自受理申请之日起30日内，就是否准予公布档案给予答复。必要时，档案馆和利用者可以签订利用、公布档案的协议，明确双方的权利和义务。

第十八条　利用和公布档案涉及知识产权、个人信息的，应当遵守有关法律、行政法规规定，维护国家利益以及档案馆和个人合法权益。

第十九条　档案馆在提供档案利用时，应当告知利用者相关权利、义务。

第二十条　单位和个人可以对档案馆不按规定开放利用档案的行为，向档案主管部门投诉，接到投诉的档案主管部门应当及时调查处理并将处理结果告知投诉人。

第二十一条　在利用档案馆的档案中有下列行为之一的，由市或者区档案主管部门或者有关机关追究有关责任人的责任：

（一）丢失属于国家所有档案的；

（二）擅自提供、抄录、复制、公布属于国家所有档案的；

（三）篡改、损毁、伪造或者擅自销毁档案的；

（四）擅自泄露档案内容的；

（五）档案馆不按规定向社会开放、提供利用档案的；

（六）档案工作人员玩忽职守，造成档案损毁、灭失的。

有前款第一项、第二项、第三项违法行为的，由市或者区档案主管部门对有关责任人给予警告，并对单位处1万元以上10万元以下罚款，对个人处500元以上5 000元以下罚款。有第四项、第五项、第六项违法行为的，由市或者区档案主管部门或者有关机关对有关责任人依法给予处分。

第二十二条　当事人对市或者区档案主管部门的具体行政行为不服的，可以依法申请行政复议或者提起行政诉讼。

当事人逾期不申请复议、不提起诉讼又不履行的，市或者区档案行政管理部门可以依照有关法律规定，申请人民法院强制执行。

第二十三条　鼓励其他档案馆参照本办法向社会开放和公布档案。

第二十四条　本办法自2021年3月1日起施行，有效期至2026年2月28日。原《上海市国家综合档案馆档案利用和公布办法》（沪档规〔2020〕3号）同时废止。

附件四　政府公开信息查阅规定

根据《中华人民共和国政府信息公开条例》（国务院令第 492 号）、《上海市政府信息公开规定》（2020 年上海市人民政府令第 32 号）的有关条款，结合工作实际，制定本规定。

一、根据《中华人民共和国政府信息公开条例》和《上海市政府信息公开规定》的规定，上海市人民政府在上海市档案馆设置政府信息查阅场所，配备相应的设施、设备，为公民、法人或者其他组织获取政府信息提供便利。

二、本查阅场所提供由市人民政府及其所属市级行政机关送交的政府信息公开指南和目录、属于主动公开范围的政府信息。属于市级以下行政机关主动公开范围的政府信息，由该级行政机关所对应的政府信息公开窗口提供查阅。

三、依申请公开的政府信息和不予公开的政府信息，不属于本查阅场所提供查阅范围，应向形成该政府信息的行政机关提出申请。

四、本查阅场所根据各市级行政机关送交的有关政府信息，及时更新汇总以供查阅。

五、本查阅场所提供的政府主动公开信息仅供阅览，阅读完毕后，请放回原处。

本规定自 2021 年 6 月 9 日起施行。此前制定的规定与本规定不一致的，以本规定为准。2017 年 7 月 12 日制定的《上海市档案馆查阅政府公开信息规定》停止执行。

附件五　上海市档案馆查阅服务指南

一、查阅服务内容

本馆外滩馆设有档案及政府公开信息阅览大厅，按规定提供纸质、数字和胶片载体的档案资料和政府主动公开信息的查阅服务。

二、查阅服务项目

（一）阅览大厅备有地方志等工具书及摘抄纸、笔。

（二）提供档案查阅方面的一般咨询服务。

（三）提供档案复制服务。

三、查阅服务流程

（一）办理阅览证。首次来馆查阅者请凭有效证件或相关证明履行登记手续，如实填写《阅览证申请表》，在办理阅览证后再申请查阅。已办理阅览证的利用者请直接向服务台申请查阅。

（二）申请。持阅览证向服务台工作人员说明查阅目的、查阅内容，并根据要求填写《查阅档案申请表》。

（三）检索。在工作人员的指导下使用电子目录或纸质目录检索所需要的信息。

（四）借阅。将检索到的结果填入《查阅档案申请表》并转交工作人员申请阅览。有数字化全文或缩微胶片的档案及政府公开信息可当场阅读。未数字化的档案原件请耐心等待或可预约延后查阅。

（五）归还。档案原件仅限指定区域内阅读，离开前必须保持档案原貌并如数归还。如需保留下次阅读，请当面说明。

（六）复制。如需复制，请如实填写《复制档案申请表》后向工作人员提出申请。

四、联系方式

地址：上海市浦东新区前程路 811 号

邮政编码：201204

预约咨询电话：38429688－1205，62753313

网上查询：www.archives.sh.cn 上海档案信息网—数字档案查阅平台

附件六 上海市档案馆馆藏档案全宗名册

全宗号	全 宗 名 称	档案起止时间
A1	中国共产党上海市委员会	1949—1996
A2	中共上海市委办公厅	1951—1951
A3	中共上海市委保卫委员会	1951—1951
A4	中共上海市委政策研究室	1949—1951
A5	中共上海市委政治研究室	1962—1964
A6	中共上海市委政治法律工作委员会（上海市人民政府政治法律委员会）	1952—1956
A7	中共上海市委政法工作部	1956—1962
A9	中共上海市委民主改革办公室	1952—1953
A10	中共上海市委审批委员会	1955—1956
A11	中共上海市委劳动工资委员会（上海市人民委员会劳动工资委员会）	1956—1966
A12	中共上海市委整党建党学习办公室	1951—1951
A13	中共上海市委整风委员会	1950—1952
A14	中共上海市委审查干部委员会	1953—1966
A15	中共上海市委反对官僚主义办公室	1952—1952
A17	中共上海市委机关整风领导小组办公室	1957—1958
A18	中共上海市委整风领导小组办公室	1960—1962
A19	中共上海市委专门委员会	1955—1960
A20	中共上海市委城市人民公社领导小组、中共上海市委政法工作部里弄工作委员会、中共上海市委里弄整风领导小组	1954—1962

续 表

全宗号	全 宗 名 称	档案起止时间
A21	中共上海市委城市社会主义教育运动办公室（中共上海市委农村社会主义教育运动领导小组）	1964—1966
A22	中共上海市委宣传部	1949—1990
A23	中共上海市委教育卫生工作部	1954—1969
A24	上海《支部生活》编辑部	1954—1971
A25	中共上海市委《解放》杂志编辑部	1958—1962
A26	中共上海市高等学校委员会	1952—1955
A27	中共上海市机械技术工业学校委员会	1953—1954
A28	中共上海市中等技术学校委员会	1954—1955
A29	中共上海市中等专业学校委员会	1956—1961
A30	中共上海市委毕业生工作委员会	1962—1962
A31	上海市文教方面社会主义建设先进集体和先进工作者代表大会筹备办公室	1959—1960
A32	中共上海市委外事小组、上海市人民委员会外事办公室	1952—1966
A33	中共上海市委统战部	1949—1990
A34	中共上海市委对台工作组	1954—1966
A35	中共上海市技工学校委员会	1957—1959
A36	中共上海市委工业政治部	1953—1966
A37	中共上海市工业局委员会	1952—1953
A38	中共上海市委工业生产委员会	1949—1967
A39	华东军区后勤军需政治部、中共华东军需生产管理局委员会、上海市军需工业工会、中国共产党上海市军需工业委员会、青年团上海市军需工业工作委员会	1949—1956
A40	中共上海市军事工业委员会	1952—1956

续 表

全宗号	全 宗 名 称	档案起止时间
A41	中共上海市国防工业委员会	1965—1968
A42	中共上海市重工业委员会	1954—1955
A43	中共上海市第一重工业委员会	1952—1956
A44	中共上海市第二重工业委员会	1955—1956
A45	中共上海市第三重工业委员会	1955—1956
A46	中共上海市钢铁工业委员会	1956—1960
A47	中共华东国营纺织工业委员会、中共上海市国营纺织工业委员会	1952—1956
A48	中共上海市轻工业委员会	1953—1955
A49	中共上海市第一轻工业委员会	1952—1956
A50	中共上海市第二轻工业委员会	1953—1956
A51	中共上海市轻工业委员会地方工业委员会	1953—1954
A52	中共上海市委科学技术委员会、上海市科学技术委员会	1958—1968
A53	中共上海市工业产品科学研究委员会	1959—1963
A54	中共上海市委基本建设委员会、上海市基本建设委员会	1956—1962
A55	中共上海市基本建设设计委员会	1954—1969
A56	中共上海市委市政建设工作委员会	1951—1955
A57	中共上海市市政建设委员会	1955—1956
A58	中共上海市委市政交通政治部	1956—1966
A59	中共上海市委公用事业委员会	1949—1953
A60	中共上海市委公用事业办公室	1949—1966
A61	中共上海市沪南水电交通公司委员会	1952—1955
A62	中共上海市委精简小组（中共上海市委人口工作领导小组）	1961—1966

续 表

全宗号	全 宗 名 称	档案起止时间
A63	中共上海市房屋修理公司委员会	1953—1958
A64	中共上海市地质勘察局委员会	1958—1962
A65	中共上海市委财贸政治部	1950—1966
A66	中共上海市委私营工业调查委员会	1954—1954
A67	中共上海市委机关、部队、工厂、学校副食品生产领导小组	1959—1966
A68	中共上海市委清理物资采购机构、采购人员领导小组办公室	1960—1961
A69	中共上海市委农村政治部	1958—1966
A70	中共上海市委农村工作部	1957—1959
A71	中共上海市委郊区工作委员会、上海市妇女联合会郊区办事处、共青团上海市郊工作委员会	1949—1957
A72	中共上海市委农村工作委员会、上海市人民委员会农村工作委员会	1959—1962
A73	解放日报社	1949—1990
A74	中共上海市委工资委员会	1949—1950
A75	中共上海市委基层工作研究委员会	1950—1951
A76	中共上海市委党校	1949—1990
A77	中共上海市委直属机关委员会	1950—1966
A78	中共上海市委高级干部自修班	1950—1968
A79	中共上海市静安区委员会	1949—1956
A80	中共上海市水上区委员会	1953—1956
A83	中共上海市委贯彻中央（1976）23号文件办公室	1977—1977
A84	中共上海市委监察委员会	1950—1967
A89	上海市落实对起义投诚人员政策办公室	1979—1983

续　表

全宗号	全　宗　名　称	档案起止时间
A91	中共中央上海局	1954—1960
A92	中共交通部公路勘察设计第三分院委员会、中国公路运输工会第三勘察设计分院委员会	1954—1958
A93	中共上海市委打击经济领域中严重犯罪活动领导小组办公室、中共上海市委打击经济领域中严重犯罪活动办公室	1982—1988
A94	中共上海市委组织部	1949—1990
A95	中共上海市委保密委员会	1950—1956
A96	中共上海市委党风调查组	1982—1983
A98	上海市财贸“五七”干校	1969—1976
A101	中共上海市委端正党风领导小组办公室	1983—1986
A102	上海市革命委员会机关党委	1973—1979
A103	中共上海市顾问委员会	1986—1992
A104	中共上海市委运煤指挥部	1961—1962
A105	《中共上海市组织史资料》编辑部	1986—1991
A106	中共上海市纪律检查委员会	1979—1992
A107	上海市区别工作领导小组	1979—1982
A108	上海市留美学生家属联谊会	1956—1966
A110	中共上海市委党史研究室	1981—1990
A111	上海市革命委员会工宣队清档小组	1967—1969
A112	中共上海市市级机关工作委员会	1979—1990
A113	中共上海市委政法委员会	1978—1990
A114	中共上海市委老干部局	1984—1990
A115	中共上海市委保持共产党员先进性教育活动领导小组办公室	2004—2006

续 表

全宗号	全 宗 名 称	档案起止时间
A116	上海市科技党委	1983—2004
A117	中共上海市教育工作委员会	1995—2003
A118	中共上海市委研究室	1984—1990
A119	中共上海市综合工作委员会	2002—2008
A120	中共上海市委深入学习实践科学发展观活动领导小组办公室	2008—2010
A121	中共上海市科技教育工作委员会	2004—2008
A122	中共上海市委党的群众路线教育实践活动领导小组办公室	2013—2015
A123	中共上海市委党校第一分校（中共上海市宣传党校）	1984—1990
A124	中共上海市委对台工作小组办公室、上海市人民政府台湾事务办公室	1980—1990
A125	中共上海市社会工作委员会	2003—2018
A126	中共上海市市场监督工作委员会	2017—2018
A127	中共上海市委“不忘初心，牢记使命”主题教育领导小组办公室	2019 2020
B1	上海市人民政府	1949—1988
B2	上海市人民委员会政法办公室	1954—1957
B3	上海市人民委员会文教办公室	1955—1967
B4	上海市人民委员会重工业办公室	1954—1957
B5	上海市人民委员会轻工业办公室	1954—1957
B6	上海市人民委员会财粮贸办公室	1955—1967
B7	上海市人民委员会交通办公室	1955—1967
B8	上海市人民委员会市政建设办公室	1952—1956

续 表

全宗号	全 宗 名 称	档案起止时间
B9	上海市人民委员会文艺办公室	1954—1957
B10	上海市人民委员会农业办公室	1962—1966
B11	上海市人民委员会公用事业办公室	1962—1967
B12	中共上海市人民政府直属机关委员会（中共上海市人民委员会直属机关委员会）	1949—1967
B13	上海市增产节约委员会	1951—1953
B14	上海市人民政府郊区土地改革委员会	1950—1954
B15	上海市人民委员会外事处	1949—1986
B16	上海市港口外事办公室、上海港口外事工作小组	1959—1966
B17	上海市有色金属工业公司	1956—1969
B18	上海市钢铁加工工业公司	1956—1969
B19	上海市农业新技术办公室	1970—1975
B20	上海市人民委员会华侨事务处、上海市人民委员会港澳同胞问事处、上海市归国华侨联合会	1952—1966
B21	上海市民族事务委员会	1950—2000
B22	上海市宗教事务局	1950—2000
B23	上海市人事局	1949—2008
B24	上海市编制委员会	1949—1990
B25	上海市人口问题研究委员会	1954—1956
B26	上海市人民政府人民监察委员会（上海市监察局）	1951—1959
B28	中共上海市委财政经济委员会、上海市财政经济委员会	1950—1955
B29	上海市经济计划委员会	1949—1977
B30	上海市物价委员会	1957—1967

续 表

全宗号	全 宗 名 称	档案起止时间
B31	上海市统计局	1949—1990
B32	上海市对外经济联络局	1959—1983
B33	上海市商业局军代表办公室	1949—1949
B34	上海市人民政府文化教育委员会	1951—1955
B35	上海市人民政府新闻出版处	1949—1952
B36	上海市新闻协会党组	1950—1954
B37	上海新闻社	1950—1953
B38	上海市人民委员会行政干部学校	1951—1956
B39	上海市商业职工学校	1956—1958
B40	上海市业余土木建筑学院	1956—1962
B41	上海市人民政府工业生产委员会	1953—1963
B42	上海市机电设备成套供应局	1955—1969
B43	上海市生产技术局	1958—1984
B44	中华人民共和国第一机械工业部上海办事处（中央人民政府第一机械工业部华东办事处）	1952—1955
B45	上海市农业局	1955—2004
B46	上海市人民政府郊区工作办事处	1952—1957
B47	上海市多种经营领导小组	1963—1968
B48	上海市档案局、上海市档案馆	1949—1990
B49	上海市公用事业管理局党组	1951—1953
B50	上海市人民委员会机关事务管理局	1956—2005
B51	上海市人民委员会参事室	1953—1966
B52	上海市选举委员会	1953—1966

续 表

全宗号	全 宗 名 称	档案起止时间
B53	上海市人民委员会接待视察办公室、上海市人民委员会视察委员会	1955—1968
B54	上海市临时工作委员会（处理人民内部矛盾问题）	1957—1957
B55	上海市庆祝“中华人民共和国国庆节”办公室	1952—1966
B56	上海人民庆祝“五一国际劳动节”办公室	1953—1963
B57	上海市春节慰问解放军办公室	1954—1966
B58	上海市防汛总指挥部	1953—1955
B59	上海市水上区人民委员会、上海市船民协会筹备委员会	1953—1956
B60	上海市“五七”干校、上海市直属机关革命造反联络站	1966—1979
B61	上海市革命委员会地区组	1968—1978
B62	上海市七二八工程领导小组办公室	1970—1980
B64	新桥矿工程指挥部	1971—1983
B65	上海市合作社联合社（上海市供销合作总社）	1949—1956
B66	上海市人民政府国防科技工业办公室	1971—1973
B67	上海市后方基地管理局	1966—1991
B68	上海市后方轻工业公司	1970—1988
B69	上海市后方机电工业公司	1969—1991
B70	上海市后方仪表电讯工业公司	1966—1992
B71	上海市后方化学工业公司	1970—1992
B72	上海市工业普查办公室	1984—1991
B73	上海市城镇房屋普查办公室	1984—1986
B74	上海民兵指挥部	1967—1976
B75	上海市公共房屋管理委员会	1950—1951

续 表

全宗号	全 宗 名 称	档案起止时间
B76	上海市化学工业局（上海市第二重工业局）	1955—1995
B77	上海市航空工业办公室	1972—1989
B78	上海市小三线协调办公室	1984—1992
B79	上海市清理整顿公司和查处单位投机倒把领导小组	1988—1991
B80	上海市轮胎胶鞋公司	1956—1958
B81	上海市橡胶杂品工业公司	1956—1958
B82	上海市橡胶工业公司	1956—1991
B83	上海对外贸易管理局	1949—1952
B84	上海市第一建筑材料工业公司	1957—1986
B85	上海市第二建筑材料工业公司	1964—1987
B86	上海市水泥工业公司	1978—1986
B87	上海市集体事业办公室	1979—1990
B88	国营上海医药工业公司	1952—1956
B89	上海市医药工业公司	1955—1986
B90	上海市医疗器械工业公司	1956—1986
B91	上海私营、联合广播电台	1949—1956
B92	上海人民广播电台	1949—1972
B93	上海市直接税局	1949—1950
B94	上海市货物税局	1949—1952
B95	上海市工商业税民主评议委员会	1950—1957
B96	人民胜利折实公债上海市推销委员会、上海市推销 1954 年国家经济建设公债委员会	1950—1954
B97	上海市税务局	1949—1973

续 表

全宗号	全 宗 名 称	档案起止时间
B98	上海市第二商业局	1929—1994
B99	上海市纺织器材工业公司	1956—1987
B100	上海市供销合作局	1955—1958
B101	上海市郊区供销合作社	1954—1960
B102	上海市供销合作社	1962—1991
B103	上海市仪表电讯工业局	1960—1995
B104	上海市财政局	1949—2008
B105	上海市教育局	1949—1995
B106	上海市业余教育局	1960—1962
B107	上海信托商行	1950—1952
B108	上海市储备物资管理局	1954—1957
B109	上海市物资局	1957—1994
B110	上海市零售公司	1950—1954
B111	上海市粮食公司	1949—1954
B112	上海市冶金工业局	1955—1996
B113	上海市农业科学院（上海市农业科学研究所）	1959—1996
B114	上海市内燃机配件制造公司	1956—1958
B115	上海市动力设备制造公司	1956—1958
B116	上海汽车工业总公司	1958—1992
B117	财政部上海财政干部学校	1956—1958
B118	上海市财政贸易干部学校	1958—1997
B119	上海市建筑工程管理局	1953—1993

续 表

全宗号	全 宗 名 称	档案起止时间
B120	上海市人民防空办公室	1949—1990
B121	上海市综合贸易公司	1956—1958
B122	上海市第三商业局	1955—1958
B123	上海市第一商业局	1953—1995
B124	上海市农产品采购局畜产公司	1956—1957
B125	上海市水产供销公司	1950—1992
B126	上海市体育运动委员会	1954—1990
B127	上海市劳动局	1949—1998
B128	上海市劳动争议仲裁委员会	1950—1956
B129	上海市失业工人救济委员会	1950—1952
B130	上海市处理失业知识分子委员会	1951—1953
B131	上海市劳动就业委员会	1952—1954
B132	上海中国纺织建设公司	1949—1956
B133	上海市人民政府纺织工业管理局	1949—1958
B134	上海市纺织工业局	1958—1995
B135	上海市粮食局	1954—1997
B136	上海市广播电视工业公司	1970—1986
B137	上海市仪器仪表工业公司	1970—1986
B138	上海市电子元件工业公司	1970—1986
B139	上海市光学仪器工业公司	1979—1986
B140	上海市半导体器件工业公司	1978—1986
B141	上海市电子仪器设备工业公司	1979—1986

续 表

全宗号	全 宗 名 称	档案起止时间
B142	上海市电视工业公司	1976—1981
B143	上海市电真空器件公司	1981—1986
B144	上海市电影照相器材工业公司	1973—1986
B145	上海市旋转电机公司	1956—1960
B146	上海市电机工业公司	1961—1989
B147	上海市冶金矿山机械公司	1978—1986
B148	上海市塑料制品公司	1979—1986
B149	上海市建筑五金工业公司	1979—1986
B150	上海市石油化工通用机械公司	1955—1986
B151	上海市石油化工机械制造公司	1978—1980
B152	上海市运输公司	1950—1956
B153	上海市内河航运管理局	1954—1956
B154	上海市交通运输局	1955—1996
B155	上海市缝纫机公司	1955—1986
B156	上海市自行车公司	1978—1986
B157	上海市搪瓷保温瓶工业公司	1954—1986
B158	上海市第二轻工业局（上海市手工业管理局）	1953—1995
B159	上海市制笔工业公司	1954—1986
B160	上海市火柴塑料毛刷工业公司	1956—1963
B161	上海市文化体育用品工业公司	1962—1968
B162	上海市建筑构配件公司	1964—1986
B163	上海市轻工业局	1952—1995

续 表

全宗号	全 宗 名 称	档案起止时间
B164	上海市玻璃制品工业公司	1979—1986
B165	上海市木材工业公司	1956—1986
B166	上海市轻工业装备公司	1975—1986
B167	上海市出版局	1955—1987
B168	上海市民政局	1949—2001
B169	上海市人民政府公用局	1949—1955
B170	上海市对外贸易局	1956—1987
B171	上海市外贸局全宗汇集	1950—1971
B172	上海市文化局	1949—1995
B173	上海市机电工业管理局	1954—1995
B174	上海市电机工业局	1958—1961
B175	上海市双轮带铧犁制造公司	1956—1956
B176	上海市铸锻工业公司	1955—1960
B177	上海市电影局	1949—1995
B178	上海市标准计量管理局	1949—1988
B179	上海市文教用品公司	1978—1986
B180	上海市农垦局	1960—1968
B181	上海社会科学院	1958—1990
B182	上海市工商行政管理局	1949—1979
B183	上海市钟表工业公司	1956—1986
B184	上海市粮油工业公司	1964—1987
B185	中国油脂工业股份有限公司	1944—1951

续 表

全宗号	全 宗 名 称	档案起止时间
B186	上海市食品冷藏工业公司	1950—1958
B187	上海市日用化学工业公司	1951—1958
B188	上海市油脂化学工业公司	1956—1961
B189	上海市食品工业公司	1949—1986
B190	上海市棉纺织工业公司	1954—1987
B191	上海市第二织布工业公司	1965—1984
B192	上海市第二纺织印染工业公司	1984—1987
B193	上海市印染织布工业公司	1956—1966
B194	上海市印染工业公司	1957—1984
B195	上海市第一纺织印染工业公司	1984—1987
B196	上海市日用五金公司	1956—1986
B197	上海市建筑工程局1966年前撤销单位全宗汇集	1954—1964
B198	上海市制袜工业公司	1951—1958
B199	上海市针织内衣工业公司	1953—1958
B200	上海市针织工业公司	1958—1986
B201	上海市毛巾被单工业公司	1956—1986
B202	上海市纺织复制工业公司	1958—1965
B203	上海市棉毛复制工业公司	1956—1958
B204	上海市手帕织带制绳工业公司	1956—1958
B205	上海市针棉织联社	1956—1958
B206	上海市毛麻纺织工业公司	1955—1992
B207	上海市纺织机械工业公司及上海纺织机械（集团）联合公司	1954—1986

续 表

全宗号	全　宗　名　称	档案起止时间
B208	上海市家用电器公司	1979—1986
B209	上海市电力设备制造公司	1956—1959
B210	上海市电器公司	1960—1986
B212	上海市化工装备工业公司	1966—1986
B213	上海液压气动元件公司	1960—1986
B214	上海市标准紧固件工业公司	1965—1970
B215	上海市螺丝工业公司	1956—1960
B216	上海市电焊工业公司	1956—1960
B217	上海市建筑五金公司	1956—1960
B218	上海市照明灯具公司	1975—1986
B219	上海市日用化学工业公司	1965—1986
B220	上海市化学原料工业公司	1956—1986
B221	上海市包装装潢工业公司	1978—1986
B222	上海市化肥工业公司	1963—1986
B223	上海市涂料工业公司	1979—1986
B224	第一届东亚运动会组织委员会	1991—1993
B225	上海市轻工业机械公司	1953—1986
B226	上海市公用事业管理局	1953—2000
B227	上海市革命委员会劳动工资组	1967—1968
B228	上海市人民政府知识青年上山下乡办公室	1968—1983
B229	上海市工资改革委员会办公室	1978—1981
B230	中国进口公司上海分公司	1949—1964

续　表

全宗号	全　宗　名　称	档案起止时间
B231	上海市五金生产合作社联合社	1956—1959
B232	上海市轻工业机械制造工业公司	1959—1961
B233	上海市工具设备金属制品工业公司	1962—1978
B234	上海市工具公司	1979—1982
B235	上海市工具设备公司	1983—1986
B236	上海市竹木生产合作社联合社	1956—1958
B237	上海市综合生产合作社联合社	1956—1958
B238	上海市家具公司	1962—1986
B239	上海市体育文娱用品工业公司	1955—1959
B240	上海市体育文娱工艺美术工业公司	1959—1961
B241	上海市工艺美术工业公司	1962—1987
B242	上海市卫生局	1949—1990
B243	上海市高等教育局	1949—1994
B244	上海市人民政府教育卫生办公室	1967—1994
B245	上海市粮食供应公司	1962—1996
B246	上海市经济委员会	1967—2008
B247	上海市科学技术委员会	1967—1990
B248	上海市商业委员会	1967—2003
B249	上海市建筑材料工业管理局	1977—1993
B250	中共上海市农村工作委员会、上海市农业委员会	1967—2018
B251	上海市人民政府退伍军人和军队离休退休干部安置领导小组办公室	1968—1980
B252	上海市革命委员会综合计划统计组	1969—1977

续 表

全宗号	全 宗 名 称	档案起止时间
B253	上海市人民政府外事办公室（上海市革命委员会外事组）	1967—1990
B254	上海铁路新客站工程指挥部	1981—1997
B255	上海市水产局	1949—2004
B256	上海市环境卫生管理局	1963—1999
B257	上海市市政工程管理局	1949—2008
B258	上海市房地产管理局	1949—2000
B259	上海市公共汽车公司	1956—1957
B260	上海市公共交通公司	1949—1954
B261	上海市电车公司	1952—1957
B262	上海市公共交通总公司	1958—1996
B263	上海市手工业管理局修建公司	1975—1985
B264	上海茂隆实业公司	1988—1992
B265	上海市染料农药工业公司	1956—1986
B266	上海市有机化学工业公司	1959—1979
B267	上海市染料油漆工业公司	1958—1959
B268	上海市造漆颜料工业公司	1956—1958
B269	中华人民共和国第八届全运会	1997—1997
B270	中华人民共和国第三届农运会	1994—1996
B271	上海市公用事业设备修造公司	1960—1986
B272	上海市城乡建设规划环境保护委员会	1984—1988
B273	上海市第二交通运输局	1960—1962
B274	'98 世界中学生运动会	1994—1999

续 表

全宗号	全 宗 名 称	档案起止时间
B275	上海冶金控股（集团）公司	1995—1999
B276	上海市原材料指挥部、上海市清理物资办公室、上海市清仓核资总办公室全宗汇集	1958—1964
B277	上海市人民政府交通办公室	1981—2000
B278	上海市政管理委员会办公室	1977—2000
B279	中华人民共和国第五届残疾人运动会组委会	1995—2000
B280	上海第六钢铁厂、上海市冶金工业局周家浦硃石矿、上海市冶金工业局东流石灰石矿全宗汇集	1950—1968
B281	上海市冶金工业局干部学校	1963—1966
B282	上海市内河航运公司	1955—1978
B283	上海市内河运输公司	1959—1966
B284	上海市内河航运管理处	1966—1978
B285	上海市广播电视局	1973—1995
B286	上海市医药管理局	1979—1996
B287	上海市区县工业局	1978—2001
B288	2001 年 APEC 会议上海筹备会	1998—2002
B289	上海市建设委员会	1977—2002
B290	上海市社会保险管理局	1993—1998
B292	上海市内河航运局	1978—1986
B293	2002 年亚洲开发银行年会上海筹备办公室	1999—2002
B294	上海市医药管理局（重组）	1996—2000
B295	国务院物价委员会国家物价局驻上海物价特派视察员办公室	1989—1992

续　表

全宗号	全　宗　名　称	档案起止时间
B296	上海市物价局	1979—2001
B297	崇明机场指挥部	1990—2002
B298	上海市水利局	1977—2001
B299	上海市进出口办公室	1978—1984
B300	第五届地方政府应对灾害和紧急事件国际会议	2000—2002
B302	上海市现代企业制度试点工作领导小组办公室	1994—2002
B303	上海市监察局	1987—1992
B304	上海市军队、武警部队政法机关企业交接工作办公室	1990—2003
B305	上海市人民政府参事室	1978—1990
B306	上海市防治非典型肺炎指挥部	2003—2003
B307	上海市人民政府协作办公室	1982—2003
B308	上海市人民政府地政局	1946—1955
B312	2003 年《福布斯》全球行政总裁会议上海筹备工作办公室	2003—2003
B313	上海市侨务办公室	1978—1990
B314	上海市农场局	1976—1990
B315	上海市托幼工作领导小组	1980—1982
B316	上海市旅游事业管理局	1978—2008
B317	上海市司法局	1980—1990
B318	上海市人民政府经济体制改革办公室	1985—2003
B320	上海市儿童和少年工作协调委员会	1981—1995
B321	上海市人民政府接待办公室	1986—2003
B322	上海市审计局	1984—1989

续 表

全宗号	全 宗 名 称	档案起止时间
B323	上海市环境保护局	1979—1990
B324	亚太经社会第 60 届年会上海筹备办公室	1997—2004
B325	全球扶贫大会上海筹备办公室	2000—2004
B326	上海市园林管理局	1967—2008
B327	上海市国有资产管理办公室	1993—2003
B328	上海市集体企业产权界定办公室	1996—2000
B329	WHO 西太区委员会第 55 届会议	1997—2004
B330	国际文化政策论坛第七届部长年会	1998—2004
B331	2004 年世界工程师大会上海筹备办公室	1985—2004
B332	第七届全国大学生运动会组委会	2003—2005
B333	第十八届世界中学生足球锦标赛组委会	2003—2004
B334	中国上海国际艺术节组委会办公室	1999—2018
B335	上海市计划生育委员会	1968—2013
B336	上海市革命委员会财务监督清理小组	1967—1967
B337	上海安置三峡库区移民工作领导小组办公室	1999—2004
B338	中国人民解放军上海市公检法军事管制委员会	1968—1971
B339	上海市空港管理委员会办公室	1967—2004
B340	第 24 届国际港口大会	2005—2005
B341	郑和航海暨国际海洋博览会	2004—2005
B342	第 48 届世界乒乓球锦标赛组织委员会	2004—2005
B343	人口与可持续发展战略国际研讨会	2004—2004
B344	上海市对外经济贸易委员会	1966—2017

续 表

全宗号	全 宗 名 称	档案起止时间
B345	中国人民解放军上海市军事管制委员会军法处	1951—1953
B346	上海防治高致病禽流感指挥部办公室	2004—2004
B347	中法互办文化年上海组委会	2002—2006
B348	联合国全球契约中国峰会	2004—2005
B349	上海合作组织峰会上海筹备工作办公室	2000—2008
B350	上海市高级人民法院（第二十二届世界法律大会上海会区筹备工作领导小组）	2003—2005
B351	世界佛教论坛	2005—2006
B352	第 28 届世界软件工程大会	1997—2006
B353	上海合作组织成员国最高法院院长会议上海筹备领导小组	2006—2006
B354	“龙耀浦江”青年大型交流活动	2006—2006
B355	上海市环境保护局	2003—2004
B356	中国国际工业博览会	2005—2013
B357	2007 年上海世界特殊奥林匹克运动会执行委员会	2002—2008
B358	上海市第二次全国残疾人抽样调查	2005—2008
B359	二十一世纪民防发展战略国际研讨会	2007—2007
B360	FIFA2007 年中国女足世界杯	2007—2007
B361	上海市城市规划建筑管理局	1979—2008
B362	第 29 届奥林匹克运动会组委会	2000—2007
B363	上海市接待瑞典仿古帆船“哥德堡”号活动组委会	2004—2007
B364	第 18 届世界翻译大会（上海地区）	2005—2008
B365	上海市加强机动三轮车管理工作领导小组办公室	1999—2000

续 表

全宗号	全 宗 名 称	档案起止时间
B366	北京奥运会火炬接力上海市传递活动组委会	2001—2008
B367	上海市人民法院	1949—1970
B368	上海世博会事务协调局	2003—2011
B369	上海市建设和管理委员会	2001—2008
B370	上海市计划委员会	1978—1990
B371	上海市市容环境卫生管理局	2000—2008
B372	上海市第一中级人民法院	1955—1958
B373	上海市第二中级人民法院	1955—1958
B374	上海市第三中级人民法院	1955—1956
B375	上海市水上区人民法院	1954—1956
B376	上海市土改法庭	1951—1955
B377	上海铁路沿线专门法院	1954—1957
B378	上海市信息化委员会	1996—2008
B379	上海市人民政府市政建设委员会	1951—1955
B380	上海市规划建筑管理局	1955—1957
B381	上海市建筑管理局	1957—1958
B382	“万国禁烟会” 百年活动纪念	1996—2009
B383	上海市电业管理局	1953—1982
B384	上海市第二印刷工业公司	1955—1958
B385	上海市电镀工业公司	1955—1958
B386	上海市家用电器工业公司	1964—1968
B387	上海市文教用品工业公司	1954—1965

续 表

全宗号	全 宗 名 称	档案起止时间
B389	上海市迎世博600天行动城市管理指挥部办公室	2006—2010
B390	上海市迎世博600天行动社会动员指挥部	2008—2010
B391	上海市迎世博600天行动窗口服务部	2008—2010
B392	上海世博会执委会办公室、上海市世博会工作领导小组办公室	2009—2011
B393	上海世博会主运行指挥部	2007—2011
B394	上海世博会安全保卫工作指挥部办公室	2010—2010
B395	上海世博会宣传及媒体服务指挥部	2007—2011
B396	上海世博会外事工作指挥部	2009—2011
B397	上海世博会接待服务部	2000—2012
B398	2010年上海世博会申办工作领导小组办公室	1982—2011
B400	上海世博会特许产品经营办公室	2009—2011
B402	上海世博会生命阳光馆	2003—2011
B403	上海市军管会上海电力公司	1950—1954
B404	上海后方电力处	1965—1988
B405	沪南水电交通公司电力处	1951—1955
B406	华东电力建设局	1954—1965
B407	上海市劳动和社会保障局	1998—2008
B408	上海市医疗保险局	1994—2008
B409	上海对口援建都江堰灾后重建指挥部	2008—2011
B410	上海世博会“世博会博物馆”、“城市足迹馆”展示工程筹建办公室	2006—2011
B411	中国2010年世博会上海馆筹建工作领导小组办公室	2008—2010

续　表

全宗号	全　宗　名　称	档案起止时间
B412	中国2010年上海世博会公众参与馆筹建工作领导小组办公室	1982—2010
B413	第14届国际泳联世界锦标赛	2006—2011
B415	上海市公安局人口管理办公室	1998—1998
B417	上海市财政局第四分局、上海市国家税务局第四分局	1965—2004
B418	上海市亚信峰会保障筹备工作协调小组办公室	2004—2014
B419	上海市人民政府研究室	1984—1990
B420	上海市人民政府征兵办公室	1964—1990
B421	上海市核电办公室	1982—1991
B423	上海市孙中山宋庆龄文物管理委员会全宗介绍	1981—1990
B424	上海市知识产权局（上海市专利管理局）	1984—1990
B428	上海市监狱管理局	1949—1990
B430	上海市城市交通管理局	2000—2008
B432	上海市港口管理局	2003—2008
B433	上海市人民政府驻哈尔滨办事处	2008—2016
B434	上海市人民政府驻西安办事处	1987—2016
B435	上海市人民政府驻武汉办事处	2004—2016
B436	上海市人民政府驻太原办事	1989—2016
B437	上海市人民政府驻内蒙古办事处	2006—2014
B438	上海市人民政府驻秦皇岛办事处	1989—2014
B439	’99《财富》全球论坛上海筹备工作办公室	1998—1999
B440	上海市口岸服务办公室	2005—2018
B445	上海海事法院	1982—1999

续 表

全宗号	全 宗 名 称	档案起止时间
B446	上海市人民政府法制办公室	1987—2018
B448	上海市旅游局	2008—2018
B449	上海市质量技术监督局	1989—2018
B450	中国国际进口博览会城市服务保障领导小组办公室	2018—2022
B451	上海市公务员局	2009—2018
B452	上海市安全生产监督管理局	2002—2018
B453	上海市卫生和计划生育委员会	2013—2014
B454	上海市无线电管理局	2003—2018
B455	上海市食品药品监督管理局	2000—2018
B456	上海市规划和国土资源管理局	2008—2018
B457	上海市新闻出版局	1987—2018
B458	上海市文化广播影视局	2000—2018
B459	上海市价格监督检查与垄断局	1984—2019
B461	上海市财政局第二分局、上海市税务分局第二分局	1965—1995
B462	上海市农业机械化管理局	1991—2003
B463	上海市畜牧局	1991—2012
B464	上海市蔬菜工作领导小组办公室	1988—2009
B465	上海市水产办公室	1991—2008
B466	上海市广播电影电视局	1995—2000
B469	上海援藏干部联络组	2010—2019
B470	上海市对口支援新疆工作前方指挥部	2002—2019
B472	上海市新型冠状病毒肺炎疫情防控工作领导小组办公室	2020—2021

续　表

全宗号	全　宗　名　称	档案起止时间
B477	上海市援黔干部联络组	2013—2021
C1	上海市总工会	1966—1990
C2	华东工会干部学校、上海市工会联合会干部学校	1951—1958
C3	上海市医务工作者工会	1950—1966
C4	上海市阶级教育展览会办公室	1965—1966
C5	中国财贸工会上海市委员会	1949—1966
C6	上海市机关工作者工会筹备处	1950—1954
C7	上海市政工会	1949—1962
C8	上海文化艺术工作者工会筹备处、上海新闻出版印刷工会	1949—1958
C9	上海市新药业工会、上海市中药业工会	1949—1951
C10	上海市化学工会	1950—1954
C11	上海市轻工业工会委员会	1950—1959
C12	中国建筑工会上海市委员会	1949—1968
C13	中国第一机械工会上海市委员会	1949—1960
C14	中国第二机械工会上海市委员会	1950—1958
C15	上海烟厂工会、中国食品工业工会上海市委员会	1947—1954
C16	中国纺织工会上海市委员会	1949—1960
C17	中国海员工会上海区委员会	1949—1957
C18	外国驻沪机关中国职工工会	1949—1967
C19	上海市郊区农民协会	1949—1956
C20	上海市贫农、下中农协会	1965—1966
C21	中国共产主义青年团上海市委员会	1949—1992

续 表

全宗号	全 宗 名 称	档案起止时间
C22	上海市学生联合会	1949—1966
C23	上海市民主青年联合会	1950—1966
C24	中国共产主义青年团上海团校	1954—1966
C25	共青团上海市委《青年报》编辑部	1949—1966
C26	上海市青年宫	1956—1969
C27	上海市少年科学技术指导站	1956—1969
C28	中国新民主主义青年团上海市委高等学校工作委员会	1952—1957
C29	中国新民主主义青年团上海市委海员工作委员会	1949—1951
C30	青年团上海市公用事业工作委员会、青年团上海市市政建设工作委员会	1950—1956
C31	上海市妇女联合会	1949—1991
C32	上海市贯彻婚姻法运动委员会	1952—1953
C34	上海工人政治学校革命委员会	1969—1978
C35	上海财贸系统革命造反委员会	1967—1971
C36	中国人民保卫世界和平委员会上海市分会	1950—1967
C37	中国人民对外文化友好协会上海市分会	1953—1966
C38	上海市中苏友好协会	1949—1966
C39	上海橡胶工会	1950—1953
C40	中国民主促进会上海市委员会	1946—1990
C41	上海市运输工会	1949—1977
C42	上海市科学技术协会	1949—1990
C43	上海市哲学社会科学学会联合会（上海市社会科学界联合会）	1956—2003

续　表

全宗号	全　宗　名　称	档案起止时间
C44	中国民主同盟上海市委员会	1949—1990
C45	中国福利会	1949—1990
C46	中国国民党革命委员会上海市委员会	1946—1989
C47	中国民主建国会上海市委员会	1949—1991
C48	上海市工商业联合会	1949—1966
C49	台湾民主自治同盟上海市委员会	1949—1990
C51	中国农工民主党上海市委员会	1949—1990
C52	上海市作家协会	1949—1990
C53	九三学社上海市委员会	1949—2000
C54	上海国际少年儿童文化艺术节组委会	1992—2014
C55	上海中华职业教育社	1946—2001
C57	上海市归国华侨联合会	1979—2013
C58	中国致公党上海市委员会	1980—1990
C59	上海市以欧美同学会	1984—1990
C60	上海市黄埔军校同学会	1985—1990
C61	上海市台湾同胞联谊会	1979—1990
C62	上海市文学艺术界联合会	1950—1990
C63	中国红十字会上海市分会（上海市红十字会）	1938—1990
C65	上海市残疾人联合会	1988—1990
C66	上海市企业联合会	1979—1990
C67	上海市律师协会	1978—1990
C68	中国国际贸易促进委	1984—1990

续 表

全宗号	全 宗 名 称	档案起止时间
D1	革命历史文件	1919—1990
D2	革命历史刊物	1912—1950
D3	革命历史报纸	1918—1949
D4	革命历史书籍	1920—1949
D6	江苏省革命历史文件	1923—1949
D7	革命历史文件	1921—1949
D10	上海大学	1923—1936
D21	刊物	1922—1950
D31	文件	1927—1948
D41	书籍	1916—1948
F3	上海市公证处	1980—2009
F4	地图档案	1846—2005
F5	实物档案	1897—2013
F7	家谱档案	1522—2015
F8	上海市人民法院公证处全宗汇集	1949—1979
F9	出生医学证明电子证明档案汇集	2008—2021
G1	上海金星化工厂（5305 厂）	1971—1988
G2	上海卫星化工厂（5355 厂）	1970—1989
G3	上海市红星化工厂（5345 厂）	1963—1989
G4	上海燎原模具厂（5323 厂）	1965—1985
G5	上海光辉器材厂（5304 厂）	1970—1982
G6	上海万里锻压厂（5313 厂）	1970—1986

续 表

全宗号	全 宗 名 称	档案起止时间
G7	上海红光材料厂（9391厂）	1974—1985
G8	上海光明机械厂（5303厂）	1970—1986
G9	上海前进机械厂（5317厂）	1969—1969
G10	上海永红机械厂（5327厂）	1978—1978
G11	上海胜利机械厂（5307厂）	1969—1979
G12	上海协作机械厂（9383厂）	1966—1986
G13	上海红旗机械厂	1968—1986
G14	上海联合机械厂（526厂）	1962—1980
G15	上海协同机械厂（9337厂）	1968—1986
G16	上海五洲电机厂（5337厂）	1971—1978
G17	上海八五钢厂	1974—1977
G18	上海汽车厂	1959—1992
G19	上海市社会主义学院	1958—1990
G20	文汇报社	1938—1998
G21	新民晚报社	1929—1999
G22	上海市针织品批发公司	1955—1996
G23	上海市纺织设备器材工业联合公司	1987—1994
G24	上海线带公司	1959—1996
G25	上海市文史研究馆	1952—1990
G26	上海第二十九棉纺织印染厂	1949—1996
G27	上海第十六棉纺织厂	1949—1997
G28	上海第十二棉纺织厂	1949—1998

续 表

全宗号	全 宗 名 称	档案起止时间
G29	上海第一、第二织带厂	1956—1996
G30	上海第五棉纺厂	1949—1999
G31	上海鸿章棉纺织厂	1950—1998
G32	上海渔轮厂	1939—2001
G33	上海高信会计事务所	1988—1999
G34	上海密丰绒线厂	1933—2002
G35	上海丝绸公司	1956—1994
G36	上海电气（集团）总公司	1980—1996
G37	上海灯芯绒总厂	1949—2000
G38	上棉十五厂	1949—2000
G39	上海第九棉纺织厂	1949—2003
G40	上海第十四棉纺织厂	1954—2000
G41	上海第三十一棉纺织厂	1949—2000
G42	上海第三十棉纺织厂	1935—1997
G43	上海第七毛纺织厂	1955—1995
G44	上海元丰纺织总厂	1955—2001
G45	上海纺织帆布工业全宗汇集	1950—1997
G46	上海第二棉纺织厂	1949—2002
G47	上海沪西印染机械厂	1949—1998
G48	上海第十七漂染厂	1949—1998
G49	上海申新纺织第九厂	1950—2002
G50	上海市食品杂货总公司	1985—2002

续　表

全宗号	全　宗　名　称	档案起止时间
G51	上海第九印染总厂	1950—1996
G52	上海纺织布工业全宗汇集	1938—2003
G53	上海鼎新印染厂	1949—2001
G54	上海嘉丰棉纺织总厂	1941—2000
G55	上海第七印染厂	1938—2002
G56	上海市日用杂品总公司	1963—2002
G57	上海第十一棉纺织厂	1948—2002
G58	上海市第四棉纺织厂	1946—2001
G59	上海第四漂染厂	1949—2003
G60	上海新丰印染厂	1951—1997
G61	上海市供销物资总公司	1956—2002
G62	上海第一棉纺织厂案卷目录	1948—2002
G63	上海达丰棉毛纺织厂	1949—2003
G64	上海第一羊毛衫厂	1957—2003
G65	上海安达棉纺织厂	1953—2003
G66	上海第十棉纺织厂	1933—2001
G67	上海第十二毛纺织厂	1949—1999
G68	上海元通印染总厂	1950—2002
G69	上海纺织手帕工业全宗汇集	1950—2002
G70	上海第一印染厂	1949—2003
G71	上海远东丝绸印染总厂	1963—1996
G72	上海太平洋织造总厂	1950—2003

续 表

全宗号	全 宗 名 称	档案起止时间
G73	上海市地方志办公室	1985—1990
G75	上海市法律顾问处	1956—1959
G76	中国土产公司上海市公司	1949—2002
G77	上海市资产评审中心	1995—2003
G78	上海第五毛纺织厂	1957—2004
G79	上海第一毛条厂	1964—2001
G80	上海章华毛纺织公司	1949—2004
G81	上海五和针织二厂	1950—2003
G82	上海一百（集团）有限公司	1995—2003
G83	华联（集团）有限公司	1995—2004
G84	上海物资（集团）总公司	1995—2003
G85	上海友谊（集团）有限公司	1995—2003
G86	上海内外联综合商社	1992—1997
G87	上海市城市信用社联社	1988—1996
G88	上海市土产进出口公司	1950—1998
G89	上海市艺术师范学校	1939—1955
G90	上海市半农半读师范学校	1964—1968
G91	上海市第一速成师范学校	1954—1958
G92	上海市初等学校教师业余进修学校	1953—1958
G93	上海华联商厦	1949—1990
G94	上海市海洋渔业公司	1949—2002
G95	上海市第一百货商店	1951—1990

续 表

全宗号	全 宗 名 称	档案起止时间
G96	上海第三毛纺织厂	1940—2003
G97	中国医药公司华东区公司	1949—1953
G98	中国西药公司	1949—1950
G99	上海市麻醉药品经理所	1949—1951
G100	上海绳网厂	1946—1996
G101	上海造纸机械总厂	1954—2001
G102	上海寅丰毛纺织有限公司	1950—2005
G103	上海第一毛纺织厂	1949—2006
G104	上海第二毛纺织厂	1950—2000
G105	上海华丰毛纺厂	1950—2005
G106	上海电缆厂	1949—2005
G107	上海先锋电机厂	1949—2000
G108	中华第一棉纺针织厂	1949—2005
G109	上海鱼品厂	1951—1999
G110	上海大隆机器厂	1902—2007
G111	上海协新毛纺织厂	1946—1998
G112	上海华通开关厂	1942—2005
G113	上海第七棉纺织厂	1951—2005
G114	上海第八棉纺织厂	1949—2007
G115	上海工业用呢厂	1949—2005
G116	华生电器总厂	1939—1988
G117	华丰搪瓷厂	1948—2002

续 表

全宗号	全 宗 名 称	档案起止时间
G118	迪伊全宗汇集	1999—2008
G119	上海建工集团抗震救灾工作指挥部	2008—2008
G120	上海投资咨询公司	1987—2009
G121	上海协昌有限公司	1919—2009
G122	上海后方三一二厂	1969—1987
G123	上海后方三二五厂	1969—1987
G124	上海后方三六六厂	1964—1986
G125	上海后方七零三所	1970—1985
G126	公私合营闸北水电公司	1946—1956
G127	公私合营南市电力公司	1922—1956
G128	公私合营浦东电气公司	1930—1967
G129	华东电业管理局物资供应公司	1969—1983
G130	华东电业管理局技工学校	1955—1970
G131	上海市第三市政工程公司	1967—1988
G132	上海市隧道建设办公室	1988—1992
G133	上海宝山钢铁总厂工程指挥部城建分指挥部	1978—1986
G134	上海世博（集团）有限公司	1997—2014
G135	上海世博土地储备中心	2009—2010
G136	上海世博会运营有限公司	2000—2013
G137	上海四方锅炉厂	1942—2010
G138	上海市人民政府公用局浦东水厂	1949—1950
G139	上海市浦东沪西自来水联营公司	1937—1954

续　表

全宗号	全　宗　名　称	档案起止时间
G140	上海市清洁管理所	1949—1978
G141	上海市肥料公司	1956—1977
G142	上海重型机器厂有限公司	1949—1980
G143	上海市小企业（生产力促进）服务中心	1999—2010
G144	上海市小企业（贸易发展）服务中心	1999—2010
G146	上海市自来水公司	1852—1977
G147	上海嘉金高速公路发展有限公司	2002—2014
G148	上海久事公司	1987—1995
G149	上海市煤气公司	1950—1997
G150	上海对外经济贸易实业有限公司	1988—1997
G151	上海市对外服务有限公司	1981—2000
G152	上海鲁迅纪念馆	1952—1990
G153	大众保险股份有限公司	1994—2013
G154	上海市水产研究所	1978—1990
G155	上海锅炉厂有限公司	1950—1990
G156	上海市漕河泾微电子工业区开发公司、上海新兴技术开发区联合发展有限公司	1985—1990
G157	上海市精神卫生中心	1935—1990
G158	上海兰生集团有限公司	1994—2014
G159	上海图书馆	1950—1991
G160	上海港港政管理中心	2003—2014
G161	上海科技管理干部学院	1980—1990

续　表

全宗号	全　宗　名　称	档案起止时间
G162	上海市工商外国语学校	1978—1990
G163	上海市计划生育科学研究所	1978—1990
G165	上海科学技术情报研究所	1958—1991
G166	上海电气集团上海电机厂有限公司	1949—1990
G167	上海汽轮机厂有限公司	1946—1990
G168	上海针织九厂、上海三枪（集团）有限公司	1930—1990
G169	上海市卫生防疫站	1930—2003
G170	上海市劳动卫生职业病防治研究所	1966—1998
G171	上海市寄生虫病防治研究所	1978—1998
G172	上海市中专自学考试办公室	1984—1994
G173	上海体育职业学院	1953—1990
G174	上海市纺织科学研究院	1954—1990
G175	上海市第六人民医院	1949—1991
G176	上海市计量技术研究所	1978—1996
G177	上海市测试技术研究所	1974—1996
G178	上海机床厂有限公司	1949—1990
G179	上海电缆研究所	1957—1990
G182	上海市科学学研究所	1980—1990
G183	上海市建筑科学研究所	1957—1990
G185	华东疗养院	1951—1990
G186	上海国际问题研究院	1958—1990
G187	上海市科技创业中心	1983—1990

续　表

全宗号	全　宗　名　称	档案起止时间
G188	上海市市政工程管理处	1981—2012
G189	上海市公路管理处	1986—2012
G190	上海市农工商（集团）总公司	1995—2005
G191	上海市农村工作委员会执法总队	1977—2019
G192	上海城乡产权交易所	1993—1996
G193	上海产权交易所	1996—2003
G194	上海技术产权交易所	1999—2003
H1	照片档案	1854—2015
H2	录音档案	1954—2014
H3	录像档案	1981—2009
H4	音像资料	1950—2017
H5	感光介质（除照片底片外）	1982—1992
K1	上海市人民代表大会	1977—1993
L1	中国人民政治协商会议上海市委员会	1949—2017
Q1	上海市政府	1922—1949
Q2	上海市前公共租界法租界官有资产与义务债务清理委员会	1945—1949
Q3	上海市政府接收物资管理处	1945—1947
Q4	上海市立莱场管理所	1936—1939
Q5	上海市公用局	1922—1950
Q6	上海市社会局	1927—1949
Q7	上海市总工会	1924—1951
Q8	上海市总工会整理委员会	1946—1948

续 表

全宗号	全 宗 名 称	档案起止时间
Q9	新运妇女指导委员会	1946—1949
Q10	上海市民食调配委员会	1936—1949
Q11	上海市归国劳工接管委员会	1946—1946
Q12	上海市后方来沪失业工人招待所	1946—1947
Q13	粮食部上海粮食总仓库	1946—1952
Q15	上海筹募各省水灾急赈会	1946—1947
Q16	美金债券上海募销委员会	1947—1949
Q19	上海市劳资争议仲裁委员会	1946—1949
Q20	上海市劳资评断委员会	1946—1949
Q22	上海工矿检查所	1945—1949
Q24	上海市工人福利会	1946—1948
Q25	上海市护工队	1946—1946
Q26	上海市社会工作人员训练班	1946—1946
Q30	行政院分配上海各机关房屋委员会	1946—1946
Q36	交通部中印公路勘探队	1941—1944
Q38	上海化工系统全宗汇集	1897—1964
Q41	资源委员会甘肃油矿局上海炼油厂	1941—1949
Q42	资源委员会中央化工厂筹备处	1936—1949
Q43	台湾省行政长官公署	1935—1948
Q49	上海广播电台	1945—1949
Q50	中国航空建设协会上海分会	1945—1949
Q51	东海航空公司	1936—1952

续　表

全宗号	全　宗　名　称	档案起止时间
Q52	上海票据交换所	1931—1951
Q53	中央银行上海分行	1908—1953
Q54	中国银行上海分行	1915—1949
Q55	交通银行上海分行	1912—1949
Q56	中国农民银行上海分行	1931—1949
Q57	农商银行上海分行	1934—1947
Q58	全国省银行联合通汇处	1913—1952
Q59	中国国货银行上海分行	1929—1949
Q61	上海市银行	1923—1952
Q62	江苏省农民银行	1929—1951
Q63	江苏地方银行上海分行	1936—1945
Q64	江苏省银行总行清理处	1946—1951
Q65	广东银行上海分行	1935—1946
Q66	台湾银行上海分行	1937—1949
Q67	朝鲜银行	1945—1948
Q68	瓯海银行上海分行	1945—1950
Q69	川康平民商业银行上海分行	1930—1951
Q70	中央合作金库上海分库	1946—1949
Q71	邮政储金汇业局上海分局	1930—1951
Q72	中央信托局	1934—1952
Q73	上海市银行总行信托部	1930—1949
Q74	上海市兴业信托部	1946—1949

续 表

全宗号	全 宗 名 称	档案起止时间
Q75	生大信托公司	1936—1949
Q76	钱庄汇集	1885—1955
Q77	广大华行	1885—1958
Q78	联合征信所	1946—1950
Q79	中国通讯之友社	1947—1949
Q80	上海市商业联合会	1927—1927
Q81	中合物产保险公司	1947—1949
Q82	世界产物保险公司	1945—1949
Q83	中国联航保险公司	1946—1953
Q84	中国再保险公司	1944—1949
Q85	台湾保险银行	1948—1949
Q86	中国查证公司	1947—1949
Q87	利华烟草公司	1942—1949
Q88	江南建业公司	1946—1949
Q89	生生牧场	1931—1952
Q90	立信会计师事务所	1927—1955
Q91	南洋兄弟烟草公司	1927—1948
Q92	徐永祚会计师事务所	1921—1953
Q93	王海帆会计师事务所	1920—1950
Q94	华东区煤矿业同业公会	1920—1949
Q96	西安、雍兴、豫丰、丹阳纱厂上海联合办事处	1940—1950
Q99	新中国建设学会	1932—1937

续 表

全宗号	全 宗 名 称	档案起止时间
Q101	建设事业励进社	1935—1969
Q102	正中书局	1930—1946
Q103	中华业余图书馆	1938—1950
Q104	上海市度量衡检定所	1937—1949
Q105	上海市选举事务所	1943—1949
Q106	上海市救济委员会	1946—1949
Q107	上海市地方自治人员训练班	1945—1950
Q108	内政部上海职业介绍所	1945—1949
Q109	上海市参议会	1945—1949
Q110	上海市社会福利事业委员会	1947—1949
Q111	上海市兵役协会	1947—1949
Q112	上海区儿童急救工作审议会	1947—1949
Q113	救济会院全宗汇集	1921—1954
Q114	上海慈善团体联合会	1922—1954
Q115	善堂、善会全宗汇集	1913—1955
Q116	同业会、所全宗汇集	1911—1955
Q117	旅沪同乡会汇集	1900—1954
Q118	上海市公所会馆山庄联合会	1863—1965
Q119	上海市民政局	1935—1949
Q120	世界红卍字会各办事处、分会	1921—1954
Q121	上海市民提倡国货会	1937—1937
Q123	审计部上海市审计处	1934—1948

续 表

全宗号	全 宗 名 称	档案起止时间
Q124	上海市政府会计处	1937—1949
Q125	上海青年服务队	1948—1949
Q126	国民党上海市党部及各区分部	1948—1949
Q127	淞沪警备司令部本部及各处	1925—1949
Q128	民社党、青年党上海党部	1928—1949
Q129	三青团上海支团部	1945—1949
Q130	社、团、会全宗汇集	1924—1949
Q131	上海市警察局	1930—1949
Q132	上海市警察局黄浦警察分局	1938—1949
Q133	上海市警察局老闸警察分局	1914—1949
Q134	上海市警察局邑庙警察分局	1941—1949
Q135	上海市警察局蓬莱警察分局	1931—1949
Q136	上海市警察局嵩山警察分局	1933—1949
Q137	上海市警察局卢湾警察分局	1943—1949
Q138	上海市警察局常熟警察分局	1945—1958
Q139	上海市警察局徐汇警察分局	1927—1949
Q140	上海市警察局长宁警察分局	1927—1949
Q141	上海市警察局静安警察分局	1930—1949
Q142	上海市警察局新成警察分局	1928—1949
Q143	上海市警察局江宁警察分局	1934—1949
Q144	上海市警察局普陀警察分局	1943—1949
Q145	上海市警察局闸北警察分局	1941—1949

续 表

全宗号	全 宗 名 称	档案起止时间
Q146	上海市警察局虹口警察分局	1927—1949
Q147	上海市警察局北站警察分局	1920—1949
Q148	上海市警察局北四川警察分局	1926—1949
Q149	上海市警察局提篮桥警察分局	1936—1968
Q150	上海市警察局榆林警察分局	1937—1984
Q151	上海市警察局杨浦警察分局	1943—1949
Q152	上海市警察局江湾警察分局	1944—1949
Q153	上海市警察局新市街警察分局	1907—1949
Q154	上海市警察局大场警察分局	1937—1949
Q155	上海市警察局新泾警察分局	1941—1949
Q156	上海市警察局龙华警察分局	1935—1949
Q157	上海市警察局杨思警察分局	1945—1949
Q158	上海市警察局洋泾警察分局	1942—1949
Q159	上海市警察局高桥警察分局	1938—1949
Q160	上海市警察局真如警察分局	1946—1949
Q161	上海市警察局吴淞警察分局	1946—1949
Q163	上海市警察局水上警察分局	1945—1949
Q164	中华海员工会上海分会	1943—1949
Q165	湖社	1913—1953
Q166	交通部上海电信局、江苏电讯规复处、交通部二区电信局	1935—1949
Q167	上海招商局	1936—1949
Q168	青年军 202 师、209 师	1942—1949

续 表

全宗号	全 宗 名 称	档案起止时间
Q169	上海市保卫总团	1927—1949
Q170	三级无线电学校	1932—1949
Q171	上海公教人员物资供应委员会	1946—1949
Q173	国民党高级党政军特人员个人证件、信，抗敌后援会	1925—1939
Q175	中国业余无线电协会	1927—1937
Q176	上海特别市公安局	1922—1930
Q177	上海监狱、上海地检看守所等全宗汇集	1848—1950
Q178	江苏上海地方法院	1930—1941
Q179	上海公共租界临时法院兼上诉院	1927—1930
Q180	江苏上海第一特区地方法院	1930—1941
Q181	江苏高等法院第二分院	1930—1941
Q182	江苏上海第二特区地方法院	1931—1940
Q183	江苏高等法院第三分院	1931—1940
Q184	最高法院上海特区分庭	1938—1945
Q185	上海地方法院	1945—1949
Q186	上海地方法院检察处	1945—1949
Q187	上海高等法院	1945—1949
Q188	上海高等法院检察处	1845—1949
Q189	上海高等特种刑事法院	1930—1949
Q190	上海律师公会	1918—1949
Q191	上海地方法院第一看守所	1933—1949
Q192	中国纺织建设公司	1919—1964

续 表

全宗号	全 宗 名 称	档案起止时间
Q193	申新纺织企业联合全宗	1930—1961
Q194	中国统益纺织总管理处	1912—1965
Q195	丽新纺织总管理处	1925—1966
Q196	安达纺织总管理处	1896—1959
Q197	永安纺织总管理处	1916—1987
Q198	诚孚企业股份有限公司	1930—1949
Q199	上海纺织系统各厂全宗汇集	1896—1969
Q200	上海市总商会	1901—1930
Q201	上海市商会	1916—1951
Q202	上海市工业会	1930—1949
Q203	浦东塘工局	1905—1927
Q204	闸北工巡捐局	1914—1917
Q205	沪南工巡捐局	1914—1924
Q206	沪北市政局	1925—1926
Q207	沪北工巡捐局	1918—1927
Q208	淞沪商埠督办公署	1926—1927
Q209	上海市公所	1922—1927
Q210	宝山塘工局	1917—1928
Q211	上海特别市港务局	1929—1930
Q212	上海特别市市中心区域建设经费保管委员会	1932—1933
Q213	上海特别市市中心区域建设委员会	1929—1937
Q214	上海特别市法华区市政委员办事处	1928—1932

续 表

全宗号	全 宗 名 称	档案起止时间
Q215	上海市工务局	1917—1949
Q216	上海市越江工程委员会	1945—1948
Q217	上海市工务局都市计划委员会	1946—1948
Q218	苏沪海塘工程救济专款监理委员会	1948—1949
Q219	上宝两县闸北市公所	1925—1926
Q220	上海市董事会	1923—1924
Q221	亚伟速记学校	1946—1951
Q222	上海特别市商民协会	1927—1930
Q223	纺织部纺织事业管理委员会接收敌伪花纱布清理处	1946—1947
Q224	上海华商纱布交易所	1936—1953
Q225	上海永安股份有限公司	1919—1956
Q226	新新股份有限公司	1926—1955
Q227	先施公司沪行分公司	1917—1966
Q228	上海大新有限公司	1936—1957
Q229	茂昌股份有限公司	1920—1950
Q230	上海市立第一、第二宰牲场	1945—1949
Q231	上海市卫生局病畜化制场	1947—1949
Q232	上海市第二商业局历史档案清理材料	1934—1970
Q233	上海市蔬菜公司北市场	1929—1955
Q234	永泰和烟草公司	1921—1954
Q235	上海市教育局	1928—1949
Q237	上海市立科学馆	1945—1949

续　表

全宗号	全　宗　名　称	档案起止时间
Q238	上海市教育局巡回施教队	1948—1949
Q240	暨南大学	1917—1951
Q241	大同大学	1912—1952
Q242	沪江大学	1906—1952
Q243	圣约翰大学	1878—1952
Q244	震旦大学	1903—1951
Q245	东吴大学法学院	1915—1952
Q246	上海商学院	1928—1952
Q247	上海法学院	1927—1951
Q248	上海法政学院	1924—1951
Q249	同德医学院	1918—1952
Q250	上海美术专科学校	1912—1952
Q251	上海市 1952 年停办高等学校联合办事处	1933—1956
Q252	上海税务专科学校	1934—1948
Q253	民治新闻专科学校	1928—1951
Q254	新中国法商学院	1947—1951
Q255	诚明文学院	1928—1951
Q256	中华工商专科学校	1943—1952
Q257	上海市立工业专科学校	1945—1952
Q258	上海商业专科学校	1948—1952
Q259	南京工业专科学校、华东交通专科学校、华东速成试验学校	1948—1953
Q260	上海牙医专科学校	1946—1951

续　表

全宗号	全　宗　名　称	档案起止时间
Q261	光夏商业专科学校	1947—1951
Q262	上海学院、私立新中国学院	1948—1952
Q263	大公银行	1941—1947
Q264	金城银行	1917—1952
Q265	中南银行	1923—1952
Q266	大陆银行	1919—1951
Q267	联合商业储蓄信托银行	1923—1953
Q268	浙江兴业银行	1907—1952
Q269	新华信托储蓄银行	1920—1950
Q270	浙江第一商业银行	1921—1953
Q271	上海女子商业储蓄银行	1924—1925
Q272	上海国民银行	1922—1951
Q273	正明商业银行	1933—1951
Q274	统原商业储蓄银行	1932—1951
Q275	上海商业储蓄银行	1919—1951
Q276	中国实业银行	1915—1951
Q277	盐业银行	1915—1951
Q278	国华银行	1927—1952
Q279	四明商业储蓄银行	1931—1952
Q280	中国农工银行上海分行	1930—1950
Q281	中国通商银行	1930—1950
Q282	中华劝工银行	1921—1951

续 表

全宗号	全 宗 名 称	档案起止时间
Q283	东莱银行	1921—1952
Q284	中国垦业银行	1919—1953
Q285	中汇银行	1923—1955
Q286	聚兴诚银行	1921—1952
Q287	建业银行	1943—1952
Q288	和成银行	1940—1952
Q289	中孚银行	1917—1955
Q290	中国企业商业银行	1930—1952
Q291	源源长银行	1941—1952
Q292	惇叙商业银行	1921—1952
Q293	茂华商业银行	1931—1950
Q294	中信商业银行	1935—1952
Q295	徐州国民银行	1929—1955
Q296	大同银行	1930—1951
Q297	同孚银行	1941—1950
Q298	川盐银行	1928—1950
Q299	江南银行	1922—1934
Q300	亚西银行	1939—1950
Q301	上海至中银行	1930—1958
Q302	五洲银行	1941—1945
Q303	中华银行	1919—1955
Q304	大东银行	1920—1950

续 表

全宗号	全 宗 名 称	档案起止时间
Q305	煤业银行	1924—1955
Q306	工商银行	1931—1946
Q307	谦泰银行	1941—1949
Q308	永泰银行	1944—1947
Q309	浙江劝业银行	1944—1950
Q310	民孚银行	1933—1960
Q311	浦东银行	1930—1960
Q312	福昌银行	1945—1955
Q313	中庸银行	1941—1945
Q314	惠中商业银行	1933—1955
Q315	东南商业信托银行	1931—1956
Q316	和泰商业银行	1941—1953
Q317	国安商业银行	1945—1955
Q318	永亨商业银行	1918—1955
Q319	中兴银行	1920—1957
Q320	上海市金融业私营企业业务管理委员会	1932—1952
Q321	中华懋业银行	1921—1953
Q322	四联总处	1919—1948
Q323	四行二局	1931—1956
Q324	联合福利小额信用贷款银团	1924—1952
Q325	日伪中央储备银行	1941—1942
Q326	银行档案汇集	1905—1951

续 表

全宗号	全 宗 名 称	档案起止时间
Q327	上海证券交易所	1935—1951
Q328	上海信托公司	1930—1956
Q329	中一信托公司	1921—1955
Q330	中国信托公司	1930—1955
Q331	信托公司汇集	1923—1946
Q334	太平洋产物保险公司	1927—1953
Q335	太平人寿保险公司	1934—1955
Q336	华安合群保险公司	1907—1963
Q337	新丰产物保险公司	1942—1953
Q338	泰安产物保险公司	1943—1955
Q339	长城产物保险公司	1939—1956
Q340	大安产物保险公司	1941—1955
Q341	华业产物保险公司	1941—1953
Q342	兴华保险公司	1935—1953
Q343	永安保险公司	1915—1957
Q344	永宁保险公司	1931—1953
Q345	合众保险公司	1942—1960
Q346	华商联合保险公司	1932—1952
Q347	民联分保交换处	1949—1953
Q348	安平产物保险公司	1926—1952
Q349	中国天一产物保险公司	1933—1952
Q350	宝隆产物保险公司	1941—1953

续 表

全宗号	全 宗 名 称	档案起止时间
Q351	宁绍人寿保险公司	1931—1956
Q352	太安丰保险公司	1943—1951
Q353	太华保险公司	1927—1956
Q354	光华产物保险公司	1941—1955
Q355	中国统一产物保险公司	1947—1953
Q356	建国产物保险公司	1945—1953
Q357	福安保险公司	1906—1953
Q358	裕民产物保险公司	1947—1953
Q359	中国保险公司上海分公司	1936—1953
Q360	宝丰保险公司	1931—1957
Q361	泰山人寿保险公司	1932—1956
Q362	泰山产物保险公司	1930—1956
Q363	私营保险公司全宗汇集	1929—1956
Q364	合营、私营保险企业档案汇集	1921—1949
Q365	上海市保险业同业公会	1929—1951
Q366	大业贸易公司总公司	1938—1956
Q367	大业贸易公司总盐号	1931—1955
Q368	中国旅行社	1927—1955
Q369	天津航业公司	1932—1957
Q371	建安实业公司	1935—1954
Q372	通成股份有限公司	1930—1954
Q373	南洋企业公司	1921—1954

续 表

全宗号	全 宗 名 称	档案起止时间
Q374	银行投资企业全宗汇集	1907—1952
Q375	太平洋轮船公司	1947—1955
Q376	公私合营银行联合总管理处	1950—1952
Q393	久联办事处	1941—1952
Q396	上海市银行界个人及外围组织档案汇集	1912—1948
Q397	财政部上海盐务办事处	1912—1949
Q398	中国植物油料厂全宗汇集	1912—1949
Q399	上海市粮食系统全宗汇集	1932—1949
Q400	上海市卫生局	1945—1949
Q401	上海精武体育会	1927—1949
Q403	上海内地自来水公司	1909—1956
Q404	上海市公用局浦东水厂	1934—1949
Q405	上海市公用局给水站	1935—1949
Q406	上海市公用局沪西自来水设计处	1946—1949
Q407	上海市祥生汽车出租公司	1928—1951
Q408	浦东地方建设公司	1920—1954
Q409	上川交通股份有限公司	1923—1954
Q410	上南交通公司	1921—1954
Q411	上海自来水公司工会	1945—1949
Q412	泰山砖瓦股份有限公司	1922—1951
Q413	通济公司	1942—1950
Q414	华商上海水泥股份有限公司	1920—1949

续 表

全宗号	全 宗 名 称	档案起止时间
Q415	上海汽油分配委员会	1947—1949
Q416	上海特别市政府浦东办事处	1927—1927
Q417	上海市公共交通公司筹备委员会	1945—1949
Q418	中国建设服务社	1944—1949
Q419	钢铁企业档案汇集	1935—1949
Q420	上海市车胎翻修厂	1936—1949
Q421	上海市各界抗敌后援会交通委员会	1937—1937
Q422	上海轮渡公司	1929—1949
Q423	上海市公用局电车公司筹备处	1934—1946
Q425	中国茶叶联营股份有限公司	1947—1949
Q426	中国久兴茶叶股份有限公司	1946—1950
Q427	大中国茶叶股份有限公司	1936—1949
Q428	江西茶叶股份有限公司	1947—1949
Q429	中央信托局易货处茶厂	1946—1949
Q430	《申报》《新闻报》	1923—1949
Q431	上海市军管会文化教育管理委员会新闻出版处	1945—1951
Q432	上海市财政局	1927—1949
Q433	财政部上海直接税局	1945—1949
Q434	财政部上海货物税局	1945—1949
Q435	国民政府财政部公债司驻沪办事处及公债基金保管委员会档案汇集	1934—1949
Q436	上海市地方保安捐委员会	1943—1949
Q437	苏、浙、皖区统税局上海查验所	1931—1937

续 表

全宗号	全 宗 名 称	档案起止时间
Q438	华大企业股份有限公司	1946—1952
Q439	华企行	1946—1956
Q440	华孚行	1934—1955
Q441	新华薄荷厂股份有限公司	1946—1955
Q442	中兴木业	1946—1955
Q443	仁孚行	1946—1954
Q444	盈丰华行有限公司	1927—1958
Q448	私营外贸企业全宗汇集	1924—1966
Q449	资源委员会通用机器有限公司	1946—1949
Q450	农林部病虫药械制造实验厂	1942—1958
Q451	中华烟草公司	1929—1949
Q452	资源委员会中央电工器材厂昆明分厂	1936—1949
Q453	中国农业机械公司及吴淞制造厂	1943—1951
Q454	中国农业机械公司	1943—1952
Q455	华成电器厂	1911—1959
Q456	大隆机器厂	1920—1949
Q457	资源委员会中央电工器材厂上海分厂	1936—1949
Q458	上海国立高级机械职校	1946—1949
Q459	机械系统零星档案汇集	1926—1949
Q460	善后救济总署渔业善后物资管理处	1929—1951
Q461	农林部中华水产公司	1948—1949
Q462	江浙渔业督导处	1946—1949

续 表

全宗号	全 宗 名 称	档案起止时间
Q463	上海市鱼会	1946—1949
Q464	上海市鱼市场	1945—1950
Q465	阜丰面粉公司	1882—1956
Q466	福新面粉公司	1913—1956
Q467	国营上海面粉厂、上海面粉工业“五厂公记”、上海八粉厂联营处联合全宗	1928—1958
Q468	大统榨油厂股份有限公司	1913—1958
Q469	上海宝鼎酿造有限公司等5家公司档案汇集	1910—1959
Q470	上海醋厂	1921—1956
Q471	德侨产业清理处	1925—1949
Q472	工商部资源委员会烟煤调节委员会	1948—1949
Q473	经济部上海区燃料管理委员会	1945—1949
Q474	台湾省物资调节委员会上海办事处	1947—1949
Q475	台湾省糖业公司上海办事处	1943—1949
Q476	台湾省碱业公司上海办事处	1945—1949
Q477	台湾省肥料公司上海办事处	1946—1949
Q478	中南木业有限公司	1949—1951
Q479	台湾、华东、开滦、淮南四矿联营处	1948—1949
Q546	中国科学社	1905—1960
Q547	国家工程学院	1928—1949
Q548	中华职业教育社	1922—1959
Q549	历史档案全宗汇集	1899—1959

续　表

全宗号	全　宗　名　称	档案起止时间
Q550	上海工业大厦股份有限公司	1946—1956
Q551	大德新榨油厂	1905—1957
Q552	私营光华火油股份有限公司	1930—1956
Q553	私营人人企业股份有限公司	1920—1961
Q554	中国国货联营公司	1945—1959
Q555	厚诚企业公司	1921—1981
Q556	大安华记进出口公司	1905—1958
Q557	京华股份有限公司	1945—1959
Q558	维大国际贸易行	1937—1957
Q559	大茂企业股份有限公司	1920—1959
Q560	天祥华行	1944—1957
Q561	福安企业股份有限公司	1945—1957
Q562	上海市外贸业历史档案全宗汇集	1918—1962
Q563	善委会制药公司筹备处	1946—1950
Q564	拜耳药厂清理处	1945—1949
Q565	卫生署麻醉药品经理处上海分处	1929—1949
Q566	联华行等全宗汇集	1929—1963
Q567	协新毛纺织染股份有限公司	1928—1949
Q568	天厨味精厂	1922—1957
Q570	中国福新烟草公司	1930—1948
Q571	天章纸厂股份有限公司	1945—1949
Q572	美商沙利文糖果饼干有限公司	1945—1958

续　表

全宗号	全　宗　名　称	档案起止时间
Q573	资源委员会中央机器有限公司上海机器厂	1947—1949
Q574	美光火柴公司	1930—1950
Q575	联合勤务总司令部电信机械修造厂第二厂	1932—1952
Q576	浦东电气公司	1919—1955
Q577	闸北水电公司	1911—1965
Q578	华商电气公司	1917—1957
Q579	民国时期医疗卫生团体全宗汇集	1925—1953
Q580	民国时期医疗机构全宗汇集	1910—1954
Q581	上海市防疫委员会	1945—1951
Q582	上海市宏仁医院（胸科医院）	1946—1949
Q583	上海市宏恩医院（华东医院）	1925—1954
Q584	卫生部上海海港检疫所	1905—1954
Q585	宝大祥股份有限公司	1925—1951
R1	日伪上海特别市政府	1937—1945
R2	日伪上海特别市政府警察办事处	1943—1944
R3	日伪上海特别市警察局县警务室	1944—1945
R4	日伪上海特别市县政管理处	1944—1945
R5	日伪上海特别市物资统制委员会	1942—1943
R6	日伪上海特别市政府购置建筑设计委员会	1942—1944
R7	日伪上海特别市政府新建孙中山先生铜像筹备委员会	1941—1945
R8	日伪上海特别市公路委员会	1944—1945
R9	日伪上海特别市政府考绩委员会	1942—1944

续　表

全宗号	全　宗　名　称	档案起止时间
R10	日伪国民政府清乡委员会上海分会	1942—1944
R11	日伪上海农业生产策进委员会	1944—1945
R12	日伪上海特别市政府粮食管理委员会	1941—1942
R13	日伪上海特别市经济局	1942—1945
R14	日伪上海特别市社会局	1938—1945
R15	日伪上海特别市社会福利局	1943—1945
R16	日伪上海特别市复兴局	1938—1941
R17	日伪上海特别市修筑公路工程处	1945—1945
R18	日伪上海特别市沪西区公署	1938—1945
R19	日伪上海特别市沪西特别警察总署	1941—1943
R20	日伪上海特别市沪西青年团指导部	1940—1942
R21	日伪上海特别市保甲委员会沪西区办事处	1943—1945
R22	日伪上海特别市第一区公署	1943—1945
R23	日伪上海特别市第七区公署	1943—1944
R24	日伪上海特别市第八区公署	1942—1944
R25	日伪上海特别市宝山区公署	1940—1940
R26	日伪上海特别市政府职员消费有限合作社	1942—1945
R27	日伪上海特别市经济警察第一大队	1944—1944
R28	日伪上海特别市市金库	1943—1943
R29	日伪行政院粮食管理委员会上海区办事处	1940—1941
R31	日伪上海特别市度量衡检定所	1942—1945
R32	日伪上海特别市政府财政局	1938—1945

续 表

全宗号	全 宗 名 称	档案起止时间
R33	日伪上海特别市政府保甲委员会	1942—1945
R34	日伪国民党上海市党部	1939—1945
R35	日伪上海特别市政府总会计处	1942—1945
R36	日伪上海特别市警察局	1940—1945
R37	日伪上海监狱	1935—1949
R38	日伪江苏上海地方法院	1937—1943
R39	日伪江苏上海第一特区地方法院	1941—1944
R40	日伪江苏高等法院第二分院	1941—1945
R41	日伪江苏上海第二特区地方法院	1940—1943
R42	日伪江苏高等法院第三分院	1940—1943
R43	日伪上海地方法院	1943—1945
R44	日伪上海地方检察署	1943—1945
R45	日伪上海高等法院	1943—1945
R46	日伪上海高等检察署	1943—1945
R47	日伪上海特别市商会	1940—1945
R48	日伪上海市教育局	1937—1945
R49	日伪中国药业银行	1942—1945
R50	日伪上海特别市卫生局	1941—1945
R51	日伪上海特别市工务局	1938—1944
R52	日伪上海特别市公用局	1938—1945
R53	日伪上海特别市建设局	1944—1945
R54	日伪上海特别市交通局	1937—1938

续　表

全宗号	全　宗　名　称	档案起止时间
R55	日伪吴淞煤气厂	1913—1949
R56	日伪上海自来水厂	1938—1945
R57	日伪水产管理局	1938—1943
R58	日伪上海特别市土地局	1938—1945
R59	华中水电公司南市支店	1938—1945
S1	上海市机器工业同业公会	1937—1956
S2	上海市石油机械工业同业公会	1955—1958
S3	上海市通用机械工业同业公会	1955—1958
S4	上海市内燃机配件工业同业公会	1955—1958
S5	上海市轻工业机械工业同业公会	1955—1958
S6	上海市纺织机械工业同业公会	1955—1958
S7	上海市第一机床工业同业公会	1955—1958
S8	上海市第二机床工业同业公会	1950—1958
S9	上海市动力设备工业同业公会	1951—1958
S10	上海市造船工业同业公会	1946—1958
S11	上海市钢铁炼制工业同业公会	1947—1958
S12	上海市有色金属冶制工业同业公会	1947—1958
S13	上海市铸锻工业同业公会	1943—1958
S14	上海市机器模型工业同业公会	1950—1955
S15	上海市铁器工程工业同业公会	1909—1955
S16	上海市钢窗工业同业公会	1948—1950
S17	上海市建筑材料工业同业公会	1950—1957

续 表

全宗号	全 宗 名 称	档案起止时间
S18	上海市制钉工业同业公会	1946—1956
S19	上海市元钉铁丝工业同业公会	1950—1958
S20	上海市螺丝工业同业公会	1955—1957
S21	上海市电工器材工业同业公会	1933—1957
S22	上海市电器电讯工业同业公会	1950—1958
S23	上海市旋转电机工业同业公会	1950—1958
S24	上海市仪表工业同业公会	1952—1958
S25	上海市典礼设备工业同业公会	1954—1958
S26	上海市胶木工业同业公会	1947—1956
S27	上海市仪器度量衡工业同业公会	1942—1958
S28	上海市医疗器械工业同业公会	1948—1958
S29	上海市细工玻璃工业同业公会	1948—1950
S30	上海市棉纺织工业同业公会	1917—1958
S31	上海市毛纺织工业同业公会	1936—1958
S32	上海市骆驼绒工业同业公会	1946—1950
S33	上海市机器染织工业同业公会	1917—1958
S34	上海市拉绒工业同业公会	1946—1949
S35	上海市帆布织造工业同业公会	1946—1952
S36	上海市手工棉织工业同业公会	1945—1955
S37	上海市缫丝工业同业公会	1907—1949
S38	上海市丝绸工业同业公会	1955—1958
S39	上海市丝织工业同业公会	1937—1956

续 表

全宗号	全 宗 名 称	档案起止时间
S40	上海市绸布印花工业同业公会	1946—1958
S41	上海市电机染炼工业同业公会	1948—1949
S42	上海市绸布染商业同业公会	1936—1949
S43	上海市染炼工业同业公会	1949—1955
S44	上海市整染漂浆工业同业公会	1943—1955
S45	上海市内衣织造工业同业公会	1936—1958
S46	上海市衬衫服装工业同业公会	1946—1958
S47	上海市军装工业同业公会	1945—1955
S48	上海市制袜工业同业公会	1928—1958
S49	上海市毛巾被毯工业同业公会	1944—1958
S50	上海市手帕织造工业同业公会	1933—1950
S51	上海市织带工业同业公会	1946—1958
S52	上海市制帽工业同业公会	1940—1958
S53	上海市制线工业同业公会	1932—1958
S54	上海市制绳工业同业公会	1950—1958
S55	上海市纺织用品工业同业公会	1946—1958
S56	上海市飞花整理业同业公会	1927—1958
S57	上海市地毯工业同业公会	1930—1949
S58	上海市化学原料工业同业公会	1943—1958
S59	上海市调味粉工业同业公会	1925—1950
S60	上海区酸碱工业同业公会	1948—1956
S61	上海市煤气工业同业公会	1947—1958

续 表

全宗号	全　宗　名　称	档案起止时间
S62	上海市赛璐珞工业同业公会	1943—1956
S63	上海市染料工业同业公会	1947—1958
S64	上海市造漆工业同业公会	1943—1958
S65	上海市制药工业同业公会	1928—1958
S66	上海市橡胶工业同业公会	1929—1958
S67	上海市胶鞋制面业同业公会	1949—1955
S68	上海市卷烟工业同业公会	1928—1958
S69	上海市火柴工业同业公会	1932—1958
S70	上海市造纸工业同业公会	1945—1958
S71	上海市搪瓷工业同业公会	1936—1958
S72	上海市铝器工业同业公会	1947—1958
S73	上海市玻璃工业同业公会	1943—1958
S74	上海市热水瓶工业同业公会	1943—1958
S75	上海市保热容器工业同业公会	1941—1950
S76	上海市制镜工业同业公会	1943—1958
S77	上海市消防器材工业同业公会	1955—1958
S78	上海市缝纫机器工业同业公会	1949—1958
S79	上海市脚踏车工业同业公会	1947—1958
S80	上海市钟表工业同业公会	1954—1958
S81	上海市电筒汽灯同业公会	1955—1958
S82	上海市汽灯工业同业公会	1947—1955
S83	上海市金属喷镀焊接工业同业公会	1956—1958

续　表

全宗号	全　宗　名　称	档案起止时间
S84	上海市电镀工业同业公会	1941—1956
S85	上海市电焊工业工业公会	1944—1959
S86	上海市日用化学品工业同业公会	1932—1958
S87	上海市皂烛工业同业公会	1943—1956
S88	上海市阳伞工业同业公会	1943—1958
S89	上海市五金用品工业同业公会	1955—1958
S90	上海市五金工业同业公会	1945—1958
S91	上海市刀剪工业同业公会	1946—1956
S92	上海市制针工业同业公会	1942—1956
S93	上海市刀剪制针工业同业公会	1956—1958
S94	上海市制罐徽章白铁工业同业公会	1956—1958
S95	上海市徽章珐琅钢模工业同业公会	1946—1957
S96	上海市白铁制品工程业同业公会	1946—1957
S97	上海市金属印刷制罐工业同业公会	1943—1957
S98	上海市软木工业同业公会	1936—1958
S99	上海市文教用品工业同业公会	1950—1958
S100	上海市制笔工业同业公会	1955—1958
S101	上海市体育文娱用品工业同业公会	1955—1958
S102	上海市铅印工业同业公会	1937—1958
S103	上海市彩印工业同业公会	1927—1958
S104	上海市铸字制版工业同业公会	1949—1958
S105	上海市照相制版工业同业公会	1945—1950

续　表

全宗号	全　宗　名　称	档案起止时间
S106	上海市铅字钢模工业同业公会	1947—1951
S107	上海市纸盒工业同业公会	1944—1958
S108	上海市纸制品工业同业公会	1951—1958
S109	上海市书簿册装订商业同业公会	1941—1955
S110	上海市油墨工业同业公会	1935—1955
S111	上海市塑料制品工业同业公会	1956—1958
S112	上海市牙骨器商业同业公会	1936—1957
S113	上海市冷藏制冰工业同业公会	1933—1958
S114	上海市植物油炼制工业同业公会	1935—1958
S115	上海市香料工业同业公会	1947—1958
S116	上海市罐头食品工业同业公会	1942—1958
S117	上海市汽水果汁工业同业公会	1945—1954
S118	上海市乳品业同业公会	1941—1958
S119	上海市制革工业同业公会	1942—1958
S120	上海市生皮商业同业公会	1949—1956
S121	上海市皮件工业同业公会	1942—1958
S122	上海市制鞋业同业公会	1949—1958
S123	上海市制刷工业同业公会	1955—1958
S124	上海市牙刷工业同业公会	1947—1955
S125	上海市毛板刷工业同业公会	1950—1955
S126	上海市木楦跟履业同业公会	1950—1956
S127	上海市水泥工业同业公会	1948—1954

续 表

全宗号	全 宗 名 称	档案起止时间
S128	上海市砖瓦灰石工业同业公会	1933—1958
S129	上海市窖工业同业公会	1949—1955
S130	上海市沟路瓦筒商业同业公会	1920—1956
S131	上海市石料工程商业同业公会	1946—1956
S132	上海市建筑工程业同业公会	1956—1958
S133	上海市营造工业同业公会	1911—1957
S134	上海市卫生工程业同业公会	1945—1955
S135	上海市油漆工程业同业公会	1924—1958
S136	上海市轮船拷铲油漆业同业公会	1945—1955
S137	上海市木材工业同业公会	1949—1958
S138	上海市砖灰水泥什料商业同业公会	1935—1958
S139	上海市砂石商业同业公会	1943—1958
S140	上海市石粉商业同业公会	1946—1956
S141	上海市煤渣商业同业公会	1950—1958
S142	上海市车木业同业公会	1950—1956
S143	上海市木壳业同业公会	1951—1956
S144	上海市板箱业同业公会	1940—1956
S145	上海市木材商业同业公会	1888—1958
S146	上海市公用交通业同业公会	1950—1955
S147	上海市水上运输业同业公会	1949—1958
S148	上海市轮船运输业同业公会	1948—1956
S149	上海市轮船商业同业公会	1926—1952

续 表

全宗号	全 宗 名 称	档案起止时间
S150	上海市内河轮船商业同业公会	1933—1951
S151	上海市汽船商业同业公会	1947—1953
S152	上海市民船商业同业公会	1943—1958
S153	上海市船渡商业同业公会	1943—1956
S154	上海市煤石驳船商业同业公会	1949—1955
S155	上海市轮船木料工程商业同业公会	1946—1958
S156	上海市轮船装卸商业同业公会	1949—1951
S157	上海市码头商业同业公会	1947—1955
S158	上海市仓库打包商业同业公会	1953—1958
S159	上海市仓库商业同业公会	1942—1958
S160	上海市打包商业同业公会	1950—1956
S161	上海市转运报关商业同业公会	1912—1958
S162	上海市转运商业同业公会	1949—1952
S163	上海市报关运输商业同业公会	1949—1952
S164	上海市转口商业同业公会	1942—1956
S165	上海市汽车运货商业同业公会	1930—1958
S166	上海市汽车修理业同业公会	1951—1958
S167	上海市橡皮轮胎翻修商业同业公会	1947—1958
S168	上海市榻虎车商业同业公会	1946—1958
S169	上海市人力三轮车出租业同业公会	1950—1958
S170	上海市人力车商业同业公会	1944—1951
S171	上海市三轮客车出租商业同业公会	1946—1956

续 表

全宗号	全 宗 名 称	档案起止时间
S172	上海市金融商业同业公会	1949—1953
S173	上海市银行商业同业公会	1917—1952
S174	上海市钱商业同业公会	1904—1950
S175	上海市信托商业同业公会	1945—1950
S176	银行学会	1920—1950
S177	上海银行业同业公会联合准备会	1920—1950
S178	上海市钱业联合准备库	1931—1949
S179	上海银钱业联合准备会	1936—1950
S180	上海票据交换所	1945—1952
S181	上海市保险商业同业公会	1925—1953
S182	上海市金商业同业公会	1949—1956
S183	上海市银楼商业同业公会	1937—1951
S184	上海市珠宝商业同业公会	1956—1958
S185	上海市珠玉商业同业公会	1873—1956
S186	上海市古玩商业同业公会	1930—1956
S187	上海市典当商业同业公会	1917—1958
S188	上海市房地产商业同业公会	1930—1958
S189	上海市国际贸易业同业公会	1949—1958
S190	上海市进出口商业同业公会	1930—1950
S191	上海市纱布输出业商业同业公会	1948—1950
S192	上海市肠衣业同业公会	1946—1949
S193	上海市草帽输出业同业公会	1945—1950

续 表

全宗号	全 宗 名 称	档案起止时间
S194	上海市猪鬃输出业同业公会	1947—1950
S195	上海市植物油输出业同业公会	1947—1952
S196	上海市皮毛油骨商业同业公会	1924—1950
S197	上海市牛羊生皮商业同业公会	1945—1950
S198	上海市茶输出业同业公会	1876—1952
S199	上海市猪鬃整理工业同业公会	1946—1958
S200	上海市五金器材商业同业公会	1954—1958
S201	上海市五金商业同业公会	1938—1957
S202	上海市杂铁商业同业公会	1946—1956
S203	上海市钢铁商业同业公会	1949—1956
S204	上海市钢铁旧铁商业同业公会	1933—1949
S205	上海市铁商业同业公会	1915—1949
S206	上海市五金零件材料商业同业公会	1936—1956
S207	上海市铜锡商业同业公会	1916—1958
S208	上海市油桶商业同业公会	1947—1956
S209	上海市玻璃商业同业公会	1933—1956
S210	上海市旧五金器材商业同业公会	1956—1958
S211	上海市旧五金商业同业公会	1936—1956
S212	上海市汽车材料拆配商业同业公会	1950—1958
S213	上海市汽车材料商业同业公会	1936—1956
S214	上海市汽车零件拆配商业同业公会	1941—1956
S215	上海市电器无线电商业同业公会	1955—1958

续　表

全宗号	全　宗　名　称	档案起止时间
S216	上海市电器商业同业公会	1931—1957
S217	上海市无线电商业同业公会	1945—1956
S218	上海市脚踏车商业同业公会	1936—1958
S219	上海市修租脚踏车商业同业公会	1937—1950
S220	上海市橡皮车料商业同业公会	1941—1950
S221	上海市化学原料商业同业公会	1942—1956
S222	上海市化学肥料商业同业公会	1946—1950
S223	上海市国产颜料杂货商业同业公会	1949—1955
S224	上海市颜料商业同业公会	1932—1955
S225	上海市漆商业同业公会	1940—1958
S226	上海市油麻旧车胎制品商业同业公会	1956—1958
S227	上海市桐油麻商业同业公会	1936—1957
S228	上海市旧车胎制品商业同业公会	1948—1957
S229	上海市绸布商业同业公会	1955—1958
S230	上海市绸缎商业同业公会	1908—1956
S231	上海市棉布商业同业公会	1904—1958
S232	上海市土布商业同业公会	1810—1957
S233	上海市棉花商业同业公会	1917—1954
S234	上海市纱商业同业公会	1928—1954
S235	上海市蚕丝业同业公会	1936—1957
S236	上海市呢绒绒线商业同业公会	1951—1958
S237	上海市呢线商业同业公会	1931—1956

续 表

全宗号	全 宗 名 称	档案起止时间
S238	上海市毛绒线商业同业公会	1936—1958
S239	上海市被袜带商业同业公会	1949—1953
S240	上海市棉布交易所同业公会	1951—1954
S241	上海市西服商业同业公会	1936—1958
S242	上海市旧西服商业同业公会	1941—1950
S243	上海市时装商业同业公会	1942—1958
S244	上海市机制缝纫业同业公会	1941—1957
S245	上海市衣裘商业同业公会	1956—1958
S246	上海市衣商业同业公会	1852—1958
S247	上海市裘商业同业公会	1773—1957
S248	上海市成衣商业同业公会	1921—1957
S249	上海市鞋帽商业同业公会	1955—1958
S250	上海市鞋商业同业公会	1880—1956
S251	上海市帽商业同业公会	1911—1958
S252	上海市原毛业商业同业公会	1943—1943
S253	上海市百货商业同业公会	1931—1958
S254	上海市环球货品商业同业公会	1942—1958
S255	上海市华洋什货商业同业公会	1942—1958
S256	上海市热水瓶商业同业公会	1948—1954
S257	上海市橡胶商业同业公会	1943—1958
S258	上海市钟表商业同业公会	1932—1958
S259	上海市眼镜商业同业公会	1946—1958

续　表

全宗号	全　宗　名　称	档案起止时间
S260	上海市照相材料商业同业公会	1938—1958
S261	上海市皮革鞋料商业同业公会	1927—1958
S262	上海市家具业同业公会	1956—1958
S263	上海市木器业同业公会	1936—1957
S264	上海市中式木器商业同业公会	1920—1957
S265	上海市西式木器商业同业公会	1940—1955
S266	上海市钢铁床商业同业公会	1930—1957
S267	上海市赛珍饰品商业同业公会	1949—1957
S268	上海市牙骨饰品刀剪皮件商业同业公会	1957—1958
S269	上海市竹器商业同业公会	1932—1958
S270	上海市手工艺品商业同业公会	1950—1958
S271	上海市镌商业同业公会	1944—1956
S272	上海市花边抽绣商业同业公会	1946—1957
S273	上海市绣品商业同业公会	1948—1957
S274	上海市地毯商业同业公会	1931—1957
S275	上海市旗帜礼品商业同业公会	1957—1958
S276	上海市篷帆旗帜礼品商业同业公会	1940—1957
S277	上海市绸幛礼品商业同业公会	1942—1957
S278	上海市中药商业同业公会	1954—1958
S279	上海市国药商业同业公会	1928—1956
S280	上海市药材商业同业公会	1930—1957
S281	上海市参茸银耳商业同业公会	1949—1956

续 表

全宗号	全 宗 名 称	档案起止时间
S282	上海市银燕商业同业公会	1927—1949
S283	上海市银茸商业同业公会	1947—1949
S284	上海市新药商业同业公会	1927—1958
S285	上海市纸张笺扇商业同业公会	1955—1958
S286	上海市纸商业同业公会	1930—1957
S287	上海市书画笺扇商业同业公会	1937—1956
S288	上海市文教用品商业同业公会	1955—1958
S289	上海市仪器文具商业同业公会	1922—1957
S290	上海市笔墨商业同业公会	1940—1957
S291	上海市纸张裱坯商业同业公会	1941—1958
S292	上海市装裱商业同业公会	1946—1954
S293	上海市旧杂货商业同业公会	1942—1958
S294	上海市拍卖商业同业公会	1945—1954
S295	上海市废品商业同业公会	1956—1958
S296	上海市旧花布废纸商业同业公会	1956—1957
S297	上海市旧花布商业同业公会	1928—1956
S298	上海市废纸纸料商业同业公会	1950—1956
S299	上海市供应废品燃料业同业公会	1950—1957
S300	上海市络麻布商业同业公会	1946—1957
S301	上海市料瓶商业同业公会	1950—1957
S302	上海市机制煤球工业同业公会	1936—1958
S304	上海市煤商业同业公会	1876—1958

续 表

全宗号	全 宗 名 称	档案起止时间
S305	上海市煤薪炭商业同业公会	1950—1958
S306	上海市煤柴炭商业同业公会	1955—1957
S307	上海市石油商业同业公会	1943—1958
S308	上海市煤油商业同业公会	1945—1955
S309	上海市树柴商业同业公会	1943—1958
S310	上海市草柴商业同业公会	1923—1956
S311	上海市柴炭行业同业公会	1929—1958
S312	上海市薪炭商业同业公会	1930—1950
S313	上海市书商业同业公会	1895—1958
S314	上海市报馆业同业公会	1950—1954
S315	上海市广告商业同业公会	1945—1958
S316	上海市广播电台商业同业公会	1934—1952
S317	上海市电影片业同业公会	1950—1952
S318	上海市影剧院商业同业公会	1953—1958
S319	上海市电影院商业同业公会	1945—1956
S320	上海市戏剧院商业同业公会	1945—1956
S321	上海市舞厅商业同业公会	1942—1954
S322	上海市花树商业同业公会	1932—1958
S323	上海市酒菜商业同业公会	1942—1958
S324	上海市厨房商业同业公会	1940—1956
S325	上海市西菜咖啡商业同业公会	1914—1956
S326	上海市饮食点心商业同业公会	1954—1958

续 表

全宗号	全 宗 名 称	档案起止时间
S327	上海市糕团点心商业同业公会	1943—1956
S328	上海市面团商业同业公会	1928—1958
S329	上海市粥店商业同业公会	1946—1956
S330	上海市油饼馒商业同业公会	1951—1958
S331	上海市旅游商业同业公会	1950—1958
S332	上海市旅社商业同业公会	1927—1956
S333	上海市旅店商业同业公会	1949—1956
S334	上海市客庄商业同业公会	1946—1956
S335	上海市旅商业同业公会	1927—1949
S336	上海市沐浴商业同业公会	1944—1958
S337	上海市理发商业同业公会	1942—1958
S338	上海市洗衣商业同业公会	1920—1958
S339	上海市洗染商业同业公会	1944—1958
S340	上海市集团结婚服务商业同业公会	1950—1955
S341	上海市照相馆商业同业公会	1941—1958
S342	上海市茶楼熟水商业同业公会	1955—1958
S343	上海市熟水商业同业公会	1928—1958
S344	上海市茶楼商业同业公会	1945—1957
S345	上海市南北货商业同业公会	1949—1958
S346	上海市南货商业同业公会	1915—1958
S347	上海市炒熟食商业同业公会	1899—1956
S348	上海市海味北货桂圆商业同业公会	1949—1956

续 表

全宗号	全 宗 名 称	档案起止时间
S349	上海市海味杂货商业同业公会	1889—1950
S350	上海市北货商业同业公会	1917—1950
S351	上海市桂圆商业同业公会	1923—1950
S352	上海市糖商业同业公会	1929—1956
S353	上海市伙食杂货商业同业公会	1946—1950
S354	上海市饼干面包糖果食品商业同业公会	1936—1958
S355	上海市茶食商业同业公会	1930—1950
S356	上海市汽水果汁商业同业公会	1946—1951
S357	上海市茶叶商业同业公会	1906—1958
S358	上海市茶行商业同业公会	1942—1950
S359	上海市制茶工业同业公会	1947—1951
S360	上海市猪商业同业公会	1949—1958
S361	上海市火腿腌腊商业同业公会	1949—1957
S362	上海市火腿商业同业公会	1945—1950
S363	上海市腌腊商业同业公会	1943—1950
S364	上海市宰鸭商业同业公会	1937—1950
S365	上海市鲜肉商业同业公会	1933—1950
S366	上海市宰猪商业同业公会	1945—1950
S367	上海市鲜猪商业同业公会	1945—1956
S368	上海市鲜猪行商业同业公会	1916—1951
S369	上海市猪油商业同业公会	1941—1956
S370	上海市牛羊商业同业公会	1946—1958

续 表

全宗号	全 宗 名 称	档案起止时间
S371	上海市家禽蛋品商业同业公会	1953—1958
S372	上海市鸡鸭商业同业公会	1947—1956
S373	上海市蛋商业同业公会	1942—1956
S374	上海市冰鲜鱼行业同业公会	1851—1951
S375	上海鱼市场经纪人公会	1944—1950
S376	上海市咸鱼业同业公会	1936—1946
S377	上海特别市水产业同业公会	1936—1946
S378	上海市鲜鱼商业同业公会	1928—1950
S379	上海市鱼商业同业公会	1936—1950
S380	上海市水产业同业公会	1949—1958
S381	上海市水产商业同业公会	1949—1958
S382	上海市渔轮商业同业公会	1945—1958
S383	上海市机冰商业同业公会	1950—1957
S384	上海市豆腐商业同业公会	1917—1958
S385	上海市咸菜豆芽商业同业公会	1950—1958
S386	上海市筋粉商业同业公会	1943—1958
S387	上海市蔬菜地货商业同业公会	1949—1956
S388	上海市蔬菜商业同业公会	1946—1950
S389	上海市地货行商业同业公会	1945—1950
S390	上海市水果商业同业公会	1942—1958
S391	上海市水果地货行商业同业公会	1930—1958
S392	上海市粮食商业同业公会	1954—1958

续 表

全宗号	全 宗 名 称	档案起止时间
S393	上海市米业同业公会	1946—1956
S394	上海市米市场同业公会	1938—1954
S395	上海市米商业同业公会	1926—1951
S396	上海市碾米工业同业公会	1946—1950
S397	上海市豆米行商业同业公会	1864—1953
S398	上海市米号业同业公会	1863—1950
S399	上海市粮食加工工业同业公会	1921—1958
S400	上海市酿造工业同业公会	1920—1958
S401	上海市辣酱油商业同业公会	1949—1957
S402	上海市饴糖酱色业同业公会	1949—1958
S403	上海市油酱商业同业公会	1932—1958
S404	上海市盐商业同业公会	1950—1954
S405	上海市食盐运商业同业公会	1946—1957
S406	上海市杂粮油饼商业同业公会	1949—1956
S407	上海市杂粮商业同业公会	1945—1949
S408	上海市油商业同业公会	1946—1950
S409	上海市杂粮油饼商业同业公会	1928—1949
S410	上海市杂粮油饼零售商业同业公会	1945—1947
S411	上海市面粉麸皮商业同业公会	1945—1956
S412	上海市制面商业同业公会	1926—1958
S413	上海市卷烟杂货商业同业公会	1955—1958
S414	上海市卷烟皂烛火柴商业同业公会	1932—1958

续 表

全宗号	全 宗 名 称	档案起止时间
S415	上海市烟业日报社	1947—1953
S416	上海市烟叶商业同业公会	1920—1955
S417	上海市烟丝商业同业公会	1949—1957
S418	上海市西烟商业同业公会	1868—1950
S419	上海市土烟丝商业同业公会	1943—1950
S420	上海市雪茄烟商业同业公会	1951—1956
S421	上海市酒商业同业公会	1955—1958
S422	上海市粱烧酒商业同业公会	1942—1956
S423	上海市汾酒商业同业公会	1935—1956
S424	上海市绍酒商业同业公会	1895—1950
S425	上海市洋酒罐头商业同业公会	1946—1950
S426	上海市陶瓷炊具商业同业公会	1951—1958
S427	上海市陶器炊具商业同业公会	1939—1958
S428	上海市瓷商业同业公会	1857—1956
S429	上海市绳席蒲包商业同业公会	1955—1958
S430	上海市草席商业同业公会	1912—1958
S431	上海市蒲包商业同业公会	1946—1958
S432	上海市弹花业同业公会	1944—1958
S433	上海市香烛箔爆竹商业同业公会	1954—1958
S434	上海市香商业同业公会	1941—1956
S435	上海市烛商业同业公会	1913—1956
S436	上海市爆竹商业同业公会	1927—1956

续　表

全宗号	全　宗　名　称	档案起止时间
S437	上海市箔商业同业公会	1913—1957
S438	上海市纸彩商业同业公会	1949—1957
S439	上海市寿衣寿器商业同业公会	1940—1958
S440	上海市殡仪寄柩运葬商业同业公会	1942—1958
S441	上海银行俱乐部	1925—1952
S442	经募通泰盐垦五公司债票银团	1913—1936
S443	上海特别市市公债基金保管委员会	1942—1945
S444	上海证券物品交易所	1919—1939
S445	上海市工商业力行社	1946—1951
S446	江南机器制造总局、上海兵工厂	1851—1933
S447	上海市会计师公会	1915—1956
S448	上海市民营广播电台商业同业公会	1945—1950
S449	中国经济事业协进会	1945—1957
S450	工商经济研究会	1949—1958
S451	上海房产业主公会、上海市房地产商业同业公会	1927—1954
U1	上海公共租界工部局	1845—1949
U38	上海法租界公董局	1849—1946
U143	中国福利会（中国福利基金会）	1938—1958
Y1	中文资料：中国共产党党务	1919—2001
Y2	中文资料：政务总类	1907—2004
Y3	中文资料：内政	1814—2001
Y4	中文资料：政协、政党、群众团体	1908—2001

续　表

全宗号	全　宗　名　称	档案起止时间
Y5	中文资料：司法	1919—1999
Y6	中文资料：军事	1912—2001
Y7	中文资料：外交	1882—1997
Y8	中文资料：文化、教育、卫生、体育、科研	1856—2003
Y9	中文资料：工业、商业、贸易	1916—2004
Y10	中文资料：经济、财政、金融	1767—2001
Y11	中文资料：农林、水利、渔业、气象、测绘	1931—2000
Y12	中文资料：交通、邮电、公用、城建	1906—2003
Y13	中文资料：个人资料	1878—2002
Y14	中文资料：报纸、杂志、图片资料、线装书	1664—2008
Y15	中文资料：综合性资料	1814—2004
Y16	中文资料：上海史研究资料	1985—2005
Y24	中文资料：图书资料	1902—2022

附件七 上海市档案馆编研出版成果一览表

种类	名称	字数/数量	出版单位	出版时间
史料汇编	《上海工人三次武装起义》	35.3万	上海人民出版社	1983年2月
	《一九二七年的上海商业联合会》	22.8万	上海人民出版社	1983年4月
	《旧中国上海的广播事业》	53万	档案出版社、中国广播电视出版社	1985年12月
	《日伪上海市政府》	65万	档案出版社	1986年12月
	《上海解放》	33.2万	档案出版社	1989年5月
	《吴蕴初企业史料：天原化工厂》	45.5万	档案出版社	1989年8月
	《上海工会联合会》	45万	档案出版社	1989年8月
	《上海市各界抗敌后援会》	49.6万	档案出版社	1990年3月
	《社联盟报》	27万	档案出版社	1990年5月
	《蒋作宾日记》	40万	江苏古籍出版社	1990年10月
	《上海市政权系统、地方军事系统、统一战线系统、群众团体系统组织史资料（1949.5—1987.10）》	55万	上海人民出版社	1991年9月
	《中国共产党上海市组织史资料（1920.8—1987.10）》	69.5万	上海人民出版社	1991年10月
	《五卅运动》（共3辑）	139.7万	上海人民出版社	1991年10月
	《吴蕴初企业史料：天厨味精厂》	32.5万	档案出版社	1992年4月
	《旧上海的证券交易所》	34.4万	上海古籍出版社	1992年12月
	《接管上海》（上、下册）	22.6万	中国广播电视出版社	1993年2月

续 表

种类	名　称	字数/数量	出版单位	出版时间
史料汇编	《中国资本主义工商业的社会主义改造（上海卷）》(上、下册)	121.5 万	中国党史出版社	1993 年 3 月
	《清末民初的禁烟运动和万国禁烟会》	47.7 万	上海科学技术文献出版社	1996 年 6 月
	《旧中国的股份制》	40 万	中国档案出版社	1996 年 10 月
	《颜惠庆日记》（共 3 卷）	251.6 万	中国档案出版社	1996 年 12 月
	《日本帝国主义侵略上海罪行史料汇编》（上、下编）	100.4 万	上海人民出版社	1997 年 7 月
	《中国地域韩人团体关系史料汇编》（共二辑）		东方出版中心	1999 年 2 月
	《上海解放初期的社会改造》	56 万	中共党史出版社	1999 年 3 月
	《上海解放》（续编）	39 万	上海三联书店	1999 年 5 月
	《清代上海房地契档案汇编》	24.3 万	上海古籍出版社	1999 年 9 月
	《南下服务团》	51 万	中共党史出版社	1999 年 10 月
	《工部局董事会会议录》（28 册）	847.4 万	上海古籍出版社	2001 年 11 月
	《陈光甫日记》	20 万	上海书店出版社	2002 年 11 月
	《日本在华中经济掠夺史料 1937—1945》	45.9 万	上海书店出版社	2005 年 1 月
	《上海银行家书信集（1918—1949)》	28.3 万	上海辞书出版社	2009 年 2 月
	《上海市党代会、人代会文件选编》（上、下册）	77.3 万	中共党史出版社	2009 年 5 月
	《上海解放》（上、中、下册）	82 万	中国档案出版社	2009 年 10 月
	《近代中国百货业先驱——上海四大公司档案汇编》	40 万	上海书店出版社	2010 年 10 月

续　表

种类	名　　称	字数/数量	出版单位	出版时间
史料汇编	《上海党建文献选编（1949—1976）》（上、下册）	60 万	中共党史出版社	2011 年 6 月
	《辛亥革命与上海——上海公共租界工部局档案选译》	22 万	中西书局	2011 年 8 月
	《上海四明公所史料》	33 万	中国文史出版社	2011 年 8 月
	《不息的变动》——上海美术专科学校档案史料丛编第一卷	50 万	中西书局、上海书画出版社	2012 年 11 月
	《闳约深美》——上海美术专科学校档案史料丛编第二卷	50 万	中西书局、上海书画出版社	2012 年 11 月
	《恰同学年少（上）》——上海美术专科学校档案史料丛编第三卷	50 万	中西书局、上海书画出版社	2012 年 11 月
	《上海近代广告业档案史料》	36.6 万	上海辞书出版社	2012 年 11 月
	《恰同学年少（中）》——上海美术专科学校档案史料丛编第四卷		中西书局	2013 年 12 月
	《恰同学年少（下）》——上海美术专科学校档案史料丛编第五卷		中西书局	2013 年 12 月
	《中央银行》（二册）（上海市档案馆藏近代中国金融变迁档案史料汇编·机构卷）	108 万	上海远东出版社	2014 年 12 月
	《周作民日记书信集》（二册）（上海市档案馆藏近代中国金融变迁档案史料汇编·人物卷）	119 万	上海远东出版社	2014 年 12 月
	《日本侵略上海史料汇编》（上、中、下册）	254.3 万	上海人民出版社	2015 年 12 月
	《陈光甫日记言论集》（二册）（上海市档案馆藏近代中国金融变迁档案史料汇编·人物卷）	91.5 万	上海远东出版社	2015 年 12 月

续 表

种类	名　　称	字数/数量	出版单位	出版时间
史料汇编	《钱新之往来函电集》（二册）（上海市档案馆藏近代中国金融变迁档案史料汇编·人物卷）	228万	上海远东出版社	2015年12月
	《上海商业储蓄银行》（二册）（上海市档案馆藏近代中国金融变迁档案史料汇编·机构卷）	169万	上海远东出版社	2015年12月
	《上海银行业同业公会联合准备委员会 上海银钱业联合准备会》（二册）（上海市档案馆藏近代中国金融变迁档案史料汇编·机构卷）	158万	上海远东出版社	2015年12月
	《上海信托业》（二册）（上海市档案馆藏近代中国金融变迁档案史料汇编·机构卷）		上海远东出版社	2016年8月
	《上海银行公会》（二册）（上海市档案馆藏近代中国金融变迁档案史料汇编·机构卷）		上海远东出版社	2016年8月
	《美专风云录（上）》——上海美术专科学校档案史料丛编第六卷		中西书局	2016年10月
	《美专风云录（中）》——上海美术专科学校档案史料丛编第七卷		中西书局	2016年10月
	《美专风云录（下）》——上海美术专科学校档案史料丛编第八卷		中西书局	2016年10月
	《美专一九五二（上）》——上海美术专科学校档案史料丛编第九卷		中西书局	2016年10月
	《美专一九五二（下）》——上海美术专科学校档案史料丛编第十卷		中西书局	2016年10月
	《上海证券业》（二册）（上海市档案馆藏近代中国金融变迁档案史料汇编·机构卷）		上海远东出版社	2016年10月

续 表

种类	名 称	字数/数量	出版单位	出版时间
史料汇编	《浙江兴业银行》（二册）（上海市档案馆藏近代中国金融变迁档案史料汇编·机构卷）		上海远东出版社	2016年10月
	《中国征信所》（二册）（上海市档案馆藏近代中国金融变迁档案史料汇编·机构卷）		上海远东出版社	2016年10月
	《上海解放》	83.6万	中国文史出版社	2017年4月
	《上海钱业及钱业公会》（二册）（上海市档案馆藏近代中国金融变迁档案史料汇编·机构卷）		上海远东出版社	2017年5月
	《中国科学社档案资料整理与研究：董理事会会议记录》	40万	上海科学技术出版社	2017年11月
	《联合征信所》（二册）（上海市档案馆藏近代中国金融变迁档案史料汇编·机构卷）		上海远东出版社	2018年12月
	《中南银行（1921—1937)》(三册)（上海市档案馆藏近代中国金融变迁档案史料续编·机构卷）	254万	上海远东出版社	2019年12月
	《解放初期上海金融业同业组织》（二册）（上海市档案馆藏近代中国金融变迁档案史料续编·机构卷）	149万	上海远东出版社	2019年12月
	《八一三抗战和孤岛时期上海金融业同业组织》（二册）（上海市档案馆藏近代中国金融变迁档案史料续编·机构卷）	184万	上海远东出版社	2020年7月
	《沦陷时期上海金融业同业组织》（二册）（上海市档案馆藏近代中国金融变迁档案史料续编·机构卷）	207万	上海远东出版社	2020年8月
	《党在这里诞生——中共一大会址、上海革命遗址调查记录》	12.3万	东方出版中心	2020年8月

续 表

种类	名　　称	字数/数量	出版单位	出版时间
史料汇编	《上海市档案馆馆藏中国近现代档案史料选编》（全十二册）	820万	上海书店出版社	2020年11月
	《中国科学社档案资料整理与研究：年会记录选编》	43万	上海科学技术出版社	2020年12月
	《清代江南机器制造局档案汇编》（全四册）	54.3万	上海交通大学出版社	2021年4月
	《北四行联营机构》（二册）（上海市档案馆藏近代中国金融变迁档案史料续编·机构卷）	151万	上海远东出版社	2021年7月
	《永远和党在一起——中国福利会英文历史档案选编》	43.1万	中国中福会出版社	2021年7月
	《上海银行家书信集》（二册）（上海市档案馆藏近代中国金融变迁档案史料续编·人物卷）	148.7万	上海远东出版社	2021年11月
	《上海大学（1922—1927）与五卅运动外文史料选辑》		上海大学出版社	2021年6月
	《金城银行》（二册）（上海市档案馆藏近代中国金融变迁档案史料续编·机构卷）	152.7万	上海远东出版社	2022年6月
方志、工具书	《上海市档案馆简明指南》	37.2万	档案出版社	1991年6月
	《中国教会大学文献目录第五辑：上海市档案馆馆藏资料》（崇基学院宗教研究丛书）		香港中文大学崇基学院宗教与中国社会研究中心	1998年
	《上海档案志》	75.6万	上海社会科学院出版社	1999年12月
	《上海市档案馆指南》	88万	中国档案出版社	1999年12月
	《上海租界志》	119.7万	上海社会科学院出版社	2001年11月

续　表

种类	名　　称	字数/数量	出版单位	出版时间
方志、工具书	《中国教会文献目录：上海市档案馆珍藏资料》		上海古籍出版社	2002年8月
	《老上海行名辞典》	51.7万	上海古籍出版社	2005年12月
	《上海市档案馆指南》（上、下册）	100万	中国档案出版社	2009年12月
	《上海市志·档案方志分志·档案卷（1978—2010）》		上海人民出版社	2021年8月
著作	《上海与横滨——近代亚洲两个开放城市》	37万	华东师范大学出版社	1997年2月
	《大上海——1949走出屈辱》	37.6	中国档案出版社	1999年12月
	《日军在上海的罪行与统治》	39.6万	上海人民出版社	2000年11月
	《上海金融的现代化与国际化》	51.6万	上海古籍出版社	2003年10月
	《租界里的上海》	35万	上海社会科学院出版社	2003年10月
	《城市记忆》（五辑）		时代国际出版有限公司	2004—2006年
	城市记忆丛书之《车影行踪》		上海文化出版社	2005年9月
	城市记忆丛书之《外滩传奇》		上海文化出版社	2005年9月
	城市记忆丛书之《学堂春秋》		上海文化出版社	2005年11月
	城市记忆丛书之《石库门前》		上海文化出版社	2005年11月
	城市记忆丛书之《职场丽人》		上海文化出版社	2006年2月
	《档案里的上海》	38.6万	上海辞书出版社	2006年12月
	《当年那些人》（《档案春秋》丛书）	28万	华文出版社	2009年1月
	《当年那些事》（《档案春秋》丛书）	28万	华文出版社	2009年1月
	《上海古镇记忆》	37万	东方出版中心	2009年11月

续 表

种类	名 称	字数/数量	出版单位	出版时间
著作	《当年那些人. 2》（《档案春秋》丛书第二辑）	22 万	华文出版社	2010 年 10 月
	《当年那些事. 2》（《档案春秋》丛书第二辑）	22 万	华文出版社	2010 年 10 月
	《那个年头，那些事 1966—1976》（《档案春秋》丛书）	30 万	学林出版社	2011 年 4 月
	《档案里的金融春秋》（《档案春秋》丛书）	28 万	学林出版社	2012 年 6 月
	《档案揭密外交风云》（《档案春秋》丛书）	24 万	学林出版社	2014 年 1 月
	《日出东方——中国共产党诞生地的红色记忆》（上、下册）		上海故事会文化传媒有限公司	2014 年 6 月
	《外国记者眼中的中国共产党人》	33.6 万	上海世纪出版集团 上海锦绣文章出版社	2015 年 6 月
	《上海改革开放 40 年——那些年，我们的故事》	51.8 万	上海人民出版社	2018 年 8 月
	《跟着档案看上海（第一辑）》	31 万	同济大学出版社	2021 年 1 月
	《换了人间——共和国记忆》（上、中、下册）	77 万	学林出版社	2021 年 10 月
图册	《上海和横滨——近代亚洲两个开放城市》		上海科学技术出版社	1994 年 3 月
	《追忆——上海近代图史》		上海古籍出版社	1996 年 9 月
	《民国名人手迹》		上海书画出版社	1996 年 12 月
	《抗日战争与上海》		上海人民出版社	1997 年 6 月
	《上海解放》		上海书店出版社	1999 年 5 月
	《历史的足迹——香港上海城市发展图片集》		上海书店出版社	1999 年 9 月

续　表

种类	名　　称	字数/数量	出版单位	出版时间
图册	《上海纪念中国共产党成立八十周年图集》		上海书店出版社	2001年6月
	《城市记忆——上海历史发展档案图集》		上海辞书出版社	2006年5月
	《上海名街》		上海人民出版社	2006年12月
	《上海老工业》		上海文化出版社	2007年6月
	《日军占领时期的上海》		上海人民出版社	2007年6月
	《上海解放档案文献图集》		中国档案出版社	2009年5月
	《日军占领时期的上海》（中日文对照版）	44.1万	上海人民出版社	2010年5月
	《泰戈尔与上海》	8万	中西书局	2012年3月
	《科学发展在上海（2007—2012）》		中央文献出版社	2012年5月
	《上海珍档——上海市档案馆馆藏珍品选萃》	8万	中西书局	2013年12月
	《海上金融——上海市档案馆藏档》		上海辞书出版社	2014年5月
	《外滩影像（1841—1949）》		上海世纪出版集团上海故事会文化传媒有限公司	2014年11月
	《上海市档案馆藏中国近现代名人墨迹》（上、下册）		上海书画出版社	2014年11月
	《百舸争流　奋楫者先——上海改革开放回顾与展望》		中央文献出版社、上海人民出版社	2014年12月
	《创新发展　档案见证：2015年“上海市档案日”系列活动特辑》		上海书店出版社	2015年9月

续 表

种类	名称	字数/数量	出版单位	出版时间
图册	《我们万众一心：上海市纪念中国人民抗日战争暨世界反法西斯战争胜利70周年》		上海教育出版社	2015年9月
	《上海的俄罗斯记忆》		上海书店出版社	2016年6月
	《珍档铭记　家国情怀：2016年上海市档案日活动特刊》		上海书店出版社	2016年12月
	《不忘初心——上海市档案馆藏红色文献选萃》	8万	上海书店出版社	2017年3月
	《我们的故事：精算师在上海》		上海书店出版社	2017年7月
	《信仰的力量——中国共产党人的初心》	1.8万	学林出版社	2018年3月
	《初心的传承——中国共产党人的家风》	21万	学林出版社	2021年7月
杂志期刊	《档案与历史》杂志			1985—1990年
	《档案与史学》杂志			1994—2005年
	《上海档案》杂志			1985—2022年
	《档案春秋》杂志			2005—2022年
	《上海档案史料研究》集刊（第一辑至第二十六辑）		上海三联书店	2006—2022年
音像制品	《追忆——上海历史档案里的故事》（DVD，6张）	60集	上海文艺音像出版社	2004年3月
	《追忆——上海历史档案里的故事（续集）》（DVD，4张）	40集	上海文艺音像出版社	2005年6月
	《外滩万国建筑群：装饰派艺术建筑在上海》（DVD，中、英文版，共2张）		上海电影音像出版社	2007年1月

图书在版编目(CIP)数据

上海市档案馆指南：上、下/上海市档案馆编著
. —上海：上海书店出版社，2024.5
ISBN 978－7－5458－2365－3

Ⅰ.①上… Ⅱ.①上… Ⅲ.①档案馆—上海—指南
Ⅳ.①G279.275.1－62

中国国家版本馆 CIP 数据核字(2024)第 059472 号

责任编辑 邹 烨
封面设计 汪 昊

上海市档案馆指南(上、下)
上海市档案馆 编著

出 版 上海人民出版社 上海书店出版社
(201101 上海市闵行区号景路 159 弄 C 座)
发 行 上海人民出版社发行中心
印 刷 苏州市越洋印刷有限公司
开 本 710×1000 1/16
印 张 58.5
插 页 16
字 数 960,000
版 次 2024 年 5 月第 1 版
印 次 2024 年 5 月第 1 次印刷
ISBN 978-7-5458-2365-3/G·198
定 价 280.00 元